NTOA 27

Andreas Kessler • Thomas Ricklin • Gregor Wurst (Hrsg.)

Peregrina Curiositas

NOVUM TESTAMENTUM ET ORBIS ANTIQUUS (NTOA)

Im Auftrag des Biblischen Instituts
der Universität Freiburg Schweiz
herausgegeben von Max Küchler
in Zusammenarbeit mit Gerd Theissen

NOVUM TESTAMENTUM ET ORBIS ANTIQUUS 27

Peregrina Curiositas

Eine Reise durch den *orbis antiquus*

Zu Ehren von
Dirk Van Damme

herausgegeben von
Andreas Kessler · Thomas Ricklin · Gregor Wurst

UNIVERSITÄTSVERLAG FREIBURG SCHWEIZ
VANDENHOECK & RUPRECHT GÖTTINGEN
1994

Deutschen Bibliothek – CIP-Einheitsaufnahme

Peregrina curiositas: eine Reise durch den orbis antiquus; zu Ehren von Dirk van
Damme / hrsg. von Andreas Kessler ... – Freiburg, Schweiz: Univ.-Verl.; Göttingen:
Vandenhoeck und Ruprecht, 1994
    (Novum testamentum et orbis antiquus; 27)
    ISBN 3-525-53929-0 (Vandenhoeck & Ruprecht)
    ISBN 3-7278-0928-0 (Univ.-Verl.)
NE: Kessler, Andreas [Hrsg.]; Damme, Dirk van: Festschrift: GT

Veröffentlicht mit Unterstützung
des Hochschulrates der Universität Freiburg Schweiz
der Theologischen Fakultät der Universität Freiburg Schweiz
der Publikationskommission der Universität Freiburg Schweiz
und des Provincialaat Dominikanen, Leuven

Die Druckvorlagen wurden von den Herausgebern
als reprofertige Dokumente zur Verfügung gestellt

Dirk Van Damme

VORWORT

Spätestens seit Aristoteles seine Nikomachische Ethik geschrieben hat, ist dem gelehrten Publikum bekannt, dass das Darbringen von Geschenken eine heikle Angelegenheit darstellt, ist doch nach den Worten des Philosophen »jedem das gerade ihm Gebührende und Angemessene« zu schenken (IX, 2). Dirk Van Dammes Freunde haben nie daran gezweifelt, dass ihm zu seinem 60. Geburtstag etwas gebührt. Schwieriger einzulösen war der inhaltliche Aspekt der aristotelischen Forderung. Was ist einem Jubilar wie Dirk Van Damme angemessen?

Wir haben viele Konzepte erwogen und rasch wieder verworfen. Es ist nicht ganz einfach jemandem gerecht zu werden, der sich mit Vorliebe abseits der ausgetretenen Pfade der Patristik umtut und seine *curiositas* immer wieder auf Rundreisen durch die gesamten apostolischen Kirchen schickt, wie es Tertullian einst in seinen Prozesseinreden (cap. XXXVI) empfohlen hat. Schliesslich haben wir keine andere Möglichkeit mehr gesehen, als uns dieser Neugier anzuschliessen und jene geographischen Räume aufzusuchen, von denen Dirk uns immer wieder Überraschendes und Unbekanntes zu berichten weiss – »*peregrinandum est in historias et litteras orbis*« (Tertullian, Apologeticum XIX, 7). Es hätte eine Reise durch den griechischen Raum nach Armenien, Syrien, Palästina, in das koptische Ägypten und das cyprianische Nordafrika werden sollen, um dann über die Strasse von Gibraltar auf die iberische Halbinsel überzusetzen und entlang der gallischen Küste und ihrem Hinterland in den italienischen Stiefel zu gelangen. Im Gegensatz zu den meisten von uns, hätte unser Freund auf der ganzen Reise nie eines Dolmetschers bedurft. In einer Zeit, in der das Griechische einer anderen Koine hat Platz machen müssen und auch das Latein weit eher eine Geheimsprache denn eine *lingua franca* ist, leistet er sich den Luxus, so entlegene Sprachen wie Armenisch, Koptisch und Syrisch nicht nur seinen Schülerinnen und Schülern, sondern auch dem Macintosh weiterzuvermitteln.

Unsere Kompetenzen sind nicht diejenigen von Dirk und deshalb tut sich, wie so häufig bei solchen Vorhaben, eine beachtliche Kluft auf zwischen der Idee und ihrer Realisation. Zwar beginnen wir unsere Reise mit den Beiträgen von Dominic O'Meara, Hermann-Josef Venetz und Michael Lattke im griechischen Raum. Doch dann hat uns niemand nach Armenien

VIII

und Syrien führen können. So haben wir mit Philippe Henne, dank Epiphanius von Salamis, den Weg über Zypern gewählt und von dort an die Levante übergesetzt, wo uns Christoph Uehlinger, Dominique Barthélemy und Max Küchler mit Informationen versorgen. In Ägypten übernehmen Othmar Keel und Gregor Wurst die Führung, um uns anschliessend in die Obhut von Kevin Coyle zu entlassen, der mittels der Manichäer den Bogen auch nach Nordafrika schlägt, wo Andreas Kessler und Richard Seagraves uns erwarten. Wie gesagt, hätten wir uns gewünscht von Karthago nach Spanien weiterzureisen, zu den sagenumwobenen Arianern z.B., und gerne wären wir von hier aus zum schriftgewandten Irenaeus von Lyon weitergezogen. Aber auf solchen Touren, mögen sie noch so gut geplant sein, ereignet sich immer wieder Unvorhergesehenes. Da Johannes Diaconus in der Cena Cypriani berichtet, dass man von Ostia aus bis nach Karthago sehen kann, haben wir schliesslich kurzerhand den Weg der Sehstrahlen genommen und sind so doch noch in Italien gelandet, wo uns Thomas Ricklin, Jean-Louis Feiertag, Giuseppe De Spirito und Flavio Nuvolone ein wenig in die örtlichen Gegebenheiten einführen und wir zum Schluss dank Ruedi Imbach sogar noch einen Blick ins Jenseits werfen können.

Unsere Reise vermittelt kein einheitliches Bild des Mittelmeerraums, zu verschieden sind die besuchten Regionen, zu gross mitunter die Sprünge in der Zeit. Aber jeder unserer Führer hat etwas von seiner Kompetenz und seiner *curiositas* gegeben. So ist es uns hoffentlich doch gelungen, ein wenig aufzuzeigen, wie feingliedrig und trotzdem zusammenhängend dieser *orbis antiquus* ist, zu dessen leidenschaftlichem Fürsprecher Dirk geworden ist. Wenn auch er bei unseren Lokalterminen hin und wieder etwas Neues entdeckt, dann, so glauben wir, haben wir die Forderung des Aristoteles wirklich erfüllt. Entsprechend erleichtert können wir Dirk van Damme nun unseren aufrichtigen Dank aussprechen und ihm herzlich gratulieren.

Die Drucklegung unserer Festgabe ist dank der materiellen Unterstützung durch das Provincialaat Dominikanen (Leuven), die Theologische Fakultät der Universität Freiburg i. Ue. sowie den Hochschulrat und die Publikationskommission ebendieser Universität ermöglicht worden. Im Namen aller Beteiligten bedanken wir uns herzlich.

Andreas Kessler   Thomas Ricklin   Gregor Wurst

INHALT

FAUT-IL PHILOSOPHER?
LE VOYAGE D'UNE QUESTION
DANS LE MONDE ANTIQUE

Dominic J. O'Meara

Parmi les activités que nous menons, les unes, étroitement liées aux valeurs communément admises, peuvent se soustraire à une mise en cause de leur importance, tandis que d'autres, se situant en marge ou en dehors de ces valeurs, invitent à une discussion de leur intérêt éventuel. La question "Faut-il philosopher?" peut ouvrir une telle discussion. En effet, dans le cadre des valeurs dominantes actuelles, la philosophie peut paraître une activité problématique dont l'intérêt demande une analyse. Mais la question "Faut-il philosopher?" n'est guère moderne. Elle a été posée bien avant nous, à des époques et dans des sociétés très différentes. Afin d'élargir et d'enrichir notre réflexion actuelle, il pourrait être utile de tenir compte du passé de la question, des conditions dans lesquelles elle a été posée, des réponses qu'elle a évoquées. Dans les pages suivantes, je voudrais suivre quelques étapes de l'histoire de la question dans le monde antique, des étapes d'un voyage qui mène de l'Académie platonicienne d'Athènes à Cicéron à la fin de l'ère républicaine romaine, à l'école néoplatonicienne de Jamblique en Syrie au début du IVe siècle et enfin à l'école néoplatonicienne d'Alexandrie au VIe siècle.

I

Sans doute vers le milieu du IVe siècle avant J.C., un des membres de l'école de Platon à Athènes, Aristote, rédigea une exhortation à la philo-sophie, le *Protreptique*, dans lequel il traita de la question "Faut-il philoso-pher?" (εἰ φιλοσοφητέον). Ce texte, aujourd'hui perdu, a eu dans l'antiquité un succès tel que nous pouvons espérer en retrouver des traces, des cita-tions chez les auteurs antiques qui l'ont lu et l'ont utilisé. Or les avis des spécialistes divergent quant à ce qui peut être considéré comme provenant du livre perdu d'Aristote, les uns pensant trouver chez certains auteurs antiques postérieurs (notamment Jamblique) des parties importantes du *Protreptique*[1], d'autres n'admettant que ce qui est explicitement identifié

---

1   Cf. I. Düring, *Aristotle's Protrepticus. An Attempt at Reconstruction*, Göteborg 1961. L'approche de Düring, puisant dans le *Protreptique* de Jamblique de nombreux passages censés provenir du *Protreptique* d'Aristote, fait abstraction de la personnalité philosophique de Jamblique, de ses objectifs et méthodes de travail. Cf. aussi B. Dumoulin, *Recherches sur le premier Aristote*, Paris 1981.

par nos sources comme se rapportant au texte d'Aristote[2]. Or, si nous
nous limitons à la deuxième approche, nous pouvons constater deux
choses: qu'Aristote adressait le *Protreptique* à un certain prince de Chypre,
Thémison (geste dont la signification ne peut être qu'objet de spéculation)
et qu'il y soulevait la question "Faut-il philosopher?" et s'efforçait d'y
répondre. Sa réponse, selon nos sources, avait recours au raisonnement
suivant. Faut-il philosopher? Si oui, il le faut. Si non, il faut philosopher
(pour le montrer). En tout cas donc il faut philosopher[3].

Cet argument semble à première vue plutôt sophistique et creux. Mais
une de nos meilleures sources, Alexandre d'Aphrodise, nous permet d'y
entrevoir des aspects plus intéressants. Selon Alexandre[4], l'argument
d'Aristote comporte une distinction entre deux manières de philosopher,
(1) celle qui consiste à discuter de la question "Faut-il philosopher?" et (2)
celle qui recherche une connaissance (ou "contemplation") philosophique
des choses. Ces deux manières de philosopher seraient propres à la nature
humaine selon Alexandre. Il n'est pas sûr que cette dernière affirmation
provienne du *Protreptique,* mais nous pouvons reconnaître dans la
deuxième manière de philosopher une conception typiquement aristo-
télicienne, présentée par exemple au début de la *Métaphysique,* où nous
lisons que l'homme cherche de par sa nature à connaître et que la connaissance est une valeur absolue. Ce qui surprend dans le témoignage
d'Alexandre c'est qu'Aristote aurait distingué dans le *Protreptique* entre
cette manière de philosopher (la recherche de la connaissance) et une autre
qui consiste à discuter de la question s'il faut philosopher (dans le sens de
la recherche de la connaissance) ou non. A quel titre la discussion de la
question "Faut-il philosopher?" serait-elle, elle aussi, "philosophique"?

L'interprétation suivante pourrait être avancée. La question "Faut-il
philosopher?" nous engage dans une investigation, une recherche. Cette
recherche est de nature dialectique, c'est-à-dire elle prend la forme d'une
discussion d'opinions divergentes ou opposées dont elle élabore une critique visant une prise de position fondée. Enfin, la recherche concerne ce
qu'il *faut* faire, un choix à faire quant à notre manière d'agir et plus
généralement de vivre. De cette interprétation découlent les conclusions
suivantes. La discussion de la question "Faut-il philosopher?" ne se situe
pas en amont ou à l'extérieur de l'activité philosophique. Elle en est déjà
une expression dans la mesure où elle s'avère être une recherche dialectique
sur notre façon de vivre. Elle nous engage dans une réflexion dont la con-

---

2   Cf. O. Gigon, *Aristotelis opera vol. III Librorum deperditorum fragmenta*, Berlin 1987,
pp. 284-7. Pour une prise de position mesurée, cf. H. Fashar, dans F. Ueberweg, *Grundriss der
Geschichte der Philosophie. Die Philosophie der Antike Bd. 3, Aeltere Akademie, Aristoteles,
Peripatos*, éd. H. Flashar, Bâle 1983, pp. 279-280.

3   Cf. Fragments 55, 1-6 (pp. 284-6) Gigon = Testimonia A, 2-6 Düring.

4   Fragment 55, 1 (p. 285 a 23-38) Gigon = Testimonium A, 2 Düring.

tinuation est l'activité philosophique dans le sens habituel, celui d'une recherche d'une compréhension de l'ensemble des choses, connaissance représentant pour Aristote le but suprême de la nature humaine. En somme la discussion de la question "Faut-il philosopher?" témoignerait, selon Aristote, de la potentialité philosophique de l'homme et constituerait un pas dans sa réalisation.

Il semble probable qu'Aristote avait rédigé le *Protreptique* pour répondre au texte d'Isocrate *Sur l'échange* publié vers 353/2[5], et qu'Aristote voulait par là s'opposer à une idée de l'éducation et de la valeur de la science prônée par Isocrate. Cependant la documentation concernant le *Protreptique* n'est peut-être pas suffisante pour en être sûr. Il est vrai aussi qu'un plaidoyer en faveur de la philosophie comme recherche de la connaissance se lit aussi dans les dialogues de Platon[6]. Mais nous pouvons admettre que le *Protreptique* constituait une réponse, non seulement à ceux qui, à Athènes, n'accordaient pas de valeur à la philosophie, mais aussi à ceux qui, comme Isocrate, se faisaient une idée de l'éducation et de la formation de l'esprit qui s'opposait aux ambitions de Platon et de son école. Car Isocrate attaquait l'idéal de la connaissance préconisé par cette école. Il estimait que les subtilités de la recherche astronomique et géométrique, telle qu'elle est menée par Platon et ses disciples, quoiqu'utiles comme exercices préliminaires, sont vaines et sans valeur dans la sphère de la vie pratique, dans les affaires privées et publiques. Au culte de la recherche scientifique Isocrate oppose son propre système d'éducation qui se base sur l'apprentissage d'une rhétorique politique utile au citoyen dans la conduite de sa vie. Sont valorisées, non pas la connaissance absolue, mais les opinions qui donnent les meilleurs résultats au niveau du bien public et privé. Une bonne rhétorique repose sur des valeurs éthiques bonnes et cultive un bon caractère moral, selon les normes de la société. La philosophie que veut proposer Isocrate est donc un art de bien parler, un art qui implique une formation morale selon les valeurs en vigueur dans la cité. S'il faut philosopher (φιλοσοφητέον), il le faut de cette manière, selon Isocrate, et non pas de la manière pratiquée par Platon et son école[7].

Le texte d'Isocrate, comparé au *Protreptique* d'Aristote, laisse entrevoir quelques aspects d'un grand débat qui a eu lieu à Athènes au milieu du IVe siècle avant J.C. Il est question de la politique de l'éducation et plus généralement de la manière de mener sa vie. Isocrate préconise une éducation pratique. Les valeurs acceptées de la société sont adoptées. Le bien

---

5   Isocrate *Sur l'échange*, dans *Isocrate Discours* t. III, éd. G. Mathieu, Paris 1960. Cf. Düring, *op. cit.*, pp. 33-5.

6   Cf. A. Festugière, *Les trois "Protreptiques" de Platon* (Euthydème, Phédon, Epinomis), Paris 1973. Noter *Euthydème* 282d1: ἀναγκαῖον εἶναι φιλοσοφεῖν et 288d6: φιλοσοφητέον ὡμολογήσαμεν.

7   Isocrate, *Sur l'échange* 84, 261-285.

public et privé est censé être évident. Il suffit d'un apprentissage appro-
prié, en particulier dans l'art de bien parler. Il faut éviter une recherche qui
élaborerait des connaissances scientifiques oiseuses. Or, c'est justement
cette recherche que veut recommander Aristote, selon lequel il faut
philosopher dans le sens d'une recherche critique qui veut atteindre une
vraie connaissance, qui cherche à comprendre toutes choses y compris les
phénomènes de la nature très éloignés de la vie pratique. Il faut philosopher dans ce sens, car la recherche de la connaissance, en tant qu'examen
critique, exprime notre propre nature et vise sa plus haute réalisation.

II

La question "Faut-il philosopher?" revient dans une autre exhortation à la
philosophie: l'*Hortensius* de Cicéron[8]. Livre perdu lui aussi, il en reste de
nombreuses citations explicites chez des auteurs latins postérieurs qui
nous donnent ainsi une image assez riche et détaillée du contenu de
l'oeuvre. Cicéron lui-même en parle et nous permet d'en établir la date et
l'objectif. L'*Hortensius* a été rédigé en 46/45 avant J.C., en partie au moins
à Rome, à une époque charnière dans la vie privée et publique de l'auteur,
celle de son divorce, de la mort de sa fille, de la fin de la république romaine. Dans l'*Hortensius* Cicéron entend défendre la philosophie tout
entière (c'est-à-dire en faisant abstraction des différences entre écoles
philosophiques) contre les critiques formulées dans le texte par le personnage d'Hortensius, un rhéteur. Cicéron veut encourager le lecteur à philosopher et dans ce but fait l'éloge de la philosophie. Il s'inspire en partie du
Protreptique d'Aristote, comme le montre le fragment suivant.

> Raisonnant contre la philosophie, l'Hortensius de Cicéron est pris au
> piège par une conclusion ingénieuse; en affirmant qu'il ne fallait pas
> philosopher, il ne semblait pas moins agir en philosophe, puisque c'est
> au philosophe qu'il appartient de discuter (*disputare*) de ce qu'il faut
> faire (*quid in vita faciendum*) et ce qu'il faut éviter dans la vie.[9]

S'agit-il d'une simple reprise de l'argument du *Protreptique*? On peut
éventuellement supposer que l'idée de la recherche et de l'investigation chez
Aristote[10] s'estompe quelque peu chez Cicéron qui souligne plutôt l'appli-
cation éthique de l'argument aristotélicien, "ce qu'il faut faire ... dans la
vie". Cicéron s'est efforcé en effet dans son livre à démontrer qu'étant

---

8   Pour ce qui suit, cf. M. Ruch, *L'Hortensius de Cicéron. Histoire et reconstitution*, Paris
1958; L. Straume-Zimmermann, E. Broemser, O. Gigon, *Cicero Hortensius Lucullus Academici
libri*, Munich-Zurich 1990.
9   Fr. 32 Ruch (trad. Ruch modifiée) = Fr. 55, 6 du *Protreptique* d'Aristote (Gigon); cf.
Martianus Capella *De nuptiis* IV, 441: «... an philosophandum sit in Hortensio disputatur.»
10   τὸ ζητεῖν, τὸ μετιέναι selon le témoignage d'Alexandre d'Aphrodise (*Protreptique* fr. 55,
1 Gigon = A, 2 Düring).

donné le désir universel des hommes d'être heureux[11] (une opinion qu'il estime universellement admise), la philosophie contribue à réaliser ce désir. La nature seule n'est pas adéquate comme guide de notre vie dans la poursuite du bonheur. Nous pouvons nous égarer, nous lancer dans des chemins sans issue, suivre des opinions trompeuses concernant l'importance morale de la richesse, du plaisir, de la renommée. La tâche de la philosophie serait donc de régler les opinions et les passions qui nous inspirent dans notre poursuite du bien et de collaborer ainsi à la réalisation d'une vie morale et heureuse[12].

D'autres fragments de l'*Hortensius* donnent à la philosophie une valeur dépassant celle d'une mise en ordre morale de notre vie. Cicéron y affirme la valeur absolue de la connaissance, un bien qui est la félicité divine[13].

> Appliquons-nous jour et nuit à cette recherche; affinons notre intelligence qui est comme la pointe de l'âme; veillons à ne pas la laisser émousser; vivons, pour mieux dire, en philosophes et nous pourrons de toute façon avoir confiance. Ou bien le principe de la sensation et de la pensée est mortel et caduc; en ce cas, après avoir rempli toutes les fonctions humaines, nous mourrons doucement et l'anéantissement final sera pour nous non une cause de tristesse, mais le dernier terme de notre labeur. Ou bien nous avons une âme immortelle et divine, comme aiment à le dire les philosophes anciens les plus grands et les plus renommés; alors, plus elle aura marché dans sa voie se servant de sa raison avec le désir de s'instruire et évitant de se mêler et de s'associer aux vices et aux erreurs des hommes, plus elle s'élèvera et reviendra facilement au ciel. – Pour finir, soit que nous voulions simplement mourir tranquilles, après avoir noblement vécu, soit que nous souhaitions passer sans retard de cette demeure dans une autre bien meilleure, c'est à ces études qu'il nous faut consacrer nos efforts et nos soins.[14]

Cicéron nous propose ainsi un pari: que nous soyons mortels ou immortels, la philosophie nous enrichit, au moins à mieux vivre, et, dans l'hypothèse d'une vie dans l'au-delà, à développer ce qui chez nous correspond à la vie divine, la connaissance. Même la *recherche* de la connaissance représente le bien suprême pour l'homme, le bonheur:

> Notre Cicéron est d'avis qu'est heureux tout homme qui recherche la vérité (*veritatem investigat*), même s'il n'arrive pas à la découvrir.[15]

En comparant les idées exposées par Cicéron en faveur de la philosophie avec celles développées par Aristote dans le *Protreptique* et ailleurs, en particulier dans la *Métaphysique* et dans l'*Ethique à Nicomaque*, nous

---

11. «Beati ... omnes esse volumus»(fr. 39 Ruch; cf. Platon *Euthydème* 278e3-6; Festugière, *op. cit.*, p. 111).
12. Je résume rapidement ici les fragments 60, 61, 63, 64, 71, 77.
13. Fr. 92.
14. Fr. 93 (trad. Ruch).
15. Fr. 95 (trad. Ruch).

pouvons relever beaucoup de points communs: même opposition (implicite ou explicite) entre rhétorique et philosophie, même insistance sur la nature humaine comme profondément philosophique, même valorisation de la connaissance, but de la philosophie, comme objectif suprême. La valeur de la philosophie dans la conduite de la vie, dans la poursuite du bonheur, est soulignée aussi par Aristote. Ce n'est donc guère l'originalité qui marque l'*Hortensius* de Cicéron. Ce qui frappe plutôt est le fait que les idées exposées par Aristote dans la ville d'Athènes au IVe siècle pouvaient avoir une actualité et une force si grande, trois siècles plus tard, dans la pensée d'un homme politique et littéraire romain.

III

Il faut attendre encore plus de trois siècles et se rendre à Apamée en Syrie pour pouvoir lire le seul *Protreptique* à la philosophie qui nous soit parvenu dans son intégralité de la philosophie ancienne. Il s'agit du *Protreptique* de Jamblique, aristocrate syrien, philosophe néoplatonicien et chef d'une école florissante à Apamée au début du IVe siècle après J.C. Véritable somme d'arguments protreptiques, le livre de Jamblique est connu des chercheurs surtout en tant que source possible de fragments provenant du *Protreptique* d'Aristote[16]. Essayons plutôt ici de situer le texte dans son époque, dans le cadre des intentions de son auteur Jamblique.

Le *Protreptique* de Jamblique n'est pas un texte indépendant. Il fait partie d'un vaste ensemble, un traité *Sur le Pythagorisme* dont il constitue le deuxième volume, étant précédé par la *Vie Pythagoricienne* (*De Vita Pythagorica*, volume I) et suivi d'une série de volumes présentant la mathématique en générale (*De communi mathematica scientia*) et dans ses parties, arithmétique, géométrie, musique[17]. L'intention de Jamblique dans la rédaction de cet ouvrage était d'initier le lecteur à la philosophie pythagoricienne considérée non pas comme curiosité historique, mais comme la vraie philosophie dont dépendent Platon et Aristote et qui rejoint l'antique sagesse des premiers poètes grecs et des sages barbares. L'initiation du lecteur commence par la présentation dans la *Vie Pythagoricienne* du personnage de Pythagore interprété comme révélateur aux hommes des divines vérités de la philosophie et des sciences. La légende de Pythagore assure ainsi déjà une fonction protreptique[18], alors que des *arguments* protreptiques en faveur de la philosophie pythagoricienne la suivent dans le deuxième volume.

---

16   Cf. *supra* n. 1.
17   Cf. D. O'Meara, *Pythagoras Revived*, Oxford 1989, p. 30 ss.
18   Cf. O'Meara, *op. cit.*, p. 36 ss.

Ce deuxième volume, le *Protreptique*, s'articulant selon un mouvement qui gouverne l'ensemble de l'ouvrage, mouvement qui mène de ce qui est commun, ce qui nous est familier, jusqu'à ce qui est plus spécifique, éloigné, difficile, propose une argumentation en trois étapes: (1) des arguments de type commun ou populaire en faveur de la philosophie dans son ensemble; (2) des arguments intermédiaires entre ceux du premier type et les arguments spécifiquement pythagoriciens[19]; (3) et enfin des arguments propres au pythagorisme[20]. Ce progrès du lecteur à partir de lieux communs concernant l'utilité de la philosophie dans la vie pratique vers la révélation pythagoricienne est aussi une montée qui conduit l'âme de la matérialité à la contemplation transcendante, montée facilitée par l'exposé des sciences mathématiques qui suit le *Protreptique* et qui sera achevé par une initiation à la "théologie" du pythagorisme[21].

Examinons maintenant de plus près quelques aspects de l'argumentation protreptique de Jamblique. Après avoir exposé son approche par trois étapes au chapitre 1 du *Protreptique*, Jamblique passe à la première étape qui est réalisée dans les chapitres 2 et 3. Le chapitre 2 propose un recueil de sentences faisant appel à des images et exhortant, dans le cadre d'une sagesse populaire, au soin de la vertu de l'âme, tâche censée être celle de la philosophie. Au chapitre 3, Jamblique propose une sélection de sentences pythagoriciennes, notamment des versets tirés des *Vers d'or*, qu'il commente et qui incitent à la contemplation, à la connaissance des dieux comme bonheur ultime de l'homme. La deuxième étape, conçue comme proposant des arguments protreptiques d'un niveau plus avancé, commence au chapitre 4 avec des extraits d'un texte attribué au pythagoricien Archytas que commente Jamblique comme montrant l'utilité de la sagesse dans la vie pratique et la valeur absolue de la sagesse comme connaissance du divin. Viennent ensuite, au chapitre 5, des "divisions" protreptiques pythagoriciennes. Il s'agit en fait de paraphrases de passages tirés des dialogues de Platon[22], notamment l'*Euthydème*, les *Lois*, le *Timée*, la *République*: Jamblique en supprime la forme dialoguée, simplifie et résume le raisonnement pour en souligner le caractère protreptique. Ainsi, par exemple, à la fin d'une paraphrase de quelques pages des *Lois*, il remarque:

---

19   Des éléments pythagoriciens peuvent intervenir déjà au cours de la première étape d'argumentation dans la mesure où ils s'intègrent dans le cadre d'une sagesse commune ou populaire (cf. *Protr.* ch. 3).

20   Jamblique *Protreptique* ed. H. Pistelli 7, 12-8, 9 (= pp. 40-1 de *Jamblique Protreptique* éd. trad. E. des Places, Paris 1989).

21   Cf. O'Meara, *op. cit.*, pp. 92-3.

22   Jamblique approprie les textes de Platon comme étant pythagoriciens dans la mesure où Platon, d'après lui, est pythagoricien (O'Meara, *op. cit.*, p. 42).

Voilà qui n'est rien d'autre que philosopher comme on le doit, de sorte que, dans tous les cas, il faut philosopher (φιλοσοφητέον) si l'on veut être heureux.[23]

Le désir universel des hommes de bien vivre, d'atteindre le bonheur, thème énoncé dans l'*Euthydème* de Platon que cite Jamblique[24], nécessite la philosophie "dans tous les cas" (ἐξ ἅπαντος τρόπου), que ce soit au niveau de la sage gestion de la vie pratique et politique, ou au niveau de la connaissance comme réalisation suprême de l'homme.

Sans prolonger notre lecture du *Protreptique* de Jamblique, nous pouvons proposer les remarques suivantes. Aristote soutenait que la discussion de la question "Faut-il philosopher?" constituait déjà une réflexion philosophique, quel que soit notre avis sur la question. Jamblique, quant à lui, estime que quel que soit le niveau où se situe notre réflexion – opinions communes, sagesse populaire, arguments plus scientifiques –, quel que soit le genre de philosophie en cause – pythagoricienne ou autre –, quel que soit notre objectif – bien vivre dans la vie quotidienne ou divinisation –, la philosophie s'impose. Il en fait la démonstration par l'usage de textes de nature et d'origines diverses, sentences, textes (pseudo-)pythagoriciens, platoniciens, aristotéliciens, qu'il intègre de manières différentes, sélection, citation avec bref commentaire, paraphrase et remaniement assez poussé[25]. Cette culture livresque, caractéristique de la philosophie de l'antiquité tardive, constitue un argument dans la mesure où elle est structurée par une théorie de l'argumentation protreptique (niveaux et types des arguments) et par une éthique qui unit l'utile dans la vie pratique au bien absolu qu'est la connaissance du divin dans la mesure où la vie pratique constitue une préparation menant à la vie contemplative[26]. Ce n'est pas le fait de poursuivre une investigation, une recherche, qui démontre le besoin de philosopher chez l'homme. C'est plutôt le consensus des différentes formes de sagesse, populaires ou scientifiques, qui en témoigne. Et ces formes de sagesse sont intégrées dans une vision néoplatonicienne qui préconise comme objectif ultime de la philosophie la contemplation du transcendant qui est une divinisation de l'homme.

---

23   *Protr.* 30, 9-11 Pistelli (p. 61 des Places, trad. des Places modifiée). Voir aussi *Protr.* 34, 1-4 (p. 64 des Places); 36, 27-37, 11 (pp. 67-8 des Places); 41, 6-15 (p. 71 des Places); 48, 18-21 (pp. 78-9 des Places).

24   *Protr.* 24, 22 (p. 56 des Places); cf. *supra* n. 11.

25   Le traitement que subissent les extraits de l'*Euthydème* de Platon dans *Protr.* ch. 5 est analysé par B. Larsen, *Jamblique de Chalcis*, Aarhus 1972, p. 164 ss.

26   Cf. mon article "Vie politique et divinisation dans la philosophie néoplatonicienne" dans ΣΟΦΙΗΣ ΜΑΙΗΤΟΡΕΣ *"Chercheurs de sagesse". Hommage à Jean Pépin*, éd. M. O. Goulet-Cazé *et al.*, Paris 1992, pp. 501-510.

IV

C'est à Alexandrie que se termine ce voyage, au cours de la deuxième moitié du VIe siècle, dans le milieu de l'école néoplatonicienne d'Olympiodore[27]. Justinien avait fermé l'école néoplatonicienne d'Athènes – véritable "think-tank" de la pensée païenne – en 529. Malgré ses rapports étroits avec les philosophes athéniens, et pour des raisons que nous ne connaissons pas d'une manière suffisamment sûre, l'école d'Alexandrie a pu poursuivre ses activités avec une certaine indépendance intellectuelle au-delà de la fin du VIe siècle. Grâce aux commentaires sur Aristote et sur Platon provenant de cette école dont nous disposons, nous sommes bien renseignés sur les pratiques pédagogiques et les idées des Néoplatoniciens alexandrins. Je voudrais me référer en particulier à deux textes, les *Prolégomènes à la philosophie* d'Elias et ceux de David, très probablement deux élèves chrétiens d'Olympiodore. Les *Prolégomènes à la philosophie* d'Elias et de David reproduisent des variantes d'un cours qui ouvrait le curriculum philosophique très standardisé de l'école d'Alexandrie. Ce curriculum, qui se distingue par sa conscience pédagogique, son élaboration systématique et détaillée, et, il faut bien le dire, par sa répétitivité quelque peu machinale et dogmatique remonte à l'enseignement du grand maître de l'école d'Athènes, Proclos[28]. Reflets d'un cours maintes fois répété, les *Prolégomènes* d'Elias et de David sont de précieux témoins de l'initiation à la philosophie que recevait l'étudiant (souvent chrétien) au cours de la deuxième moitié du VIe siècle à Alexandrie.

Le texte d'Elias affirme d'emblée l'universalité du désir du bien (même l'assassin cherche par son crime un avantage) et surtout d'un plus grand bien[29]. Or, en découvrant que la philosophie fournit un très grand bien, nous devenons des amoureux ardents de la philosophie (ἐρασταὶ φιλοσοφίας). Ce bien est décrit par Platon comme un bien tel que son égal «n'est pas venu et ne viendra jamais aux hommes en tant que don de Dieu»[30]. Or, pour savoir ce qu'est ce bien il faut savoir ce qu'est la philosophie, c'est-à-dire en donner une définition. La définition correspond à la deuxième des quatre questions qui se posent, selon Aristote[31], dans l'investigation à propos de tout objet: s'il est? ce qu'il est? de quelle sorte il est? pourquoi il est? Il faudrait ainsi dire d'abord si la philosophie est, avant de préciser ce

---

27 Sur cette école, voir en premier lieu l'excellente introduction à *Prolégomènes à la philosophie de Platon*, éd. L. G. Westerink, J. Trouillard, A. Segonds, Paris 1990, pp. X-XLII.

28 Cf. Westerink *et al.*, p. LVI ss.

29 Elias *Prolegomena*, éd. A. Busse, *Eliae in Porphyrii Isagogen* (Commentaria in Aristotelem graeca t. XVIII, 1), Berlin 1900, 1, 3-19.

30 Elias 2, 1-2, qui modifie le texte de Platon (*Timée* 47b1-2) en substituant "Dieu" aux "dieux" de Platon.

31 Cf. Aristote *Seconds analytiques* II, 1.

qu'elle est et montrer ainsi le bien qu'elle promet[32]. La procédure d'Elias peut sembler à première vue artificielle, dictée non pas par de réels doutes sur l'existence de la philosophie, mais par un système didactique de questions et de réponses. Elias fait référence toutefois à ceux qui "détruisent" la philosophie et les réfute rapidement: vouloir démontrer que la philosophie n'existe pas revient à démontrer le contraire, car la démonstration fait partie de la philosophie. Elias ajoute l'argument du *Protreptique* d'Aristote, qu'il interprète ainsi: si la philosophie est, on doit philosopher parce qu'elle est; si elle n'est pas (thèse des adversaires), il faut rechercher (ζητεῖν) comment elle n'est pas. Mais rechercher c'est philosopher: la recherche est la cause de la philosophie[33]. Ensuite, après avoir expliqué ce qu'est une définition, Elias propose six définitions de la philosophie: connaissance des êtres en tant que tels; connaissance des choses divines et humaines; assimilation à Dieu; préparation à la mort; art des arts et science des sciences; amour de la sagesse[34]. Le bien promis par la philosophie est exprimé dans les deux définitions téléologiques: l'assimilation à Dieu (ou divinisation), la préparation de l'âme à transcender la matérialité ("mort") dans cette assimilation à Dieu.

Les *Prolégomènes* de David suivent le même schéma, avec quelques variantes, par exemple en soulignant le plaisir et l'amour des discours philosophiques[35] et en s'adressant en beaucoup plus grand détail à ceux qui veulent détruire la philosophie. Qui sont ces "aveugles", les auteurs d'une telle déraison? David énumère leurs arguments, qui s'inspirent en dernière analyse des attaques dirigées par le scepticisme antique[36] contre des philosophies dogmatiques telles que le stoïcisme, l'épicurisme, le platonisme et l'aristotélisme: il ne peut y avoir de philosophie (dogmatique), car l'être est homonyme, donc indéfinissable et inconnaissable; le flux total des choses rend la connaissance impossible; la connaissance des choses dépend de la sensation (qui est subjective et individuelle); la philosophie en tant que connaissance générale (par opposition aux connaissances des objets particuliers) n'a pas d'objet. Il semble peu probable que l'école néoplatonicienne d'Alexandrie ait été mise en cause dans sa conception (dogmatique) de la philosophie par des philosophes sceptiques de l'époque. Si le texte de David pouvait avoir une actualité quelconque, ce serait par rapport à certains des chrétiens qui admettaient difficilement les prétentions sotériologiques de la philosophie néoplatonicienne et qui pou-

---

32   Elias 3, 1-6.

33   3, 12-23.

34   7, 25-8, 13 (il s'agit d'une liste standard; cf. Westerink *et al.*, pp. XLIX-LII).

35   David *Prolegomena*, éd. A. Busse, *Davidis prolegomena* (Commentaria in Aristotelem graeca t. XVIII, 2), Berlin 1904, 1, 4-12.

36   David fait une allusion aux "Pyrrhoniens" par la suite (8, 25).

vaient puiser dans l'arsenal fourni par le scepticisme antique pour attaquer la "sagesse du monde".[37]

Après avoir répondu aux critiques sceptiques, David propose des arguments en faveur de l'existence de la philosophie. Si Dieu existe, la providence existe, donc la sagesse, donc l'amour de la sagesse, ce qu'est la philosophie. Et s'il n'y a pas de compréhension (κατάληψις), comment affirmer cela, dit Platon[38], sans le comprendre? Vient enfin l'argument du *Protreptique* d'Aristote qui, chez David, tourne sur l'aspect contradictoire de l'effort de démontrer la non-existence de la philosophie, alors que la philosophie est "mère" de la démonstration.[39]

Les deux philosophes alexandrins présupposent donc une identification de la philosophie avec la philosophie néoplatonicienne, rattachant ainsi l'intérêt de la philosophie à l'objectif du néoplatonisme, l'assimilation de l'homme au divin, objectif qui leur semble aller de soi. Si la philosophie peut être contestée, ce serait à partir d'arguments sceptiques mettant en cause toute philosophie de type dogmatique. Chez Elias et David, cette mise en cause sceptique de la possibilité d'une philosophie dogmatique – simple artifice didactique? reflet indirect d'une critique d'inspiration chrétienne? – est repoussée avec l'aide de l'argument du *Protreptique* d'Aristote, qui est supposé montrer, non pas que la discussion de la question "Faut-il philosopher?" est elle-même philosophique, mais que la recherche et l'argument démonstratif font partie de la philosophie dont l'existence est en cause, une philosophie telle que le néoplatonisme.

V

La question "Faut-il philosopher?" a été posée donc à de nombreuses reprises dans le monde antique, à des époques et dans des sociétés très différentes, dans la cité athénienne du IVe siècle avant J.C., à Rome à la fin de l'ère républicaine, en Syrie au début de la christianisation politique de l'empire, à Alexandrie avant les conquêtes perse et arabe. Répondant à des défis différents et se basant sur des visions différentes de la philosophie, Aristote, Cicéron, Jamblique, Elias et David ont cherché, en discutant de la question "Faut-il philosopher?", à en démontrer l'intérêt et ainsi à inciter

---

37 Comparer le troisième livre ("De falsa sapientia") des *Institutiones* de Lactance. Sur le fidéisme sceptique à l'époque moderne cf. R. Popkin, *The History of Scepticism*, Berkeley 1979. L'utilisation du scepticisme dans la philosophie et dans la littérature chrétienne de l'antiquité tardive est très peu étudiée (pour quelques indications cf. C. B. Schmitt, "The Rediscovery of Ancient Skepticism in Modern Times", dans *The Skeptical Tradition*, éd. M. Burnyeat, Berkeley 1983, p. 234).

38 Selon Elias *In categorias* (éd. cit. supra n. 29), 109, 32, il s'agit du *Théétète* de Platon; Westerink *et al.* (supra n. 27), p. LI, se référent à *Théétète* 170c2-171c7, mais le rapport est très ténu.

39 David 8, 11-9, 12.

leurs lecteurs à philosopher. Parmi les arguments avancés, celui d'Aristote permet de faire abstraction de tout présupposé dogmatique et touche, me semble-t-il, l'essentiel de la question. Je développerais l'argument brièvement ainsi. Dans un débat au sujet de l'intérêt d'une activité donnée, un ensemble de valeurs permet d'apprécier l'importance de cette activité. Or, dans le cas de la philosophie, pour autant qu'il s'agisse d'une véritable recherche, l'ensemble de valeurs devient, non pas cadre d'appréciation, mais objet d'analyse. Cette analyse s'impose dans la mesure où une réflexion critique et ouverte nous reste chère.

STEPHANAS, FORTUNATUS, ACHAIKUS, EPAPHRODITUS, EPAPHRAS, ONESIMUS & CO

DIE FRAGE NACH DEN GEMEINDEVERTRETERN UND GEMEINDEGESANDTEN IN DEN PAULINISCHEN GEMEINDEN

Hermann-Josef Venetz

I

In seiner gründlichen und anregenden Studie teilt W.-H. Ollrog die Mitarbeiter des Paulus in drei Gruppen auf:

1. Den engsten Kreis bilden Leute, die Paulus als Reisemissionare begleiteten und als übergemeindliche Missionare ununterbrochen für das paulinische Werk tätig waren. Dazu gehören namentlich Timotheus, der ohne Einschränkung in der Mitarbeit des Paulus stand, ferner Barnabas und Silvanus, die den Apostel nach einiger Zeit der Zusammenarbeit wieder verlassen haben.

2. Einen weiteren Kreis bilden die unabhängigen Mitarbeiter und Mitarbeiterinnen; Paulus hatte sie als Christen oder Missionarinnen z.T. ganz zufällig getroffen und eine Zeitlang mit ihnen zusammengearbeitet. Sie waren aber zu unabhängig und zu selbständig, als dass sie nicht auch wieder eigene Wege gegangen wären. Namentlich genannt seien hier Apollos, ein ziemlich eigenständiger Prediger, das Ehepaar Priska und Aquila, schliesslich Titus, der sich für bestimmte Aufträge zur Verfügung stellte, im übrigen aber selbständig handelte.

3. Das eigentliche Schwergewicht der Missionsarbeit lag aber – nach W.-H. Ollrog – auf dem dritten Kreis der Mitarbeiter des Paulus, den sog. Gemeindegesandten. Die Gruppe ist dadurch gekennzeichnet, dass ihre Glieder aus den pln Gemeinden stammten und eine Zeitlang *in Vertretung* ihrer Gemeinden in der Missionsarbeit mitarbeiteten.[1]

Die Betrachtungsweise W.-H. Ollrogs wurde durch W. Rebell unterstützt, und zwar mittels sozialpsychologischer Beobachtungen und Überlegungen.[2] In der *Attitüdenforschung* kann man beobachten, dass neuerworbene Attitüden u.a. durch "öffentliche Bekanntgabe der eigenen Überzeugung" und durch "aktive Beteiligung aufgrund der eigenen Überzeugung" gefestigt werden (W.J. McGuire). Dadurch dass Paulus die Gemeinden

---

1   W.-H. Ollrog, Paulus und seine Mitarbeiter. Untersuchungen zu Theorie und Praxis der paulinischen Mission (WMANT 50), Neukirchen-Vluyn 1979, 93-96.

2   W. Rebell, Gehorsam und Unabhängigkeit. Eine sozialpsychologische Studie zu Paulus, München 1986.

durch ihre Gemeindegesandten in das Missionswerk einbindet, geschieht genau das: die Gemeinde wird in ihrem Glauben gestärkt. Paulus kommt es also bei seinem Missionswerk nicht in erster Linie auf Effektivität an, sonst hätte er Mitarbeiter aus Antiochien mitnehmen können; ihm kommt es auf die Stärkung des Glaubens der Gemeinden an. Darum "verpflichtete" er seine Gemeinden, ihm solche Mitarbeiter zu schicken.[3]

Die Missionstätigkeit der Gemeindegesandten kann auch noch vom Motiv des *Dissonanzreduktionsmechanismus* her betrachtet werden: "Menschen werden zu der Überzeugung, die man selber als die richtige erkannt hat, hinzugewonnen" – ein für die christliche Mission sehr wichtiges Motiv.[4]

Die Theorie ist bedenkenswert und interessant und gibt gewiss manches her auch für ein heutiges Gemeinde- und Missionsverständnis. Allerdings muss man sich fragen, ob sie durch die uns zur Verfügung stehenden Texte auch genügend erhärtet werden kann. M.E. geht W. Rebell mit den (exegetischen) Ergebnissen von W.-H. Ollrog zu wenig kritisch um. Er übernimmt sie einfach, und es gelingt ihm, sie in seine sozialpsychologischen Modelle einzufügen. Dagegen ist die Frage zu stellen, wo (im pln Schrifttum) Paulus die Gemeinden zu dieser Art von missionarischer Teilnahme auch tatsächlich *verpflichtet.*

So gehen wir als erstes jene vier Texte durch, die nach W.-H. Ollrog im Verdacht stehen, von dieser besonderen Art von Gemeindegesandten Kunde zu geben (1.-4.) und wenden uns dann – um das Bild noch bunter zu machen – noch einigen weiteren Texten zu, in welchen Mitarbeiter bzw. Delegationen erwähnt werden, die von Gemeinden oder Gruppierungen an bestimmten Anlässen oder für bestimmte Aufgaben beauftragt oder empfohlen worden sind (5.-9.)

II

1. Stephanas, Fortunatus und Achaikus (1Kor 16,17f)

16,17 χαίρω δὲ ἐπὶ τῇ παρουσίᾳ Στεφανᾶ καὶ Φορτουνάτου καὶ Ἀχαϊκοῦ, ὅτι τὸ ὑμέτερον ὑστέρημα οὗτοι ἀνεπλήρωσαν· 16,18 ἀνέπαυσαν γὰρ τὸ ἐμὸν πνεῦμα καὶ τὸ ὑμῶν. ἐπιγινώσκετε οὖν τοὺς τοιούτους.

Zu dieser Stelle sagt W.-H. Ollrog: "Nach 1Kor 16,17f bleiben die Korinther Stephanas, Fortunatus und Achaikos ebenfalls bei Paulus (sc. wie Epaphroditos Phil 2,25-30 und Epaphras Kol 1,7; 4,12f), obgleich die Lage der korinthischen Gemeinde ihre ordnende Hand hätte gut gebrauchen können (vgl. 1Kor 16,15f)."[5]

---

3   A.a.O. 93-95.
4   A.a.O. 95.62-63.
5   W.-H. Ollrog, Paulus 96.

In der Besprechung der Verse 16,17-18 gelten die drei Genannten als Überbringer des 7,1 erwähnten Briefes der Korinther. Nach Meinung W.-H. Ollrogs waren das nicht gerade Nachrichten, die Paulus hätten beruhigen können (18a).

Auf die Frage, was für einen Mangel denn die drei Korinther beseitigten, so dass sowohl Paulus wie auch die Gemeinde hätten beruhigt werden können, antwortet W.-H. Ollrog: Die Drei "behoben, indem sie zu Paulus kamen, einen Mangel der korinthischen Gemeinde ... Ihr Mangel ist nun, mit der παρουσία der drei Gemeindeglieder, beglichen."[6] Deutlicher – so W.-H. Ollrog – könne das durch einen Vergleich mit Phil 2,29f zum Ausdruck gebracht werden (dazu weiter unten).

Zu 1 Kor 16,17f jetzt schon folgende Bemerkungen:

1. Aus dem Text ist nicht zu entnehmen, dass die drei bei Paulus *bleiben*.

2. Die Frage wird uns auch noch im folgenden beschäftigen: Was ist unter ὑστέρημα zu verstehen? Für W.-H. Ollrog dürfte es klar sein: Der Mangel der Gemeinde bestand darin, dass sie sich nicht durch einen Gesandten am missionarischen Werk des Paulus beteiligte. Dadurch dass sie nun diese drei Männer (Stephanas, Fortunatus und Achaikus) schickte, hat sie diesen Mangel behoben.

Wahrscheinlich nimmt H.-J. Klauck zu dieser Vermutung Stellung, wenn er in seinem Kommentar sagt: "Der 'Mangel', den sie 'ausfüllen', bezieht sich schwerlich auf die Verpflichtung einer Gemeinde zur obligatorischen Stellung von Missionsgehilfen. Es genügt, an die durch räumliche Trennung erschwerte und durch Missstimmungen gestörte Kommunikation zwischen Apostel und Gemeinde zu denken. Durch Besuch und Brief scheint sie für den Augenblick auf eine neue, feste Basis gestellt zu sein."[7]

In unserem konkreten Fall wäre also unter ὑστέρημα die "gestörte Kommunikation zwischen Apostel und Gemeinde" zu verstehen.

2. *Epaphroditus (Phil 2,29f)*

Zum besseren Verständnis betrachten wir den ganzen Abschnitt (2,25-30):

2,25 Ἀναγκαῖον δὲ ἡγησάμην Ἐπαφρόδιτον τὸν ἀδελφὸν καὶ συνεργὸν καὶ συστρατιώτην μου, ὑμῶν δὲ ἀπόστολον καὶ λειτουργὸν τῆς χρείας μου, πέμψαι πρὸς ὑμᾶς, 2,26 ἐπειδὴ ἐπιποθῶν ἦν πάντας ὑμᾶς καὶ ἀδημονῶν, διότι ἠκούσατε ὅτι ἠσθένησεν. 2,27 καὶ γὰρ ἠσθένησεν παραπλήσιον θανάτῳ· ἀλλὰ ὁ θεὸς ἠλέησεν αὐτόν, οὐκ αὐτὸν δὲ μόνον ἀλλὰ καὶ ἐμέ, ἵνα μὴ λύπην ἐπὶ λύπην σχῶ. 2,28 σπουδαιοτέρως οὖν ἔπεμψα αὐτόν, ἵνα ἰδόντες αὐτὸν πάλιν χαρῆτε κἀγὼ ἀλυπότερος ὦ. 2,29 προσδέχεσθε οὖν αὐτὸν ἐν κυρίῳ μετὰ πάσης χαρᾶς καὶ τοὺς τοιούτους ἐντίμους ἔχετε, 2,30 ὅτι

---

6   A.a.O. 97.

7   H.-J. Klauck, 1. Korintherbrief (NEB), Würzburg 1984, z.St.

διὰ τὸ ἔργον Χριστοῦ μέχρι θανάτου ἤγγισεν παραβολευσάμενος τῇ ψυχῇ, ἵνα ἀναπληρώσῃ τὸ ὑμῶν ὑστέρημα τῆς πρός με λειτουργίας.

Für W.-H. Ollrog scheinen die Dinge klar zu sein: "Als offizieller Vertreter seiner Gemeinde vertritt er (sc. Epaphroditus) die Philipper in der Missionsarbeit bei Paulus und füllt damit den Mangel aus, der der Gemeinde anhaftet (vgl. V 25)."[8]

Man könnte auch sagen: Eine Gemeinde, die sich in der Missionsarbeit nicht vertreten lässt (eben durch einen Gemeindegesandten), ist eine Gemeinde, die Mangel leidet oder der Mangel anhaftet.

Zu 2,25-30 folgende Beobachtungen[9]:

1. Es gibt kaum jemanden, den Paulus mit so vielen (Ehren-) Titeln bedenkt wie Epaphroditus: er ist "mein Bruder" [ἀδελφός], "(mein) Mitarbeiter" [συνεργός], "(mein) Mitstreiter" [συστρατιώτης], "euer Abgesandter" [ὑμῶν ... ἀπόστολος] und "Diener meiner Not" [λειτουργὸς τῆς χρείας μου].

Diese Titel mögen durchaus für Epaphroditus sprechen; für kritische Augen und Ohren lassen sie ihn aber auch verdächtig werden.

2. Paulus legt die Gründe für die Rück-Sendung des Epaphroditus dar: Epaphroditus hatte Heimweh nach seinen Leuten und war beunruhigt, weil sie von seiner Krankheit wussten; er war also krank, und zwar bis auf den Tod, was dem Paulus selbst grossen Kummer bereitete; wenn er (Paulus) ihn jetzt zurückschickt, werden die Leute in Philippi sich freuen und Paulus selber wird einen Kummer weniger haben (V 26-28).

3. Zu beachten ist die eindringliche Empfehlung des Epaphroditus an die Gemeinde in Philippi (V 29): Sie sollen ihn freudig annehmen und solche Männer in Ehren halten. Hatte Epaphroditus eine solche Empfehlung nötig?

4. Die Begründung in V 30 ist schwierig: Epaphroditus hat um des Werkes Christi willen sein Leben riskiert, ἵνα ἀναπληρώσῃ τὸ ὑμῶν ὑστέρημα τῆς πρός με λειτουργίας.

Wie ist ὑστέρημα hier zu verstehen? Wenn es um die Vertretung der Gemeinde in der Missionsarbeit ginge, hätte das Paulus irgendwo deutlich machen müssen; denn aus τῆς πρός με λειτουργίας kann man das nicht entnehmen.

Nichts weist darauf hin, dass ὑστέρημα mit "Mangel" übersetzt werden muss. ὑστέρημα kann auch mit "Bedürfnis" übersetzt werden[10]: Die Christen und Christinnen in Philippi hatten das Bedürfnis, Paulus zu Diensten zu sein und schickten Epaphroditus zu ihm.

---

8   W.-H. Ollrog, Paulus 99.

9   Zum folgenden – wenn auch zu anderen Ergebnissen kommend – B. Mayer, Paulus als Vermittler zwischen Epaphroditus und der Gemeinde von Philippi. Bemerkungen zu Phil 2,25-30, BZ 31(1987)176-188.

10   So auch C. Spicq, Lexique théologique du Nouveau Testament, Fribourg – Paris ²1991 (=Fribourg 1978), 1573: les besoins, plutôt que les déficiences (zu 1Thess 3,10).

5. Schlüsselwort dürfte der Ausdruck λειτουργία sein. V 25 nennt den Epaphroditus λειτουργὸς τῆς χρείας μου; V 30 ist die Rede von τὸ ὑμῶν ὑστέρημα τῆς πρός με λειτουργίας.

Hier ist zuerst nicht an eine kultische Verrichtung zu denken. C. Spicq beginnt seinen Artikel s.v. so: "Quelle que soit l'évolution de leur séman-tique, ces termes conserveront leur signification étymologique: λειτουργός = λήϊτος (ionien): public, relatif au peuple + ἔργον: travail, œuvre; l'accent étant mis tantôt sur le travail et son caractère pénible, tantôt sur son as-pect officiel et en quelque sorte étatique ..."[11]

Daraus kann man entnehmen: Was Epaphroditus dem Paulus tut, hat offiziellen Charakter: er ist der von der Gemeinde abgesandte (ἀπόστολος) Helfer oder Beistand oder Diener, der dem Paulus, der sich in einer miss-lichen Lage befindet, zu Hilfe kommen und seine Not beheben soll (V 25); in der Erfüllung dieses Dienst-Auftrags im Namen der Gemeinde (die Ge-meinde konnte ihn nicht erfüllen, aber aus ihrem Bedürfnis heraus, es zu tun, entsandte sie den Epaphroditus) riskierte Epaphroditus das Leben. Oder auch so: Epaphroditus hat sein Leben riskiert, damit er dem Bedürf-nis der Philipper, dem Paulus zu helfen bzw. zu Diensten zu sein, gerecht werde (es erfülle).

6. Es ist zu vermuten, dass der Versuch der Gemeinde in Philippi, von sich aus dem Paulus einen Beistand zu entsenden, gescheitert ist, wahr-scheinlich sowohl an Paulus als auch am Gesandten Epaphroditus selbst.

Dass Epaphroditus gescheitert ist, geht auch aus der Gegenüberstel-lung zu Timotheus hervor: 2,19-24.[12] Über Timotheus steht unmittelbar vor dem Abschnitt über Epaphroditus folgendes:

V 19 Ἐλπίζω δὲ ἐν κυρίῳ Ἰησοῦ Τιμόθεον ταχέως πέμψαι ὑμῖν, ἵνα κἀγὼ εὐψυχῶ γνοὺς τὰ περὶ ὑμῶν.

Timotheus war der Sohn eines griechischen (heidnischen) Vaters und einer Judenchristin (Apg 16,1-3). In seiner Heimatstadt Lystra (Kleinasien) ist er von Paulus selbst für den christlichen Glauben gewonnen worden (14,6f; 1Kor 4,17). Als Paulus auf der 2. Missionsreise in dasselbe Gebiet kommt, ist Timotheus nicht nur in Lystra, sondern auch in Ikonium ein hochgeschätzter Mann, obwohl er nicht beschnitten war. Paulus wünscht ihn als Begleiter auf seinen weiteren Missionsreisen, lässt ihn aber mit

---

11   C. Spicq, Lexique 899. Beachte übrigens, wie Paulus Phil 4,18 die Spende, die Epaphro-ditus im Namen der Philipper gebracht hat, bezeichnet: πεπλήρωμαι δεξάμενος παρὰ Ἐπαφρο-δίτου τὰ παρ' ὑμῶν, ὀσμὴν εὐωδίας, θυσίαν δεκτήν, εὐάρεστον τῷ θεῷ.

12   Keine der vorgeschlagenen Teilungshypothesen ordnet die Abschnitte 2,19-25 und 2,25-30 je anderen Briefen zu, vgl. etwa J. Gnilka, Der Philipperbrief (HThK X,3), Freiburg 1968; W. Schmithals, Die Briefe des Paulus in ihrer ursprünglichen Form (Zürcher Werk-kommentare zur Bibel), Zürich 1984; R. Pesch, Paulus und seine Lieblingsgemeinde. Drei Briefe an die Heiligen von Philippi, Freiburg 1985.

Rücksicht auf die Juden beschneiden. (In Spannung zu dieser letzten Aussage steht freilich Gal 5,11). Timotheus ist nach Phil 2,19 Gesandter des Paulus an die Gemeinde in Philippi. Er wird die Gemeinde besuchen und dem Paulus dann Bericht erstatten. Das kann nur Timotheus, nicht aber Epaphroditus, obwohl dieser im Unterschied zu Timotheus aus Philippi stammt und über die Zustände dort – wie man meinen möchte – bestens unterrichtet wäre. Und erst wenn Timotheus wieder zu Paulus zurückkommt, wird sich Paulus beruhigt fühlen (vgl. 1Kor 16,18a!). Paulus rechnet nicht damit, dass Epaphroditus zu ihm zurückkommt; wahrscheinlich würde das auch nicht viel nützen ...

V 20 οὐδένα γὰρ ἔχω ἰσόψυχον, ὅστις γνησίως τὰ περὶ ὑμῶν μεριμνήσει·

Das zu sagen unmittelbar bevor Paulus von Epaphroditus spricht, ist ein starkes Stück. Obwohl Epaphroditus von der Gemeinde in Philippi abgesandt ist, ist Timotheus um die Anliegen der Gemeinde in Philippi mehr besorgt. Offensichtlich hat Epaphroditus nicht nur nicht die gleiche Wellenlänge wie Paulus (ἰσόψυχος), er ist bezüglich der Gemeinde in Philippi auch nicht besonders gut im Bild, ja sorgt sich weniger um die Gemeinde als Timotheus, obwohl Paulus von Epaphroditus nachher sagt, wie sehr er sich nach der Gemeinde sehne und dass er im Auftrag der Gemeinde das Leben riskiert habe.

V 21 οἱ πάντες γὰρ τὰ ἑαυτῶν ζητοῦσιν, οὐ τὰ Ἰησοῦ Χριστοῦ.

Wie kann hier Paulus so pauschal von "allen" sprechen, wenn doch gleich nachher Epaphroditus erwähnt wird?

V 22 τὴν δὲ δοκιμὴν αὐτοῦ γινώσκετε, ὅτι ὡς πατρὶ τέκνον σὺν ἐμοὶ ἐδούλευσεν εἰς τὸ εὐαγγέλιον.

Die Philipper kennen Timotheus; sie kennen seine δοκιμή, seine Bewährung.

V 23 τοῦτον μὲν οὖν ἐλπίζω πέμψαι ὡς ἂν ἀφίδω τὰ περὶ ἐμὲ ἐξαυτῆς.

Offensichtlich ist Timotheus bei Paulus oder doch in dessen Nähe; Paulus kann ihn gebrauchen, hat ihn auch nötig, weil seine Lage (vorläufig) noch nicht übersichtlich ist. Auf das Bleiben des (freilich kranken aber offensichtlich für die Reise doch wieder hergestellten) Epaphroditus kann Paulus hingegen leicht verzichten. Epaphroditus scheint für Paulus tatsächlich eher eine Last zu sein: wenn Epaphroditus geht, hat Paulus einen Kummer weniger (V 28). Das bedeutet aber doch – um W. Rebell zu widersprechen –: Paulus geht es doch mehr um die Effektivität als um das Gemeindeprinzip (hier in dem Sinn, dass eben die Gemeinde sich im Missionswerk durch einen Gesandten vertreten lässt).

V 24 πέποιθα δὲ ἐν κυρίῳ ὅτι καὶ αὐτὸς ταχέως ἐλεύσομαι.

Epaphroditus hat überhaupt keine Bedeutung; er wird zur Beziehung zwischen Paulus und der Gemeinde nichts beitragen. Es bedarf des Besuches des Timotheus (und es bedarf des Besuches des Paulus selbst.) Epaphroditus ist für Paulus unbrauchbar.

Es stellen sich noch zwei Fragen:

1. Ist Epaphroditus der Überbringer des Briefes an die christliche Gemeinde in Philippi? Wir hätten dann in Phil 2,25-30 eine ähnliche Empfehlung wie in Röm 16,1 bezüglich der "Schwester Phöbe". Das ist z.B. die Meinung von R. Pesch; für ihn ist der zweite Brief (1,1-3,1; 4,4-7.21-23) "Der Brief aus dem Gefängnis anlässlich der Rücksendung des Epaphroditus".

Ob Epaphroditus der Überbringer des (oder eines) Briefes war, mag dahingestellt bleiben. Etwas seltsam mutet allerdings an, dass die Quittung für die Spende nicht von Epaphroditus zurückgebracht wird, vgl. 4,18 (der Quittungsbrief wäre – nach R. Pesch – der 1. Brief [4,10-20]).

2. Eine zweite Frage drängt sich auf: Wer hat den Epaphroditus zu Paulus nach Ephesus (?) geschickt?

Man sollte sich einmal überlegen, ob die Erwähnung der Episkopen und Diakone in 1,1 nicht darauf hinweisen könnte,

a) dass der Brief doch vorwiegend die "Gemeindeverantwortlichen" im Blickfeld hat, und

b) dass nicht auszuschliessen ist, dass es in der Gemeinde zu Differenzen zwischen den Leitern (Leiterinnen) und der Basis gekommen ist.[13]

---

13   Unter diesem Aspekt wäre einmal der ganze Brief zu lesen. Hier nur einige Hinweise:
– Das Gebet des Paulus geht dahin: ἵνα ἡ ἀγάπη ὑμῶν ἔτι μᾶλλον καὶ μᾶλλον περισσεύῃ ἐν ἐπιγνώσει καὶ πάσῃ αἰσθήσει εἰς τὸ δοκιμάζειν ὑμᾶς τὰ διαφέροντα, ἵνα ἦτε εἰλικρινεῖς καὶ ἀπρόσκοποι εἰς ἡμέραν Χριστοῦ, πεπληρωμένοι καρπὸν δικαιοσύνης τὸν διὰ Ἰησοῦ Χριστοῦ εἰς δόξαν καὶ ἔπαινον θεοῦ (1,9-11).
Darf man vermuten, dass in Philippi gestritten und diskutiert wurde und dass dabei "das, worauf es ankommt", aus den Augen verloren wurde? Ist es abwegig zu vermuten, dass es um "Lappalien" ging, um Rangstreitigkeiten z.B., eben um Nebensächlichkeiten?
– Von besonderer Eindringlichkeit ist die Paränese rund um den Christus-Hymnus 2,6-11. In der Einleitung dazu geht es wiederum um die Einheit: πληρώσατέ μου τὴν χαρὰν ἵνα τὸ αὐτὸ φρονῆτε, τὴν αὐτὴν ἀγάπην ἔχοντες, σύμψυχοι, τὸ ἓν φρονοῦντες, μηδὲν κατ' ἐριθείαν μηδὲ κατὰ κενοδοξίαν ἀλλὰ τῇ ταπεινοφροσύνῃ ἀλλήλους ἡγούμενοι ὑπερέχοντας ἑαυτῶν, μὴ τὰ ἑαυτῶν ἕκαστος σκοποῦντες ἀλλὰ [καὶ] τὰ ἑτέρων ἕκαστοι (2,2-4).
Hier hat man den berechtigten Eindruck, dass Individualismus und Arroganz die Gemeinde bedrohte. In diese Richtung weist auch die Mahnung, das Heil μετὰ φόβου καὶ τρόμου zu wirken 2,12.
– Ob die antijudaistische Polemik in Kap 3 auch etwas damit zu tun hat, ist schwer zu entscheiden. Immerhin könnte V 13-16 gegen eine gewisse Heilssicherheit ankämpfen, also wiederum gegen Arroganz (und Individualismus?).
– Sicher ist, dass die Mahnung 4,2-3 an Euodia, Syntyche, Syzygos und Klemens in eine ähnliche Richtung weisen: τὸ αὐτὸ φρονεῖν ἐν κυρίῳ – das wird Mitarbeitern und Mitarbeiterinnen des Paulus gesagt, und zwar in einem Kontext, in dem Paulus zum Frieden mahnt (4,4-7). Nicht ohne Bedeutung ist auch die Mahnung, μηδὲν μεριμνᾶτε V 6, was möglicherweise auf die "falschen Sorgen" der Philipper hinweisen könnte, ein Sorgen, das der Freude – ein

3. Epaphras (Kol 1,7f; 4,12f)

Über Epaphras steht in Kol 1,7-8 dieses:

καθὼς ἐμάθετε ἀπὸ Ἐπαφρᾶ τοῦ ἀγαπητοῦ συνδούλου ἡμῶν, ὅς ἐστιν
πιστὸς ὑπὲρ ὑμῶν διάκονος τοῦ Χριστοῦ, ὁ καὶ δηλώσας ἡμῖν τὴν ὑμῶν
ἀγάπην ἐν πνεύματι.

Die textkritische Entscheidung ist schwierig. Nestle-Aland entscheidet
für ὑμῶν, die Studienausgabe von Aland u.a. entscheidet für ἡμῶν.

W.-H. Ollrog, der in Epaphras den kolossischen Gemeindeleiter sieht,
hält die Lesart ὑμῶν selbstverständlich für die ursprünglichere: Epaphras
steht in Stellvertretung der Gemeinde: ὑπὲρ ὑμῶν = stellvertretend für die
Gemeinde.

Das wird – nach W.-H. Ollrog – 4,12f bestätigt:

ἀσπάζεται ὑμᾶς Ἐπαφρᾶς ὁ ἐξ ὑμῶν, δοῦλος Χριστοῦ [Ἰησοῦ], πάντοτε
ἀγωνιζόμενος ὑπὲρ ὑμῶν ἐν ταῖς προσευχαῖς, ἵνα σταθῆτε τέλειοι καὶ πε-
πληροφορημένοι ἐν παντὶ θελήματι τοῦ θεοῦ. μαρτυρῶ γὰρ αὐτῷ ὅτι ἔχει
πολὺν πόνον ὑπὲρ ὑμῶν καὶ τῶν ἐν Λαοδικείᾳ καὶ τῶν ἐν Ἱεραπόλει.

Nach 4,13 vertritt Epaphras nicht nur die Kolosser, sondern zugleich
die Gemeinden von Laodizäa und Hierapolis.[14]

Dazu ist folgendes zu sagen:

1. Aus 1,7 kann man nicht entnehmen, Epaphras sei kolossischer
Gemeindeleiter. Eher lässt sich dem Vers entnehmen, Epaphras habe die
Gemeinde in Kolossä gegründet, und er stehe jetzt noch in missionarischem
Einsatz für die Gemeinden in der Umgebung.

2. Auch unter der Voraussetzung, dass ὑμῶν die ursprüngliche Lesart
ist,[15] bedeutet das noch nicht, dass man im Sinne W.-H. Ollrogs interpretieren muss. Es ist überhaupt etwas schwierig, das ὑπὲρ immer im Sinn der
Stellvertretung zu übersetzen.

Im Zusammenhang von Epaphras gibt es 3 Belege von ὑπὲρ ὑμῶν
(ἡμῶν), die Ollrog recht willkürlich übersetzt:

Grundmotiv des Philipperbriefes – abträglich ist; vgl. dazu auch M. Fuchs, Von Sorgen und
Sorgenfreiheit. Eine Untersuchung zur Wortfamilie von μεριμναν im Neuen Testament
(maschinenschriftliche Lizentiatsarbeit), Freiburg 1992/93, 82-85.
– Wiederum auf das Wesentliche machen die Vv 8-9 aufmerksam: ὅσα ἐστιν ἀληθη ..., wobei
auch hier am Schluss der Hinweis auf den Frieden steht: καὶ ὁ θεὸς τῆς εἰρήνης ἔσται μεθ᾽
ὑμῶν.
– Hingegen dürfte es schwierig sein, aus 4,10-20 zu entnehmen, es habe bezüglich der Unterstützung des Paulus in der Gemeinde in Philippi Zwistigkeiten gegeben.
Zusammenfassend: Es sei erlaubt, wenigstens mit dem Gedanken zu spielen, die Gemeindeleiter bzw. Gemeindeleiterinnen hätten den Epaphroditus möglicherweise etwas eigenmäch-
tig zu Paulus geschickt (um ihn abzuschieben?).
14   W.-H. Ollrog, Paulus 101.
15   Vgl. u.a. E. Schweizer, Der Brief an die Kolosser (EKK), Zürich/Neukirchen-Vluyn
1976 z.St.; er entscheidet für ἡμῶν.

– 1,7: stellvertretend für euch

– 4,12: er kämpft in seinen Gebeten für euch

– 4,13: er hat viel Mühe um euretwillen (wobei hier das ὑπὲρ ὑμῶν von 1,7 wiederkehre und so auch die dortige Lesart bestätige).

E. Schweizer z.B. übersetzt 4,12f so:

– immer im Einsatz für euch mit seinen Gebeten ...

– dass er sich um euch ... viel Mühe macht.[16]

Das gibt durchaus Sinn, auch ohne auf die Stellvertretung zurückzugreifen; man müsste sich sonst fragen, warum die anderen ὑπέρ-Stellen in Kol nicht auch im Sinn des Stellvertretungsgedankens interpretiert werden sollen wie beispielsweise 1,3.9.24; 2,1.

Alles in allem: Epaphras war nicht Stellvertreter der Gemeinde in Kolossä (und/oder der Gemeinden in anderen Städten), sondern Gemeindegründer und Missionar, der weiterhin missionarisch in diesen Gemeinden tätig war, und zwar in engem Kontakt mit Paulus, denn Paulus sendet Grüsse von ihm sowohl in Kol 4,12f wie auch in Phlm 23. Nach Phlm 23 war er als Mitarbeiter des Paulus mit diesem ins Gefängnis geworfen worden. Möglicherweise hatte Epaphras seinen Standort in Ephesus oder ganz einfach im Lykostal, oder er war für diese Region verantwortlich.

4. Onesimus (Phlm)

Philemon soll dem Paulus den entlaufenen Sklaven Onesimus zurückschicken, ἵνα ὑπὲρ σοῦ μοι διακονῇ ἐν τοῖς δεσμοῖς τοῦ εὐαγγελίου (V 13).

Nach W.-H. Ollrog bedeutet διακονία den Dienst in der Missionsarbeit. Onesimus soll ihn stellvertretend für Philemon tun. Der Stellvertretungsgedanke sei hier (wie Kol 1,7; 4,12f) direkt ausgesprochen. Sämtliche Komponenten der "Gemeindegesandten-Charakteristik" würden in unserem Brief wiederkehren.[17]

Überhaupt sei der Philemonbrief *"als Bittschreiben des Paulus um einen Gemeindegesandten"* zu verstehen.[18] "Das apostolische Recht zur Gehorsamseinforderung (vgl. auch v21) wird erst begreiflich, wenn erkannt ist, dass es sich nicht auf die Wiederaufnahme des Entlaufenen bezieht." "Das apostolische Recht betrifft vielmehr die Entsendung des Onesimus als Gemeindegesandten, das heisst umgekehrt: die Verpflichtung seines Herrn zur Missionsverkündigung".[19]

Freilich stellt sich dann die Frage: Wird der Herr (sc. Philemon) oder die Gemeinde in Pflicht genommen? Die Antwort W.-H. Ollrogs: "Für seinen Herrn (v13) möchte Paulus ihn als Mitarbeiter zurückhaben, also in

---

16   E. Schweizer, Kolosser z.St.

17   W.-H. Ollrog, Paulus 102-103.

18   A.a.O. 104 (Hervorhebung durch W.-H. Ollrog).

19   A.a.O. 106.

Stellvertretung für den, der die Hausgemeinde als Ganze repräsentiert und ihr seine Liebe bereits bewies"[20] ist doch eine etwas komplizierte Konstruktion, dies umso mehr, als Onesimus im ganzen Schreiben nirgends als Mitglied der Gemeinde angesehen wird, sondern als Sklave seines Herrn (Philemon).

W.-H. Ollrogs ganze Beweislast trägt der V 13f: ὃν ἐγὼ ἐβουλόμην πρὸς ἐμαυτὸν κατέχειν, ἵνα ὑπὲρ σοῦ μοι διακονῇ ἐν τοῖς δεσμοῖς τοῦ εὐαγγελίου, χωρὶς δὲ τῆς σῆς γνώμης οὐδὲν ἠθέλησα ποιῆσαι ... P. Stuhlmacher übersetzt den Vers so: "Ich hätte ihn gern bei mir behalten, damit er mir an deiner Statt diene in der Haft um des Evangeliums willen, aber ohne dein Einverständnis wollte ich nichts tun ..."[21] Das ist aber keineswegs der Inhalt der ganzen Bitte. P. Stuhlmacher weist zu Recht auf den rhetorisch abgestuften Gedankengang hin.[22] Was Paulus von Philemon erbittet, geht weit über den V 13 geäusserten Wunsch hinaus; vgl. besonders folgenden Gedankenduktus:

V 15 τάχα γὰρ διὰ τοῦτο ἐχωρίσθη πρὸς ὥραν, ἵνα αἰώνιον αὐτὸν ἀπέχῃς,
V 16 οὐκέτι ὡς δοῦλον ἀλλὰ ὑπὲρ δοῦλον, ἀδελφὸν ἀγαπητόν, ...
V 17 Εἰ οὖν με ἔχεις κοινωνόν, προσλαβοῦ αὐτὸν ὡς ἐμέ.

Paulus bittet also *nicht um Entsendung, sondern um Annahme* des Onesimus. Onesimus muss zuerst als "geliebter Bruder" (in die Gemeinde) aufgenommen werden, bevor er (allenfalls!) von ihr gesandt werden kann. Um diese Aufnahme geht es Paulus, und um nichts anderes.[23]

5. Titus, der Bruder und unser Bruder (2Kor 8,16-24)

8,16 Χάρις δὲ τῷ θεῷ τῷ δόντι τὴν αὐτὴν σπουδὴν ὑπὲρ ὑμῶν ἐν τῇ καρδίᾳ Τίτου, 8,17 ὅτι τὴν μὲν παράκλησιν ἐδέξατο, σπουδαιότερος δὲ ὑπάρχων αὐθαίρετος ἐξῆλθεν πρὸς ὑμᾶς. 8,18 συνεπέμψαμεν δὲ μετ' αὐτοῦ τὸν ἀδελφὸν οὗ ὁ ἔπαινος ἐν τῷ εὐαγγελίῳ διὰ πασῶν τῶν ἐκκλησιῶν 8,19 οὐ μόνον δὲ ἀλλὰ καὶ χειροτονηθεὶς ὑπὸ τῶν ἐκκλησιῶν συνέκδημος ἡμῶν σὺν τῇ χάριτι ταύτῃ τῇ διακονουμένῃ ὑφ' ἡμῶν πρὸς τὴν [αὐτοῦ] τοῦ κυρίου δόξαν καὶ προθυμίαν ἡμῶν, 8,20 στελλόμενοι τοῦτο, μή τις ἡμᾶς μωμήσηται ἐν τῇ ἁδρότητι ταύτῃ τῇ διακονουμένῃ ὑφ' ἡμῶν· 8,21 προνοοῦμεν γὰρ καλὰ οὐ μόνον ἐνώπιον κυρίου ἀλλὰ καὶ ἐνώπιον ἀνθρώπων. 8,22 συνεπέμψαμεν δὲ αὐτοῖς τὸν ἀδελφὸν ἡμῶν ὃν ἐδοκιμάσαμεν ἐν πολλοῖς πολλάκις σπουδαῖον ὄντα, νυνὶ δὲ πολὺ σπουδαιότερον πεποιθήσει πολλῇ τῇ εἰς ὑμᾶς. 8,23 εἴτε ὑπὲρ Τίτου, κοινωνὸς ἐμὸς καὶ εἰς ὑμᾶς συνεργός· εἴτε ἀδελφοὶ

---

20   A.a.O. 105.
21   P. Stuhlmacher, Der Brief an Philemon (EKK), Zürich/Neukirchen -Vluyn 1975, z.St.
22   A.a.O. 36.
23   Zweimal kommt in Phlm ὑπὲρ in einem ganz anderen Sinn vor (mit Akk): V 16: ὑπὲρ δοῦλον, d.h. mehr als ein Sklave (nämlich als geliebter Bruder); V 21: εἰδὼς ὅτι καὶ ὑπὲρ ἃ λέγω ποιήσεις. Das braucht sich nicht auf eine Entsendung des Onesimus zu beziehen – was W.-H. Ollrog auch nicht behauptet –, aber Philemon kann den Onesimus ja auch mehr als nur (als geliebten Bruder) akzeptieren.

ἡμῶν, ἀπόστολοι ἐκκλησιῶν, δόξα Χριστοῦ. 8,24 τὴν οὖν ἔνδειξιν τῆς ἀγά-
πης ὑμῶν καὶ ἡμῶν καυχήσεως ὑπὲρ ὑμῶν εἰς αὐτοὺς ἐνδεικνύμενοι εἰς
πρόσωπον τῶν ἐκκλησιῶν.

Es ist hier von drei Leuten die Rede:

1. *Titus.* Er wurde von Paulus gebeten, nach Korinth zu gehen (vgl.
auch 8,6!), aber er selber wollte auch aus eigenem Antrieb gehen. Hier treffen sich also glücklich die Beauftragung des Paulus und der eigene Wunsch
des Titus. So wenigstens sieht es Paulus.

2. *Der Bruder.* Er ist "von uns" geschickt worden (V 18), aber er wurde
auserwählt von den Gemeinden (V 19).

3. *Unser Bruder.* Er wurde "von uns" mitgeschickt; "wir" haben ihn auch
mehrere Male geprüft und als eifrig befunden; er ist jetzt nur noch viel
eifriger wegen des Vertrauens, das er zu den Korinthern hat (V 22).[24]

V. 23 scheint eine Zweiteilung vorzunehmen: einerseits *Titus*, namentlich erwähnt, Paulus' Genosse und Mitarbeiter, der für euch tätig ist, andererseits *unsere (anderen) Brüder*, die anonym bleiben: Sie sind *Gesandte
(Apostel) der Gemeinden*, Christi Ruhm. Bezieht sich diese letzte Aussage
(Gesandte der Gemeinden, Christi Ruhm) auch auf Titus oder nur auf die
(anderen) Brüder? Die Einheitsübersetzung entscheidet klar: "Was nun
Titus angeht: Er ist mein Gefährte und mein Mitarbeiter, der für euch tätig
ist; unsere anderen Brüder aber sind Abgesandte der Gemeinden und ein
Abglanz Christi." Nach H.-J. Klauck bekommen wir hier "einen etwas
anderen Apostolatsbegriff als den bei Paulus gewohnten zu fassen.
Apostel ist in dieser Konzeption jeder Gesandte, der auf Weisung einer
Gemeinde mit bestimmten Aufträgen unterwegs ist. 'Abglanz (...) Christi'
sind sie gerade als Gemeindeboten."[25]

6. Die Mazedonier, die mit Paulus nach Korinth kommen sollen (2Kor 9,4)

9,1 Περὶ μὲν γὰρ τῆς διακονίας τῆς εἰς τοὺς ἁγίους περισσόν μοί ἐστιν τὸ
γράφειν ὑμῖν· 9,2 οἶδα γὰρ τὴν προθυμίαν ὑμῶν ἣν ὑπὲρ ὑμῶν καυχῶμαι

---

24 Dass auch dieser zweite Bruder von mehreren Gemeinden als Vertreter bestimmt worden sei, wie W.-H. Ollrog, Paulus 53 behauptet, steht so nicht im Text. Vgl. H.-J. Klauck, 2.
Korintherbrief (NEB), Würzburg 1986, z.St.: "Den beiden gibt Paulus einen weiteren Bruder
an die Seite, der offenbar nicht gewählt, sondern von Paulus bestimmt wird und der bereits
zu seinem Mitarbeiterkreis gehört. Dass er dennoch in V 23 zu den 'Abgesandte(n) der
Gemeinden' gerechnet wird, widerspricht dem nicht."

25 H.-J. Klauck, 2. Korintherbrief z.St. – Schwierig zu deuten ist die Anonymität der beiden Brüder. Es ist möglich, dass Paulus beim Schreiben der Name "des Bruders" nicht in den
Sinn kommt, weil er ja von den Gemeinden ausgewählt wurde. Befremdlicher ist aber, dass
"unser Bruder" ohne Namen bleibt, hat ihn doch Paulus mehrere Male geprüft und als eifrig
befunden. Verschweigt er den Namen des zweiten Bruders, weil ihm der erste Name nicht in
den Sinn kommt und er durch die Nennung des zweiten den ersten hintansetzen würde?
Warum W.-H. Ollrog behauptet, die Namen seien (schon sehr früh) gestrichen worden, ist
nicht ersichtlich, auch nicht, dass die Stellen 8,18 und 8,22 und erst recht 12,18 verstümmelt
wirken (Paulus 52 mit Anm 245). – Was das mögliche Vergessen eines Namens anbelangt vgl.
1Kor 1,13-16 (!).

Μακεδόσιν, ὅτι Ἀχαΐα παρεσκεύασται ἀπὸ πέρυσι, καὶ τὸ ὑμῶν ζῆλος ἠρέθισεν τοὺς πλείονας. 9,3 ἔπεμψα δὲ <u>τοὺς ἀδελφούς</u>, ἵνα μὴ τὸ καύχημα ἡμῶν τὸ ὑπὲρ ὑμῶν κενωθῇ ἐν τῷ μέρει τούτῳ, ἵνα καθὼς ἔλεγον παρεσκευασμένοι ἦτε, 9,4 μή πως ἐὰν ἔλθωσιν <u>σὺν ἐμοὶ Μακεδόνες</u> καὶ εὕρωσιν ὑμᾶς ἀπαρασκευάστους καταισχυνθῶμεν ἡμεῖς, ἵνα μὴ λέγω ὑμεῖς, ἐν τῇ ὑποστάσει ταύτῃ. 9,5 ἀναγκαῖον οὖν ἡγησάμην παρακαλέσαι <u>τοὺς ἀδελφούς</u>, ἵνα προέλθωσιν εἰς ὑμᾶς καὶ προκαταρτίσωσιν τὴν προεπηγγελμένην εὐλογίαν ὑμῶν, ταύτην ἑτοίμην εἶναι οὕτως ὡς εὐλογίαν καὶ μὴ ὡς πλεονεξίαν.

In 9,3 und 5 rechtfertigt Paulus die Sendung der Brüder aus 8,16-24; sie sollen die Kollekte in Achaia vorbereiten, damit alles bereit steht, wenn Paulus mit den Mazedoniern kommt und die Kollekte ihnen ausgeliefert werden soll.

Von den Brüdern ist im vorausgehenden Abschnitt gesprochen worden. Die Frage, die sich hier stellt, ist die, ob die Mazedonier, die den Paulus begleiten, ebenfalls Gemeindegesandte sind. Das darf mit Recht vermutet werden; wahrscheinlich sind sie von den Gemeinden so auserwählt und bestimmt worden wie der oben genannte Bruder. Es wären dann Leute, die die Gemeinde beauftragt hat, dem Paulus in dieser Sache zu Diensten zu sein.

7. Die Brüder, die aus Mazedonien gekommen waren (2Kor 11,9)

καὶ παρὼν πρὸς ὑμᾶς καὶ ὑστερηθεὶς οὐ κατενάρκησα οὐθενός· τὸ γὰρ ὑστέρημά μου προσανεπλήρωσαν <u>οἱ ἀδελφοὶ ἐλθόντες ἀπὸ Μακεδονίας</u>, καὶ ἐν παντὶ ἀβαρῆ ἐμαυτὸν ὑμῖν ἐτήρησα καὶ τηρήσω.

Die Brüder, die aus Mazedonien gekommen sind, haben dem Paulus, als er in Korinth in Not war, aus der Not geholfen; Paulus wollte nämlich den Korinthern unter keinen Umständen lästig fallen und will es auch jetzt nicht.

Diese Gesandtschaft hat mit der in 2Kor 8 genannten nichts gemein. Wahrscheinlich handelt es sich hier auch um einen anderen Brief. Paulus spricht nicht mehr vom Hilfswerk, sondern von seinem früheren (ersten?) Auftreten in Korinth. Es ist nicht ausgeschlossen, dass es die Philipper waren, die dem Paulus zu Hilfe gekommen sind, wie sie ihm ja auch – nach Phil 2,25-30; 4,18 – in der Gefangenschaft (in Ephesus oder Rom) (durch Epaphroditus) zu Hilfe gekommen sind.

Mit Sicherheit lässt sich nicht sagen, dass es sich bei den Mazedoniern um Gemeindegesandte handelt.

8. Leute, die empfohlen werden (2Kor 3,1)

Ἀρχόμεθα πάλιν ἑαυτοὺς συνιστάνειν; ἢ μὴ χρῄζομεν ὥς τινες συστατικῶν ἐπιστολῶν πρὸς ὑμᾶς ἢ ἐξ ὑμῶν;

In Korinth sind Leute aufgetreten, die sich mit Empfehlungsschreiben ausweisen konnten. Mit Sicherheit lässt sich nicht sagen, dass es *Gemeinde*-Gesandte waren; sie konnten auch von Gruppen oder Einzelpersonen (Überaposteln?) empfohlen worden sein.[26] Empfehlungsschreiben hat übrigens auch Paulus ausgestellt: 1Kor 16,3: ὅταν δὲ παραγένωμαι, οὓς ἐὰν δοκιμάσητε, δι' ἐπιστολῶν τούτους πέμψω ἀπενεγκεῖν τὴν χάριν ὑμῶν εἰς Ἰερουσαλήμ. Der Vorgang ist nicht uninteressant: die Gemeinde in Korinth prüft die Leute, die Paulus mit Empfehlungsschreiben ausstattet und mit der Liebesgabe der Korinther nach Jerusalem sendet. Streng genommen werden die Leute nicht von der Gemeinde gesendet, auch nicht von der Gemeinde empfohlen, sondern von Paulus; die Gemeinde stellt aber nach entsprechender Prüfung (δοκιμάζειν) ihre Eignung fest (vgl. auch 2Kor 8, 18-19).

9. Apostel

Die vorausgehenden Beobachtungen führen uns zur Frage, wie es denn mit dem ziemlich bunten Gebrauch der Bezeichnung "Apostel" stehe.[27]

Paulus spricht von Aposteln im Sinn von qualifizierten urchristlichen Missionaren, seien sie nun missionierende Prediger (so 1Kor 9,5; 12,28; 2Kor 11,13; Röm 16,7) oder zu bestimmten Aufgaben bestellte Gemeindevertreter (so 2Kor 8,23; Phil 2,25). Diese beiden Arten von Aposteln sind wohl voneinander zu unterscheiden, nicht aber so leicht voneinander zu trennen. Ihnen steht ein begrenzter Kreis von Leuten gegenüber, die ihr Apostolat auf eine Begegnung mit dem auferstandenen Herrn zurückführen (vgl. 1Kor 9,1; 15,3f); zu ihnen gehören auch Mitglieder des Zwölfer-Kreises.

Diese nuancierte Begriffsbestimmung dürfte von Nutzen sein, wenn wir einen Blick auf einige Texte ausserhalb des paulinischen Schrifttums werfen.

Apg 13,1-3

Wie immer es mit der Quellenlage dieser Bestallungserzählung steht – R. Pesch weist sie im wesentlichen der lk Quelle zu[28] –, die Vorstellung ist die, dass zwei der Propheten und Lehrer der Gemeinde in Antiochia, näm-

---

26 Interessant wäre hier auch der Hinweis auf 1Clem 63,3; 65,1. Da ist die Rede von zuverlässigen und besonnenen Männern, die von Rom nach Korinth gesandt worden sind: ἐπέμψαμεν δὲ ἄνδρας πιστοὺς καὶ σώφρονας ..., (unter ihnen) namentlich Claudius Ephebus, Valerius Bito und Fortunatus τοὺς δὲ ἀπεσταλμένους ἀφ ἡμῶν ... (wer immer auch hinter dem Wir steht: der Verfasser, die Gemeinde zu Rom vgl. 1,1) ἀναπέμψατε πρὸς ἡμᾶς (vgl. 1Kor 16,10-11!), damit wir uns ... freuen können.
27 Zum folgenden vgl. u.a. die Zusammenfassung bei J.-A. Bühner, ἀπόστολος, EWNT s.v. (Lit.).
28 R. Pesch, Die Apostelgeschichte (EKK V/2), Zürich/Neukirchen-Vluyn 1986, z.St.

lich Barnabas und Saulus, zu dem Werke ausgesandt werden sollen, zu
dem der Heilige Geist sie berufen hat. Mit Recht nimmt man allgemein an,
dass bei dem V 2 erwähnten Gottesdienst die ganze Gemeinde versammelt
war, d.h. dann aber auch, dass die gesamte Gemeinde hinter der Sendung
steht.[29]

Apg 18,24-28

Hier liegen die Dinge ziemlich anders. Die Quellenlage dieser Verse ist
schwer zu beurteilen. Die Vorstellung ist diese: Apollos ist in Ephesus, wo
er von Priska und Aquila weiter in den Weg eingeführt wird. Apollos selbst
ist es, der nach Achaia (Korinth) reisen möchte. "Die Brüder bestärkten ihn
darin und schrieben den Jüngern, sie möchten ihn gut aufnehmen..." Im
Unterschied zu 1Kor 16,12, wo Paulus "den Bruder Apollos" inständig
bittet, nach Korinth zu gehen, Apollos aber an dem Zeitpunkt nicht zu
überreden war, haben wir hier in der Apg ein glückliches Zusammentreffen
der Absicht des Apollos mit der (ideellen) Unterstützung durch die
"Brüder". Diese schreiben den "Jüngern" einen Brief mit der Aufforderung,
den Apollos gut aufzunehmen. Apollos deswegen auch schon als Gemeindegesandten zu bezeichnen, dürfte etwas gewagt sein. Sicher ist hingegen,
dass beide Stellen die Unabhängigkeit und Selbständigkeit des Apollos
(gegenüber Paulus) unterstreichen.

Apg 8,14

Die Apostel in Jerusalem senden Petrus und Johannes nach Samaria, nach-
dem diese das Wort Gottes angenommen hatten... Aus verschiedenen
Gründen, auf die hier nicht eingegangen werden soll, ist zu vermuten, dass
der Abschnitt Apg 8,14-18 von Lukas gebildet worden ist.[30] Für unsere
Fragestellung ist festzuhalten: nicht die Gemeinde sendet, sondern die
Apostel in Jerusalem senden Petrus und Johannes nach Samaria. Diese
Feststellung verbietet es uns, in diesem Zusammenhang von Gemeindege-
sandten zu sprechen. Es ist auch nicht von der Hand zu weisen, dass der
Text deutlich Anzeichen einer hierarchischen Struktur der Kirche erkennen
lässt.[31]

Synoptische Aussendungsszenen und -reden

Wollen wir die Sache noch weiter zurückverfolgen, gelangen wir zur
synoptischen Tradition, in deren Aussendungsszenen und -reden Jesus der

---

29   A.a.O. R. Pesch vermutet auch, dass die Gemeindegründer in Antiochia "Apostel" geheis-
sen haben.
30   A. Weiser, Die Apostelgeschichte (ÖTK 5,1), Gütersloh/Würzburg 1981, z.St.
31   A.a.O.

Sendende ist (Mk 3,14; 6,7; Lk 9,2; Lk 10,3par; Mt 10,5; 23,34). Die Schwierigkeit bezüglich des Apostelbegriffs (und bezüglich des Amtsbegriffs überhaupt) ist vielleicht hier anzusetzen: dass das eine Mal Jesus der Sendende ist, das andere Mal die Weisheit (Lk 11,49), wieder ein anderes Mal das Kollegium der "Apostel" (Apg 8,14), ein weiteres Mal eine Gemeinde (Apg 13,1-3) usw. Solche Verschiebungen machen den "Apostel"-Begriff komplizierter, aber auch inhaltsreicher und spannender.

III

Nach diesem Durchgang durch einige wichtige Texte können wir zusammenfassend zu folgendem Schluss kommen.

1. *Stephanas, Fortunatus* und *Achaikus* waren aller Wahrscheinlichkeit nach Mitglieder der Gemeindeleitung in Korinth. Zur Zeit der Abfassung des Briefes waren sie bei Paulus (und sollten nach dem Besuch bei Paulus wieder nach Korinth zurückkehren). Ob sie aus eigenem Antrieb zu Paulus gegangen sind, ob sie von der Gemeinde gesandt worden sind oder ob sie von Paulus "zitiert" worden sind (nachdem Paulus auch aus anderen Quellen – z.B. durch die Leute um Chloë, durch Briefe – über die schwierige Situation in Korinth ins Bild gesetzt worden ist), lässt sich nicht ausmachen. Ob sie dem Paulus einen oder mehrere Gemeindebriefe übermittelt haben, ist nicht sicher. Mit grosser Wahrscheinlichkeit lässt sich sagen, dass sie Gemeindeprobleme aus ihrer Sicht dem Paulus vorgetragen haben. Es ist anzunehmen, dass es sich eher um Probleme der Leitung bzw. Organisation (1Kor 12; 14) gehandelt hat als um theologische Fragen (1Kor 7; 15).

2. *Epaphroditus* darf durchaus als Gemeindegesandter angesehen werden; Phil 2,25 steht ja auch der Ausdruck ὑμῶν ἀπόστολος. Ob die Gemeinde in Philippi von Paulus verpflichtet worden ist, einen Gemeindegesandten zu schicken, lässt sich aus dem Brief nicht entnehmen. Eher stand hinter der Sendung durch die Gemeinde das Bedürfnis, dem Apostel in der Gefangenschaft zu helfen. Für Paulus war der Gemeindegesandte Epaphroditus eher ein Hemmnis als ein Nutzen. Für die missionarischen Projekte des Paulus war er nicht zu gebrauchen.

3. *Epaphras* war Missionar und Gemeindegründer in Kolossä und evtl. anderswo, wahrscheinlich nicht Gemeindeleiter, auch nicht Gemeindegesandter. Er war lokaler bzw. regionaler Mitarbeiter des Paulus.

4. *Onesimus* sollte von Philemon (und seiner Gemeinde) als (gleichberechtigtes) Mitglied, als "Bruder" akzeptiert bzw. aufgenommen werden.

5. Von einer *Verpflichtung zur stellvertretenden Mitwirkung* am Missionswerk des Paulus ist in keinem der erwähnten Texte zu lesen.

6. Gemeindegesandte gibt es nicht deshalb, weil Paulus die Gemeinden aufgerufen oder verpflichtet hat, welche zu entsenden – obwohl das nicht

völlig auszuschliessen ist. Möglicherweise hat Paulus Gemeinden aufgefordert, Gesandte zu bestimmen, um das Hilfswerk (Kollekte) zu unterstützen. Gal 2,10 legt aber nicht nahe, Paulus sei der "Erfinder" des Hilfswerkes gewesen; μόνον τῶν πτωχῶν ἵνα μνημονεύωμεν, ὃ καὶ ἐσπούδασα αὐτὸ τοῦτο ποιῆσαι dürfte die Auflage implizieren, die Jakobus und Kephas und Johannes dem Paulus und dem Barnabas als Zeichen der Einheit auferlegten; ein Hilfswerk ist also schon von den Säulen ins Auge gefasst und – wenigstens anfangshaft – organisiert worden. Ob für eine solche Organisation Gemeindegesandte unumgänglich waren, bleibe dahingestellt. Sicher ist, dass im Zusammenhang des Hilfswerkes den Gemeindegesandten grösste Aufmerksamkeit geschenkt wird, sei es, dass sie von den Gemeinden (1Kor 16,3) oder von Paulus (2Kor 8,22) geprüft, von den Gemeinden erwählt (2Kor 8,19) oder von Paulus gesandt (2Kor 8,18) wurden. Offensichtlich erheischten (schon damals) gerade finanzielle Angelegenheiten äusserste Zuverlässigkeit und Transparenz. 2Kor 8,20f bringt es negativ und positiv zum Ausdruck, negativ 8,20: στελλόμενοι τοῦτο, μή τις ἡμᾶς μωμήσηται ἐν τῇ ἁδρότητι ταύτῃ τῇ διακονουμένῃ ὑφ᾽ ἡμῶν; positiv 8,21: προνοοῦμεν γὰρ καλὰ οὐ μόνον ἐνώπιον κυρίου ἀλλὰ καὶ ἐνώπιον ἀνθρώπων.

7. Wenn die Vorstellung von Gemeindegesandten, die in Vertretung der christlichen Gemeinde und von Paulus aufgefordert an dessen Missionswerk mitgewirkt haben, für das heutige Gemeinde- und Missionsverständnis auch manch wertvolle Anregung in sich bergen mag, biblisch begründen lässt sich diese Vorstellung kaum. Dagegen sind die biblischen Apostel-Vorstellungen im allgemeinen und die paulinischen im besonderen zwar komplizierter, pragmatischer auch, dafür aber auch reicher und spannungsgeladener.

VERFLUCHTER INZEST:
WAR DER „PORNOS" VON 1KOR 5 EIN PERSISCHER „MAGOS"?

Michael Lattke

Das verhältnismäßig kurze 5. Kapitel des 1. kanonischen Briefes des Paulus an die Kirche Gottes in Korinth (1,2) steckt voller Probleme, die ebenso ungelöst sind wie viele andere offene Fragen zu der erhaltenen Korrespondenz des Apostels mit den Korinthern (vgl. die Kommentare von BARRETT, CONZELMANN, FASCHER, FEE, KUSS, LIETZMANN/ KÜMMEL, SCHRAGE, WEISS und WENDLAND, die Monographien von HURD, SCHMITHALS und WIRE, sowie die Artikel von MARSHALL, SCHENK und SELLIN).

Nur auf eines der Probleme soll diese kleine Studie ein wenig Licht werfen, nämlich auf das Problem der Identität des als πόρνος bezeichneten „Bruders" (5,11), der eines Vergehens der πορνεία bezichtigt wird (5,1). Dabei ist die im Untertitel gestellte Frage natürlich nicht so gemeint, als sei sie in der gegenwärtigen Quellenlage zu beantworten. Vielmehr zielt die rhetorische Frage lediglich darauf ab, ein gesellschaftliches Phänomen hellenistisch-römischer Zeit in Erinnerung zu rufen, das durch etliche Jahrhunderte hindurch literarisch gut bezeugt ist.[1]

I.

Zunächst jedoch kann ein Überblick über das Kapitel einige der Probleme aufdecken. Die dabei zu machenden Feststellungen und aufzuwerfenden Fragen haben teilweise paradigmatischen Charakter.

Vers 1.

Was genau heißt das erste Wort, das Adverb ὅλως, in Verbindung mit dem perfektischen Präsens ἀκούεται (vgl. BDR § 322, Anm. 1)? Wie in 1Kor 15,29 wird es wahrscheinlich mit „überhaupt" zu übersetzen sein (GDW 1145f) und nicht mit „überall, allgemein" (WEISS 124). Warum steht nicht einfach ἀκούω wie in 1Kor 11,18? Hat die unpersönliche und generellere Ausdrucksweise „überhaupt hört man" mit dem vorangegangenen (und entweder verlorenen oder umgestellten) Brief des Paulus zu tun?

---

[1] Es freut mich, daß ich dankbar beitragen darf zur Festschrift für den Verfasser der kleinen Grammatik, mit deren Hilfe ich vor Jahren Armenisch gelernt habe.

Glücklicherweise bleibt die „gehörte" (also auch aufgedeckte und
[durch wen? – vgl. 1Kor 1,11] berichtete oder weitererzählte) „Unzucht"[2]
nicht so vage wie an anderen, z.T. katalogartigen Stellen (vgl. schon 1Thess
4,3 [ἁγιασμός als ἀπέχεσθαι ἀπὸ τῆς πορνείας] und Gal 5,19f [πορνεία neben
ἀκαθαρσία, ἀλέλγεια und anderen ἔργα τῆς σαρκός]; dann auch 1Kor
6,13.18; 7,2; 2Kor 12,21; Röm 1,29 v.l.; Kol 3,5; Eph 5,3).[3] Die „Unzucht"
wird vielmehr als konkreter Fall benannt und sogar einigermaßen definiert.
Was genau, von wem und in welcher Form berichtet wurde, wird zwar
nicht gesagt. Doch heißt es einerseits negativ, daß eine solche Unzucht
(τοιαύτη πορνεία) noch nicht einmal bei den nichtjüdischen Völkern (ἐν τοῖς
ἔθνεσιν) – vorkommt, erlaubt ist o.ä. oder – erwähnt wird (𝔓[68] ℵ[2] Ψ 𝔐
vg[mss] sy ergänzen den ursprünglich unvollständigen Satz durch ὀνομά-
ζεται); andererseits lautet die positive Definition, auf die weiter unten
genauer einzugehen ist: ὥστε γυναῖκά τινα τοῦ πατρὸς ἔχειν. Ob legitimer
oder verbotener Inzest, ob vollzogen mit der Mutter oder der Stiefmutter,
die negative Feststellung mit οὐδέ entspricht nicht den historischen, gesellschaftlichen und literarischen Tatsachen, welche der wirkliche oder impli-
zierte Autor aber entweder nicht zu kennen scheint oder einfach ignoriert.

Vers 2.

Wie weit erstreckt sich die Frage, wenn das Fragezeichen am Ende des
Finalsatzes überhaupt ursprünglich ist? Wie hängt das hochmütige „Auf-
blähen" bzw. „Aufgeblähtsein" (GDW 1733) der in bezug auf diesen Fall
πεφυσιωμένοι zusammen mit 1Kor 4,6.18.19 und 8,1 (ἡ γνῶσις φυσιοῖ, ἡ
ἀγάπη οἰκοδομεῖ) und 13,4 (ἡ ἀγάπη ... οὐ φυσιοῦται)? Wer sind die ὑμεῖς
hier in 5,2: alle korinthischen Christen oder nur eine gegnerische Gruppe
(wie die Aufgeblasenen in Kap. 4)?

Der noch recht harmlos klingende ἵνα-Satz ist schon beeinflußt von
dem in V. 13 erscheinenden Zitat aus dem 5. Buch Mose, an das die Lesart
des Mehrheitstextes (ἐξαρθῇ statt ἀρθῇ) noch stärker anzugleichen ver-

---

2   Zu πορνεία im sogenannten Spätjudentum vgl. den Überblick von Rosso Ubigli. Speziell
zu der Stelle aus Jub XXXIII vgl. Bill. III 351f und Berger: „Bis in Einzelheiten hinein wird
hier der zeitgenössische Verstehenshorizont für 1 Kor 5 erkennbar" (1981: 486). Was den
schlechten Ruf von Korinth angeht, ist die Mahnung von Murphy-O'Connor zu beherzigen:
„It is doubtful that the situation at Corinth was any worse than in other port-cities of the
Eastern Mediterranean" (1983: 56).
3   Zu 1Kor 6,18 vgl. vor allem die gründliche Studie von Dautzenberg, aber auch Rosner,
Quotation: „Paul wrote 1 Cor. 6: 18a with *both* Test. Reuben 5: 5 *and* Joseph's example in
mind" (125, cf. Gen. 39). Und zu 1Kor 5 stellt Rosner, Responsibility, die Frage: „Why is
Paul so insistent that the incestuous man be expelled from the Corinthian ἐκκλησία in 1 Cor
5?" (470). Wer er ist, wird nicht behandelt. Einer der Gründe mag das alttestamentliche
„corporate responsibility motif" sein (470). Der Autor kündigt Veröffentlichung seiner
Cambridge PhD thesis an: "Written for Our Instruction: Paul's Dependence upon the Scrip-
tures for Ethics in 1 Corinthians 5–7" (470, n. 1).

sucht. Aber so harmlos, wie die passivische Zweckangabe des mit οὐχί, d.h. verstärktem οὖ (BDR § 432, Anm. 2) verbundenen, also erwarteten πενθεῖν (ursprünglich transitiv „betrauern", hier intransitiv „trauern" [BDR § 148, Anm. 3]) klingt, ist sie nicht.[4] Hinter dem Ausdruck ἐκ μέσου αἴρειν, der zwar Latinismus sein könnte (de medio tollere), aber „echtes Griechisch" ist (BDR § 5,4), lauert der „Ausschluß aus der Gemeinde" (KÄSEMANN 73; vgl. FORKMAN 139–151), der „Bann" (CONZELMANN 118; vgl. schon WEISS 130, aber auch die Warnung von SCHRAGE 375), die „Exkommunikation", ja „Ausrottung" (TOMSON 97–103), und damit eine Maßnahme, die sogar härter erscheint als das, was in 2Kor 6,14 – 7,1 gefordert wird (vgl. BETZ, Galatians 329f: „Appendix 2. 2 Corinthians 6:14–7:1").[5]

Noch gravierender ist, daß ὁ τὸ ἔργον τοῦτο πράξας (oder ποιήσας) als jemand angesehen und behandelt wird, der ein durch das Gesetz verbotenes Werk tut.[6] Richtet der Ankläger – und Richter – damit die Werke des Gesetzes als Norm auf? Oder geht es nur um den Anstand, die gute Sitte (vgl. 1Kor 7,35)? Oder wird die „Ehe mit einer nahen Verwandten" abgelehnt, „weil dies nach römischem Recht verboten ist" (BECKER 103)?

Verse 3–4.

Paulus hat ja schon, als sei er trotz seiner leiblichen Abwesenheit anwesend, τὸν οὕτως τοῦτο κατεργασάμενον gerichtet, verurteilt (zu κρίνω vgl. GDW 916–918). Wenn er damit eigentlich die Freiheit[7] des πάντα ἔξεστιν (1Kor 6,12; 10,23) suspendiert, so zeigt das nur, wie schwerwiegend für ihn die Ausführung dieses Tuns ist.

Zieht man den Anfang von V. 4 noch zu V. 3, dann wurde das Urteil gesprochen „im Namen des bzw. unseres Kyrios Jesus (Christus)".[8] Gehört

---

4   Zu πενθέω hier und in LXX vgl. ROSNER 1992: 472–473.

5   Vgl. den Exorzismus aus PGM IV 1240–1249: „Analog zu 1.Kor 5: Durch einen Fluchvorgang wird jemand ‚übergeben' zur Vernichtung ... Differenz: In diesem Text wird der Dämon übergeben, bei Paulus der leibhaftige Mensch" (BERGER/COLPE 231, Nr. 412). Auch HUNZINGER betont die „radikale Ausstoßung" in 1Kor 5,1–5, gegenüber einer „Maßnahme des milderen Ausschlusses" (231–247, bes. 238–240; vgl. 1Kor 5,9–13; 2Thess 3,6–15; 2Kor 2,5–11).

6   LINDEMANN spricht zu allgemein von einer „von ihm [sc. Paulus] bei den Korinthern wahrgenommenen libertinistischen Lebenspraxis (vgl. 1 Kor 5.6)" (386, ist 1Kor 5–6 gemeint?). Es geht auch nicht nur um Individualismus; vgl. MEEKS, der unter der Überschrift „Controlling Individual Deviance" die Passage 1Kor 5,1–6a übersetzt und bespricht (1983: 127–131); vgl. aber auch MEEKS 1990: 311, 315.

7   Zum paulinischen Evangelium der Freiheit als *theologia crucis* vgl. die wichtige Studie von VAN DONGE, bes. 19–22.

8   In der schwierigen Passage 5,3–4 übersetzt SANDERS folgendermaßen: „... the one who is acting thus in the name of the Lord Jesus" (106). Begründung: „Paul had said ‚you are a new creation' and ‚live in the Spirit'. The man took seriously his being a new person ... and he accepted a revolutionary implication of Paul's theology which offended Paul himself" (107).

aber diese Formel zum folgenden Text, dann leitet sie das mit absolutem
Genitiv entworfene Bild einer fiktiven, heiligen bzw. kirchlichen Ge-
richtsverhandlung ein, zu der sich die korinthische Gemeinde („ihr") und
das Pneuma des Paulus mit der Dynamis des (gemeinsamen [„unser"])
Kyrios Jesus versammeln wird bzw. sogar soll (συνάγομαι im reflexiven
Sinn, vgl. GDW 1561f, nur hier im ganzen Corpus Paulinum). Handelt es
sich bei dieser „Disziplinierung" um einen „feierlichen Devotionsakt"
(DEISSMANN 256f), um ein „solennes Ausschlußverfahren aus der
Kirche" (BECKER 450) oder letztlich sogar „um ein Gottesrecht, in
welchem Gott selber der Handelnde bleibt" (KÄSEMANN 74)?[9]

Vers 5.

Der nun folgende Urteilsspruch, dessen infinitivischer Terminus technicus
παραδοῦναι abhängig ist von κέκρικα (V. 3), ist in seiner Härte erschrek-
kend und ohne bekannte paulinische Parallele (vgl. die Kritik an Paulus bei
WEISS 132). Wirkungsgeschichtlich wichtig ist, daß schon im Neuen
Testament die in 1Tim 1,20 genannte Maßnahme an Hymenaios und
Alexandros (οὒς παρέδωκα τῷ σατανᾷ) „durch 1Kor 5,5 inspiriert" zu sein
scheint (ROLOFF 105). Es wäre eine eigene Untersuchung wert, welche ver-
heerenden Folgen dieses apostolische Wort in der ganzen Geschichte hatte
und bis heute hat (vgl. SCHRAGE 396–402). Im Blick auf die unten folgende Dokumentation zu den Magern (μάγοι) sei erwähnt, daß Hymenaios
auch einer von denen war, die sagen, [τὴν] ἀνάστασιν ἤδη γεγονέναι (2Tim
2,17f).
    Die eschatologisch-soteriologische und anthropologisch-dualistische
Einschränkung, ἵνα τὸ πνεῦμα σωθῇ ἐν τῇ ἡμέρᾳ τοῦ κυρίου ([ἡμῶν] Ἰησοῦ
[Χριστοῦ]), d.h. wohl am Tage seiner Parusie, ändert nichts an der Härte,
diesen, d.h. den der inzestuösen Unzucht Beschuldigten, dem Satan zu
übergeben, d.h. dem „Gegner Gottes" (GDW 1490) auszuliefern εἰς ὄλεθρον
τῆς σαρκός.[10] Die anthropologischen Begriffe σάρξ und σῶμα (V. 3) kommen
sich hier sehr nahe, stehen sie doch beide dem ebenfalls anthropologischen
Begriff πνεῦμα gegenüber (vgl. V. 3f). Hat aber σάρξ nicht doch den negativen Beigeschmack der Sünde, Ungesetzlichkeit und Gottwidrigkeit? Jedenfalls ist mit der Vernichtung des „Fleisches" der Tod einkalkuliert

---

9   Wodurch ist die folgende Aussage über 1Kor 5,4 im Text abgesichert: „Paul indicates
that the social class from which secular Corinthian judges and juries were drawn had no
status *per se* within the actual meeting of the assembly" (WINTER 570)? Die
sozialgeschichtliche Untersuchung von CLARKE war mir noch nicht zugänglich.
10   Zu „the Satan Figure in the Early Greek Christian Tradition" vgl. BOYD 9–67, zum
Problem „Satan und das Böse" HAAG 73–105 und zu "Paul's View of Satan" GARRETT 104–
109.

(GDW 1141; vgl. KÄSEMANN 73),[11] nach der antiken Vorstellung wahrscheinlich durch die Aktivität von bösen Dämonen (vgl. WEISS 131).[12] Und insofern gibt der Titel dieser Studie die Intention des Urteilsspruchs genau wider: „Verfluchter Inzest" (nicht zu verwechseln mit dem in einigen Gegenden bekannten Ausruf: „Verfluchte Inzucht!" [Pons-Grosswörterbuch/Collins deutsch-englisch, Stuttgart: Klett, 1. Aufl., 9. Nachdr., 1990, 372]).

Verse 6–8.

Das ethische Werturteil über das καύχημα der Korinther, d.h. über den „Gegenstand" ihres stolzen „Rühmens" (GDW 866), ist mit οὐ καλόν gegeben, und zwar in Form einer Litotes, d.i. der „Umschreibung einer Steigerung aus Zurückhaltung durch die Negation des Gegenteils" (BDR § 495,2, Anm. 9).

Kann man in dem folgenden Bild vom Sauerteig, das seinen Ursprung hat in der jüdischen Passahfest-Tradition (die Paulus aber grundsätzlich durch Christos relativiert sieht), die negativen Begriffe κακία und πονηρία auf den konkreten Fall beziehen? Wenn ja, dann wäre meine Aussage über die „Allgemeinheit und Unbestimmtheit" (EWNT II 584) zu korrigieren.[13] Die beiden positiven Begriffe εἰλικρινεία („sittliche Reinheit" [GDW 449]; nur dreimal im NT, vgl. 2Kor 1,12 und 2,17) und ἀλήθεια sagten dann etwas aus über das paulinische Verständnis christlichen Lebens.

Was immer dabei ἀλήθεια genau heißt (vgl. GDW 69–70: eher als „Wahrheit" wohl „Wahrhaftigkeit", „Aufrichtigkeit", „Zuverlässigkeit"),

---

11   Es geht nicht nur „um die Ausstoßung aus der Gemeinde", sondern auch „um den Tod des Sünders" (gegen BAUMBACH 25, der hier „frühjüdische Satanstradition" erkennt; vgl. aber sehr wohl Joh 8,44). Zu kategorisch ist folgende Aussage: „Von einer dualistischen Verselbständigung des Satans kann aber weder in 2Kor 12,7 noch in 1Kor 5,5 gesprochen werden" (BAUMBACH 25). Die Härte wird auch abgemildert durch die drei nachstehenden Aussagen: „Paulus rechnet damit, daß dem Betroffenen (sc. in 1Kor 5,5) Unheil zustößt, Krankheit oder Tod. Aber da nach jüdischem Verständnis Vergehen, die im Diesseits bereits abgegolten wurden, beim Endgericht außer Betracht bleiben, durfte man damit rechnen, daß auch der Blutschänder letztlich gerettet wird" (HAAG 257–258); „It ought to be clear that there is no question of capital punishment (!) in 1 Cor. 5:1 ff., but of (temporary) expulsion. ... That Paul was capable of being sarcastic he had demonstrated in Phil. 3:2 and Gal. 5:12" (HYLDAHL 31, Anm. 26); und, „how loath Paul was to condemn a member of the body of Christ to eternal destruction. He avoided it by accepting the Jewish principle that physical death atones for sins, and he maintained that the destruction of the body would lead to the salvation of the spirit" (SANDERS 107).

12   Die Auslieferung des πόρνος an den Satan könnte man den in den Paulusbriefen erscheinenden Phänomenen von Magie und Aberglauben hinzufügen (vgl. BROX 205–207). Mit DEISSMANN (256f) plädiert z.B. AUNE für „magical interpretation" von 1Kor 5,3–5 (1553f).

13   Inzwischen ist vom EWNT eine 2., verbesserte Auflage mit Literaturnachträgen erschienen (Stuttgart u.a.: W. Kohlhammer, 1992). Weder zu den Artikeln selbst noch zu den Literaturnachträgen wurde dem Autor Gelegenheit gegeben zu Verbesserungen und Ergänzungen.

ist hier weniger wichtig als sich darüber im klaren zu sein, daß das
konkrete Tun nur aus paulinischer Perspektive charakterisiert und beurteilt
wird, ohne daß die Adressaten bzw. die Angeklagten zur Darlegung der
eigenen Bewertung und Gewissensüberzeugung kommen.[14]

Verse 9–10.

Eines der gravierendsten Probleme der paulinischen Korrespondenz mit
den Korinthern liegt in der Tatsache, daß ein Brief des Paulus entweder
ganz verschwunden ist[15] oder, falls Teile davon durch die Redaktion bewahrt und integriert wurden, zumindest teilweise vernichtet worden sein
muß. Denn ἔγραψα bezieht sich „auf einen früheren Brief" (BDR § 334,
Anm. 2), ist hier also kein Aorist des Briefstils. Keine andere Passage paßt
zu dem mehr oder weniger freien Briefzitat „μὴ συναναμίγνυσθαι πόρνοις"
in V. 9, noch nicht einmal das umstrittene, wahrscheinlich antipaulinische
Stück 2Kor 6,14 – 7,1 (vgl. FITZMYER, BETZ 1973) mit seinem bildhaften
Verbot, in bezug auf die Nichtgläubigen ἑτεροζυγοῦντες zu sein bzw. zu
werden (vgl. zum Hapaxlegomenon GDW 637), weil Gläubige und Un-
gläubige ja keinen Anteil haben (sc. „an derselben Sache", vgl. GDW 1024
zu dieser rhetorischen Frage in 2Kor 6,15).

Warum wurde der genannte Brief ganz oder teilweise vernichtet? Wer
hat es getan? Was war darin so peinlich? Bezog sich der Brief schon auf
den konkreten Fall von Kap. 5? Waren vielleicht in dem Brief Roß und Reiter genannt? War die πορνεία der Blutschande noch plastischer und bloß-
stellender beschrieben? Fragen über Fragen.[16]

Auf den vorhandenen Text von Kap. 5 bezogen,[17] bleibt nur die Frage,
ob auch V. 10 zum Zitat gehört oder eine neue Klarstellung *ad hoc* ist. Mit
οὐ πάντως („nicht überhaupt" [BDR § 433, Anm. 3]) wird eine für das
frühchristliche Leben wichtige Einschränkung ausgedrückt, verstärkt durch
den begründenden „Imperfekt der Ausdrücke der Notwendigkeit, Pflicht

---

14   Was für Kap. 7 gilt, läßt sich auch für 1Kor 5 sagen: „one cannot assume that simple
mirror reading of Paul's letters will lead to a reconstruction of the opposing views" (OSTER
58). Übrigens wirft 1Kor 7,2 (Monogamie διὰ δὲ τὰς πορνείας) auch Licht auf 1Kor 5
(vgl. 62).
15   Nach BECKER ging „der erste Brief nach Korinth" verloren (164 zu 1Kor 5,9). Zu
„Paul's previous letter to Corinth" vgl. HURD, passim, bes. 50–53, 213–246.
16   Im Abschnitt über Sexualität (1991: 277–285) äußert sich BERGER auch kurz zu 1Kor 5.
Er bezeichnet schon die Behandlung der Fälle in 1Kor 5 und 6 durch Paulus als „[s]chamlose
Rede" und sagt: „So überfällt er die Korinther in 1 Kor 5 buchstäblich gleich zu Beginn des
konkreten Teils des Briefes mit der Darstellung eines inzestuösen Verhältnisses" (279).
17   Nach SCHMITHALS, Briefe, bildet in der „Korrespondenz mit Korinth" (19–85, 13 Briefe
[Kor A bis Kor N]) Kor G = 1Kor 5,1–13 (55–56) sogar „ein selbständiges und vollständiges
Brief-Corpus" (55). Dagegen betont DERRETT die enge Zusammengehörigkeit der Kapitel 5–6,
ja 5–7, und fragt: „Was the incest-case at the root of it all?" (31).

usw" (BDR § 358, Anm. 2): „denn sonst hättet ihr aus der Welt hinaus-
gehen müssen" (V. 10b).

Obwohl ähnlich katalogartig wie 1Kor 6,9 (vgl. WIBBING 78), bezieht
sich das dreimalige πόρνος bzw. πόρνοι in 5,9–11 auf den hier behandelten
Fall, d.h. der πόρνος ist derjenige, der mit der Frau des Vaters ein sexuelles
Verhältnis hat. Er – und damit ja wohl auch sie – wird mit Lasterhaften
und Verbrechern wie Habgierigen (zu πλεονέκτης κτλ. vgl. GDW 1341–
1343), Räubern (zu ἅρπαξ vgl. GDW 219) und Götzendienern (zu εἰδωλο-
λάτρης κτλ. vgl. GDW 446f) in einen Topf geworfen.[18]

Vers 11.

Mit der Wiederholung von ἔγραψα und des prohibitiven μὴ συναναμίγνυσθαι, das hier ebensowenig wie in 2Thess 3,14 sexuelle Färbung hat
(vgl. dagegen μίγνυσθαι in Abschnitt IV), sondern gleichbedeutend ist mit
der Ermahnung ἐκκλίνετε ἀπ᾽ αὐτῶν (Röm 16,17), nimmt Paulus nun noch
eine zweifache Präzisierung vor. Erstens geht es nur um einen solchen
πόρνος (usw.), der ἀδελφός genannt wird oder sich selbst so nennt
(ὀνομαζόμενος). Zweitens wird das μὴ συναναμίγνυσθαι zugespitzt auf ein
μηδὲ συνεσθίειν. Was συνεσθίειν als allgemeines, besonders aber orientali-
sches Realsymbol menschlicher Gemeinschaft bedeutet in bezug auf die
Wahrheit des Evangeliums, zeigt Gal 2,11–14 sehr deutlich. In der Sicht
des Paulus müssen dieser πόρνος (samt der beteiligten Frau) und diese
πορνεία so radikal gegen die Humanität verstoßen, daß sie nicht nur das
heilige Gesetz (vgl. Röm 7,12) mißachten, sondern sogar die tatkräftige
Liebe als des Gesetzes πλήρωμα (vgl. Röm 13,10) völlig außer Augen
lassen, ethisch also das Evangelium falsifizieren.

Verse 12–13.

Falls diese Verse nicht schon zum nächsten Abschnitt gehören (TOMSON
97), nimmt das Stichwort κρίνειν das ἤδη κέκρικα von Vers 3 wieder auf
und bringt mit einem exkommunizierenden Bibelzitat, für das es eine ganze
Reihe von Parallelen gibt (vgl. Bill. III 362), den Fall zum Abschluß. Apo-
stolisches und frühkirchliches Recht wird gesprochen, und dieser „Rechts-
vorgang" (KÄSEMANN 72) hat esoterischen, nicht exoterischen Charakter,
denn τοὺς ἔξω ὁ θεὸς κρινεῖ (das eschatologische Futur hat als *lectio difficilior* Vorzug vor der Lesart κρίνει [κρινει ohne Akzent haben 𝔓⁴⁶ א A B* C

---

18   Vgl. auch das Verbum πορνεύειν in 1Kor 6,18; 10,8. In Apk 2,14 ist im Zusammenhang
mit Satans Thron (2,13) von φαγεῖν εἰδωλόθυτα καὶ πορνεῦσαι die Rede. Die Nikolaiten sind
nach der „Arbeitshypothese" von HEILIGENTHAL keine eigentlichen Gnostiker, sondern
„Vertreter" einer ‚›aufgeklärt-skeptizistischen‹ Richtung, die sich auf die Position der
Starken in den paulinischen Gemeinden zurückverfolgen läßt" (137).

u.a., vgl. Greek New Testament, 3rd. ed., z.St.]). Für das Verständnis der
Gerechtigkeit Gottes, der Rechtfertigung der Unfrommen (bzw. Sünder),
der christlichen Freiheit (vgl. Gal 2,4; 5,1.13) und der Rolle des theologischen Gesetzes bildet diese Verurteilung eines „Bruders" durch den christlichen Juden Paulus ein schweres Problem.

II.

Die verurteilte πορνεία gehört für Paulus offenbar zu den schwersten Ver-
fehlungen des sarkischen Menschen. Das Verbot *dieser* „Unzucht", das
Inzestverbot nämlich, scheint für ihn sogar allgemeine, sozusagen natur-
rechtliche Gültigkeit zu haben (vgl. οὐδὲ ἐν τοῖς ἔθνεσιν [V. 1]). Von solcher
„Unzucht" als einem der Phänomene des Zornes Gottes (vgl. Röm 1,18ff)
bzw. der Herrschaftsmacht der der πίστις entgegengesetzten ἁμαρτία (Sin-
gular, ob personifiziert gedacht oder nicht) würden die glaubend Gerecht-
fertigten befreit; im neuen Existential des Glaubens wäre solche „Unzucht"
eine unmögliche Möglichkeit.

Den konkreten Fall beurteilt Paulus jedoch nicht vom Naturrecht der
Völker oder vom Zivilrecht des römischen Imperiums her, sondern auf dem
Hintergrund des mosaischen Gesetzes, das auch in diesem Punkt Gegen-
stand halachischer Diskussion und Kasuistik war.[19]

Um die israelitischen Gesetze und ihre (auch späteren) Unterscheidun-
gen genauer zu befragen, muß der „Fall" zunächst möglichst exakt zur
Darlegung kommen, was bei dem vorhandenen Aussagematerial nicht
leicht ist. Personalien auch der allgemeinsten Art fehlen. Allerdings handelt
es sich um ein männliches Mitglied der korinthischen „Gemeinde" bzw.
einer der christlichen Kleingruppen. Gilt das auch von der beteiligten Frau?
Wenn ja, wieso wird nicht auch sie „gerichtet"?[20] Bestand das Verhältnis
schon vor dem Eintritt in die ἐκκλησία, oder begann es erst während der
Mitgliedschaft? Vor allem aber, kam der „Bruder" aus den ἔθνη (vgl. 1Kor
12,2), oder war er einer der vielleicht in Korinth neben „Heidenchristen"

---

19   Daher ist problematisch, was der Jurist Tertullianus zu 1Kor 5,1.5 ausführt: *Non de-
fendo secundum legem creatoris displicuisse illum, qui mulierem patris sui habuit – communis
et publicae religionis secutus sit disciplinam –: sed cum eum damnat dedendum satanae,
damnatoris dei praeco est. ... creatoris frequentissimam sententiam commemorauerit* (Adversus
Marcionem V 7,2: CChr.SL I 682,1–8). Mit Recht sagt dagegen VON DER OSTEN-SACKEN: „Die
Richtschnur, die der Apostel an diese Liaison anlegt, ist eindeutig die Tora" (1989: 79, vgl.
Dtn 17,7 zu Vers 13; aber es fehlt der ausdrückliche Hinweis auf das Heiligkeitsgesetz, Lev
18,6–18, bes. Verse 7–8). Im Abschnitt „Commandments and Purity Laws" (169–171) sagt
SEGAL, daß „the concept of purity is reinterpreted in strictly moral terms", was im Hinblick
auf 1Kor 5,1 heißt, daß „the man openly living with his father's wife must be expelled from
the community lest he further contaminate the group" (170).
20   Zur Nichtbestrafung der Frau nach den römischen Inzestgesetzen s.u. in Abschnitt III
(TREGGIARI 38).

existierenden „Judenchristen" (vgl. 1Kor 7,18 und dazu ARAI 430;[21] die übrigen Stellen [1Kor 1,22–24; 9,20; 10,32; 12,13] sind noch vager)?

Ist es überhaupt wahrscheinlich, daß der πόρνος ein christlicher Jude war? Die Möglichkeit ist wohl nicht auszuschließen. Doch schrumpft die Möglichkeit zur schieren Unwahrscheinlichkeit, wenn man voraussetzen kann, daß ein solcher, ob Geburtsjude oder Proselyt, es mit dem Judesein ethisch–gesetzlich sehr ernst nahm. Ganz unvorstellbar ist die genannte Möglichkeit dann, wenn γυνὴ τοῦ πατρός eine Umschreibung bzw. sogar ein Euphemismus für μήτηρ ist. Und genau das ist durchaus eine Erwägung wert. Denn es ist m.E. keineswegs so klar und selbstredend, wie die Kommentare angeben, daß mit der „Frau des Vaters" die „Stiefmutter" gemeint ist.[22]

Der die πορνεία definierende Nebensatz mit ὥστε + Akkusativ + Infinitiv hat nämlich nicht unbedingt nur das enklitische Pronomen τινα vorgerückt, „um sowohl γυναῖκα als auch πατρός hervorzuheben" (BDR § 473, Anm. 2). Es handelt sich dabei m.E. gleichzeitig um Ellipsis, d.h. um die Vermeidung des doppelten, von ἔχειν abhängigen Akkusativs γυναῖκα zwischen τινα und τοῦ πατρός. Es wäre also folgendermaßen zu übersetzen: „und [zwar] eine Unzucht dergestalt, ..., daß zur Frau jemand [die/eine Frau] des Vaters hat" (V. 5c; ähnlich Bill. III 343). Neben Abscheu, die „Mutter" auch nur zu erwähnen, könnte diese Möglichkeit zur Ellipsis einer der Gründe sein, von der „Frau des Vaters" zu reden. Die kurze Konstruktion wäre sonst mit Akkusativen verschiedener Art überladen.

---

21 Die „Gegner", unterschieden „von den Korinthern im allgemeinen" (ARAI 431), „wären ... geneigt gewesen, 'gnostisch' zu sein, sie waren aber noch nicht gnostisch" (ARAI 437). Noch apodiktischer ist HYLDAHL: „There was no gnosticism in the Corinthian church. What Apollos introduced there had as little to do with gnosticism as had the philosophy of Philo; gnosticism belongs to the second century, and only 'pre-gnostic' traces may be detected in the works of Philo and in the influence which Apollos exerted in Corinth" (22). Und in Übereinstimmung mit Simone PÉTREMENT, Le Dieu séparé. Les origines du gnosticisme, Paris 1984, behauptet er, daß die sich verwandelnden Diener (διάκονοι) Satans in 2Kor 11,14–15 „are identical with the followers of Apollos in Corinth" (23). Die korinthischen Gegner, „closer to paganism than to Christianity" (26), seien „neither Judaizers nor gnostics", sondern „Hellenistic Jews of the type described by Sellin and Pétrement" (28). Bei BETZ erscheint das Wort "gnostics" in Anführungszeichen (1978: 224, Anm. 232). Immer noch zu erwägen ist die Meinung von SCHMITHALS, daß der Verkehr mit der „Frau des noch lebenden Vaters" wohl „unter Berufung auf die gnostische Eleutheria" geschah (224–225; s.u. zu Eusebios).

22 · „Stiefmutter": CONZELMANN 116, DAUBE 40, DEISSMANN 256, FASCHER 156f, FEE 200, HARRIS 3, KUSS 137, LIETZMANN/KÜMMEL 23, SCHMITHALS 1965: 224, SCHRAGE 369, SELLIN 1987: 3001, TOMSON 100, WEISS 125, WENDLAND 43;

„Stiefmutter" wahrscheinlich: BARRETT 121, NEWTON 87, 141, OSTEN-SACKEN 1989: 79, SANDERS 106;

„Frau des Vaters": MEEKS 1983: 129, SEGAL 170, TREVIJANO ETCHEVERRIA 130.

III.

Nun zur Rechtslage, die in den Kommentaren viel zu kurz kommt (vgl. aber CONZELMANN 116f). Hier erscheint es zweckmäßig, das römische Recht nach der mustergültigen Darstellung von TREGGIARI zusammenzufassen.[23]

„Roman rulings on kindred and affinity forbade marriage between ascendant and descendant even when the relationship was adoptive" (37, vgl. D 23.2.53–5; G 1.59).

„As for collaterals, marriage was forbidden between brother and sister" (38, vgl. G 1.60).

„A man might not, in classical law, marry ... anyone who, by virtue of a previous marriage, stood to him in the relationship of stepmother, ..." (38, vgl. D 23.2.12, 14 pr.–1, 15, 17.2, 39, 56; G 1.63; Paul S 2.19.5 = Coll. 6,3.3; Tit. Ulp. 5.2.6 = Coll. 6.2.3).

„Marriages which defied these rules were incestuous and null" (38, vgl. bes. G 1.64: ... si quis nefarias atque incestas nuptias contraxerit, neque uxorem habere videtur neque liberos).

„... women were not punished if they entered on a marriage which was invalid only under Roman rules about incest: they were only expected to be aware of what was accepted as incest iure gentium, by the common beliefs of all mankind. ... None of this applied if incest were extra-marital. The most interesting feature here is the distinction between incest iure gentium and incest in Roman law. The former means sexual relationships between ascendant and descendant" (38–39; im folgenden wäre ein Hinweis auf die persischen Mager angebracht, und nicht nur einer auf die Geschwisterehe in Ägypten).

Was TREGGIARI zu Philon, SpecLeg III 12–31, sagt, kann überleiten zur jüdischen Rechtsdiskussion: „A relatively long attack on unions forbidden to Jews as incestuous (not only mothers but also stepmothers, not only full sisters but also stepsisters and wife's sister, or foreigners) must be to the address of Alexandrian Greeks" (214).

Gleich zu Beginn des vor allem auf Lev 18 basierenden Abschnitts über das, was περὶ τὰς ὁμιλίας ὁ νόμος διετάξατο (12), erwähnt Philon, hier allerdings ohne Hinweis auf das von ihm in bezug auf ἀληθῆς μαγική hochgeschätzte Μάγων γένος (vgl. 100), τὸ Περσικὸν ἔθος, wonach μητέρας

---

23   Bei den abgekürzt zitierten römischen Rechtsquellen handelt es sich um die Institutiones des Gaius (2. Jh. n.Chr.; Abk. G), die Sammlungen Pauli sententiae (3. Jh. n.Chr.; Abk. Paul S) und F[ontes] I[uris] R[omani] A[nteiustiniani] II 261ff (= Tituli [oder Regulae] Ulpiani; Abk. Tit. Ulp.) bzw. II 543ff (= Mosaicarum et Romanarum legum collatio; Abk. Coll.), und die Digesta des Justinianus (1. H. des 6. Jh.s; Abk. D). Zu „Irregular Unions" vgl. auch DIXON 90–95, bes. 91. Auch das Diokletianische „edict against incestuous marriages" von 295 n.Chr. wirft noch Licht auf die jahrhundertelange „relativity of moral codes" (vgl. CHADWICK passim, bes. 145–149).

γὰρ οἱ ἐν τέλει Περσῶν τὰς ἑαυτῶν ἄγονται (13).[24] Zeigt der Kontext einerseits ganz klar „it is mothers rather than stepmothers who are primarily under consideration" (COLSON VII 481, Anm. c), so scheint Philon andererseits nicht zu wissen, daß diese von ihm verabscheute Sitte gerade ein Charakteristikum der persischen Μάγοι ist.

Die Inzestgesetze aus Lev 18,6ff und 20,11ff bzw. Dtn 23,1 und 27, 20ff haben auch Eingang gefunden in die sogenannte Tempelrolle vom Toten Meer.[25] In der Rekonstruktion von YADIN heißt der auf Dtn 23,1 basierende Text von Col. LXVI 11–12: „A man shall not take | his father's wife, nor shall he uncover his father's skirt" (II 298–299, 425; vgl. I 371–373 und MAIER 66, 126). Dem Ausdruck אשת אביהו entspricht in Lev 20,11, Dtn 23,1 und 27,20 אשת אביו (vgl. אשת־אביך in Lev 18,8), in LXX stets mit γυνὴ τοῦ πατρός übersetzt. Wie die spätere rabbinische Literatur zeigt, kann damit neben der Stiefmutter auch die leibliche Mutter gemeint sein (vgl. Bill. III 344, 348–350).[26] Ist darum wirklich „fraglos, daß der Apostel 1 Kor 5,1 unter γυνὴ τοῦ πατρός ... die Stiefmutter verstanden hat" (Bill. III 343)? Ein Blick auf Ps 50,20 (49,20 ⑭) zeigt ja z.B., daß „Bruder" im Parallelismus membrorum mit „Sohn der Mutter" synonym sein kann.

„Auffallend ist die zwiespältige Stellung der alten Synagoge zu der Frage, ob dem Heiden die Ehe mit der Stiefmutter ... erlaubt sei" (Bill. III 345). Sollte es sich in 1Kor 5 nach Ansicht des Paulus um einen Heidenchristen und seine Stiefmutter handeln, würde Paulus aus derjenigen Tradition stammen, die diese Frage verneint hat.

Dürfte es „als sicher angenommen werden, daß in der neutestamentlichen Zeit die Mehrzahl der jüdischen Gelehrten gegen die Ehe eines Heiden u. eines Proselyten mit der Stiefmutter nichts einzuwenden gehabt hat", so folgt aus der paulinischen Reaktion m.E. aber nicht, „wie völlig bedeutungslos dem im Rabbinismus groß gewordenen Apostel Paulus die jüdische Halakha für die Entscheidung großer sittlicher Fragen geworden war" (Bill. III 358; vgl. die Kritik von TOMSON 101), sondern eher, daß für Paulus einerseits der „Frevler" (DEISSMANN 256), den er ja vielleicht gar nicht persönlich kannte, ein konvertierter Jude oder ein römischer Reichsbürger war, andererseits die Möglichkeit bestand, daß die Frau des Vaters in 1Kor 5 wirklich die Mutter war. Auf jeden Fall wird die Reaktion des Paulus nur verständlich, wenn er „die Ehe mit der eigenen Mutter" oder

---

24   Das Verb ἄγομαι ist hier ähnlich gebraucht wie ἔχω (1Kor 5,1) und andere „euphemisms in the language for sexual intercourse" (Edward N. O'NEIL in BETZ 1978: 333; vgl. auch 27, die Notiz von William C. GRESE zu μητρί ... μίγνυσθαι: „The Corinthian libertines claimed the freedom to do these very things").

25   Zum Stellenwert von Lev 18 und 20 im sogenannten „Heiligkeitsgesetz" der hebräischen Bibel vgl. MATHYS 82–108, bes. 88–92.

26   „Zur Datierung rabbinischer Aussagen" vgl. den gleichnamigen Aufsatz von Müller, der alle „Neutestamentler vorsichtig machen" sollte (587).

„Stiefmutter" als eine Verbindung ansah, die zu den vom Gesetz „verbote-
nen blutschänderischen Ehen ersten Grades gehörte" (Bill. III 346), die Unzucht also Inzest war.[27]

Würde Paulus genauso reagiert haben und wäre für ihn auch „die Tole-
ranzgrenze christlicher Freiheit in untragbarer Weise überschritten worden"
(SCHRAGE 372f), wenn Mutter und Sohn bekanntermaßen zum persischen
Μάγων γένος/ἔθνος gehört hätten?

IV.

Nur ganz vereinzelt findet sich in der Literatur zu 1Kor 5 ein Hinweis auf
die „Perser", die in den antiken Quellen manchmal verallgemeinernd an
Stelle der medischen bzw. persischen „Mager" erscheinen (vgl. CLEMEN,
Fontes, passim).[28] In der Anmerkung zu der Aussage, daß „die Ehe mit der
eigenen Mutter ... auch in Griechenland und Rom nicht vorstellbar" ist, gibt
CONZELMANN folgende Kurzauskunft: „Die antike Volkskunde verzeich-
net Ehe bzw. Geschlechtsverkehr mit der Mutter als persische Sitte, Curt
Ruf VIII 2,19; Philo SpecLeg III 13; Tatian Or 28" (116). Und SCHRAGE
verweist nur auf die schon oben besprochene Stelle bei Philon, SpecLeg III
13 und sagt dazu: „Immerhin lassen sich Belege erkennen, daß solche Fälle
[sc. von Inzest] im hellenistischen Raum vorgekommen sein müssen" (370).

Ohne der Frage nachzugehen, warum das geradezu universale Inzesttabu bzw. die Inzestscheu (vgl. FREUD passim, SIDLER passim) nicht
existierte, vielmehr im Gegenteil „Inzest" zugelassen war „par les Mages"
(BIDEZ/CUMONT I 78), sollen hier nur einige der gesammelten und für eine
spätere Veröffentlichung vorgesehenen Quellenbelege zu den Μάγοι bzw.
Μαγουσαῖοι (lat. *Magi*, syr. ܡܓܘܫܐ) vorgestellt werden.[29]

---

27   Kann man für homosexuelle Handlungen eine ähnlich scharfe Reaktion des Paulus annehmen? Nach MURPHY-O'CONNOR „[Paul] had no evidence of homosexual practises,
otherwise he would have reacted in the same direct fashion as in the case of incest (5:1–13)"
(1980: 490); vgl. den Aufsatz von OSTEN-SACKEN von 1986 (1987: bes. 223–224 zu 1Kor 5).

28   Auch die „Chaldaioi" sind „oft mit den Magoi verwechselt" worden (KROLL 262). Bei
CLEMEN, Religionsgeschichtliche Erklärung des NTs, findet sich zu μάγοι kein Hinweis. Leider haben auch die wichtigen quellenkritischen Untersuchungen von LÜDEMANN keinen eigenen Abschnitt zum Problem der Begriffe „Magie" und „Magier" (vgl. 41 zu Apg 8,11). Auch
der Artikel von DELLING gibt nicht viel her.

29   Vgl. außer der Monographie von DUCHESNE-GUILLEMIN (1973: 269 im Index) auch die
lexikalische Zusammenfassung: „Sie [sc. die Magoi] kannten die Ehe unter Blutsver-
wandten" und hatten eine „dualist[ische] Auffassung von der Welt" (DUCHESNE-GUILLEMIN
1969: 891, ohne Belege). Zu den persischen und hellenistischen Μάγοι sowie zur Entwicklung
der Bedeutung des Wortes vgl. vorläufig JACKSON 6–8, 140–143, CLEMEN 1928, NOCK 1933 &
1940 passim, 1949: 690–702, ZAEHNER 154–172, ZINTZEN passim, YAMAUCHI 23–30 und LIEU
210–213.

Xanthos v. Sardeis, Μαγικά (Historiker, 5. Jh. v.Chr.):
Schon der kurz vor Herodot schreibende Lyder sagt nach einem Zitat von
Klemens v. Alex., Strom. III 11,1: „Die Magier halten es für erlaubt, daß man
sich mit Müttern und Töchtern und Schwestern vermählt ..." (STÄHLIN III 263–
264) – οἱ μάγοι μητράσι καὶ θυγατράσι καὶ ἀδελφαῖς μίγνυσθαι θεμιτὸν ... (ed.
STÄHLIN, zitiert nach CLEMEN, Fontes 3).
Aus der gleichen, ältesten Quelle stammt u.a. wohl das, was Klemens in Paid.
I 55,2 sagt: „wenn sie [sc. die Königssöhne der Perser] aber erwachsen sind,
verkehren sie geschlechtlich mit Schwestern und Müttern ..." (STÄHLIN I 253) –
ἡβήσαντες δὲ ἀδελφαῖς καὶ μητράσιν ... (ed. STÄHLIN, zitiert nach CLEMEN,
Fontes 68).

Euripides, Andromache 172–175 (5. Jh. v.Chr.):
Was Hermione, die Frau des Neoptolemos, in der ersten Hauptszene vorträgt,
„spielt wohl" auf die persischen Mager „an" (vgl. KROLL 262): ... τοιοῦτον πᾶν τὸ
βάρβαρον γένος· | πατήρ τε θυγατρὶ παῖς τε μητρί μίγνυται | κόρη τ᾽ ἀδελφῷ ... – „So
mischt sich das Barbarenvolk: Mit Vater Tochter, Mutter mit dem Sohn, [m]it
Schwester Bruder" (BUSCHOR/SEECK II 176–177).

Herodotos (5. Jh. v.Chr.; vgl. die bequeme Zusammenstellung von CLE-
MEN, Fontes 3–16):
In den einschlägigen Perser-Abschnitten werden oft Μάγοι erwähnt (z.B. I 101
[einer der medischen Stämme], 108, 128, 132, 135, 140; III 65, 67, 73; VII 19, 37,
191).
Kultur- und religionsgeschichtlich wichtig für das babylonisch-iranische Grenz-
gebiet, wenn auch mit Vorsicht zu benutzen, ist der Abschnitt I 131–140, in dem
u.a. die Polygamie der persischen Männer erwähnt wird (135).
Für die von und für Kambyses eingeführte Geschwisterehe, die vorher bei den
Persern nicht Brauch war, ist auf III 31 zu verweisen.
Daß Mager aber von Persern zu unterscheiden sind, zeigt besonders deutlich die
Episode vom Massenmord der Mager unter Dareios; diesen Mord feiern die Perser
als das hohe Fest „Μαγοφόνια" (III 79).

Ktesias v. Knidos (Historiker, 5./4. Jh. v.Chr.; vgl. CLEMEN, Fontes 16,
69–70):
Im Vorentwurf zur Apologie, Ad Nationes I 16,4, bezieht sich Tertullian im
Zusammenhang der apologetischen und anklagenden Behandlung von *incesta* auf
Ktesias: *Plane Persae, Ctesias edit, tam scientes quam non horrentes cum matri-
bus libere faciunt* (CChr.SL I 34,26–27).
In Tertullians Apologeticum IX 16 heißt es dann: *Persas cum suis matribus misceri
Ctesias refert. Sed et Macedones suspecti, ...* (CChr.SL I 104,73).

Chrysippos v. Soloi, Περὶ πολιτείας u.a. (Stoiker, 3. Jh. v.Chr. [281/77–
208/4]):
In den für die Philosophiegeschichte wichtigen Werken des Sext. Emp. (2. Jh.
n.Chr.) finden sich nicht nur Zitate, sondern auch Hinweise darauf, daß die
stoische Lehrmeinung mit der Sitte der persischen Mager irgendwie zu-

sammenhängt, s.u. zu Sextos Empeirikos. Hier nur zwei einschlägige Zitate in
Synopse:

Πυρρωνείων ὑποτυπώσεων III 246:	Πρὸς μαθηματικούς XI 192:
τούτοις δὲ [sc. Zenonis similibus placitis] ὁμογνωμονεῖ καὶ ὁ Χρύσιππος· ἐν γοῦν τῇ πολιτείᾳ φησὶ „δοκεῖ δέ μοι ταῦτα οὕτω διεξάγειν καθάπερ καὶ νῦν οὐ κακῶς παρὰ πολλοῖς εἴθισται, ὥστε καὶ τὴν μητέρα ἐκ τοῦ υἱοῦ τεκνοποιεῖσθαι καὶ τὸν πατέρα ἐκ τῆς θυγατρὸς καὶ τὸν ὁμομήτριον ἐκ τῆς ὁμομητρίας."	ὁ δὲ Χρύσιππος ἐν τῇ πολιτείᾳ κατὰ λέξιν φησὶν οὕτως „δοκεῖ μοι καὶ ταῦτα οὕτως ἐξαγαγεῖν καθάπερ καὶ νῦν οὐ κακῶς παρὰ πολλοῖς εἴθισται, ὥστε ⟦καὶ τὴν μητέρα ἐκ τοῦ υἱοῦ τεκνοποιεῖσθαι⟧ καὶ τὸν πατέρα ἐκ τῆς θυγατρὸς καὶ τὸν ὁμομήτριον ἐκ τῆς ὁμομητρίας."
(SVF III 185, Nr. 745; BURY I 490–491)	(SVF III 185, Nr. 745; BURY III 476–479)

Nach Diog. Laert. VII 188 wird u.a. kritisiert, daß ἐν δὲ τῷ περὶ πολιτείας καὶ
μητράσι λέγει συνέρχεσθαι καὶ θυγατράσι καὶ υἱοῖς (SVF III 185, Nr. 744; LONG
382) – „gestattet er den fleischlichen Umgang mit Müttern, Töchtern und Söhnen"
(APELT/REICH II 97). Dasselbe soll auch in einer anderen Schrift des Neube-
gründers der Stoa stehen.
Auf welche Schrift sich Epiphanios, Σύντομος (De fide) 9,43 bezieht, läßt sich
nicht genau sagen: Χρύσιππος ὁ Σολεὺς νόμους ἔγραψεν οὐ θεμιτούς. ἔλεγε γὰρ δεῖν
μίγνυσθαι ταῖς μητράσι τοὺς παῖδας, τοῖς δὲ πατράσι τὰς θυγατέρας (HOLL/
DUMMER III 509,2–3; vgl. DIELS 593,1–4; SVF III 185–186, Nr. 746).
Ein weiteres, grundsätzlich übereinstimmendes Zeugnis bezüglich des Inzests
findet sich im frühen 2. Jh. n.Chr. bei Plutarchos (s.u.).[30]

Antisthenes v. Rhodos (Historiker, um 200 v.Chr.):
Im Philosophengastmahl des Athenaios v. Naukratis (um 200 n.Chr.) beschul-
digt der peripatetische Historiker den Alkibiades (5. Jh. v.Chr.) durch das folgende Gerücht: συνεῖναι γάρ φησιν αὐτὸν καὶ μητρὶ καὶ θυγατρὶ καὶ ἀδελφῇ, ὡς
Πέρσας (V 63: KAIBEL I 487,19–21; vgl. CLEMEN, Fontes 66). Auf welches Konto
die Generalisierung „Perser" (statt „Mager") geht, ist schwer zu sagen.

Sotion v. Alex., Διαδοχή XXIII u.a. (Peripatetiker, 2. Jh. v.Chr.):
Von den Magern der Perser heißt es u.a.: ... καὶ ὅσιον νομίζειν μητρὶ ἢ θυγατρὶ
μίγνυσθαι ... (Diog. Laert., Prooem. 1–2, 6–7 [im Zusammenhang mit der Frage des
Ursprungs der Philosophie]; vgl. BIDEZ/CUMONT II 7–9 [B 1a], 67–70 [D 2];
LONG 1–4; APELT/REICH I 3–6).

Catullus (84–54 v.Chr.; vgl. CLEMEN, Fontes 27):
In Gedicht 90 bringt Catull das „Verhältnis des Gellius zu seiner Mutter" (vgl.
Gedichte 88 und 89) „mit der angeblichen Duldung des Inzestes bei den persischen

---

30   Es stimmt also nicht ganz, was FEE zu 1Kor 5,1 sagt: „In the NT the word [πορνεία] is
     thus used to refer to that particular blight on Greco-Roman culture, which was almost uni-
     versally countenanced, *except among the Stoics*" (200, meine Hervorhebung).

Magiern in Verbindung" (KROLL 262). Die drei Distichen des Gedichtes lauten (262f):

> Nascatur magus ex Gelli matrisque nefando
> Coniugio et discat Persicum aruspicium:
> Nam magus ex matre et gnato gignatur oportet,
> Si verast Persarum inpia relligio,
> Gratus ut accepto veneretur carmine divos
> Omentum in flamma pingue liquefaciens.

Diesem Gedicht gibt WEINREICH in seiner Übersetzung die Überschrift: „Ein dunkler Ehrenmann V" (151):

> Gellius' ruchlosem Bund mit der Mutter entsprieße ein Magier,
> der die Opferbeschau lerne nach persischem Brauch;
> denn ein Magier muß vom Sohn mit der Mutter gezeugt sein
> (wenn dies in Wahrheit lehrt unfrommer persischer Kult),
> daß er, den Göttern lieb, mit willkommenen Liedern sie ehre
> und in des Altars Glut schmelze Gekröse und Fett.

In den Nachträgen korrigiert KROLL seine Urteile („angeblich", „das falsche Gerücht" [262]): „Das Gerücht ist nicht falsch" (301).

Strabon v. Amaseia, Γεωγραφικά (ca. 64 v.Chr. – ca. 19 n.Chr.):
XV 3,15 (JONES VII 176–177): Im kleinasiatischen Kappadokia, wo es viele Heiligtümer (ἱερά) der persischen Götter gibt, ist der Stamm der Mager (μάγοι) groß; sie werden auch Πύραιθοι („fire-kindlers") genannt.[31]
XV 3,20 (Jones VII 182–185): „… and these Magi, by ancestral custom, consort even with their mothers" – τούτοις δὲ καὶ μητράσι συνέρχεσθαι πάτριον νενόμισται (184f).

Pompeius Trogus („röm. Historiker augusteischer Zeit" [KROH, Lexikon 512]):
In der von Marcus Iunianus Iustinus im 3. Jh. hergestellten Epitome (ed. RUEHL bzw. SEEL) der auf Ktesias basierenden assyrischen Geschichte des Trogus soll Zoroaster u.a. artes magicas invenisse (I 1,9: CLEMEN, Fontes 64; BIDEZ/ CUMONT II 41–42 [B 33a]). Und später heißt es von den Persern: uxores dulcedine variae libidinis singuli plures habent, nec ulla delicta adulteriis gravius vindicant (XLI 3,1: CLEMEN, Fontes 65).

Philon v. Alex. (ca. 20 v.Chr. – ca. 40 n.Chr.; vgl. CLEMEN, Fontes 37):
Die persischen Mager (Μάγων γένος [SpecLeg III 100], ἐν Πέρσαις μὲν τὸ Μάγων [Prob 74]) sind die Vertreter der ἀληθὴς μαγική (SpecLeg III 100), die unterschieden wird von ihrer παράκομμα = κακοτεχνία (101). Auf der anderen Seite stehen, wie schon früher gesagt, die inzestuösen οἱ ἐν τέλει Περσῶν (13; s.o. Abschnitt III).

---

31   Vgl. hier den Abschnitt „Mithraism" bei LEASE 1310–1311: „The magi, or religious figures of the Zarathrustian reform movement became his [Mithra's] missionaries, and it is likely that the worship was turned into what later became the Hellenistic mysteries under their influence in Asia Minor" (1310).

Curtius Rufus, *Historiae Alexandri Magni Macedonis* (1. Jh. n.Chr.; vgl.
CLEMEN, Fontes 38–40):
Auf die Stelle VIII 2,19 weist CONZELMANN in seinem Kommentar zu 1Kor 5,1
als „antike Volkskunde" hin (116, Anm. 27): *apud eos* [d.h. bei den Persern] *parentibus stupro coire cum liberis fas est* (CLEMEN, Fontes 39).

Plutarchos v. Chaironeia (kurz vor 50 – bald nach 120 n.Chr.; vgl.
CLEMEN, Fontes 47–54; BIDEZ/CUMONT II 383 + 393 Index):
Plutarch bezieht sich in Kap. 22 seiner Schrift über die stoischen Selbstwider-
sprüche auf die Äußerung des Chrysippos in dessen Προτρεπτικά, nach der
„cohabitation (συγγενέσθαι) with mothers or daughters or sisters ... have been
condemned without reason (ἀλόγως)" (1045B: SVF III 187, Nr. 753; CHERNISS,
Plut. Mor. XIII,2 507; vgl. a.a.O. 397: „In Plutarch's time Chrysippus was the
recognized authority for Stoic doctrine; and among the Stoics themselves, as
Epictetus makes clear, erudition meant knowledge of the older Stoics and particularly of the works of Chrysippus"). Weitere Texte und Erwägungen s.o. zu
Chrysippos v. Soloi.[32]

Aristeides v. Athen, Ἀπολογία (Eus., KG IV 3,3; doch nicht an Hadrian,
sondern an Antoninus Pius [138–161] gerichtet, vor 147 n.Chr.
[BARNARD 373-374]):
Was der Apologet von den griechischen Göttern sagt, nämlich „daß sie mit ihren
Müttern und Schwestern und Töchtern verheiratet waren" (8,2: GOODSPEED 10),
hat seiner Meinung nach per Nachahmung zu dem großen Übel unter den Menschen seiner Zeit geführt, das sich u.a. im Inzest mit Müttern und Schwestern
äußert (9,8; vgl. 17,2: GOODSPEED 11–12; 23). Die Christen dagegen seien solche,
die u.a. οὐ ... πορνεύουσιν (15,4: GOODSPEED 20).

Tatian aus Assyrien, Πρὸς Ἕλληνας („um 160 [n.Chr.] oder wenig davor"
[BARNARD 379]):
Es wird nicht klar, ob Tatian überhaupt weiß, daß die Mager eigentlich und ursprünglich keine zauberischen Magier waren, wenn er „die Mager der Perser" im
Zusammenhang verschiedener, relativ beurteilter Gesetzgebungen (νομοθεσίαι)
den Hellenen in traditioneller Weise gegenüberstellt als solche, für die das eheliche Zusammenleben mit der Mutter schönste Lebensweise sei: νομίζουσιν γοῦν
Ἕλληνες φευκτὸν εἶναι τὸ συγγενέσθαι μητρί, κάλλιστον δὲ τὸ τοιοῦτόν ἐστιν ἐπι-
τήδευμα παρὰ τοῖς Περσῶν μάγοις (28,1: GOODSPEED 294; vgl. CLEMEN, Fontes
65).

Theophilos v. Ant., An Autolykos III (Ende 2. Jh. n.Chr.):
Im Zusammenhang mit der zurückgewiesenen Behauptung, die Christen übten
geschlechtlichen Umgang (συμμίγνυσθαι) sogar mit ihren eigenen Schwestern
(III 4: GRANT 104–105), wird von Epikur gesagt, er empfehle auch
geschlechtlichen Umgang (συμμίγνυσθαι) mit Müttern und Schwestern (vgl.
USENER 323 [*inclusi ut falsa!*]), auch wenn die Gesetze dieses verböten (III 6:

---

32   Zu „Plutarch and Paul on Passion" vgl. FIORE 138–141.

GRANT 106–107); am Ende des Abschnitts heißt es generell: ὁπόσα τε οἱ λοιποὶ νόμοι κωλύουσιν Ῥωμαίων τε καὶ Ἑλλήνων τὰ τοιαῦτα πράσσεσθαι (ebd.).

Sextos Empeirikos (Philosoph des Zweiten Skeptizismus, 2. Jh. n.Chr.):

Bei Chrysippos v. Soloi (3. Jh. v.Chr.) wurde schon gesagt, daß sich in den für die Philosophiegeschichte wichtigen Werken des Sext. Emp. nicht nur Zitate finden, sondern auch Hinweise darauf, daß die stoische Lehrmeinung mit der Sitte der persischen Mager irgendwie zusammenhängt. Diesen Hinweisen ist nun genauer nachzugehen. Beide Zitate (s.o. die Synopse bei Chrysipp) stehen im größeren Zusammenhang der Frage, ob es eine περὶ τὸν βίον τέχνη gibt. Dabei werden u.a. sexualethische Meinungen der Stoiker Zenon und Chrysipp behandelt (vgl. z.B. die Stichworte διαμηρίζειν, μητρομιξία und τρῖψαι τὴν μητέρα in Κατὰ μαθηματικούς XI 190–191: BURY III 476).

Ähnliche Probleme kommen im Grundriß der Lehre Pyrrhons zur Sprache, nicht nur in dem Parallelabschnitt III 245–249 (BURY I 488–493), sondern auch an drei weiteren Stellen.

Während es nach I 152 im römischen Reich u.a. verboten sei μητράσι μίγνυσθαι, soll es bei den Persern ἔθος εἶναι μάλιστα οὕτω γαμεῖν. Und bei den Ägyptern τὰς ἀδελφὰς γαμοῦσιν, was „bei uns" ebenfalls gesetzlich (νόμῳ) untersagt sei (BURY I 88–89).

Die wichtigste Passage ist III 205–209 (BURY I 464–467). Wieder geht es darum, daß ἄθεσμον τέ ἐστι παρ' ἡμῖν μητέρα ἢ ἀδελφὴν ἰδίαν γαμεῖν (205: 464). Wieder werden die Ägypter mit der Schwesternheirat in Verbindung gebracht. Diejenigen aber, die ihre Mütter heirateten, seien die Perser, καὶ μάλιστα αὐτῶν οἱ σοφίαν ἀσκεῖν δοκοῦντες, nämlich οἱ Μάγοι (205: 464; vgl. auch CLEMEN, Fontes 70). Darin ist nicht nur die Verbindung Inzest–Weisheit–Mager interessant, sondern auch die unmittelbar daran anschließende Nennung von Zeno und Chrysipp. Zeno mißbilligt nicht (οὐκ ἀποδοκιμάζει) das angebliche „Übel" (κακόν) des αἰσχρουργεῖν (206: 464–465), sondern er sagt auch μὴ ἄτοπον εἶναι τὸ μόριον τῆς μητρὸς τῷ ἑαυτοῦ μορίῳ τρῖψαι (205: 464). Das folgende Quasizitat klingt ähnlich wie die beiden oben in Synopse zusammengestellten Zitate: Χρύσιππος δὲ ἐν τῇ πολιτείᾳ δογματίζει τόν τε πατέρα ἐκ τῆς θυγατρὸς παιδοποιεῖσθαι καὶ τὴν μητέρα ἐκ τοῦ παιδὸς καὶ τὸν ἀδελφὸν ἐκ τῆς ἀδελφῆς (205: 464).

Klemens v. Alex. (gest. vor 215 n.Chr.; vgl. CLEMEN, Fontes 67-68; BIDEZ/CUMONT II 380 Index; s.o. schon zu Xanthos v. Sardeis).

Bardaişan v. Edessa, Buch der Gesetze der Länder (154–222 n.Chr.; vgl. CLEMEN, Fontes 69; BIDEZ/CUMONT II 117,6):

Zunächst der kürzere Hinweis aus der Zusammenfassung: „Ferner berichtete ich euch von den Persern und den Magiern, daß sie nicht nur im persischen Erdstrich ihre Töchter und Schwestern heiraten, sondern daß sie in jedem Lande, in das sie gezogen, an dem Gesetze ihrer Väter festgehalten und gewisse Geheimnisse, die sie ihnen überliefert, bewahrt haben" (WIESMANN 569; vgl. NAU 600–603; DRIJVERS 54–57).

Zum Vergleich der griechische Text von Eusebios, Εὐαγγελικὴ προπαρασκευή VI 10,38: καὶ ὅτι οἱ Μαγουσαῖοι οὐκ ἐν Περσίδι μόνη τὰς θυγατέρας γαμοῦσιν, ἀλλὰ καὶ ἐν παντὶ ἔθνει, ὅπου ἂν οἰκήσωσι, τοὺς τῶν προγόνων φυλάσσοντες νόμους καὶ τῶν μυστηρίων αὐτῶν τὰς τελετάς (MRAS I 341,23–25).

Etwas ausführlicher und auch wichtiger ist der erste, im Zusammenhang mit der Problematik des Schicksals *(fatum)*[33] vorgetragene, völkerkundliche Abschnitt über das Gesetz der Perser: „Ferner haben sich die Perser Gesetze gegeben, wonach sie ihre Schwestern, ihre Töchter und ihre Enkelinnen zum Weibe nehmen, einige nehmen selbst ihre Mütter noch dazu. Von diesen Persern haben sich welche zerstreut und sind nach Medien, Atropatene, Parthien, Ägypten und Phrygien gelangt. Sie werden Magier genannt. In allen Ländern und Erdstrichen aber, wo sie wohnen, leben sie nach diesem Gesetze, das ihren Vorfahren auferlegt ist" (WIESMANN 566; vgl. NAU 584–587; DRIJVERS 42–45).[34]

Zum Vergleich wieder der griechische Text von Eusebios, Εὐαγγελικὴ προπαρασκευή VI 10,16–17: παρὰ Πέρσαις νόμος ἦν γαμεῖν τὰς θυγατέρας καὶ τὰς ἀδελφὰς καὶ τὰς μητέρας, καὶ οὐ μόνον ἐν τῇ χώρᾳ ἐκείνῃ καὶ ἐν ἐκείνῳ τῷ κλίματι τούτους τοὺς ἀνοσίους γάμους οἱ Πέρσαι ἐποίησαν, ἀλλὰ καὶ ὅσοι αὐτῶν τῆς Περσίδος ἐξεδήμησαν, οἵτινες καλοῦνται Μαγουσαῖοι, τὴν αὐτὴν ἀθεμιστίαν διαπράσσονται, παραδιδόντες τοὺς αὐτοὺς νόμους καὶ τὰ ἔθη τοῖς τέκνοις κατὰ διαδοχήν. ἐξ ὧν εἰσι μέχρι νῦν πολλοὶ ἐν Μηδίᾳ καὶ ἐν Αἰγύπτῳ καὶ ἐν Φρυγίᾳ καὶ ἐν Γαλατίᾳ (MRAS I 337,24 – 338,6). Diese „astrologische Ethnographie" hat schon eine lange Tradition und „geht in letzter Linie auf Carneades-Clitomachus zurück" (337, Anmerkung zu 11ff), also auf das 2. Jh. v.Chr. Handelt es sich bei diesem Text um ein Zitat, so gab es eine von der syrischen verschiedene griechische Version, die in diesem Fall zusätzliche Daten und Wertungen enthielt.

Auf dem gleichen Text basiert auch das, was Eusebios im ersten Buch zu den ἐθνῶν νόμιμα ... βάρβαρα sagt, besonders wenn er über das μητρογαμεῖν spricht, das die christlichen Perser aufgegeben haben (I 4,6: MRAS I 16,11–13). Auch Bard. spricht schon von der neuen ܐܚ̈ܪܬܐ der Christen, von denen u.a. die in Persien ihre Töchter nicht heiraten (WIESMANN 571; vgl. NAU 607–608; DRIJVERS 58–61). Der Text bei Eus. spricht dagegen einfach noch περὶ τῆς τῶν Χριστιανῶν αἱρέσεως und enthält auch sonst Varianten. Die entsprechende Stelle lautet: οὐχ οἱ ἐν Περσίδι γαμοῦσι τὰς θυγατέρας αὐτῶν, Πέρσαι ὄντες (VI 10,45–46: MRAS I 342,23 – 343,2).

Tertullianus (gest. nach 220 n.Chr.; vgl. CLEMEN, Fontes 69–70; BIDEZ/ CUMONT II 287–289 [Nr. 13], 293 [Nr. 15]; s.o. schon zu Ktesias v. Knidos).

Minucius Felix, Octavius (Anfang 3. Jh. n.Chr.):

Wie gering die historische (und zeitgenössische?) Kenntnis von den Magern ist, zeigt die Passage, die von den „von euren Völkern [*de vestris gentibus*]" stammenden Inzesten handelt: „[3] Bei den Persern ist es erlaubt, sich mit der Mutter zu vereinigen [*ius est apud Persas misceri cum matribus*], bei den Ägyptern und in

---

[33]   Zu Alexander v. Aphrodisias (Peripatetiker und Aristoteleskommentator des 2./3. Jh.s n.Chr.) vgl. RUSAM: „In Fat (περὶ εἱμαρμένης) 203,22 spricht Alexander von der σωτηρία τῶν στοιχείων τοῦ κόσμου. Es geht Alexander hier um die Frage, wodurch es verhindert werden kann, daß etwa ein Sohn seinen Vater tötet und seine Mutter heiratet" (123).

[34]   Vgl. KAHN 297–302: „Appendix III: Heraclitus and the Orient, apropos of a recent book by M.L. West". In dieser Auseinandersetzung mit *Early Greek Philosophy and the Orient* (Oxford 1971), z.B. 240f, ist das folgende Urteil vielleicht doch zu scharf: „West's concluding hypothesis of the stimulating flow of Magi refugees westward to Ionia after Cyrus' conquest of Media" ... „tends to produce historical fiction" (299–300).

Athen gibt es legitime Geschwisterehen [*cum sororibus legitima conubia*]. Eure Geschichte [*memoriae*] und eure Tragödien prunken mit Inzesten – und ihr lest und hört das mit Vergnügen! Ihr verehrt ja auch blutschänderische Gottheiten, die sich mit ihrer Mutter oder Tochter oder Schwester vergangen haben [*deos colitis incestos, cum ... coniunctos*]. [4] Die natürliche Folge ist, daß bei euch selbst Blutschande oft genug an den Tag kommt und auch immer geduldet wird" (31,3–4a: KYTZLER 172–173; vgl. CLEMEN, Fontes 56).

Hippolytos, Κατὰ πασῶν αἱρέσεων ἔλεγχος (geb. vor 170, gest. ca. 235 n. Chr.; W. = Paul WENDLAND):

Nach dem Inhaltsverzeichnis will Hipp. im sechsten Buch zunächst τίνα τὰ Σίμωνι τετολμημένα behandeln und aufzeigen, ὅτι ἐκ μαγικῶν καὶ ποιητικῶν τὸ δόγμα κρατύνει (VI 2: W. 134,7–8). In der Darstellung selbst erscheint Simon einerseits als Mythologe, darin dem Valentinos zu vergleichen (z.B. VI 20: W. 148,18–24), andererseits als Zauberer, Übeltäter und Betrüger: οὗτος ὁ Σίμων μαγείας ἔμπειρος ὤν ... τὰ δὲ καὶ δαιμόνων κακουργήσας, θεοποιῆσαι ἑαυτὸν ἐπεχείρησεν, ἄνθρωπος γόης ... (VI 7: W. 135,2–4). So wie seine Jünger μαγείας ἐπιτελοῦσι καὶ ἐπαοιδάς ... (VI 20: W. 148,1), war οὗτος ὁ Σίμων πολλοὺς πλανῶν ἐν τῇ Σαμαρείᾳ μαγείαις (VI 20: W. 148,8–9).

An dieser Polemik ist schon vieles traditionell. Wissen wir eigentlich, wer Simon war und woher er stammte? Könnte es nicht sein, daß das Bild des Magiers bzw. Magikers seinen Ursprung darin hat, daß er ein persischer Mager war, dessen Familie es in hellenistischer Zeit nach Samaria verschlagen hatte? Worin sein μάγος-Sein bzw. – da er im NT noch nicht μάγος heißt! – sein μαγεύειν (Apg 8,9) und seine μαγεία (Apg 8,11) bestanden, wird in den frühesten Zeugnissen nicht klar. Bei Hipp. ist sein μῦθος von der Befreiung Helenas verbunden mit dem Angebot der σωτηρία an die ihm folgenden Menschen durch seine eigene ἐπίγνωσις (VI 19: W. 146,7 – 147,1). Und hier findet sich nun auch etwas, das nicht erst aus dem Mythos, sondern schon aus der Tradition der Mager stammen könnte. Die Jünger nämlich, μιμηταὶ τοῦ πλάνου καὶ Σίμωνος μάγου γινόμενοι τὰ ὅμοια δρῶσιν, ... φάσκοντες δεῖν μίγνυσθαι ... καὶ μακαρίζουσιν ἑαυτοὺς ἐπὶ τῇ ξ[ένῃ] μίξει (VI 19: W. 146,10–13). Bis heute, also bis ins 3. Jh., tun (πράσσειν) die an Simon und Helena Glaubenden als Freie (ὡς ἐλευθέρους) was immer sie wollen (VI 19: W. 147,10–12). Diese Freiheit, übertragen auf Geschlechtsverkehr und Promiskuität, schließt natürlich den Inzest nicht aus.[35]

---

35 Worauf gründet sich die Aussage, daß auch in Apg Simon, wie der Diener Satans in ActPetr, „is nothing more than a magician" (WILSON 487)? Nach den überzeugenden Ausführungen im Kapitel „Simon Magus" (SCHMITHALS, NT und Gnosis 130–133) „benutzt Lk die Gestalt des Simon, um exemplarisch deutlich zu machen, wie die Kirche mit Irrlehrern umzugehen hat: Sie sind zu exkommunizieren ... (vgl. ... 1Kor 5, 11–13)" (132). Daß Simon ein „Zauberer" ist, kommt aber doch eigentlich in Apg 8,9.11 weder in den Begriffen μαγεύων/μαγείαις noch in den zwei transitiven Formen von ἐξίστημι klar genug zum Ausdruck. Der Begriff μάγος wird im NT außer in der matthäischen Geburtsgeschichte (Mt 2,1.7.16) nur noch in Apg 13,6.8 verwendet. Und auch hier wird die Bedeutung „Zauberer" in die negative Qualifizierung des Juden Barjesu(s)/Elymas als ψευδοπροφήτης eingetragen. Der eigentliche Zauberer ist doch der Paulus der Apg mit seinem Schadenswunder (13,11; der Paulus von 1Kor 5 ist dagegen kaum ein „qualified magician" [SMITH 258]). Könnte nicht der Ursprung der schon früh „christianisierte(n) jüdisch-samaritanische(n) Gnosis" (133) bei den μάγοι liegen, jenen „aus dem Osten stammenden Astrologen, Traumdeuter(n) und Wahrsager(n)" (BALZ 914)?

Aelianus (Ailianos), Περὶ ζῴων ἰδιότητος VI 39 (röm. Sophist, ca. 170–235 n.Chr.):

Während Tiere den Inzest angeblich verabscheuen, schien solche Begierde (vgl. ἐπιθυμοῦντες im Kontext) dem Perser Kyros und seiner Mutter Parysatis gut und legitim zu sein (καλὰ ταῦτα καὶ ἔνδικα ἐδόκει); καὶ ἐφίλει Κῦρος τὴν μητέρα κακῶς, καὶ ἐφιλεῖτο ὑπὸ τῆς μητρὸς φιλίαν ὁμοίαν (SCHOLFIELD II 55; vgl. CLEMEN, Fontes 72–74, bes. 73).

Diogenes Laertios (3. Jh. n.Chr.):

Da die Zusammenstellung der sogenannten 10 Tropen im Pyrrhon-Kapitel (IX 79–88) zeitlich schwierig einzuordnen ist, sei das Beispiel aus dem fünften τρόπος, der sich u.a. auf die verschiedenen Beurteilungen der „Lebensführung" bezieht, hierhergestellt, wobei man davon ausgehen kann, daß die angeführten Sitten und Dogmen sich über Jahrhunderte hielten: Πέρσαι μὲν γὰρ οὐκ ἄτοπον ἡγοῦνται θυγατρὶ μίγνυσθαι, ῞Ελληνες δ᾽ ἔκθεσμον (LONG 480; APELT/REICH II 204; dieser Text fehlt bei CLEMEN, Fontes 74–76).

Origenes, Κατὰ Κέλσου (ca. 184–250 n.Chr.):

Origenes kennt die Lehre der „Schule der Stoiker" (s.o. zu Chrysippos v. Soloi), „den eigenen Töchtern beizuwohnen, sei streng genommen weder gut noch böse, wenn auch eine solche Handlung in geordneten Staaten nicht vorgenommen werden darf" (IV 45: KOETSCHAU II 359–360).

An zwei weiteren Stellen verbindet er den Inzest jedoch generell mit den Persern. Offenbar von Tradition (z.B. Herodot) abhängig, fragt der Apologet seinen Gegner, „ob die Gesetze [νόμοι] der Skythen gut [ὀρθῶς] sind, welche die Ermordung der Väter gestatten, oder die der Perser, welche die Ehe zwischen Sohn und Mutter und zwischen Vater und Tochter nicht untersagen [μὴ κωλυόντων γαμεῖσθαι τοῖς <οἰκείοις> παισὶ τὰς μητέρας μηδὲ ὑπὸ τῶν πατέρων τὰς ἑαυτῶν θυγατέρας]" (V 27: KOETSCHAU III 41; CLEMEN, Fontes 77,20–24 [ed. KOETSCHAU]). Etwas anders formuliert, sind es wiederum „die Perser, die ihre Mütter heiraten und sich mit ihren Töchtern fleischlich vermischen [οἱ τὰς μητέρας γαμοῦντες καὶ θυγατράσι μιγνύμενοι]" (VI 80: KOETSCHAU III 206; CLEMEN, Fontes 78,10–12 [ed. KOETSCHAU]).

Aus welcher Tradition stammt die Verbindung Inzest–Perser? Weiß Origenes nichts vom Zusammenhang Inzest–Mager? Um die Mager weiß er ja, da nach Kelsos im Gegensatz zu den Juden die Chaldäer, Mager, Ägypter, Perser und Inder zu den göttlich(st)en Völkern (ἔνθεα bzw. ἐνθεώτατα ἔθνη) gehören (VI 80). Origenes weiß auch um den Zusammenhang Mager–Perser, wenn er „die Gelehrten" τῶν παρὰ Πέρσαις μάγων erwähnt (I 24).

Eusebios v. Kaisareia (Kirchenhistoriker, ca. 262–340 n.Chr.):

In den Nachträgen von SCHMITHALS zur 3. Aufl. findet sich der folgende Hinweis: „Nach Euseb Hist eccl IV 7,11 bringen die Gnostiker die ganze Kirche in Verruf, ὡς δὴ ἀθεμίτοις πρὸς μητέρας καὶ ἀδελφὰς μίξεσιν"." (1969: 365).

Theodoretos v. Kyrrhos, Ἑλληνικῶν θεραπευτικὴ παθημάτων IX 32–33 (1. H. des 5. Jh.s n.Chr.):

Die Relativität der Gesetze wird in Buch IX (Περὶ νόμων) u.a. beleuchtet durch das (aktuelle) Beispiel der persischen Christenverfolgungen. Hier interessiert nicht die Bestattungspraxis, sondern nur die Aussage über Inzest bei den Anhängern des Zoroastres: τὰ παρὰ Περσῶν νῦν τολμώμενα καταμάθετε ... 33. ... κατὰ τοὺς Ζαράδου πάλαι Πέρσαι πολιτευόμενοι νόμους καὶ μητράσι καὶ ἀδελφαῖς ἀδεῶς καὶ μέντοι καὶ θυγατράσι μιγνύμενοι καὶ νόμον ἔννομον τὴν παρανομίαν νομίζοντες, ... (CANIVET, Thérapeutique 345–346; vgl. CLEMEN, Fontes 93; BIDEZ/CUMONT I 78–80, II 82–83 [D 10]).

Chronicon paschale (7. Jh. n.Chr.):
Πέρσαις νόμος γαμεῖν τὰς ἑαυτῶν μητέρας καὶ τὰς ἀδελφάς (PG XCII 148: CLEMEN, Fontes 105; vgl. auch 113 ein weiteres Zeugnis aus dem 12. Jh., von Joannes Antiochenus).

Georgius monachus, Chron. I 4 (9. Jh. n.Chr.):
... νόμος ἐγένετο Πέρσαις λαμβάνειν τὰς ἑαυτῶν μητέρας καὶ ἀδελφάς διὰ τὸ καὶ τὸν Δία λαβεῖν τὴν ἰδίαν αὐτοῦ ἀδελφὴν Ἥραν (CLEMEN, Fontes 107 [ed. DE BOOR]). Die Begründung der Sitte ist kaum zutreffend (vgl. auch BIDEZ/CUMONT II 20 [B 9c], 59–60 [B 51 c]).

V.

Über etwaige Zusammenhänge zwischen ursprünglich persischen, später hellenisierten Magern und hellenistisch-römischen, frühjüdischen und altchristlichen Gnostikern kann erst später in größerem Zusammenhang neu nachgedacht werden.[36]

Hier soll nur festgehalten werden, 1. daß „Mager" als (religions)soziologische Gruppe zu unterscheiden sind von „Magiern" im pejorativen Sinne der Wörter μαγεία, μαγεύειν und μάγος, 2. daß Ehen bzw. sexuelle Verhältnisse zwischen Mutter und Sohn bei den Magern erlaubte Sitte waren, 3. daß Mager durch diesen Moralkodex die geltenden Sitten und Gesetze anderer Länder und Städte gerade auch im Westen relativierten.

Um im begrenzten Rahmen dieses Beitrags auf den sehr wichtigen Aufsatz von OSTER zurückzukommen, gilt zunächst allgemein von Korinth „that life did continue at the site of Corinth during the period 146–44 B.C.", d.h. „it would be a grave error to suppose that the inhabitants of colonial Corinth lived in a setting which was mono-cultural and homogeneous at the time of nascent Christianity" (55).

Leider behandelt OSTER nicht direkt 1Kor 5. Doch im Kapitel „Eating in an Idol's Temple" (64–67, zu 1Kor 8 und 10,1–22) kommt er zweimal darauf zu sprechen. Die erste Aussage ist m.E. zu stark; denn man kann kaum von „explicit Pauline *encouragement* for Christians to associate with pagan idolators (1Cor 5,9f.12)" reden (66, meine Hervorhebung). Die

---

36 Vgl. vorläufig DUCHESNE-GUILLEMIN 1958: 70–102, z.B. 85: „There is a parallel problem about Zoroaster: may we trace back to him ... the origin of the Gnostic movement?"

zweite Aussage ist viel vorsichtiger und trifft eher zu: „If Pauline Christians at Corinth were not allowed the opportunity to live in the mainstream of their culture, then they would have had no choice but to portray themselves as members of sectarian conventicles withdrawn from their culture, a view Paul rejected" (67, Anm. 78, mit Zitat von 1Kor 5,10). Das gilt ja wohl für jede in Korinth repräsentierte Kulturgruppe.

Korinth wird zwar in den Quellentexten, die von der Präsenz der Mager u.a. in Kleinasien und Ägypten reden, nicht genannt. Aber warum soll nicht auch im Korinth frühchristlicher Zeit die eine oder andere Familie bzw. ethnische Gruppe von Magern gelebt haben? Warum soll der sogenannte πόρνος in 1Kor 5 nicht vielleicht doch ein versprengter persisch–medischer Μάγος gewesen sein?

ZITIERTE LITERATUR

Abkürzungen:

GDW   BAUER, Walter: Griechisch–deutsches Wörterbuch zu den Schriften des Neuen Testaments und der frühchristlichen Literatur. 6., völlig neu bearbeitete Auflage ... unter besonderer Mitwirkung von Viktor REICHMANN herausgegeben von Kurt ALAND und Barbara ALAND. Berlin / New York: W. de Gruyter, 1988.

BDR   Friedrich BLASS / Albert DEBRUNNER: Grammatik des neutestamentlichen Griechisch. Bearbeitet von Friedrich REHKOPF. 14., völlig neubearbeitete und erweiterte Auflage. Göttingen: Vandenhoeck & Ruprecht, 1975.

EWNT   Exegetisches Wörterbuch zum Neuen Testament, herausgegeben von Horst BALZ und Gerhard SCHNEIDER. 3 Bände. Stuttgart u.a.: W. Kohlhammer, 1980, 1981, 1983.

SVF   Stoicorum veterum fragmenta collegit Ioannes AB ARNIM. Vol. I. Zeno et Zenonis discipuli. Vol. II. Chrysippi fragmenta logica et physica. Vol. III. Chrysippi fragmenta moralia. Fragmenta successorum Chrysippi. Vol. IV. Quo indices continentur conscripsit Maximilianus ADLER. Stuttgart: B. G. Teubner, 1968 = 1903 (II, III), 1905 (I), 1924 (IV).

Die übrigen Abkürzungen richten sich nach dem Abkürzungsverzeichnis der Theologischen Realenzyklopädie (TRE), zusammengestellt von Siegfried SCHWERTNER (Berlin / New York: W. de Gruyter, 1976).

APELT/REICH = Diogenes Laertius, Leben und Meinungen berühmter Philosophen, Buch I–X. 2. Aufl. Aus dem Griechischen übersetzt von Otto APELT. Unter Mitarbeit von Hans Günter ZEKL neu herausgegeben sowie mit Vorwort, Einleitung und neuen Anmerkungen zu Text und Übersetzung versehen von Klaus REICH. Hamburg: F. Meiner, 1967 (PhB 53/54; 2 Bde. in 1 Bd., nicht durchgehend paginiert!).
AUNE, David E.: Magic in Early Christianity. In: ANRW II 23.2 (1980) 1507–1557.
ARAI, Sasagu: Die Gegner des Paulus im 1. Korintherbrief und das Problem der Gnosis. In: NTS 19 (1972/73) 430–437.
BALZ, Horst: μάγος. In: EWNT 2 (1981) 914–915.
BARNARD, Leslie William: Apologetik I. Alte Kirche. In: TRE 3 (1978) 371–411.
BARRETT, C[harles] K[ingsley]: A Commentary on the First Epistle to the Corinthians. 2nd ed. London: Adam & Charles Black, 1971 (BNTC).

BAUMBACH, Günther: Die Funktion des Bösen in neutestamentlichen Schriften. In: EvTh 52 (1992) 23–42.

BECKER, Jürgen: Paulus. Der Apostel der Völker. Tübingen: J.C.B. Mohr (Paul Siebeck), 1989.

BERGER, Klaus: Das Buch der Jubiläen. In: JSHRZ II,3 (1981) 271–575.

BERGER, Klaus: Historische Psychologie des Neuen Testaments. Stuttgart: Katholisches Bibelwerk, 1991 (SBS 146/147).

BERGER, Klaus / COLPE, Carsten: Religionsgeschichtliches Textbuch zum Neuen Testament. Göttingen/Zürich: Vandenhoeck & Ruprecht, 1987 (NTD, Textreihe Bd. 1 = Texte zum NT 1).

BETZ, Hans Dieter: 2 Cor 6:14–7:1: An Anti-Pauline Fragment? In: JBL 92 (1973) 88–108.

BETZ, Hans Dieter (Hg.): Plutarch's Ethical Writings and Early Christian Literature. Leiden: E. J. Brill, 1978 (SCHNT 4).

BETZ, Hans Dieter: Galatians. A Commentary on Paul's Letter to the Churches in Galatia. Philadelphia: Fortress Press, 1979 = 1984 (Hermeneia).

BIDEZ/CUMONT I–II = BIDEZ, Joseph / CUMONT, Franz: Les Mages hellénisés. Zoroastre, Ostanès et Hystaspe d'après la tradition grecque. Tome I: Introduction. Tome II: Les textes. Deuxième tirage. Paris: Société d'édition «Les Belles Lettres», 1973 (= 1938).

BOYD, James W.: Satan and Māra. Christian and Buddhist Symbols of Evil. Leiden: E. J. Brill, 1975 (SHR [= Numen Suppl.] 27).

BROX, Norbert: Magie und Aberglaube an den Anfängen des Christentums. In: TThZ 83 (1974) 204–232.

BURY, R. G. (Hg./Üb.): Sextus Empiricus I–IV. London: W. Heinemann / Cambridge, MA: Harvard University Press, 1933 u.ö. (I), 1935 u.ö. (II), 1936 u.ö. (III), 1949 u.ö. (IV) (LCL 273, 291, 311, 382).

BUSCHOR, Ernst (Üb.) / SEECK, Gustav Adolf (Hg.): Euripides. Sämtliche Tragödien und Fragmente. Griechisch–deutsch. Bd. II. Die Kinder des Herakles, Hekabe, Andromache. München: Heimeran, 1972 (TuscBü).

CANIVET, Pierre: Théodoret de Cyr: Thérapeutique des maladies helléniques. Texte critique, introduction, traduction et notes. Paris: Éditions du Cerf, 1958 (SC 57 [2 Bände, durchgehend paginiert]).

CHADWICK, Henry: The Relativity of Moral Codes: Rome and Persia in Late Antiquity. In: Early Christian Literature and the Classical Intellectual Tradition. In honorem Robert M. GRANT edited by William R. SCHOEDEL [and] Robert L. WILKEN. Paris: Éditions Beauchesne, 1979 (Théologie historique 54), 135–153.

CHERNISS, Harold (Hg./Üb.): Plutarch's Moralia [vol.] XIII,2. Index compiled by Edward N. O'NEIL. Cambridge, MA: Harvard University Press / London: W. Heinemann, 1976 (LCL 470).

CLARKE, Andrew D.: Secular and Christian Leadership in Corinth. A Socio-Historical and Exegetical Study of 1 Corinthians 1–6. Leiden: E.J. Brill, 1993 (AGAJU 18).

CLEMEN, Carolus (collegit): Fontes historiae religionis Persicae. Bonn: A. Marcus & E. Weber, 1920 (FHR 1).

CLEMEN, Carl: Religionsgeschichtliche Erklärung des Neuen Testaments. Die Abhängigkeit des älteren Christentums von nichtjüdischen Religionen und philosophischen Systemen zusammenfassend untersucht. 2., völlig neubearbeitete Auflage. Gießen: A. Töpelmann, 1924 = Berlin: W. de Gruyter, 1973.

CLEMEN, Carl: Μάγοι, Priester bei den Persern. In: PRE 14,1 (1928) 509–518.

COLPE, Carsten: s. BERGER, Klaus.

COLSON, F.H. (Hg./Üb.): Philo VII. Cambridge, MA: Harvard University Press / London: W. Heinemann, 1937=1984 (LCL 320).

CONZELMANN, Hans: Der erste Brief an die Korinther. 1. Auflage dieser Neuauslegung. Göttingen: Vandenhoeck & Ruprecht, 1969 (KEK, 5. Abt., 11. Aufl.).

DAUBE, David: Onesimos. In: Christians among Jews and Gentiles. Essays in Honor of Krister STENDAHL on His Sixty-fifth Birthday. Edited by George W. E. NICKELSBURG with George W. MACRAE. Philadelphia: Fortress Press, 1986, 40–43.

DAUTZENBERG, Gerhard: Φεύγετε τὴν πορνείαν (1 Kor 6,18). Eine Fallstudie zur paulinischen Sexualethik in ihrem Verhältnis zur Sexualethik des Frühjudentums. In: Neues Testament und Ethik. Für Rudolf SCHNACKENBURG. Hg. v. Helmut MERKLEIN. Freiburg [i.Br.]/Basel/Wien: Herder, 1989, 271–298.

DEISSMANN, Adolf: Licht vom Osten. Das Neue Testament und die neuentdeckten Texte der hellenistisch-römischen Welt. Tübingen: J.C.B. Mohr (Paul Siebeck), 1923, bes. 256–257.

DELLING, Gerhard: μάγος κτλ. In: ThWNT 4 (1942) 360–363.

DERRETT, J. Duncan M.: Judgment and 1 Corinthians 6. In: NTS 37 (1991) 22–36.

DIELS, Hermann(us): Doxographi Graeci. 4. Aufl. Berlin: W. de Gruyter, 1965.

DIXON, Suzanne: The Roman Family. Baltimore & London: Johns Hopkins University Press, 1992.

DONGE, Gloria VAN: In What Way Is Paul's Gospel (euangelion) of Freedom Theology of the Cross (theologia crucis)? In: Colloquium: The Australian and New Zealand Theological Review 21,1 (Oct. 1988) 19–33.

DRIJVERS, H. J. W.: The Book of the Laws of Countries. Dialogue on Fate of Bardaiṣan of Edessa. Assen: Van Gorcum, 1965 (SST 3).

DUCHESNE-GUILLEMIN, Jacques: The Western Response to Zoroaster. Oxford: Clarendon Press, 1958 (Ratanbai Katrak Lectures 1956).

DUCHESNE-GUILLEMIN, Jacques: Magoi (Μάγοι). In: KP 3 (1969) 890–891.

DUCHESNE-GUILLEMIN, Jacques: Religion of Ancient Iran. Bombay: Tata Press, 1973 (English translation of: La religion de l'Iran ancien, Paris: Presses Universitaires de France, 1962).

DUMMER, Jürgen: s. HOLL, Karl.

FASCHER, Erich: Der erste Brief des Paulus an die Korinther. Erster Teil: Einführung und Auslegung der Kapitel 1–7. Berlin: Evangelische Verlagsanstalt, 1975 (ThHK 7,1).

FEE, Gordon D.: The First Epistle to the Corinthians. Grand Rapids, MI: W.B. Eerdmans, 1987 = 1991 (NIC).

FIORE, Benjamin: Passion in Paul and Plutarch: 1 Corinthians 5–6 and the Polemic against Epicureans. In: Greeks, Romans, and Christians. Essays in Honor of Abraham J. MALHERBE. Edited by David L. BALCH, Everett FERGUSON, Wayne A. MEEKS. Minneapolis: Fortress Press, 1990, 135–143.

FITZMYER, Joseph A.: Qumran and the Interpolated Paragraph 2 Cor 6:14–7:1. In: CBQ 23 (1961) 271–280; vgl. deutsche Übersetzung von Hans Wißmann in: WdF 410 (1981) 385–398.

FORKMAN, Göran: The Limits of the Religious Community. Expulsion from the Religious Community within the Qumran Sect, within Rabbinic Judaism, and within Primitive Christianity. Translated by Pearl SJÖLANDER. Lund: CWK Gleerup, 1972.

FREUD, Sigmund: Totem und Tabu. Einige Übereinstimmungen im Seelenleben der Wilden und der Neurotiker (1912–13). In: DERS., Kulturtheoretische Schriften (Frankfurt am Main: S. Fischer, 1986) 287–444.

GARRETT, Susan R.: The God of This World and the Affliction of Paul 2 Cor 4:1–12. In: Greeks, Romans, and Christians. Essays in Honor of Abraham J. MALHERBE. Edited by David L. BALCH, Everett FERGUSON, Wayne A. MEEKS. Minneapolis: Fortress Press, 1990, 99–117.

GOODSPEED, Edgar J. (Hg.): Die ältesten Apologeten. Texte mit kurzen Einleitungen. Neudruck der 1. Auflage von 1914. Göttingen: Vandenhoeck & Ruprecht, 1984.

GRANT, Robert M.: Theophilus of Antioch: Ad Autolycum. Text and Translation. Oxford: Clarendon, 1970 (OECT).

HAAG, Herbert (In Zusammenarbeit mit Katharina und Winfried ELLIGER): Vor dem Bösen ratlos? München/Zürich: R. Piper & Co., 1978.

HARRIS, Gerald: The Beginnings of Church Discipline: 1 Corinthians 5. In: NTS 37 (1991) 1–21.

HEILIGENTHAL, Roman: Wer waren die »Nikolaiten«? Ein Beitrag zur Theologiegeschichte des frühen Christentums. In: ZNW 82 (1991) 133–137.

HOLL, Karl / DUMMER, Jürgen: Epiphanius III. Panarion haer. 65–80. De fide. Hg. v. K.H. 2., bearbeitete Aufl. hg. v. J.D. Berlin: Akademie-Verlag, 1985 (GCS).

HUNZINGER, Claus-Hunno: Beobachtungen zur Entwicklung der Disziplinarordnung der Gemeinde von Qumrân. In: Hans BARDTKE (Hg.), Qumran-Probleme. Vorträge des Leipziger Symposions über Qumran-Probleme vom 9. bis 14. Oktober 1961, Berlin: Akademie-Verlag, 1963 (SSA 42), 231–247 = WdF 410 (1981) 249–262.

HURD, John Coolidge: The Origin of 1 Corinthians. London: S.P.C.K., 1965.

HYLDAHL, Niels: The Corinthian 'Parties' and the Corinthian Crisis. In: StTh 45 (1991) 19–32.

JACKSON, A. V. Williams: Zoroaster, the Prophet of Ancient Iran. New York: AMS Press 1965 [= 1899].

JONES, Horace Leonard (Hg./Üb.): The Geography of Strabo. Vols. I–VIII. London: W. Heinemann / Cambridge, MA: Harvard University Press, 1917–1932 u.ö. (LCL).

KÄSEMANN, Ernst: Sätze heiligen Rechtes im Neuen Testament. NTS 1 (1954/55) 248–260; zitiert nach dem Nachdruck in: Exegetische Versuche und Besinnungen, Göttingen: Vandenhoeck & Ruprecht, 2. Band, 2. Auflage 1965, 69–82.

KAHN, Charles H.: The art and thought of Heraclitus. An edition of the fragments with translation and commentary. Cambridge u.a.: Cambridge University Press, 1979.

KAIBEL, Georg(ius) (Hg.): Athenaei Naucratitae Dipnosophistarum libri XV. Vol. I. Libri I–V. Vol. II. Libri VI–X. Vol. III. Libri XI–XV et indices. Leipzig/Berlin: B.G. Teubner, 1923 (I–II), 1925 (III).

KOETSCHAU, Paul (Üb.): Des Origenes ausgewählte Schriften. Aus dem Griechischen übersetzt. Bde. II–III. Des Origenes acht Bücher gegen Celsus. Teile I–II. I: Buch I–IV; II: Buch V–VIII. München: J. Kösel & F. Pustet, o.J. (BKV 52 [Bd. II], 53 [Bd. III]).

KROH, Paul: Lexikon der antiken Autoren. Stuttgart: A. Kröner, 1972 (KTA 366).

KROLL, Wilhelm: C. Valerius Catullus. Herausgegeben und erklärt. 3. durch neue Zusätze vermehrte Aufl. Stuttgart: B. G. Teubner, 1959.

KÜMMEL, Werner Georg: s. LIETZMANN, Hans.

KUSS, Otto: Die Briefe an die Römer, Korinther und Galater. Regensburg: F. Pustet, 1940 (Das NT [>RNT] 6: Paulusbriefe I).

KYTZLER, Bernhard (Hg./Üb.): M. Minucius Felix, Octavius. Lateinisch–deutsch. München: Kösel-Verlag, 1965.

LEASE, Gary: Mithraism and Christianity: Borrowings and Transformations. In: ANRW II 23.2 (1980) 1306–1332.

LIETZMANN, Hans: An die Korinther I · II. Ergänzt von Werner Georg KÜMMEL. 5., durch einen Literaturnachtrag erweiterte Aufl. Tübingen: J.C.B. Mohr (Paul Siebeck), 1969 (HNT 9).

LIEU, Judith M. and Samuel N. C.: Mani and the Magians (?) — CMC 137–140. In: Manichaica selecta. Studies presented to Professor Julien RIES on the occacion of his seventieth birthday. Ed. by Alois VAN TONGERLOO and Søren GIVERSEN. Louvain: Center of the History of Religions – BCMS / Lund: International Association of Manichaean Studies [Selbstverlag], 1991 (ManSt 1), 203–223.

LINDEMANN, Andreas: Paulus und die korinthische Eschatologie. Zur These von einer 'Entwicklung' im paulinischen Denken. In: NTS 37 (1991) 373–399.

LONG, H. S.: Diogenis Laertii vitae philosophorum I–II. Oxford: Clarendon, 1964 = 1966 (SCBO; durchgehend paginiert).

LÜDEMANN, Gerd: Untersuchungen zur simonianischen Gnosis. Göttingen: Vandenhoeck & Ruprecht, 1975 (GTA 1).

MAIER, Johann: Die Tempelrolle vom Toten Meer. Übersetzt und erläutert. München/Basel: E. Reinhardt, 1978 (UTB 829).

MARSHALL, Peter: Invective: Paul and His Enemies in Corinth. In: Perspectives on Language and Text. Essays and Poems in Honor of Francis I. ANDERSEN's Sixtieth Birthday July 28, 1985 edited by Edgar W. CONRAD and Edward G. NEWING. Winona Lake, IN: Eisenbrauns, 1987, 359–373.

MATHYS, Hans-Peter: Liebe deinen Nächsten wie dich selbst. Untersuchungen zum alttestamentlichen Gebot der Nächstenliebe (Lev 19,18). Freiburg Schweiz: Universitätsverlag / Göttingen: Vandenhoeck & Ruprecht, 1986 (OBO 71).

MEEKS, Wayne A.: The First Urban Christians. The Social World of the Apostle Paul. New Haven & London: Yale University Press, 1983.

MEEKS, Wayne A.: The Circle of Reference in Pauline Morality. In: Greeks, Romans, and Christians. Essays in Honor of Abraham J. MALHERBE. Edited by David L. BALCH, Everett FERGUSON, Wayne A. MEEKS. Minneapolis: Fortress Press, 1990, 305–317.

MRAS, Karl (Hg.): Eusebius Werke. 8. Bd. Die Praeparatio Evangelica. 1. Teil. Einleitung, die Bücher I bis X. 2. Teil. Die Bücher XI bis XV, Register. 2., bearbeitete Auflage hg. v. Édouard DES PLACES. Berlin: Akademie-Verlag, 1982 (I), 1983 (II).

MÜLLER, Karlheinz: Zur Datierung rabbinischer Aussagen. In: Neues Testament und Ethik. Für Rudolf SCHNACKENBURG. Herausgegeben von Helmut MERKLEIN. Freiburg [i.Br.]/Basel/Wien: Herder, 1989, 551–587.

MURPHY-O'CONNOR, Jerome: Sex and Logic in 1 Corinthians 11:2–16. In: CBQ 42 (1980) 482–500.

MURPHY-O'CONNOR, Jerome: St. Paul's Corinth. Texts and Archaeology. Introduction by John H. ELLIOTT. Wilmington, DE: Michael Glazier, 1983 (Good News Studies 6).

NAU, F[rançois] (Hg./Üb.): Bardesanes. Liber legum regionum. Annotationibus locupletavit Th. NÖLDEKE. In: PS II (1907) 490–535.

NEWTON, Michael: The concept of purity at Qumran and in the letters of Paul. Cambridge u.a.: Cambridge University Press, 1985 (SNTS.MS 53).

NOCK, Arthur Darby: Paul and the Magus. [1933]. In: DERS., Essays on Religion and the Ancient World. Selected and edited, with an Introduction, Bibliography of NOCK's writings, and Indexes, by Zeph STEWART, 2 vols, Oxford: Clarendon Press, 1972, vol. I, 308–330.

NOCK, Arthur Darby: Greeks and Magi. [1940]. In: DERS., Essays on Religion and the Ancient World. Selected and edited, with an Introduction, Bibliography of NOCK's writings, and Indexes, by Zeph STEWART, 2 vols, Oxford: Clarendon Press, 1972, vol. II, 516–526.

NOCK, Arthur Darby: The Problem of Zoroaster. [1949]. In: DERS., Essays on Religion and the Ancient World. Selected and edited, with an Introduction, Bibliography of NOCK's writings, and Indexes, by Zeph STEWART, 2 vols, Oxford: Clarendon Press, 1972, vol. II, 682–702.

OSTEN-SACKEN, Peter VON DER: Paulinisches Evangelium und Homosexualität. In: DERS., Evangelium und Tora. Aufsätze zu Paulus. München: Chr. Kaiser, 1987, 210–236 (ursprünglich erschienen in: Berliner Theologische Zeitschrift 3 [1986] 28–49).

OSTEN-SACKEN, Peter VON DER: »Geschrieben zu unsrer Ermahnung ...«. Die Tora in 1Korinther 10,1–13. In: DERS., Die Heiligkeit der Tora. Studien zum Gesetz bei Paulus. München: Chr. Kaiser, 1989, 60–86.

OSTER, Jr., Richard E.: Use, Misuse and Neglect of Archaeological Evidence in Some Modern Works on 1Corinthians (1Cor 7,1–5; 8,10; 11,2–16; 12,14–26). In: ZNW 83 (1992) 52–73.

REICH, Klaus: s. APELT, Otto.

ROLOFF, Jürgen: Der erste Brief an Timotheus. Zürich: Benziger Verlag / Neukirchen-Vluyn: Neukirchener Verlag, 1988 (EKK 15).

ROSNER, Brian S.: A Possible Quotation of Test. Reuben 5: 5 in 1 Corinthians 6: 18a. In: JThS 43 (1992) 123–127.

ROSNER, Brian S.: 'Οὐχὶ μᾶλλον ἐπενθήσατε': Corporate Responsibility in 1 Corinthians 5. In: NTS 38 (1992) 470–473.

ROSSO UBIGLI, Liliana: Alcuni aspetti della concezione della porneia nel tardo-giudaismo. In: Henoch 1 (1979) 210–245.

RUSAM, Dietrich: Neue Belege zu den στοιχεῖα τοῦ κόσμου (Gal 4,3.9; Kol 2,8.20). In: ZNW 83 (1992) 119–125.

SANDERS, E[d] P[arish]: Paul. Oxford/New York: Oxford University Press, 1991 (Past Masters, General Editor Keith Thomas).

SCHENK, Wolfgang: Korintherbriefe. In: TRE 19 (1990) 620–640.

SCHMITHALS, Walter: Die Gnosis in Korinth. Eine Untersuchung zu den Korintherbriefen. 2., neu bearbeitete Auflage. Göttingen: Vandenhoeck & Ruprecht, 1965; vgl. auch die 3., bearbeitete und ergänzte Auflage von 1969.

SCHMITHALS, Walter: Die Briefe des Paulus in ihrer ursprünglichen Form. Zürich: Theologischer Verlag, 1984 (Zürcher Werkkommentare zur Bibel).

SCHMITHALS, Walter: Neues Testament und Gnosis. Darmstadt: Wissenschaftliche Buchgesellschaft, 1984 (EdF 208).

SCHOLFIELD, A. F. (Hg./Üb.): Aelian: On the Characteristics of Animals. Vols I–III. London: W. Heinemann / Cambridge, MA: Harvard University Press, 1958 (I), 1959 (II–III) (LCL).

SCHRAGE, Wolfgang: Der erste Brief an die Korinther. 1. Teilband: 1Kor 1,1–6,11. Zürich: Benziger Verlag / Neukirchen-Vluyn: Neukirchener Verlag, 1991 (EKK 7,1).

SEECK, Gustav Adolf: s. BUSCHOR, Ernst.

SEGAL, Alan F.: Paul the Convert. The Apostolate and Apostasy of Saul the Pharisee. New Haven & London: Yale University Press, 1990.

SELLIN, Gerhard: Hauptprobleme des Ersten Korintherbriefes. In: ANRW II 25.4 (1987) 2940–3044.

SELLIN, Gerhard: 1 Korinther 5–6 und der 'Vorbrief' nach Korinth. In: NTS 37,4 (1991) 535–558.

SIDLER, Nikolaus: Zur Universalität des Inzesttabu[s]. Eine kritische Untersuchung der These und der Einwände. Stuttgart: F. Enke, 1971.

SMITH, Morton: Paul's Arguments As Evidence of the Christianity from Which He Diverged. In: Christians among Jews and Gentiles. Essays in Honor of Krister STENDAHL on His Sixty-fifth Birthday. Edited by George W. E. NICKELSBURG with George W. MACRAE. Philadelphia: Fortress Press, 1986, 254–260.

STÄHLIN, Otto: Des Clemens von Alexandreia ausgewählte Schriften aus dem Griechischen übersetzt. Bände I–V. München: J. Kösel & F. Pustet, 1934 (I–II), 1936 (III), 1937 (IV), 1938 (V) (BKV 7–8, 17, 19–20).

TOMSON, Peter J.: Paul and the Jewish Law: Halakha in the Letters of the Apostle to the Gentiles. Assen/Maastricht: Van Gorcum / Minneapolis: Fortress Press, 1990 (CRINT, Sect. III, Vol. 1).

TREGGIARI, Susan: Roman Marriage. Iusti Coniuges from the Time of Cicero to the Time of Ulpian. Oxford: Clarendon Press, 1991.

TREVIJANO ETCHEVERRIA, Ramon: A propósito del incestuoso (1 Cor 5–6). In: Salm. 38 (1991) 129–153.

UBIGLI, Liliana: s. ROSSO UBIGLI, Liliana.

USENER, Hermann(us) (ed.): Epicurea. Stuttgart: B. G. Teubner, 1966 = 1887 (Sammlung wissenschaftlicher Commentare).

WEINREICH, Otto (Hg./Üb.): Catull: Sämtliche Gedichte. Lateinisch und deutsch. München: dtv, 1974 (dtv.t-b 6028).

WEISS, Johannes: Der erste Korintherbrief. Neudruck der [9.] völlig neubearbeiteten Auflage 1910. Göttingen: Vandenhoeck & Ruprecht, 1970 (KEK, 5. Abt.).

WENDLAND, Heinz-Dietrich: Die Briefe an die Korinther. 12. umgearbeitete und erweiterte Aufl. Göttingen: Vandenhoeck & Ruprecht, 1968 (NTD 7).

WENDLAND, Paul (Hg.): Hippolytus Werke. 3. Bd. Refutatio omnium haeresium. Leipzig: J. C. Hinrichs, 1916 (GCS 26) = Hildesheim/New York: G. Olms, 1977.

WIBBING, Siegfried: Die Tugend- und Lasterkataloge im Neuen Testament und ihre Traditionsgeschichte unter besonderer Berücksichtigung der Qumran-Texte. Berlin: A. Töpelmann, 1959 (BZNW 25).

WIESMANN, Hermann: Die Schrift über die Gesetze der Länder. Aus dem Syrischen übersetzt. In: Fünfundsiebzig Jahre Stella Matutina, Festschrift, Bd. 1 (Feldkirch 1931) 553–572.

WILSON, R. McL.: Simon and Gnostic Origins. In: J. KREMER (Hg.), Les Actes des Apôtres. Traditions, rédaction, théologie, Gembloux: Duculot / Leuven: University Press, 1979 (BETL XLVIII) 485–491.

WINTER, Bruce W.: Civil Litigation in Secular Corinth and the Church. In: NTS 37,4 (1991) 559–572.

WIRE, Antoinette Clark: The Corinthian Women Prophets. A Reconstruction through Paul's Rhetoric. Minneapolis: Fortress Press, 1990.

YADIN, Yigael (Hg.): The Temple Scroll. Vol. I. Introduction. Vol. II. Text and Commentary. Jerusalem: Israel Exploration Society, 1983.

YAMAUCHI, Edwin M.: The Episode of the Magi. In: Chronos, Kairos, Christos. Nativity and Chronological Studies Presented to Jack FINEGAN. Ed. by Jerry VARDAMAN and Edwin M. YAMAUCHI, Winona Lake, IN: Eisenbrauns, 1989, 15–39.

ZAEHNER, R. C.: The Dawn and Twilight of Zoroastrianism. London: Weidenfeld and Nicolson, 1961 = 2nd impr. 1975.

ZINTZEN, Clemens: Zauberei (μαγεία), Zauberer (μάγος). In: KP 5 (1975) 1460–1472.

L'EVANGILE DES EBIONITES
UNE FAUSSE HARMONIE. UNE VRAIE SUPERCHERIE.

Philippe Henne, O.P.

Bertrand a présenté l'*Evangile* des Ebionites comme une tentative d'harmonisation des différents *Evangiles*, antérieure au Diatessaron. Il en voulut pour preuve le récit du baptême de Jésus[1]. Or, loin de là, par petites touches, par de subtiles transformations, l'auteur apocryphe adapte et manipule les différentes données des récits évangéliques en une narration illustrant ses thèses hérétiques: Jésus n'est qu'un homme investi de la dignité messianique lors de son baptême.

Rappelons tout d'abord que les Ebionites, des judéo-chrétiens, refusèrent toute naissance viriginale au Christ[2]. C'était un argument possible pour sa préexistence. Jésus, simple homme, reçoit l'onction messianique lors du baptême. A son propre étonnement, il perçoit une révélation divine qui, par la suite, rejaillira sur le Baptiste.

L'*Evangile des Ebionites* date de la première moitié du deuxième siècle. Il serait complètement disparu si quelques fragments n'avaient été cités par Epiphane de Salamine dans son *Panarion*[3]. Dibelius note que l'*Evangile des Ebionites* suit plus fidèlement le texte des *Evangiles* synoptiques que l'*Evangile des Nazaréens*, autre écrit apocryphe contemporain[4].

Il paraît donc utile de relire ce récit du baptême et de le comparer avec les péricopes contenues dans les synoptiques afin de saisir l'intention théologique sous-jacente aux aménagements rédactionnels.

Remarque méthologique.

Une première question méthologique se pose immédiatement: dans quelle mesure peut-on comparer l'*Evangile des Ebionites* aux *Evangiles* canoniques? En d'autres termes, dans quelle mesure Epiphane reproduit-il fidèlement le

---

1   Cf. Daniel A. BERTRAND, *L'Evangile des Ebionites: une harmonie évangélique antérieure au Diatessaron*, in *New Testament Studies* 26 (1980), pp. 548-563, en particulier p. 557. Cf. ID., *Le baptême de Jésus. Histoire de l'exégèse aux deux premiers siècles (Beiträge zur Geschichte der biblischen Exegese* 14), Tübingen, 1973, p. 44-46.

2   Cf. J.B. BAUER, *Les apocryphes du Nouveau Testament (Lire la Bible* 37), Paris, 1973, p. 22-23; Walter BAUER, *Rechtgläubigkeit und Ketzerei im ältesten Christentum (Beiträge zur historischen Theologie* 10), Tübingen, 1964, p. 275.

3   Cf. EPIPHANIUS, *Panarion*, Bd. 1 (*GCS* 25), éd. par Karl Holl, Berlin, 1915, p. 333-382, en particulier pour le récit du baptême (*Panarion* 30, 13, 7-8), p. 350-351.

4   Cf. Martin DIBELIUS, *Geschichte der urchristlichen Literatur (Theologische Bücherei* 58), München, 1975, p. 55.

texte hérétique? Y apporte-t-il quelques aménagements ou pire encore ne serait-il qu'un témoin négligent des traditions qu'il reçoit en mains?

Cette question est cruciale puisqu'elle conditionne la fiabilité de toute étude philologique. Disons tout de suite qu'il est impossible de répondre directement à cette remarque puisqu'Epiphane est le seul témoin de l'*Evangile des Ebionites*. Aucun autre document ne transmet la moindre péricope de cet *Evangile* apocryphe. Toute étude directe sur la qualité du témoignage d'Epiphane est donc impossible.

Il reste cependant que dans d'autres domaines la fiabilité de l'hérésiarque peut être mise à l'épreuve. Dans l'ensemble, les patrologues s'accordent pour reconnaître la grande fidélité d'Epiphane au texte qu'il transmet. Dummer l'affirme clairement, en rappelant que les papyri manichéens et la bibliothèque de Nag Hammadi ont confirmé l'excellence des témoignages d'Epiphane[5]. Cette rigueur se manifeste même dans de petites choses, comme la transcription des noms hébreux des signes du zodiaque[6]. Ailleurs, Epiphane expose plus littéralement les thèses origéniennes sur l'apocatastase que Jérôme ne le fit[7]. Même quand Epiphane ne cite pas littéralement le texte étudié, il garde souvent les formules ou les tournures du texte original, ce qui permit à Pourkier de corriger certaines fautes dans la version latine d'Irénée[8].

Il semble donc qu'Epiphane reproduise généralement avec fidélité les textes qu'il cite. Il est vraisemblable qu'il appliqua le même soin à la transcription de l'*Evangile des Ebionites*. Une étude philologique de ce texte paraît donc justifiable.

La première différence entre les *Evangiles* canoniques et l'*Evangile* apocryphe apparaît aussitôt. L'*Evangile des Ebionites* place le dialogue entre Jésus et Jean à la fin du récit, c'est-à-dire après le baptême et non pas avant celui-ci comme le fait l'*Evangile selon saint Matthieu*. Le texte apocryphe présente donc le baptême de Jésus, une première révélation faite au Christ et une seconde révélation faite à Jean.

---

5   Cf. Jürgen DUMMER, *Zur Epiphanius-Ausgabe der "Griechischen Christlichen Schriftsteller"*, in *Texte und Textkritik. Eine Aufstazsammlung*, édité par Jürgen Dummer (*TU* 133), Berlin, 1987, pp. 119-125, en particulier p. 119.
6   Cf. Robert R. STIEGLITZ, *The Hebrew Names fot the Seven Planets*, in *Journal of Near Eastern Studies* 40 (1981), pp. 135-137, en particulier p. 135.
7   Cf. Wolfgang LACKNER, *Zum Zusatz zu Epiphanios' von Salamis Panarion, Kap. 64*, in *Vigiliae Christianae* 27 (1973), pp. 56-58.
8   Cf. Aline POURKIER, *Epiphane témoin du texte d'Irénée. Note critique sur Irénée, Adv. Haer. I, 24, 6*, in *Vigiliae Christianae* 38 (1984), pp. 281-284. Cette même fidélité d'Epiphane au texte analysé permit à Dummer d'entreprendre certaines analyses très fines: Jürgen DUMMER, *Epiphanius, Ancor. 102, 7 und die Sapientia Salomonis*, in *Klio* 43-45 (1965), pp. 344-350.

A. LE BAPTÊME DE JÉSUS.

Le récit du baptême dans l'*Evangile des Ebionites* reprend les trois éléments déterminants exploités par les évangiles synoptiques, à savoir le baptême lui-même, l'ouverture des cieux et la descente de l'Esprit.

Le peuple ayant été baptisé, Jésus vint lui aussi et fut baptisé par Jean.
Τοῦ λαοῦ βαπτισθέντος ἦλθεν καὶ ὁ Ἰησοῦς καὶ ἐβαπτίσθη ὑπὸ τοῦ Ἰωάννου[9].

La situation initiale est aussi brève qu'intéressante "le peuple ayant été baptisé". Les autres évangiles sont plus loquaces: l'*Evangile selon saint Matthieu* comme celui *selon saint Marc* précisent que Jésus quitte la Galilée pour se rendre au bord du Jourdain afin d'y être baptisé (Mt. 3, 13; Mc. 1, 9). L'*Evangile selon saint Luc* est plus avare d'informations (Lc. 3, 21): tout comme l'*Evangile des Ebionites*, il précise que tout le peuple était déjà baptisé, mais il ne donne aucune indication de lieu. Ces deux présentations fort différentes correspondent à deux objectifs narratifs concurrents. Matthieu et Marc insistent sur le déplacement géographique, sur le changement de cadre parce qu'ils souhaitent souligner la rupture dans la vie de Jésus. Celui-ci quitte sa famille terrestre pour commencer son ministère[10]. Les évangélistes, et en particulier Matthieu, ont soin de présenter le baptême comme voulu et désiré par Jésus[11]. Celui-ci réalise ainsi le plan divin[12].

Chez Luc, comme dans l'*Evangile des Ebionites*, ces informations géographiques sont remplacées par cette même affirmation: le Christ fut baptisé après que le peuple tout entier reçut cette effusion. Luc insiste même lourdement: ἅπαντα τὸν λαόν[13]. Plummer pense que l'évangéliste voulait exprimer ainsi le souci que Jésus avait d'être seul avec Jean lorsqu'il recevrait l'Esprit[14]. Une autre explication serait que cette remarque place le baptême de Jésus dans un mouvement de foule généralisé. Si le Christ se soumet à ce rite, ce n'est pas parce qu'Il souhaite accomplir un acte en isolé, ni se démarquer ainsi des pratiques communément admises, mais bien au contraire parce qu'Il souhaite S'associer à un vaste mouvement qui Le dépasse par

---

9   Nous citons d'après l'édition de Holl. Cf. *supra*.

10   Cf. Joachim GNILKA, *Das Matthäusevangelium*, 1e partie (*Herders Theologischer Kommentar zum Neuen Testament*), Freiburg, 1988, p. 76.

11   Cf. David HILL, *The Gospel of Matthew* (*New Century Bible Commentary*), Londres, 1987, p. 95; Theodor ZAHN, *Das Evangelium des Matthäus* (*Kommentar zum Neuen Testament* 1), Leipzig, 1922, p. 142.

12   Cf. Willoughby C. ALLEN, *The Gospel according to S. Matthew* (*International Critical Commentary*), Edimbourg, 1907, p. 27.

13   Zahn qualifie cette tournure d'*hyperbolisch*: Theodor ZAHN, *Das Evangelium des Lucas* (*Kommentar zum Neuen Testament* 3), Leipzig, 1913, p. 199, n. 63.

14   Cf. Alfred PLUMMER, *The Gospel according to S. Luke* (*International Critical Commentary*), Edimbourg, 1901, p. 98.

son ampleur. Cette présentation a le mérite d'atténuer l'embarras que Luc a pu ressentir lorsqu'il parle de cet événement. L'évangéliste passe en toute hâte aux autres phénomènes, comme l'ouverture des cieux et la descente de l'Esprit[15].

L'*Evangile des Ebionites*, lui aussi, présente le baptême de Jésus comme un acte de pénitence ou de piété accompli par Jésus comme par d'autres Juifs. Le fils de Joseph ne se démarque pas encore des autres fils d'Israël. L'évangile apocryphe partage avec Luc la même hâte dans la narration du baptême lui-même. Il développera cependant le thème de la voix céleste.

Il faut ajouter que la construction, en l'occurrence le génitif absolu, marque un fait passé déjà accompli. Cela ajoute une nouvelle nuance à cette scène. Le baptême de Jésus se passe quand Jean a terminé sa mission. Les temps ont changé. Une nouvelle ère commence.

Le baptême de Jésus est donc présenté comme un acte accompli en fidélité au plan divin qui englobe tout le peuple élu. Il marque cependant une nouvelle étape dans l'histoire du salut. Ces deux thèmes fondamentaux guident le travail de réécriture dans toute la scène du baptême.

Jésus vint lui aussi et fut baptisé par Jean.
ἦλθεν καὶ Ἰησοῦς καὶ ἐβαπτίσθη ὑπὸ τοῦ Ἰωάννου.

Le verbe principal (ἦλθεν) évoque la volonté propre du Christ de se faire baptiser. L'*Evangile des Ebionites* semble moins embarrassé par le baptême de Jésus que l'*Evangile selon saint Luc*, sans doute parce que, rejetant la conception virginale du Christ, l'auteur apocryphe considère Jésus comme un simple humain avant l'investiture messianique réalisée au baptême. La particule καί, qui encadre Ἰησοῦς, a pour effet d'associer davantage encore le Christ à la foule des pénitents. Bertrand traduit: "Jésus vint aussi se faire baptiser"[16].

Selon Anderson[17], le verbe ἦλθεν a une saveur "théologique" chez Marc. Il y exprimerait l'idée que le Christ fut envoyé par Dieu ou qu'Il agit selon la volonté divine. Il pourrait en être autrement dans l'*Evangile des Ebionites*. Le verbe placé devant le sujet marque davantage la communion dans l'action. Le passage qui, dans les citations d'Epiphane, précède immédiatement le récit du baptême, décrit l'activité baptismale de Jean. Le texte conclut: "Et tous vinrent à lui" (καὶ ἐξήρχοντο πρὸς αὐτὸν πάντες)[18]. A ce déplacement de la masse s'associe le mouvement de Jésus.

---

15   Cf. Hugh ANDERSON, *The Gospel of Mark* (*New Century Bible Commentary*), Londres, 1984, p. 74-75; Erich KLOSTERMANN, *Das Lukasevangelium* (*Handbuch zum Neuen Testament* 5), Tübingen, 1929, p. 55; PLUMMER, *Luke*, p. 98.

16   BERTRAND, *Evangile*, p. 556.

17   Cf. ANDERSON, *Mark*, p. 76.

18   Cf. Holl, p. 350, l. 12.

Le baptême de Jésus lui-même est exprimé par un verbe à l'indicatif aoriste passif (ἐβαπτίσθη). Cette simplicité dans la narration correspond à celle qui domine dans l'*Evangile selon saint Luc*. Dans ces deux récits, le verbe est uni au précédent par un simple καί[19]. Cette discrétion contraste avec l'insistance propre à Matthieu. Ce dernier souligne la ferme volonté du Christ dans cette démarche[20]. Ce trait ne correspond pas à l'intention de l'*Evangile des Ebionites*. L'aprocryphe préfère mêler Jésus à la foule de ceux qui accomplissent la volonté divine.

> *Et comme il remontait de l'eau, les cieux s'ouvrirent.*
> καὶ ὡς ἀνῆλθεν ἀπὸ τοῦ ὕδατος, ἠνοίγησαν οἱ οὐρανοί.

Alors que les trois récits synoptiques utilisent le verbe ἀναβαίνω, l'*Evangile des Ebionites* emploi ἀνέρχομαι. C'est d'autant plus étonnant que ce verbe est rare dans l'Ancien comme dans le Nouveau Testament. Il n'apparaît qu'une fois dans la LXX (1 Rois 13, 12) et trois fois dans le Nouveau Testament (Jn. 6, 3; Gal. 1, 17. 18).

Cette substitution s'explique par la volonté du rédacteur de préserver le phénomène de parallélisme lexical. En effet, quand il décrira la descente de l'Esprit, l'auteur de l'*Evangile des Ebionites* utilise deux verbes dérivés eux aussi de ἔρχομαι, en l'occurrence κατέρχομαι et εἰσέρχομαι. Les évangiles synoptiques, eux, ne recourrent qu'à un seul verbe καταβαίνω.

Il apparaît donc que le rédacteur voulait ajouter au récit des synoptiques une précision exprimée par le verbe εἰσέρχομαι. Le problème était que le verbe εἰσβαίνω est rarissime. Il n'apparaît ni dans la LXX, ni dans le Nouveau Testament, ni chez les Pères Apostoliques. Il ne figure pas dans le dictionnaire de Lampe, ni dans la *Concordance* du P. Denis[21].

Il est possible que la valeur propre aux verbes βαίνω et ἔρχομαι ait influencé le choix de l'*Evangile des Ebionites*. En effet, ἀναβαίνω est davantage lié au monde cultuel[22], tandis que le verbe simple ἔρχομαι relève du langage propre aux théophanies[23]. Cependant ces aspects sémantiques ont dû jouer un rôle moins important dans le choix du vocabulaire que le désir d'exprimer l'effusion de l'Esprit par le verbe εἰσέρχομαι.

L'*Evangile des Ebionites* souhaite donc garder le parallélisme verbal de la montée de Jésus hors de l'eau et de la descente de l'Esprit sur le Christ. Cependant il utilise les termes de la famille de ἔρχομαι parce qu'il souhaite introduire le verbe εἰσέρχομαι.

---

19   Cf. Ernst LOHMEYER, *Das Evangelium des Markus* (*Kritisch-exegetischer Kommentar über das Neue Testament* 1, 2), Göttingen, 1967, p. 21.

20   Cf. HILL, *Matthew*, p. 95.

21   Cf. G.W.H. LAMPE, *A Patristic Greek Lexicon*, Oxford, 1961, p. 423; Albert-Marie DENIS, *Concordance grecque des Pseudépigraphes d'Ancien Testament*, Louvain-la-Neuve, 1987, p. 311. Par contre, cette *Concordance* relève 114 emplois de εἰσέρχομαι (p. 27).

22   Cf. Johannes SCHNEIDER, βαίνω, in *TWNT* 1 (1933), pp. 516-521, en particulier p. 517.

23   Cf. Johannes SCHNEIDER, ἔρχομαι, in *TWNT* 2 (1935), pp. 662-682, en particulier p. 664.

La sortie de l'eau est exprimée dans l'*Evangile des Ebionites* comme chez saint Matthieu par la préposition ἀπό: ἀπὸ τοῦ ὕδατος. Marc utilise la préposition ἐκ. Luc ne précise pas. Allen pense que la préposition ἀπό suggère que le baptême ne fut pas nécessairement une immersion complète[24]. C'est possible mais cette précision ne semble pas avoir de portée théologique.

A cette sortie de l'eau correspond l'ouverture des cieux. Cet élément narratif commun à tous les récits exprime l'irruption du divin dans le monde humain[25]. Si les cieux se déchirent (σχίζω) chez Marc, ils s'ouvrent (ἀνοίγω) chez Matthieu, chez Luc et dans l'*Evangile des Ebionites*, ce qui est plus conforme au style apocalyptique[26]. L'image de la déchirure suggère que les cieux sont représentés comme un gigantesque rideau, comparable à celui du Temple. L'ouverture des cieux évoque l'idée que deux mondes séparés entrent en communication[27].

L'*Evangile des Ebionites* se distingue par la forme grammaticale du verbe ἀνοίγω. Il présente un aoriste actif alors que les autres *Evangiles* préfèrent le passif divin. Dans la LXX, Dieu est toujours celui qui ouvre les cieux: le verbe est soit à la voix active, et Yahvé est alors le sujet (Ps. 77 (78), 23; Is. 64, 1 (63, 19); 3 Macc. 6, 18), soit à la voix passive et les cieux en sont alors les sujets (Ez. 1, 1). Quand la littérature intertestamentaire grecque parle de l'ouverture des cieux, le verbe ἀνοίγω est soit au passif (*Apocalypse de Hénoch en grec* 104, 2; *Testament d'Abraham* 1, 7, 3; *Testament de Lévi* 2, 6), soit à la voix moyenne (*Testament de Lévi* 18, 6; *Testament de Juda* 24, 2). Le Nouveau Testament garde la voix passive (Jn. 1, 51; Ac. 10, 11). Parmi les Pères Apostoliques, Hermas est le seul à offrir un emploi comparable à celui de l'*Evangile des Ebionites*: ἠνοίγη ὁ οὐρανός (Vis. I, 1, 4). Ce curieux usage pourrait s'expliquer par un artifice stylistique: le début du *Pasteur*, où figure cette forme, évoque les débuts du catéchumène païen. L'enseignement de la foi est progressif. Dans une première étape, l'auteur se serait contenté de décrire ce qu'Hermas peut observer (les cieux qui s'ouvrent) sans que lui soit encore révélé le véritable acteur de ce phénomène (Dieu)[28].

L'emploi de la voix active dans la formule: "les cieux s'ouvrent" paraît donc rare et inhabituel. Une explication de cette particularité dans l'*Evangile des Ebionites* serait que cet aprocryphe insiste sur la réalité matérielle

---

24   Cf. ALLEN, *Matthew*, p. 29.

25   Cf. GNILKA, *Matthäus*, p. 78.

26   Cf. Ernst LOHMEYER, *Das Evangelium des Matthäus*, retravaillé par Werner Schmauch (*Kritisch-exegetischer Kommentar über das Neue Testament. Sonderband*), Göttingen, 1967, p. 51.

27   Cf. LOHMEYER, *Markus*, p. 21.

28   Cf. Philippe HENNE, *La pénitence et la rédaction du Pasteur d'Hermas*, in *Revue biblique* 98 (1991), pp. 358-397

des événements liés au baptême de Jésus. Le texte dit qu'une grande lumière éclaira la scène, et non pas que le lieu fut brillament éclairé. De même, quand la péricope décrit la descente de l'Esprit, les verbes sont rattachés au terme περιστερᾶς et pas à celui de πνεῦμα, ce qui insiste sur la réalité matérielle de l'apparition. Les éléments naturels prennent une part nettement plus active dans l'*Evangile des Ebionites* que dans les autres *Evangiles*. Cette remarque aura une influence théologique par la suite.

> Et il vit l'Esprit Saint sous la forme d'une colombe qui descendait et qui entrait en lui.
> καὶ εἶδεν τὸ πνεῦμα τὸ ἅγιον ἐν εἴδει περιστερᾶς κατελθούσης καὶ εἰσελ-θούσης εἰς αὐτόν.

La matérialité de cette apparition est soulignée par de multiples traits stylistiques. Tout d'abord, dans l'*Evangile des Ebionites*, comme dans les autres récits évangéliques, le verbe εἶδεν a Ἰησοῦς pour sujet. Anderson estime que, dans l'*Evangile selon saint Marc*, Jésus n'est pas le seul à voir. L'intérêt principal de l'évangéliste serait de souligner la réalité de ce qui se passe, réalité perceptible aux seuls yeux de la foi[29]. Zahn précise que, dans l'*Evangile selon saint Matthieu*, cette apparition sensible n'est tout d'abord perceptible qu'à Jésus[30]. Nous verrons que la structure de l'*Evangile des Ebionites* diffère complètement puisque la révélation y est double: la colombe et les premières paroles divines ont Jésus pour destinataire tandis que Jean-Baptiste découvre la lumière divine et la deuxième expression divine.

Les évangélistes insistent plus ou moins sur la matérialité de l'apparition. Matthieu reste vague: ὡσεὶ περιστεράν (Mt. 3, 16). En soi, la vision est indescriptible. La comparaison porte plus sur le mouvement de l'Esprit qui descend comme une colombe, que sur la forme extérieure de celui-ci[31]. Marc paraît plus bref et plus précis: ὡς περιστεράν (Mc. 1, 10). Selon les commentateurs, en utilisant la particule ὡς, l'évangéliste recourt au langage apocalyptique traditionnel[32]. Ce n'est que par une comparaison tirée du monde visible que l'auteur peut exprimer son expérience du surnaturel invisible. C'est Luc qui insiste le plus sur la réalité matérielle de la vision[33]: σωματικῷ εἴδει ὡς περιστεράν (Lc. 3, 22). Selon Ellis, chez Luc, le bénéficiaire d'une vision peut difficilement distinguer une révélation d'un phénomène naturel. Toute apparition surnaturelle est une vision[34].

---

29   Cf. ANDERSON, *Mark*, p. 76.
30   Cf. ZAHN, *Matthäus*, p. 145.
31   Cf. GNILKA, *Matthäus*, p. 78.
32   Cf. LOHMEYER, *Markus*, p. 22, n. 2; Rudolf PESCH, *Das Markusevangelium* (*Herders Theologischer Kommentar zum Neuen Testament* 2, 1), Freiburg, 1976, p. 91.
33   Cf. Heinz SCHÜRMANN, *Das Lukasevangelium*, 1e partie (*Herders Theologischer Kommentar zum Neuen Testament* 3), Freiburg, 1969, p. 190.
34   Cf. E. Earle ELLIS, *The Gospel of Luke* (*Century Bible*), Londres, 1966, p. 91.

Pour l'*Evangile des Ebionites*, la réalité matérielle de la vision ne saurait être mise en doute. Tout d'abord, il précise ἐν εἴδει. Cette expression est rare dans la Bible. Elle n'apparaît que deux fois. Tout d'abord, dans le *Livre des Nombres*, où Dieu rappelle qu'Il S'est adressé à Moïse de vive voix, en se faisant voir (ἐν εἴδει), et sans recourir à un langage caché (Nb. 12, 8). Dans le *Livre de Judith*, Holopherne s'exclame que Judith est jolie par son aspect (ἐν τῷ εἴδεν σου) et habile dans son discours (Jdt. 11, 23). Dans les pseudépigraphes grecs de l'Ancien Testament, il n'apparaît qu'une fois: dans l'*Apocalypse de Moïse* (§ 17), oeuvre probablement juive du premier siècle après Jésus-Christ. Satan prend la forme d'un ange (ἐν εἴδει ἀγγέλου) pour mieux tromper Eve[35]. L'expression ἐν εἴδει est plus concrète que la forme εἴδει. Comme le dit Braun, cette tournure renforce la matérialité de l'apparition[36].

La grande originalité de l'*Evangile des Ebionites* est d'appliquer les verbes κατελθούσης et εἰσελθούσης au terme περιστερᾶς. Dans les *Evangiles* canoniques, c'est l'Esprit Saint, qui sous la forme d'une colombe descend vers le Christ. Dans l'*Evangile* aprocyphe, c'est la colombe qui descend et pénètre dans le Christ. L'événement surnaturel devient pratiquement palpable, ce qui, selon Bertrand, "objective et magnifie le phénomène"[37].

Les *Evangiles* canoniques décrivent différemment la descente de l'Esprit. Luc, toujours embarrassé par cette scène, se limite à dire: καταβῆναι τὸ πνεῦμα τὸ ἅγιον ... ἐπ' αὐτόν (Lc. 3, 22). Matthieu développe de manière emphatique la venue de l'Esprit: καταβαῖνον ... ἐρχόμενον ἐπ' αὐτόν (Mt. 3, 16). Marc n'a pas peur d'évoquer une infusion de l'Esprit: καταβαῖνον εἰς αὐτόν (Mc. 1, 10). L'*Evangile des Ebionites* insiste sur cette pénétration de l'Esprit – ou plus précisément de la colombe – dans Jésus: κατελθούσης καὶ εἰσελθούσης εἰς αὐτόν.

Au sujet du εἰς αὐτόν chez Marc, les avis sont partagés. Lohmeyer trouve que cette expression est ambiguë et que Matthieu et Luc l'ont précisée par ἐπ' αὐτον[38]. Selon Pesch, ces expressions sont équivalentes et la confusion entre εἰς et ἐν est caractéristique de la koinè[39]. Par contre, Wohlenberg voit dans l'emploi de εἰς la volonté de l'évangéliste d'exprimer la claire perception avec laquelle Jésus prit conscience de l'entrée de l'Esprit

---

35   Le texte présente une variante : au lieu de ἐν εἴδει ἀγγέλου, un manuscrit donne ὁμοῖος ἀγγέλου. Cf. Constantinus TISCHENDORF, *Apocalypses apocryphae*, Leipzig, 1866, reprint Hildesheim, 1966, p. 9; Albert-Marie DENIS, *Introduction aux pseudépigraphes grecs d'Ancien Testament* (Studia in Veteris Testamenti pseudepigrapha 1), Leiden, 1970, p. 3.

36   Cf. Herbert BRAUN, *Entscheidende Motive in den Berichten über die Taufe Jesu von Markus bis Justin*, in *Zeitschrift für Theologie und Kirche* 50 (1953), pp. 39-43, en particulier p. 40.

37   BERTRAND, *Evangile*, p. 557.

38   Cf. LOHMEYER, *Markus*, p. 23.

39   Cf. PESCH, *Markus*, p. 91.

en Lui[40]. Hahn met en garde les commentateurs contre toute tentative d'affaiblissement de l'expression εἰς αὐτόν. Selon lui, cela correspond au plus vieil état de la tradition. L'accent est mis sur le don de l'Esprit. Ce dernier descend du ciel, pénètre dans la personne humaine et s'unit à lui[41].

Si le doute peut planer dans l'interprétation de Marc, c'est avec une plus grande certitude que l'on peut conclure l'étude de ce point dans l'*Evangile des Ebionites*.

Dans la Bible grecque, en effet, il n'y a pas d'autre exemple d'entrée de l'Esprit de Dieu dans le coeur d'un homme. Selon les textes canoniques, seul Satan agit de la sorte, en particulier à l'égard de Judas (Lc. 22, 3; Jn. 13, 27). Comme l'explique Schnackenburg, cette entrée signifie une domination totale sur le malheureux traître[42].

Cette même exégèse paraît applicable à l'*Evangile des Ebionites*. La descente de l'Esprit et son entrée en Jésus marquent la prise de possession réalisée par Dieu sur le baptisé du Jourdain. Cette assimilation sera solennellement expliquée à Jésus, puis au Baptiste.

B. LA PREMIÈRE RÉVÉLATION FAITE À JÉSUS.

Par deux fois, une voix jaillit du ciel et révèle à Jésus sa nouvelle destinée. La première intervention présente les mêmes paroles que dans l'*Evangile selon saint Marc*, tandis que la seconde semble puiser dans une variante lucanienne.

Toute cette partie est sobrement introduite par καὶ φωνὴ ἐκ τοῦ οὐρανοῦ λέγουσα. L'*Evangile des Ebionites* semble faire preuve d'incohérence. Lorsque les cieux s'ouvrent, il emploie le pluriel. Ici il utilise le singulier. Matthieu et Marc conservent dans les deux cas le pluriel. Ce nombre correspond davantage à l'usage sémitique[43] et la persistance du pluriel, pendant la scène de la voix divine, rappelle l'ouverture des cieux et maintient la mise en scène apocalyptique[44].

Dans l'*Evangile des Ebionites*, la question se pose de savoir si l'auteur n'a pas été influencé d'une façon différente par la situation dramatique. Il a sans doute voulu donner à cette voix unique un lieu d'origine unique: le ciel, et non pas les cieux.

Les deux premières paroles sont empruntées à l'*Evangile de Marc* (Mc. 1, 11).

---

40   Cf. Gustav WOHLENBERG, *Das Evangelium des Markus* (*Kommentar zum Neuen Testament* 2), Leipzig, 1930, p. 44.

41   Cf. Ferdinand HAHN, *Christologische Hoheitstitel. Ihre Geschichte im frühen Christentum* (*FRLANT* 83), Göttingen, 1963, p. 342.

42   Cf. Rudolf SCHNACKENBURG, *Das Johannesevangelium*, 3e partie (*Herders Theologischer Kommentar zum Neuen Testament* 4), Freiburg, 1975, p. 36.

43   Cf. KLOSTERMANN, *Lukas*, p. 55.

44   Cf. PESCH, *Markus*, p. 92.

EE: σύ μου εἶ ὁ υἱὸς ἀγαπητός, ἐν σοὶ ηὐδόκησα
Mc. 1, 11: συ εἶ ὁ υἱός μου ὁ ἀγαπητός, ἐν σοὶ εὐδόκησα.

Une petite variante est εὐδόκησα pour Marc et ηὐδόκησα pour l'*Evangile des Ebionites*. Plummer qualifie cet aoriste d'intemporel[45]. Dans l'*Evangile des Ebionites*, l'aoriste pourrait avoir toute sa valeur d'acte ponctuel accompli dans le passé.

La deuxième variante pourrait plaider en faveur de cette thèse: le pronom μου est déplacé dans l'*Evangile des Ebionites* et il est ainsi mis en valeur. Dans le texte biblique, il succède immédiatement au nom dont il dépend: ὁ υἱός. Le texte y commence par le pronom συ. Toute l'attention est concentrée sur le destinataire. Dans l'*Evangile des Ebionites*, le pronom μου succède aussitôt à συ. Cette construction a pour conséquence d'unir directement Jésus à Dieu. De plus l'attention n'est plus uniquement concentrée sur le baptisé, mais aussi sur le locuteur divin. Enfin, cette construction éloigne le nom de son complément et place ce dernier en tête de phrase, cette hardiesse provoque un hiatus entre συ et μου, ce qui donne un caractère à la fois actif et volontaire à l'intervention divine.

Le deuxième groupe de paroles célestes précise et exalte cette intrusion de Dieu dans l'homme: καὶ πάλιν· ἐγὼ σήμερον γεγέννηκά σε. La tradition occidentale de l'*Evangile selon saint Luc* présente également cette citation du verset 7 du psaume 2 (Lc. 3, 22). Les principaux témoins en sont le *Codex Bezae* et la *Vetus latina*. L'ironie de la recherche veut que les patrologues présentent cette variante comme originale tandis que les exégètes la rejettent avec autant d'arguments convaincants[46]. Le texte reçu dans l'*Evangile selon saint Luc* correspond aux premières paroles divines dans l'*Evangile des Ebionites*: "Tu es mon fils bien-aimé, en toi je me suis complu". Ce texte rattachait à Jésus les promesses faites au Serviteur souffrant (Is. 42, 1). De la sorte, le baptisé est en quelque sorte désigné par Dieu pour accomplir le destin salvifique de cette figure charismatique. Par contre, le psaume 2 évoque l'intronisation du nouveau roi messianique[47].

Si ce verset est introduit par l'*Evangile des Ebionites*, ce n'est pas pour évoquer un engendrement divin. Bien loin de là puisque les Ebionites ne croyaient pas en la conception virginale. Non! ce qui intéressait l'évangéliste aprocryphe dans cette citation, c'est de rattacher la scène du baptême au couronnement du nouveau roi. Tout est dans l'adverbe σήμερον: aujourd'hui le nouveau roi réalise les promesses messianiques; aujourd'hui, Jésus révêtu de l'Esprit commence sa nouvelle mission. Les Ebionites ne pouvaient admettre la vie cachée du Christ; pour eux, le messianisme est

---

45   Cf. PLUMMER, *Luke*, p. 100.
46   Cf., par exemple, DIBELIUS, *Geschichte*, p. 56 et BERTRAND, *Baptême*, p. 131 pour les patrologues et SCHÜRMANN, *Lukas*, p. 193-194 pour les exégètes.
47   Cf. HILL, *Matthew*, p. 97-98.

public, actif et rayonnant; si Jésus demeurait à Nazareth, c'est parce que Dieu ne l'avait pas encore investi de Sa mission salvifique.

Une telle conception est incompatible avec l'*Evangile selon saint Luc*, puisque cet ouvrage canonique commence par le récit des deux naissances aussi merveilleuses que différentes du Baptiste et du Messie. La scène du baptême perd donc de son importance, ce qui explique en partie la gêne de Luc dans la rédaction. Si le psaume 2, verset 7 avait figuré dans le texte lucanien, il ne devait guère être suspecté d'adoptianiste, puisqu'il succédait au long récit de l'Annonciation et de la Nativité. L'adverbe σήμερον aurait cependant fait hiatus avec cette longue introduction historique[48].

La révélation faite à Jésus repose donc sur deux paroles célestes. Elle explique au baptisé le véritable sens de la scène précédente. L'Esprit pénétra en Jésus et l'habilita à exercer les fonctions de Messie, sous le double aspect du Serviteur élu et du roi choisi. Il ne s'agit pas de génération divine, mais en quelque sorte de nouvelle appropriation. Dieu prend possession de Jésus, en fait son instrument de salut. Par lui se réaliseront toutes les promesses de l'ancienne alliance.

C. LA SECONDE RÉVÉLATION FAITE À JEAN.

Après le baptême, la voix divine s'adressa tout d'abord à Jésus. Dieu Se manifeste ensuite au monde entier par l'intermédiaire de Jean. Le passage du caractère privé au caractère public de la révélation est marqué par l'apparition de la lumière divine. Cet éblouissement a pour double effet de confirmer l'investiture messianique et de provoquer l'étonnement craintif chez Jean.

> *Et soudain une grande lumière enveloppa le lieu.*
> καὶ εὐθὺς περιέλαμψε τὸν τόπον φῶς μέγα.

Ce nouvel élément dramatique n'apparaît pas dans les *Evangiles* canoniques, si ce n'est dans certains manuscrits latins de l'*Evangile selon saint Matthieu*: et cum baptizaretur, lumen ingens cirucumfulsit de aqua, ita ut timerent omnes qui advenerant (Mt. 3, 15)[49].

Les points communs entre cette variante matthéenne et le texte de l'*Evangile des Ebionites* sont que, d'une part, la lumière symbolise la présence de Dieu sur terre et que, d'autre part, cette clarté provoque la peur chez les spectateurs selon la variante latine et la surprise chez Jean selon l'*Evangile des Ebionites*.

48· Dibelius (*Geschichte*, p. 56) note avec beaucoup de finesse que cet "aujourd'hui" aurait été aussi embarrassant dans la variante lucanienne que bienvenu dans l'*Evangile des Ebionites*.

49 Cet élément narratif apparaît également dans les hymnes épiphaniques d'Ephrem. Cf. Erich KLOSTERMANN, *Das Matthäusevangelium* (*Handbuch zum Neuen Testament* 4), Tübingen, 1938, p. 25; Hermann USENER, *Das Weihnachtsfest*, Bonn, 1969, p. 62-63.

Cependant les circonstances diffèrent énormément. Chez Matthieu, la lumière jaillit après le baptême mais avant l'ouverture des cieux et la descente de l'Esprit. De plus cette lumière surgit de l'eau. La variante insiste donc sur la théophanie. Cela paraît d'autant plus clair quand on considère que la variante succède immédiatement au dialogue entre Jean et Jésus. Le baptiste refuse tout d'abord de verser l'eau sur le Messie mais Jésus l'invite à agir selon ce qui est prévu. Jean baptise, les eaux du Jourdain rayonnnent alors de la présence divine.

Dans L'*Evangile des Ebionites*, la lumière vient du ciel. Si le texte ne le dit pas explicitement, l'emploi de περιλάμπω le suggère[50]. Connu de la littérature profane[51], le verbe n'apparaît pas dans la LXX. Dans le Nouveau Testament, il n'est utilisé que deux fois, tout d'abord quand les anges annoncent aux bergers la naissance du Sauveur (Lc. 2, 9), ensuite quand Paul décrit la lumière sur le chemin de Damas (Ac. 26, 13). Dans ce troisième récit de la conversion de Paul, l'auteur sacré développe et amplifie les éléments sobrement décrits dans les narrations précédentes[52]. Quand le verbe simple λάμπω est utilisé, la source de cette lumière est plus locale. C'est la face de Jésus transfiguré (Mt. 17, 2) ou l'ange qui libère Pierre de ses entraves (Ac. 12, 7). Avec περιλάμπω, c'est le ciel qui paraît être l'origine de cette lueur.

Dans l'*Evangile des Ebionites*, la lumière n'indique pas l'intrusion de Dieu dans un élément terrestre, comme l'eau dans la variante matthéenne. Elle ne jaillit donc pas de Jésus divinisé. Elle a pour seule origine les cieux entrouverts d'où la voix divine résonne et se fait entendre.

Cela permet de nuancer le parallèle établi par Resch entre le baptême de Jésus, d'une part, et, d'autre part, le récit de la Transfiguration (Mt. 17, 2) et la conversion de saint Paul sur le chemin de Damas (Ac. 9, 3)[53]. Une même lumière est signalée mais, dans les deux derniers cas, elle enveloppe le Christ et manifeste ainsi sa divinité. Dans l'*Evangile des Ebionites*, la lumière jaillit du ciel et signale une intervention divine.

Dans les *Actes des Apôtres*, comme dans l'*Evangile* apocryphe, la question posée par le futur Paul et par Jean-Baptiste présente quasiment le même forme (σὺ τίς εἶ, κύριε;) mais elle n'implique pas une quelconque reconnaissance de la divinité. Le terme κύριε utilisé dans l'*Evangile des*

---

50   Cf. Hans-Christoph HAHN, Licht, λάμπω, in *Theologisches Begriffslexikon zum Neuen Testament*, vol. 2, 1, Wuppertal, 1969, pp. 884-886, en particulier p. 886.

51   Cf. E. JACQUIER, *Les Actes des Apôtres (Etudes bibliques)*, Paris, 1926, p. 710; KLOSTERMANN, *Lukas*, p. 36.

52   Cf. Ernst HAENCHEN, *Die Apostelgeschichte (Kritisch-exegetischer Kommentar über das Neue Testament 3)*, Göttingen, 1968, p. 611.

53   Cf. Alfred RESCH, *Agrapha. Aussercanonische Schriftfragmente (TU 30, 3-4)*, Leipzig, 1906, pp. 224-227.

Ebionites n'est pas une proclamation de foi, mais simplement une appellation respectueuse[54].

Dans l'*Evangile des Ebionites*, la lumière enveloppe tout l'endroit, non pas après le baptême proprement dit, ni après la descente de l'Esprit, mais après la seconde révélation divine réservée à Jésus: "Aujourd'hui je t'ai engendré". Il ne fait pas de doute que cet "aujourd'hui" (σήμερον), auquel répond l' "aussitôt" du jaillissement de la lumière (εὐθύς), a incité l'auteur apocryphe à introduire ici cet élément narratif symbolique. La parole divine d'intronisation messianique est réalisée par cette lumière: Jésus, investi de cette nouvelle mission, est manifesté au monde.

Dans l'*Evangile selon saint Matthieu* et *saint Marc*, le même adverbe εὐθύς apparaît, mais dans des contextes différents de celui de l'*Evangile des Ebionites*. Les deux *Evangiles* canoniques précisent qu'après avoir été baptisé, Jésus sortit aussitôt de l'eau (Mt. 3, 16; Mc. 1, 10). Les exégètes s'accordent pour dire que l'expression καὶ εὐθύς chez Marc est un hébraïsme et qu'elle correspond au groupe καὶ ἰδοῦ plus correct en grec mais absent chez Marc[55]. Par contre, l'adverbe εὐθύς chez Matthieu aurait été introduit sous l'influence de l'*Evangile selon saint Marc*[56]. Il serait d'ailleurs mal placé: Jésus ne sortit pas aussitôt après le baptême, mais ce sont les cieux qui furent ouverts aussitôt après l'acte pénitentiel[57].

La simultanéité entre les actions change donc. Pour Matthieu, le baptême paraît difficilement explicable. Le dialogue entre Jean et Jésus traduit l'embarras de toute la communauté matthéenne (Mt. 3, 14-15)[58]. Dès que cet acte est accompli, Dieu Se manifeste et proclame la véritable nature du baptisé (Mt. 3, 17). Au contraire, dans l'*Evangile des Ebionites*, dès que Dieu a révélé à Jésus son élection messianique, le ciel s'éclaire et manifeste ainsi au monde la présence du Sauveur. La fonction messianique n'est pas une dignité personnelle; elle agit aussitôt et doit paraître à tous. C'est cette même conception du messianisme qui empêchait les Ebionites d'admettre que le Fils de Dieu pût vivre caché pendant trente ans à Nazareth. Le Messie doit vivre et agir selon sa fonction. Puisqu'il sauve le peuple, c'est au peuple qu'il doit être manifesté.

De plus, le thème de la lumière joue le rôle d'une charnière entre la révélation personnelle faite à Jésus et la révélation publique faite à Jean. Il faut se rappeler que Dieu S'adressait jusqu'alors à Jésus. Par la suite, la voix divine passera du "tu" au "il", c'est-à-dire qu'Il révélera au monde et en

---

54. Cf. l'emploi de κύριε dans le *Pasteur* d'Hermas (Vis. III, 10, 9. 10; 11, 4; Mand. III, 3. 4)
55. Cf.Erich KLOSTERMANN, *Das Markusevangelium (Handbuch zum Neuen Testament* 3), Tübingen, 1926, p. 10; LOHMEYER, *Markus*, p. 21, n. 1; PESCH, *Markus*, p. 89-90.
56. Cf. KLOSTERMANN, *Matthäus*, p. 24.
57. Cf. KLOSTERMANN, *Matthäus*, p. 24; LOHMEYER, *Matthäus*, p. 49.
58. Cf. ALLEN, *Matthew*, p. 28.

particulier à Jean la véritable identité du baptisé. Le surgissement de la lumière provoquera d'ailleurs l'étonnement craintif de Jean qui demandera à Jésus qui Il est.

Le thème de la lumière joue donc une double fonction: tout d'abord, il manifeste l'investiture messianique et royale de Jésus, ensuite il ouvre cette révélation au monde.

Voyant cela, Jean lui dit: "Qui es-tu, Seigneur?"

ὃ ἰδών ὁ Ἰωάννης λέγει αὐτῷ · σὺ τίς εἶ, κύριε;

L'éclat de la lumière signale la présence de Dieu aux bords du Jourdain mais ne dit rien de précis sur l'identité du baptisé. Jean, interdit, interroge.

Et de nouveau la voix (vint) du ciel vers lui: "Celui-ci est mon fils bien-aimé en qui je me suis complu".

καὶ πάλιν φωνὴ ἐξ οὐρανοῦ πρὸς αὐτόν· οὗτός ἐστιν ὁ υἱός μου ὁ ἀγαπητός, ἐφ' ὃν ηὐδόκησα.

Jésus ne répond pas à la question qui lui est posée. Dieu Lui-même prend la parole. L'*Evangile des Ebionites* présente alors les mêmes paroles que l'*Evangile selon saint Matthieu* (Mt. 3, 17). Ce texte a pour caractéristique le fait de passer de la deuxième à la troisième personne. Cela devient donc une présentation publique de Jésus[59].

Il est intéressant de noter le silence du baptisé durant tout cette scène. Aucune indication, aucun renseignement n'est accordé sur la réaction de Jésus lors de ce baptême.

Le texte présente une légère variante: ἐφ' ὃν au lieu de ἐν ᾧ. Cette nouvelle construction est rare dans le grec biblique. Le verbe εὐδοκέω est généralement construit avec la préposition ἐν, ce qui serait un sémitisme[60].

La voix céleste désigne Jésus comme le Messie[61] sous les traits du serviteur souffrant annoncé par Isaïe[62]. Selon Zahn, cette filiation divine ne désigne pas une fonction, mais une relation particulière à Dieu; elle constitue la condition sine qua non de la fonction messianique[63].

La réaction du Baptiste est immédiate.

Et alors Jean, tombant à genoux, lui dit: "Je te le demande, Seigneur, toi, baptise-moi." Il l'empêche en disant: "Laisse, c'est de cette manière qu'il convient que tout soit accompli."

---

59   Cf. HILL, *Matthew*, p. 97.
60   Le verbe εὐδοκέω est construit avec la préposition ἐπί trois fois dans la LXX (Ju. 15, 10; Is. 54, 17 (A); Je. 2, 19), une seule fois dans les épigraphes grecs d'Ancien Testament (*Testament de Lévi* 18, 13). Cette construction fait défaut dans le Nouveau Testament et chez les Pères Apostoliques. Cf. Friedrich BLASS, Albert DEBRUNNER, *Grammatik des neutestamentlichen Griechisch*, 14e éd., Göttingen, 1976, p. 168 (§ 206, 2).
61   Cf. GNILKA, *Matthäus*, p. 79.
62   Cf. HILL, *Matthew*, p. 98.
63   Cf. ZAHN, *Matthäus*, p. 150.

Καὶ τότε ὁ Ἰωάννης προσπεσὼν αὐτῷ ἔλεγεν· δέομαί σου, κύριε, σύ με βάπ-
τισον. Ὁ δὲ ἐκώλυσεν αὐτὸν λέγων· ἄφες ὅτι οὕτως ἐστὶ πρέπον πληρωθῆναι πάντα.

Le dialogue entre Jean et Jésus apparaît également dans l'*Evangile selon
saint Matthieu*, mais il y a une fonction toute différente. Dans l'écrit canonique, il est placé avant le baptême lui-même. Le baptiste est supposé
déjà connaître le Christ.

Le dialogue entre Jean et Jésus exerce donc des fonctions différentes
dans l'*Evangile selon saint Matthieu* et dans l'*Evangile des Ebionites*.

Dans l'écrit canonique, l'entretien précède le baptême. Il présente un
double aspect. Jean reconnaît tout d'abord Jésus. C'est la raison pour
laquelle il refuse ensuite de lui donner le baptême.

Il est difficile de préciser ce que, selon saint Matthieu, Jean reconnut en
Jésus. Il est peu vraisemblable que l'ermite du Jourdain ait pu percevoir
dans un Galiléen le Messie, le Fils de Dieu. Jean a néanmoins proclamé la
venue de quelqu'un qui baptiserait dans l'Esprit Saint et le feu (Mt. 3, 11).
Quand Jésus se présenta à lui, le Baptiste voit quelqu'un qui le dépasse et
s'il lui refuse tout d'abord le baptême, la principale raison n'est pas qu'il
considère Jésus comme sans péché, mais bien davantage parce qu'il découvre devant lui quelqu'un de beaucoup plus grand que lui[64].

Certains exégètes ont noté l'embarras de Matthieu face à cet épisode.
Le problème, pour l'évangéliste, est d'expliquer pourquoi le Christ devait se
soumettre à un tel baptême de pénitence. Matthieu avait déjà décrit la
naissance merveilleuse du Christ. Dans un tel contexte, le baptême ad-
ministré par Jean paraît incompatible avec la nature transcendante du
Christ[65]. Le cri du Baptiste est celui de toute la communauté matthéenne.

Dans l'*Evangile des Ebionites*, il en est tout autrement. Il faut se rappeler que les Ebionites rejetaient la conception virginale du Christ. Jésus est
homme et fils d'homme[66]. Rien, par la naissance, ne le distinguait de ses
compagnons. S'il alla au Jourdain, c'est parce que, comme les autres Juifs, il
était poussé par un mouvement de piété largement répandu. Lorsqu'il ar-
riva auprès du Baptiste, celui-ci ne reconnut pas le Messie parce que Jésus
n'était pas encore investi de cette mission divine et que la puissance de
l'Esprit ne lui avait pas encore été transmise.

Le dialogue entre Jean et Jésus ne pouvait donc surgir qu'après le baptême, quand Dieu proclama la nouvelle mission du Galiléen. Le contenu
même de cet échange en est bouleversé, même si les termes apparaissent
proches. Dans l'*Evangile des Ebionites*, Jean vénère celui que la voix divine
vient de présenter comme le Messie promis et tant attendu. Il demande au

---

64   Cf. GNILKA, *Matthäus*, p. 76; LOHMEYER, *Matthäus*, p. 50; ZAHN, *Matthäus*, p. 143.
65   Cf. ALLEN, *Matthew*, p. 28.
66   Cf. BAUER, *Rechtgläubigkeit*, p. 279.

nouveau venu le baptême. Serait-ce la simple répétition du baptême de pénitence, comme Jean le distribua? Ou serait-ce déjà le baptême, acte de foi, donné par le Christ? Le seul autre fragment relatif à l'activité baptismale de Jean ne donne aucune indication sur le contenu doctrinal de cette pratique. Le texte – assez court, au demeurant – ne parle que du succès de ce baptême et de la rigueur morale de son dispensateur[67].

Le Christ refuse cependant de baptiser Jean. L'*Evangile des Ebionites* inverse les rôles. Celui qui, selon saint Matthieu, refuse, c'est Jean: ὁ δὲ διεκώλυεν (Mt. 3, 14). Lohmeyer estime que le composé διακωλύω exprimer la violence du geste[68]. Dans l'*Evangile des Ebionites*, c'est Jésus qui refuse: ὁ δὲ ἐκώλυσεν. Matthieu conjuguait le verbe à l'imparfait *de conatu*, c'est-à-dire qu'il souligne la tentative , l'effort entrepris par Jean: le Baptiste chercha, essaya de refuser[69]. L'auteur apocryphe utilise un simple aoriste. L'attitude en apparaît plus sèche et plus solennelle: plus sèche, car le temps utilisé est celui d'une simple action passée sans idée de durée; plus solennelle, car, pour la première fois, Jésus parle. Jusqu'alors seul Dieu parlait. Même quand Jean interrogea Jésus sur son identité, c'était la voix céleste qui répondit.

Ce qui confère plus de poids encore aux paroles du Christ, c'est le fait qu'elles clôturent le récit. La péricope s'arrête brutalement puisque rien n'est dit sur les événements ultérieurs.

Cette situation finale des paroles de Jésus et la chute imprévue du récit déplacent en quelque sorte le centre d'intérêt du dialogue. Dans l'*Evangile selon saint Matthieu*, la réaction aussi déférente que spontanée de Jean attirait l'attention. Elle était décrite au début du récit avant même le baptême. De plus, elle correspondait aux sentiments embarrassés des auditeurs et des lecteurs. Dans l'*Evangile des Ebionites*, la requête de Jean semble jaillir d'un acte de foi. La voix céleste présente Jésus comme le Messie annoncé. Jean demande le baptême. Jésus refuse. Cette dernière réaction surprend et déçoit. La réponse de Jésus sera découverte avec d'autant plus d'intérêt que plus rien ne sera dit sur cet événement.

D'aucuns pourraient émettre l'hypothèse selon laquelle cette fin abrupte du passage serait l'oeuvre d'Epiphane. En d'autres termes, le violent polémiste, quand il cite le texte de l'*Evangile des Ebionites*, coupe brutalement la péricope relative au baptême. Le texte original aurait été plus long.

Cette remarque paraît plus hâtive que réfléchie. Il suffit d'observer que l'*Evangile des Ebionites* reprend les différents éléments narratifs des *Evangiles* synoptiques. Si l'apocryphe fait preuve d'originalité dans le traitement

---

67   Cf. EPIPHANE, *Panarion*, 30, 13, 4 (Holl, p. 350, l. 2-6; BERTRAND, *Ebionites*, p. 554-555).
68   Cf. LOHMEYER, *Matthäus*, p. 49, n. 2.
69   Cf. HILL, *Matthew*, p. 96; KLOSTERMANN, *Matthäus*, p. 25; LOHMEYER, *Matthäus*, p. 49.

et l'agencement de ces emprunts, il ne crée aucune composante nouvelle. Ses deux seules particularités sont le Psaume 2, verset 7 cité par la voix céleste et l'éclat de la lumière divine. Or ces éléments sont attestés dans des traditions minoritaires, certes, mais vivantes.

De plus, le récit de cet événement dans les différents *Evangiles* synoptiques est caractérisé par une chute abrupte. L'exposé s'arrête soudain sans expliquer l'effet du miracle sur les protagonistes[70]. Dans l'*Evangile des Ebionites*, l'effet du baptême, ou plus précisément de l'infusion de l'Esprit, est décrit par la réaction de Jean. Seulement aucune autre précision n'est donnée que la réponse de Jésus.

L'*Evangile des Ebionites* n'ajoute donc aucun élément narratif. En réorganisant le récit, il lui donne une perspective et un sens théologique nouveaux. Il est donc vraisemblable que la réplique du Christ clôture la narration du baptême. Ces dernières paroles sont en quelque sorte mises en évidence.

L'*Evangile des Ebionites* suit presque fidèlement l'*Evangile selon saint Matthieu*.

EE: *Mais il (Jésus) l'en empêcha en disant: "Laisse, car c'est ainsi qu'il convient que tout soit accompli"* ἄφες ὅτι οὕτως ἐστὶ πρέπον πληρωθῆναι πάντα
Mt. 3, 15: ἄφες ἄρτι· οὕτως γὰρ πρέπον ἐστὶν ἡμῖν πληρῶσαι πᾶσαν δικαιοσύνην.

Un point commun fondamental paraît être la connaissance souveraine propre au Christ. Ce dernier sait non seulement ce qui doit être accompli, mais aussi comment l'accomplir. Si, dans l'*Evangile selon saint Matthieu*, cette science appartenait déjà à Jésus avant le baptême, l'*Evangile des Ebionites* ne semble l'accorder qu'après l'infusion de l'Esprit. L'apocryphe explique la présence de Jésus au bord du Jourdain par une impulsion humaine, et non par une prescience divine.

La différence la plus intéressante entre les deux *Evangiles* est sans nul doute le changement de forme du verbe πληρόω, plus précisément le passage de la voix active à la voix passive. L'*Evangile* de Matthieu avec πληρῶσαι insiste davantage sur le rôle réel que Jésus et Jean peuvent exercer dans le déroulement de l'histoire du salut. L'*Evangile des Ebionites*, avec l'emploi de la voix passive, reconnaît à Dieu seul une activité significative dans cette histoire. Ce changement grammatical est d'autant plus curieux que, jusqu'alors, le texte apocryphe accordait aux éléments naturels un rôle plus actif que ne le faisaient les écrits canoniques. C'est ainsi que les cieux étaient ouverts dans les *Evangiles de Matthieu* et *de Luc*, alors qu'ils s'ouvraient dans l'*Evangile des Ebionites*.

---

70 Cf., entre autres, LOHMEYER, *Matthäus*, p. 52

Une première explication de ces modifications grammaticales serait la prépondérance accordée à l'activité divine dans le monde. La lumière et la voix manifestent la présence de Dieu sur les lieux du baptême. Les cieux sont en quelque sorte assimilés à cette personnalisation de l'activité divine dans les éléments naturels. De même que la lumière brille partout et que la voix céleste parle, ainsi les cieux s'ouvrent.

Si l'auteur apocryphe souligne la présence active de Dieu manifestée par les éléments naturels, il retire aux hommes toute intervention directe dans le cours des événements. Dans l'*Evangile selon saint Matthieu*, Jésus et Jean accompliront toute justice. Dans l'*Evangile des Ebionites*, tout sera accompli (i.e. par Dieu). Aux hommes de se soumettre à cette volonté transcendante. Jésus, même rempli de l'Esprit Saint, est un instrument pour Dieu.

Cette explication est confirmée par l'absence de δικαιοσύνη mentionné chez saint Matthieu. Ce concept implique déjà une part active prise par l'homme dans l'oeuvre du salut puisque, selon les propres termes de Fridrichsen, cette justice "désigne non seulement l'attitude religieuse dans son ensemble mais aussi les différents devoirs"[71]. L'*Evangile des Ebionites* refuse même cela, parce que la scène du Jourdain se réduit à la consécration du Messie, librement décidée par Dieu, sans que le bénéficiaire ne puisse se prévaloir d'aucun mérite. Que ce soit avant ou après le baptême, Jésus est soumis au plan divin. Il n'a aucune prise sur le déroulement de l'histoire.

CONCLUSION.

Cette dernière observation donne tout son sens à la péricope. Dans l'*Evangile des Ebionites*, Jésus reçoit lors de son baptême l'investiture messianique et royale. Par l'infusion de l'Esprit de Dieu, il est choisi et consacré pour cette nouvelle mission rédemptrice. S'il est appelé "fils de Dieu", ce n'est pas à cause de sa nature divine, mais par conformité à l'usage vétéro-testamentaire. Les Ebionites formaient un mouvement judéo-chrétien. Fidèles à la foi du peuple d'Israël, ils proclamaient et ne pouvaient admettre qu'un seul Dieu. Ce monothéisme rigoureux rejetait toute autre divinité, quand bien même elle serait accordée au Messie.

Le texte reprend, avec une apparente fidélité, les différents éléments narratifs répartis dans les trois *Evangiles* synoptiques. Il les agence cependant différemment, et cela donne déjà au récit une tout autre perspective. C'est ainsi que le dialogue entre Jésus et Jean, qui exprimait l'embarras de la communauté matthéenne devant cet acte de pénitence accompli par le

---

71   Anton FRIDRICHSEN, *"Accomplir toute justice". La rencontre de Jésus et du Baptiste (Mt. 3, 15)*, in *Revue d'Histoire et de Philosophie religieuses* 7 (1927), pp. 245-252, en particulier p. 248.

Christ, devient dans l'*Evangile des Ebionites* la reconnaissance par le peuple élu de la messianité de Jésus. De plus, l'auteur apocryphe modifie légèrement certains mots. Par le jeu de la voix active et passive des formes verbales, il arrive à exprimer la toute-puissance divine présente dans les éléments naturels tout en ôtant aux humains toute activité directe dans l'oeuvre de salut. La transcendance et l'unicité de Dieu sont préservées.

Cette fidélité au texte synoptique et le désir d'exprimer ses véritables opinions théologiques amènent le rédacteur de l'*Evangile des Ebionites* à des subtils changements comme lors de la manifestation de l'Esprit. D'une part, l'apocryphe souhaite garder le parallélisme verbal de l'anabase de Jésus hors de l'eau et de la katabase de l'Esprit sur le baptisé. D'autre part, le même auteur veut rendre plus explicite l'infusion de l'Esprit dans Jésus. Comme le verbe fait défaut dans la famille βαίνω, il cherche dans une autre famille de mots, celle de ἔρχομαι, tout en sauvegardant le parallélisme verbal dans la sortie du Jourdain et la descente de l'Esprit.

Les trois paroles divines prononcées lors du baptême ne sont pas simplement le résultat d'une accumulation maladroite des différentes traditions synoptiques. Elles s'articulent au contraire autour d'une double révélation, privée tout d'abord, réservée à Jésus, publique ensuite, offerte à Jean et à travers lui à tout le peuple.

L'*Evangile des Ebionites*, tel qu'Epiphane le rapporte, est un bon exemple d'adaptation discrète mais efficace de traditions préexistantes. Le baptême de Jésus, qui embarrasse les *Evangiles* synotiques, devient sous la plume de l'auteur apocryphe un récit narrant l'investiture messianique de Jésus et rejetant sa possible nature divine.

AHABS KÖNIGLICHES SIEGEL?
EIN ANTIKER BRONZERING ZWISCHEN HISTORISMUS UND RELIQUIENKULT, *MEMORIA* UND GESCHICHTE *

Christoph Uehlinger

...τὸ πνεῦμα μὴ σβέννυτε,
προφητείας μὴ ἐξουθενεῖτε,
πάντα δὲ δοκιμάζετε,
τὸ καλὸν κατέχετε...
(1 Thess 5,19-21)

Anfangs September 1991 wurde in der israelischen Tagespresse berichtet, das Reuben & Edith Hecht Museum in Haifa habe einen Siegelring aus Bronze erwerben können, der einst dem berühmten König Ahab von Israel gehört habe. Der ehemalige Besitzer sei dank einer althebräischen Inschrift auf der Siegelplatte zu identifizieren: *l'ḥ'b mlk yśr'l* „(Gehört/dem) Ahab, dem König von Israel". Daß die Neuerwerbung zunächst für einige Sensation sorgte, ist verständlich: Ahab ben Omri, der ca. 875-853a regiert hat, war einer der berühmtesten[1] und mächtigsten[2] Könige des Nordreichs (Timm 1988; Thiel 1992), wird freilich im Rahmen des Deuteronomistischen Geschichtswerkes auch als einer der schlimmsten dargestellt (1Kön 16,28-22,41; vgl. 2Chr 18,1-22,8 und Mi 6,16, zur Korrektur aber Cohen 1975). Besonders pikant ist die Tatsache, daß Ahab der einzige israeliti-

---

* Den Herren Prof. Baruch Halpern (State College, Pennsylvania), Prof. John Wilkinson (London) und John Woodhead (Jerusalem) danke ich für Auskünfte zu Spezialproblemen, den Kollegen Prof. Othmar Keel, Prof. Max Küchler (Fribourg), Prof. André Lemaire (Paris) und Dr. Benjamin Sass (Haifa) für die kritische Lektüre einer vorläufigen Fassung dieses Beitrags und verschiedene Hinweise zu seiner Verbesserung, Klaus Bieberstein (Fribourg) für sehr genaues Korrekturenlesen.

1   Ahab war bis August 1993 der erste israelitische König, der in *zeitgenössischen* außerbiblischen Inschriften erwähnt wird: als ^I*Aḫabbu* ^{kur}*Sir'ilaya* „Ahab von Israel" in der Monolith-Inschrift Salmanassars III., dem Ahab im Rahmen der phönizisch-israelitisch-aramäischen Koalition in der Schlacht von Qarqar (853a) mit dem größten Truppenkontingent (2000 Streitwagen und 10'000 Mann) entgegengetreten ist (vgl. Timm 1982: 181-185; TUAT I/4 361); anonym als „Sohn" Omris und *mlk yśr'l* „König von Israel" in der Inschrift des moabitischen Königs Mescha (KAI 181; TUAT I/6 646-650). Jüngst ist aber in Dan ein Fragment einer aramäischen Inschrift gefunden worden, die u.a. auch einen „König von Israel" nennen soll. Dessen Name ist nicht erhalten, der Ausgräber A. Biran und der Epigraphiker J. Naveh denken an Bascha (1 Kön 15,16-22; 15,33-16,7). Die Inschift soll demnächst im Israel Exploration Journal veröffentlicht werden; vgl. einstweilen den Pressebericht von A. Rabinovich, The Jerusalem Post International Edition, week ending August 21, 1993, S. 9.

2   Archäologisch bezeugte Monumentalbauten in Dan, Hazor, Megiddo, Dor, Samaria, Gezer und anderswo werden in der Regel mit Ahab in Verbindung gebracht; vgl. zusammenfassend Weippert 1988: 510-525.534-540.551-557; Stern 1990.

sche König ist, dessen Siegel in der Bibel ausdrücklich erwähnt wird, und
zwar in einem höchst dramatischen Kontext, diente es doch nach der biblischen Darstellung der Königin Isebel dazu, den berühmten Justizmord am
Jesreeliter Nabot in Gang zu setzen (1Kön 21,8).[3] Nun ist in den letzten
Jahren ein eigentlicher Boom von Publikationen zu beobachten, die Siegel
von berühmten, in der Bibel genannten Persönlichkeiten identifizieren können oder wollen (vgl. nur Bordreuil 1985; Avigad 1987a; Schneider 1991).
So kennen wir heute z.b. eine Bulle mit dem Abdruck des Siegels von
brkyhw bn nryhw hspr (A 9), der im Jeremiabuch als Sekretär des Propheten
genannt wird; eine Bulle, die mit dem Siegel eines Gemarjahu b. Schafan
gestempelt wurde, der mit dem in Jer 36,10-12.25 genannten Protektor des
Propheten zu identifizieren sein dürfte (*lgmryhw* [*b*]*n špn*, Shiloh 1986: 28f
Nr. 2, vgl. 33f); und eine Bulle mit dem Abdruck des Siegels Jerachmeels
(*lyrḥm꜄l bn hmlk*, A 8), der für die Festnahme Jeremias und Baruchs zu-
ständig gewesen sein soll (Jer 36,26). Siegel bzw. Abdrücke von Siegeln, die
hohen Ministern gehört haben, bieten die Namen der israelitischen bzw. judäischen Könige Jerobeam (II.), Usija, Achas und Hiskija.[4] Ein inschriftlich
gesichertes, einem namentlich identifizierten israelitischen Herrscher zu-
weisbares, eigentliches Königssiegel war bislang aber noch nicht bekannt
geworden.[5] Zufällig befand ich mich zu der Zeit gerade im Lande und
besuchte im Zusammenhang mit Recherchen für das *Corpus der Stempelsiegel
aus Palästina/Israel*[6] diverse archäologische Institutionen. Das R. & E. Hecht
Museum in Haifa besitzt eine bedeutende Sammlung anepigraphischer und
beschrifteter Bildsiegel. Eine Exkursion dorthin war seit längerem geplant,
und sie bot mir die Gelegenheit, die offenbar sensationelle Neuerwerbung
persönlich in Augenschein zu nehmen.[7]

---

3   Daß diese Darstellung ausgesprochen tendentiös ist und der phönizischen Prinzessin
als der bösen ‚fremden Frau' einen Mord in die Schuhe schieben will, der eigentlich Ahab an-
zulasten war (vgl. 1Kön 21,19 2Kön 9,25f; Soggin 1981; Thiel 1992: 102), liegt auf der Hand,
braucht uns hier aber nicht weiter zu beschäftigen.
4   S.u. Abschnitt 3 s.v. 3a.
5   Die Feststellung ist freilich zu präzisieren: Die in die Zeit des Königs Hiskija (vor
701a) datierenden sog. *Königsstempel* mit Inschrift *lmlk* + Ortsname sind erstens judäisch;
zweitens sind davon bislang über 1000 Abdrücke, aber kein Originalsiegel bekannt; drittens
lassen die Tatsache, daß sich all diese Abdrücke auf Henkeln von 40-45 l fassenden Vorratskrügen für Getreide, Öl und Wein finden, und die Verbreitung der Abdrücke auf eine
ganz spezielle Verwendung im Zusammenhang der Truppenversorgung schließen (vgl. dazu
Welten 1969; Lemaire 1981). Ein 1873-74 in den Handel gelangtes Siegel mit Inschrift ꜥ*bd
yhwh dwd mlk*, das angeblich König David gehört haben sollte, wurde von Ch. Clermont-
Ganneau sogleich als Fälschung erkannt (vgl. D, S. 320f). Daß das Siegel des *pqḥ* (G 137) dem
israelitischen König Peqach gehört habe, wie P. Bordreuil vermutet (1985: 23f; 1986b, c),
bleibt vorderhand reine Spekulation. Handelt es sich gar um eine Fälschung (so Sass 1993:
231)?
6   Vgl. dazu im Überblick Keel & Uehlinger 1990: 135-141; 1992: 10-12.
7   Dem seither verstorbenen Besitzer, Herrn Dr. Reuben Hecht (Haifa), und Frau Ofra
Rimon, der Direktorin des Museums, verdanke ich die Erlaubnis, das Stück studieren und
veröffentlichen zu können.

Seither haben sich die Wogen der Sensation etwas gelegt. Die anfängliche Aufregung von Publikum und Fachleuten ist einer mehr oder weniger großen Gleichgültigkeit, distinguierten Skepsis oder verhaltenen Ironie seitens der meisten Fachleute gewichen.[8] In der Fachliteratur hat der Siegelring, so weit ich sehe, bisher kaum Erwähnung gefunden. *Cachez-moi cette chose que l'on ne saurait voir?* Das inkriminierte Objekt ist in mehrfacher Hinsicht interessant. Gerade weil es mit seiner lakonischen Inschrift die Neugier und Fantasie des breiten Publikums beflügelt und die kleine Welt der Fachleute für althebräische Epigraphik irritiert, dürfte sich ein Blick darauf lohnen. Außerhalb Israels und außerhalb des engsten Fachkreises scheint es bisher unter Historiker(inne)n und Exeget(inn)en noch kaum bekannt geworden zu sein. Eine wissenschaftliche Auseinandersetzung mit dem Siegelring hat bisher jedenfalls nicht stattgefunden.[9]

Die folgenden Überlegungen verfolgen nun allerdings nicht nur die Absicht seriöser historischer Wissenschaft – zumal sie, wie sich noch zeigen wird, im wesentlichen auf die Widerlegung zweier Hypothesen, einer ‚historistischen' und einer ‚fantastischen', hinauslaufen. Sie dokumentieren vielmehr verschiedene Denkbewegungen rund um den genannten Siegelring, Überlegungen, die zunächst einmal den Horizont der denkbaren Fragestellungen im Umgang mit einem solchen Objekt etwas erweitern sollen. Insofern wollen sie ein kleines Plädoyer für weniger Historismus und mehr Fantasie in der historischen Wissenschaft sein – einer Fantasie, die sich alles zu denken erlaubt, am Ende einer Denkbewegung freilich zu den Quellen zurückkehrt und sich von diesen nötigenfalls korrigieren läßt. ‚Ahabs Siegelring' vermag *malgré lui* nicht nur die Geschichte selbst, sondern auch unseren Umgang mit ihr zu erhellen und dabei auch etwas Licht auf merkwürdige Rand- und Begleiterscheinungen von Altertumswissenschaft und Sammlerleidenschaft zu werfen.

1. ECHT ODER FALSCH? HISTORISMUS UND RELIQUIENKULT

Ausgangspunkt meiner Überlegungen ist eine einfache Beobachtung: In der israelischen Presse, im Museum und im informellen Gespräch unter Fachleuten der althebräischen Epigraphik ist, so weit ich sehe, seit Bekanntwerden des Siegelrings vor allem eine Alternative diskutiert worden: Ist

---

8   Der Kommentar zum ausgestellten Objekt spricht diskret von „certain reservations by the top scholars in the field of the ancient Hebrew epigraphy".

9   Der Ring ist heute im Museum ausgestellt, und er ist dort auch schon von verschiedenen Autoritäten auf dem Gebiet der althebräischen Epigraphik und Glyptik begutachtet worden, doch fehlt bislang eine publizierte Stellungnahme in der Fachliteratur. Eine Postkarte des Museums präsentiert ihn als „A bronze signet ring with the inscription: of Ahab King (of) Israel (9th cent. BCE)". Die Interpretation von André Lemaire, der den Siegelring für einen Katalog der beschrifteten Siegel des Museums bearbeitet hat, dessen Publikation für Ende 1993/Anfang 1994 vorgesehen ist, nimmt auf diese Darstellung nicht Bezug und weicht insgesamt ganz davon ab (vgl. dazu unten Abschnitt 5).

das Siegel echt, oder ist es eine moderne Fälschung? Eine andere Frage
hängt damit natürlich eng zusammen: Ist die Siegellegende in der Tat als
l'ḥ'b mlk yśr'l zu lesen? Die beiden Probleme bündeln sich zu der einzigen
Frage, die Fachleute und Publikum letztlich zu interessieren scheint: Hat
der Siegelring *wirklich* dem israelitischen König Ahab gehört – oder nicht?

Typisch für diese sehr enge, eben *historistische* Fragestellung ist die Tatsache, daß sie eigentlich gar nicht an dem Objekt selbst interessiert ist, vielmehr an seinem berühmten (vermeintlichen) Erstbesitzer Ahab von Israel,
an *dessen* Historizität bzw. an der Historizität der über ihn in den biblischen Texten berichteten Geschehnisse, vielleicht gerade des bereits erwähnten Justizmordes an Nabot. Der historistische Zugang ist insofern *a-
historisch*, als er Materialität, Individualität und Intentionalität (d.h. Her-
stellungs- und Verwendungszweck) des Objektes selbst gar nicht als Problem wahrnimmt. Der Siegelring hat im historistischen Kontext – und zweifellos für das breitere Publikum – eine ähnliche Funktion wie eine *Reliquie*:
er soll Kontakt zum Erstbesitzer und zu seiner Zeit vermitteln. Die bisheri-
ge, wie gesagt weitgehend informelle Diskussion über den Ring ebenso wie
das moderne Sammler- und Publikumsinteresse stellen m.E. eine nur gra-
duell, nicht essentiell unterscheidbare Variante des antiken Reliquienkults
dar.[10] Weil der Ring seine Funktion als Reliquie aber nur erfüllen kann,
wenn er *wirklich* Ahab, dem König von Israel, gehört hat, konzentriert sich
die Diskussion auf die Frage: „Ahab oder nicht Ahab", „9. Jh. v. Chr. oder
moderne Fälschung"? Ließe sich aber nachweisen, daß ein Bezug zu Ahab
von Israel gar nicht besteht, erschiene der Ring vielen mit einem Schlag als
ebenso wert- wie bedeutungslos.

Historiker(innen) sollten sich vor derartigen Alles-oder-nichts-Alternati-
ven hüten und sich um einen differenzierteren Umgang mit der Geschichte
bemühen. Die folgenden Ausführungen sollen zeigen, daß ein Objekt wie
der genannte Siegelring durchaus mehr und andere Fragen aufwirft und die
Formulierung von differenzierteren Hypothesen erlaubt, die eine eingehende
Prüfung verdienen. Im folgenden wird der Siegelring zuerst kurz beschrieben (Abschnitt 2), dann wird die ‚historistische' Interpretation, es handle
sich um ein (das?) Siegel Ahabs aus dem 9.Jh.a, präsentiert und kritisch
evaluiert – zunächst unter der Voraussetzung, die Siegelinschrift sei richtig
gelesen worden (Abschnitt 3). In einem nächsten Schritt will ich dann als
‚fantastische' Interpretation eine andere Arbeitshypothese jenseits der Al-

---

10   Ein anderes, mittlerweile berühmt gewordenes Beispiel für derartigen ‚Reliquienkult'
bietet das Schicksal eines mit einer althebräischen Inschrift versehenen Miniatur-Granat-
apfels aus Elfenbein, der ursprünglich wohl als Aufsatz für ein priesterliches Szepter gedient hat: 1981 von A. Lemaire publiziert, der die Inschrift *lby[t yhw]h qdš khnm* las, wurde
das Objekt 1988 für 550'000 $ von einem anonymen Schweizer Spender für das Israel
Museum in Jerusalem gekauft, wo es heute als einziges Relikt des ersten (vorexilischen) Tempels zu bewundern ist (für die Problematik dieser und anderer Interpretationen vgl. zuletzt
die Rubrik „Scholars Debate" in Biblical Archaeology Review 18/3 [1992] 42-45).

ternative „Ahab – nicht Ahab" und damit jenseits des puren Historismus entwerfen und die Frage prüfen, ob es sich vielleicht um ein antikes Memorialobjekt handelt, das mit der prominenten Stellung von Ahabs Siegel in der biblischen Überlieferung von der Ermordung Nabots und einer antiken Nabot-*memoria* in Jesreel in Verbindung stehen könnte (Abschnitt 4). Die Hypothese wird uns aus dem vorexilischen Israel in die Kreuzfahrerzeit führen. Wie gesagt geht es dabei in erster Linie darum, die Scheuklappen des Historismus abzulegen und Mögliches (auch scheinbar Fantastisches) weiterzudenken. Die Hypothese verdient auf jeden Fall eine eingehende Prüfung.[11] Zuletzt wollen wir dann wiederum zum Objekt zurückkehren und es *um seiner selbst willen* zu interpretieren versuchen (Abschnitt 5).

2. DER SIEGELRING

Es handelt sich bei dem zu diskutierenden Objekt um einen Siegelring aus Bronze (Gewicht: 7,15 g). Er stammt aus dem Handel, sein ursprünglicher Herkunftsort und Fundkontext sind nicht bekannt. Der Ring wurde im Herbst 1989 im Katalog einer Zürcher Auktion veröffentlicht (Wolfe & Sternberg 1989: Nr. 21) und kam nach dieser Auktion in den Besitz des R. & E. Hecht Museums in Haifa, wo er unter der Registratur H–2047 aufbewahrt wird.[12] Erkundigungen haben ergeben, daß er wenige Jahre zuvor über den Londoner Antiquitätenhandel aus dem Libanon nach Europa gelangt ist. Freilich besagt dies nichts Genaues über seine ursprüngliche Herkunft, da Antiquitäten aus Palästina/Israel regelmäßig über den Südlibanon zu wandern pflegen. Der jetzige Aufenthaltsort des Objekts ist also mindestens die fünfte Station.

Der Ring hat ca. 22,5-25,5 mm Durchmesser; die Ringschiene mißt ca. 2,2-2,8 x 3,5 mm (*Abb. 1a-b*); gegen die Siegelplatte hin verbreitert sie sich aber beträchtlich (Lötstelle: 8,2 mm). Die flache, ovale Siegelplatte (*Abb. 2a*) mißt ca. 21 x 15,5 mm bei einer Plattenstärke von 2 mm. Das Objekt ist insgesamt gut erhalten, sieht man von einem Sprung in der Ringschiene (*Abb. 1a-b*) und der Tatsache ab, daß die Siegelplatte besonders auf der

---

11   Die ‚fantastische' Hypothese hat sich mir bei der ersten Auseinandersetzung mit dem Siegelring im Herbst 1991 aufgedrängt, und sie hat seither diverse Fachleute, mit denen ich über den Ring gesprochen oder korrespondiert habe, ebenso überrascht wie teilweise fasziniert. Mir selbst sind mit der Zeit aber immer mehr Zweifel an ihrer Richtigkeit gekommen: nicht was die Existenz einer Nabot-*memoria* in Jesreel betrifft, sondern hinsichtlich des Zusammenhangs unseres Siegelrings mit dieser. So geht es im folgenden bei aller Denkfreiheit auch um eine wissenschaftliche Disziplinierung und die Abarbeitung einer im Blick auf den Siegelring zwar ‚fantastischen', aber gleichwohl falschen Theorie.

12   Herrn Frank Sternberg (Zürich) verdanke ich die Mitteilung, daß der Ring den Preis von 900.– SFr. erzielte, was für ein Objekt mit einer nordwestsemitischen Inschrift – zumal vor vier Jahren – ein ausgesprochen niedriger Ansatz ist. Dies hängt zweifellos damit zusammen, daß die Inschrift im Auktionskatalog nur summarisch als „Aramaic" bezeichnet, aber weder gelesen noch interpretiert wurde (Wolfe & Sternberg 1989: 18).

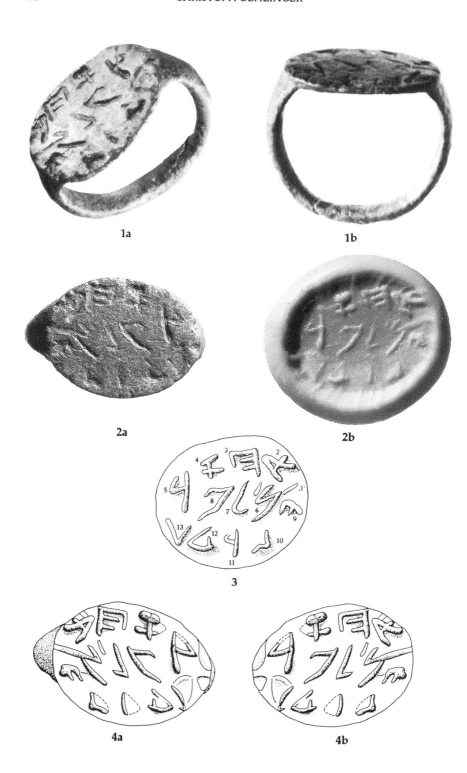

1a

1b

2a

2b

3

4a

4b

unteren Breitseite, d.h. im Bereich der dritten Schriftzeile, stark abgerieben ist. Patina und Korrosionsspuren können die Annahme einer modernen Fälscherarbeit zwar nicht ausschließen, lassen sie aber als wenig wahrscheinlich erscheinen.

Auf der Basis der Siegelplatte ist eine Inschrift von (zwei bis) drei Zeilen eingraviert (*Abb.* 2a-b), die – je nach Interpretation – aus minimal sieben und maximal dreizehn Zeichen in althebräischer Schrift besteht. Die mittlere Zeile ist einigermaßen horizontal gesetzt, die obere und die untere folgen in leichtem Bogen der ovalen Plattenform. Die Zeichen scheinen teils mit einem Stichel gekerbt (mit sauberer Gratmulde), teils gekratzt (mit runder Höhlung), teils gar eingehämmert worden zu sein. Es ist nicht immer ganz klar, ob ein Gravurstrich beabsichtigt war und zu einem Zeichen gehört, oder ob es sich nur um einen versehentlichen Ausrutscher handelt. Ganz unabhängig von der epigraphischen Interpretation im einzelnen erweckt dieser Befund den Eindruck, die Inschrift stamme entweder von einer relativ ungeübten Hand oder der Graveur habe für die Ausführung seiner Aufgabe nicht über wirklich geeignetes Werkzeug verfügt. Unsicherheiten in der Linienführung zeigen, daß er mit dem Material zu kämpfen hatte und vermutlich Instrumente benutzte, die eher für weiche Steine (z.B. Kalkstein) als für die relativ harte Bronze geeignet war.

Als das Siegel im September 1991 in die Medien kam, lag dem eine ganz bestimmte epigraphische Interpretation zugrunde. Diese wird im folgenden zunächst vorausgesetzt und durch die vom Museum zur Verfügung gestellte Umzeichnung illustriert (*Abb.* 3). Der Einfachheit halber – und um Nichtspezialist(inn)en entgegenzukommen – werden die Zeichen durchnummeriert:

1	2	3	4	5	*l'ḥ'b*	„Dem/von Ahab,
	6	7	8		*mlk*	dem König
9	10	11	12	13	*yśr'l*	von Israel"

Ein Blick auf das Foto des Originals macht sofort deutlich, daß die Umzeichnung interpretiert. Manche Zeichen sind sehr beschädigt, und die dritte Zeile ist insgesamt so stark abgerieben, daß es zumindest dem ungeübten Auge vorkommen muß, als sei hier mehr erraten oder projiziert als wirklich gelesen worden. Die Umzeichnung setzt klar die Interpretation der Inschrift auf Ahab voraus. Andererseits wird man nicht sagen können, daß sie den epigraphischen Befund stark verfälsche. Die Zeichen, die der vorgeschlagenen Interpretation widersprechen (bes. Nr. 5, 8 und 10, s.u. Abschnitt 5), sind nicht ,verschönert' worden[13], und Unsicheres ist durch fehlende Punktierung von Sichererem unterschieden.

3. EINWÄNDE GEGEN DIE HISTORISTISCHE INTERPRETATION

Gehen wir einmal von der vorgeschlagenen Lesung *l? ʾḥʾb mlk yšrʾl* „<Gehört dem>? Ahab, König von Israel" aus! Läßt sich dann wirklich annehmen, wir hätten hier ein originales Siegel des Omridenkönigs aus der 1. Hälfte des 9.Jhs.a vor uns? Das Objekt ist in verschiedener Hinsicht singulär – und was singulär ist, muß zunächst einmal den *Verdacht* des Historikers oder der Historikerin erwecken. Zwar ist man bei einem Unikat, erst recht wenn es eine so sensationelle Deutung erhalten hat wie das vorliegende, leicht versucht, sich mit Qualifikationen wie „möglich" oder „nicht mit letzter Sicherheit auszuschließen" u.ä. aus der Klemme zwischen Faszination und kritischer Skepsis zu helfen. Aber die problematische Verbindung, die Historismus und Reliquienkult angesichts dieses Objekts eingegangen sind, muß einer historischen Gegenprobe unterworfen werden.

　　M.E. schließt – unabhängig von der Lesung der Inschrift – eine ganze Reihe von Gründen die Annahme, wir hätten es bei unserem Siegelring mit einem originalen omridischen Königssiegel zu tun, zwingend aus. Das Objekt entspricht nämlich in verschiedener Hinsicht nicht der Vorstellung, die wir uns – beim heutigen Stand des wissenschaftlichen Irrtums – von einem nordisraelitischen Königssiegel des 9.Jhs.a machen können. Zwar kennen wir vorderhand noch kein originales israelitisches Königssiegel, aber da ein solches Siegel ja einem bestimmten Standard in bezug auf Ausführung und Funktion entsprochen haben muß, läßt sich durch einen gewissermaßen prognostischen Vergleich[14] mit bereits bekannten nordwestsemitischen Königs- und Beamtensiegeln ein ,Phantombild' von Ahabs Siegel rekonstruieren.[15]

1.　*Nordwestsemitische Königssiegel* oder Abdrücke von solchen aus der Eisenzeit II (ca. 1000-600a) sind bislang nur wenige bekannt. Einigermaßen sicher als solche anzusprechen sind die folgenden Objekte, die den Titel *mlk* verwenden:
　　(a) die judäischen Siegelabdrücke auf Krughenkeln des ausgehenden 8.Jhs. mit Inschrift *lmlk* + ON (*ḥbrn, zyp, mmšt, šwkh*) und der Darstellung einer geflügelten Sonnenscheibe oder eines vierflügligen Skarabäus (*Abb. 5a-d*; Welten 1969; Lemaire 1981)[16];

13　Bei Nr. 5 hätten sich z.B. zwei horizontale Kratzer als Abknickung des Abstrichs angeboten, was ein akzeptables *b* ergeben hätte (s.u. Abschnitt 5 s.v. 5).

14　Zur Funktion der Prognose in den historischen Wissenschaften vgl. Knauf 1991: 34-37.

15　Außer Betracht bleiben im folgenden mesopotamische Königssiegel; vgl. dazu Millard 1983. Zur Formalisierung von Siegelinschriften verwende ich folgende Abkürzungen: ON = Ortsname, PN = Personenname, KN = Königsname.

16　S.o. Anm. 5.

(b) die bei Ausgrabungen in Umm el-Biyara gefundene edomitische Bulle *lqwsg[br] mlk ʾ[dm]* „dem/von Qausgabar, dem König von Edom" aus der Zeit um 650a mit der Darstellung eines schreitenden Kerubs im mittleren Register (*Abb. 6a*; Bennett 1966: 398-401)[17];

(c) das aus dem Handel stammende phönizische Siegel *lmlk ṣrpt* „dem König von Sarepta (gehörig)[18]", auf dem ein Horuskind auf der Blüte zu sehen ist, flankiert von den Göttinnen Isis und Nephtys mit schützend ausgebreiteten Flügeln, darunter drei menschliche Gestalten mit verehrend erhobener Hand[19] (*Abb. 6b*; Bordreuil 1991, ebd. 467: „des environs de 550 av. J.-C.")[20].

(d) Schließlich ist noch auf die Bulle *lbrrkb br pnmw* (*Abb. 6c*) aus Sençirli/ Samʾal hinzuweisen: sie nennt zwar weder den Titel *mlk* noch das Herrschaftsgebiet, doch steht die Identifikation des Genannten mit dem durch mehrere am selben Ort gefundene Monumentalinschriften (KAI 215-221) bekannten Barrakib, einem König von Samʾal der Zeit Tiglatpilesers III. (um 730a), außer Zweifel. Die dreiregistrige Bulle zeigt über der Namensinschrift eine geflügelte Sonnenscheibe und ein sog. ‚Joch', d.h. wohl die Symbole der beiden Schutzgottheiten der Dynastie von Samʾal (Schamasch und Rakib-El).

Gemeinsames Charakteristikum der genannten Stempelsiegel[21] und -abdrücke ist, daß sie im Gegensatz zu unserem anikonischen Siegelring nebst der Inschrift ausnahmslos auch einen zumindest elementaren *ikonischen Dekor* bieten, der auch eine mehr oder weniger enge sachliche Verbindung zur Königsideologie aufweist. Bei dem Originalsiegel handelt es sich um

---

17   B. Sass ergänzt die nur fragmentarisch erhaltene Legende des bei Ausgrabungen in Babylon gefundenen Kalksteinsiegels *lqsgbr/* [...]*m* (Jakob-Rost 1975: Nr. 186) zu *lqsgbr/* [*mlk ʾd*]*m* (Sass 1993: 205), womit derselbe König oder ein bislang unbekannter Homonym gemeint sein könnte. Das Siegel ist typologisch eher jünger als die Bulle; es ist querformatig angeordnet, die beiden Schriftzeilen werden durch ein symmetrisches Ornament getrennt, das aus einem Punkt besteht, von dem zwei Lotusknospen ausgehen.

18   So wird die Legende von P. Bordreuil übersetzt, der freilich weiß, daß Sarepta dem König von Tyrus (oder Sidon, 1Kön 17,25) gehörte und die Quellen für einen „König von Sarepta" im 8./7.Jh. keinen Raum lassen (1991: 467f). Naheliegender wäre es deshalb, in Analogie zu den Legenden der judäischen *lmlk*-Abdrücke (s.o. Anm. 5) „dem König (gehörig; Produkt aus dem Krongut von)? Sarepta" oder „königlich (autorisiert; Verwaltung von) Sarepta" zu lesen. Vgl. Anm. 24.

19   Die Deutung des unteren Registers als „vénération par deux adorants de l'enfant divin une fois qu'il est devenu adulte" (E. Gubel bei Bordreuil 1991: 467) ist m.E. unwahrscheinlich. Die Gruppe erinnert – auch hinsichtlich der flächig-summarischen Gravur – an Dreiergruppen auf palästinischen Kalkstein- und Knochensiegeln der Eisenzeit II A-B (10.-8.Jh.a; Keel & Uehlinger 1992: 309 mit Abb. 272d und Anm. 285). Auf dem Siegel *lmlk ṣrpt* steht die linke Gestalt deutlich den beiden anderen gegenüber. Vielleicht hat man an eine Loyalitätsbezeugung zweier Untergebener vor einem König zu denken, vgl. dazu die berühmte Bulle *šrhʿr* (ebd. 409 mit Abb. 346 = A 10; Sass 1993: 237f).

20   P. Bordreuil will auch das Siegel B 7, das zwischen Gabentischen mit Astralsymbolen und unter einer Flügelsonne einen brennenden Räucherständer zeigt und dessen Legende er als *lmlk ṣrm* „dem König der Tyrer (gehörig)" liest, als phönizisches Königssiegel interpretieren (1986a: 298-305; 1991: 465; 1992: 195). Lemaires Lesung *lmlkḫrm* oder *lmlk/rm* (1976: 89) ist nach wie vor wahrscheinlicher.

21   Daß Ahabs Siegel ein „hervorragend gearbeitete(s) Luxusexemplar() in Zylinderform" gewesen sein könnte (Schroer 1987: 409), ist von daher unwahrscheinlich und aufgrund des Verwendungskontexts (Siegeln von *sprym*, hier „Papyrusbriefen") von vornherein ausgeschlossen.

ein Hartsteinsiegel (grüner Jaspis)[22]. Die Inschriften sind – vermutlich wegen verschiedener Verwendungszusammenhänge – offenbar variabel (vgl. Bordreuil 1991: 465), die der edomitischen Bulle ist mit der für unseren Siegelring vorgeschlagenen formal identisch (*l-* + PN ohne Patronym + Titel *mlk* + Territorialname).[23,24]

2. P. Bordreuil (zuletzt 1992: 194) und E. Gubel (zuletzt 1993: 118-121) haben unter dem Stichwort *„iconographie royale sigillaire"* eine ganze Gruppe von Siegeln zusammengestellt, die alle nach einem ähnlichen Schema dekoriert und beschriftet sind (vgl. auch Sass 1993: 229-231). Sie zeigen einen schreitenden Mann in phönizisch-ägyptisierender Tracht (mit sog. Doppelkrone *pšnt*, schulterlanger Frisur, kurzem Schurz, knöchellangem Mantel), der in der linken Hand einen stilisierten Blütenstab[25] hält und die rechte Hand

---

[22]   Anders das in Anm. 17 genannte edomitische Siegel aus Babylon dar, das auch hinsichtlich seines Dekors sehr bescheiden bleibt.

[23]   Allerdings ist beim Siegelring das besitzanzeigende *lamed* ganz unsicher (s.u. Abschnitt 5 s.v. 1); bei den wenigen einigermaßen sicheren Königssiegeln bzw. -abdrücken fehlt es nie, bei den gleich s.v. 2 zu nennenden Siegeln fast nie (Ausnahmen: *yšdʾ*, *gbrt mrḥd*).

[24]   Den genannten Abdrücken von königlichen Siegeln ist vielleicht noch ein weiterer Beleg hinzuzufügen, nämlich eine Bulle, die sich zusammen mit einem zweizeilig beschrifteten Papyrus, in dem sich Gottheiten (*ʾlhn*) u.a. über ein *mrzḥ* äußern(!), vor einigen Jahren in Privatbesitz fand und heute nicht mehr lokalisiert werden kann (Bordreuil & Pardee 1990). Die ursprüngliche Zusammengehörigkeit von Papyrus und Bulle ist ebensowenig gesichert wie die Authentizität beider Objekte. Die Bulle mit Inschrift *lmlk ʾkt*[.] entspricht paläographisch und hinsichtlich der Disposition (Bildfeld[?] und zweizeilige Inschrift mit doppelten Zeilentrennern) klar moabitischen Siegeln des 7.Jhs.a. Die Editoren haben vorgeschlagen (aaO. 63-65; vgl. Bordreuil 1992: 162), die letzte Zeile zu *ʾkt*[*n*] zu ergänzen und als Toponym zu verstehen (mod. *Tell Iktanū* in Moab). Wir hätten dann einen weiteren Beleg für das Syntagma *lmlk* + ON (vgl. die judäischen und die phönizischen Beleg, oben s.v. 1a, c), der außerdem dessen in Anm. 18 vorgeschlagenes Verständnis stützen würde (eine Übersetzung „dem König von Iktanu (gehörig)" – so Bordreuil & Pardee 1990: 51 – ist auch in diesem Falle aus historischen Gründen ausgeschlossen, da *Tell Iktanū* [= *bēt hārām*?] im 8./7.Jh.a zu Moab gehört haben muß und keinen eigenen König hatte).
Uns interessiert vorrangig die Frage nach dem Aussehen eisenzeitlicher Königssiegel. Obwohl auf der Bulle nur Schriftzeichen und Zeilentrenner zu erkennen sind, würde sie dem eben erhobenen Befund genereller Ikonizität von Königssiegeln nicht widersprechen. Die Inschrift auf der Bulle beginnt erst in der zweiten ‚Zeile'; das obere Feld ist abgebrochen, aber Parallelen lassen keinen Zweifel daran, daß es rudimentäre ikonographische Motive enthalten haben muß, vermutlich einen Stern und eine Mondsichel (vgl. Timm 1993: 192f Fig. 2, 17-19; s.u. Anm. 32) oder eine Flügelsonne (ebd. Fig. 1 und 20). Immerhin tritt hier die Inschrift gegenüber dem (postulierten) Bild stärker in den Vordergrund als bei den anderen Belegen. Sie fügt sich diesbezüglich aber bruchlos in das Gesamtbild der Namenssiegel-Produktion in den peripheren Nationalstaaten der Levante ein (vgl. auch das in Anm. 17 genannte Siegel *lqwsgbr*). In Juda, Ammon, Moab und offenbar auch in Edom zeigen sich ab dem ausgehenden 8.Jh.a klare Tendenzen zu stärkerer Schriftlichkeit. Dagegen scheinen entsprechende ‚anikonische Tendenzen' in der israelitischen und phönizischen Glyptik weitgehend zu fehlen (vgl. Uehlinger 1993: 283 mit Anm. 84). Dies kann mit verschiedenen kulturellen Affinitäten zusammenhängen, sicher aber auch damit, daß die Tendenz zu anikonischen bzw. reinen Schriftsiegeln in der Levante überhaupt erst nach dem Ende des Staates Israel einsetzt.
Die Authentizität der ‚moabitischen' Bulle ist fraglich, weshalb wir das Stück hier nicht weiter berücksichtigen wollen. Was den Papyrus betrifft, so handelt es sich vermutlich um eine moderne Fälschung (selbst Bordreuil & Pardee 1990: 68 schließen eine solche nicht aus und bieten keine probaten Gegengründe).

[25]   Daß der obere Abschluß des Stabes eine Blüte darstellt, ist auf den Siegeln des *nry* (HD 122) und des *yšdʾ* (B 23) eindeutig erkennbar. Die Stilisierung durch einen Punkt und eine darüber gelegte Sichel mit Spitzen nach unten ist nicht als Astralsymbol zu verstehen (Gubel

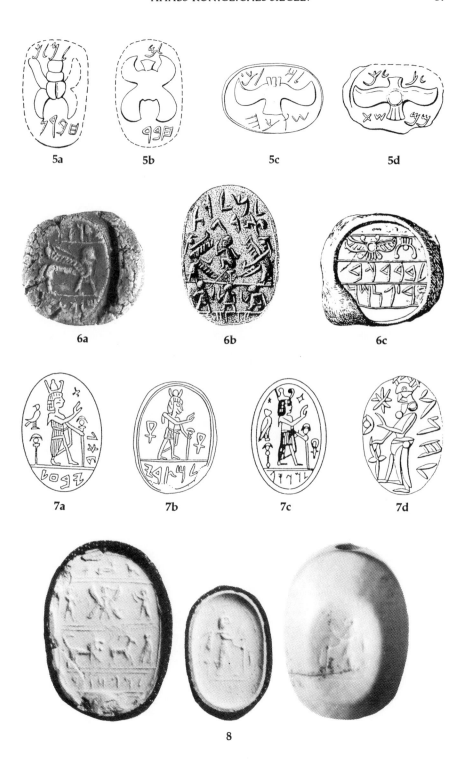

5a   5b   5c   5d

6a   6b   6c

7a   7b   7c   7d

8

segnend erhebt (vgl. *Abb. 7*). Die Tracht unterscheidet diese Gestalten deutlich von anderen, einfacher gekleideten Männern, die wohl als Beamten zu identifizieren sind (jeweils ohne Krone). Neben der Gestalt finden sich weitere Bildelemente, die den königlichen Charakter der Gestalt unterstreichen, etwa eine Kartusche bzw. ein Falke auf einem Blütenstab oder ein Uräus, dann auch der gleichfalls auf einem Blütenstab sitzende Pavian (Thot) oder ein bis zwei ägyptische Lebenszeichen (^{c}nh)[26]. Etwas mehr als die Hälfte der Belege bietet im Segment unter der Standlinie eine kurze Namensinschrift, bei anderen ist sie senkrecht im Bildfeld hinter dem Rücken des Mannes angebracht.[27] Sie hat immer die einfache Form *l-* + PN und nennt weder Titel noch Patronym. Bordreuil und Gubel haben vorgeschlagen, Darstellung und Besitzerinschrift aufeinander zu beziehen und die schreitende Gestalt mit Doppelkrone als königlichen Siegelbesitzer zu identifizieren. Ihrer Deutung kommt entgegen, daß in einem Fall (*l'byb'l, Abb. 7a*; G 135) der Name als der eines phönizischen Kleinkönigs des 7.Jhs.a, Abibaal von Samsimuruna, bekannt ist (Galling 1941: 158f). Auf dem Siegel *lmṣry* (*Abb. 7b*; B 65) will Bordreuil einen weiteren westlichen Vasallen Asarhaddons, Muṣuri von Moab, identifizieren, doch ist eine moabitische Klassifikation des Siegels paläographisch problematisch (vgl. zuletzt Lemaire 1993a: 15f). Die Identifikation des Besitzers des Siegels *lmksp* (*Abb. 7c*; Gubel 1991: 914 Fig. 1:12) mit Milkiasip von Byblos (*mksp* aus *m<l>k<'>sp?*), einem weiteren phönizischen Kleinkönig und Vasallen Asarhaddons (Gubel 1991: 916f), bleibt vorderhand ebenso hypothetisch wie die des etwas anders dargestellten Segnenden/Verehrenden/Grüßenden auf dem Siegel *lhnn* (*Abb. 7d*; HD 128) mit Hanun von Gaza (Bordreuil 1985: 24ff). In unserem Zusammenhang besonders interessant ist natürlich der Vorschlag, das beidseitig gravierte Siegel *lmnhm* (*Abb. 8*; Buchanan & Moorey 1988: Nr. 291) mit dem gleichnamigen, in Inschriften Tiglatpilesers III. genannten König von Israel (747-738a; 2Kön 15,17-22) in Verbindung zu bringen (Gubel 1990: 170). Doch hat Gubel selbst aaO. darauf hingewiesen, daß der Vorgänger Abibaals von Samsimuruna (s.o.) den gleichen Namen trug, wie wir aus Inschriften Sanheribs wissen. Mehr als eine breite Zuweisung in den südsyrischen Raum läßt sich auch paläographisch nicht leisten (Lemaire 1986). Da sich die verbleibenden Namen bislang gar nicht korrelieren lassen, muß hinter die Charakterisierung der Gruppe als „Königssiegel" nach wie vor ein großes Fragezeichen gesetzt werden.

All diese Siegel sind aber im Gegensatz zu unserem Siegelring beschriftete *Bild*siegel. Die meisten von ihnen sind aus teuren Hartsteinen hergestellt

---

1991: 917 spricht von einem „sceptre à caractère astral"), sondern ebenfalls als Blüte, wie die identische Darstellung von Blüten auf zeitgleichen Stempelsiegeln (vgl. nur *Abb. 9b*) und Zylindersiegeln beweist (z.B. Schroer 1987: 544 Abb. 118).

26   Inwieweit letzteres Motiv und das der auf einem Stab angebrachten Kartusche zusammengehören bzw. das eine Motiv sich aus dem anderen entwickelt hat, bedürfte einer eigenen Untersuchung.

27   Anepigraphische Stücke (z.B. Gubel 1991: 914 Fig. 1:14; Bordreuil 1992: 102 fig. 1003: 5c) zeigen, daß Siegel dieses Typs in Serie hergestellt und erst beim Kauf mit dem Namen des Käufers beschriftet wurden.

(Karneol, Achat, Amethyst, Bergkristall, Jaspis), nur ein Stück (*lrgm*, B 22: „os"[28]) ist von dieser Charakterisierung ausgenommen.

3. Wenden wir uns den bislang bekannten Siegeln von hochgestellten Höflingen zu, wobei wir uns auf die israelitischen und judäischen beschränken wollen. (a) *Minister*, d.h. Syntagma *l*-PN + *ʿbd* + KN (vgl. Bordreuil 1992: 183-185, s.v. I): Es handelt sich in chronologischer Reihenfolge um das in Megiddo gefundene, heute verschollene Jaspissiegel *lšm ʿ ʿbd yrbʿm* (*Abb. 9a*; vgl. HD 3; Sass 1993: 221f) eines Ministers Jerobeams II. von Israel (787-747a) mit einem brüllenden Löwen; Ministern Usijas von Juda (ca. 773-735a?) gehörten das Achatsiegel *lʾbyw ʿbd ʿzyw* (*Abb. 9b*; B 40; Sass 1993: 228f) mit einem segnenden Kind auf der Blüte und das beidseitig gravierte Siegel *lšbnyw ʿbd ʿzyw* aus rotem Felsspat (*Abb. 9c*; B 41), auf dem ein schreitender Beamter bzw. zwei Flügelsonnen zu sehen sind; das heute verschollene Karneolsiegel *lʾšn ʾ ʿbd ʾḥz* (*Abb. 9d*; Sass 1993: 238-239) eines Ministers Achas' von Juda (741-725a) zeigt eine Sonnenscheibe mit mächtiger Krone; nur die Bulle mit Abdruck des Siegels *lyhwzrḥ bn ḥlqyhw ʿbd ḥzqyhw* (*Abb. 9e*; HD 4), eines Ministers Hiskijas von Juda (725-697a), ist anikonisch. Mit Ausnahme dieser Bulle, des jüngsten Exemplars der Reihe, das aus der Frühzeit der reinen Schriftsiegel stammt (s.u. 5), handelt es sich auch hier ausnahmslos[29] um hervorragend gearbeitete, beschriftete *Bild*siegel aus mehr oder weniger harten und teuren Steinen. Die Verwendung von Materialien von teurem Handelswert entspricht dem ‚Sitz im Leben' dieser Siegel unter den gesellschaftlichen Eliten Israels bzw. Judas.

(b) Wenn wir noch Siegel oder Abdrücke in den Blick nehmen, die das Syntagma *l*-PN *ʿbd hmlk* aufweisen, ohne einen König namentlich zu nennen (Bordreuil 1992: 185 s.v. II), so ist hier als das wohl älteste der prächtige Achat *lyʾznyhw ʿbd hmlk* vom Tell en-Naṣbeh (*Abb. 10a*; HD 5) mit einem Kampfhahn im untersten Register zu nennen.[30] Anikonische Belege sind aus Israel keine bekannt, in Juda treten sie erst im späteren 7. Jh. auf (z.B. *lʾlšm ʿ* [*ʿ]bd hmlk* A 4; *lgdlyhw ʿbd hmlk* A 5).[31]

(c) „*Sohn des Königs*", d.h. Syntagma *l*-PN *bn hmlk* (also Titel, nicht Eigenname des Königs; vgl. Bordreuil 1992: 185 s.v. III): Auch diese Siegel weisen mehrheitlich ikonischen Dekor auf, z.B. das Jaspissiegel *lyhwʾḥz bn hmlk* (HD 6) mit gleichem Motiv wie *Abb. 10a* oder die Siegel *lʾlšm ʿ bn hmlk* mit vierflügligem Uräus (*Abb. 10b*; Sass 1993: 213 mit Fig. 77) und *lmnšh bn hmlk* mit fliegendem Skarabäus und Sonnenscheibe (*Abb. 10c*; ebd. 214 mit Fig. 85).[32] Im späteren 7. und im 6.Jh.a sind mit *lnryhw bn hmlk* (*Abb. 10d*;

---

28   Benjamin Sass teilt mir mit, daß es sich in Wirklichkeit um Steatit handelt.

29   André Lemaire weist mich freilich auf ein noch unpubliziertes Siegel hin, das einem Minister des Königs *Brṣr* von Samʾal (aus der 1. H. des 8.Jhs.a?) gehört haben soll und anikonisch ist (Brief vom 5.8.93).

30   Ein ammonito-aramäisches Siegel *lmnḥm bn smk ʿbd mlk* (CAI 102) zeigt eine frontal dargestellte, die Brüste präsentierende nackte Göttin (vgl. zum Motiv Hübner 1993: 142f; dessen israelitische Klassifikation des genannten Siegels ist aus paläographischen Gründen abzulehnen, vgl. Sass 1993: 206 Anm. 29).

31   Das bekannte Siegel *lmʿdnh bt hmlk* („*Tochter* des Königs") mit Darstellung einer Leier ist hinsichtlich seiner Authentizität umstritten (vgl. Sass 1993: 242ff mit Pl. II:13).

32   Vgl. das moabitische Siegel *lmnšh bn hmlk* aus dem 7.Jh.a, das mit Stern und Sichelmond die moabitische Elementarikonographie wiedergibt (Timm 1993: 183-186 mit Abb. 17).

Sass 1993: 208f mit Fig. 57) und *lpdyhw bn hmlk* (Avigad 1992[33]) Darstellungen eines sog. proto-äolischen Kapitells bezeugt. Um 600a datiert die Bulle *lg'lyhw bn hmlk* mit einer stilisierten Blüte (*Abb. 10e*; A 6). Erst jetzt erscheinen daneben auch anikonische *bn hmlk*-Siegel bzw. -Bullen (A 7-8). Der Gesamtbefund dieser Dokumentation ist klar: vor dem ausgehenden 8.Jh.a – und d.h. während der ganzen staatlichen Existenz des Nordreichs Israel – ist im engsten Umfeld eines israelitischen Königs mit reinen Schriftsiegeln wohl nicht zu rechnen.

Ein Problem des bisher angestellten Vergleichs besteht darin, daß zwischen der Regierungszeit Ahabs und den genannten Siegeln jeweils ein bis zwei Jahrhunderte liegen. Bislang kann kein beschriftetes hebräisches Siegel sicher in die Mitte des 9.Jhs.a datiert werden (vgl. Sass 1993: 199).[34] Am nächsten käme unter den bisher genannten das relativ einfache Siegel des Šemaᶜ, das aber ikonographisch aramäischen Siegeln nähersteht als phönizischen (Lemaire 1990). Bei allen anderen Stücken fällt der starke phönizisch-ägyptisierende Einfluß mit königlicher und/oder solarer Symbolik auf. Da Ahab für besonders enge Beziehungen zu Tyrus bekannt ist (Timm 1982), wäre wohl auch für sein Siegel – trotz des zeitlichen Abstandes – Ähnliches zu erwarten. Das bekannte Siegel des/der *yzbl* (*Abb. 11*; HD 31) entspricht in etwa diesem Standard, auch wenn seine Zuweisung an die Königin gleichen Namens nicht begründet werden kann.

Umgekehrt kann man fragen, ob sich für den Siegelring selbst und seine typologischen Charakteristika Parallelen aus der Zeit Ahabs finden lassen. Der Befund ist auch hier negativ:

4.   *Metallene Siegelringe mit ovaler Siegelplatte* sind in Palästina/Israel zwar in der Späten Bronzezeit (meist Gold, Silber oder Elektron und mit ägyptischer Ikonographie und/oder Inschrift[35]), dann aber erst wieder am Ende der Eisenzeit und in achämenidischer Zeit (Silber oder Bronze) bezeugt, nicht aber in der Eisenzeit I-II (ca. 1150-600).[36] Der älteste mir bekannte Beleg aus Palästina/Israel ist ein silberner Siegelring, der in Grab Nr. 25 am Ketef Hinnom in Jerusalem gefunden wurde (Barkay 1986: 26f). Das Grab war im 6. und 5.Jh. und vorübergehend wieder im 1.Jh.a in Gebrauch. Auf der Siegelplatte des Rings ist ein springender Greif eingraviert; das Stück dürfte durch phönizische Händler aus dem Westen in die Levante

---

33   B. Sass hält dieses Siegel für eine Fälschung (1993: 242).

34   Um unsere Erwartungen noch besser abzusichern, müßten wir auch einen Blick auf die unbeschriftete israelitische Glyptik des 9.Jhs.a werfen, doch würde dies den Rahmen dieser Studie sprengen.

35   Die Belege können hier auf sich beruhen; vgl. demnächst O. Keel, Corpus der Stempel-Siegel aus Palästina/Israel von den Anfängen bis zur Perserzeit. Band 1: Einleitung (Orbis Biblicus et Orientalis. Series Archaeologica 10; erscheint voraussichtlich 1994), § 241f.

36   Dem entspricht, daß fast alle Belege für hebr. טַבַּעַת in der speziellen Bedeutung „Siegelring" (von ägypt. *ḏbᶜ* „Finger"; Est 3,10.12 8,2.8.10) bzw. aram. עִזְקָא (Dan 6,18) spät sind (Ausnahme evtl. Gen 41,42).

9a

9b

9c

9d

9e

10a

10b

10c

10d

10e

11

12a

12b

gebracht worden sein[37] und datiert in die mittlere Belegungszeit des Grabes, d.h. in die zweite Hälfte des 6.Jhs.a. Achämenidenzeitliche Bronzeringe sind z.B. in Atlit (Johns 1932: Pl. 37; Stern 1982: 198 Fig. 320) und Kamid el-Loz gefunden worden (Poppa 1978: Taf. 12:15.4, vgl. S. 88 (1); nur fragmentarisch erhalten). Beide Belege datieren in die 2. Hälfte des 5.Jhs. Generell nimmt die Siegelringproduktion in der Achämenidenzeit einen großen Aufschwung (Buchanan & Moorey 1988: 85f; für typologische Parallelen zu unserem Stück vgl. ebd. Nr. 574, 577f, 582f).[38] Auch unser Ring wird deshalb kaum vor dem ausgehenden 6.Jh.a hergestellt worden sein.[39]

5.   Die Produktion *reiner Schriftsiegel*, wie sie besonders aus Juda und Ammon bekannt geworden sind, setzt überhaupt erst gegen Ende des 8.Jhs.a ein (vgl. dazu Uehlinger 1993: 283-286). Von diagnostischem Wert sind die anikonischen sog. „private name seal impressions", die sich auf judäischen Vorratskrügen des ausgehenden 8.Jhs. neben *lmlk*-Abdrücken mit Flügelsonne (*Abb. 5c-d*)[40] finden. Diese ikonischen *lmlk*-Stempel weisen vielleicht auf ein königliches Privileg; im Falle eines königlichen Siegels wäre auch von daher ikonischer Dekor zu erwarten (s.o. 1-3). Erst im 7.-5.Jh.a dominieren reine Schriftsiegel das Repertoire der hebräischen Glyptik.

6.   Die *Anordnung der Inschrift* (vgl. Sass 1993: 200-206), nämlich: quer, drei Zeilen, keine Zeilentrenner[41], ist generell äußerst selten.[42] Den ältesten mir

---

37   Vgl. für eine Übersicht über die westphönizische Siegelringproduktion (Ibiza, Tharros u.a.) Quattrocchi Pisano 1974; San Nicolás Pedraz 1991.

38   Vgl. auch Boardman 1970: Pl. 760.

39   Anmerkungshalber sei noch auf einen Silberring mit aramäischer Inschrift *lmr'šmn* hingewiesen, der in *el-Ğib* gefunden wurde und vom Ausgräber ins 6.Jh.a datiert wird (Pritchard 1962: 116 mit Fig. 79). Der Ring unterscheidet sich aber typologisch (fast rechteckige Siegelfläche, Ringschiene nicht an die Ovalenden, sondern an den Plattenrücken gelötet; Inschrift *positiv* eingraviert, also wohl Votivsiegel [vgl. Anm. 41 Ende], zweizeilig mit Trennlinie, aramäisch) so sehr von unserem Stück, daß er als Parallele entfallen muß.

40   „Private name seal impressions" kommen nur neben *lmlk*-Abdrücken mit der Flügelsonne, nie neben solchen mit dem vierflügligen Skarabäus vor (Ussishkin 1976: 12).

41   Mehrzeilige Siegel *mit* einfachem oder doppeltem Zeilentrenner sind häufiger belegt; bei keinem dieser Siegel ist die Inschrift quer (d.h. von Schmal- zu Schmalseite des Basisovals), sondern immer hoch (d.h. von Längs- zu Längsseite) orientiert. Vgl. in der hebräischen Glyptik etwa die Bullen *lyhwzrḥ bn ḥlqyhw ʿbd ḥzqyhw* (*Abb. 9e*), *lbrkyhw bn nryhw hspr* (A 9; dreizeilig, um 600a), [*lṭbšlm*] *bn zkr ḥrp'* (Shiloh 1986: 28f Nr. 4; dreizeilig, um 600a), das Siegel *lḥnn bn ḥlqyhw hspr* (Elayi 1986, 1992; dreizeilig, 1.H. des 6.Jhs.a), die Bulle *lšlmyt 'mt 'lntn pḥ*[*w'*] (Avigad 1976: 11ff Nr. 14; vierzeilig, drei beschriftet, 1.H. des 5.Jhs.a) u.a.m. Ähnliche Dispositionen begegnen in der philistäischen (D 73), edomitischen (Lemaire 1975), moabitischen (Timm 1989: 168ff Nr. 3; 217ff Nr. 22) und aramäischen Glyptik (Bordreuil 1992: 111 Fig. 1010:28). Der unvollständige Überblick zeigt, daß mehr als zwei Zeilen vor allem dann nötig waren, wenn neben dem Namen noch ein *Titel* zu stehen kam. Dies ist sehr schön auf dem beidseitig gravierten Siegel *lpl'yhw (bn) mttyhw* (Avigad 1980) zu erkennen: die eine Seite bietet quer und in zwei Registern PN + Patronym, die andere hoch und in drei Registern mit doppelten Zeilentrennern den PN und den Titel *'šr ʿl hms*.
Ein anderer Grund für dreizeilige Inschriften war gegeben, wenn statt der üblichen zwei (PN + Patronym) *drei Generationen* genannt werden sollten, wie dies auf den Siegeln *lbrkyhw bn* [...]*hw bn šlmyhw* (HD 54, 7.Jh.a), *lʿbd' (bn) šryhw (bn) yḥy* (Avigad 1989: Nr. 3; 7.Jh.a), *lšlm bn 'hyqm (bn) 'ḥ'b* (Lemaire 1993b: 71f Nr. 3; 7.Jh.a) und *lmlš bn 'byyhw* (ebd. 74-76 Nr. 5, Bronzesiegel, 7.Jh.a oder etwas jünger?), und den Bullen *l'prḥ bn yhwšʿ bn mtnyhw* (A 21), *l'prḥ [bn šh]r bn [g]dyhw* (A 23), [*lḥ*]*nn bn* [*ʿ*]*zyhw bn* [... (A 63), *lyšm*⟨ʿ⟩*l b*[*n*] *šʿl bn ḥl'syh*[*w*] (A 79) und *lmtn bn* [*'*]*dnyḥy* [*bn š*]*ḥr* (A 113; um 600a) der Fall ist (alle hoch, dreizeilig mit doppelten Zeilentrennern). Vgl. auch Anm. 44.

bekannten Beleg[43] bieten zwei Bullen aus Lachisch Str. II aus dem ausgehenden 7. bzw. frühen 6. Jh.a mit der Inschrift *lyrmyhw bn ṣpnyhw bn nby* (*Abb. 12a*; Aharoni 1975: 21f Nr. 6-7).[44] Ins 5.Jh.a datieren die ebenfalls judäischen Bullen *yhwd yhwʿzr pḥwʾ* aus Ramat Rahel (*Abb. 12b*; Avigad 1976: 22 Nr. 7 mit Fig. 17:7). Aus dem 4.Jh.a sind querformatige, dreizeilige Fiskalstempel ohne Zeilentrenner bekannt (vgl. Bordreuil 1992: 193).[45] Schließlich ist noch auf einen punischen Goldring mit ovaler Siegelplatte aus Cádiz hinzuweisen, der ins 2.Jh.a datieren soll und ebenfalls eine dreizeilige Inschrift ohne Zeilentrenner aufweist (Sola-Solé 1961). Diese ist allerdings im Positiv graviert, was meist als Indiz für ein Votivobjekt gewertet wird. Auch die Disposition der Inschrift auf unserem Siegelring spricht also deutlich gegen eine Ansetzung ins 9.Jh. und weist eher auf eine Entstehung im 6.-4.Jh.a.

7. Was die Inschrift selbst auf unserem Siegelring betrifft, so ist auf die unüberwindbaren *paläographischen* Probleme bei einer Ansetzung ins 9.Jh.a hinzuweisen. Die historistische Interpretation läßt sich überhaupt nur unter der Voraussetzung eines „late shape" einzelner Zeichen aufrechterhalten. Besonders eklatant ist dies im Falle von Nr. 5 und 8. Umgekehrt ist eine genaue paläographische Datierung nicht einfach, weil der Graveur mit offenbar ungeeignetem Werkzeug auf einem ungewohnten Material arbeiten mußte (s.o. Abschnitt 2).[46] Dadurch haben sich manche Zeichenformen verzogen (zur Paläographie vgl. weiter Abschnitt 5).

Unser Siegelring stammt offenbar aus einer Werkstatt, die für die Bearbeitung von billigeren Siegeln aus lokalem Kalkstein ausgerüstet war. Daß der für seine engen Beziehungen zu Phönizien, für außergewöhnliche Macht und außergewöhnlichen Reichtum berühmte Omridenkönig Ahab sich von einem offenbar nicht sehr versierten Siegelschneider in einem Atelier, das nur über zweitklassiges Werkzeug verfügte, einen Siegelring aus relativ billigem Material hätte herstellen lassen, ist *a priori* unwahrscheinlich. Abschließend können wir deshalb festhalten, daß das kumulative Gewicht all dieser Gründe die Datierung unseres Siegelrings ins 9.Jh.a und seine historistische

---

Von diesen Personen- und den gleich zu nennenden *Fiskalsiegeln* zu unterscheiden sind mehrzeilige *Votivsiegel*, z.B. des ...]ʾbndb (B 80 = CAI 56, mit Zeilentrennern), des *bʿlytn* (Bordreuil 1992: 199 mit 106 Fig. 1006:17, ohne Zeilentrenner) u.ä. (Wolfe & Sternberg 1989: Nr. 19, nun Hecht H-2620, Fälschung?). Keines der mir bekannten Exemplare ist quer orientiert.

42   Ich danke Benjamin Sass für einschlägige Hinweise.

43   Beachte aber, daß mit der Bulle *lyhwzrḥ bn ḥlqyhw ʿbd ḥzqyhw* (*Abb. 9e*) ein älterer Beleg für eine *vierzeilige* Legende *ohne Zeilentrenner* vorliegt.

44   Aharoni restituierte *bn nby*[ʾ]? und wollte die Inschrift als PN + Patronym + Titel „Prophetenschüler, Angehöriger einer Prophetengruppe" verstehen; A. Lemaire weist mich darauf hin, daß der PN „Nobi" in der hebräischen Glyptik gut bezeugt ist (Davies 1991: 437) und wir die Inschrift wohl als PN + Patronym + Papponym auflösen können.

45   Eine ins 26. Jahr (Joschijas, d.h. 613a?) datierende hebräische Bulle mit Abdruck eines Fiskalstempels (Avigad 1990) weist eine vierzeilige Inschrift mit Zeilentrennern auf; diese ist aber wie auf den in Anm. 41 genannten Beamtensiegeln nicht quer, sondern hoch (d.h. von Längs- zu Längsseite des Basisovals) orientiert.

46   Zur Problematik des Verhältnisses von Paläographie und Siegelmaterial vgl. Lemaire 1993a: 3-7; vgl. jüngst 1993b: 76 zum Bronzesiegel *lmlš bn ʾbyyhw*.

Zuweisung an Ahab, den König von Israel, unabhängig von der Deutung der Inschrift zwingend widerlegt.

Umgekehrt müssen wir davon ausgehen, daß ein moderner Fälscher in der Lage (gewesen) wäre, ein Ahab-Siegel genau entsprechend der oben s.v. 1-3 genannten Charakteristika herzustellen. Unsere Beobachtungen, vor allem aber die unsorgfältige Ausführung des Siegelrings, sein insgesamt doch recht poverer Erhaltungszustand, Patina und Korrosion und nicht zuletzt der bescheidene Kaufpreis[47] sprechen gegen die Annahme, es handle sich um eine moderne Fälschung.[48] Die Antiquität des Objekts steht m.E. ganz außer Zweifel.

Dann aber stellt sich die Frage: „Is it possible that many years after Ahab's reign, someone had decided to produce this object?"[49] Also: keine moderne, sondern eine antike Fälschung, ein Plagiat – oder ein Memorialobjekt? Wer hätte an so etwas Interesse haben können? Im folgenden geht es um die Exploration einer Möglichkeit.

4. DIE ALTERNATIVE: EIN SIEGELRING ALS MEMORIALOBJEKT?

4.1. Vorexilische Königsnamen auf nachexilischen Münzen?

Unter den jüngst von Y. Meshorer und Sh. Qedar monographisch behandelten samarisch-samaritanischen Münzen aus dem 4.Jh.a gibt es eine kleine Gruppe von Silbermünzen, deren gemeinsames Charakteristikum eine in aramäischer Schrift geschriebene Legende *yrb'm* ist.[50] Sie findet sich auf Prägungen aus mindestens fünf Serien mit je eigener Ikonographie (*Abb. 13*; Meshorer & Qedar 1991: 49 Nr. 23-27): *a* zeigt auf der Vorderseite den nach links gerichteten Kopf eines vollbärtigen Mannes mit Stirnbinde, den Meshorer als Herakles identifiziert (ebd. 21), wogegen A. Spaer (1979) darin eine Darstellung des in der Inschrift genannten Jerobeam sehen wollte. Auf der Rückseite von *a* ist ein Reiter mit erhobenem Arm zu sehen (vgl. Meshorer 1991: 30). *b* zeigt auf der Vorderseite einen nach rechts gerichteten männlichen Kopf mit einfachem Helm, auf der Rückseite den Vorderteil eines rennenden Pferdes, wie wir es auch von Münzen aus Gaza kennen (ebd. 31). *c* bietet einen nach rechts gerichteten weiblichen Kopf mit Diadem (?, Hera, Aphrodite?), auf der Rückseite eine singuläre Szene mit zwei sich gegenüberstehenden, griechisch gekleideten Männern; der linke, kleinere

---

47   Vgl. Anm. 12.

48   Wer ein Ahab-Siegel fälschen will, informiert seinen Erstkäufer, sei es ein Händler oder ein Sammler, über die ‚richtige' Lesung der Siegellegende. Unser Ring ist aber mit dem Label „Aramaic inscription" ohne Deutungsvorschlag verkauft worden, und die historistische Lesung ist m.W. erst aufgekommen, als sich der Siegelring schon seit einiger Zeit im Besitz des R. & E. Hecht Museums befand.

49   Zitat aus dem Kommentar im Museum.

50   Den Hinweis auf diese Münzen verdanke ich Baruch Halpern (State College, Pennsylvania).

13

hält einen Zweig in der Hand, den rechten, offenbar Höhergestellten will Meshorer nun seinerseits mit dem inschriftlich genannten Jerobeam identifizieren.[51] *d* zeigt einen sitzenden Satrapen, der mit beiden Händen einen nach unten gerichteten Pfeil oder Speer hält (ebd. 25); auf der Rückseite ist ein Schrein zu sehen, in dem zwei offenbar weibliche Gestalten (also nicht Ana und Datames wie auf den kilikischen Prototypen) stehen (ebd. 26f).[52] Schließlich zeigt *e* einen Athleten im Knielauf (ebd. 27) und ein groteskes Gesicht in Vorderansicht.

Die Ikonographie dieser Münzen, bes. von *a, c* und *d* weist darauf hin, daß es sich bei diesem Jerobeam um einen hervorragenden samarischen Regionalnotablen gehandelt haben muß; *d* weckt religiös-kultische Assoziationen. Nun sind uns längst nicht alle samarischen Provinzgouverneure des 4.Jhs.a bekannt, und es ist anzunehmen, daß Jerobeam ein solcher war. Y. Meshorer vermutet, es handle sich um den Zweitnamen eines gewissen Manasse, eines Sohnes des Jerusalemer Hohenpriesters Yochanan. Dieser Manasse war mit einer Tochter Sanballats (II.) verheiratet, weshalb in Jerusalem seine Kultfähigkeit bestritten wurde. Er floh um 336/335a nach Samarien und wurde dort von Sanballat (III.?) zum samaritanischen Hohepriester ernannt (Antiquitates Iudaicae 11,302-312.322-324; vgl. Neh 13,28). Meshorer vermutet, Manasse habe bei diesem Anlaß den aus samaritanischer Perspektive programmatischen Namen Jerobeam angenommen und damit in erster Linie an den Begründer des unabhängigen Nordreichs und Stifter von dessen eigenem, von Jerusalem unabhängigen Kult (1Kön 12), vielleicht auch an den mächtigen Jerobeam II. (2Kön 14,23-29) anknüpfen wollen (1982: I 33; Meshorer & Qedar 1991: 14).

Die These bedarf zweifellos weiterer Abstützung. Doch scheint es auch angesichts der Seltenheit des königlichen Namens Jerobeam im altisraelitischen, samarischen und judäischen Onomastikon (vgl. Davies 1991: 377) durchaus plausibel, mit einer bewußten namentlichen Anknüpfung

---

51 „The scene could...be interpreted as a kind of ceremony in which the right-hand figure, identified by the inscription as Jeroboam, receives the blessings of the left-hand figure" (Meshorer & Qedar 1991: 27).

52 Zweig und Füllhorn lassen an späte Nachfahrinnen von Aschera und Astarte denken.

des Münzherren *yrbʿm* besonders an Jerobeam I. zu rechnen (vgl. schon
Spaer 1979). Nur am Rande sei darauf hingewiesen, daß Analoges für den
Jerusalemer Provinzstatthalter Hiskija (*yḥzqyh hpḥh*, Mildenberg 1988:
724ff) gelten könnte (vgl. Davies 1991: 348, 372).[53]
   Die Jerobeam-Münzen zeigen, daß es noch im 4.Jh.a in Samarien be-
wußte, wenn auch in ihren Konturen nur schwer faßbare ideologische An-
knüpfungsversuche an die Geschichte des einstigen Nordreichs gab. Allerdings spielt Ahab in dieser Geschichte keine Jerobeam I. vergleichbare
Gründerrolle, so daß eine positive Anknüpfung in seinem Falle kaum möglich war. Abgesehen davon geht es im Falle der Jerobeam-Münzen offenbar
um eine gewissermaßen aktualisierende, nämlich aktuelle Autorität legiti-
mierende Anknüpfung, wie sie ein Siegelring mit dem obsoleten Titel *mlk
yśrʾl* ohnehin nicht hätte leisten können.

4.2. Ahabs Siegelring und Nabots schuldloser Tod

Fragen wir also noch einmal: Wer hätte in nachexilischer Zeit an einem Siegelring Ahabs, des Königs von Israel, interessiert sein und ihn – in Erman-
gelung des Originals – gegebenenfalls herstellen können? Nach dem Vorangegangenen kaum jemand, dem an aktueller politischer Legitimation durch
ein solches Siegel gelegen war, wohl aber jemand, der sich um die Wahrung
einer ganz bestimmten Erinnerung bemühte. Eine mögliche Deutung er-
schließt sich, wenn wir uns noch einmal die Rolle von Ahabs Siegel in der
biblischen Novelle von Nabots Weinberg in Erinnerung rufen.
   In 1Kön 21 wird erzählt, Ahab habe einem Jesreeliter namens Nabot
einen neben dem königlichen Palast gelegenen Weinberg abkaufen wollen.
Nabot habe aber den Verkauf mit der Begründung verweigert, es handle
sich um (unveräußerlichen) Familienbesitz („das Erbe meiner Väter", אֶת
נַחֲלַת אֲבֹתָי V. 3f). Im Hintergrund dieses Einwands steht wohl kaum ein
den Familienbesitz sicherndes Verbot von der Art von Lev 25,23ff oder
Num 36,7ff, sicher aber ein entsprechendes Ethos.[54] Ahab ist ob Nabots
Weigerung verärgert, weiß aber keinen Ausweg. Seine Frau, die Phönizierin
Isebel, nimmt die Sache in die Hand und inszeniert einen Justizmord, so
daß Ahab den Weinberg dann doch in Besitz nehmen kann.[55] Dabei soll
Isebel Ahabs Siegel benutzt haben (וַתַּחְתֹּם בְּחֹתָמוֹ V. 8)[56], um damit Briefe

---

53   Dieser ist vielleicht identisch mit dem von Hekatäus (bei Josephus, Contra Apionem I
     187) genannten Hohenpriester Hiskija vom Ende des 4.Jhs.a (Meshorer 1981: 33).
54   Beide Texte lassen sich aber nur sehr indirekt auf 1Kön 21 beziehen; erstens setzen sie
     jeweils andere Situationen voraus, zweitens sind sie vermutlich jünger. In Lev 25,23ff wird
     nur der endgültige Verkauf des familiären Grundbesitzes verboten und ein Rückkaufsrecht
     gefordert, in Num 36,7ff geht es nicht um Familien-, sondern um Stammesbesitz.
55   S.o. Anm. 3.
56   Das hier verwendete Wort חֹתָם ist das gebräuchlichste für „Siegel" und erlaubt keinen
     Rückschluß auf Art und Aussehen des Siegels (Schroer 1987: 408; anders Bordreuil 1992:

zu autorisieren, mit denen sie eine Versammlung der Ältesten und Notablen von Jesreel einberief. Diese Versammlung führte dann zur Verleumdung Nabots, Gott und den König gelästert zu haben (vgl. Ex 22,27), und im Anschluß daran zu seiner Steinigung (V. 10, 13).

Nabot, der unschuldig getötete Jesreeliter, war ein Opfer der bösen Isebel und des Apostaten Ahab[57] geworden, weil er sich auf das Erbe seiner Väter und ein Bodenrecht berief, wie es ähnlich in Texten der Tora greifbar ist. Mußte dieser verleumderisch der Gotteslästerung bezichtigte Gerechte, der an den πάτριοι νόμοι festgehalten und dafür schuldlos zu leiden hatte, späteren Generationen nicht geradezu als eine Art Heiliger oder Märtyrer erscheinen?[58] J.T. Walsh hat zu Recht hervorgehoben, daß der Person bzw. dem *Namen* Nabots – den Y. Zakovitch (1984) als Verkürzung von *nāḇᵃlat* *ᵃbôt* versteht – in der biblischen Erzählung außergewöhnliche Aufmerksamkeit geschenkt wird.[59] Soll durch die emphatische Namensnennung die *memoria* des unschuldig Getöteten gesichert werden? Post-biblische jüdi-

---

87f). Für einen ganzmetallenen Siegelring wie den unsrigen hätte das Wort טַבַּעַת (griech. δακτύλιος) allerdings nähergelegen.

57 Post-biblische jüdische Tradition kennt Ahab als Apostaten: „...what gives Ahab his prominence among the Jewish kings is neither his power nor his wealth, but his sinful conduct. For him the gravest transgressions committed by Jeroboam were slight peccadilloes. At his order the gates of Samaria bore the inscription: «Ahab denies the God of Israel!»" (Ginzberg 1913: IV 186; vgl. bSanh 102b-103b). „Ahab is one of the few in Israel who have no portion in the world to come" (ebd. 188; vgl. mSanh 10,1). „...the disastrous end of Ahab is... to be ascribed... chiefly to the murder of his kinsman Naboth, whose execution on the charge of treason he had ordered, so that he might put himself in possession of Naboth's wealth. His victim was a pious man, and in the habit of going on pilgrimages to Jerusalem on the festivals. As he was a great singer, his presence in the Holy City attracted many other pilgrims thither. Once Naboth failed to go on his customary pilgrimage. Then it was that his false conviction took place – a very severe punishment for the transgression, but not wholly unjustifiable" (ebd. 187; vgl. bSanh 48b; TSanh 4,6). Im Hintergrund der letztgenannten Überlieferung liegt die rabbinische Ablehnung des Martyriums (s.u. Anm. 63).

58 Zum Verhältnis von jüdischer und christlicher Heiligenverehrung, unter besonderer Berücksichtigung des Märtyrerkults auf beiden Seiten vgl. Bammel 1953, bes. 123-125; Klauser 1960; Baumeister 1980: 6-65; unter den jüngeren judaistischen Studien sind grundlegend Werner 1980 und die Beiträge in dem von van Henten 1989 herausgegebenen Sammelband hervorzuheben. In letzterem hat U. Kellermann auf den S. 71-74 einen Typenkatalog zum „Erscheinungsbild des Märtyrers in den frühen jüdischen Texten" zusammengestellt. Aus ihm sind die Charakteristika (1) Denunzierung der Frommen, (2) falsche Anklage und (46) Racheschrei des vergossenen Blutes (vgl. 2Kön 9,26) schon in der biblischen Tradition verankert, während die Charakteristika (4) grundsätzliche Bereitschaft für die Tora oder die πάτριοι νόμοι zu sterben, (49) postmortale Aufnahme des Märtyrers (bzw. seiner רוח) in den Himmel und (59) Gemeinschaft des Märtyrers (bzw. seiner רוח) im Tode mit Gott durch die post-biblische Tradition nachgeliefert worden sind. Die Diskussion im genannten Band will freilich zwischen *passio iusti* und Martyrium klare Grenzen ziehen; ihren Kriterien gemäß werden Märtyrer wegen ihres Glaubens von ungläubigen *Heiden* hingerichtet, wogegen die *passio iusti* Konsequenz der u.U. zur Tötung führenden Verfolgung eines Gerechten durch seine Volksgenossen ist. Bei dieser Differenzierung wäre die das Schicksal Nabots kommemorierende Tradition dem *passio iusti*-Komplex zuzurechnen.

59 „The frequency with which Naboth's name appears throughout the story is striking. Even after his death, he is named six times in three verses (21:14-16); he haunts the scene like a ghost that will not be laid to rest" (Walsh 1992: 978).

sche Tradition will wissen, daß beim himmlischen Gericht über Ahab das Zeugnis von Nabots Geist den Ausschlag zum verdammenden Urteil gegeben hat. Nabots Geist wird sogar mit der רוּחַ von 1Kön 22,21ff identifiziert (Ginzberg 1913: IV 187f). Die Identifizierung legt nahe, daß man dem unschuldig getöteten Gerechten in der Tat eine Art Märtyrer- oder Heiligenstatus mit interzessorischer Kompetenz zuerkannt hat.[60]

4.3. Nabots Todesort und Grab in Jesreel

Dazu kommt eine andere Überlegung: Schon den biblischen Verfassern ist offensichtlich auch der *Ort*, an dem Nabot getötet wurde, sehr wichtig, weil nämlich – im Sinne einer Lokaltalio – dem Mörder Ahab am selben Ort vergolten werden sollte (1Kön 21,19 2Kön 9,26). Wo aber ist dieser Ort zu lokalisieren? Bekanntlich gehen 1Kön 21 und 2Kön 9 in vielen Details auseinander (vgl. zuletzt Williamson 1991: 84ff). Geht es in 1Kön 21 um einen Weinberg (כֶּרֶם V. 1f.6f.15f.18) und wird Nabot vor der Stadt gesteinigt (V. 13, vgl. V. 10 und 22,38), so spricht 2Kön 9,26 von einem Feldstück (חֶלְקָה, vgl. חֶלְקַת שְׂדֵה נָבוֹת הַיִּזְרְעֵאלִי V. 25), auf dem YHWH das Blut Nabots und das Blut seiner Söhne gesehen habe. In der neueren exegetischen Diskussion besteht ein Konsens darüber, daß 2Kön 9 die historisch verläßlichere Überlieferung bietet. Nach 2Kön 9,21.25f lag Nabots Feldstück in Jesreel. Wo aber hat der Verfasser von 1Kön 21 den Weinberg lokalisiert?

Die Beantwortung der Frage erfordert einen Blick auf die griechische Version von 1Kön 21. In dieser fehlt in V. 1 ein Äquivalent für אֲשֶׁר בְּיִזְרְעֶאל und in V. 8 ein solches für אֲשֶׁר בְּעִירוֹ . In beiden Fällen ist die kürzere griechische Lesart die lectio potior. Läßt man die sekundären Zusätze im MT weg, dann läßt sich die Erzählung besser verstehen, wenn die Handlung insgesamt in Samaria spielt. Genau dies setzt auch 1Kön 22,38 voraus: Ahabs Blut wird von Hunden in Samaria aufgeleckt und dies als Erfüllung eines YHWH-Wortes verstanden. Mit diesem kann nur das YHWH-Wort 21,19b gemeint sein: *„An dem Ort,* wo die Hunde Nabots Blut aufgeleckt haben, werden die Hunde auch dein Blut auflecken." Da der Ort in 22,38 ausdrücklich „am Teich von Samaria" lokalisiert wird, muß Nabot diesem Verfasser/Redaktor gemäß auch in Samaria gesteinigt worden sein, und zwar vor den Mauern der Stadt (vgl. 21,13).[61]

---

[60]   Zur interzessorischen Funktion der an ihrem Grab verehrten jüdischen ‚Heiligen' vgl. Jeremias 1958: 133-138; Werner 1977: 49f.

[61]   Weitere Argumente für eine Lokalisierung in Samaria bieten die Bezeichnung Nabots als „Jesreeliter", die nur dann sinnvoll ist, wenn er nicht in Jesreel wohnt, Ahabs „Herabgehen" aus seiner Residenz in Samaria zum Weinberg Nabots in 1Kön 21,17, Isebels Briefverkehr mit den offenbar in Jesreel wohnenden Ältesten und Notabeln u.a.m. Zum ganzen Problem vgl. Timm 1982: 118-121.

Die konkurrierende Überlieferung in 2Kön 9 lokalisiert aber das „Feldstück Nabots, des Jesreeliters", wo er getötet wurde, eindeutig bei Jesreel. Für uns entscheidend ist die Tatsache, daß sich diese Tradition im MT schließlich durchgesetzt hat. Denn die Zusätze in 1Kön 21,1 (אֲשֶׁר בְּיִזְרְעֶאל) und 8 (אֲשֶׁר בְּעִירוֹ) haben klar die Funktion, den Palast Ahabs und die Handlung der Nabot-Erzählung insgesamt von Samaria nach Jesreel zu verlegen. Durch die Relokalisierung wird gleichzeitig – wenn auch nur implizit – der Weinberg mit dem Feldstück identifiziert.

Wer aber hatte ein Interesse daran, den Ort der Tötung Nabots so eindeutig lokalisieren zu können? Ging es den Glossatoren nur darum, einen Widerspruch in der Überlieferung auszugleichen, oder steckt mehr dahinter? Fest steht, daß Jesreel die stärkere Tradition ausgebildet hat als die Hauptstadt. Dies wiederum dürfte damit zusammenhängen, daß man sich in Jesreel des Schicksals Nabots länger und intensiver erinnert hat, und zwar am ehesten deshalb, weil sich dort sein *Familiengrab* befand (beachte die Nennung seiner Söhne in 2Kön 9,26!). Hier, in seiner Heimatstadt und am Familiengrab, konnte sich eine Nabot-*memoria* mit ihrer ‚gefährlichen Erinnerung' an ein Opfer königlicher Willkür jedenfalls leichter entwickeln als in der Hauptstadt. Daß man sich Nabots רוּחַ in späterer Zeit gar als einflußreiche Anwältin und Interzessorin am Hof des himmlischen Königs vorstellte (s.o.), mußte eine Verehrung des unschuldig getöteten ‚Heiligen' an seinem Grab bzw. Todesort erst recht attraktiv machen.

Der Brauch, die Gräber von ‚Heiligen' bzw. Gerechten zu pflegen und zu verehren, ist für das palästinische Judentum durch biblische Texte schon für die persische Zeit bezeugt (vgl. Gen 23 das sog. Patriarchengrab in Hebron, 2Kön 13,20f das Grab Elischas, 2Kön 23 das Grab von Prophet und Gottesmann in Bet-El usw.), vermutlich aber noch älter (vgl. die Begräbnisnotizen für die sog. Kleinen Richter, Ri 12,7.10.12.15; vgl. auch Jos 24,29-33 u.ö.). Josephus bezeugt die Kontinuität der Verehrung solcher Gräber der Gerechten[62], zu denen dann auch jüngere wie die der makkabäischen Märtyrer in Mode'in (1Makk 13,25-30; Ant 13,211; vgl. Jeremias 1958: 49f) hinzukamen. Daß sich jüdische Loca sancta-Traditionen erst nach der Zerstörung des Zweiten Tempels gebildet hätten, wie Y. Tsafrir (1991) jüngst behauptet hat, wird durch die Quellen also eindeutig widerlegt.[63] Wir wissen, daß christliche Pilger(innen) in byzantinischer Zeit gelegentlich

---

62   Z.B. Bellum Iudaicum 4,532 (Patriarchen); Antiquitates Iudaicae 1,343 (Rachel); 5,119 (Josua, Eleasar).

63   Freilich bieten die rabbinischen Quellen nur spärliche Hinweise auf die jüdische Märtyrer- und Heiligenverehrung; dies ist Resultat selektiver Zensur, die ihren Grund in der dem Martyrium skeptisch bis ablehnend gegenüberstehenden Position der Rabbinen hat, dergemäß man für die Tora wohl leben solle, nicht aber für sie sterben müsse. Wer als Märtyrer starb, konnte eben nicht ganz schuldlos gewesen sein, sein Tod galt daher als Konsequenz der Sünde bzw. als Gelegenheit zur Sühne. Vgl. dazu Baumeister 1980: 63-65; zu den defensiven Tendenzen der Rabbinen bes. Werner 1977.

auch jüdische Heiligengräber besuchten (Jeremias 1958, 1961; Wilkinson 1991[64]) und daß es neben einem christlichen auch einen jüdischen Pilger- und Reisebetrieb gab.[65] In diesem Kontext anzunehmen, auch ein Nabot-Grab in Jesreel habe zu den frühjüdischen ,Heiligengräbern' gehört, ist durchaus naheliegend.

Gibt es für eine solche Nabot-*memoria* in Jesreel literarische oder archäologische Quellen?

4.4. Eine jüdische Nabot-memoria in Jesreel

Wir gehen auf dem Weg unserer hypothetischen Rekonstruktion einen Schritt weiter: In der Tat wird die Existenz einer Nabot-*memoria* in Jesreel durch allerdings sehr viel jüngere Quellen, nämlich Pilgerberichte aus der Kreuzfahrerzeit, nahegelegt. Joachim Jeremias hat in seiner grundlegenden Untersuchung über „Heiligengräber in Jesu Umwelt" auch auf ein Gegen-stück zu den Heiligen- und Prophetengräbern hingewiesen, das in Jesreel (arab. *zer'īn*) lokalisiert war: das Grab der gottlosen Isebel (Jeremias 1958: 28f). Dieses Grab wird als offensichtlich bedeutendste Sehenswürdigkeit Jesreels von mehreren, mehr oder weniger zuverlässigen Quellen aus der Kreuzfahrerzeit erwähnt, die alle im Abstand von wenigen Jahren des 12.Jhs.p redigiert worden sind.[66] In chronologischer Reihenfolge handelt es sich um folgende Mitteilungen:

A um 1130p: Anonymus, De situ urbis Ierusalem VIII 27-30: „Fünf Meilen vom Tabor liegt Iezrahel, das ist Zarain, eine alte Stadt. In Iezrahel regierten Aab und Iezabel. Aus Iezrahel war Naboth, der wegen der Machenschaften der Gezabel gesteinigt wurde (*lapidatus est*), doch wurde sie dann nachher von Ieu hinabgestürzt und starb. Dessen/deren *pyramis* ist noch dort (*cuius adhuc piramis ibidem est*). Bei Iezrahel ist das Feld von Macedo, auf dem König Iosyas vom König von Samaria (*sic*) besiegt wurde und starb, dann überführt und in Syon begraben wurde. Eine Meile von Iezrahel liegen die Berge von Gelboa…" (De Sandoli 1980: II 96f; vgl. Macpherson 1896: 31).

B um 1137p: Petrus Diaconus, De locis sanctis § 26 (V 2): „In Iezrael aber ist der Weinberg, der Naboth gehörte, jetzt nur noch eine Grube (*vinea, que fuit Naboth, nunc puteus tantum est*); dort erscheinen auch noch die Fundamente eines Turms. Das Grab von Iezabel selbst aber wird bis heute von allen ge-steinigt (*sepulchrum vero Iezabel*[67] *usque hodie ab omnibus lapidatur*).

---

64   Prof. John Wilkinson (London) danke ich für die Überlassung einer Kopie seines Ma-nuskripts „Visits to Jewish Tombs by Early Christians", dessen Publikation für die dem-nächst erscheinenden Akten des XII. Kongresses für christliche Archäologie (Bonn 1991) vorgesehen ist.

65   Dieser hat spätestens ab der früharabischen Zeit auch seine eigene Itinerarliteratur hervorgebracht (Küchler 1992).

66   Für Hinweise zu den im folgenden übersetzten Quellen danke ich meinen Kollegen Klaus Bieberstein und Max Küchler (Fribourg).

67   De Sandoli liest irrtümlich *sepulchrum vero Iezrael*, übersetzt aber „il sepolcro poi di Gezabele".

Nicht weit von der Stadt liegt der Berg, auf dem der Prophet Elias saß, als ihn Iezabel verfolgte" (Franceschini & Weber 1965: 99, V 5; vgl. De Sandoli 1980: II 194f).

C 1137p: Fretellus, Liber locorum sanctorum terrae Ierusalem III 18-21: „Fünf Meilen von Nain[68] liegt die Stadt Iezrael, das ist Zaraim. Iezrael heißt «Gott hat gesät».[69] Aus dieser war Iezabel, die gotteslästerliche Königin, die Naboths Weinberg wegnahm (impiissima regina...que abstulit vineam Naboth), die auch wegen ihrer Unverschämtheit von der Höhe ihres Palastes hinabgestürzt wurde und starb (que etiam pro importunitate sua de summo palacii sui precipitata interiit), deren Grabmal dort noch in Überresten sichtbar ist (cujus adhuc pyramis superstes videtur). Bei Iezabel (sic) ist das Feld von Mageddo..." (Boeren 1980: 26; vgl. De Sandoli 1980: II 132f).

D um 1148/51p: Pseudo-Beda bzw. Anonymus VI, Descripcione terre sancte § 6: „Fünf Meilen von Naym liegt die Stadt Ezrael, das ist Zaraim. Ezrael heißt «Gott hat gesät». Aus dieser war Iezabel, die gotteslästerliche Königin, die Naboths Weinberg wegnahm, die auch wegen <ihrer> Unverschämtheit (pro importunitate) <von ihrem Palast hinabgestürzt wurde und starb, deren pyramis dort noch>[70] in Überresten sichtbar ist (superstes videtur). In der Nähe ist die Ebene von Magedo..." (De Sandoli 1983: III 64f; vgl. Stewart 1894: 57).

E um 1165p: Johannes von Würzburg, Descriptio terrae sanctae I 13-15: „Sechs Meilen von Nazareth, fünf Meilen von Naim liegt die Stadt Iezrahel, auch Zaraim genannt, das heute allgemein Kleines Gallina genannt wird. Aus ihr war Iezabel, die gotteslästerliche Königin, die Naboths Weinberg wegnahm, die wegen ihrer Unverschämtheit von der Höhe ihres Palastes hinabgestürzt wurde und starb, deren pyramis dort noch bis vor kurzem in Überresten sichtbar war (cuius adhuc pyramis nuper superstes videbatur). Bei Iezrahel ist die Ebene, in der der König Ozias..." (De Sandoli 1980: II 232f; vgl. Stewart 1896a: 6).

F vor 1174p: Theoderich, De locis sanctis § 44: „Fünf Meilen von Genin steht Iezrael hervor, das nun ad Cursum Gallinam genannt wird. Hier lebte Naboth, den wegen seines Weinbergs jene gotteslästerliche Iezabel steinigen ließ, die später Iehu ebendort durch seine Pferde zertrampeln ließ. Bei Iezrael liegt das Feld von Mageddo, wo Ozias, der König von Juda, durch den König von Samaria besiegt und getötet wurde. Von dieser Stadt[71] erscheinen noch mehrere Ruinen, darunter auch eine pyramis, die nach eben jener Ieza-

---

68   De Sandolis Quinto milliario est Anain Iezrael civitas... ist Fehler für quinto miliario a Nain (est) Iezrael civitas etc.; vgl. den kritischen Text von Boeren, den De Sandoli offenbar nicht kennt.

69   Der vorangehende Satz fehlt bei De Sandoli. Die Namenserklärung stand in der Erstfassung des Fretellus, der für die Etymologien dem Onomastikon (Hieronymus) folgt.

70   Die eingeklammerte Passage fehlt bei De Sandoli im Text, findet sich aber in der Erstedition von Neumann (1868: 427) und in De Sandolis Übersetzung. Ohne Klammertext könnte sich der Relativsatz que eciam pro importunitate <> superstes videtur auf die vinea Naboth beziehen. Ein Vergleich mit C und E zeigt aber, daß der Anonymus hier wörtlich Fretellus abschreibt, sodaß es sich wohl nur um einen Editionsfehler von De Sandoli handelt.

71   Gemeint ist Iezrahel. Theoderich merkt beim Redigieren seines Berichts, für den er sich an älteren Vorlagen orientiert, daß er das Grabmal der Isebel übersprungen hat, und trägt es gleich nach.

bel benannt wird (*hujus civitatis adhuc ruinae plurimae apparent, sed et pyramis nomini ipsius Jezabelis articulata*). Eine Meile von Iezrael nach Osten sind die Berge von Gelboa zu erkennen..." (Bulst & Bulst 1976: 45f, vgl. 74; vgl. De Sandoli 1980: II 374-377; Stewart 1896b: 63).

Ein quellenkritischer Vergleich dieser Mitteilungen ergibt folgendes Bild: Als unabhängige Berichte lassen sich **A, B** und **C** beurteilen, die im Wortlaut stark voneinander abweichen; dagegen ist **D** offensichtlich nicht mehr als eine fehlerhafte Kopie von **C**. Auch **E** hat von **C** abgeschrieben, paßt das Referat aber neuen Gegebenheiten an (beachte den neuen Ortsnamen *Minor Gallina*). **F** schließlich setzt ebenfalls die Kenntnis von Quellen voraus, formuliert aber wiederum etwas anders als seine Vorgänger und ergänzt biblische Reminiszenzen. Auf den ersten Blick scheinen alle diese Quellen etwa die gleichen, stereotypen Informationen über eine *pyramis* der Isebel in Jesreel zu bieten. Eine aufmerksame Lektüre läßt aber eine Entwicklung und gewisse Differenzen in der Beschreibung erkennen.[72]

A erwähnt neben Isebel und Naboth auch *Ahab* und *Jehu* und weiß, daß Jesreel eine *Residenzstadt* Ahabs und Isebels war. Im Unterschied zu den späteren Quellen spricht er von der *Steinigung* Nabots. Alle vier Details bezeugen Vertrautheit mit dem Wortlaut der biblischen Überlieferung. Angesichts dieser Vertrautheit erstaunt aber die auch von den jüngeren Quellen[73] kolportierte fehlerhafte Mitteilung über das Schlachtfeld von Megiddo; Joschija ist dort nicht vom „König von Samarien", sondern vom ägyptischen König Necho getötet worden (vgl. 2Kön 23,29-30). Interessant ist, daß die Megiddo-Notiz in allen Quellen des 12.Jhs.p mit Jesreel verbunden wird und zu jener Zeit offensichtlich zur *dortigen* Lokaltradition gehört, obwohl Megiddo rund 13km westlich von Jesreel liegt.[74] Die genaue Identität des biblischen Ortes mit dem *Tell el-Mutesellim* ist erst im 19.Jh.p wiedererkannt worden.

Der Befund läßt sich insgesamt gut verstehen, wenn man annimmt, der anonyme Reisebericht **A** stütze sich auf eine *jüdische* Traditionsbildung.

---

72   Jeremias (1958: 28f) nennt nur Petrus Diaconus, Pseudo-Beda und Theoderich (unsere Quellen **B, D** und **F**) und diskutiert keine Einzelheiten. Entwicklungen in der Tradition sind ihm deshalb entgangen.

73   Vgl. auch die folgende Anm. für Quellen des 13.Jhs.p.

74   Oliverus de Terra Sancta (1215-1219p) erwähnt die Osias-/rex Samariae-Tradition noch im Zusammenhang mit Jesreel (VI 14; De Sandoli 1984: IV 386f), ebenso 1251/2p Albertus Standensis (§ 13; De Sandoli 1984: IV 6f). Burchardus de Monte Sion referiert dann aber 1283p die Tradition von Megiddo nicht mehr in Jesreel, sondern – sachlich zu Recht – auf der Westseite der Ebene: „Vom Berg des Cayn drei Meilen nach Süden liegt Magedo, das nun Unterstadt (*Suburbe*) genannt wird, wo Ochosias, der König von Juda, gestorben sein soll, den Iehu, der König von Israel, bei Iesrahel an der Steige von Gaber verwundet hatte, als er Ioram, den König von Israel, mit einem Pfeil getötet hatte und ihn auf den Acker Naboths, des Iesraheliters hatte werfen lassen. An diesem gleichen Magedo wurde Iosias, der König von Juda, von Pharao, dem König von Ägypten, getötet, als dieser zum Eufratfluß auszog" (cap. XIV; De Sandoli 1984: IV 158f). Zu seiner Zeit existierte die Lokaltradition von Jesreel offenbar nicht mehr (s.u.).

Diese ist in bezug auf das Schicksal des Joschija dezidiert anti-samarita-nisch verformt[75], in bezug auf die mit der Stadt Jesreel verbundenen Personen und Ereignisse hält sie sich aber auch in Einzelheiten an die biblischen Quellen. Nach biblischer Vorgabe galt, daß Isebel von den Hunden zer-stückelt und gefressen worden war (1Kön 21,23 2Kön 9,35f), so daß man sie gerade *nicht* begraben konnte (2Kön 9,34ff) und „niemand sagen konn-te: Dies ist Isebel!" (2Kön 9,35).[76] Also dürfen wir annehmen, die jüdische Lokaltradition von Jesreel sei in erster Linie eine *Nabot*-Grabtradition gewe-sen. Nach der ältesten und zuverlässigsten Quelle **A** muß die *pyramis* nicht unbedingt – wie bei den späteren Autoren – das Grab *Isebels* markiert ha-ben; *cuius piramis* kann sich genauso gut auf das Grab *Nabots* beziehen.

Eine *jüdische* Tradition setzt auch, wie schon Jeremias (1958: 29) ge-sehen hat, die in Quelle **B** überlieferte Mitteilung voraus, „das Grab der Ise-bel" werde „bis heute von allen gesteinigt". Allerdings ist bezüglich dieser Mitteilung, die von jemandem überliefert wird, der selbst nie in Palästina gewesen ist[77], Vorsicht geboten: Wird hier vielleicht die jüdische Sitte, Stei-ne auf ein Grab zu legen, als Steinigung mißverstanden? Da es sich bei dem Monument um eine *pyramis* handelt, ist dies eher unwahrscheinlich.[78] Für die jüngeren Quellen ist die *pyramis* eindeutig das Grab *Isebels*. Überhaupt sind die Quellen **B–E**, in geringerem Maße auch **F**, nur noch an Isebel, der *impiissima regina*, ihrer Schandtat und ihrem Todessturz aus dem Palast in-teressiert. Nabot wird nurmehr beiläufig in der Floskel von der *vinea Na-*

---

75 Manche Kommentatoren (z.B. Bulst & Bulst 1976: 74 Anm. 1) nehmen eine Verwechs-lung von Joschija (lat. Osias) mit Achasja (lat. Ochosias) an, der laut 2Kön 9,27f bei Jibleam von Jehu verwundet wurde, in Megiddo starb und dann wie Joschija zum Begräbnis nach Jerusalem überführt wurde. Aber **A** weiß die beiden Ereignisse durchaus zu unterscheiden. Vgl. IX 31: „Fünf Meilen von Iezrahel liegt die Stadt Genin, von dort beginnt Samarien. Zwi-schen Genin und Mageddo liegt Ger, der Ort, wo Ieu, der König von Israel(!), Ochozias, den König von Judäa verwundete" (De Sandoli 1980: II 96f). Die anderen Berichte sind in dieser Hinsicht weniger präzis bzw. nennen nur eine Episode. Vgl. aber die kuriale Edition des Fretellus, die diesen am Ende seines Berichtes wieder nach Nazareth zurückkehren läßt und u.a. vermerkt: „Sechs Meilen von Nazareth gegen Genu (Genin) liegt der Ort, an dem Iehu, der König von Israel(!), Ochozias, den König von Juda, schlug" (De Sandoli II: 146f). Auch Bur-chardus (Anm. 74) unterscheidet klar zwischen der Achasja/Ochosias und der Joschija/O-sias-Episode und bezeichnet Jehu korrekt als „König von Israel" (nicht von Samaria). Da Jehu, so weit ich sehe, nie „König von Samaria" genannt wird, steht hinter der Osias-/rex Samariae-Tradition sicher mehr als nur eine Verwechslung.

76 Dagegen heißt es von Nabot nur, die Hunde hätten sein *Blut* geleckt (2Kön 21,19). Die von Josephus gebotene Version, dergemäß Nabots Leichnam von Hunden zerrissen worden sei (Antiquitates Iudaicae 8,361), wird durch die biblische Überlieferung nicht gedeckt. Es handelt sich offensichtlich um eine Rückprojektion des Schicksals Isebels auf Nabot – auch dies eine talio-orientierte Operation, die nun allerdings zulasten des Opfers ausfiel.

77 Petrus Diaconus war Bibliothekar in Monte Cassino; sicher ist, daß er u.a. die Berichte von Egeria und Beda Venerabilis benutzt hat. Unsere Passage findet sich in keiner der bei-den Vorlagen (aber s.u. bei Anm. 86).

78 Wilkinson (1981: 201 Anm. 4) weist auf den bis ins 19.Jh.p gepflegten und schon in Quellen der Kreuzfahrerzeit bezeugten Brauch der Steinigung des Absalomsgrabes in Jerusalem hin.

both erwähnt, die ja am Ausgangspunkt der Tradition steht, aber schon nach **B** nur noch eine Grube ist.

In dem Maße, in dem Nabot in den Hintergrund gedrängt und Isebel um der interessanteren Story willen immer wichtiger wird, läßt sich auch eine andere, damit zusammenhängende Verschiebung beobachten: Die *pyramis*, die nach Quelle **A** noch gestanden haben und nach **B** noch „gesteinigt" worden sein soll, ist dort für **C/D** nur noch teilweise erhalten (*superstes videtur*). Ist sie eine Generation später von Johannes von Würzburg gar nicht mehr gesehen worden, wenn **E**, wohl seine Quellen und Vorlagen korrigierend, nur notiert, die *pyramis* sei „*bis vor kurzem* noch in Überresten sichtbar gewesen"? Immerhin nennt **F** noch Ruinen, unter ihnen auch die *pyramis*, doch könnte er sich in diesem Punkt auf seine Quellen abstützen. Das pyramidale Dach des Grabmals ist jedenfalls zu einem unbekannten Zeitpunkt um 1200p eingestürzt und nicht wiederhergestellt worden. Die Quellen des 13.Jhs.p erwähnen die *pyramis* nicht mehr.[79] Burchardus de Monte Sion, der in Zarain nur noch 30 Häuser sah, berichtet, daß man dort Nabots Acker (*ager!*) zeige, nennt aber kein Grabmal.[80] Auch Reisende des 19.Jhs. wie J.S. Buckingham, E. Robinson, V. Guérin und andere (Ussishkin & Woodhead 1992: 6) sehen in *Zerʿīn* Reste von Sarkophagen und einen Turm, der vom lokalen Scheich bewohnt wird[81], aber keine *pyramis*, und auch die sporadischen Oberflächenuntersuchungen und Grabungen in diesem Jahrhundert (vgl. zusammenfassend Oeming 1989; Ussishkin & Woodhead 1992: 6-10) haben die Anlage nicht mehr lokalisieren können.[82]

Fassen wir den Quellenbefund aus der Kreuzfahrerzeit zusammen: Zu Beginn des 12.Jhs.p gab es in Jesreel/Zarain eine jüdische Nabot-*memoria* an einem Grab, das ursprünglich wohl als Grab Nabots verehrt, später als Grab Isebels verfemt wurde. Wohl im Zusammenhang mit dem Zweiten Kreuzzug, als Zarain bzw. *Parvum Gerinum* (Le Petit Gérin) in den Besitz des Templerordens überging (Ussishkin & Woodhead 1992: 5), hat die jüdische Bewohnerschaft den Ort verlassen.[83] Seither kümmerte sich niemand mehr um die Nabot-*memoria*, die *pyramis* zerfiel und die mit ihr verbundene jüdische Lokaltradition geriet in Vergessenheit.

---

79   S.o. Anm. 74.

80   Cap. XIV; De Sandoli 1984: IV 160f.

81   Dabei handelt es sich um einen im 18.Jh.p errichteten Nachfolgebau des bereits von **B** genannten Turms (Oeming 1989: 62; Ussishkin & Woodhead 1989: 42).

82   Das seit 1948 verlassene arabische Dorf ist nach dem Sechstagekrieg von der israelischen Regierung zerstört worden (Ussishkin & Woodhead 1992: 8f).

83   Benjamin von Tudela hat Zerin/Jesreel um 1165p besucht, weiß von der jüdischen Tradition aber nichts zu berichten. Er fährt in § 35 gleich nach der Nennung des Ortes fort, es gebe dort eine große Quelle (die ca. 3km ostnordöstlich von Jesreel gelegene Goliatsquelle, arab. *ʿEn Ǧālūd*), wo er einen einzigen Juden angetroffen habe. Die Präzisierung, dies sei ein Färber gewesen, weist auf das sonstige Fehlen einer jüdischen Bevölkerung (vgl. Rüger 1990: 54f; vgl. ebd. 6 zum jüdischen Färbereimonopol in der Kreuzfahrerzeit).

Wie alt die jüdische Nabot-*memoria* ist, wissen wir leider nicht. Eine historische Kontinuität zum oben postulierten Nabot'schen Familiengrab ist ganz unwahrscheinlich. Rabbinische Texte[84], aber auch ältere Pilgerberichte lassen nichts über eine Nabot-*memoria* verlauten. Jesreel lag zwar an einer nicht unbedeutenden Straßenkreuzung (vgl. Wilkinson 1977: 28f Map 8), doch verlief die übliche Route christlicher Pilgerinnen und Pilger über Kana, Nazareth und den Tabor nach Skythopolis und von dort direkt ins samarische Bergland nach Sichem, also nicht über Jesreel/Esdrael. Von den älteren Pilgern kommt nur der Anonymus aus Bordeaux (333p) hier vorbei. Er erinnert bei dieser Gelegenheit an Ahab und Elija.[85] J. Jeremias (1958: 28f mit Anm. 5; vgl. Wilkinson 1981: 201 mit Anm. 4) vermutet, daß Petrus Diaconus (unsere Quelle B) den Jesreel-Passus aus der sehr unvollständig erhaltenen Reisebeschreibung der Egeria (381-384p) übernommen habe.[86] Er begründet dies damit, daß Petrus im weiteren Kontext mit der Brotvermehrungskirche am See Gennesaret und dem judäischen Micha-Grab zwei Anlagen nenne, die – so die nicht unproblematische *communis opinio* – 614p zerstört worden seien. Ist er mit seiner Vermutung im Recht, dann würde die Tradition von der „Steinigung" des Grabes der Isebel (bzw. das damit zusammenhängende Mißverständnis?) ins 4.Jh.p zurückreichen. Diese Möglichkeit läßt sich vorderhand weder ausschließen noch positiv nachweisen.[87]

4.5. Zusammenfassung der alternativen Hypothese

Bündeln wir die in diesem Abschnitt gemachten Beobachtungen und Überlegungen noch einmal zu der gegen die historistische Interpretation des

---

84 Vgl. aber Anm. 63.

85 „Isdrahela: M 10. Dort saß König Ahab, als Elias prophezeite; dort ist auch das Lager, wo David den Goliath tötete" (Wilkinson 1981: 154). Beachte, daß weder Nabot noch Isebel erwähnt werden.

86 Petrus ist ja selber nicht in Palästina gewesen, sondern hat sein Werk v.a. aus Egeria und Beda Venerabilis kompiliert, s.o. Anm. 77.

87 Leider können uns vorerst auch die seit 1990 unter Leitung von D. Ussishkin und J. Woodhead auf Tel Jesreel durchgeführten Ausgrabungen des Institute of Archaeology der Universität Tel Aviv und der British School of Archaeology in Jerusalem in dieser Frage nicht weiterhelfen. Sie bestätigen nur den bereits früher durch Oberflächenuntersuchungen bekannten Befund, daß die Ortslage von der Eisenzeit II bis in die Gegenwart kontinuierlich besiedelt war (Ussishkin & Woodhead 1992: 53f). Die Untersuchung der kleinen Kreuzfahrerkirche (Areal E) hat an Mauern und Böden verschiedene baugeschichtliche Phasen unterscheiden können, die darauf hinweisen könnten, daß die Kirche schon in byzantinischer Zeit gegründet wurde (ebd. 42-46). Neben der Nordmauer fanden sich 25 Kinderbegräbnisse aus der Kreuzfahrerzeit, etwas tiefer zwei wohl ältere Erwachsenenbestattungen (ebd. 44). Die Indizien für eine byzantinische Gründung der Kirche sind bislang aber erst „circumstantial", und eine Verbindung zur oben rekonstruierten jüdischen Nabot-*memoria* läßt sich gegenwärtig nicht demonstrieren.
Herrn John Woodhead (Jerusalem) verdanke ich briefliche Auskünfte zum Grabungsbefund bei der Kirche: „We have no idea, yet, to whom the Crusader/Byzantine church was dedicated. We have no evidence for a synagogue at Jezreel" (5.2.1992).

Ahab-Siegelrings erwogenen alternativen Hypothese. Ausgangspunkt war die Feststellung, daß der Siegelring keinesfalls als Königssiegel des 9.Jhs.a verstanden werden kann. Daran schloß sich die Frage an: Ist es denkbar, daß jemand in viel späterer Zeit ein Interesse daran haben konnte, einen Siegelring „Ahabs, des Königs von Israel" herzustellen?

Vor dem Hintergrund des eben Ausgeführten läßt sich die Frage ohne Zögern positiv beantworten. Es ist durchaus denkbar, daß ein solches Siegel noch Jahrhunderte nach Ahabs Tod hergestellt werden konnte. Wir können sogar präzisieren, in welchem Kontext das Siegel seinen plausiblen ‚Sitz im Leben' gehabt hätte: im Rahmen der jüdischen Nabot-*memoria* von Jesreel, wo das Grab des unschuldig Getöteten, als Märtyrer und Interzessor(?) verehrten ‚Heiligen' gezeigt und gepflegt wurde.[88] Da Ahabs Siegel in der Weinberg-Novelle 1Kön 21 eigens genannt wird und eine wichtige Rolle spielt, läßt sich ein handfestes Interesse der Lokaltradenten an einem solchen Requisit durchaus plausibel machen. Das in Abschnitt 3 diskutierte Problem, daß der Siegelring nicht dem Standard eines Königssiegels des 9.Jhs.a entspricht, wäre keines mehr, da sich spätere Generationen das Siegel von 1Kön 21 selbstverständlich in einer ihnen vertrauten Form und, da es sich um ein israelitisches Siegel handelte, ebenso selbstverständlich als anikonisches Siegel vorgestellt haben. Die Hersteller dieser ‚antiken Fälschung' hätten sich allerdings bemüht, die Inschrift archaisierend in althebräischer Schrift anzubringen, ohne mit dieser Schrift, an deren Stelle ja für den Alltagsgebrauch längst die aramäische Kursiv- und Quadratschrift getreten waren, wirklich vertraut zu sein.[89] Träfe diese Hypothese das Richtige, dann wäre der Siegelring als Memorialobjekt[90] zu verstehen, das den Besuchern des Nabot- (bzw. des Isebel-?)Grabes gezeigt wurde und dort den Zweck erfüllte, diesen die Verläßlichkeit der biblischen Überlieferung zu demonstrieren und in ihnen die Erinnerung an Nabots Integrität und Isebels böse Machenschaften wachzurufen. Der Ring wäre dann ein einzigartiges Dokument antiker jüdischer Märtyrerverehrung.

Diese Deutung muß zweifellos mit einer Reihe von Unsicherheiten rechnen, hätte aber gegenüber der eindimensionalen historistischen Interpretation den unbestreitbaren Vorzug, daß sie der Komplexität der Geschichte und dem Zusammenspiel von Geschehen und Erinnerung in wesentlich differenzierterer Weise Rechnung trägt. Insofern sie zur Kritik des Historismus

---

88   Dies ist der von unserer Einschätzung des Siegelrings unabhängige Ertrag von Abschnitt 4.

89   Vgl. für solche archaisierenden Tendenzen die Verwendung althebräischer Lettern in samaritanischen Handschriften der Tora, zur Schreibung des Tetragramms auf Handschriften in Qumran, generell auf Münzen aus dem ersten und zweiten Jüdischen Krieg usw.

90   Im Unterschied zu einer Reliquie ist damit ein Gegenstand gemeint, der nicht direkt dem Märtyrer oder Heiligen selbst gehört hat, sondern indirekt mit seinem Schicksal verbunden ist.

beiträgt, hat sie – ob sie zutrifft oder nicht – in jedem Falle einen heuristi-
schen und einen gewissermaßen didaktischen Wert.

5. ABER...

...so verlockend die Hypothese auch sein mag, so klar muß sie letztlich
scheitern, genauer: der bronzene Siegelring muß doch wohl ganz anders gedeutet werden! Der Hauptgrund dafür ist einfach: die für die Inschrift vor-
geschlagene Lesung *l*ʔ *ʾḥʾb m̌lk yšrʾl* „<Gehört dem>ʔ Ahab, König von Israel", welche die Basis für die historistische Interpretation darstellt und
auch der Ausgangsfrage für die alternative Memorial-Hypothese zugrunde-
lag, ist mit dem epigraphischen Befund schlicht nicht zu vereinbaren. Wir
kehren deshalb abschließend noch einmal zu unserem Objekt zurück und
können uns kurz fassen.

Die einzelnen Zeichen seien unter Beibehaltung der oben gegebenen
Numerierung kurz kommentiert.[91] Die neue Umzeichnung (*Abb. 4a-b*) entspricht der im folgenden vorgeschlagenen Deutung.

1 Das erste ‚Zeichen' ist bereits ausgesprochen problematisch: es besteht aus
einer einzigen Geraden, die fast waagrecht gesetzt (aber evtl. senkrecht zu
‚lesen') ist, leicht zur Mitte der Basisplatte hin abfällt und über deren linken
Schmalrand hinausführt. Die Linie läuft in den ersten Querstrich von Nr. 6 (*m*)
über, ist aber deutlich weniger scharf graviert als jenes Zeichen. Da für ein *lamed*
ein in spitzem Winkel abgehender Aufstrich zu erwarten wäre (vgl. Nr. 7),
dieser aber offensichtlich fehlt und nicht erst durch Abreibung verschwunden
sein kann, muß man sich fragen, ob die Linie 1 nicht überhaupt durch ein Versehen zustandegekommen und gar nicht als Zeichen zu interpretieren ist.[92] In
diesem Falle würde das besitzanzeigende *lamed* wegfallen und wäre in der ersten
Zeile nur ein PN zu lesen. Davies 1991 listet in seinem Corpus, das 900 Nummern
für Siegel und Bullen umfaßt, über 70 Belege (ca. 7,7%) ohne besitzanzeigendes
lamed auf; das Fehlen auf unserem Siegelring ist also nicht außergewöhnlich[93],
ein Datierungsindiz ist daraus nicht zu gewinnen.
2 Das nächste Zeichen ist v.a. auf dem Abdruck unzweifelhaft als ʾ zu bestimmen; es besteht aus einem waagrechten spitzen Winkel, der durch eine Vertikale
geschnitten wird. Bei der Spitze des Winkels führt (versehentlich?) eine zweite, nicht zum Zeichen gehörende Kerbe über den Rand der Basisplatte hinaus
(vgl. andere solche Kerben zwischen Nr. 3 und 4, neben dem Kopf von Nr. 5, an
den beiden Schmalseiten des Ovals, zwischen Nr. 9 und 10 und bei Nr. 13).
3 Fast quadratische Form aus zwei Vertikalen, die durch drei Horizontale ver-

---

91 Ich danke André Lemaire für ein Gespräch über paläographische Probleme der Siegelinschrift sowie für die freundlich gewährte Einsicht in sein für den demnächst erscheinenden
Siegelkatalog des R. & E. Hecht Museums verfaßtes Manuskript.
92 Der merkwürdig hohe Ansatz der dritten Zeile spricht zusätzlich gegen die Deutung
von Nr. 1 als Schriftzeichen und für eine solche als ‚Ausrutscher', der vielleicht zu einem
Trenner ausgearbeitet wurde.
93 Das beidseitig gravierte Siegel Davies 1991: Nr. 100.272 bietet z.B. auf der einen Seite
lmqnyw ʿbd yhwh, auf der anderen nur *mqnyw ʿbd yhwh*.

bunden werden, wobei die unteren zwei etwas unsorgfältig nicht ganz durchgezogen sind. Die Lesung als *ḥ* steht außer Zweifel.

4 Wieder ein *ʾ*; der spitze Winkel ist auf dem Abdruck nicht ganz geschlossen, doch ist hier die Basis etwas abgerieben (vgl. den Kopf des folgenden Zeichens).

5 stellt ein doppeltes Problem: zum einen der Position, da nicht klar ist, ob das Zeichen den Abschluß der ersten oder der zweiten Zeile bildet, zum anderen der Form. Die Zuweisung zur ersten Zeile geht davon aus, daß der dreieckige, spitzwinklige Kopf auf gleicher Höhe wie Nr. 4 nahe dem Plattenrand liegt, und deutet den schrägen Abstrich infralinear. Das Zeichen als *b* zu lesen, ist aber selbst unter diesen Voraussetzungen sehr problematisch. Für eine solche Deutung spricht eigentlich nur die starke Schräglage, die ihrerseits nur in Funktion zu einer angenommenen Standlinie zu bestimmen ist, d.h. je nachdem stärker ausfällt, ob man die Linie mit der ersten Zeile parallel zum Plattenrand oder mit der zweiten ungefähr horizontal zieht. Davon abgesehen müßte aber bei einem *b* der Abstrich mindestens leicht nach vorne abgeknickt oder -gebogen sein.[94] Der Kommentar im Museum will die problematische Form als „late shape" erklären, aber auch späte Formen des *b* haben eine leichte Wölbung beibehalten. Versteht man das Zeichen als Abschluß der mittleren Zeile, dann entfällt die Schräglage (vgl. im Kontrast dazu Nr. 6 und 8), und das Zeichen läßt sich dann im Anschluß an Nr. 7-8 insgesamt supralinear ansetzen. Anstatt eines *b* käme am ehesten *r* in Frage, evtl. *d*, für das freilich ein etwas kürzerer Abstrich zu erwarten wäre. A. Lemaire erwägt mit Verweis auf das Siegel *lnḥmyhw bn mkyhw* (Lemaire 1993a: 21 mit fig. 28) noch ein *k* mit sog. „box head"; aber der Zeichenkopf scheint ursprünglich geschlossen gewesen zu sein, was heute wegen der Abreibung nicht mehr deutlich erkennbar ist.

6 Eindeutig sind der lange schräge Abstrich und zwei kleine Oberstriche erkennbar, die in der Umzeichnung von *Abb. 3* klarer verbunden sind als auf dem Original. Fraglich ist ein dritter Oberstrich, sicher unverbunden, von dem auf dem Original Spuren zu erkennen sind; läßt man ihn gelten, ist *m*, sonst *n* zu lesen.

7 Ein sicheres *l*, spitzer graviert, als dies auf *Abb. 3* zum Ausdruck kommt.

8 Ähnlicher, ganz leicht abgebogener Abstrich wie bei Nr. 6, dazu ein fast horizontaler Oberstrich, dessen Ende nach unten abgeknickt ist (sofern es sich nicht um eine Beschädigung handelt): die naheliegendste Lesung ist zweifellos *p*. Die Interpretation als *k* ist unter der von der ‚historisierenden' Interpretation gemachten (falschen) Voraussetzung, daß es sich um ein vorexilisches althebräisches Siegel handle, unmöglich, da ein solches *k* zwei zum Hauptstrich hin gebündelte Oberstriche haben müßte; bestenfalls könnte eine sehr seltene nachexilische Sonderform angesetzt werden.

Die dritte Zeile ist insgesamt stark abgerieben und nur mit Vorbehalten zu interpretieren.[95]

9 Stark zerstört, und ein ähnliches Problem wie bei Nr. 5: Gehört das Zeichen, wofür seine Ansetzung in gleicher Höhe wie Nr. 6 sprechen könnte, an den Anfang der zweiten Zeile, oder handelt es sich um das erste der dritten Zeile? Die Be-

---

94 Ein auf dem Original erkennbarer, in der Umzeichnung *Abb. 4* nicht wiedergegebener horizontaler Kratzer läßt sich schwerlich so deuten.

95 A. Lemaire (Anm. 91) verzichtet ganz auf eine Interpretation: „several strokes, maybe traces of three or four letters (?)", und brieflich am 5.8.93: „je suis très sceptique sur la troisième ligne, sur sa lecture et même sur son existence... (s'agirait-il de quelques points ou motifs de remplissage?)".

antwortung der Frage hängt damit zusammen, was man erwartet. Attraktiv wäre eine Deutung des horizontalen Striches ‚Nr. 1' und einer leicht gegenläufigen Linie von Nr. 9 als Reste eines *b*, was zusammen mit Nr. 6 als *n* eine Filiation PN *bn* PN ergäbe: Man denkt an *bn lpd*, vgl. לַפִּיד „Blitz, Fackel" und den PN(?) לַפִּידוֹת in Ri 4,4 (so auch A. Lemaire). Die Deutung ist freilich mit zu vielen Schwierigkeiten belastet: ‚Nr. 1' und 9 sind nicht verbunden, der für *b* erforderliche Abstrich fehlt, die beiden schräg senkrechten Strichlein von Nr. 9 blieben unerklärt. Eher läßt sich Nr. 9 rechtwinklig zum Plattenrand lesen und tentativ zu einem *y* (oder gar *s*?) ergänzen.[96]

10 Hier ist nur noch ein stumpfer Winkel erhalten. Die ‚historistische' Deutung ergänzt diesen zu einem *š*, muß dann aber ein Strichlein im Winkel oder einen zweiten entsprechenden Winkel links vermissen. Der vorhandene Winkel entspricht dem Kopf von Nr. 5, für einen ebenso langen Abstrich (*r*) oder den eines *b* fehlt der Platz, also vielleicht *d*.

11 Nur noch ein ungefähr senkrechter Abstrich ist sicher zu erkennen. Original und Abdruck lassen die Existenz eines spitzwinkligen Kopfes von der Art von Nr. 5 und 10 vermuten, der freilich wesentlich größer ausfiele als auf der Umzeichnung von *Abb. 3*. Wiederum steht die Alternative *b, r, d* zur Wahl und läßt zur selben Deutung wie bei Nr. 10 tendieren.

12 zeigt rekonstruierbare Spuren eines spitzen Winkels mit vertikalem Abstrich; da die Horizontale den vertikalen Abstrich schneidet, ist eine Ergänzung zu ᵓ (in Analogie zu Nr. 2 und 4) vorzuziehen, wenngleich sich *d* nicht ganz ausschließen läßt (vgl. Nr. 11).

13 Eine Lesung als *l* liegt nahe, obwohl die Siegelfläche hier stark beschädigt und angeschlagen ist.

Mit allen durch den schlechten Erhaltungszustand bedingten Vorbehalten läßt sich die folgende Deutung vertreten:

– 2 3 4	ᵓḥᵓ	„Acha
6 7 8 5	mlpr/d	(Sohn des) *mlpr/d*,
9 10 11 12 13	ẏdᵓᵓl	(Sohn des) Jedidᵓel(?)"

Formal läßt sich das Syntagma unter Berücksichtigung bereits bekannter Analogien als PN + Patronym + Papponym verstehen.[97] Die andere für dreizeilige Siegel mögliche Form PN + Patronym (oder evtl. Herkunftsangabe??) + Titel scheint angesichts der vorhandenen Zeichenspuren im dritten Register zu entfallen. Zwar ist man zunächst versucht, in der dritten Zeile *spr*ᵓ aram. „der Schreiber" zu lesen, doch läßt sich Nr. 10 nicht als *p* interpretieren. Trotz der drei PN fehlt die Filiation *bn* (aber s.o. zu Nr. 9).

Acha (so auch A. Lemaire) ist ein Hypokoristikon für Ach(i)- + Name einer Gottheit „(die Gottheit) X ist Bruder", vgl. Achija(hu) (1Sam 14,3.18 1Kön 4,3 11,29f u.ö.; in persischer Zeit offenbar besonders beliebt: 1Chr

---

Vgl. Anm. 92.

97   S.o. Anm. 41 Mitte. Die engste Parallele (aber mit doppelter Filiation) bieten also die beiden Bullen *lyrmyhw bn ṣpnyhw bn nby* (Lachisch Str. II, Ende 7.Jh, Anfang 6.Jh.a, s.o. Anm. 44).

2,25 8,7 11,36 Neh 10,27), Achiel (vgl. Hiel 1Kön 16,34), Achimelech u.ä.
(Fowler 1988: 46-48, 335f). Die Kurzform ist im hebräischen Onomastikon
durch je fünf Inschriften und Siegel bereits gut dokumentiert (Davies 1991:
272 s.v.; vgl. dazu das Siegel *lʾḥʾ* aus Aschkelon[?], Keel & Uehlinger 1992:
364f mit Abb. 311b)[98]. Den PN(?) der zweiten Zeile vermag ich über die
oben zu Nr. 9 gemachten Hypothese hinaus vorderhand nicht zu deuten.
Jedidʾel „Liebling/Favorit Els" war bisher erst im Ugaritischen (als Epithet
des Gottes Mot) und im Altsüdarabischen als PN (*wddʾl*, Ryckmans 1934:
I 224, II 52) bezeugt. Im althebräischen Onomastikon überrascht der Name
angesichts der jahwistischen Variante Jedidja (2Sam 12, 25) und des nicht-
theophoren Jedida (2Kön 22,1) keineswegs. Nicht ganz auszuschließen ist
freilich ein PN *sdrʾl* (vgl. *sḏryhw* in Davies 1991: 447).

Die Namen passen durchaus zum Gesamtbefund des Objekts: *Material, Siegeltyp und Form* (bronzener Ring mit ovaler Siegelplatte) weisen, wie
wir gesehen haben, auf eine Herstellung des Siegelrings im späten 6. oder
im 5. Jh.a (s.o. Abschnitt 3, s.v. 4). Die *Gestaltung der Siegelfläche* (quer, anikonisch, drei Schriftzeilen ohne Zeilentrenner) legt ebenfalls eine Datierung
ins 6./5.Jh.a nahe (ebd. s.v. 6). Die *paläographischen* Merkmale der Inschrift
bestätigen diese Einordnung[99], wobei noch einmal an die Feststellung erinnert sei, daß die Inschrift vermutlich mit nicht ganz adäquatem Werkzeug
graviert worden ist.

Unser Siegelring, so läßt sich als abschließendes *Fazit* formulieren, ist mit
Sicherheit nicht Ahabs königliches Siegel aus dem 9.Jh.a, aber auch kein mit
Ahab bzw. Nabot verbundenes Memorialobjekt späterer Zeit, sondern das
persönliche Siegel eines ansonsten unbekannten Privatmannes namens
Acha, der im späten 6. oder 5.Jh.a irgendwo in Palästina, vielleicht in Judäa, gelebt haben dürfte. Die Originalität des Objekts besteht darin, daß
es sich um den bislang einzigen Beleg für einen Bronzering mit althebräischer Inschrift handelt. Sein einstiger Besitzer hat wohl einen zu seiner Zeit
neu in Mode kommenden Ringtyp in noch undekoriertem Zustand gekauft
und sich dann von einem lokalen Siegelschneider seinen Namen in die Siegelplatte eingravieren lassen.[100]

---

98 A. Lemaire (Anm. 91) weist außerdem auf reichsaramäische und palmyrenische Parallelen hin.

99 Auch A. Lemaire (Anm. 91) schlägt aus paläographischen Gründen eine Datierung „c.
the sixth century" vor.

100 Ähnlich sind etwa zur gleichen Zeit oder wenig früher Judäer vorgegangen, die facet-
tierte Quarzkonoiden aus Nordsyrien oder Mesopotamien in undekoriertem Zustand gekauft
haben und ihn dann von einem der hebräischen Schrift und Sprache mächtigen Siegelschneider mit ihrem Namen versehen ließen. Ihre Siegel sind ebenfalls anikonisch, weisen
aber die üblichere querformatige Disposition von zwei Zeilen auf (vgl. Avigad 1951: 33 Nr.
2 ohne Zeilentrenner; Pritchard 1962: 119f mit Fig. 86, mit Trenndesign).

Abbildungsverzeichnis

Abb. 1a	H-2047, ab Postkarte des R. & E. Hecht Museums (Photo Zev Radovan).
Abb. 1b	Wolfe & Sternberg 1989: Nr. 21 (Maßstab 2:1).
Abb. 2a	H-2047, Neg.Nr. 82362 (Photo Zev Radovan; Maßstab 2:1)
Abb. 2b	H-2047, Abdruck, Neg.Nr. 82364 (Photo Zev Radovan; Maßstab 2:1).
Abb. 3	H-2047, vom Museum zur Verfügung gestellte Umzeichnung.
Abb. 4a-b	H-2047, korrigierte Umzeichnung von Siegelplatte und Abdruck (Zeichnung Jean-Marc Wild; Maßstab 2:1).
Abb. 5a-d	Judäische *lmlk*-Stempelabdrücke, um 700a (Welten 1977: Abb. 78:27-30).
Abb. 6a	Edomitische Bulle *lqwsg[br] mlk ʾ[dm]* aus Umm el-Biyara, um 650a (Lemaire 1993: 23 Fig. 6; Photo C.M. Bennett).
Abb. 6b	Phönizisches Siegel *lmlk ṣrpt*, um 550a? (Bordreuil 1991: 466 Fig. 1e; 1992: 125 Fig. 56; Zeichnung Jean-Marc Wild).
Abb. 6c	Aramäische Bulle *lbrrkb br pnmw*, um 730a (von Luschan & Andrae 1943: Taf. 38,b).
Abb. 7a	Phönizisches Siegel *lʾbybʿl*, um 670a (Gubel 1993: 119 Fig. 50).
Abb. 7b	Phönizisches Siegel *lmṣry*, 7.Jh.a (ebd. 119 Fig. 48).
Abb. 7c	Phönizisches Siegel *lmksp*, 7.Jh.a (ebd. 119 Fig. 51).
Abb. 7d	Phönizisches (?) Siegel *lḥnn*, 7.Jh.a (HD 123; Ornan 1993: 66 Fig. 51).
Abb. 8	Beidseitig graviertes phöniko-israelitisches (?) Siegel *lmnḥm*, 7.Jh.a (Gubel 1990: Pl. XXVI; Photo Ashmolean Museum, Oxford).
Abb. 9a	Israelitisches Siegel *lšmʿ ʿbd yrbʿm* aus Megiddo, um 760a (Lidzbarski 1908: 140).
Abb. 9b	Hebräisches Siegel *lʾbyw ʿbd ʿzyw*, um 740a (Keel & Uehlinger 1992: 285 Abb. 241b).
Abb. 9c	Beidseitig graviertes hebräisches Siegel *lšbnyw ʿbd ʿzyw*, um 740a (ebd. 299 Abb. 263a-b).
Abb. 9d	Hebräisches Siegel *lʾšnʾ ʿbd ʾḥz*, um 730a (Sukenik 1941).
Abb. 9e	Judäische Bulle *lyhwzrḥ bn ḥlqyhw ʿbd ḥzqyhw*, um 700a (Hestrin & Dayagi-Mendels 1974: 27).
Abb. 10a	Hebräisches Siegel *lyʾznyhw ʿbd hmlk* vom Tell en-Naṣbeh, um 700a (HD 5; D 69).
Abb. 10b	Hebräisches Siegel *lʾlšmʿ bn hmlk*, um 700a (Sass 1993: 215 Fig. 77).
Abb. 10c	Hebräisches Siegel *lmnšh bn hmlk*, 7.Jh.a (Sass 1993: 215 Fig. 85).
Abb. 10d	Hebräisches Siegel *lnryhw bn hmlk* (Sass 1993: 207 Fig. 57).
Abb. 10e	Hebräisches Siegel *lgʾlyhw bn hmlk* (A 6)
Abb. 11	Phöniko-israelitisches Siegel des/der *yzbl*, 9./8.Jh.a (HD 31; Keel 1977: 96 Abb. 63, korrigiert).
Abb. 12a	Judäische Bulle *lyrmyhw bn ṣpnyhw bn nby* aus Lachisch, Ende 7./Anfang 6.Jh.a (Herr 1978: Fig. 55:23).
Abb. 12b	Judäische Bulle *yhwd yhwʿzr pḥwʾ* aus Ramat Rahel, 5.Jh.a (Avigad 1976: Fig. 17:7).
Abb. 13a-e	Samari(tani)sche Münzen des *yrbʿm*, 4.Jh.a (Meshorer & Qedar 1991: 49 Nr. 23-27).

Literaturverzeichnis

A   = Nahman Avigad, Hebrew Bullae from the Time of Jeremiah. Remnants of a Burnt Archive, Jerusalem 1986.

Aharoni, Yohanan, 1975, Investigations at Lachish. The Sanctuary and the Residency (Lachish V = Tel Aviv University. Publications of the Institute of Archaeology 4), Tel Aviv.

Avigad, Nahman, 1951, Some New Readings of Hebrew Seals: Eretz-Israel 1, 32-34 (hebr.).

—   1976, Bullae and Seals from a Post-Exilic Judean Archive (Qedem 4), Jerusalem.

—   1980, The Chief of the Corvée: Israel Exploration Journal 30, 170-173.

—   1987a, On the Identification of Persons Mentioned in Hebrew Epigraphic Sources: Eretz-Israel 19, 235-237 (Hebrew; English summary 79*).

—   1987b, The Contribution of Hebrew Seals to an Understanding of Israelite Religion and Society, in: P.D. Miller, P.K. McCarter & P.D. Hanson (eds.), Ancient Israelite Religion. Essays in Honor of F.M. Cross, Philadelphia, 195-208.

—   1989, Two Seals of Women and other Hebrew Seals: Eretz-Israel 20, 90-96 (hebr.; engl. summary 197*).

—   1990, Two Hebrew 'Fiscal' Bullae: Israel Exploration Journal 40, 262-266.

—   1992, A New Seal of a 'Son of the King': Michmanim 6, 27-32.

B   = Pierre Bordreuil, Catalogue des sceaux ouest-sémitiques inscrits de la Bibliothèque Nationale, du Musée du Louvre et du Musée biblique de Bible et Terre Sainte, Paris 1986.

Bammel, Ernst, 1953, Zum jüdischen Märtyrerkult: Theologische Literatur-Zeitung 78, 119-126.

Barkay, Gabriel, 1986, Ketef Hinnom. A Treasure Facing Jerusalem's Walls (Israel Museum Catalogue no. 274), Jerusalem.

Baumeister, Theofried, 1980, Die Anfänge der Theologie des Martyriums (Münsteraner Beiträge zur Theologie 45), Münster.

Bennett, Crystal-M., 1966, Fouilles d'Umm el-Biyara. Rapport préliminaire: Revue Biblique 73, 372-403.

Boardman, John, 1970, Greek Gems and Finger Rings. Early Bronze Age to Late Classical, London.

Boeren, Peter Cornelis, 1980, Rorgo Fretellus de Nazareth et sa description de la Terre Sainte. Histoire et édition du texte (Koninklijke Nederlandse Akademie van Wetenschapen, Afdeling Letterkunde, Verhandelingen Nieuwe Reeks 105), Amsterdam – Oxford – New York.

Bordreuil, Pierre, 1985, Inscriptions sigillaires ouest-sémitiques, III. Sceaux de dignitaires et de rois syro-palestiniens du VIIIe et du VIIe siècle avant J.-C.: Syria 62, 21-29.

—   1986a, Charges et fonctions en Syrie-Palestine d'après quelques sceaux ouest-sémitiques du second et du premier millénaire: Comptes-Rendus de l'Académie des Inscriptions et Belles-Lettres (Avril-Juin), 290-307.

—   1986b, A Note on the Seal of Peqaḥ the Armor-Bearer, Future King of Israel: BA 49, 54-55.

—   1986c, Les sceaux des grands personnages: Le Monde de la Bible 46, 45.

—   1991, Les premiers sceaux royaux phéniciens, in: Atti del II° Congresso Internazionale di Studi Fenici e Punici, vol. II (Collezione di Studi Fenici 30/II), Roma, 463-468.

—   1992, s.v. Sceaux inscrits des pays du Levant: Dictionnaire de la Bible, Supplément XII, fasc. 66, 86-212.

Bordreuil, Pierre & Pardee, Dennis, 1990, Le papyrus du marzeaḥ: Semitica 38, 49-68.
Buchanan, Briggs & Moorey, Peter Roger S., 1988, Catalogue of Near Eastern Seals in the Ashmolean Museum. III: The Iron Age Stamp Seals (c. 1200-350 BC), Oxford.
Bulst, M.L. & Bulst, Walther, 1976, Theodericus. Libellus de locis sanctis (Editiones Heidelbergensis 18), Heidelberg.
CAI = Walter E. Aufrecht, A Corpus of Ammonite Inscriptions (Ancient Near Eastern Texts and Studies 4), Lewiston, NY – Queenston, Ont. – Lampeter, Dyfed (Wales) 1989.
Cohen, Martin A., In all Fairness to Ahab. A Socio-Political Consideration of the Ahab-Elijah Controversy: Eretz-Israel 12 (1975) 87*-94*.
Davies, Graham I., 1991, Ancient Hebrew Inscriptions. Corpus and Concordance, Cambridge.
D = David Diringer, Le iscrizioni antico-ebraiche palestinesi (Pubblicazioni della R. Università degli Studi di Firenze. Facoltà di lettere e filosofia III/2), Firenze 1934.
De Sandoli, Sabino, 1978-84, Itinera Hierosolymitana Crucesignatorum (Saec. XII-XIII). Vol. I-IV (Pubblicazioni dello Studium Biblicum Franciscanum, Collectio maior n. 24), Jerusalem.
Elayi, Josette, 1986, Le sceau du prêtre Ḥanan, fils de Ḥilqiyahu: Semitica 36, 43-46.
— 1992, New Light on the Identification of the Seal of Priest Ḥanan, Son of Hilqiyahu (2 Kings 22): Bibliotheca Orientalis 49, 680-685.
Fowler, Jeaneane D., 1988, Theophoric Personal Names in Ancient Hebrew. A Comparative Study (Journal for the Study of the Old Testament, Supplement Series 49), Sheffield.
Franceschini, Adriano & Weber, Robert, 1965, Itinerarium Egeriae, in: Itinera et alia geographica (Corpus Christianorum Series Latina 175), Turnholt, 27-103.
G = Kurt Galling, Beschriftete Bildsiegel des ersten Jahrtausends v. Chr. vornehmlich aus Syrien und Palästina. Ein Beitrag zur Geschichte der phönizischen Kunst: ZDPV 64, 1941, 121-202.
Ginzberg, Louis, 1913, The Legends of the Jews. Vol. IV: Bible Times and Characters From Joshua to Esther, 7th reprint, Philadelphia.
Gubel, Eric, 1990, Le sceau de Menahem et l'iconographie royale sigillaire: Semitica 38, 167-171.
— 1991, Notes sur l'iconographie royale sigillaire, in: Atti del II° Congresso Internazionale di Studi Fenici e Punici, vol. II (Collezione di Studi Fenici 30/II), Roma, 913-922.
— 1993, The Iconography of Inscribed Phoenician Glyptic, in: Sass & Uehlinger 1993, 101-129.
HD = Ruth Hestrin & Michal Dayagi-Mendels, Inscribed Seals. First Temple Period. Hebrew, Ammonite, Moabite, Phoenician and Aramaic. From the Collections of the Israel Museum and the Israel Department of Antiquities and Museums, Jerusalem 1979.
Hestrin, Ruth & Dayagi-Mendels, Michal, 1974, A Seal Impression of a Servant of King Hezekiah: Israel Exploration Journal 24, 27-29.
Hübner, Ulrich, 1993, Das ikonographische Repertoire der ammonitischen Siegel und seine Entwicklung, in: Sass & Uehlinger 1993, 130-160.
Jakob-Rost, Liane, 1975, Die Stempelsiegel im Vorderasiatischen Museum, Berlin.
Jeremias, Joachim, 1958, Heiligengräber in Jesu Umwelt (Mt. 23,29; Lk. 11,47). Eine Untersuchung zur Volksreligion der Zeit Jesu, Göttingen.

Jeremias, Joachim, 1961, Drei weitere spätjüdische Heiligengräber: Zeitschrift für die neutestamentliche Wissenschaft 52, 95-101.

Johns, C.N., 1932, Excavations at ʿAtlīt (1930-1): Quarterly of the Department of Antiquities of Palestine 2, 41-104.

KAI = Herbert Donner & Wolfgang Röllig, Kanaanäische und aramäische Inschriften, Wiesbaden ³1973.

Keel, Othmar, 1977, Jahwe-Visionen und Siegelkunst. Eine neue Deutung der Majestätsschilderungen in Jes 6, Ez 1 und 10 und Sach 4 (Stuttgarter Bibelstudien 84-85), Stuttgart.

Keel, Othmar & Uehlinger, Christoph, 1990, Altorientalische Miniaturkunst. Die ältesten visuellen Massenkommunikationsmittel. Ein Blick in die Sammlungen des Biblischen Instituts der Universität Freiburg Schweiz, Mainz am Rhein.

— 1992 (²1993), Göttinnen, Götter und Gottessymbole. Neue Erkenntnisse zur Religionsgeschichte Kanaans und Israels aufgrund bislang unerschlossener ikonographischer Quellen (Quaestiones disputatae 134), Freiburg i. Br. – Basel – Wien.

Klauser, Theodor, 1960, Christlicher Märtyrerkult, heidnischer Heroenkult und spätjüdische Heiligenverehrung: Arbeitsgemeinschaft für Forschung in Nordrhein-Westfalen 91, 27-38.

Knauf, Ernst Axel, 1991, From History to Interpretation, in: D.V. Edelman (ed.), The Fabric of History. Text, Artifact and Israel's Past (Journal for the Study of the Old Testament. Supplement Series 127), Sheffield, 26-64.

Küchler, Max, 1992, Ein jüdischer Jerusalem-Führer aus der Kairoer Geniza (UCL, T.-S. Arabic Box 53, f. 2). Teil I: Der Text und sein Kontext: Bulletin der Schweizerischen Gesellschaft für Judaistische Forschung 1, 10-25.

Lemaire, André, 1975, Note on an Edomite Seal-Impression from Buseirah: Levant 7, 18.

— 1976, Milkiram, un nouveau roi phénicien de Tyr?: Syria 53, 83-93.

— 1981, Classification des estampilles royales judéennes: Eretz-Israel 15, 54*-60*.

— 1986, Nouveaux sceaux nord-ouest sémitiques: Syria 63, 305-325.

— 1990, Trois sceaux inscrits inédits avec lion rugissant: Semitica 39, 13-21.

— 1993a, Les critères non-iconographiques de la classification des sceaux nord-ouest sémitiques inscrits, in: Sass & Uehlinger 1993, 1-26.

— 1993b, Sept nouveaux sceaux nord-ouest sémitiques inscrits: Semitica 41-42, 63-80.

Lidzbarski, Mark, 1908, Ephemeris für semitische Epigraphik, II (1902-1907), Gießen.

Macpherson, James R., 1896, Fetellus (Circa 1130 A.D.) (Palestine Pilgrim's Text Society V/1), London.

Meshorer, Yaʿakov, 1982, Ancient Jewish Coinage. Vol. I: Persian Period through Hasmonaeans, New York.

Meshorer, Yaʿakov & Qedar, Shraga, 1991, The Coinage of Samaria in the Fourth Century BCE, Jerusalem.

Mildenberg, Leo, 1988, Yəhūd-Münzen, in: Weippert 1988: 719-728.

Millard, Alan R., 1983, Art. Königssiegel, in: Reallexikon der Assyriologie, VI, Berlin – New York, 135-140.

Neumann, Wilhelm Anton, 1868, Drei mittelalterliche Pilgerschriften. II. Innominatus VI. (Pseudo-Beda): Österreichische Vierteljahresschrift für catholische Theologie 7, 397-438.

Oeming, Manfred, 1989, Der Tell Jesreel (Hirbet Zerʿīn). Studien zur Topographie, Archäologie und Geschichte: Jahrbuch des Deutschen Evangelischen Instituts für Altertumswissenschaft des Heiligen Landes 1, 56-78.

Ornan, Tallay, 1993, The Mesopotamian Influence on West Semitic Inscribed Seals: A Preference for the Depiction of Mortals, in: Sass & Uehlinger 1993, 52-73.

Poppa, Rudolf, 1978, Kāmid el-Lōz. 2. Der eisenzeitliche Friedhof. Befunde und Funde (Saarbrücker Beiträge zur Altertumskunde 18), Bonn.

Pritchard, James B., 1962, Gibeon Where the Sun Stood Still. The Discovery of the Biblical City, Princeton, NJ.

Quattrocchi Pisano, Giovanna, 1974, I gioielli fenici di Tharros nel Museo Nazionale di Cagliari (Collezione di Studi Fenici 3), Roma.

Rüger, Hans-Peter, 1990, Syrien und Palästina nach dem Reisebericht des Benjamin von Tudela (Abhandlungen des Deutschen Palästina-Vereins 12), Wiesbaden.

Ryckmans, G., 1934-35, Les noms propres sud-sémitiques, I-III, Louvain.

San Nicolás Pedraz, M.P., 1991, La orfebrería en plata de Ibiza, in: Atti del II° Congresso Internazionale di Studi Fenici e Punici, vol. II (Collezione di Studi Fenici 30/II), Roma, 1221-1232.

Sass, Benjamin, 1993, The Pre-Exilic Hebrew Seals: Iconism vs. Aniconism, in: Sass & Uehlinger 1993, 194-256.

Sass, Benjamin & Uehlinger, Christoph (eds.), 1993, Studies in the Iconography of Northwest Semitic Inscribed Seals (Orbis Biblicus et Orientalis 125), Fribourg & Göttingen.

Schneider, Tzvi, 1991, Six Biblical Signatures. Seals and Seal Impressions of Six Biblical Personages Recovered: Biblical Archaeology Review 17/4, 26-33.

Schroer, Silvia, 1987, In Israel gab es Bilder. Nachrichten von darstellender Kunst im Alten Testament (Orbis Biblicus et Orientalis 74), Freiburg & Göttingen.

Shiloh, Yigal, 1986, A Group of Hebrew Bullae from the City of David: Israel Exploration Journal 36, 16-38.

Soggin, Jan Alberto, 1981, Jezabel, oder die fremde Frau, in: Mélanges Henri Cazelles (Alter Orient und Altes Testament 212), Kevelaer & Neukirchen-Vluyn, 453-459.

Sola-Solé, J.M., 1961, La inscripción púnica Hispania 10: Sefarad 21, 251-256.

Spaer, Arnold, 1979, A Coin of Jeroboam?: Israel Exploration Journal 29, 218.

Stern, Ephraim, 1982, Material Culture of the Land of the Bible in the Persian Period, 538-332 B.C., Warminster & Jerusalem.

— 1990, Hazor, Dor and Megiddo in the Time of Ahab and under the Assyrian Rule: IEJ 40, 12-30.

Stewart, Aubrey, 1894, Anonymous Pilgrims, I.-VIII. (Palestine Pilgrim's Text Society VI/1), London.

— 1896a, Description of the Holy Land by John of Würzburg (A.D. 1160-1170), with notes by Charles W. Wilson (Palestine Pilgrim's Text Society V/2), London.

— 1896b, Theoderich's Description of the Holy Places (Circa 1172 A.D.) (Palestine Pilgrim's Text Society V/4), London.

Sukenik, Eleazar Lipa, 1941, A Note on the Seal of the Servant of Ahaz: Bulletin of the American Schools of Oriental Research 84, 17-18.

Thiel, Winfried, 1992, Art. Ahab, in: The Anchor Bible Dictionary, I, New York, 100-104.

Timm, Stefan, 1982, Die Dynastie Omri. Quellen und Untersuchungen zur Geschichte Israels im 9. Jahrhundert vor Christus (Forschungen zur Religion und Literatur des Alten und Neuen Testaments 124), Göttingen.

— 1988, Art. Ahab, in: Neues Bibel-Lexikon, I/1, Zürich, 63f.

— 1989, Moab zwischen den Mächten. Studien zu historischen Denkmälern und Texten (Ägypten und Altes Testament 17), Wiesbaden.

Timm, Stefan, 1993, Das ikonographische Repertoire der moabitischen Siegel und seine Entwicklung: vom Maximalismus zum Minimalismus, in: Sass & Uehlinger 1993, 161-193.

Tsafrir, Yoram, 1991, Jewish Pilgrimage in the Roman and Byzantine Periods: Vortrag auf dem XII. Internationalen Kongreß für Christliche Archäologie, Bonn 22.-28. September 1991 (Abstract in den „Resümees der Plenumsvorträge und Kurzreferate").

TUAT = Texte aus der Umwelt des Alten Testaments, Gütersloh 1982ff.

Uehlinger, Christoph, 1993, Northwest Semitic Inscribed Seals, Iconography and Syro-Palestinian Religions of Iron Age II: Some Afterthoughts and Conclusions, in: Sass & Uehlinger 1993, 257-288.

Ussishkin, David, 1976, Royal Judean Storage Jars and Private Seal Impressions: Bulletin of the American Schools of Oriental Research 223, 2-13.

Ussishkin, David & Woodhead, John, 1992, Excavations at Tel Jezreel 1990-1991: Preliminary Report: Tel Aviv 19, 3-56 [= Tel Aviv University. Institute of Archaeology, Reprint Series no. 8, 3-56].

Vanhenten, Jan Willem (ed.), 1989, Die Entstehung der jüdischen Martyrologie (Studia Post-Biblica 38), Leiden.

Von Luschan, Felix & Andrae, Walter, Ausgrabungen in Sendschirli V: Die Kleinfunde von Sendschirli (Mitteilungen aus den orientalischen Sammlungen 15), Berlin 1943.

Walsh, Jerome T., 1992, Art. Naboth, in: The Anchor Bible Dictionary, IV, New York, 978.

Weippert, Helga, 1988, Palästina in vorhellenistischer Zeit (Handbuch der Archäologie. Vorderasien II/1), München.

Welten, Peter, 1969, Die Königs-Stempel. Ein Beitrag zur Militärpolitik Judas unter Hiskia und Josia (Abhandlungen des Deutschen Palästina-Vereins), Wiesbaden 1969.

—   1977, Art. Siegel und Stempel, in: Biblisches Real-Lexikon (Handbuch zum Alten Testament I/1), 2. Auflage, Tübingen, 299-306.

Werner, Eric, 1977, Traces of Jewish Hagiolatry: Hebrew Union College Annual 51, 39-60.

Wilkinson, John, 1977, Jerusalem Pilgrims Before the Crusades, Jerusalem.

—   1981, Egeria's Travels to the Holy Land. Revised edition, Jerusalem & Warminster.

—   1991, Visit to Jewish Tombs by Early Christians: Vortrag auf dem XII. Internationalen Kongreß für Christliche Archäologie, Bonn 22.-28. September 1991 (Abstract in den „Resümees der Plenumsvorträge und Kurzreferate"; vgl. Anm. 64).

Williamson, Hugh G.M., 1991, Jezreel in the Biblical Texts: Tel Aviv 18, 72-92 [= Tel Aviv University. Institute of Archaeology, Reprint Series no. 8, 1992, 72-92].

Wolfe, Leonard A. & Sternberg, Frank, 1989, Objects with Semitic Inscriptions, 1100 B.C. - A.D. 700. Jewish, Early Christian and Byzantine Antiquities. Auction XXIII, Monday 20 November 1989, Zurich.

Zakovitch, Yair, 1984, The Tale of Naboth's Vineyard, in: M. Weiss (ed.), The Bible from Within, Jerusalem, 379-405.

LE LONG SOMMEIL DES TEXTES DE QUMRÂN

Dominique Barthélemy

Ayant été à Jérusalem, de 1949 à 1953, chargé de la réception et du premier tri des documents provenant des grottes 2 à 10 de Qumrân, ainsi que des grottes de Murabbaât et du Nahal Hever, il me paraît utile de fournir quelques précisions — que ni le P. de Vaux, ni le P. Benoit ne sont plus là pour donner — sur les motifs pour lesquels l'édition des "Manuscrits de la Mer Morte" a si longtemps somnolé. Or il s'agissait de la découverte la plus spectaculaire qui ait eu lieu dans l'espace méditerranéen depuis cinquante ans. C'est pourquoi j'ai situé là ma contribution à ce volume d'hommages que nous sommes heureux de présenter à notre ami Dirk Van Damme.

Les manuscrits de la première grotte, puis ceux de Murabbaât, ceux des "petites grottes" et de la grotte 11 de Qumrân ont été publiés à un rythme normal. Il en fut de même pour le rouleau des Petits Prophètes qui est la pièce principale du lot du Nahal Hever. Le vrai problème est posé par l'énorme retard pris par la publication d'un grand nombre des fragments issus de la grotte 4 de Qumrân. Les précisions que je voudrais donner porteront sur deux points:
1) comment s'est faite la répartition des manuscrits entre les éditeurs désignés;
2) pourquoi, l'accès aux documents ayant été réservé aux éditeurs, le travail d'édition s'est trouvé paralysé.

I. LA RÉPARTITION ENTRE LES ÉDITEURS.

Je me permettrai de citer ici des informations précises fournies (en DJD VI) par le P. de Vaux, responsable principal du travail de récupération et d'édition des manuscrits de la grotte 4. Il écrivait vers 1965 ces lignes qui n'ont été publiées qu'en 1977, six ans après sa mort survenue le 10 septembre 1971. Sur l'importance du lot des fragments provenant de cette grotte et sur leur tri progressif, il dit: "En 1953 on se trouvait en face d'un pèle-mêle d'au moins 15.000 fragments, parmi lesquels 70 manuscrits seulement avaient été identifiés, dès l'automne de 1952, dans les lots provenant de la fouille et des premières acquisitions. En août 1955, on avait isolé 330 manuscrits, occupant 420 sous-verre et il restait 80 sous-verre de fragments non identifiés. Un an après, à l'été de 1956, on comptait 381 manuscrits, dont les fragments étaient disposés en 477 sous-verre, ne laissant que 29 sous-verre de fragments non identifiés et 13 sous-verre de fragments de papyrus non encore étudiés. A la fin de juin 1960, le nombre des manuscrits monte à 511, répartis en 620 sous-verre, avec 25 sous-verre de petits fragments isolés" (p. 8). Ajoutons à ces données que c'étaient 575 manuscrits de la grotte 4 que Stephen A. Reed comptait en janvier 1992, dans les listes provisoires du Dead Sea Scroll Inventory Project établies par l'Ancient Biblical Manuscript Center de Claremont (U.S.A.).

Des bédouins ont découvert la grotte 4 dans la première quinzaine de septembre 1952. Sur les conditions dans lesquelles ces fragments sont parvenus au Palestine Archæological Museum, écoutons encore le même témoin (pp. 3s): "Les premiers lots de leur butin arrivèrent à Jérusalem le 20 septembre et par deux voies différentes. Très tôt le matin, une dizaine de Bédouins se présentèrent à l'École Archéologique Française et déballèrent un monceau de fragments. Ils se montrèrent d'abord réticents sur le lieu de la trouvaille mais l'aspect des fragments et leur écriture assuraient qu'ils provenaient de Qumrân, ce dont les Bédouins convinrent de bonne grâce. Le marchandage dura toute la matinée et aboutit enfin à un règlement qui parut satisfaire tout le monde. Cette négociation était à peine achevée que Mr Yussef Saad, Conservateur du Palestine Archæological Museum, vint annoncer que, ce même matin, Khalil Iskander Shahin, surnommé Kando, l'antiquaire de Bethléem, principal agent du commerce des manuscrits du désert, lui avait offert un gros lot de fragments de même nature et évidemment de même origine.

"Il fallait agir vite: Mr G. L. Harding, alors Directeur des Antiquités à Ammann, fut immédiatement averti, il alerta le poste de police de Jéricho et, dès trois heures de l'après-midi du même jour, une patrouille montée arrivait sur les lieux et repérait facilement la grotte d'où les fouilleurs clandestins s'échappaient en troupe. La police laissa une garde; le lendemain, dimanche 21, les trois institutions associées dès le début aux recherches près de la mer Morte, le Department of Antiquities of Jordan, le Palestine Archæological Museum et l'École Archéologique Française de Jérusalem, firent leurs préparatifs et la fouille régulière de la grotte commença le matin du 22 septembre; elle dura jusqu'au 29. Les Bédouins avaient déjà évacué plus de la moitié du remplissage de la grotte et ils avaient travaillé si soigneusement que seulement quelques minuscules fragments furent retrouvés dans leurs déblais. Mais les archéologues explorèrent eux-mêmes les couches inférieures de la grotte et une petite chambre souterraine, que les Bédouins n'avaient pas atteinte, et ils découvrirent l'entrée originale. Ils ramassèrent près d'un millier de fragments, appartenant à une centaine de manuscrits différents, qui sont presque tous représentés parmi les manuscrits achetés des Bédouins: ce qui certifie l'origine des lots vendus par ceux-ci. [...] Les deux lots offerts le 20 septembre et la moisson récoltée pendant la fouille régulière ne représentaient cependant que la moindre partie de la trouvaille: beaucoup de fragments étaient encore entre les mains des Bédouins. Acceptant l'avis de G. L. Harding, son Directeur des Antiquités, et conscient de l'importance d'une découverte glorieuse pour le pays, le Gouvernement Jordanien alloua une somme de 15.000 dinars (15.000 livres sterling) pour acheter les deux lots déjà mis en lieu sûr et ce qui pouvait encore être acquis. [...] Mais cette subvention fut épuisée avant que tous les éléments de cette riche trouvaille aient été acquis. Sur une proposition de Mr G. L. Harding, le Gouvernement autorisa alors les institutions étrangères qui en feraient la demande à acheter, par l'intermédiaire du Directeur des Antiquités, les fragments qui restaient entre les mains des Bédouins et des antiquaires, sous la condition qu'ils demeureraient rassemblés au Palestine Archæological Museum tant que durerait le travail préparatoire à l'édition; chaque institution recevrait ensuite, non pas matériellement le lot de fragments mêlés acquis avec sa contribution, mais un lot, équivalent en qualité et en quantité, de fragments rejoints et classés selon les manuscrits auxquels ils appartiennent. Les institutions qui participèrent à ce sauvetage sont, dans l'ordre où parvint leur appui financier: l'Université McGill de Montréal, la Bibliothèque Vaticane, l'Université de Manchester, l'Université de Heidelberg, le McCormick Theological Seminary de Chicago. Le total de ces contributions représente plus que le crédit alloué premièrement par le Gouvernement; les achats de fragments de la grotte 4 se sont continués jusque dans l'été 1958. Les derniers fragments ont été récupérés grâce à des dons généreux faits au Palestine Archæological Museum par le McCormick Theological Seminary, l'All Souls Church de New-York et l'Université d'Oxford. Finalement, le Gouvernement Jordanien a considéré que ces manuscrits étaient une part du patrimoine national et devaient rester dans le pays. Il a décrété que tous les manuscrits trouvés dans la région de la mer Morte appartenaient à l'État, à charge pour celui-ci de rembourser les institutions qui avaient procuré les sommes nécessaires pour leur achat."

Ensuite, de Vaux cite (p. 6) ceux à qui ont été confiés des lots de fragments de la grotte 4 à éditer: D'abord Jozef T. Milik, le vétéran de l'équipe qui, en dehors de sa collaboration à l'édition des textes de la grotte 1, des 'petites grottes' de Qumrân et des grottes de Murabbaât, a reçu le plus gros lot des manuscrits non bibliques de la grotte 4, apocryphes et écrits de la secte. Puis, à partir de mai 1953, Frank M. Cross Jr s'est vu confier la majeure partie des manuscrits bibliques. A la fin de 1953 John M. Allegro a été chargé des textes para-bibliques, commentaires ou paraphrases. En janvier 1954, Jean Starcky s'est mis à l'étude d'un lot important de manuscrits non bibliques, hébreux et surtout araméens. A partir de juin 1954, Patrick W. Skehan a pris en charge le reste des

manuscrits bibliques. En juillet 1954, John Strugnell a pris en charge le lot le
plus considérable de manuscrits non bibliques après celui de J. T. Milik. A
partir de 1958, lorsqu'il fut libéré du travail de déchiffrement des textes
des 'petites grottes', Maurice Baillet a successivement reçu une partie des
textes liturgiques sur peau, puis un lot du même genre sur papyrus. C'est
aussi lui qui a été chargé de plusieurs exemplaires de la Règle de la Guerre
et d'autres textes liturgiques, après la mort de Klaus-Hunno Hunzinger à
qui ils avaient été confiés. Or, jusqu'à ce jour (mars 1993) seuls Allegro,
Baillet et, partiellement Milik, ont publié leurs lots, les autres s'étant
contentés de publications éparses et très partielles, sous forme d'articles
de revues.

   Sur ce choix des éditeurs, il importe de noter une absence d'éditeurs
juifs. Cela tient à l'impossibilité politique de faire appel à eux à l'époque
où les tâches ont été réparties. On remarquera que, bien que l'École
Archéologique française ait assumé un rôle de coordination, la participa-
tion entre catholiques et protestants est équilibrée. La présence de l'American School of Oriental Research dans le secteur arabe de Jérusalem explique que presque tous les éditeurs sont anglophones ou francophones. Le
fait que certains des éditeurs avaient des tâches d'enseignement au sein de
certaines des institutions donatrices a joué un certain rôle, mais n'a pas été
déterminant. Le choix s'est effectué surtout en fonction de la compétence
et de la disponibilité des uns et des autres.

II. LA RÉSERVATION D'ACCÈS AUX ÉDITEURS ET LA PARALYSIE DE L'ŒUVRE D'ÉDITION

Dans la préface du même volume, le P. Benoit explique que "pour la collection du Musée Rockefeller — précédemment Palestine Archæological
Museum — les droits d'édition accordés naguère par l'administration jor-
danienne à une équipe de savants occidentaux ont été reconnus et main-
tenus [après 1967] par l'administration israélienne, l'accès aux documents
leur restant réservé et n'étant accordé à d'autres qu'avec l'autorisation du
responsable de l'édition." Cette réservation d'accès aux seuls éditeurs vi-
sait à leur permettre d'effectuer dans le calme et la sérénité d'esprit une
tâche que l'on estimait ne devoir durer que quelques années. Or il peut être
utile de mentionner ici les dates de parution des volumes aujourd'hui publiés des *Discoveries in the Judæan Desert*.

   Citons d'abord ceux des volumes qui ne concernent pas la grotte 4. En
1955: *Qumrân Cave I* par D. Barthélemy et J. T. Milik; en 1961: *Les grottes
de Murabba'at* par P. Benoit, J. T. Milik et R. de Vaux; en 1962: *Les 'petites
grottes' de Qumrân* par M. Baillet, J. T. Milik et R. de Vaux; en 1965: *The
Psalms Scroll of Qumrân Cave 11* par J. A. Sanders (le même manuscrit

ayant été édité aussi en 1967 par le même chez Cornell University Press à New York); en 1990: *The Greek Minor Prophets Scroll from Nahal Hever* par Emanuel Tov (D. Barthélemy ayant donné une première édition de ce manuscrit chez Brill à Leyde en 1963).

Puis viennent trois volumes de fragments provenant de la grotte 4. En 1968, les fragments de 4Q158 à 4Q186 par John M. Allegro; en 1977, les fragments de 4Q128 à 4Q157 par J. T. Milik; en 1982, les fragments de 4Q482 à 4Q520 par Maurice Baillet. Soit en tout 98 des 575 manuscrits mentionnés par Reed. Remarquons d'abord que les organisateurs de l'édition ont été les premiers déçus de la lenteur avec laquelle travaillaient la plupart des éditeurs. Dans un projet de préface que le P. de Vaux rédigeait vers 1970, peu avant sa mort, pour tenter de justifier cette lenteur, il écrivait: "Le long délai de la publication est expliqué — et il est justifié — par plusieurs raisons. La grotte contenait plus de 15000 fragments, qui étaient les restes de plus de 500 manuscrits différents et qui ont été trouvés mélangés et souvent mal conservés. Le traitement, la lecture, le classement de ces fragments ont exigé un patient et difficile labeur. Ce travail d'identification a été achevé, pour l'essentiel, en 1960. Mais le travail d'édition de ces textes incomplets et généralement nouveaux demandait encore une longue étude de la part de l'équipe de savants qui avaient été associés à l'entreprise dès ses débuts mais qui avaient aussi d'autres obligations professionnelles. Ce travail d'édition est maintenant en voie d'achèvement et l'on espère que les publications se succéderont à des intervalles plus rapprochés, en tenant compte des possibilités de chaque éditeur et des exigences de l'impression". Citant ce texte, le P. Benoit ajoutait en 1977: "Ces espérances du P. de Vaux ont été trompées par les événements. [...] Les événements de juin 1967 sont venus modifier cet état de choses. [...] Nous croyons avoir obtenu les conditions voulues pour que la publication des *DJD* se poursuive. [...] Les conditions paraissent réalisées pour que ces savants poursuivent et mènent à bien leur travail." Ces espoirs du P. Benoit ont été, eux aussi, déçus. Comment s'explique donc que, durant 40 ans, une si faible partie de l'ensemble ait été publiée?

Certains ont imaginé que ces retards s'expliquaient par l'anxiété éprouvée par les membres de certaines confessions religieuses devant le contenu de certains manuscrits. On aurait donc jugé plus prudent de ne pas en faire connaître le contenu. Avant d'indiquer ce qui me semble avoir réellement motivé cet immense retard, je voudrais d'abord dire pourquoi la motivation que je viens d'évoquer me semble dépourvue de tout fondement. J'attesterai d'abord que je n'ai jamais entendu aucun des 'éditeurs', qu'ils fussent protestants ou catholiques, la formuler, même de manière seulement allusive. Ajoutons que les seuls textes que l'on pourrait considérer comme modifiant de façon notable des vues jusqu'ici admises par certaines traditions religieuses appartiennent à deux catégories.

1) Il peut s'agir de textes qui nous ont permis de constater dans le judaïsme du premier siècle de notre ère une bien plus grande diversité que celle que l'on pouvait pressentir à partir des textes connus avant les découvertes de Qumrân. Précisons ici deux points. D'abord que ce seraient surtout des tenants du judaïsme le plus conservateur qui auraient pu être choqués par cette constatation. Mais ceux-ci n'ont eu aucune responsabilité dans l'édition des textes de la grotte 4 ni dans la répartition des tâches. Deuxièmement, les textes de la grotte 4 n'apportent rien de bien neuf en ce domaine. Les données les plus importantes sont celles qu'offrent la *Règle de la Communauté* livrée par la première grotte et éditée en 1951 et celles qu'offre le *Rouleau du Temple*, obtenu et publié à part en Israël en 1977.

2) Il peut s'agir de textes qui montrent que certaines données que l'on considère comme caractéristiques du christianisme sont ou bien contredites ou bien déjà formulées en des manuscrits antérieurs à Jésus, ou du moins à la rédaction du Nouveau Testament. Faisons ici une seconde distinction entre les données historiques et les données doctrinales. Pour ce qui est des données historiques, je n'en connais aucune qui ait une interférence directe avec celles des données de cette catégorie sur lesquelles le christianisme entend se fonder. Quant aux données doctrinales, il est évident que, dans cette grande masse de textes religieux antérieurs à la première révolte, les interférences abondent; mais chacune de ces interférences peut apporter un argument à double tranchant, du fait qu'avant toute confrontation avec les textes de Qumrân, les opinions des historiens du christianisme sont déjà fort divisées. Ceux qui défendent les positions traditionnelles se trouvent pris entre, d'un côté, ceux qui affirment que des doctrines dont on situerait l'émergence dans les premières décennies du christianisme ne sont apparues que beaucoup plus tardivement et, d'un autre côté, ceux qui prétendent qu'elles n'ont rien d'original, mais constituaient un élément courant du patrimoine juif du début de notre ère. De là la double portée qui peut être celle des similitudes ou des oppositions entre Qumran et l'Évangile. Je prendrai un exemple caractéristique dans l'un des textes que j'ai publiés en 1955.

Une traduction littérale de ce qu'on lit en 1QSa II 11-12 est: "Voici l'ordre de session des hommes de renom, convoqués à la réunion du conseil de communauté, quand Dieu aura engendré le Messie parmi eux." Dans la première édition que j'ai donnée de ce texte, j'indiquais qu'en un lieu du manuscrit dont la surface est très sombre, mais dont la texture est translucide, une lecture par transparence aussi attentive que possible rend la lecture 'yôlîd' (= 'engendrera') à peu près certaine. Cependant je me ralliais à l'opinion de Milik qui estimait que 'yôlîd' devait être une faute de lecture du scribe, celui-ci ayant pris le *kaf* final de 'yôlîk' (= 'mènera') pour un *dalet* dont il ne se distingue que par la plus grande longueur de sa queue. Cependant, presque tous ceux qui ont eu à traiter ensuite de ce passage y ont admis comme originale la leçon 'yôlîd' (= 'engendrera') en citant d'ailleurs comme parallèle l'expression "je t'ai engendré" du Ps 2,7 où cette expression relève du style traditionnel des oracles d'intronisation royaux. Notons cependant que, dans le Psaume, le verbe est au *qal*, alors qu'ici il est au *hifil*. Certes, ces deux modes peuvent s'employer l'un comme l'autre, lorsqu'il s'agit de l'initiative de l'homme; mais, en ces cas, le *qal* n'exprime que le rôle de géniteur du père, alors que le *hifil*, avec sa valeur causative (littéralement "faire enfanter") peut inclure une allusion complémentaire à la tâche d'enfantement de la mère. On serait donc tenté d'admettre que l'expression sans parallèle exact usitée par 1QSa laisse soupçonner que l'attente messianique impliquée postule une naissance virginale analogue à celle que nous présentent les évangiles de l'enfance à propos de Jésus. S'il en était ainsi, certains seront tentés d'en tirer deux conclusions en sens opposé: ou bien que le fait de la naissance virginale de Jésus trouve ainsi un excellent contexte d'espérance dans le judaïsme de l'époque, ou bien que les évangiles se sont contentés d'expliciter sous forme pseudo-historique un lieu commun de l'espérance messianique contemporaine. Le choix entre ces deux interprétations ne pourra s'effectuer qu'en fonction d'options herméneutiques d'ensemble qui ne sauraient dépendre de ce texte d'une manière exclusive, ni même bien caractéristique. Comme le montre cet exemple, l'apport des manuscrits de Qumrân demeurera toujours profondément ambigu. C'est pourquoi il serait naïf de chercher à en occulter quelque passage que ce soit.

Abordons maintenant ceux qui me paraissent être les véritables motifs de la longue paralysie du travail d'édition et traitons d'abord d'une question préliminaire qui a permis — sinon encouragé — ces retards. C'est l'organisation même de la tâche et du statut des éditeurs qui me semble en effet avoir souffert d'une défaillance initiale. Lorsque les tâches furent réparties entre les candidats éditeurs, il ne fut fixé aucun délai-limite au monopole d'accès aux documents dont jouissaient ceux-ci. Comme nous l'avons indiqué, tous les lots principaux avaient été répartis entre 1952 et 1954, moment où l'on imaginait que dix ans suffiraient pour tout publier. Il eût été certes prudent d'établir dès le début ou un peu plus tard une clause selon laquelle, après un certain délai, tout fragment non publié tomberait dans le domaine public. Mais aucune autorité n'existait qui eût pu décréter cela. Le P. de Vaux ne se considérait que comme coordinateur du groupe des éditeurs, délégué par ceux-ci pour maintenir, dans un climat politique fort instable, la continuité du projet d'édition. C'est de cette tâche que, tour à tour, le P. Benoit, puis M. Strugnell héritèrent. Toutefois, à la lumière de cette expérience, il serait utile qu'une instance internationale formule certains principes de déontologie: qu'elle encourage la mise immédiate dans le domaine public de tout document nouveau et qu'elle reconnaisse comme règle universellement valable une stricte limitation dans le temps des droits d'exclusivité que l'on serait amené à consentir à ceux qui sont chargés de l'édition princeps de tels ou tels documents.

Quant aux motifs de la paralysie, sans vouloir parler des personnes, j'en ai noté trois qui se sont parfois combinés.

1) Ayant dû l'assumer en coopération avec Milik pour les fragments de la première grotte, je puis attester que le travail d'édition exhaustive des fragments d'une série de manuscrits de Qumrân est une tâche austère. Il s'agit de faire jouer son imagination sur quelques fragments ne contenant, le plus souvent, que deux ou trois mots et sept ou huit fragments de mots, parfois de lecture douteuse. Avant d'en donner une lecture définitive, on voudrait être certain de n'avoir méconnu aucune des analogies qui viendront à l'esprit de tel ou tel de vos collègues dès qu'ils liront votre édition. On voudrait être parfaitement au clair sur telles ou telles données grammaticales jusqu'ici non répertoriées, et on aimerait attendre la publication préalable de tel ou tel document — éclairant, paraît-il — confié à l'un de vos collègues. Il s'agit d'un travail d'exploration et, même si l'on est considéré par d'autres comme un spécialiste, on se sent comme un petit garçon devant se lancer dans une exploration en un terrain non balisé et souvent miné.

2) On saisit tout de suite la tentation qui assaille certains de mettre en valeur dans un article certaines des pièces les plus intéressantes de leur lot et de construire à partir d'elles d'amples systèmes dont la structure plus ou moins ambitieuse, prétendument fondée sur des inédits, vaudra à leur constructeur un succès professionnellement rentable. Trois motifs détourneront alors cet éditeur de pousser son travail jusqu'à son achèvement. D'abord le fait qu'ayant défloré par des publications anticipées ce qu'il y a de plus intéressant dans son lot, le reste de la tâche n'en est que plus austère. Ensuite le fait que les succès obtenus entre-temps risquent d'avoir développé chez certains une mentalité d'imprésario qui est souvent aux antipodes du patient labour de l'éditeur de textes. Enfin la constatation qu'une publication complète risquerait de relativiser ou d'émousser tels ou tels accents que l'on a placés de manière suggestive... et même de laisser apparaître des données susceptibles de les contredire.

3) Ajoutons que bon nombre des éditeurs n'avaient pas de poste leur assurant un loisir suffisant pour qu'ils pussent y développer l'immense patience que leur tâche requérait. Plusieurs étaient accablés de tâches de ministère ou d'enseignement et manquaient d'assistants capables de les en

décharger. Ceux qui avaient la chance d'être financés en tant que chercheurs se voyaient menacés d'un autre péril: celui de raffiner de plus en plus leur recherche, sans jamais oser conclure.

Ces trois motifs me semblent expliquer suffisamment que plusieurs des éditeurs initiaux aient été saisis par la mort ou par l'impuissance avant d'avoir pu achever leur tâche, si bien qu'il est arrivé plusieurs fois que cette tâche devienne une sorte d'office fort honorable que l'on lègue à des disciples chéris. Depuis quelques mois, l'accès ouvert à l'ensemble des photos est venu transformer complètement ces données. Dois-je avouer que je ne le regrette guère et que je considère même cette soudaine ouverture de toutes les fenêtres comme répondant à ce que nous étions plusieurs à sentir comme une réelle nécessité.

DIE "PROBATISCHE"
UND BETESDA MIT DEN FÜNF ΣΤΟΑΙ
(Joh 5,2)

Max Küchler

Καὶ τὰς κολυμβήθρας περιέρχεται
οὐ τὰς οἰκοδομὰς ζητῶν,
ἀλλὰ τοὺς νοσοῦντας ἰατρεύων.
(Kyrill v. Jer., *Hom. in Paralyticum* 2)

Im Johannesevangelium (5,2-3a. 5-9) wird erzählt, dass Jesus "an einem Fest der Juden" als Pilger nach Jerusalem hinaufzieht, an einer Wasseranlage bei "der Probatischen" und bei Betesda[1] vorbeikommt und dann den Tempelplatz betritt (vgl. 5,14). Er trifft in den fünf Stoën (στοαί) von Betesda auf einen Kranken, der schon 38 Jahre lang mit den "Blinden, Lahmen und Ausgezehrten" auf Heilung wartet. Das Wasser des Teiches – so wird dem die Jerusalemer Lokaltradition nicht kennenden Jesus in 5,7 erklärt – gerate nämlich von Zeit zu Zeit in Wallung, und die erste Person,

---

[1] Der Ort hat in den neutestamentlichen Texten verschiedene Namen, die sich auf drei hauptsächliche Formen reduzieren lassen: 1.) Βηδ/θ-σαϊδα, "Ort des Fischfangs" (Papyri 66 und 75; Vaticanus; viele Pilgertexte). Dies muss als ein für künstliche Teiche einer Stadtanlage unzutreffender Name gewertet werden, der durch Angleichung an den gleichnamigen Ort am See von Tiberias (vgl. Joh 1,44) entstanden ist. Unzutreffend ist er selbst dann, wenn – wie D.J. Wieand, John V,2 and the Pool of Betesda: New Testament Studies 12, 1965f, 392-404 aufzuweisen versucht – ein Ort mit Fischsymbolik durchaus in die Bildsprache des Johannesevangeliums hineinpasst, Βηδ/θ-σαϊδα *textkritisch* also primär wäre. 2.) Die Lesart Βη(θ)ζαθα (Sinaiticus) wird gern von aram. *bet zaita᾽*, "Ort des Ölbaums" hergeleitet und so als Toponym für einen Ölbaumhain nördlich vor den Stadtmauern verstanden. Dies ergibt durchaus Sinn und schafft Verbindung zu jenem auch von Josephus Βεζεθά genannten Gebiet im Norden der Stadt, das nach der Überbauung im 1.Jh.n καινόπολις, "Neustadt" genannt wurde (*Bellum Iudaicum* V 151); vgl. M.-J. Lagrange/H. Vincent, Bézétha. In: Florilegium ou Recueil de travaux d'érudition dédiés à Monsieur le Marquis Melchior de Vogüé à l'occasion du quatre-vingtième anniversaire de sa naissance 18 octobre 1909, Paris 1909, 344. 3.) Die Lesart Βηθεσδα (o. ähnl.) ist besonders vom Alexandrinus bezeugt. Er wurde früher (aufgrund der syr. Textzeugen) von einem *bet ḥesda᾽*, "Haus der Gnade" abgeleitet und deshalb als Name gewertet, der sekundär vom johanneischen Wunderbericht generiert worden sei. Schon H. Reland hat jedoch ein zugrundeliegendes *bet ᾽ešda*, "Ort des Herausströmens" vermutet (Palaestina ex Monumentis veteribus illustrata. Liber secundus in quo agitur de intervallis locorum Palaestinae, Trajecti Batavorum 1714, 856). Dies ist durch die Kupferrolle aus Qumran bestätigt, welche ein *bet ᾽ešdatajin*, einen "Ort des (doppelten) Herausströmens" in diesem Gebiet kennt (*s. Anm. 12 u. 30*). Da zudem Βηθζαθά (und ähnliches) von der emphatischen aramäischen Pluralform *bet ᾽ešdata* her verstanden werden kann (mit Ersatz von *šd* durch ζ wie z.B. bei Ašdod/Αζωτος), steht jetzt Betesda als ursprünglicher griech. Name für die bei Johannes genannte Anlage fest. Ich gebrauche deshalb hier stets Betesda. – Bibliographie zu Betesda bei J.D. Purvis, Jerusalem. The Holy City. A Bibliography. 2 vol. (Atla Bibliography Series 20) Metuchen NJ & London, I: 1988, 355-358; II: 1991, 364ff.

die dann ins Wasser gelange, würde jeweils geheilt. Wegen seines Gebrechens hatte unser Kranker jedoch keine Chance, rechtzeitig ins Wasser zu kommen, und blieb so diese lange Zeit ungeheilt. Es war an der Zeit – sagt damit das Evangelium –, dass einer kommt, der diesem letzten der Benachteiligten Heilung zu bringen vermag! Der johanneische Jesus bringt diese Heilung und zieht sich dann, ohne seinen Namen preiszugeben, in die Menge der Pilger zurück.

Diese Wundererzählung, die gegen Ende des 1.Jh.n in der vorliegenden Form entstanden ist, referiert gewisse Gegebenheiten Jerusalems, die für die Topographie, die Toponymie, die Architektur und auch die religiöse Volkskunde der Heiligen Stadt bedeutsam sind. Sie bezeugt Ortskenntnisse des Autors, der solche auch bei den Leserinnen und Lesern vorauszusetzen scheint. Das erste ist jetzt wohl nicht mehr zu bezweifeln,[2] das zweite ist nicht unbedingt nötig. Wer immer noch annimmt, dass der johanneische Autor (und umsomehr dessen Leserschaft) keine Kenntnis von Jerusalem hatte, kann dann diese Ortsangaben einzig als 'historisierende Verankerungen' der nachfolgenden Zeichenhandlung und meditativen Rede vom Wirken des Sohnes erklären. Dann hätten die Ortsangaben *prinzipiell* keinen topographischen Wert mehr, könnten also beliebig zutreffen oder nicht, da ihre Richtigkeit auf der Ebene des Kerygmas bedeutungslos ist. Eine Nachfrage von seiten des Historikers oder des Archäologen wäre dann grundsätzlich unnötig, ja der Intention des Textes abträglich, weil sie den Blick von der Theologie auf die Topographie hin ablenkt.

Wenn allerdings Kyrill von Jerusalem in seiner *Homilia ad Paralyticum* (s. das Motto und Kap. 2.4) betonte, dass Jesus beim Umschreiten der Becken von Betesda "nicht die Gebäude suchte, sondern die Kranken heilte", so hinderte dies ihn selbst keineswegs, präzise Überlegungen zum Betesda seiner Zeit und der Zeit Jesu anzustellen. Den Theologen und zugleich natürlich auch den Jerusalemer Kyrill interessierte offensichtlich auch die Topographie und die Architektur Jerusalems, obwohl er Jesus von Nazaret ein solches Interesse absprach. Von der Warte seiner christlichen Theologie her war es ihm eben wichtig, die Heilstat am Gebrechlichen von Betesda nicht nur als literarische Gestaltung einer Heilslehre, sondern als konkretes Heilshandeln, das innerhalb der Koordinaten von Zeit und Raum geschah, darzustellen. Und als Jerusalemer Patriarch war er stolz darauf, dass sich so entscheidende Ereignisse der Heilsgeschichte an einem Ort seiner Residenzstadt abgespielt hatten, dessen Ruinen und Becken sich noch in seiner Zeit besuchen liessen.

---

2   Nach M. Hengel, Die johanneische Frage. Ein Lösungsversuch (Wissenschaftliche Untersuchungen zum Neuen Testament 67), Tübingen 1993, bes. 276-287.

Wer wie Kyrill gerne theologische Betrachtungen mit topographischen Beobachtungen verbindet, ist eher geneigt, grundsätzlich mit einem *Zutreffen* einer präzisen antiken Ortsangabe zu rechnen und auch sogenannten 'historisierenden Verankerungen' oder 'theologischen Koordinatenziehungen' noch eine topographische Plausibilität zu belassen. Er fragt beharrlicher nach, ob da an den Texten nicht doch noch Partikel des Originalstaubes haften, ob da also zwischen den Worten und Steinen nicht doch ein Bezug besteht, der auch heute noch in den Steinen erkannt werden kann und unter Umständen theologisch relevant ist.[3]

Während jedoch Kyrill die Steine und den Kyrios bei den liturgischen Begehungen Jerusalems an den grossen Festtagen spontan und manchmal schwungvoll und ergreifend zusammenband, bestimmt bei uns Spät- und Westgeborenen die Art und Stärke der theologischen Neugier und der Reiselust, ob und wie wir die Worte mit den Orten in Zusammenhang bringen. Dies haben die Pilger und Pilgerinnen aller Jahrhunderte auf besonders deutliche Weise vollzogen, wenn sie den Worten an den Orten selbst begegnen wollten. Die typische *curiositas peregrinorum* hat diese Leute dazu Tausende von mühsamen Kilometern voller "Andacht *und* Abenteuer"[4] getrieben, und ich nehme an, dass sie am Ziel ihrer Reise nicht nur den unvermeidlichen Kuriositäten des Pilgerbetriebes, sondern auch dem Faszinosum hinter allem begegnet sind.

1. DIE TOPOGRAPHIE VON JOH 5,1-9

Genaues Befragen auch der topographischen Angaben des Textes, eine entsprechend differenzierte Palette möglicher Antworten und eine unvoreingenomme Einsichtnahme in die antiken literarischen und archäologischen Sachverhalte sind auf jeden Fall das, was der Respekt zum Text und zu dessen Autoren verlangt. Innerhalb der johanneischen Wundererzählung, um die es hier geht, findet die topographische Spurensuche in der Notiz von Joh 5,2 einen willkommenen Ansatzpunkt voller Informationen. Sie stösst da aber gleichzeitig auch auf eine inhaltliche und textkritische *crux*, in welcher sich niedergeschlagen hat, wie schon die antiken und mittelalterlichen Abschreiber jeweils mit der johanneischen Topographie zu Rande zu kommen suchten.

---

3   Vgl. dazu M. Küchler, "Die Füsse des Herrn" (Eusebius, DE 6,18). Spurensicherung des abwesenden Kyrios an Texten und Steinen als eine Aufgabe der historisch-kritischen Exegese. In: Ders./Chr. Uehlinger, Jerusalem. Texte — Bilder — Steine. Im Namen von Mitgliedern und Freunden des Biblischen Instituts der Universität Freiburg Schweiz herausgegeben ... zum 100. Geburtstag von Hildi + Othmar Keel-Leu (Novum Testamentum et Orbis Antiquus 6) Freiburg CH, Göttingen 1987, 11-35; 3 Abb.

4   Nach Ursula Ganz-Blättler, Andacht und Abenteuer. Berichte europäischer Jerusalem- und Santiago-Pilger (1320-1520) (Jakobus-Studien 4) Tübingen 1990, 420 S.

1.1 Der mehrdeutige Text von Joh 5,2

Der älteste Papyrus, der diesen Text aus dem Johannesevangelium enthält, der Papyrus Bodmer II (= Pap. 66), der um 200n geschrieben wurde, ist ein Beispiel für den ehrlichen Versuch, einem offenbar mehrdeutigen Text trotz der Fixierung der Textgestalt seine Mehrdeutigkeit zu belassen. Die entsprechenden Zeilen lauten:[5]

Pap. 66, fol. 25,17-26,1 *(prima manus)*

```
17        ... · εστιν δε εν τοις ιερο
18   σολυμοις επι τη προβατικη · κο
19   λυμβηθρα · η εστιν λεγομενη
20   εβραϊστι βηδσαϊδα πεντε
1    στοας εχουσα ...
```

Das Wort κολυμβήθρα, "Becken" ist ganz auffällig zwischen zwei hochgestellte Punkte gesetzt. Der hochgestellte Punkt kann auf diesem Papyrus zwar sowohl Punkt, wie Komma, wie Semikolon oder anderes bezeichnen, er markiert aber auf jeden Fall eine Abgrenzung. Ein einzelnes Wort ist nur an dieser Stelle mit solchen Punkten umrahmt. Es ist damit nach vorwärts und rückwärts vom ganzen übrigen Satz abgesetzt. Offensichtlich hat dieser älteste Textzeuge erwogen, ob das Wort κολυμβήθρα als Dativ oder als Nominativ gelesen und entsprechend nach rückwärts oder nach vorwärts bezogen werden müsse, und hat damit eine klare Antwort vermieden. Die syntaktische Unklarheit des Satzes ist wohl der Grund für diese Unentschiedenheit des Schreibers.

Der nur bei diesem Textzeugen vorhandene Relativanschluss η εστιν λεγομενη wird durch eine zweite Hand korrigiert, welche das Relativpronomen als bestimmten Artikel nimmt und εστιν zu επι verändert. Wie auch noch auf der Facsimile-Ausgabe zu ersehen ist, gestaltet sie dazu das σ zu einem vertikalen Strich um, sodass es zusammen mit dem folgenden τ zu einem viel zu breiten π wird, und radiert das ursprüngliche (noch gut ersichtliche) ν aus. So erreicht sie (wieder?) den Buchstabenbestand η επι λεγομενη, was die meistbezeugte Lesart darstellt.

Der zweitälteste Textzeuge, der Papyrus Bodmer XIV/XV (= Pap. 75) aus dem 3.Jh.n,[6] weist diese mehrdeutige Textform ohne irgendwelche Markierungen von Unentschiedenheit auf:

---

5   V. Martin, Papyrus Bodmer II, Évangile de Jean, chap. 1-14 (Bibliotheca Bodmeriana 5) Cologny/Genève 1956, 25f; Faksimile: Ders., Papyrus Bodmer II, Supplément, Évangile de Jean, chap. 14-21. Nouvelle édition augmentée et corrigée (Bibliotheca Bodmeriana) Cologny/Genève 1962, Pl. 25f; vgl. dazu die kritische Arbeit von G.D. Fee, Papyrus Bodmer II (P 66): Its textual relationships and scribal characteristics (Studies and Documents 34) Salt Lake City 1968, 88 und 123. Zum vorsichtigen textkritischen Gebrauch: J. Delobel, The Bodmer Papyri of John. A Short Survey of the Methodological Problem. In: M. de Jonge (éd.), L'Évangile de Jean (Ephemerides Theologicae Lovanienses 44) Louvain 1977, 317-323.
6   R. Kasser/V. Martin, Papyrus Bodmer XIV-XV, Tome II: L'évangile de Jean, chap. 1-15 (Bibliotheca Bodmeriana) Cologny/Genève 1961, Pl. 71.

Pap. 75, fol. 11,27-29

27 εστιν δε εν τοις ιεροσολυμοις επι τη
28 προβατικη κολυμβηθρα η επιλεγομε
29 νη εβραϊστι βηθσαϊδα ε στοας εχουσα

Dieser offene Text ist deshalb bis auf weiteres als Ausgangspunkt für die Interpretation von Joh 5,2 anzusehen.[7] Der *Codex Sinaiticus* (s. Kap. 2.2) wird dann im 4.Jh. die Unentschiedenheit in Bezug auf κολυμβηθρα durch Weglassung von επι τη zerschlagen. Und der *Codex Bezae Cantabrigiensis* wird im 6.Jh. die Lesung dadurch eindeutig machen, dass er επι τη προβατικη κολυμβηθρα graphisch als eine geschlossene Sinn- und Lesezeile präsentiert.[8] Diese unterschiedlichen syntaktischen oder graphischen Eingriffe in den Text bestärken jedoch nur die ursprüngliche Offenheit und Mehrdeutigkeit der topographischen Angaben von Joh 5,2 und verlangen eine differenzierte Erwägung der Lesemöglichkeiten dieses noch andere, kleinere textkritische Probleme aufweisenden[9] Verses.

1.2 Die acht Lesemöglichkeiten von Joh 5,2

Joh 5,2 lässt sich grundsätzlich auf zwei verschiedene Weisen lesen, je nachdem, ob man κολυμβήθρα (A) als Dativ syntaktisch rückwärts oder (B) als Nominativ vorwärts verbindet. In beiden Fällen sind dann nochmals zwei Optionen möglich: Entweder (a) rechnet man mit einer Leerstelle, die im ersten oder zweiten Satzteil entsteht und beim Lesen unwillkürlich oder durch bewusstes Einsetzen eines Wortes aufgefüllt wird, oder (b) man vermeidet jegliche Ergänzung und findet mit unterschiedlichen Argumenten in beiden Fällen einen kohärenten Text. Beide Lesemöglichkeiten und Optionen weisen zwar sprachliche oder syntaktische Unschönheiten auf, doch gibt es zu jeder im Meer der griechischen Literatur stets den einen oder anderen Parallelbeleg.

---

7   Ob er ursprünglich in den joh. Text gehört oder eine sekundäre Glosse ist, sei hier dahingestellt, vgl. Duprez, Jésus et les dieux guérisseurs (*s. Anm. 56*) 134f, mit E. Ruckstuhl, Die literarische Einheit des Johannesevangeliums. Der gegenwärtige Stand der einschlägigen Forschungen. Mit einem Vorwort von Martin Hengel (Novum Testamentum et Orbis Antiquus 5) Fribourg, Göttingen 1987, 219; Ders.,/P. Dschulnigg, Stilkritik und Verfasserfrage im Johannesevangelium. Die johanneischen Sprachmerkmale auf dem Hintergrund des Neuen Testaments und des zeitgenössischen Schrifttums (Novum Testamentum et Orbis Antiquus 17) Fribourg, Göttingen 1991, 220.

8   Vgl. F.H. **Scrivener**, Bezae Codex Cantabrigiensis, Cambridge 1864, 103.

9   Zum Namen Betsaida *s. Anm. 1.* – Die Variante ἐν (bes. A D L) anstelle von ἐπί vor κολυμβήθρα ist eine viel weniger gut belegte Lesart und kann durchaus die gleiche bedeuten wie ἐπί. ἐν mit der speziellen Bedeutung "innerhalb" kann man nur als ursprüngliche Lesart postulieren, wenn man eine Anlage *in* einer anderen anvisiert, wie dies die klassische Studie von J. Jeremias tut: Die Wiederentdeckung von Bethesda. Johannes 5,2 (Forschungen zur Religion und Literatur des Alten und Neuen Testaments 59) Göttingen 1949, 24; rev. engl. Fassung: The Rediscovery of Bethesda. John 5:2 (New Testament Archaeology Monograph 1) Louisville 1966, 36f.

Lesemöglichkeit A

Κολυμβήθρα wird als Dativ mit *iota subscriptum* gelesen und mit dem vorausgehenden ἐπὶ τῇ προβατικῇ verbunden.[10] Dann ergibt sich in der ersten Satzhälfte auf jeden Fall eine Wasseranlage mit dem Namen "Schaf-Teich", während die zweite Satzhälfte je nach Option unterschiedlich aussieht. *Option a* rechnet mit einer Leerstelle in der zweiten Satzhälfte, was folgenden Wortlaut ergibt:

> *Nun ist in Jerusalem beim Schaf-Teich*
> *{ein/e ...}, auf hebräisch Betesda zubenannt, fünf Stoën aufweisend.*

Für die Leerstelle bieten sich drei Ergänzungsmöglichkeiten an:

1) Setzt man ein zweites κολυμβήθρα ein, so ist von zwei Teichanlagen an dieser gleichen Stelle die Rede. Dazu können folgende, zum Teil diskutierbare Sachverhalte als Begründungen angeführt werden: Textkritisch ist der versehentliche Wegfall eines von ursprünglich zwei κολυμβήθρα leicht möglich.[11] – In der Kupferrolle von Qumran (3Q 15), die paläographisch zwischen 25n und 75n zu datieren ist, kommt Betesda in der Dualform *bet ʾešdatajin* vor und wird zudem von einem grossen Reservoir (*ʾašjaḥ*) und und von einem kleinen Bassin (*jemumit*, wörtlich: 'Meerlein') gesprochen.[12] – Spätestens seit dem 4.Jh.n sind "Zwillingsteiche" als Besuchsort der Pilger nördlich des Tempelplatzes literarisch bezeugt (s. Kap. 2). – Die Archäologie hat zudem zwei riesige Becken erhoben (vgl. *Abb. 1*).

2) Ergänzt man die Leerstelle mit οἰκία, "Haus" ergibt sich eine Doppelanlage von einem oder mehreren freiliegenden Bassins und einem bedeckten Gebäude. Diese Ergänzung nimmt den Wortteil בית in Betesda auf und deutet ihn architektonisch.[13] Dies ist möglich und könnte mit einem Verweis auf die überdachte Struktur (Nr. 30) der Madabakarte links (= nördlich) neben der "Kirche des Schafteiches" (Nr. 31) untermauert werden.[14] Das Mosaik stammt aber aus dem 6.Jh.n! Toponyme mit *bet-* be-

---

10   Vgl. die deutsche Jerusalemer Bibel; New English Bible; alle Kommentatoren, die wie z.B. R. Schnackenburg, J. Schneider, C.K. Barret, R.E. Brown, M. Hengel von J. Jeremias, Die Wiederentdeckung *(s. Anm. 9)*, beeinflusst sind.

11   Vgl. B.M. Metzger, A Textual Commentary on the Greek New Testament, London, New York 1971, 208, Anm. 1, erwägt die Möglichkeit, "that the original text read κολυμβή-θρα twice, first as dative and second as nominative, and that by an early oversight one of the two dropped out."

12   3Q15 11,11-14; ed.: J.T. Milik, in: Discoveries in the Judaean Desert of Jordan III, Oxford 1962, 271f. 296f; vgl. B. Pixner, Unravelling the Copper Scrolls Code. A Study on the Topography of 3Q 15: Revue de Qumran 11, 1983, 356f. Auch die zum Teil andere Lesung des Textes durch J.M. Allegro, The Treasure of the Copper Scroll, London 1960, 52f [vgl. 166]: bbyt ʾšwḥn bʾšwḥ bby ʾtk lw mymwt, "in the House of the (two?) Pools, in the Pool as you enter it from its settlings-bassins", weist diese Doppelungen auf.

13   E. Nestle, Bethesda: Zeitschrift für die neutestamentliche Wissenschaft 3, 1902, 172f.

14   Vgl. M. Avi-Yonah, The Madaba Mosaic Map. With Introduction and Commentary, Jerusalem 1954, 58; J.T. Milik, La topographie de Jérusalem vers la fin de l'époque byzantine (Mélanges de l'Université Saint Joseph 37 [offerts au Père René Mouterde],

zeichnen zudem nicht wie *bajit* ein einzelnes, seitlich und oben geschlossenes Gebäude, sondern vielmehr einen abgegrenzten Ort mit speziellen Eigenschaften, normalerweise eine Ortslage.

3) Ergänzt man die Leerstelle jedoch nur mit einem unbestimmten Ausdruck wie z.B. χώρα, 'Ort', 'Stätte' oder allgemein mit 'Anlage', so lässt man offen, um welche Art von Struktur im Boden oder über dem Boden es sich neben dem Schaf-Teich handelt. Betesda ist jedenfalls der aramäische Zuname (deshalb ἐπι-λεγομένη) dieser Struktur, und fünf Stoën sind für sie charakteristisch. Den Hauptgrund für die Ergänzungen 2 und 3 liefert die archäologische Erforschung (s. Kap. 3.3), die es nicht erlaubt, "Betesda mit den fünf Stoën" mit den beiden ausgegrabenen Becken gleichzusetzen.

Option b : Einen verstehbaren Satz ohne Leerstelle erreicht man, wenn man η επιλεγομενη εβραϊστι Βηθσαϊδα als Subjekt des Satzes interpretiert:[15]

Nun ist in Jerusalem beim Schaf-Teich
das einen hebräischen Zunamen tragende Betesda, fünf Stoën aufweisend.

Dagegen steht zwar die grammatikalische *Regel*, dass (ἐπι)λεγόμενος als attributives Partizip "immer mit Artikel dem zu benennenden Wort oder ursprünglichen Namen *nach*gestellt" ist,[16] doch bietet die neutestamentliche und frühjüdische Literatur genügend Beispiele für einen abweichenden *Gebrauch*. In Mk 15,7 wird Barabbas und in Lk 22,47 wird Judas mit partizipialem ὁ λεγόμενος als Subjekt des Satzes angeführt, und in 2Makk 9,2; 12,21 und 3Makk 4,11 werden die Orte Persepolis, Karnion und Schedion mit λεγόμενος ohne vorausgehendes Bezugswort gegeben.[17]

Trifft dies auch für Joh 5,2 zu, wird hier eine topographische Evidenz (deshalb der bestimmte Artikel ἡ), die der Autor von Joh 5,1-9 hat, vorgeführt. Dass er sie vorführt, hat offensichtlich seine Wichtigkeit, auch wenn die griechischen Leserinnen und Leser diese gleiche Evidenz nicht unbedingt zum Verständnis der Wundergeschichte brauchen. Sie wissen dann einfach, dass das erzählte Wunder in einer bestimmten, dem Schreiber präzis bekannten, mit Stoën versehenen Baulichkeit Jerusalems mit dem exotischen Namen Betesda geschah. Dies genügt vollauf für die Verankerung der Erzählung in Zeit, Ort und Geschichte im Rahmen eines Evangeliums.

Fasc. 7 Beyrouth 1961, 170 und Pl. I. – Zur Bezeichnung "Kirche des Schafteichs", die sich erstmals bei Johannes Rufus findet, s. Kap. 3.1.

15   Nestle, Bethesda *(s. Anm. 13)* 173; J. Wilkinson, Jerusalem as Jesus knew it. Archaeology as Evidence, London 1978, 96.

16   F. Blass/A. Debrunner, Grammatik des neutestamentlichen Griechisch, Göttingen 1970 (13. Aufl.), 256, § 412,2; vgl. mit der 17. Aufl. von F. Rehkopf, Göttingen 1990, 340f, § 412,2, Anm. 3-6, mit Verweis auf J. Jeremias, Die Wiederentdeckung 6f *(s. Anm. 9)*, als mögliche Ausnahme.

17   Vgl. Jeremias, Die Wiederentdeckung 7, Anm. 1 *(s. Anm. 9)*.

Lesemöglichkeit B

Κολυμβήθρα wird als Nominativ gelesen und mit dem nachfolgenden Betesda verknüpft.[18] Dann ergibt sich in der zweiten Satzhälfte auf jeden Fall eine Wasseranlage mit dem Namen Betesda, während die erste Satzhälfte je nach Option unterschiedlich aussieht.

Option a rechnet hier mit einer Leerstelle in der ersten Satzhälfte:

Nun ist in Jerusalem beim Schaf-{......}
ein Teich, auf hebräisch Betesda zubenannt, fünf Stoën aufweisend.

Dazu finden sich in den Übersetzungen drei mögliche Ergänzungen, die jeweils verschiedene Gegebenheiten Jerusalems einbeziehen:

1) Die meistgewählte Ergänzung ist πύλη, "Tor", weil eine πύλη προβατική, ein "Schaftor", innerhalb der Erzählung vom Mauerbau des Nehemia mehrfach in der nördlichen Stadtmauer genannt ist (Neh 3,1.32; 12,39 LXX) und weil es dazu die zwei unter Option b angeführten Parallel-Beispiele in der altchristlichen Literatur gibt. Erstaunlich ist dabei jedoch, dass die gesamte alte Pilgerliteratur des 4. bis 6. Jhs.n diese scheinbar naheliegende Ergänzung nicht gemacht hat; sie stellte somit offenbar keine Lokaltradition dar. Erst in der arabischen und georgischen *Expugnatio Hierosolymae* des Mönches Antiochos Strategios von Mar Saba (kurz nach 614n) findet sich die verwandte Bezeichnung "Tor der Probatike"[19], wobei jedoch das Osttor nach dem nahen Kirchen- und Klosterkomplex Προβατική benannt ist.[20] Der erste echte Beleg findet sich dann erst beim Pilger Burchardus de Monte Sion, der im Jahr 1283 das Osttor der Stadt *porta gregis*, "Herdentor" zubenennt. Die *piscina probatica* sieht er jedoch, wie zu seiner Zeit üblich, im direkt an den Tempelplatz angrenzenden "Teich der Söhne Israels".[21]

---

18   Vgl. die Einheitsübersetzung, das Münchener Neue Testament und viele Kommentatoren wie Th. Zahn, M.J. Lagrange, R. Bultmann, J. Becker und E. Delebecque und D.J. Wieand *(s. Anm. 1)*.

19   *georg.*: G. Garitte, La Prise de Jérusalem par les Perses en 614 (Corpus Scriptorum Christianorum Orientalium [abgekürzt: CSCO] 202f; Scriptores Iberici 11f) Louvain 1960, I, 34; II, 23 (lat. Übers.); dt. Übers.: G. Graf, Die Einnahme Jerusalems durch die Perser 614 nach dem Bericht eines Augenzeugen: Heiliges Land 67, 1923, 19-29, zit.: 23. – *arab. A und B*: G. Garitte, Expugnationis Hierosolymae A.D. 614 recensiones arabicae, 4 Bde (I/1+2: CSCO 340f = Scriptores Arabici 26f; II/1+2: CSCO 347f = Scriptores Arabici 28f), Louvain, I/2: 1973, 17.52 (lat. Übers.). Milik, La topographie *(s. Anm. 14)* 170, übersetzt jedoch mit "la porte dite probatique".

20   Eine ähnliche Bezeichnung einer Person fand sich ausserhalb des Osttors auf dem Grabstein eines Amos, διακόνου τῆς Προβατισκῆς, "Diakons der Probati[s]ke"; s. R.W. Hamilton, Note on the Recent Discoveries outside St. Stephen's Gate, Jerusalem: Quaterly of the Department of Antiquities in Palestine 6, 1937/8, 155f; Pl. XL,3.

21   J.C.M. Laurent, Peregrinatores Medii Aevi Quatuor. Burchardus de Monte Sion, Ricoldus de Monte Crucis, Odoricus de Foro Julii, Wilbrandus de Oldenburg, quorum duos nunc primum edidit, duos ad fidem Librorum Manuscriptorum recensuit J.C.M. Laurent. Editio Secunda, Leipzig 1873, 66; = D. Baldi, Enchiridion Locorum Sanctorum. Documenta S. Evangelii Loca Respicientia, Jerusalem 1955 (2. Aufl.), 462, Nr. 708 *(abgekürzt: ELS)*.

2) Die Ergänzung mit ἀγορᾷ, "Markt" hat ihren Grund in der Tatsache, dass bis in die Neuzeit – und deshalb wohl schon im Altertum – in diesem Gebiet ein Kleinviehmarkt bestand.[22] "Beim Schafmarkt" gibt dann das Gebiet an, auf dem oder in dessen Nähe der Betesda-Teich lag. Diese Ergänzung, die das Probleme auf ebenso einfache Art (wie 1) lösen könnte, hat leider keinen einzigen Textzeugen zur Verfügung, der einen solchen Markt im Mittelalter oder in der Antike belegt. Deshalb ist sie zumindest unwahrscheinlich.

3) Ergänzt man mit "Teich", so entsteht wieder die gleiche Situation von zwei Teich(anlag)en wie bei Lesemöglichkeit A.

Option b: Die Leerstelle und damit auch eine Ergänzung kann vermieden werden, wenn man im Wort Προβατική einen Eigennamen für eine nicht näher bestimmbare Anlage sieht:[23]

> *Nun ist in Jerusalem bei 'der Probatischen' ein Teich, auf hebräisch Betesda zubenannt, fünf Stoën aufweisend.*

Dies ist durchaus möglich, wie zwei Beispiele, jedoch erst aus dem 4.Jh.n, belegen: Bei Pseudo-Pionius (um 350n[?]), *Vita Polycarpi* 3 steht: Πορεύθητι ἐπὶ τὴν καλουμένην Ἐφεσιακήν, "Geh zur sogenannten Ephesischen!"[24] und bei Chrysostomus (392n[?]), *Homilia in Ascensionem*, lautet die Einleitung: ἐλέχθη δὲ ἐν τῷ μαρτυρίῳ τῆς Ῥωμανησίας, "es wurde aber im Martyrion der Romanesischen gesagt".[25] Beide Male muss man πύλη ergänzen, doch mag eine solche abgekürzte Ausdrucksweise auch für andere wichtige Gegebenheit einer Stadt gebraucht worden sein. Es fehlen mir aber exakte Belege dafür.

Dieses Verständnis setzt wiederum wie bei der Option b in der Lesemöglichkeit A Jerusalemer Insiderwissen voraus oder rechnet ebenfalls mit einem topographischen Unverständnis bei den Lesern und Leserinnen, wobei die unverstandene oder unverstehbare topographische Angabe ihre Hinweise-Funktion auf der höheren Ebene der kerygmatischen Biographie durchaus behalten kann.

Eine andere Möglichkeit, eine Leerstelle zu vermeiden, besteht in einer freien Übersetzung des Wortes προβατική. Diese Versuche müssen aber insgesamt als Verlegenheitslösungen bewertet werden, die keinen Anspruch auf Ursprünglichkeit beanspruchen können. Die Itala übersetzt ἐπὶ τῇ προβατικῇ ohne evidenten sprachlichen Grund mit *in inferiore(m)*

---

22   Schon in PG 33, 1857, Sp. 1133, nota 2 *(s. Anm. 38)*; neuerdings wieder bei J. Genot-Bismuth/J. Genot, Jérusalem ressuscitée. La Bible hébraïque et l'Évangile de Jean à l'épreuve de l'archéologie nouvelle, Paris 1992, 106ff.215.

23   Vgl. La Bible de Jérusalem, ad loc.; Duprez, Jésus et les dieux guérisseurs *(s. Anm. 56)* 133f.

24   Ed.: J.B. Lightfoot, The Apostolic Fathers II, London 1889 (2. Aufl.), 434, Z. 23f.

25   PG 50, 1862, 441f; vgl. Jeremias, Rediscovery 8f, Anm. 2 *(s. Anm. 9)*.

parte(m), "im/in Richtung auf den unteren (Stadt-)Teil"[26]. Vielleicht denkt sie an den Siloa-Teich südlich unterhalb des Tempelplatzes und interpretiert προβατική frei von einem προβαίνειν, "vorwärtsgehen" her. Letzteres ist sicher der Fall im palästinisch-syrischen Lektionar, das ἐπὶ τῇ προβατικῇ κολυμβήθρα mit על מועלא דפסקינא, "beim Eingang des Beckens" wiedergibt, also προβατική als εἴσοδος versteht und genetivisch mit dem Fremdwort *piscina* verbindet.[27] – Eine kuriose architektonische Variation zu diesen sehr alten Versuchen bietet die moderne Übersetzung von R. Pesch: "Es ist aber in Jerusalem *bei dem Anbau* ein Teich ...".[28] Dazu finde ich weder im *Thesaurus Linguae Graecae* noch in den papyrologischen Lexiken einen Ansatzpunkt.

Prinzipiell hat eine Textinterpretation, die ohne Ergänzungen oder Veränderungen des Textes korrekt auskommt, den Vorrang vor allen anderen, die Ergänzungen oder Veränderung brauchen oder mit komplexen textgeschichtlichen Prozessen hinter dem vorliegenden Text rechnen müssen. In diesem Sinn haben die beiden Varianten der Option **b** den Vorrang. Sie lesen den Text begründet als kohärente Einheit, wobei nicht mehr Schwierigkeiten als bei der Option **a** entstehen.

1.3 Die topographischen Varianten und Konstanten von Joh 5,2

Die beiden Lesemöglichkeiten A und B erlauben bei der Option **a** sechs Varianten, je nachdem welche Ergänzungen man in den jeweiligen Satzhälften wählt. Dabei kann κολυμβήθρα stets auch eine Wasser*anlage* bezeichnet, die aus mehreren Becken besteht.

A (Option a)			
	der Schaf-Teich	1	Betesda{-Stätte}
		2	Betesda{-'Haus'}
		3	Betesda{-Teich}
B (Option a)	Schaf{-Teich}	4	
	Schaf{-Tor}	5	der Betesda-Teich
	Schaf{-Markt}	6	

Bei der Option **b** reduziert sich alles auf zwei Varianten, die jedoch, wie angegeben, leicht mit den vorausgehenden beiden Gruppen korreliert werden können, da das unbestimmte 'Betesda' (in *7*) und die rätselhafte "Probatische" (in *8*) entsprechend aufgelöst werden können:

---

26   A. Jülicher/W. Matzkow/K. Aland, Itala. Das Neue Testament in altlateinischer Überlieferung IV: Johannes-Evangelium, Berlin 1963, 41.

27   A. Smith Lewis/M. Dunlop Gibson, The Palestinian-Syriac Lectionary of the Gospels, re-edited from two Sinai Mss and from P. de Lagarde's Edition of the 'Evangeliarium Hierosolymitanum', London 1899, 26, Ms A = Vaticanus. Die beiden sinaitischen Mss B und C haben die Variante מעילא, C lässt zudem die Genetivpartikel ד weg.

28   Synoptisches Arbeitsbuch zu den Evangelien, Bd. 5: Johannes, Zürich 1981, 25.

A (Option b)   der Schaf-Teich   7   'Betesda'   ‖ zu 1-3
B (Option b)   "Die Probatische"   8   der Betesda-Teich   ‖ zu 4-6

Da die Ergänzungen mit {-Teich} in den Varianten 3 und 4 zum gleichen Resultat, nämlich zu zwei Teichen, führen, reduzieren sich die Lese-
varianten schliesslich auf nur *fünf unterschiedliche Topographien:*

              Option a   *Option b*

1   Bassin/s und eine Stätte ⎤
2   Bassin/s und ein 'Haus'   ⎬ 7   der Schaf-Teich und 'Betesda'
3=4 Zwei Teichanlagen   ⎦⎤
5   Ein Tor und Bassin/s   ⎬8   "die Probatische" und der Betesda-Teich
6   Ein Markt und Bassin/s   ⎦

Bei allen Spielarten gibt es hier doch auch *zwei Konstanten,* die nicht
übersehen werden sollten:

* Es ist stets von *zwei* Gegebenheiten die Rede. Diese sind zwar
  architektonisch eng miteinander verbunden, aber durch verschiedene Namen doch klar voneinander abgesetzt.

* Die auffälligen fünf Stoën gehören *stets und nur* zu Betesda.

Es ist nun zu überlegen, ob der biblische Text, die alten Zeugen und
vielleicht auch die Archäologie der einen oder anderen Variante ein Mehr
an Plausibilität zusprechen können.

Grundsätzlich sind alle fünf Möglichkeiten topographisch, archäologisch und kulturgeschichtlich im Norden des Tempels, bei der heutigen
Betesda-Ausgrabung mit den beiden Becken und den vielfachen vor-
christlichen Installationen ansetzbar.[29] Wägt man jedoch die Gegenar-

---

29   Ich teile die Meinung von Wieand *(s. Anm. 1),* dass unter den sechs in der wissenschaftlichen Literatur gemachten Vorschlägen die Identifikation mit dem Ausgrabungs-
areal bei der Sankt Anna-Kirche, auf dem Gelände der Weissen Väter, "virtually estab-
lished" (397) ist. Ein natürliches Phänomen wie etwa eine intermittierende Quelle oder ein
Brunnen mit Syphoneffekt, wodurch das unregelmässig auftretende (κατὰ καιρόν)
Aufwallen des Wassers, das im Glauben der Leute offensichtlich die Heilkraft des Wassers
aktivierte und so etwas wie den Hieros Logos der Heilquelle darstellte (vgl. die sekundären
Verse 3b und 4), ist zwar heutzutags nicht nachzuweisen, aber bevor man eine Verwechs-
lung des Evangelisten mit der tatsächlich intermittierenden Gichon-Quelle und dem damit
verbundenen Siloa-Teich (vgl. Joh 9,7.11) im Süden des Tempels annimmt, sollten die komplexen Wasseranlagen im Bereich des gleichnamigen Stadtteiles Βεζεθά (vgl. Josephus,
Bellum iudaicum V 151) genauer in Betracht gezogen werden (vgl. M. del Verme, La
piscina probatica: Gv 5,1-9. Un problema di critica testuale e di esegesi di fronte ai resultati
degli ultimi scavi: Bibbia e Oriente 18, 1976, 101-119 [mit textkritischer Rettung der Vers 3a
und 4 aus archäologischen Gründen]). Vielleicht hängt das Aufwallen auch mit einer
Eigenart der Zuleitungen oder der Stauvorrichtung zusammen, wie Philo der Epiker
(2.Jh.v), Fragment 3 (bei Eusebius, Praeparatio Evangelica 9,37,1-3) für Betesda nahelegt:
"Jäh speien aus über die Erde hin in Wasserstössen | Kanäle ..." (N. Walter, in: Jüdische
Schriften aus hellenistisch-römischer Zeit IV/3, Gütersloh 1983, 151ff). Auch im Ari-
steasbrief (Ende 2.Jh.v) wird bewundernd von weitverzweigten Röhrensystemen
gesprochen, deren Rauschen an bestimmten Stellen hörbar sei (EpAr 89-91; N. Meissner, in:
Jüdische Schriften aus hellenistisch-römischer Zeit II/1, Gütersloh 1973, 57). Oder war das
Aufwallen des Wassers eine religiös-liturgische Inszenierung?

gumente ab, die oben bei den einzelnen Lesemöglichkeiten genannt wurden, so scheiden die problematischen Ergänzungen *Haus*, *Tor* und *Markt* am ehesten aus. *Haus* ist eine gepresste Worterklärung, *Tor* hat offensichtlich trotz der Nehemia-Stellen keine Lokaltradition gebildet und *Markt* ist schlechthin nicht belegt. Bei Option a bleiben somit noch die Topographien *1* und *3*, bei Option b, die auf jeden Fall den Vorrang hat, bleiben wegen der Überschneidung *3* = *4* beide Möglichkeiten. Kann man noch weiter gehen?

Mir scheint klar, dass die Erzählung Joh 5,1-9 nicht von zwei Teichanlagen (= κολυμβήθραι) spricht, sondern einerseits von einer κολυμβήθρα und andererseits von Betesda mit fünf Stoën. Die Dramatik der Wundererzählung und die Tragik des Gebrechlichen macht es ja gerade aus, dass vom Krankenlager in den Stoën zum Bassin oder zu den Bassins der κολυμβήθρα eine kleine Distanz bestand, die überwunden werden musste. Die plausibelste Doppelung ist deshalb

A, Option **a**, Ergänzung *1*		B, Option **b**, Auflösung *7*
ein Teich und eine Stätte	=	*der Schaf-Teich und Betesda*

wobei noch nicht klar ist, um welche Art von Stätte es sich bei Betesda handelt und wie die beiden unterschiedlichen Anlagen sich zueinander verhalten.[30]

Die folgenden Untersuchungen an antiken Texten und an den heutigen Steinen weisen auf, dass diese beiden Fragen in der Geschichte des Besuches und der Erforschung von Betesda sehr unterschiedlich beantwortet wurden, dass aber heute bei aller Vorsicht auch eine zufriedenstellende Antwort gegeben werden kann.

2. DIE CHRISTLICHE IDENTIFIKATION DER ZWEI 'ANLAGEN' VON JOH 5,2

So sicher dem Autor der Wundergeschichte von Joh 5,1-9 *zwei* unterschiedliche Stätten vorgeschwebt sind, so erstaunlich ist die Tatsache, dass in sämtlichen Textes seit byzantinischer Zeit (bis zu den modernen Ausgrabungen ab 1957), in denen BeschreiberInnen oder BesucherInnen etwas zu den beiden Anlagen sagen, die beiden Anlagen miteinander *identifiziert*

---

[30] Offensichtlich hatte der Autor der Kupferrolle – mindestens nach der gängigen, von J. Jeremias, Wiederentdeckung/Rediscovery *(s. Anm. 9)*, abhängigen Interpretation – eine etwas andere Vorstellung. Der Dualname *bet ʾešdatajin*, das Bassin und das 'Meerlein' von 3Q 15, 11,11-14 sollten nicht nur stärker mit dem 'Triclinium', dem "Ofen" und der Zisterne der nachfolgenden Zeilen 11,15-12,3 verbunden, sondern auch mit den neueren Resultaten der Archäologie verglichen werden. Dies kann jedoch im Rahmen dieses Artikels nicht geleistet werden; vgl. meinen zukünftigen Beitrag "Betesda" in: O. Keel/M. Küchler, Orte und Landschaften der Bibel. Ein Handbuch und Studienreiseführer zum Heiligen Land, IV: Jerusalem, Zürich, Göttingen ca 1996, ad loc.

werden![31] Im 4.Jh. belegen schon die ältesten christlichen Texte diese Veränderung der johanneischen Topographie ganz deutlich, durch welche m. E. ein adäquates Verständnis von Betesda über Jahrhunderte verunmöglicht wurde.

2.1 Eusebius von Cäsarea

Der erste und zugleich klassische Zeuge ist Eusebius von Cäsarea (um 331n), in dessen "Onomastikon der biblischen Ortsnamen" folgende Beschreibung zu lesen ist:[32]

Βηζαθά. Κολυμβήθρα ἐν Ιερουσαλήμ,	Bezatha: Ein Teich in Jerusalem,
ἥτις ἐστὶν ἡ προβατική,	welcher 'der Probatische' ist,
τὸ παλαιὸν ε' στοὰς ἔχουσα.	vor alters 5 Stoën aufweisend.
Καὶ νῦν δείκνυται	Und jetzt wird er gezeigt
ἐν ταῖς αὐτόθι λίμναις διδύμαις,	in den dortigen Zwillingsteichen.
ὧν ἑκατέρα μὲν ἐκ τοῦ κατ' ἔτος	Jeder der beiden wird von den alljährlichen
ὑετῶν πληροῦται,	Regengüssen gefüllt,
θατέρα δὲ παραδόξως πεφοινιγμένον	doch weist der eine seltsamerweise rötlich
δείκνυσι τὸ ὕδωρ,	gefärbtes Wasser auf,
ἴχνος ὥς φασι φέρουσα τῶν πάλαι	eine Spur, wie man sagt, tragend von einst
καθαιρομένων ἐν αὐτῆ ἱερείων.	darin gereinigten Opfertieren.
παρ' ὃ καὶ προβατικὴ καλεῖται	Darum heisst er auch 'probatisch',
διὰ τὰ θύματα.	wegen der Opfer(tiere).

Es ist keineswegs so, dass Eusebius Joh 5,2 in der oben angeführten Lesemöglichkeit A verstanden hätte. Er hat nicht κολυμβήθρα dativisch auf προβατική zurückbezogen, sondern er hat die beiden, auch bei einem dativischen Verständnis von προβατική zu unterscheidenden Ortslagen schlicht miteinander *identifiziert*. Dabei ist bei ihm deutlich, dass die fünf Stoën einen vergangenen Sachverhalt (τὸ παλαιόν) bezeichnen, der zu seiner Zeit offensichtlich nicht mehr zu verifizieren war, während der Schaf-Teich in (ἐν) den noch vorhandenen Doppelteichen gesehen wird. ἐν braucht dabei keineswegs lokal verstanden zu werden, als ob der Schaf-Teich mit Namen Betesda "im Innern" der Zwillings-Teiche zu suchen wäre.

So klar Eusebius mit der Identifizierung der beiden Anlagen ist und so präzis er die Lokalisierung bei den noch bestehenden Doppelteichen vornimmt, so deutlich ist auch, dass er auf Distanz geht, wenn er von der volkstümlichen Erklärung des Namens προβατική anhand der rötlichen Färbung des Wassers in einem der beiden Becken spricht, welche von den

---

31   Eine Kurzbeschreibung der im folgenden genannten Quellen findet sich Ebd. I, 1984, 414-450.

32   Ed.: E. Klostermann, Das Onomastikon der biblischen Ortsnamen (Die Griechischen Christlichen Schriftsteller 11/1 = Eusebius Werke III/1), Leipzig 1904, 58, Z. 21-26; = ELS 456, Nr. 682.

"vor alters" für den Tempel gereinigten Tiere herkomme. Er sagt nicht, wie dies ein unglückliche Übersetzungstradition immer wieder vorträgt,[33] dass die Tiere im Becken *geschlachtet* worden seien, als ob der gelehrte Kirchenvater nicht gewusst hätte, dass dies beim Brandopferaltar auf dem Tempelplatz geschah. Dass man nur schon vom Reinigen der Opfertiere, die ja nicht verletzt werden dürfen, rotes Wasser bekomme, stellt ja gerade einen unwahrscheinlichen Aspekt der Volksetymologie und -ätiologie. dar. Es ist klar, dass Eusebius mit dieser Deutung des roten Wassers eine Lokaltradition (vgl. ὥς φασι) referiert, von der er selbst nicht viel hält und die also sicher nicht von ihm selbst stammt. Das zeigt aber auch, dass nicht erst er, sondern schon die Jerusalemer Lokaltradition *vor* ihm die Identifizierung der beiden johanneischen Anlagen mit den beiden Teichen des byzantinischen Betesda vollzogen hat. Eusebius ist nur jener Autor, der dieser Identifizierung in der weiteren christlichen Tradition zum Durchbruch verholfen hat.

2.2 *Codex Sinaiticus, prima manus* (ℵ*)

Wenn die Jerusalemer Lokaltradition und in ihrem Gefolge Eusebius für die Identifikation überhaupt einen griechischen Bibeltext als Grundlage hatten, dann war es jene klar sekundäre Vereinfachung, die der im gleichen 4.Jh. geschriebene *Codex Sinaiticus* aufweist:[34]

Εν ǀ τιν δε εν τοις Ιερο ǀ σολυμοις προβα ǀ τικη κολυμβηθρα ǀ το λεγομενον ε ǀ βραϊστι Βηθζαθα ǀ πεντε στοας ε ǀ χουσα.	Nun ist in Jerusalem ein Schaf-Teich, genannt *(neutrum)* auf hebräisch Bethzatha, mit fünf Stoën.

Hier sind durch die Elimination der Präposition ἐπὶ (oder ἐν) und eines Artikels (τῇ) vor προβατική alle syntaktischen Probleme vermieden: προβατικη und κολυμβηθρα werden im Verbund zum Subjekt des ganzen Satzes. So kam in der Textüberlieferung jene homogene Topographie zustande, die alle Pilgertraditionen kennen, die jedoch nicht mehr den authentischen Text von Joh 5,2 wiedergibt. Eine zweite Hand hat dann – wahrscheinlich einige Jahrhunderte später – die Schreibfehler korrigiert und den Text an die gängige Lesart (vgl. Pap. 75) angeglichen.[35]

---

33 Jeremias, Wiederentdeckung *(s. Anm. 9)* 12 (nicht mehr in der engl. Version!); Cl. Kopp, Die Heiligen Stätten der Evangelien, Regensburg 1959, 366; G. Kroll, Auf den Spuren Jesu, Leipzig, Stuttgart 1990 (11. Aufl.), 249 u.v.a.

34 Ed.: C. Tischendorf, Bibliorum Codex Sinaiticus Petropolitanus, Petersburg 1862 (reprographischer Nachdruck Hildesheim 1969) vol. IV: Novum Testamentum cum Barnaba et Pastore, fol. 50a.

35 Ebd., vol. I: Prolegomena. Commentarius. Tabulae, p. 10: Ut utrumque [scl. corrector a et b] aliquot saeculis postquam ex auctorum manibus prodisset ad codicem accessisse probabile est, ita dubito an alter ab altero longo intervallo fuerit disiunctus; p. XXXVI: die Korrekturen der zweiten Hand sind: Εν ǀ τιν korr. zu Εσ ǀ τιν; προβα ǀ τικη ergänzt mit εν τη; το λεγομενον korr. zu η επιλεγομενη.

2.3 Das Itinerarium Burdigalense

Kurz nach Eusebius beschreibt auch der älteste Pilgerbericht, das *Itinerarium Burdigalense* (abgekürzt: *It Burdig*), im Jahr 334n diese gleiche Anlage. Nach zwei grossen, von Salomo erbauten *piscinae* zur Rechten und zur Linken des Tempels, wohl dem *Teich der Söhne Israels* an der nordöstlichen Ecke und dem *Struthionsteich* an der nordwestlichen Ecke des Tempelplatzes, erwähnt er folgendes:[36]

... interius vero civitati	... mehr im Innern der Stadt
sunt piscinae gemellares	sind Zwillingsteiche
quinque porticus habentes	mit fünf Säulenhallen,
quae appellantur Bethsaida.	die Bethsaida genannt werden.
Ibi aegri multorum annorum	Dort wurden langjährige Kranke
sanabantur.	geheilt.
Aquam autem habent hae piscinae	Diese Becken haben aber Wasser,
in modum cocini turbatam.	das in der Weise einer Scharlach-
	muschel aufgewühlt ist.

Der Pilger von Bordeaux trifft also bei seinem Besuch die Zwillingsteiche mit Namen Bethsaida tatsächlich an *(sunt)* und erwähnt im gleichen Atemzug auch die fünf Stoën, wie wenn sie ebenfalls zu seiner Gegenwart gehörten. Im bezeichnenden Unterschied zu den Aussagen der *einheimischen* Autoren (Eusebius, Kyrill und Hieronymus; s.u.) gibt dieser *westliche* Pilger die fünf Stoën von Joh 5,2 als zu seiner Zeit noch bestehend an: Dem ortsfremden Pilger hat man offensichtlich die Trümmerhaufen im Umkreis der Becken als Reste der Kolonnaden gezeigt. Sein Reiseführer hat da wohl so gute Imaginationsarbeit geleistet, dass die fünf Stoën vor dem geistigen Auge des frommen Pilgers wiedererstanden.

Ähnlich können auch die weiteren Eigenheiten des Textes erklärt werden. Der Pilger spricht von einer wirbelartigen Bewegung des Wassers in beiden Becken, wobei in der Wahl der Metapher "Scharlachmuschel" wohl die schon bei Eusebius angemerkte Tradition von der rötlichen Färbung des Wassers mitwirkte.[37] Und der Hinweis auf das johanneische Heilungswunder ist seltsam allgemein und im Plural gehalten: Man hört den Cicerone, der die im Evangelium geschilderte Heilung des einen, 38 Jahre lang kranken Mannes mit der anderen Aussage verbindet, dass beim Aufwallen des Wassers jeweils der schnellste geheilt werde (was dann offensichtlich immer wieder vorkam), und daraus – die Wichtigkeit dieses

---

36   *It Burdig* 589,8f; Ed.: P. Geyer/O. Cuntz, in: Itineraria et alia Geographica (Corpus Christianorum, Series Latina [abgekürzt: CChr SL] 175) Turnholti 1965, 15; = ELS, Nr. 683; dt. Übers.: H. Donner, Pilgerfahrt ins Heilige Land. Die ältesten Berichte christlicher Palästinapilger (4.-7. Jahrhundert), Stuttgart 1979, 54.

37   Donner, Pilgerfahrt (s. Anm. 36) 54, übersetzt verdeutlichend direkt: "Das Wasser dieser Teiche aber rötet sich, wenn es aufgewirbelt wird," und sieht "in rötlichem Erdreich auf dem Grund eines oder beider Teiche" eine mögliche Ursache (54 und Anm. 81).

'heiligen Ortes' hervorhebend – eine Heilung "vieljähriger Kranker" macht.

2.4 Kyrill von Jerusalem

Als vierter wichtiger Zeuge des 4.Jhs. muss Kyrill von Jerusalem (flor. 348-386n) beigezogen werden, der in einer Predigt zu Joh 5,2-16 erstmals eine architektonische Überlegung zu den fünf Stoën anbietet. Nach dem *Codex Regius Pariginus* lautet sein wohl von einem Stenografen mitgeschriebener Predigttext wie folgt:[38]

Καὶ τὰς κολυμβήθρας περιέρχεται	Und er (Jesus) umschreitet die Becken
οὐ τὰς οἰκοδομὰς ζητῶν,	nicht die Gebäude suchend,
ἀλλὰ τοὺς νοσοῦντας ἰατρεύων.	sondern die Kranken heilend.
ἐν γὰρ τοῖς Ἱεροσολύμοις	In Jerusalem nämlich
ἦν[39] προβατικὴ κολυμβήθρα	*war* ein Schaf-Teich
πέντε στοὰς ἔχουσα,	mit fünf Stoën,
τέσσαρας μὲν περιτρεχούσας,	vier nämlich rundherum laufende,
μέσην δὲ τὴν πέμπτην,	als mittlere aber die fünfte,
ἐν ᾗ κατέκειτο πλῆθος ἀσθενούντων.	in welcher eine Menge Kranker lag.

Der Patriarch von Jerusalem, der die Stadt aus eigener Anschauung kennt und in seinen Homilien vielfache authentische Informationen liefert, spricht hier ganz klar von einer vergangenen Grösse (ἦν), wenn er den "Schafteich mit den fünf Stoën" kurz beschreibt. Da es unzweifelhaft ist, dass die *beiden Teiche* zu seiner Zeit noch vorhanden waren (s. Kap. 2.5), kann Kyrill nur jene antike Anlage als vergangen bezeichnet haben, die er sich als Doppelteich mit vier herumgehenden "Säulengängen" und einem mittleren "Säulengang" vorstellt. Diese Anordnung ist somit nicht etwas, das er noch selbst sehen konnte, sondern etwas, das er aufgrund des noch sichtbaren Doppelteiches so für die biblische Vergangenheit rekonstruierte. Dabei stellt er sich diese Anlage recht grossartig vor, wie sich nebenbei aus seiner Bemerkung ergibt, Jesus habe die Becken nicht umschritten, um die Gebäude zu bestaunen, sondern um die Kranken zu heilen (s. Motto).

---

[38] *Homilia in Paralyticum* 2; Ed.: W.C. Reischl/J. Rupp, Cyrilli Hierosolymarum archiepiscopi opera quae supersunt omnia II, München 1860 (Nachdr. 1962), 47; A. Touttée, in: Patrologia Graeca 33, 1857, Sp. 1133 (= z.T. in: ELS, Nr. 684); G. Bissoli, S. Cirillo di Gerusalemme: Omelia sul paralitico della piscina probatica: Studium Biblicum Franciscanum, Liber Annuus 31, 1981, 177-190 (ital. Übers.), datiert die Homilie ins Jahr 344 oder unmittelbar danach. – J. Murphy-O'Connor, The Holy Land. An Archaeological Guide from Earliest Times to 1700, Oxford, New York 1988 (2. rev. und erw. Aufl.), 30, gibt "Origenes" als ältesten Zeugen mit Angaben zu den Säulen an, doch fehlt eine Stellenangabe.

[39] Der Codex Bodleianus Roe 25 hat ἐν τῇ προβατικῇ (ohne Verb) κολυμβήθρα und ist wohl von der Textvariante A D L zu Joh 5,2 (*s. Anm. 9*) beeinflusst.

2.5 Hieronymus

Als fünfter Zeuge gibt uns Hieronymus am Ende des gleichen Jahrhunderts in seiner lateinischen Übersetzung und Überarbeitung des Onomastikons des Eusebius eine Nachricht zu Betesda:[40]

Bethsaida, piscina in Ierusalem quae *vocabatur* προβατική, et a nobis interpretari potest pecualis.	Bethsaida, ein Teich in Jerusalem, der προβατική genannt *wurde* und von uns 'zum Vieh gehörig' interpretiert werden kann.
Haec quinque porticus *habuit,* *ostendunturque* gemini lacus quorum unus hibernis pluviis adimpleri solet alter mirum in modum rubens quasi cruentis aquis antiqui in se operis signa testatur.	Dieser *hatte* fünf Portiken, *gezeigt werden* aber Zwillingsteiche, deren einer vom Winterregen aufgefüllt zu werden pflegt, der andere, auf seltsame Art rötlich *wie von blutigen Wassern,* in sich Zeichen einer antiken Tätigkeit aufweist.
Nam hostias in eum lavari a sacerdotibus solitas ferunt unde et nomen acceperit.	Denn Opfertiere in ihm zu waschen pflegten die Priester, berichtet man, woher er auch den Namen angenommen hätte.

Der grosse Gelehrte aus Betlehem unterscheidet klar zwischen den Dingen, die den Pilgern zu seiner Zeit gezeigt werden, nämlich die Zwillingsteiche, und dem, was in die Vergangenheit gehört, nämlich der unverständlich gewordene Name προβατική, den er wörtlich ins Lateinische übersetzt, und die fünf Portiken. Offensichtlich wurde nurmehr eines der beiden Becken mit Wasser gefüllt und als Reservoir gebraucht,[41] während das andere zum rötlich schimmernden Tümpel verkommen war. Mit ähnlicher Vorsicht wie Eusebius referiert Hieronymus dann die traditionelle Erklärung *(ferunt)* des in seiner Zeit seltsamen antiken Namens, wobei er die Ungereimtheit der von Eusebius referierten Lokaltradition mit der metaphorischen Wendung "wie von blutigen Wassern" glättet, ohne vom Töten der Tiere im Teich zu sprechen.

Diese fünf ältesten christlichen Texte bezeugen bei all ihren kontextbedingten Unterschieden ganz deutlich, dass die erste johanneische Konstante, nämlich das Nebeneinander zweier *unterschiedlicher* Anlagen, in

---

40 Ed.: Klostermann, Onomastikon *(s. Anm. 32)* 59.

41 Dies ist wohl der Grund, weshalb Hieronymus das ὧν ἑκατέρα, "jeder der beiden" (Teiche) mit *quorum unus,* "deren einer" übersetzt. Dies ist nicht ein Übersetzungsfehler, sondern eine durchaus sinnvolle Anpassung des Eusebius-Textes an die Situation am Ende des 4.Jhs., auch wenn daraus später (s. schon um 440: Eucherius, *De situ Hierosolimitanae urbis atque ipsius Iudaeae epistula ad Faustum presbyterum* 8; ed.: Geyer/Cuntz, *Itinera [s. Anm. 36]* 238; = ELS, Nr. 685) eine falsche Interpretation des Eusebiustextes geworden ist, wie Jeremias, Wiederentdeckung 11, Anm. 6; Rediscovery 16, Anm. 32 *(s. Anm. 9),* erstmals aufgewiesen hat.

byzantinischer Zeit nicht mehr gesehen wurde. Selbst wenn eine harmo-
nisierende Lektüre von Joh 5,2 (wie ℵ* sie darstellt) dabei Pate gestanden
hat, war für diese Veränderung sicher der tatsächliche Zustand Betesdas in
byzantinischer Zeit hauptverantwortlich. Da nur noch die beiden Becken
des ursprünglichen Schafteichs sichtbar waren, lag es natürlich sehr nahe,
die (zudem textlich etwas undeutlich überlieferte) johanneische Doppelung von Schaf-Teich(anlage) einerseits und Betesda mit den fünf Stoën
andererseits auf die sichtbaren Doppelbecken (der ehemaligen κολυμβήθρα) zu übertragen. So hat man den johanneischen Text von der Heilung
in Betesda beim Schafteich an den Zustand des Schafteiches im 4.Jh.n
angepasst. Diese historisch verstehbare Identifikation hat sich dann
überall durchgesetzt[42] und bis in unsere Zeit gehalten.

3. DIE CHRISTLICHE REKONSTRUKTION DER FÜNF STOAI VON JOH 5,2

Erst das Zusammenrücken der zwei ursprünglich getrennten Anlagen,
wovon die eine, Betesda, fünf Stoën aufwies, zu einer einzigen Anlage
brachte recht eigentlich das Problem auf, *wie* die berühmten *fünf* Stoën mit
den noch sichtbaren *zwei* Teichen in Verbindung zu bringen seien.

Kyrill löste die kniffelige Frage, indem er die problematische fünfte
Stoa auf den die beiden Becken trennenden Mitteldamm legte und so das
Grundmuster für alle späteren Rekonstruktionen schuf. Wahrscheinlich
haben sich auch Eusebius und Hieronymus die Relation von Säulenhallen
zu den Teichen ähnlich vorgestellt. Dass alle drei einheimischen Autoren
diese oder eine ähnliche Komposition als vergangene Grösse bezeichnen,
kann jedoch keineswegs heissen, dass Betesda zur Zeit des Abfassung des
Johannes-Evangeliums oder der Tätigkeit Jesu so ausgesehen habe, denn
ihren Vorstellungen liegt ja die Mathematik und Architektur einer post-
johanneischen Identifikation des fünf-stoigen Betesda mit den beiden
Becken des Schafteiches zugrunde. Das historische Betesda sah deshalb
sicher *nicht* so aus.

Wer jedoch in der Antike und im Mittelalter auf die Suche nach
Betesda ging, um dort die Szene des Johannes-Evangeliums zu bedenken
oder eine Gedenkstätte zu bauen, hielt nach fünf Stoën bei den beiden
Becken Ausschau! Wie sich anhand der wichtigsten Etappen der Bau-
geschichte von Betesda leicht aufweisen lässt, setzte sich deshalb das
Missverständnis der christlichen Identifikation der beiden Stätten (s. Kap.
2) architektonisch durch den Bau der Gedächtniskirchen fort.

---

[42]   So z.B. auch auf einem christlichen Amulett gegen Fieber (5.Jh.), Papyrus Oxyrhyn-
chos 1151: ὁ θ(εος) της προβατικης κολυμβηθρας (K. Preisendanz, Papyri Graecae Magicae.
Die griechischen Zauberpapyri, Bd II, Leipzig, Berlin 1931, 192 (Nr. P 5b), und auf einem
Ostrakon aus dem 7./8.Jh.: εν τω σιλωαμ προβατικη κολυμβηθρα | ονομα αυτοις εβραεστιν
βηδσαιδα ευρεθη ο κς εν τη στουα | το σολομωντος ευρεθη … (Ebd. 240f, Nr. O 3; Abb.:
DACL I/2, 1924, Sp. 1806, Abb. 481).

3.1 Die byzantinische "Kirche des Schatfeiches"

Aus der Zeit nach 500n liegen zwei syrische Texte vor, die erstmals eine *Kirche* bei den Teichen bezeugen: Einmal bei Johannes Rufus, der von einer Erscheinung des die Unordnung in der Kirche tadelnden Christus "in der Kirche des Schafteiches" erzählt,[43] und einmal, vielleicht vom gleichen Autor, in der *Vita Petri* des Iberers, in welcher auf einem imaginären Jerusalem-Rundgang zwischen der Pilatus-Kirche und der Getsemani-Kirche "jene [Kirche] des Gelähmten" erwähnt ist.[44] Wie legendarisch diese Texte auch sind, sie setzen eine Kirche schon im 5.Jh.n voraus. Diese ist dann bei Theodosius (um 520n) mit einer zusätzlichen Tradition als "Kirche der Herrin Maria neben *(iuxta)* dem Schafteich" bezeugt, "wo der Herr Christus den Gelähmten geheilt hat, dessen Bett noch dort ist",[45] und im *Breviarius de Hierosolyma* (vor 543n) als "Basilika, wo sich dereinst die Kranken wuschen und gesund wurden".[46]

Diese byzantinische Basilika ist archäologisch klar erwiesen (vgl. *Abb.1:* 5 [gepunktet]): Die christlichen Bauherren haben für die östliche Hälfte ihrer ca. 18 x 45m grossen, dreischiffigen Basilika Fundamentmauern in die Grotten, Bäder und Zisternen einer hellenistisch-frühjüdischen Badeanlage und eines spätrömischen Serapis-Asklepios-Heiligtums hineingetrieben (*Abb. 1:* 4) und alle aufgehenden Strukturen eingeebnet. Die westliche Hälfte der Basilika haben sie weit über die beiden alten Becken des "Schafteichs" (*Abb. 1:* 1 u. 2 [gestrichelt]) hinausgeführt. Um über den Becken eine genügend breite Plattform für die drei Schiffe der Kirche zu bekommen, mussten sie den Mitteldamm auf beiden Seiten erweitern: Auf der nördlichen Seite benutzten sie dazu eine schon bestehende, gewölbte Zisterne aus spätrömischer Zeit, auf der südlichen Seite errichteten sie selbst ca. 14m hohe Stützpfeiler. So entstand eine seltsame, halb über den neutestamentlichen Becken schwebende Kirche.

Der Pilger von Piacenza nennt uns um 570n den bezeichnenden *Grund* für diese aussergewöhnliche Lage der Kirche:[47]

… venimus ad piscina natatoria [sic], quae *habet* quinque porticus,	… wir kamen zum Schwimmteich, der fünf Portiken *hat,*

---

43   Ed. + franz. Übers.: Plerophorien 18; Patrologia Orientalis VIII, Paris 1912, 35; = ELS, Nr. 457, Anm. 1.

44   Ed. + dt. Übers.: R. Raabe, Petrus der Iberer. Ein Charakterbild zur Kirchen und Sittengeschichte des fünften Jahrhunderts. Syrische Übersetzung einer um das Jahr 500 verfassten griechischen Biographie, Leipzig 1895, 99; = ELS, Nr. 686.

45   *De situ Terrae Sanctae* 8; Ed.: CChrSL 175, 1965, 118f; = ELS, Nr. 687; dt. Übers.: Donner, Pilgerfahrt *(s. Anm. 36)* 210.

46   Versio B, cap. 7: Ed.: CChrSL 175, 1965, 112; = ELS, Nr. 688; dt. Übers.: Donner, Pilgerfahrt *(s. Anm. 36)* 238.

47   *Antonini Placentini Itinerarium* 27; Ed.: CChrSL 175, 1965, 143; = ELS, Nr. 689; dt. Übers.: Donner, Pilgerfahrt *(s. Anm. 36)* 288.

ex quibus una habet basilicam	von denen eine die Basilika
Sanctae Mariae	der hl. Maria trägt,
in quae multae fiunt virtutes.	in der viele Wunder geschehen.
Nam ipsa piscina modo redacta est	Denn der Teich selbst ist jetzt zu einer
in stercore.	Kloake verkommen.

Es war offensichtlich eine porticus-artige Substruktur des "Schwimm-teiches", die als eine der fünf Stoën von Betesda verstanden und für die Kirche wiederverwendet wurde. Als solche Substruktur kommen nur die eindrücklichen Gewölbe der spätrömischen Zisterne in der Südost-Ecke des nördlichen Beckens in Frage *(Abb. 2)*. Die sechs hohen Zisternenbögen haben für die mittlere der πέντε στοαί von Joh 5,2 einen willkommenen Identifikationspunkt geboten und so den Ausschlag für die Errichtung der Kirche an dieser baulich so schwierigen Stelle gegeben. So kamen in byzantinischer Zeit die vermeintlichen Betesda-Stoën von Joh 5,2 auf den Grund der Becken des Schafteiches und wurden zur Krypta einer grossen Marienkirche!

Die weitere Geschichte dieses byzantinischen Heiligtums muss hier nicht im Detail aufgewiesen werden. Es ist die Geschichte eines Nieder-ganges, sowohl des Traditionsverlustes wie der Anhäufung sekundärer Legenden. Liturgische Bücher und Register nennen die Kirche weiterhin und in Predigten wird sie gepriesen, aber die Besucher waren offensicht-lich eher verwirrt: Willibald von Eichstätt (reiste 723-727n) siedelt die Szene von Joh 5 ungenau "in der Säulenhalle Salomos" an,[48] die in neutestamentlicher Zeit der Ostflanke des Tempelplatzes entlang lief (vgl. Joh 10,23f; Apg 3,12-26; 5,13), im 8.Jh.n aber wohl in einem omaijadischen Gebäudekomplex im Bereich der Moscheen gesehen wurde. Dann spricht nur noch Epiphanius Monachus (975-1099n) von den Bauten Betesdas, er-wähnt aber bezeichnend unscharf einen "Schafteich mit fünf Tribünen (βήματα), die Säulenhallen heissen" (Codex Vaticanus) oder "mit fünf Säu-lenhallen oder Gewölbe/Kammern (καμάραι), die einige auch Tribünen nennen" (Codex Moskau).[49] Offenbar waren nurmehr undeutliche Gebäu-despuren vorhanden, die vage mit den Angaben aus dem Johannes-evangelium kombiniert wurden.

3.2 *"Le Moustier" der Kreuzfahrer*

Zu Beginn der nächsten baugeschichtlichen Phase Betesdas wiederholten sich die Ereignisse recht genau: Nachdem die Kreuzfahrer 1099 Jerusalem eingenommen hatten, schufen sie innerhalb weniger Jahre eine neue To-

---

48 *Vita Willibaldi episcopi Eichstetensis* 97,29-32; Ed. + dt. Übers.: A. Bauch, Quellen zur Geschichte der Dözese Eichstätt I: Biographien der Gründungszeit, Eichstätt 1962, 61.

49 *Diegesis* 2,16f; Ed. + dt. Übers.: H. Donner, Die Palästinabeschreibung des Epiphanius Monachus Hagiopolita: Zeitschrift des Deutschen Palästina-Vereins 87, 1971, 68f. 83.

pographie und Toponymie für ihre nun wieder christliche "Heilige Stadt", indem sie die fast ein halbes Jahrtausend alte früharabische Namensbelegung rückgängig machten, möglichst viele Heiligtumstraditionen der byzantinischen Zeit wieder aufnahmen und auch zahlreiche neue "heilige Stätten" schufen. So ist schon 1002/3 in der *Certa relatio de situ Ierusalem* des Angelsachsen Saewulf die bis heute bestehende Sankt Anna-Kirche bezeugt, die dem Gedächtnis der legendarischen Eltern Marias, Anna und Joachim, gewidmet war und in der Krypta sowohl deren Grab wie auch die Geburtsstelle Marias barg. Nahebei sieht dieser unprätentiöse Beschreiber der Zustände seiner Zeit als zweite heilige Stätte die "*superprobatica piscina*, die auf hebräisch Bethsayda heisst und fünf Portiken hat."[50] Und kurz danach situiert auch der russische Abt Daniel (1106-1008) den Schafteich am gleichen Ort "westlich des Hauses der heiligen Joachim und Anna."[51]

In den fast gleichzeitigen *Gesta Francorum expugnantium Iherusalem* wird der *Grund* für diese Identifizierung angegeben: Vor der Kirche der hl. Anna "wurde von den Franken das Wasserbecken gefunden, das noch Spuren des alten Beckens aufwies, *weil es fünf Portiken hatte.*"[52] Entdeckt haben die Kreuzfahrer damals tatsächlich wiederum die gleiche spätrömische Zisterne wie die Byzantiner, sie sahen aber in den offenbar nur noch fünf Stützpfeilerbögen direkt die fünf johanneischen Stoën. Diese Zisterne haben sie dann (wiederum) als Krypta für ihre kleine Kirche gebraucht, deren Namen "le moustier" (von lat.: *monasterium*) wir erst hundert Jahre später in der Chronik des Ernoul (1230) antreffen,[53] und die der griechische Protonotar Perdikas um 1250 "ein äusserst anmutiges Heiligtum" nennt.[54] Diese archäologisch gesicherte, heute noch gut erkennbare Kirche, die nur die Ausmasse der spätrömischen Zisterne aufweist (vgl. *Abb. 1*: 6 [schwarz]), war der Erinnerung an die Heilung des "Gichtbrüchigen" gewidmet. So war im 12. und 13.Jh. die Wundererzählung von Joh 5 wieder – und zwar an der gleichen Stelle wie bei den Byzantinern – im Innern der Becken des alten Schaf-Teiches verortet.

---

50   Ed.: M. d'Avezac, Relation des voyages de Saewulf à Jérusalem et en Terre-Sainte, Paris 1839, 32; = ELS, Nr. 696. Der Name *superprobatica* stammt aus der Vulgata, welche das griechische ἐπὶ τῇ προβατικῇ κολυμβήθρᾳ von Joh 5,2 wörtlich mit *super Probatica piscina* wiedergibt; s. R. Weber, Biblia Sacra iuxta vulgatam Versionem, tomus II, Stuttgart 1975 (2. Aufl.), 1665.

51   ELS, Nr. 698.

52   ELS, Nr. 699.

53   ELS, Nr. 706; allerdings in einem Dokument mit dem Titel *L'estat de la Citez de Iherusalem*, das in die Zeit des lateinischen Königreichs Jerusalem zurückgehen könnte; vgl. T. Tobler, *Descriptiones Terrae Sanctae ex saeculo VIII. IX. XII et XV. ... La Citez de Iherusalem...*, Leipzig 1874 (Nachdr. Hildesheim, New York 1974), 453f.

54   ELS, Nr. 707.

Gegen Ende des 13. Jhs. wanderte die Tradition dann in den südlicher gelegenen "Teich der Söhne Israels".[55] Die Becken des Schafteiches samt den vermeintlichen Stoën und der darüber errichteten kleinen Kirche versanken im Schutt der Jahrhunderte.

3.3 Die archäologische "Wiederentdeckung von Betesda" (19./20. Jh.)

Das dritte Mal, dass man auf die Suche nach Betesda ging, brachte dann die archäologische "Wiederentdeckung von Betesda", die 1865/6 mit dem Fund eines römischen Mosaiks und eines beschrifteten Votivfusses begann und erst in den 50er Jahren dieses Jahrhunderts mit einer teilweisen Restaurierung zu einem unvollendeten Abschluss kam.[56]

Für die Zeit *vor* dem Bau der christlichen Kirchen (zu diesen s. Kap. 3.1 und 3.2) ergab sich folgendes Bild:

a) In *israelitische Zeit* wurde über einem natürlichen Felsabsatz im Talgrund eine Staumauer errichtet, welche die Winterwasser des Bezeta-Tals vom Abfluss ins Kedrontal zurückhielt und einen kleinen Stausee gegen Norden hin bewirkte. Die Wasser konnten über ein Abflußsystem im Zentrum des Dammes stufenweise genutzt und durch einen gerade südlich verlaufenden Kanal zum Tempel hin geleitet werden.[57]

b) In *hellenistischer Zeit*, wohl in der ersten Hälfte des 2.Jhs.v, wurde dieser 'See' zu einer monumentalen Doppelbecken-Anlage ausgebaut (vgl. *Abb. 1:* 1.2 [gestrichelt]), die für die gesteigerten Wasserbedürfnisse des Tempels und der anwachsenden Stadt aufzukommen vermochten. Östlich angrenzend an die Becken, in den natürlichen Höhlen des Tales und in künstlichen Anlagen entstand ein vorerst noch bescheidener Badebetrieb (vgl. *Abb. 1:* 4). In der Zeit Jesu, war dieses Gebiet also von zwei unterschiedlichen Anlagen belegt, einerseits vom westlichen Doppelbecken, andererseits von den für den Badebetrieb notwendigen ober- und unterirdi-

---

55   Die Templer jedoch haben, nach dem Anonymus II (1170), schon vorher und stets daran festgehalten, dass der "Teich der Söhne Israels" der Schafsteich sei (vgl. ELS, Nr. 703), wie dies auch einige Jerusalemkarten der Kreuzfahrerzeit aufweisen.

56   Wichtigste Berichte bieten: C. Mauss, La Piscine de Béthesda à Jérusalem, Paris 1888 [abgefasst 1884], S. 1-71; 55 Abb.; F.-M. Abel/H. Vincent, Jérusalem Nouvelle (Jérusalem. Recherches de topographie, d'archéologie et d'histoire. Tome second), Paris, Fasc. II: 1914, 669-698; Pl. LXVII-LXIX; N. Van der Vliet, "Sainte Marie où elle est née" et la piscine probatique, Paris, Jérusalem 1938, 211 p.; 116 tables et ill.; A. Duprez, Jésus et les dieux guérisseurs (Cahiers de la Revue Biblique 12) Paris 1970; J.-M. Rousée, Chronique archéologique: Jérusalem, Piscine probatique: Revue Biblique 64, 1957, 226ff; 69, 1962, 107ff; L'Église Sainte-Marie de la Probatique: Chronologie des sanctuaires à Sainte-Anne de Jérusalem d'après les fouilles récentes. In: Atti del VI Congresso Internazionale di Archeologia Cristiana (Ravenna 1962) (Studi di Antichità Cristiana 26) Roma 1965, 169-176; ders./M.-J. Pierre, Sainte-Marie de la Probatique, état et orientation des recherches: Proche-Orient Chrétien 31, 1981, 23-42; 8 fig.

57   Rekonstruktion bei D. Bahat/Chaim T. Rubinstein, The Illustrated Atlas of Jerusalem. Translated by Shlomo Ketko. Foreword by Benjamin Mazar. Introduction by Eric Meyers, New York 1990, 28.

schen Gebäulichkeiten östlich davon.[58] Diese Anlage bestand sicher bis zur Zerstörung Jerusalems im Jahre 70n durch die Römer.

c) In *spätrömischer Zeit*, nach der zweiten Zerstörung Jerusalems durch Hadrian (135n), wurde an der gleichen Stelle ein Badekomplex römischer Prägung errichtet, der nach den Kleinfunden offenbar mit einem Serapis–Asklepioskult verbunden war und wiederum aus unter- und überirdischen Gebäulichkeiten bestand.[59] Wieweit die alten Becken als ganze noch im Gebrauch waren, lässt sich nicht sagen, doch wurden jedenfalls an der Nordseite des Mitteldammes jene gewölbten Zisternen angelegt (vgl. *Abb.* 2), die bei den Byzantinern und Kreuzfahrern als johanneische Stoën solche Berühmtheit erfuhren.

Dem in Joh 5,2 angegebenen topographischen Hintergrund der Wunderheilung entspricht der zweite Zeitabschnitt, der in der archäologisch interessierten Exegese und der bibelorientierten Archäologie deshalb besondere Aufmerksamkeit erfahren hat. Den ersten, wenig systematischen 'Ausgrabungen' und der fehlenden wissenschaftlichen Dokumentation entsprachen *umgekehrt proportional* die phantastischen Rekonstruktionen der Becken, Säulengänge, Treppenanlagen und Hallen des neutestamentlichen (und auch byzantinischen) Betesda.[60] Die Ernüchterung durch die neueren archäologischen Arbeiten (ab 1957) war dann allerdings recht radikal. Während Van der Vliet 1938 noch von römischen Säulentrommeln sprach, die in den oberen Schuttschichten der Becken gefunden worden seien, und darin einen Hinweis sah, dass die johanneischen Säulenhallen noch lang bestanden hätten, bevor sie in die zum Teil schon aufgefüllten Bassins gefallen seien, hat Pierre Benoit in seinem 1968 erschienenen Forschungsbericht den schmerzlichen Sachverhalt, der ihn in Gegensatz zu seinen hochverehrten dominikanischen Mitbrüdern und Lehrern François-Marie Abel und Hugues Vincent stellte, lakonisch festgehalten:[61]

> "On ne peut prouver qu'il y ait jamais eu cinq portiques autour des deux bassins. ... aucun vestige archéologique n'a été trouvé qui puisse suggérer leur existence. Les éléments de colonnes, fûts, bases ou chapitaux, découverts jadis semblent appartenir à l'église byzantine."

Ebenso dezidiert formulierten Marie-Joseph Pierre und Jourdain-Marie Rousée, die zuletzt im Auftrag der École Biblique et Archéologique

---

58   Einziger Plan davon bei Duprez, Jésus et les dieux guérisseurs *(s. Anm. 56)*, pl. II.
59   Plan: Ebd. pl. III.
60 · Vgl. nur Abel/Vincent, Jérusalem Nouvelle *(s. Anm. 56)* Pl. LXXV, die "restaurations" vom M. Favier und des Frère Charles in: Van der Vliet, "Sainte Marie" *(s. Anm. 56)* 141, fig. 71 und 72.
61   P. Benoit, Découvertes archéologiques autour de la Piscine de Béthesda. In: J. Aviram (Ed.), Jerusalem through the Ages. The Twenty-Fifth Archaeological Convention, October 1967, Jerusalem 1968, 56.

Française de Jérusalem am Ausgrabungsfeld archäologische Untersuchungen angestellt haben:[62]

"... du point de vue archéologique, nous n'en avons aucune trace (scl. des cinq portiques)".

Diese archäologische Nicht-Wiederentdeckung der πέντε στοαί ist ein Verdikt: Fünf Stoën im Sinne von fünf Säulengängen entlang den Rändern der beiden monumentalen Becken haben archäologisch nie existiert! Es müsste jemand systematisch gesäubert haben, um alle Spuren von Säulengängen zu entfernen. Ein solches Interesse konnten aber in den weiteren Jahrhunderten weder Freunde noch Feinde Jerusalems haben. Für die Freunde war eine Bade- oder Wasseranlage mit schattigen Hallen in unmittelbarer Nähe der Innenstadt und des Tempels zu angenehm, als dass sie sie aus städtebaulichen oder anderen friedlichen Gründen bis zur letzten Säulenbasis weggeräumt hätten. Ähnliches gilt auch für die Feinde Jerusalems: Was in den beiden jüdischen Kriegen mit den Anlagen geschah, die mitten im Aufmarschfeld der Armeen lag, kann zwar nur zerstörerisch gewesen sein. Nach Josephus lief ja im ersten jüdischen Krieg gegen Rom (66-70n) die *circumvallatio* gerade durch dieses Gebiet hindurch und war unmittelbar nördlich der Stadtmauer "das ganze Gelände bis zum Kedron hin besetzt" (*Bellum Iudaicum* V 303. 504-507). Bei diesen unter grosser Lebensgefahr ausgeführten Belagerungsarbeiten haben die Soldaten sicher nicht zuerst fünf Säulengänge so sorgfältig demontiert und wegtransportiert, dass kein einziges Zeugnis der prächtigen Anlage für die Nachwelt übrig geblieben wäre. Über die Zerstörungen Jerusalems im zweiten jüdischen Krieg (130-135n) sind wir zu wenig informiert. Da aber anschliessend unter dem Kaiser Hadrian an der gleichen Stelle eine archäologisch gut bezeugte Badeanlage erbaute wurde, welche die unterirdischen Strukturen der vorausgehenden hellenistisch-frühjüdischen Bäder mitübernahm, wäre es absurd, vorausgehend eine radikale Entfernung aller architektonischen Elemente zu postulieren.

Was später die Byzantiner und die Kreuzfahrer als fünf Stoën von Joh 5,2 deklarierten und für die Krypten ihrer Kirchen verwendeten, waren ja, wie in Kap. 3.1/2 beschrieben, die Gewölbe der spätrömischen Zisternen, also evidenterweise Ersatzstücke, die zur Weiterführung der Tradition des 4.Jhs. herhalten mussten. Obwohl beide noch bis auf den Grund der Bassins vorgestossen waren, wie die südlichen Stützpilaster der Byzantiner und der Kalkofen der Kreuzfahrer im südlichen Bassins beweisen, hatten sie keinen anderen Identifikationspunkt zur Verfügung!

---

62   Pierre/Rousée, Sainte-Marie de la Probatique (s. *Anm. 56*) 12, Anm. 35; die neuesten Sondiergrabungen von E. Alliata sind (noch) nicht publiziert (vgl. Anm. 63), gehen aber in diesem Punkt in die gleiche Richtung (Gespräch vom 28. Sept. 1993).

Als Fazit gilt für die Zeit des Neuen Testaments: Die Wiederentdeckung Betesdas ist einer der wichtigsten Beiträge der biblischen Archäologie zur Rekonstruktion Jerusalems in frühjüdischer oder neutestamentlicher Zeit.[63] Sie ermöglichte ein kohärentes Verständnis der Wasseranlagen im Bezeta-Tal seit israelitischer Zeit und gab Einsicht in ein bis anhin unbekanntes Heilbad Jerusalems. Sie brachte aber auch die *Nicht*-Entdeckung der fünf Säulengänge an den sechs, beziehungsweise fünf Rändern der beiden Becken. Sie stellt deshalb die entsprechenden Rekonstruktionen literarischer, architekturaler oder bildlicher Art seit byzantinischer Zeit radikal in Frage.

Wie ist unter diesen archäologisch geklärten Bedingungen mit den Angaben von Joh 5,2 umzugehen?

4) DIE WIEDERGEFUNDENE TOPOGRAPHIE VON JOH 5,2

Die archäologische Entdeckung der beiden Becken und der östlich daran anschliessenden Badeanlagen sowie die Nicht-Entdeckung der πέντε στοαί an den Beckenrändern kommt dem, was in Kap. 1 von der Topographie in Joh 5,2 gesagt wurde, besonders den beiden Konstanten in der Vielfalt der Lesemöglichkeiten (A und B) und der je zweifachen Optionen (a und b) sehr entgegen:

In Joh 5,2 wird von zwei verschiedenen, aber nahe beieinander liegenden Anlagen gesprochen, die am ehesten als "Schaf-Teich(anlage)" und 'Betesda' (= Lesemöglichkeit **B**, Option **b**, Auflösung 7) verstanden werden, wobei die πέντε στοαί ein Bestandteil *nur* von Betesda sind. Der archäologische Befund weist parallel dazu ganz klar zwei grosse Wasserreservoirs einerseits und eine seit hellenistisch-römischer Zeit bis zu Beginn der byzantinischen Zeit bestehenden Anlage mit Heilbädern andererseits auf.

Erst die Identifizierung der beiden Ortslagen, wie sie bei Eusebius und dem Sinaiticus* erstmals dokumentiert sind und wie sie die Mathematik eines Kyrill von Jerusalem etabliert und die fromme Phantasie des Pilgers von Bordeaux auch sieht, hat das Problem geschaffen, die fünf Stoën von Betesda unbedingt *bei* den beiden Becken (notfalls auch *in* den Becken) des Schafteiches zu finden!

Sind die Angaben von Joh 5,2 dank der archäologischen Erforschung wieder aus diesem architektonischen Zwang befreit, in welchen die christliche Rezeption sie gebracht hat, so können sie ungezwungen als

---

63   Vgl. E. Alliata, La piscine probatique à Jérusalem: Le Monde de la Bible 76, 1992, 25-33; ill.; M. Jas, Nouveau Testament et Archéologie: Hokma 16, 1981, 59-61; B. Pixner/R. Riesner (Hrsg.), Wege des Messias und Stätten des Urchristentums. Jesus und das Judenchristentum im Lichte neuer archäologischer Erkenntnisse, Giessen 1991, 50-55 (originell wirr kombiniert); bes. D. Bahat/Ch.T. Rubinstein, The Illustrated Atlas of Jerusalem (*s.* Anm. 57) 57.

Beschreibung jener *realen* Doppelanlage verstanden werden, die aus den zwei Becken des "Schafteichs" einerseits und der östlich davon gelegenen Badeanlage "Betesda" andererseits bestand.

Aber wo sind dann die fünf Stoën? Es ist auch ein wichtiger archäologischer Sachverhalt, dass fünf Stoën im gängigen Sinn von Säulengängen nirgends, auch nicht auf dem östlichen Teil, im Bereich von Betesda, gefunden wurden. Στοαί muss aber keineswegs Säulen*gänge* bezeichnen, wie dies seit dem 4.Jh.n wegen der Verbindung von Betesda mit den beiden Teichen stets geschah. Ich habe deshalb im Vorausgehenden stets die Fremdwörter "Stoën" oder "Portiken" gebraucht, um die Bedeutung offen zu lassen. Mit den στοαί von Joh 5,2 können nämlich durchaus auch jene Gänge, Hallen oder Galerien bezeichnet sein, die unter- und oberirdisch um die Bassins am östlichen Abhang des Tales angeordnet waren und den Erfrischung oder Heilung Suchenden Unterkunft gewährten. Dass es gerade fünf gewesen sind, mag zufällig oder allegorisch sein. Vielleicht war es beides, wobei die architektonische Zufälligkeit der komplexen hellenistisch-römischen Badeanlage in der johanneischen Überhöhung zu ihrer tiefen christlichen Bedeutung fand. Die *symbolische* Deutung auf die fünf Rollen der Tora, welche von den Kirchenvätern gerne gemacht wird, ist zwar jederzeit möglich, sollte aber die reale Struktur nicht in ein Geflecht von christlichen Allegorien auflösen.[64] Dann läuft sie nämlich nicht nur der Intention der johanneischen Ortsangaben von 5,2 entgegen, sondern rechnet auch nicht mehr damit, dass der Schaf-Teich und Betesda zur Zeit Jesu *tatsächlich* eine eindrückliche Doppelanlage von Wasserreservoirs und Badeanlagen im Norden des Tempels waren, deren (vielleicht fünf) unter- und oberirdische Galerien einen unvergesslichen Haftpunkt für die Jerusalempilger – wie auch Jesus in Joh 5 einer ist – bildeten.

---

[64] Wie dies bei Pierre/Rousée, Sainte-Marie de la Probatique (s. *Anm. 56)* 12, schliesslich der Fall ist: "Tout le contexte vise à présenter Jésus comme *le nouveau Moïse*, le réalisateur du véritable *exode*, dont la *Loi* est vraiment vivifiante. En effet, la piscine est dite avoir 'cinq portiques', comme les cinq rouleaux de la Tora. Mais cette eau, ce puits de la Loi dans lequel les Hébreux ont été plongés durant tout le séjour au désert – les trente-huit ans de l'homme malade – n'a pas réussi à les sauver. Ils sont restés informes et pécheurs, attendant celui qui les sauverait 'tout entiers' (sept mentions de cette expression = totalité), leur donnerait le veritable baptême de la Mer Rouge et les introduirait enfin au Temple" (mit vielen belegenden Anmerkungen).

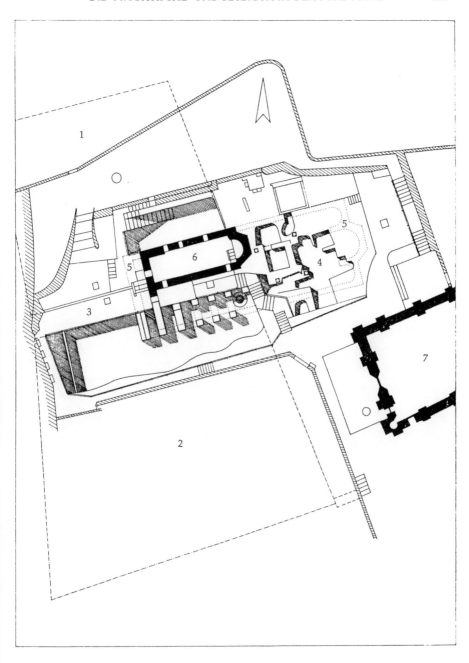

Abb. 1: *Die heutige Ausgrabungstätte nordwestlich der St. Anna-Kirche.*
1 (gestrichelt) = nördliches Becken aus israelitischer Zeit; 2 (gestrichelt) = südliches Becken
aus hellenistischer Zeit; 3 = Mitteldamm; 4 = unterirdischer Teil der Badeanlagen aus
hellenistischer und spätrömischer Zeit; 5 (gepunktet) = byzantinische Basilika, "Kirche des
Schafteichs"; 6 = "Le Moustier" der Kreuzfahrer (über der spätrömischen Zisterne, vgl. *Abb.
2*). 7 = St. Anna-Kirche (westlicher Teil).– *(Zeichnung: Jean-Marc Wild)*

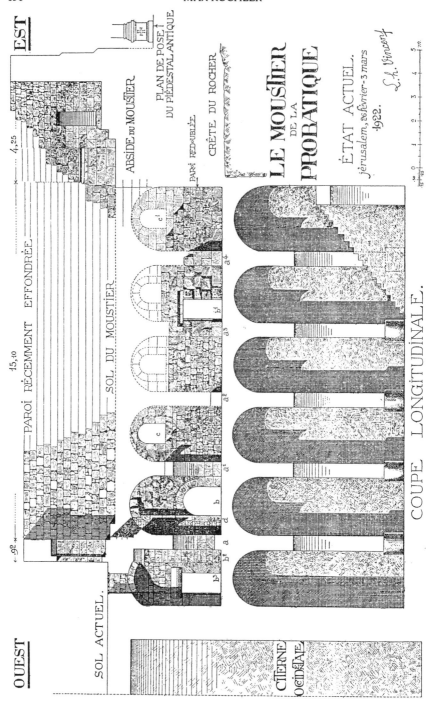

Abb 2: *Längsschnitt durch "Le Moustier" der Kreuzfahrer*
"Le Moustier" (= oberes Drittel) mit den Substrukturen aus byzantinischer (mittlerer Teil) und spätrömischer (unterer Teil) Zeit, die als die fünf Stoën von Joh 5,2 verehrt und zur Krypta der Kirchen umgestaltet wurden. – (L. H. Vincent, *Jérusalem Nouvelle*, Pl. LXVIII)

ANTIKE STATUEN ALS HISTORISCHE MONUMENTE FÜR BIBLISCHE GESTALTEN*

Othmar Keel

Mit dem Eintritt der hebräischen Bibel in die hellenistische Kultur haben ihre historiographischen Aspekte stark an Bedeutung gewonnen. Das zeigt z.B. die Nacherzählung des Alten Testaments, die FLAVIUS JOSEPHUS in den Jahren 93 und 94 n. Chr. (Ant. 20,267) unter dem Titel Ἰουδαικὴ Ἀρχαιολογία als Gegenstück zu der genau 100 Jahre älteren Ῥωμαικὴ Ἀρχαιολογία des DIONYSIUS VON HALIKARNASS für ein gebildetes griechischsprachiges Publikum verfasst hat. Die grosse Vielfalt an literarischen Genera, die das Alte Testament kennzeichnet, wird hier auf eines, auf das der Historiographie reduziert. In seinem anschliessend geschriebenen, heute meist unter dem Titel *Contra Apionem* zitierten Werk stellt JOSEPHUS der griechischen die jüdische Geschichtsschreibung gegenüber und argumentiert explizit für die grössere Zuverlässigkeit und Faktentreue der letzteren (1, 28-59, bes. 37ff).

Vor diesem Hintergrund ist das Interesse an historischer Geographie zu verstehen, das sich im *Onomastikon* des EUSEBIUS VON CAESAREA und seiner Übersetzung durch HIERONYMUS manifestiert. So bemerkt EUSEBIUS z.B. zu Gaza, es sei bis heute eine der bedeutendsten Städte Palästinas. HIERONYMUS fügt in seiner Übersetzung bei: "Man frägt sich jedoch, wie bei einem Propheten gesagt werden kann[1], Gaza werde zu einem ewigen Trümmerhügel werden. Das löst sich so: Der Ort der alten Stadt zeigt kaum Spuren von Fundamenten. Diese aber, die man jetzt an einem anderen Ort sieht, ist für jene erbaut worden, die gänzlich zerfallen ist."[2]

Noch stärker haben Ortslagen und dort vorhandene Reste interessiert, wenn sie, wie der Turm von Babel oder Jericho, von der Bibel mit wunderbaren Ereignissen in Verbindung gebracht werden. Von den Mauern von Jericho wird in Jos 6 erzählt, sie seien durch Posaunenschall zum Einsturz

---

* Dieser kleine Beitrag ist Teil eines grösseren Projekts, das sich mit der Verwendung altorientalischer und altägyptischer Bilder durch die alttestamentliche Wissenschaft beschäftigt (vgl. dazu vorläufig KEEL 1992: 358-374). Manches von dem, was hier zu einem frühen Fall der historisierenden Interpretation solcher Bildwerke gesagt wird, verdanke ich der freundlichen Hilfsbereitschaft meiner Kollegen aus der Patrologie, besonders der DIRK VAN DAMMES, den ich mit diesen Zeilen zum 60. Geburtstag herzlich grüsse.

1 HIERONYMUS denkt wohl an Jer 32,6 oder 47,5, evtl. auch an Amos 1,7, Zef 2,4 oder Sach 9,5.

2 KLOSTERMANN 1904: 63, Z. 20-23. Zu den verschiedenen mit Gaza identifizierten Siedlungsstätten vgl. KEEL/KÜCHLER 1982: 76f und 96f.

gebracht worden. Kaum ein byzantinischer Topograph oder Pilger hat es
versäumt, diese berühmten Ruinen zu besichtigen und in ihnen eine Bestäti-
gung für die Tatsächlichkeit des Wunders zu finden.[3] Die Trümmer des
vermeintlichen Turms von Babel, der durch einen Eingriff Gottes zerstört
worden sein soll, sind von den Juden Mesopotamiens nachweislich schon
im 3. Jh. n. Chr. besucht worden.[4]

Diese historisierende Betrachtungsweise hat sich aber nicht nur auf
Architekturtrümmer bezogen. Sie hat ihr Interesse auch Bildwerken zuge-
wandt, wenngleich die Beispiele dafür spärlicher sind.

EINE DOPPELSTATUE MOSES UND AARONS

Eines der wenigen findet sich bei der Pilgerin Egeria (oder Etheria), die aus
Südfrankreich oder aus Galizien kommend 381-384 n. Chr. Unterägypten
und den Nahen Osten besucht hat. Auf der Rückkehr vom Sinai kam sie
ins östliche Nildelta, wo sie der Bischof von Arabia[5] nach Ramses führte
(**Abb. 1**)[6]. Zu diesem Besuch bemerkt sie:

"VIII.1 De Arabia autem civitate quattuor milia passus sunt Ramessen.
Nos autem, ut veniremus ad mansionem Arabiae, per media Ramesse
transivimus: quae Ramessen civitas nunc campus est, ita ut nec unam
habitationem habeat. Paret sane, quoniam et ingens fuit per girum et
multas fabricas habuit; ruinae enim ipsius, quemadmodum collapsae
sunt, in hodie infinitae parent. 2 Nunc autem ibi nichil aliud est nisi
tantum unus lapis ingens Thebeus, in quo sunt duae statuae exclusae in-
gentes, quas dicunt esse sanctorum hominum, id est Moysi et Aaron; nam
dicent (sic!) eo quod filii Israhel in honore ipsorum eas posuerint."[7]

---

3   Vgl. dazu KEEL/KÜCHLER 1982: 532f.

4   Vgl. dazu UEHLINGER 1990: 184-194.

5   Arabia meint eigentlich einen Distrikt. Aber da Bischöfe nicht nach Gebieten, sondern
nach Städten benannt werden (WILKINSON 1971: 217), dürfte mit Arabia die Hauptstadt
dieses Distrikts, Phakusa, das heutige ca. 100 km nordöstlich von Kairo gelegene Faqus,
gemeint sein (HELCK 1977: 113; vgl. zum Ganzen HUNT 1982: 59; MARAVAL 1982: 158f note 1).

6   Vgl. Gen 47,11; Ex 1,11; 12,37; Num 33,3. Ramses bzw. Pi-Ramesse, die Ramsesstadt,
wird heute allgemein mit Tell el-Dabʿa-Qantir, ca. 10 km nord-nordöstlich von Faqus,
identifiziert (BIETAK 1984: 129). Ob das aber auch zur Zeit Egerias der Fall war, ist eine andere Frage. Die Distanz zu 4 Meilen, die nach Egeria Ramses von Arabia trennt, entspricht
den 10 km zwischen Faqus und Qantir einigermassen. Saft el-Henne, das alte Pi-Sopdu, das
ca. 25 km südwestlich von Faqus liegt und das H. DONNER als "Ramses" Egerias vorschlägt
(1979: 99 Anm. 70; 95 Anm. 52), kommt ebensowenig in Frage wie das alte Tanis (Ṣan el-
Hagar), welches knapp 40 km von Faqus trennen. Woher DONNER weiss, dass das alte
Ramses längst in Vergessenheit geraten war und sicher nicht dort lag, wo man es der Pilgerin
zeigte, entzieht sich meiner Kenntnis. Es ist wahr, dass die Lage von Ramses in neuerer Zeit
sehr umstritten war (vgl. dazu GARDINER 1918). Aber die Lage von Ninive war zur Zeit A.H.
LAYARDs im 19. Jh. auch umstritten, obwohl den Reisenden noch bis ans Ende des 18. Jhs. die
Ruinen gegenüber von Mosul korrekt als diejenigen Ninives gezeigt worden waren (vgl.
HILPRECHT 1903: 7-12). Für eine Identifikation von Ramses mit Qantir tritt auch MARAVAL ein
(1982: 159 note 2).

7   Zum Text vgl. FRANCESCHINI/WEBER 1965: 48; PRINZ [5]1960: 11 Z. 6-16; DONNER übersetzt: "Von der Stadt Arabia sind es vier Meilen nach Ramesses. Wir aber zogen, um nach der

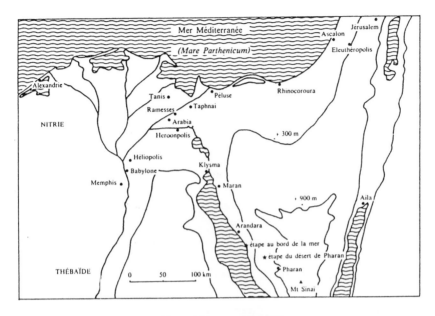

Abb. 1: MARAVAL 1982: 377.

Wenn Egeria Ramses als "campus" bezeichnet, meint sie damit das Fehlen aller menschlichen Bewohner. An Ruinen war offensichtlich noch eine ganze Menge zu sehen, wie sie selber sagt. Wenn zu Beginn der 22. Dynastie (945-722 v. Chr.) beim Ausbau von Tanis (Ṣan el-Ḥagar) auch viel Material aus der Ramsesstadt dorthin verschleppt worden ist[8], sodass man Tanis eine Zeitlang für die Ramsesstadt hielt[9], heisst das offensichtlich keineswegs, dass Ramses im 10. und 9. Jh. v. Chr. ab- und ausgeräumt worden wäre. Wenn Egeria sagt, es sei dort nichts anderes als eine riesige Doppelstatue zu sehen, kann sie damit nur meinen, nichts anderes, was für ihren Führer und damit auch für sie von Interesse war.

Der "ungeheuer grosse thebäische Stein(block)" dürfte ein Block aus rötlichem Granit gewesen sein, wie er ausschliesslich in einem ca. 20 km[2] grossen Gebiet südlich von Theben bei Assuan abgebaut worden ist.[10] Da

---

Station Arabiens zu kommen, mitten durch Ramesses, die heute ein Feld ist, so dass sie nicht eine einzige Wohnstätte hat. Doch ist es wahrscheinlich, dass sie gewaltig im Umkreis war und viele Bauten hatte; denn sogar seine Ruinen, obwohl sie verfallen sind, erscheinen bis heute noch ungeheuer. Heute ist dort nichts anderes als ein einziger gewaltiger Felsblock von Theben, in dem zwei Reliefs ausgehauen sind, von gewaltiger Grösse, die, wie man sagt, heilige Männer darstellen, nämlich Moses und Aaron; man sagt nämlich, die Söhne Israels hätten sie zu Ehren dieser Männer gesetzt" (1979: 99f). Der lateinische Text mit französischer Übersetzung bei MARAVAL 1982: 158-161; eine englische Übersetzung bei WILKINSON 1971: 102.

8   Vgl. HABACHI 1954: 444-448.

9   Vgl. z.B. von BECKERATH 1951: 30.

10   So auch MARAVAL 1982: 160 note 1. Zu den mineralogischen Aspekten vgl. KLEMM/KLEMM 1993: 305-353. Der von Petrus Diaconus (Y 7) erwähnte "lapis rosseus vel

Egeria deutlich von *einem* Block redet, aus dem *zwei* Statuen[11] herausge-
hauen sind, ist an eine Doppelstatue[12] zu denken.

Den König zusammen mit einer Gottheit plastisch darzustellen, war
vor allem in der Ramessidenzeit beliebt, und da wiederum besonders zur
Zeit Ramses' II.[13] Drei solche Doppelstatuen zeigen den König und eine
Gottheit, wie sie Hand in Hand nebeneinander *stehen*. Am besten erhalten
ist die 3,30 m hohe Skulptur aus Assuan-Granit, die W.M.F. PETRIE im
Ptah-Tempel in Memphis gefunden hat (**Abb.** 2).[14] Sie zeigt den Pharao
zusammen mit dem Gott Ptah-Tatenen.

Eine zweite Doppelstatue Ramses' II., diesmal zusammen mit dem
Gott Atum, ist ebenfalls von PETRIE gefunden worden (**Abb.** 3).[15] Sie ist
ebenfalls aus rotem Granit. Ihr oberer Teil ist stark beschädigt, der untere
fast ganz zerstört. Diese Gruppe ist im östlichen Delta im Wadi Tumilat
auf dem Tell er-Reṭabe[16], 28 km südöstlich von Faqus, gefunden worden.
PETRIE hat den Ort damals mit der Ramsesstadt identifiziert und kurzerhand geschlossen: "This group is apparently that seen by the pilgrim (scil.
Egeria) in 380 A.D., which was of stone like the Theban statues."[17]

Eine dritte Doppelstatue dieses Typs hat P. MONTET im Vestibül des
Anat-Tempels in Tanis gefunden.[18] Sie ist aus rötlichem Granit, stark
beschädigt, teilweise zerstört und zeigt Ramses II. Hand in Hand mit der
Göttin Anat.

Neben den drei Statuengruppen die den Pharao und die Gottheit stehend zeigen, sind auch drei bekannt, bei denen sie sitzend zu sehen sind.
Einmal ist die Gottheit Ptah-Tatenen[19], einmal Anat[20] und einmal Sach-
met[21].

---

porphireticus" in der Nähe von Klysma am Nordende des Roten Meeres (FRANCESCHINI/
WEBER 1965: 101 Z. 63) ist geologisch etwas ganz anderes und im Gegensatz zum Rosen-
granit von Assuan in pharaonischer Zeit nicht abgebaut worden (vgl. dazu KLEMM/KLEMM
1993: 379-395).

11   Die Übersetzung von "statuae" mit "Reliefs" bei DONNER 1979: 100 scheint mir die Sache
nicht zu treffen.

12   So auch WILKINSON 1971: 217, und MARAVAL 1982: 160 note 1.

13   VANDIER 1958: 417.

14   PETRIE 1913: 32 und pl. 77; die Doppelstatue steht heute in der Glyptothek Ny Carlsberg
in Kopenhagen Inv. Nr. ÆIN 1483; KOEFOED-PETERSEN 1950: 34f und pl. 68f.

15   PETRIE 1906: 30 und pl. 32. PETRIE gibt keine Masse und es ist mir nicht bekannt, wo sich
das Objekt heute befindet.

16   GOEDICKE 1986: 353f.

17   PETRIE 1906: 30; diese Gruppe zeigen auch MACCLURE/FELTOE 1919 gegenüber p. 16 als
Statuengruppe, wie sie Egeria gesehen haben könnte.

18   MONTET 1933: 125f und pl. 70-72. Die Gruppe befindet sich heute in Paris, im Louvre
Inv. Nr. 2576.

19   VANDIER 1958: 418 und pl. 128,4. Das Stück steht im Museum in Kairo Inv. Nr. 554.

20   MONTET 1933: 107-109 und pls. 45, 47,2 und 54; MONTET 1941: PL. 13. Die Gruppe
wurde in Tanis gefunden und befindet sich heute im Museum in Kairo.

21   MONTET 1933: 113-116 und pl. 55 und 59-60; VANDIER 1958: 418 und pl. 133,6.

Abb. 2: PETRIE 1913: Tafel LXXVII.

Abb. 3: PETRIE 1906: Tafel XXXII.

Aufgrund ihrer Grösse, ihres Materials, ihres guten Erhaltungszustands und der Tatsache, dass wir es mit zwei rein anthropomorphen männlichen Gestalten zu tun haben, kann uns die Doppelstatue von **Abb. 2** wohl am ehesten eine Vorstellung des Monuments geben, das Egeria unter Anleitung ihres Führers bewundert hat.

Ihren Führer, den Bischof von Arabia, charakterisiert Egeria als "in scripturis Dei valde eruditus" (VIII.4).[22] So wird, wenn sie im folgenden "dicunt" (der Bischof und seine Umgebung) sagt, dieses als Autoritätsbeweis und kaum als Andeutung von Misstrauen zu verstehen sein. Man kann die Qualifizierung des Bischofs von unserem Standpunkt aus weiter dahin verstehen, dass ihm das altägyptische Symbolsystem völlig fremd geworden war und das mehr als 150 Jahre vor Schliessung des letzten ägyptischen Tempels, des Isis-Tempels auf Philae an der Südgrenze Ägyptens, im Jahre 537 n. Chr. durch Kaiser Justinian. Mit Hilfe seines neu erworbenen und ihm offensichtlich einzig zur Verfügung stehenden Symbolsystems, nämlich des biblischen, interpretierte er ein Relikt der altägypti-

---

[22]   FRANCESCHINI/WEBER 1965: 48; DONNER übersetzt: "In den Schriften Gottes sehr gebildet" (1979: 100).

schen Kultur biblisch.[23] Nach Ausblendung des ursprünglich mit der Statuengruppe verbundenen Symbolsystems konnte diese neue Interpretation durchaus plausibel erscheinen.

Nehmen wir an, der bibelkundige Bischof und Egeria hätten eine Gruppe wie die oben erwähnte mit Ptah und Ramses II. vor sich gehabt. Ohne Mühe konnte man den mumienhaft starr dargestellten Ptah auf den als unbeholfen geschilderten, schüchternen Mose mit schwerer Zunge (Ex 4,10 und 13) deuten. Das Uas-Szepter in seiner Hand bestätigte diese Deutung aufs überzeugendste, spielt doch der Stab des Mose in der biblischen Überlieferung eine hervorragende Rolle (Ex 4,2.4.17.20 usw.). Der mit seinem vorgesetzten Fuss umgänglicher wirkende Pharao konnte die Rolle des redegewandten Aaron übernehmen. Das Nemeskopftuch mit der aufgerichteten Kobraschlange konnte mit der speziellen Kopftracht in Beziehung gesetzt werden, die in Ex 28,4.37.39; 29,6; 39,28.31 und Lev 8,9 für den Hohenpriester Aaron vorgesehen ist. Entspricht die Doppelstatue nicht der Rollenbestimmung, die Gott dem Mose in Ex 4,16 wie folgt darlegt: "Er (Aaron) wird für dich der Mund sein, und du wirst für ihn Gott sein"?

Nachdem die Identifizierung der Doppelstatue so über alle Zweifel gesichert war, blieb nur noch ihre Herkunft zu erklären. Und auch das war nicht allzu schwierig. Statuen errichteten in der römischen und in der spätantiken Welt sehr häufig die, die einer oder mehreren Personen zu Dankbarkeit verpflichtet waren und aus dieser Dankbarkeit heraus die betreffende(n) Person(en) ehren wollten.[24] Diesen Vorgang nimmt der Bischof von Arabien auch in diesem Falle an. Die Israeliten hatten ja allen Grund, Mose und Aaron dankbar zu sein.

Die Frage, wie die armen und unterdrückten Israeliten an das teure Material und die qualifizierten Handwerker herangekommen sein könnten, stellten offensichtlich weder der Bischof noch Egeria, es sei denn, man wolle aus dem "dicunt" Egerias doch ein gewisses ungläubiges Staunen heraushören. Anlass zu Bedenken hätte eigentlich auch das von Mose vermittelte Bilderverbot geben können. Aber auch dieser Einwand scheint nicht virulent geworden zu sein.

---

23   Ähnliches ist auch im 19. und 20. Jh. immer wieder passiert. Als in der Mitte des 19. Jhs. mesopotamische Rollsiegel des 3. Jts. mit Tierkampfszenen bekannt wurden, interpretierte man diese mit Hilfe des einzigen damals bekannten orientalischen Symbolsystems, nämlich des Kampfes Mithras' mit dem Stier. Als dann 1876 zum ersten Mal Teile des Gilgameschepos in Übersetzung erschienen, wurden die kämpfenden Helden zu Gilgamesch und Engidu und blieben es z.T. bis heute. Unstimmigkeit bei dieser Interpretation traten allerdings bald zutage. So bedienten sich verschiedene Gelehrte, als dann im ersten Jahrzehnt des 20. Jhs. die ersten Tammuz-Texte bekannt wurden, wiederum dieser neuen Texte (vgl. zum Ganzen KEEL 1992: 1-59).

24   Vgl. dazu den im nächsten Abschnitt angeführten Text aus der Kirchengeschichte des EUSEBIUS, besonders VII,18,4.

Das Bedürfnis, die Bibel durch ein Monument historisch verifiziert zu sehen, war wohl stärker als alle diese Bedenken.

STATUEN JESU UND DER BLUTFLÜSSIGEN FRAU

Eine Parallele zu dieser Überlieferung bietet die von zwei offensichtlich aufeinander bezogenen Statuen Jesu und der blutflüssigen Frau in Caesarea Philippi.
Im 7. Buch seiner vor 303 verfassten und vor 326 in einer zweiten Auflage veröffentlichten Kirchengeschichte kommt Eusebius von Caesarea auf Caesarea Philippi zu sprechen. Im Kapitel 18 erzählt er folgende Geschichte:

"VII. 18.1 Da ich diese Stadt erwähnt habe, halte ich es nicht für gut, eine Erzählung zu übergehen, welche auch für die Nachwelt wissenswert ist. Das blutflüssige Weib nämlich, von dem wir aus den heiligen Evangelien[25] wissen, dass es durch unseren Heiland von seiner Krankheit befreit wurde, soll aus Cäsarea Philippi gekommen sein. Auch zeige man daselbst sein Haus und seien noch kostbare Denkzeichen (θαυμαστὰ τρόπαια) an das Wunder vorhanden, das der Heiland an ihm gewirkt hatte. 2 Auf hohem Steine vor dem Tore des Hauses, in dem das Weib gewohnt, stehe die eherne Statue (ἐκτύπωμα χάλκεον) einer Frau, die, auf ein Knie gebeugt, gleich einer Betenden die Hände nach vorne ausstrecke. Ihr gegenüber befinde sich aus demselben Metalle die stehende Figur (σχῆμα) eines Mannes, der hübsch mit einem doppelten Obergewand umkleidet, die Hand nach der Frau ausstrecke. Zu den Füssen des Mannes wachse an der Säule eine seltsame Pflanze, welche bis an den Saum des ehernen Mantels hinaufreiche (ἐπὶ τῆς στήλης αὐτῆς ξένον τι βοτάνης εἶδος φύειν, ὃ μέχρι τοῦ κρασπέδου τῆς τοῦ χαλκοῦ διπλοΐδος αἰνόν) und ein Heilmittel gegen alle möglichen Krankheiten sei. 3 Diese Statue soll das Bild Jesu sein (τοῦτον τὸν ἀνδριάντα εἰκόνα τοῦ Ἰησοῦ φέρειν ἔλεγον). Sie ist noch heute erhalten. Wir haben sie mit eigenen Augen gesehen, als wir in jener Stadt weilten. 4 Man braucht sich nicht darüber zu wundern, dass die Heiden, denen unser Erlöser seinerzeit Wohltaten erwiesen hat, ihm solche Denkmäler errichteten (ταῦτα πεποιηκέναι). Denn wir haben auch die Bilder (τὰς εἰκόνας) seiner Apostel Paulus und Petrus und sogar das (Bild) Christi selbst in Farben gemalt (διὰ χρωμάτων ἐν γραφαῖς) gesehen. War es doch zu erwarten, dass die Alten sie als ihr Retter ohne Überlegung gemäss ihrer heidnischen Gewohnheit auf solche Weise zu ehren pflegten."[26]

Allen theologischen Bedenken gegen pagane Bräuche zum Trotz schimmert durch den Text die Faszination, die die Vorstellung auf Eusebius ausübte, Jesus durch eine Bronzestatue geehrt zu sehen. Nach den Synopti-

---

25   Mt 9,20-22; Mk 5,25-27; Lk 8,43-45.
26   Die deutsche Übersetzung von HAEUSER/KRAFT 1967: 334. Der griechische Text mit französischer Übersetzung findet sich bei BARDY 1955: 191f.

kern fand die Heilung der blutflüssigen Frau allerdings im Rahmen eines Aufenthalts Jesu am See Gennesaret statt. Noch im 9. Jh. wurde dort die Stelle ihrer Heilung gezeigt.[27] Eusebius scheint sich dessen bewusst zu sein, wenn er nur sagt, die Frau soll von dort, von Cäsarea Philippi, herbeigeeilt sein (ἐνθένδε ἔλεγον ὁρμᾶσθαι) und sie hätte dort ihr Haus gehabt.

Am Ursprung von Cäsarea Philippi als Heimat dieser Frau steht wohl die Doppelstatue, die man auf Jesus und die blutflüssige Frau gedeutet hat. Cäsarea Philippi besass schon früh eine judenchristliche Gemeinde. Als zahlreiche Christen und Christinnen im ersten jüdischen Krieg über den Jordan flohen, gingen sie nicht nur nach Pella; das war nur der berühmteste Zufluchtsort. Ein weiterer war Cäsarea Philippi.[28] Der Ort scheint schon im 3. Jh. v. Chr. hellenisiert worden zu sein und ist im 1. Jh. n. Chr. vom Herodessohn Philippus und von Agrippa II. prächtig ausgestattet worden.[29] An Statuen dürfte kein Mangel gewesen sein.[30]

Schon lange wird vermutet, es könnte sich bei der Statue um eine solche des Heilgottes Asklepios gehandelt haben. "Dafür spricht die heilkräftige Pflanze."[31] Das Problem ist nur, dass diese Pflanze als Attribut des Asklepios der Asklepios-Ikonographie ganz und gar unbekannt ist. In Epidauros wird ihm gelegentlich ein Hund beigesellt. Selten übernimmt er von seinem Vater Apollo den Omphalos als Attribut und ebenso selten hält er ein Ei in der Hand. Was ihm aber mit grosser Regelmässigkeit beigegeben ist und Asklepios von Zeus, Sarapis und ähnlichen würdigen Gestalten unterscheidet, ist ein Stab, um den sich eine Schlange ringelt. Diesen Stab kann Asklepios dezidiert halten. Er kann aber auch locker an ihn gelehnt sein.[32] EUSEBIUS betont die Fremdheit und Merkwürdigkeit der Pflanze, die neben den Füssen des Heilandes emporwächst und sich zum Saum seines Mantels erhebt. Von einer solchen Pflanze ist in der synoptischen Tradition mit keinem Wort die Rede. Wenn es sich um eine Asklepios-Statue gehandelt hat, muss das fremdartige Gewächs eine zur Heilpflanze verharmloste Schlange gewesen sein. Eine Schlange, wie sie bei einer in Tivoli gefundenen Asklepios-Statue im Vatikan zu Füssen des Gottes zu sehen ist, konnte leicht als fremdartige Pflanze missdeutet werden (**Abb. 4**).[33]

---

27   DALMAN ³1924: 149 (Epiphanius Hagiopolita).

28   Belege bei KOPP 1959: 292 Anm. 20.

29   Zur Geschiche vgl. SCHÜRER 1907: II 204-208; 1979: II 169-171.

30   Herodes soll sogar seinen Palast im diesbezüglich äusserst sensiblen Jerusalem mit zahlreichen Bronzestatuen ausgestattet haben (JOSEPHUS, Bellum Judaicum V 181).

31   HARNACK 1906: I 103; vgl. auch BARDY 1955: 192 note 1.

32   HOLTZMANN 1984: 865f.

33   Vgl. weiter HOLTZMANN 1984: Nr. 274, 294, 328 u.ö.

Abb. 4: LIMC II/2, Taf. 648, Nr. 170.   Abb. 5: LIMC V/2, Taf. 388, Nr. 103

EUSEBIUS sagt nicht ausdrücklich, es hätte sich um eine Doppelstatue gehandelt. Es ist aber von zwei Statuen die Rede, die deutlich aufeinander bezogen sind. Die Frau strecke beide Hände zum Manne aus, der Mann eine nach ihr. Nach der synoptischen Überlieferung nahte sich die blutflüssige Frau Jesus von hinten, um den Saum seines Gewandes zu berühren.[34] Einmal mehr stimmt das Bild nicht mit der Überlieferung überein. Gehen wir von der Asklepios-Hypothese aus, so könnte es sich um eine wirkliche Doppelstatue gehandelt haben. Die weibliche Gestalt hätte dann ursprünglich die ihm nicht selten zugesellte Tochter, Hygieia, dargestellt.[35] Von ihrer Verbindung mit Asklepios abgesehen, bleibt ihre Ikonographie äusserst blass und zeigt häufig eine Frau ohne weitere Charakteristika. Gelegentlich wird sie durch die Schlange ihres Vaters charakterisiert.[36] Das Paar ist u.a. auf zahlreichen Münzen zu sehen, so z.B. auf einer des Caracalla (198-217) aus Akmoneia in Phrygien (**Abb. 5**). Die Asklepios-Hypothese wird auch dadurch gestützt, dass der bärtige Asklepios das Urbild eines später sehr verbreiteten Christustyps geworden ist.[37] Dabei dürfte das Christusbild von Cäsarea Philippi allerdings nur ein Modell neben anderen Asklepiosbildern gewesen sein.[38] Für die Historisierung biblischer

---

34   Mt 9,20 Parr.

35   HOLTZMANN 1984: Nr. 10, 12, 20, 38 u.ö.; CROISSANT 1990: Nr. 22, 81, 102, 128.

36   CROISSANT 1990: 555.

37   HOLTZMANN 1984: 897.

38   So wurden z.B. Fragmente einer Asklepios-Statue in einer frühchristlichen Basilika in Gerasa im Ostjordanland gefunden (HOLTZMANN 1984: 897). Vgl. weiter BELTING 1990: 16 und 50-52.

Überlieferungen mittels antiker Bildwerke bleiben die zwei Statuen von Cäsarea Philippi aber ein besonders eindrückliches Beispiel.[39]

VERZEICHNIS DER ZITIERTEN LITERATUR

BARDY G., 1955, Eusèbe de Césarée. Histoire ecclésiastique. Livres V-VII (Sources chrétiennes 41), Paris.
BECKERATH J. von, 1951, Tanis und Theben. Historische Grundlagen der Ramessidenzeit in Ägypten (Ägyptologische Forschungen 16), Glückstadt.
BELTING H., 1990, Bild und Kult. Eine Geschichte des Bildes vor dem Zeitalter der Kunst, München.
BIETAK M., 1984, Ramsesstadt, in: W. HELCK/W. WESTENDORF, Hrsg., Lexikon der Ägyptologie V, Wiesbaden,128-146.
CROISSANT F., 1990, Hygieia, in: Lexicon Iconographicum Mythologiae Classicae V, Zürich/München, 554-572 und pls. 381-395.
DALMAN G., ³1924, Orte und Wege Jesu, Gütersloh.
DONNER H., 1979, Pilgerfahrt ins Heilige Land. Die ältesten Berichte christlicher Palästinapilger (4.-7. Jahrhundert), Stuttgart.
FRANCESCHINI Aet./WEBER R., 1965, Itinerarium Egeriae, in: Itineraria et alia Geographica (Corpus Christianorum Series latina 175), Turnholti, 27-103.
FREEDBERG D., 1989, The Power of Images. Studies in the History and Theory of Response, Chicago.
GARDINER A.H., 1918, The Delta Residence of the Ramessides: The Journal of Egyptian Archaeology 5, 127-138.179-200.242-271.
GOEDICKE H., 1986, Tell er-Retabe, in: W. HELCK/W.WESTENDORF, Hrsg., Lexikon der Ägyptologie VI, Wiesbaden, 353f.
GROSSE R., 1975, Sancus, in: Der kleine Pauly. Lexikon der Antike in fünf Bänden IV, München, 1540f.
HABACHI L., 1954, Khatâ'na-Qantîr: Importance: Annales du Service des Antiquités de l'Égypte 52/2, 443-562.
HAEUSER PH./KRAFT H., 1967, Eusebius von Caesarea. Kirchengeschichte, München.
HARNACK A., 1906, Mission und Ausbreitung des Christentums in den ersten drei Jahrhunderten I, Leipzig.
HELCK W., 1977, Fâqûs, in: W. HELCK/W. WESTENDORF, Hrsg., Lexikon der Ägyptologie II, Wiesbaden, 113.
HILPRECHT H.V., 1903, Explorations in Bible Lands During the 19th Century, Philadelphia.
HOLTZMANN B., 1984, Asklepios, in: Lexicon Iconographicum Mythologiae Classicae II, Zürich/München, 863-897 und pls. 631-667.
HUNT E.D., 1982, Holy Land Pilgrimage in the Later Roman Empire AD 312-460, Oxford.
KEEL O., 1992, Iconography and the Bible, in: D.N. FREEDMAN, ed., The Anchor Bible Dictionary III, New York, 358-374.

---

39   Zur weiteren Geschichte der beiden Statuen von Cäsarea Philippi vgl. KOPP 1959: 293f; FREEDBERG 1989: 207. — Ein weiterer Beleg für diesen Vorgang findet sich in der sogenannten *Ersten Apologie* JUSTINS DES MÄRTYRERS. Er sagt von Simon dem Magier: "Man hielt ihn für einen Gott. Er hatte seine Statue wie ein Gott. Sie erhebt sich auf der Tiberinsel zwischen den beiden Brücken mit der lateinischen Inschrift *Simoni Deo sancto*" (26,2). Im 16. Jh. hat man auf der Tiberinsel die Basis einer Statue mit der Inschrift: *Semoni Sanco Deo Fidio Sacrum* gefunden. Zwei ähnliche Inschriften sind später auf dem Quirinal gefunden worden, wo dieser Gott ein Heiligtum hatte. Justin hat die Weihung an einen alten lokalen Gott (vgl. GROSSE 1975: IV 1540f) für eine solche an Simon Magus gehalten (vgl. PAUTIGNY 1904: XXV).

— 1992a, Das Recht der Bilder gesehen zu werden. Drei Fallstudien zur Methode der Interpretation altorientalischer Bilder (Orbis Biblicus et Orientalis 122), Freiburg Schweiz/Göttingen.

KEEL O./KÜCHLER M., 1982, Orte und Landschaften der Bibel. Ein Handbuch und Studienreiseführer zum Heiligen Land. Band 2: Der Süden, Zürich.

KLEMM R./KLEMM D.D., 1993, Steine und Steinbrüche im Alten Ägypten, Berlin.

KLOSTERMANN E., 1904, ^{2}1966, Eusebius. Das Onomastikon der biblischen Ortsnamen, Leipzig, Nachdruck: Hildesheim.

KOEFOED-PETERSEN O., 1950, Catalogue des statues et statuettes égyptiennes (Publications de la Glyptothèque Ny Carlsberg 3), Copenhague.

KOPP C., 1959, Die heiligen Stätten der Evangelien, Regensburg.

MACCLURE M.L./FELTOE C.L., 1919, The Pilgrimage of Etheria, London.

MARAVAL P., 1982, Égerie. Journal de voyage (Itinéraire) (Sources chrétiennes 296), Paris.

MONTET P., 1933, Les nouvelles fouilles de Tanis (1929-1932), Paris.

— 1941, Le drame d'Avaris. Essai sur la pénétration des Sémites en Égypte, Paris.

PAUTIGNY L., 1904, Justin, Apologies. Texte grec, traduction française, introduction et index (Textes et documents pour l'étude historique du Christanisme), Paris.

PETRIE W.M.F., 1906, Hyksos and Israelite Cities (British School of Archaeology in Egypt. Egyptian Research Account 12), London.

— 1913, Tarkhan I and Memphis V (British School of Archaeology in Egypt. Egyptian Research Account 23), London.

PRINZ O., ^{5}1960, Itinerarium Egeriae (Peregrinatio Aetheriae), Heidelberg.

SCHÜRER E., 1907, Geschichte des jüdischen Volkes im Zeitalter Jesu Christi II, Leipzig.

— 1979, The History of the Jewish People in the Age of Jesus Christ (175 B.C.–A.D. 135). A New English Version revised and edited by G. VERMES, F. MILLAR, M. BLACK, Edinburgh.

UEHLINGER CH., 1990, Weltreich und «eine Rede». Eine neue Deutung der sogenannten Turmbauerzählung (Gen 11,1-9) (Orbis Biblicus et Orientalis 101), Freiburg Schweiz/Göttingen.

VANDIER J., 1958, Manuel d'archéologie égyptienne III. Les grandes époques. La statuaire, Paris.

WILKINSON J., 1971, Egeria's Travels, London.

ZUR BEDEUTUNG DER „DREI-ZEITEN"-FORMEL IN DEN KOPTISCH-MANICHÄISCHEN TEXTEN VON MEDINET MADI*

Gregor Wurst

Die manichäische Religion gründet sich bekanntlich auf zwei Grunddog-men, einerseits auf die Lehre von den beiden Prinzipien des Lichts und der Finsternis, andererseits auf die Doktrin von den „Drei-Zeiten". Beide Lehrsätze werden gelegentlich als schlagwortartige Zusammenfassungen an den Anfang von Darstellungen des manichäischen Mythos gestellt[1]. Was des näheren unter diesen „Drei-Zeiten" zu verstehen ist, zeigen ver-schiedene Quellen vor allem der östlichen Überlieferung[2]. Die ausführlich-ste Darstellung bietet der sechste Abschnitt des in chinesischer Sprache überlieferten *Kompendiums der Lehren und Regeln Manis, des Buddhas des Lichts,* in dem die Regeln für den Eintritt in den Mönchsstand behandelt werden und wo es heißt:

> In der früheren Epoche gibt es noch nicht die Unterscheidung von Him-mel und Erde; es gibt lediglich die Unterscheidung von Licht und Fin-sternis. ...
> In der mittleren Epoche hat die Finsternis das Licht überwuchert; sie läßt ihre Leidenschaften frei ausschweifen, und das Licht eilt herbei und tritt ein in die Finsternis und setzt sich voll ein, den Angriff zurück-zuschlagen. ...
> In der späteren Epoche sind Belehrung und Bekehrung zu ihren Wurzeln zurückgekehrt; das Licht ist zum großen Licht zurückgekehrt. Die zwei Prinzipien sind wiederhergestellt, und beide haben sich voneinander abgekehrt.[3]

Die erste Zeit ist also die Zeit vor der Erschaffung des Kosmos, in der sich die beiden Reiche des Lichts und der Finsternis feindlich gegenüberste-hen; die zweite ist die Periode der Vermischung der beiden Prinzipien, die mit dem Angriff der Finsternis auf das Licht beginnt und in deren Verlauf es zur Erschaffung der Welt und auch des Menschen kommt, und unter der dritten Zeit ist der eschatologische Zustand der wiederhergestellten Tren-nung zu verstehen. Im allgemeinen wird diese Zeiteinteilung als ein irani-

---

* Die folgenden Seiten gehen auf einen Vortrag zurück, der im Juni 1990 auf dem *Copenhagen Symposium on Hellenistic Gnosticism* gehalten und für die Publikation leicht überarbeitet wurde.

1 So zB. von Klimkeit 1987: 387; zum manichäischen Mythos allgemein vgl. Polotsky 1935; Puech 1972; Merkelbach 1986.

2 Vgl. die Zusammenstellung bei Puech 1949: 157-159 (Anm. 284).

3 K. 81, a1-a9 (Schmidt-Glintzer 1987: 75).

sches Element im Manichäismus betrachtet, wofür nur auf die Arbeiten von G. Widengren zu verweisen ist[4].

Den Ausdrücken „frühere", „mittlere" und „spätere Epoche" des chinesischen Kompendiums entsprechen in den westlichen Quellen die Begriffe „Anfang", „Mitte" und „Ende": *initium, medium* und *finis* bei Augustinus[5]; ϩⲟⲩⲓⲧⲉ, ⲙⲏⲧⲉ und ϩⲁⲏ in den koptischen Texten[6]. Wie A. Henrichs und L. Koenen gezeigt haben[7], kann dafür auch die Wendung »die Dinge, die waren, sind und sein werden«[8] oder – verkürzt – »alles, was geworden ist und werden wird«[9] eintreten. Diese verkürzte Form wurde auch von Mani selbst verwendet, und zwar zu Beginn seines *Lebendigen Evangeliums*, wie eines der Exzerpte im Kölner Mani-Kodex (CMC) belegt: πάντα δὲ τὰ γεγονότα τε καὶ γενησόμενα διὰ τοῦ αὐτοῦ (sc. Gottes) σθένους ὑφέστηκεν[10].

P. Nagel hat in einem Aufsatz zum manichäischen Zeitverständnis die Bedeutung dieser „Drei-Zeiten"-Formel vor allem in den koptischen Texten untersucht[11]. Als Ausgangspunkt wählte er das 17. Kapitel der Kephalaia[12], wo die „Drei Zeiten" folgendermaßen definiert werden. Zunächst heißt es allgemein:

> Von der Zeit an, als das Licht auszog und in der Finsternis gekreuzigt wurde, bis zu der Zeit, wenn die Statue hinaufsteigen wird, und das ganze Licht, das sich mit der Finsternis vermischt hatte, geläutert und [gereinigt werden wird] ... das ergibt (zusammen) drei Zeiten[13].

Im weiteren Verlauf des Textes wird dann die Dauer der einzelnen Zeiten präzisiert. Die erste Zeit reiche vom Abstieg des Urmenschen bis zu seinem Aufstieg[14], die zweite vom Aufstieg des Urmenschen bis zur Ent-

---

4   Vgl. zB. Widengren 1965: 307; zum Problem der iranischen Elemente im Manichäismus vgl. grundsätzlich jetzt auch Rudolph 1991, insbesondere pp. 318-320 zum iranischen Hintergrund der „Drei-Zeiten"-Lehre.
5   ZB. *c. Fel.* 1,6 (Zycha 1892: 807,16).
6   ZB. Allberry 1938a: 11,29-31.
7   Henrichs/Koenen 1970: 200 Anm. 286; Koenen 1986: 285-286.
8   Vgl. zB. Allberry 1938a: 13,7-8: ⲛⲉⲧⲉⲛⲉⲩϣⲟⲟⲡ ⲛⲉⲧϣⲟⲟⲛ ⲙⲛ̄ ⲛⲉⲧⲛⲁϣⲱⲡⲉ.
9   Vgl. zB. Polotsky/Böhlig 1940: 34,25-26: ϩⲱϧ ⲛⲓⲙ ⲉⲧⲁϥϣⲱⲡⲉ ⲙⲛ̄ ⲡⲉⲧⲛⲁϣⲱⲡⲉ.
10   CMC p. 66,12-15 (Koenen/Römer 1988: 46). — Zur Auslegung dieses Satzes – und des Anfangs des *Lebendigen Evangeliums* überhaupt –, der auf den ersten Blick im Widerspruch zur dualistischen Lehre Manis zu stehen scheint, vgl. Koenen 1990, insbesondere pp. 251ff. Im CMC ist noch an zwei weiteren Stellen von den „Drei Zeiten" die Rede: vgl. p. 26,1-2 sowie p. 132,11-16 (Koenen/Römer 1988: 16. 94).
11   Nagel 1974.
12   Polotsky/Böhlig 1940: 55,17-57,32.
13   Ebd. 55,19-24: ϫ[ⲛ̄] ⲙ̄ⲡⲥⲏⲩ ⲉⲧⲁ ⲡⲟⲩⲁⲓ̈ⲛⲉ ⲉⲓ ⲁⲃⲁⲗ ⲁϥⲥⲧⲁⲩⲣⲉ ϩⲛ̄ ⲡⲕⲉⲕⲉ [ϣ]ⲁ ⲡⲕⲁⲓⲣⲟⲥ ⲉⲧⲉⲣⲉ ⲡⲁⲛⲁⲣⲉⲓⲁⲥ ⲛⲁⲉⲓ ⲁϩⲣⲏⲓ̈ ⲛⲧ[ⲉ] ⲡⲟⲩⲁⲓ̈ⲛⲉ ⲧⲏⲣϥ̄ ⲡ[ⲉⲧⲁ]ϥⲧⲱⲧ ⲙⲛ̄ ⲡⲕⲉⲕⲉ ⲥⲱ[ⲧϥ] ⲛ̄ϥⲧ[ⲟⲩⲃⲟ ... ϣⲁⲩⲣ̄ ϣⲁⲙⲧ ⲛ̄ⲕⲁⲓⲣⲟⲥ.
14   Ebd. 56, 4-6: ⲡⲉⲓ̈ ⲡⲉ ⲡϣⲁⲣⲡ ⲛ̄ⲭⲣⲟⲛ[ⲟ]ⲥ ϫⲛ ⲛⲧϭⲓⲛⲃⲱⲕ ⲁⲡⲓⲧ[ⲛ̄ⲉ] ⲙⲡϣⲁⲣⲡ̄ ⲛ̄ⲣⲱⲙⲉ ϣⲁ ⲧϥ̄ϭⲓⲛⲉⲓ ⲁϩⲣⲏⲓ.

sendung Jesu des Glanzes[15] und die dritte Zeit schließlich von hier an bis zum Aufstieg der Letzten Statue, dh. bis zum Weltende[16]. Die „Drei Zeiten" des 17. Kapitels der Kephalaia entsprechen somit nur der mittleren Zeit der östlichen Quellen, so daß Nagel folgende Schlußfolgerung ziehen kann: »Die Dimension der Zeit umfaßt nur die Spanne des Kampfes zwischen Licht und Finsternis bis zur Ausläuterung der letzten geretteten Lichtpartikeln, wohingegen der Zustand des ungetrübten Lichtes vor und nach dem mythischen Drama als außerhalb der Zeit stehend betrachtet wird«[17]. Dieser Befund gelte für die koptischen Manichaica insgesamt; und da Nagel davon ausgeht, daß die koptischen Texte Manis eigener Konzeption näherstehen als die östlichen Quellen, wird diese Auffassung von den „Drei Zeiten" implizit als die ursprüngliche angesehen[18].

In seinem Beitrag zur Konferenz über den Kölner Mani-Codex in Rende im Jahr 1984 hat A. Henrichs weitere Belege für Nagels These aus den Werken Augustinus' beigesteuert[19]. Wenn er die „Drei-Zeiten" in c. *Faust.* 28,5 polemisch als »*bellum Dei*«, »*contaminationem Dei*« und »*damnationem Dei*« bezeichne, also als »Krieg«, »Befleckung« und »Verdammung Gottes«[20], dann entspreche dies der Auffassung des 17. Kapitels der Kephalaia. Auch in c. *Faust.* 13,6 liege dieses Verständnis vor[21]. Im Anschluß an Henrichs' Untersuchung ist festzuhalten, daß Augustinus offenbar nur diese Auffassung von den „Drei-Zeiten" kennt.

Die Ergebnisse Nagels und Henrichs' werden in neueren Aufsätzen A. Böhligs als ein Argument gegen die These ins Feld geführt, daß Mani wesentliche Impulse für sein System auch aus dem Bereich der iranischen Religionen erhalten habe[22]. Die Auffassung der östlichen Quellen, die Ur- und Endzeit miteinbeziehe, sei als eine spätere, *missionarisch bedingte Adaption* der zervanitischen Einteilung in unbegrenzte, begrenzte und unbegrenzte Zeit anzusehen[23].

Im folgenden soll gezeigt werden, daß in den koptischen Manichaica beide Auffassungen zu finden sind, neben derjenigen des 17. Kapitels der

---

15 Ebd. 56, 7: ⲡⲙⲁϩⲥⲛⲉⲩ ⲛ̄ⲕⲁⲓⲣ[ⲟ]ⲥ ⲡⲉ ⲭⲛ ⲙ̄ⲡⲥⲏⲩ [ⲉⲧⲁ ⲡⲱ]ⲁⲣⲡ [ⲛ̄ⲣⲱ]ⲙⲉ ⲉⲓ ⲁϩ[ⲣ]ⲏ̈ ... bis ebd. 56,24-26: ... ⲱⲁϩⲟⲩⲛ ⲁⲧⲟⲩⲛⲟⲩ ⲉⲧⲁ[ⲩⲧⲛ̄]ⲛⲁⲩ ⲓ̅ⲏ̅ⲥ̅ ⲁϥⲣ[. . . . . . .]ⲉϥ ⲉⲁϥⲉⲓⲣⲉ ⲛ̄2ⲏⲧϥ̄ ⲙ̄ⲡ[ⲉϥⲃⲱⲕ] ⲛ2ⲏⲧ ⲁϥⲧ ⲧ[2ⲉⲁ]ⲡⲓⲥ ⲛⲁⲁⲁⲙ ⲁϥⲃⲱⲕ ⲁ2ⲣⲏ̈ ⲁⲡⲭ[ⲓⲥⲉ].

16 Ebd. 56, 27-29: ⲭⲛ̄ ⲙ̄ⲡⲥⲏⲩ ⲟⲩⲛ ⲉⲧⲁ ⲡⲡⲣⲉⲥⲃⲉⲩⲧⲏⲥ [ⲟⲩⲱⲛ2̅] ⲧⲉϥ2ⲓⲕ[ⲱⲛ ⲁⲃⲁⲗ] ⲱⲁ2ⲟⲩⲛ ⲁⲡⲕⲁⲓⲣⲟⲥ ⲉⲧⲉⲣⲉ [ⲡⲁⲛⲁ]ⲣⲉⲓⲁⲥ ⲛⲁ[ⲉⲓ] ⲁ2ⲣⲏ̈ ⲛ̄ⲧ2ⲁⲛ ⲉⲱⲁⲩⲁⲡϥ̄ ⲁⲡⲙ[ⲁ2ⲱⲁ]ⲛⲧ ⲛ̄ⲕⲁⲓ]ⲣⲟⲥ.

17 Nagel 1974: 205.

18 Ebd. 205-207

19 Henrichs 1986, 183-204 (vor allem 190-193)

20 Zycha 1891: 743,5-7.

21 Ebd. 384,1ff.

22 Böhlig 1986: 16-17; 1988: 36-37; 1989: 259.

23 Vgl. dazu Widengren 1965: 283ff; Rudolph 1991: 319 (mit weiterer Literatur).

Kephalaia auch die der östlichen Quellen. Da es noch keine vollständigen Indices der Kephalaia und der Homilien gibt, können wir es zwar nicht ausschließen, Belege übersehen zu haben; die folgende Zusammenstellung scheint uns aber im wesentlichen vollständig zu sein.

Eine Durchsicht der koptischen Quellen ergab, daß von den „Drei-Zeiten" an acht Stellen in den Kephalaia die Rede ist[24], in den Homilien an nur einer Stelle[25] sowie an fünf Stellen im Psalmenbuch[26]. Von diesen fünf Belegen finden sich vier innerhalb der Gruppe der Bemapsalmen[27]. Oft ist es nicht sicher zu entscheiden, welche Auffassung von den „Drei-Zeiten" zugrunde liegt, worauf auch Nagel schon aufmerksam gemacht hat[28]. An zwei Stellen läßt sich jedoch die östliche Variante nachweisen, und zwar einmal im Psalmenbuch und einmal in den Kephalaia. Der Beleg im Psalmenbuch ist zweifellos der wichtigere, es handelt sich um den Bemapsalm Nr. 223[29].

Der Text ist folgendermaßen zu gliedern: Die Introductio bzw. der Refrain und die erste Strophe bilden den Einleitungsteil des Psalmes[30]:

p. 9,3   [ⲙ]ⲁⲣⲛ̄ⲟⲩⲱϣⲧ̄ ⲙ̄ⲡⲓⲡ̅ⲛ̅ⲁ̅ ⲙ̄ⲡⲡⲁⲣⲁⲕⲁⲏⲧⲟⲥ

   4   [ⲙ]ⲁⲣⲛ̄ⲥⲙⲁⲙⲉ ⲙ̄ⲡⲛ̄ⲭⲁⲓⲥ ⲓ̅ⲏ̅ⲥ̅ ⲡⲉⲧⲁϥⲧⲛ̄ⲛⲁⲩ ⲛⲉⲛ
   5   ⲙ̄ⲡⲓⲡ̅ⲛ̅ⲁ̅ ⲛ̄ⲧⲉ ⲧⲙⲏⲉ ...

p. 9,3   L]aßt uns den Geist des Parakleten verehren!

   4   L]aßt uns unseren Herrn Jesus preisen, der uns
   5   den Geist der Wahrheit geschickt hat. ...

Hier ruft die Gemeinde sich selbst zur Verehrung des »Geistes des Parakleten« (Z. 3) und zum Preis Jesu (Z. 4) auf. Daß es sich bei dem »Geist des Parakleten«, der auch »Geist der Wahrheit« (Z. 5) und in der zweiten Strophe »Heiliger Geist« (s.u.) genannt wird, nur um den aus dem Lichtreich herabgestiegenen und auf seinem Bema sitzenden Mani handeln kann, zeigen zum einen der Schlußteil des Psalmes (s.u.), zum anderen

---

24   Neben dem 17. Kapitel (s.o. Anm. 12), vgl. Polotsky/Böhlig 1940: 5,26-28; 15,19ff; 16,18ff; 34,21ff; 73,25ff; 129,3-4; 182,14-17.
25   Polotsky 1934: 7,10-15.
26   Allberry 1938a: 7,5-10; 11,30-31; 13,6-9; 21,17-21; 66,25-28.
27   Ebd. 1-47.
28   Nagel 1974: 205-206.
29   Allberry 1938a: 9,3-11,32; neuere Übersetzungen finden sich bei Adam 1969: 39-42; Haardt 1967: 224-227; Böhlig 1980: 118-121 sowie bei Leipoldt/Grundmann 1986: 404-407 (übers. v. H.M. Schenke).
30   Die metrische Gliederung dieses Psalmes zu eruieren war bislang nicht möglich, vgl. schon Säve-Söderbergh 1949: 41. Die folgenden Auszüge werden deshalb nach der jeweils angegebenen Seiten- und Zeilenzählung der (diplomatischen) Edition Allberry's geboten.

weitere Parallelen innerhalb der Gruppe der Bemapsalmen[31]. Mani wird als Gesandter Jesu legitimiert (Zz. 4-5) und es folgt eine kurze Zusammenfassung seines Wirkens unter den Menschen:

p. 9,5   ... ⲁϥⲉⲓ ⲁϥⲡⲁⲣⲭⲛ̄ ⲁⲧⲡⲗⲁⲛⲏ

6   ⲙ̄ⲡⲕⲟⲥⲙⲟⲥ ⲁϥⲉⲓⲛⲉ ⲛⲉⲛ ⲛ̄ⲟⲩⲓ̈ⲉⲗ ⲁⲛϭⲱⲱⲧ̄ [ⲁⲛ]

7   ⲛⲉⲩ ⲁⲡⲧⲏⲣϥ̄ ⲛ̄ϩⲏⲧⲥ

p. 9,5   ... Er kam (und) trennte uns von der Verirrung
6   der Welt; er brachte uns einen Spiegel, wir schauten (hinein
7   und) sahen das All darin.

Diese »Schau des Alls«, die der Gemeinde zuteil geworden ist, ist identisch mit der Gnosis. Es ist die Offenbarung »des Anfangs, der Mitte und des Endes«, wie aus dem Schlußteil, aus Strophe 19 und der Doxologie, hervorgeht:

p. 11,26   ⲡⲉⲓ̈ ⲡⲉ ⲡⲥⲁⲩⲛⲉ ⲙ̄ⲡⲙⲁⲛⲓⲭⲁⲓⲟⲥ ⲙⲁⲣⲛ̄ⲟⲩⲱϣⲧ̄ ⲛⲉϥ

27   [ⲛ̄ⲧⲛ̄ⲥ]ⲙⲁⲙⲉ ⲙ̄ⲙⲁϥ ⲛⲉⲓ̈ⲉⲧϥ̄ ⲛ̄ⲟⲩⲁⲛ ⲛⲓⲙ ⲉⲧⲁⲛⲁϩ

28   [ⲧⲉ ⲁⲣⲁϥ] ⲭⲉ ⲛ̄ⲧⲁϥ ⲡⲉⲧⲁⲱⲛϩ̄ ⲙⲛ̄ ⲛ̄ⲇⲓⲕⲁⲓⲟⲥ ⲧⲏⲣⲟⲩ

29   [ⲟⲩ]ⲉⲁⲩ [ⲙ]ⲛ̄ ⲟⲩϭⲣⲟ ⲙ̄ⲡⲛ̄ⲭⲁⲓ̈ⲥ ⲡⲙⲁⲛⲓⲭⲁⲓⲟⲥ ⲡⲓⲡ̄ⲛ̄ⲁ̅ ⲛ̄

30   [ⲧⲉ ⲧⲙⲏ]ⲉ ⲡⲓⲁⲃⲁⲗ ϩⲓⲧⲛ̄ ⲡⲓⲱⲧ · ⲡⲉⲧⲁϥϭⲱⲗⲡ̄ ⲛⲉⲛ ⲁ

31   [ⲃⲁⲗ ϩ]ⲁ ⲑⲟⲩⲓ̈ⲧⲉ ⲧⲙⲏⲧⲉ ⲙⲛ̄ ⲑⲁⲏ ...

p. 11,26 Dies ist die Gnosis des Manichäus, laßt uns ihn verehren
27   [und p]reisen. Selig ein jeder, der [an ihn] glau[ben]
28   wird, denn er ist's, der leben wird mit all' den Gerechten.

29   Ehre [u]nd Sieg unserem Herrn Manichaeus, dem Geist
30   d[er Wahrhei]t, der vom Vater her ist, der uns offenbarte
31   [de]n Anfang, die Mitte und das Ende ...

Die fast wörtliche Parallele im Bemapsalm Nr. 227 belegt die Richtigkeit dieser Gleichsetzung[32]. Schlußteil und Einleitung des Psalmes sind somit inhaltlich eng aufeinander bezogen.

Der lange Hauptteil umfaßt die Strophen 2 bis 18 und setzt mit einer inhaltlichen Wiederholung des in der ersten Strophe schon Gesagten ein. Nochmals wird festgestellt, daß Mani gekommen sei und der Gemeinde eine Offenbarung habe zuteil werden lassen:

p. 9,8   ⲛ̄ⲧⲁⲣⲉϥⲉⲓ ⲛ̄ϫⲓ ⲡⲓⲡ̄ⲛ̄ⲁ̅ ⲉⲧⲟⲩⲁⲃⲉ · ⲁϥϭⲱⲗⲡ̄ ⲛⲉⲛ

9   ⲁⲃⲁⲗ ϩⲁ ⲡⲙⲁⲓ̈ⲧ ⲛ̄ⲧⲙⲏⲉ ⲁϥⲧⲁⲙⲁⲛ ⲭⲉ ...

p. 9,8 Als der heilige Geist gekommen war, offenbarte er uns
9   den Weg der Wahrheit. Er lehrte uns: ...

---

31   Vgl. Allberry 1938a: 3,12-13; 14,14-15; 20,19-20 passim; zum Bêmafest allgemein s. Allberry 1938b; Ries 1976; Puech 1972: 625-628.

32   Allberry 1938a: 21,18-21: ⲁⲕⲉⲓⲛⲉ ⲛⲉⲛ ⲛ̄ⲟⲩⲓ̈ⲉⲗ ⲁⲃⲁⲗ ϩⲛ̄ ⲧⲕⲙⲛ̄ⲧⲣ̄ⲣⲟ ⲁⲛϭⲱⲱⲧ̄ ⲁⲛⲛⲉⲩ ⲁⲡⲧⲏⲣϥ̄ ⲛ̄ϩⲏⲧⲥ̄ ⲛⲉⲧⲁⲩϣⲱⲡⲉ ⲙⲛ̄ ⲛⲉ[ⲧⲁϣⲱⲡⲉ ⲙⲛ̄] ⲛⲉⲧϣⲟⲟⲡ ⲧⲏⲣⲟⲩ ... (»Du brachtest uns einen Spiegel aus Deinem Königreich; wir schauten (hinein und) wir sahen das All darin, all das, was war und was [sein wird und] was ist ...«).

Im folgenden wird der Inhalt dieser Offenbarung wiedergegeben: Der gesamte Mythos wird erzählt, und zwar von der Urzeit bis zur Endzeit; und diese Erzählung läßt sich wiederum in drei Teile untergliedern, die mit den in der Doxologie erwähnten „Drei-Zeiten"»Anfang«,»Mitte« und »Ende« (s.o.) gleichzusetzen sind.

a) Die Urzeit

Die Schilderung der Urzeit umfaßt die Strophen 2-4. Zunächst wird die Existenz der beiden Prinzipien festgestellt, woran sich detailliertere Beschreibungen der zwei»Königreiche« anschließen:

```
p. 9,9                     ⲫⲩⲥⲓⲥ
10     ⲥⲛ̄ⲧⲉ ⲛⲉⲧϣⲟⲟⲡ ⲧⲁ ⲡⲟⲩⲁⲓ̈ⲛⲉ ⲙⲛ̄ ⲧⲁ ⲡⲕⲉⲕⲉ [ⲉⲩ
11     ⲡⲁⲣ]ⲝ ⲁⲛⲉⲩⲉⲣⲏⲩ ⲭⲛ̄ ⲛ̄ⲑⲟⲩⲓ̈ⲧⲉ

p. 9,12  [ⲧⲙ]ⲛ̄ⲧⲣ̄ⲣⲟ ⲙⲉⲛ ⲙ̄ⲡⲟⲩⲁⲓ̈ⲛⲉ ⲛⲉⲥϩⲟⲟⲡ ϩⲛ̄ ϯ[ⲉ ⲙ̄]
13     ⲙⲛ̄ⲧⲛⲁϭ ⲉⲧⲉ ⲛ̄ⲧⲁϥ ⲡⲉ ⲡⲓ̈ⲱⲧ ⲙⲛ̄ ⲡⲉϥⲙⲛ̄ⲧⲥⲛⲁⲩⲥ
14     ⲛ̄ⲁⲓⲱⲛ ⲙⲛ̄ ⲛⲁⲓⲱⲛ ⲛ̄ⲧⲉ ⲛⲁⲓⲱⲛ · ⲡⲁⲏⲣ ⲉⲧⲁⲛϩ̄
15     ⲡⲕⲁϩ ⲙ̄ⲡⲟⲩⲁⲓ̈ⲛⲉ ⲉⲣⲉ ⲡⲛⲁϭ ⲙ̄ⲡⲛ̄ⲁ ⲛⲓϧⲉ ⲛ̄ϩ
16     ⲧⲟⲩ ⲉϥⲥⲁⲛⲉϣ ⲙ̄ⲙⲁⲩ ϩⲛ̄ ⲡⲉϥⲟⲩⲁⲓ̈ⲛⲉ

17     ⲧⲙⲛ̄ⲧⲣ̄ⲣⲟ ϩⲱⲥ ⲙ̄ⲡⲕⲉⲕⲉ ⲉⲥϣⲟⲟⲡ ϩⲛ̄ϯⲟⲩ ⲛ̄ⲧⲁ
18     ⲙⲓⲟⲛ ⲉⲧⲉ ⲛ̄ⲧⲁϥ ⲡⲉ ⲡⲕⲁⲡⲛⲟⲥ ⲙⲛ̄ ⲧⲥⲉ[ⲧⲉ] ⲙⲛ̄
19     ⲡⲧⲏⲩ ⲙⲛ̄ ⲡⲙⲁⲩ ⲙⲛ̄ ⲡⲕⲉⲕⲉ ⲉⲣⲉ ⲡⲟⲩⲥⲁⲭⲛⲉ
20     ϣⲁⲛ ⲛ̄ϩⲏⲧⲟⲩ ⲉϥⲕⲓⲙ ⲁⲣⲁⲩ ⲉϥⲛⲉϩ[ⲥ]ⲉ̣ ⲙ̄ⲙⲁⲩ³³ ⲁ
21     ⲧⲣⲟⲩⲣ̄ ⲡⲟⲗⲉⲙⲟⲥ ⲙⲛ̄ ⲛⲉⲩⲉⲣⲏⲩ
```

p. 9,9   Zwei Naturen
10   sind's, die existieren, die des Lichts und die der Finsternis,
11   von Anbeginn an voneinander [getrenn]t.

p. 9,12 [Das K]önigreich des Lichts, es bestand aus fü[nf]
13   Größen, nämlich dem Vater und seinen zwölf
14   Äonen und den Äonen der Äonen, der Lebendigen Luft
15   und dem Lichtland; und der Große Geist durchwehte sie alle
16   und nährte sie mit seinem Lichte.

17   Das Königreich der Finsternis aber besteht aus fünf
18   Kammern, nämlich dem Rauch und dem Feu[er] und
19   dem Wind und dem Wasser und der Finsternis; und ihr (böser) Ratschluß
20   kriecht in ihnen herum, erregt sie und stachelt sie an,
21   gegeneinander Krieg zu führen.

---

33   So ist im Anschluß an Polotsky (vgl. Allberry 1938a: 9, Anm. zu Z. 20) zu lesen, vgl. Giversen 1988: Taf. 9 z. St.

b) Die Zeit der Vermischung:

Mit der fünften Strophe setzt die Schilderung der mittleren Zeit ein:

p. 9,22   ⲉⲩⲣ̄ ⲡⲟⲗⲉⲙⲟⲥ ⲟⲩⲛ ⲙⲛ̄ ⲛⲉⲩⲉⲣⲏⲩ ⲁⲩⲣ̄ⲧⲟⲗⲙⲁ ⲁϩⲟⲩ
  23   ⲧⲟⲟⲧⲟⲩ ⲁⲡⲕⲁϩ ⲙ̄ⲡⲟⲩⲁⲓ̈ⲛⲉ ⲉⲩⲙⲉⲉⲩ ⲛⲉⲩ ϫⲉ ⲉⲩ
  24   ⲁϣϭⲣⲟ ⲁⲣⲁϥ ⲥⲉⲥⲁⲩⲛⲉ ⲣⲱ ⲛ̄ⲧⲁⲩ ⲉⲛ ϫⲉ ⲡⲉⲧⲁⲩ
  25   ⲙⲉⲉⲩ ⲁⲣⲁϥ ⲥⲉⲛⲁⲛ̄ⲧϥ ⲁϩⲣⲏⲓ̈ ⲁϫⲱⲟⲩ

  26   [ⲛⲉ]ⲟⲩⲛ̄ ⲟⲩⲙⲏϣⲉ ⲇⲉ ⲛ̄ⲁⲅⲅⲉⲗⲟⲥ ϩⲛ̄ ⲡⲕⲁϩ ⲙ̄ⲡⲟⲩⲁⲓ̈
  27   [ⲛⲉ ⲉ]ⲩⲛ̄ϭⲁⲙ ⲙ̄ⲙⲁⲩ ⲁⲉⲓ ⲁⲃⲁⲗ ϫⲉ ⲉⲩⲁⲑⲃⲓ̈ⲟ ⲡϫⲁϫⲉ
  28   [ⲛ̄ⲧ]ⲉ ⲡⲓ̈ⲱⲧ ...

p. 9,22   Während sie sich nun gegenseitig bekriegten, wagten sie es (einmal),
  23   ihre Hand gegen das Lichtland zu erheben, da sie bei sich
             dachten,
  24   daß sie es (wohl) besiegen könnten. Doch wissen sie nicht, daß sie
  25   über sich selbst bringen werden, was sie ersonnen.

  26   [Es] gab nämlich viele Engel im Lande des Lich[ts,
  27   die] imstande waren auszuziehen, um den Feind [des] Vaters
  28   zu demütigen ...

Daß hier ein neuer Abschnitt beginnt, zeigt sich zum einen darin, daß
in Z. 22 die letzen Worte der vierten Strophe (s.o. Z. 21) fast wörtlich
wiederholt werden. War dort aber von der ständigen Zwietracht im Reich
der Finsternis als einem ihrer Wesensmerkmale die Rede, so wird hier von
dem konkreten Fall des Angriffs auf das Land des Lichts berichtet. Zum
anderen sind die Zz. 24-25 als ein Kommentar der Gemeinde zum Geschehen des Mythos aufzufassen. Die Erzählung schreitet hier nicht fort,
vielmehr könnte dieser Satz auch gestrichen werden, ohne daß der
Gedankengang dabei Schaden nähme. Ein weiteres Indiz ist die Tempus-
wahl: In Z. 22 wird das Perfekt I verwendet (ⲁⲩⲣ̄ⲧⲟⲗⲙⲁ) und die übrigen
Verbalformen hängen davon ab; in Z. 26 gebraucht der Psalmist das Imperfekt ([ⲛⲉ]ⲟⲩⲛ̄) – falls man die mE. relativ sichere Ergänzung Allberry's
nicht anzweifeln will –, wovon die übrigen Verbalformen wiederum abhängig sind. Die Zz. 24-25 sind hingegen im Präsens I gehalten: ⲥⲉⲥⲁⲩⲛⲉ
ⲣⲱ ⲛ̄ⲧⲁⲩ ⲉⲛ ... Hier beurteilt der Psalmist (bzw. die Gemeinde) die
Handlungsweise der Finsternis, und zwar aus dem Wissen um das Ende
heraus, das er (sie) empfangen hat.

Es schließt sich bis zur zehnten Strophe der Bericht vom Kampf des
Urmenschen an[34]. Dann handelt der Psalm bis Strophe 13 von der Erschaf-
fung der Welt und der Einrichtung von Sonne und Mond[35]; und in den
Strophen 14-16 ist von den Vorbereitungen für das Weltende die Rede,

---

34   Allberry 1938a: 9,31-10,19
35   Ebd. 10,20-11,2

vom Weltenbrand selbst, vom Aufstieg der Letzten Statue sowie von der ewigen Fesselung der Finsternis im *globus horribilis*[36].

In Strophe 17 wird die Erzählung des Mythos erneut unterbrochen:

p. 11,17   ⲙ̄ⲛ ⲕⲁⲓⲥⲙⲁⲧ ⲁⲙⲟⲩⲣ ⲡⲭⲁϫⲉ ⲛ̄ϩⲏⲧϥ̄ ⲥⲁ ⲡⲓϭⲙⲁⲧ ϫⲉ
     18   ⲥⲉⲛⲁϫⲓⲧϥ̄ ⲉⲛ ⲁⲡⲟⲩⲁⲓⲛⲉ ϫⲉ ⲟⲩⲱ̄ⲙ[ⲙⲟ ⲁⲣ]ⲁϥ ⲡ[ⲉ]
     19   ⲟⲩⲧⲉ ⲥⲉⲛⲁϣⲕⲁⲁϥ ⲉⲛ ⲁⲛ ϩ̄ⲛ ⲡⲉϥⲕⲁϩ ⲛ̄[ⲕ]ⲉⲕⲉ ϫⲉ
     20   ⲛⲉϥⲉⲓⲣⲉ ⲛ̄ⲟⲩⲡⲟⲗⲉⲙⲟⲥ ⲉⲛⲉⲉϥ ⲁⲡϣⲁ[ⲣⲡ̄]

p. 11,17   Es gibt keine andere Möglichkeit, den Feind zu binden, als diese;
           denn
     18   er wird nicht ins Licht aufgenommen werden, da er ihm fre[md
           ist];
     19   doch kann er auch nicht in seinem [fi]nst'ren Land gelassen
           werden,
     20   damit er nicht einen größeren Krieg anzettele als den ers[ten].

Hier reflektiert die Gemeinde erneut das Geschehen des Mythos. Es wird sichergestellt, daß es nicht möglich sei, die Finsternis auf andere Weise unschädlich zu machen als durch die ewige Fesselung. Zwar werden zwei Alternativen in Erwägung gezogen, beide werden jedoch wegen der Unverbesserlichkeit des bösen Prinzips wieder verworfen.

c) Die Endzeit

In Strophe 18 wird schließlich die Endzeit kurz angesprochen. Von nun an werden die Mächte des Lichts im Neuen Äon herrschen, denn sie haben die Finsternis auf ewig besiegt.

p. 11,21   ⲥⲉⲛⲁⲕⲱⲧ ⲛ̄ⲟⲩⲁⲓⲱⲛ ⲛ̄ⲃⲣ̄ⲣⲉ ⲁⲡⲙⲁ [ⲙ̄ⲡⲓⲕⲟ]ⲥⲙⲟⲥ
     22   ⲉⲧⲁⲃⲱⲗ ⲁⲃⲁⲗ ϫⲉ ⲉⲩⲁⲣ̄ⲣ̄ⲣⲟ ⲛ̄ϩⲣⲏⲓ ⲛ̄ϩ[ⲧϥ̄ ⲛ̄]ϫⲓ ⲛ̄
     23   ϭⲁⲙ ⲙ̄ⲡⲟⲩⲁⲓⲛⲉ ϫⲉ ⲁⲩⲉⲓⲣⲉ ⲁⲩ̄ϫ[ⲱⲕ ⲙ̄ⲡⲟⲩ]ⲱϣⲉ[37]
     24   ⲧⲏⲣϥ̄ ⲙ̄ⲡⲓⲱⲧ ⲁⲩⲑⲃ̄ⲓⲟ ⲙ̄ⲡⲙⲉⲥⲧⲟⲩ ⲁⲩ. .ⲛ̄. . ⲁ̣ϫⲱϥ
     25   ϣⲁ ⲁⲛⲏϩⲉ

p. 11,21   Ein neuer Äon wird erbaut werden anstelle [dieses Ko]smos,
     22   der sich auflösen wird, auf das herrschen werden in [ihm] die
     23   Mächte des Lichts; denn sie haben den ganzen [Wil]len des Vaters
           ausgeführt und
     24   vollendet, sie haben den Verhaßten gedemütigt und [- - -] über ihn
     25   ewiglich.

Daß die drei Teile der mythologischen Erzählung so und nicht anders abzutrennen sind, ergibt sich vor allem aus den beiden kommentierenden bzw. reflektierenden Einschüben. Dann aber liegt diesem Psalm dieselbe Auffassung von den „Drei-Zeiten" zugrunde wie der eingangs zitierten chinesischen Quelle: Mit dem Begriff „Anfang" ist hier eindeutig die Urzeit

---

36   Ebd. 11,3-16
37   Oder mit Allberry: ϫ[ⲱⲕ ⲡⲟⲩ]ⲱϣⲉ.

gemeint, die Zeit vor dem mythischen Drama; und das „Ende" ist die Zeit nach der Vermischung, wenn die Finsternis in Ewigkeit besiegt sein wird.

Vor dem Hintergrund dieses Ergebnisses ist zumindest einer der acht Belege in den Kephalaia genauso zu interpretieren. Es handelt sich um die Stelle im Einleitungskapitel[38], wo von den »drei Worten« die Rede ist, in denen »alles, was geworden ist und was werden wird, niedergeschrieben ist«[39]. Leider weist die Handschrift hier starke Beschädigungen auf. Im weiteren Kontext könnte von der Urzeit die Rede gewesen sein, doch läßt sich darüber keine sichere Aussage machen[40]. Der direkt vorangehende Text berichtet hingegen sicher vom Weltenbrand und vom Aufstieg der Letzten Statue[41]. Darauf folgen einige vollständig zerstörte Zeilen und dann heißt es:

--- N̄]cepppo ϣⲁ ⲁⲛⲏ2ⲉ ⲛⲧⲉ ⲟⲩⲛⲟⲩⲧⲉ ⲛⲟⲩⲱⲧ ϣⲱⲡⲉ [. . .2ⲓⲝⲙ̄]
ⲡⲧⲏⲣϥ ⲉϥⲛⲧⲡⲉ [ⲙ̄ⲡⲧ]ⲏⲣϥ̄ ⲛ̄ⲕⲧⲙ̄6ⲛ ⲁⲛⲧⲓⲇⲓⲕⲟⲥ [---] ⲝⲛ ⲙ̄ⲡⲓⲛⲉⲩ ⲟⲩ7[ⲉ
ⲡⲓ̈ⲱⲧ] ⲡⲣ̄ⲣⲟ ⲛⲧⲉ ⲡⲟⲩⲁ̈ⲓⲛⲉ ...

--- und] sie (sc. die Mächte des Lichts) werden in Ewigkeit herrschen (und) ein einziger Gott wird [--- über] dem All sein, indem er oberhalb [des] Alls sein wird, (und) Du wird keinen Widersacher finden [---] von jener Zeit an gegen [den Vater], den König des Lichts ...[42].

Nach einigen weiteren zerstörten Zeilen folgt dann die „Drei-Zeiten"-Formel:

ⲉⲡⲉⲓⲇⲏ ⲡ[ⲓϣⲁⲙⲧ̄] ⲛ̄ⲥⲉⲭⲉ ⲛⲧⲁⲩ ⲛⲉ ⲡϣⲓ ⲛ̄ⲧⲥⲟⲫⲓⲁ ⲧⲏⲣⲥ 2ⲱ8 ⲛⲓⲙ
ⲉⲁϥϣ[ⲱⲡⲉ] ⲙ̄ⲛ̄ ⲡ[ⲉ]ⲧⲛⲁϣ[ⲱⲡ]ⲉ ϥⲥⲏ2 ⲛ2ⲏⲧⲟⲩ.

Denn d[iese drei] Worte, sie sind das Maß der ganzen Weisheit; alles, was ge[worden] ist und was w[erde]n wird, ist in ihnen niedergeschrieben[43].

Mit ⲡⲉⲧⲛⲁϣⲱⲡⲉ, »das, was werden wird«, ist hier also offenbar der Zustand nach der Ausläuterung des Lichtes, dh. die Endzeit, und nicht etwa das Ende der Zeit der Vermischung, der mittleren Zeit, gemeint.

Wie aber sind die übrigen Erwähnungen der Lehre von den „Drei Zeiten" zu interpretieren? Es wurde schon darauf hingewiesen, daß eine sichere Entscheidung in vielen Fällen nicht möglich ist. Die zwei Belege im ersten Kapitel der Kephalaia können eventuell auch im Sinne der östlichen Variante aufgefaßt werden. Die erste Stelle lautet:

---

38 Polotsky/Böhlig 1940: 3,1-9,10.
39 Ebd. 5,26-28.
40 Ebd. 3,1-22.
41 Ebd. 5,3-6.
42 Ebd. 5,15-18.
43 Ebd. 5,26-28.

ⲧϩⲉ ⲧⲉ ⲧⲉ ⲓ ⲉⲧⲁ ϩⲱϥ ⲛⲓⲙ ⲉ[ⲧ]ⲁϥϣ[ⲱ]ⲡⲉ ⲙ︦ⲛ︦ ⲡⲉⲧⲛⲁϣⲱⲡⲉ ϭⲱⲗⲡ ⲛ︦ⲏ ⲓ
ⲁⲃⲁⲗ ϩ︦ⲙ ⲡ︦ⲡ︦ⲣ︦ⲕ︦ⲗ︦ⲥ︦ ⲙⲡ . . ⲛ . . ϩⲱϥ ⲛⲓⲙ ⲉϣⲁⲣⲉ ⲡⲃⲉⲗ ⲓ̈ⲁⲣϩ︦ϥ︦ ⲛ︦ⲧⲉ ⲡⲙⲉϣⲧⲉ
ⲥⲁⲧⲙⲉϥ ⲛ︦ⲧⲉ ⲡⲙⲁⲕⲙⲉⲕ ⲙⲉⲕⲙⲟⲩⲕϥ ⲛ︦[ⲧ]ⲉ ⲡⲉ . ⲁϥ ⲁⲧ . . . ϥ ⲁⲓ̈ⲙⲙⲉ
ⲛ︦ϩⲏⲧϥ ⲁϩ︦ϩⲱϥ ⲛⲓⲙ ⲁⲓ̈ⲛⲉⲩ ⲁⲡⲧⲏⲣϥ ⲛ︦ⲧⲟⲟⲧϥ ⲁⲓ̈ⲣ̄ ⲟⲩⲥⲱⲙⲁ ⲛⲟⲩⲱⲧ ⲙⲛ ⲟⲩ-
ⲡ︦ⲛ︦ⲁ̄ ⲛⲟⲩⲱⲧ.

Dies ist die Art, wie mir alles, was geworden ist und was werden wird,
durch den Parakleten des [- - -] offenbart wurde, alles, was das Auge
sieht und was das Ohr hört und was der Verstand denkt und was [- - -],
ich habe alles durch ihn erkannt (und) habe durch ihn das All
geschaut (und) ich wurde ein Körper und ein Geist[44].

Mit diesem Satz faßt Mani die Offenbarungen zusammen, die er vom
Parakleten erhalten habe. Der Kontext zeigt, was im einzelnen darunter zu
verstehen ist, zunächst »das verborgene Mysterium, das vor den Welten
und den Geschlechtern verborgen ist, das Mysterium der Tiefe und der
Höhe«[45], dann »das Mysterium des Kampfes und des Krie[ges]«, den die
Finsternis gegen das Licht angestiftet habe[46] und schließlich die Vermischung von Licht und Finsternis, die Erschaffung der Welt und der ganze
Mythos bis hin zum Weltende[47]. Da die koptischen Texte die östliche Auffassung der „Drei Zeiten" sicher kennen, wie dies der 223. Psalm belegt,
liegt es nahe zu vermuten, daß hier zunächst von der Urzeit und dann von
der Zeit der Vermischung die Rede ist. Die Endzeit wird jedoch nicht ausdrücklich erwähnt. Welche der beiden Auffassungen diesem Text zugrunde
liegt, läßt sich also nicht sicher entscheiden. Falls es sich aber um die
östliche Auffassung handelt, dann muß auch die zweite „Drei-Zeiten"-
Formel im diesem Kapitel so aufgefaßt werden[48], da hinter derselben Formulierung in ein und demselben Text wohl nicht zwei so verschiedene Vorstellungen stehen können – jedenfalls nicht, solange dies nicht explizit zum
Ausdruck gebracht wird.

Mindestens zwei Belege in den koptischen Manichaica spiegeln sicher
die Auffassung des 17. Kapitels der Kephalaia wieder. Die Doxologie des
221. Psalmes lautet:

ⲡⲱⲕ ⲡⲉ ϭⲣⲟ ⲛⲓⲙ ⲱ ⲡⲉⲧⲟⲩⲁⲃⲉ ⲡⲣⲉϥⲧ ϣⲙ̄ⲛⲟⲩϥⲉ ⲡⲙⲁⲛⲓⲭⲁⲓⲟⲥ ⲡϭⲣⲟ
ⲛ̄ⲑⲟⲩⲓ̈ⲧⲉ ⲙⲛ̄ ⲡⲁ ⲧⲙⲏⲧⲉ ⲛⲉⲧⲁ ⲡⲕⲓ̈ⲱⲧ ⲣ̄ ϩⲙⲁⲧ ⲙ̄ⲙⲁⲩ ⲛⲉⲕ· ⲡϭⲣⲟ ⲁⲛ
ⲛ̄ⲧⲕⲁⲓϩⲁⲏ ⲡⲉⲧⲉ ⲟⲩⲁⲛ ⲛⲓⲙ ϭⲁϣⲧ̄ ⲁⲃⲁⲗ ϩ︦ⲛ︦ⲧϥ︦· ϫⲉ ⲛ̄ⲧⲁⲕ ⲡⲉ ⲡⲣⲉϥⲧⲉⲟⲩⲟ
ⲙ̄ⲙⲏⲉ ϩⲁ ⲑⲟⲩⲓ̈ⲧⲉ ⲧⲙⲏⲧⲉ ⲙⲛ̄ ⲑⲁⲏ.

---

44   Ebd. 15,19-24.
45   Ebd. 15,1-3: ⲁϥϭⲱⲗⲡ ⲛ̄ⲏ ⲓ ⲁⲃⲁⲗ ϩⲁ ⲡⲙⲩⲥⲧⲏⲣⲓⲟⲛ [ⲉ]ⲧϩⲏⲡ ⲡⲉⲧϩⲏⲡ ⲁⲛⲕⲟⲥⲙⲟⲥ ⲙⲛ
ⲛ̄ⲅⲉⲛⲉⲁ ⲡⲙⲩⲥⲧⲏⲣ[ⲓⲟ]ⲛ̣ ⲙⲡⲛⲟⲩ[ⲛ] ⲙⲛ ⲡϫⲓⲥⲉ.
46   Ebd. 15,4-5: ... ⲡⲙⲩⲥⲧⲏⲣⲓⲟⲛ ⲙⲡϩⲧⲁⲡ ⲙⲙⲓϣⲉ ⲙⲛ ⲡⲡⲟⲗ[ⲉⲙⲟⲥ] ⲙⲛ ⲡⲛⲁϭ ⲛ . . . ⲡⲙ̄ⲗⲁϩ
ⲉⲧⲁ ⲡⲕⲉⲕⲉ ⲥⲁⲣϥ̄ ⲁⲃⲁⲗ ...
47   Ebd. 15,6: ... ⲁϥϭⲱⲗⲡ ⲛ̄ⲏ ⲓ ⲁⲃⲁⲗ ⲁⲛ ϫⲉ ⲉϣ ⲧⲉ ⲑⲉ ⲉⲧⲁ ⲡⲟⲩⲁⲓⲛⲉ . . . . . ⲡⲕⲉⲕⲉ ϩⲓⲧⲛ̄
ⲡⲟⲩⲧⲱⲧ ⲁⲩⲥⲉϩⲟ ⲁϩ̄ⲣⲏ ⲓ̈ ⲙ̄ⲡⲓⲕⲟⲥⲙⲟⲥ ... bis ebd. 15,18-19: ... ⲡⲙⲩⲥⲧⲏⲣⲓⲟⲛ ⲛⲛⲣⲉϥⲣ̄ ⲛⲁⲃⲉ ⲙ̄ⲛ
ⲛⲟⲩϩⲃⲏⲩⲉ ⲙ̄ⲛ ⲧⲕⲟⲗⲁⲥⲓⲥ ⲉⲧⲁⲛϭ ⲛⲉⲩ.
48   Ebd. 16,19-23.

Dein ist jeder Sieg, Heiliger, Verkünder der frohen Botschaft, Manichäus; der Sieg des Anfangs und der der Mitte, die Dein Vater Dir
geschenkt hat; und auch der Sieg des Endes, den jedermann erwartet;
denn Du bist der wahre Verkünder des Anfangs, der Mitte und des Endes[49].

Mit dem »Sieg des Anfangs« ist der Sieg des Urmenschen gemeint, die
Tatsache, daß er den Angriff der Finsternis erfolgreich abwehren konnte,
wenn auch nur unter Preisgabe seiner Seele, der fünf Lichtelemente[50]; der
»Sieg der Mitte« wird auf die Erweckung Adams anspielen und der »Sieg
des Endes« auf die Ausläuterung des Lichtes beim Weltende. Dasselbe
Verständnis liegt der „Drei-Zeiten"-Formel im siebten Kapitel der Kephalaia zugrunde[51]. Wenn es dort vom Vater der Größe heißt, daß er »vor
allem existiert, was geworden ist und was werden wird«[52], so können hier
nicht Ur- und Endzeit gemeint sein – denn das widerspräche der Lehre von
den beiden Prinzipien –, sondern nur, wie zu Beginn des *Lebendigen Evangeliums*, Anfang und Ende der Zeit der Vermischung, der mittleren Zeit[53].

Zusammenfassend ist somit festzuhalten, daß aufgrund des Zeug-
nisses des *Lebendigen Evangeliums* die Auffassung von den „Drei Zeiten",
die das 17. Kapitel der Kephalaia überliefert, als die heute – beim Stand
der Forschung und der Quellenlage – frühest bezeugte anzusehen ist. Sie
war auf jeden Fall Mani selbst bekannt. Damit ist jedoch keineswegs erwiesen, daß die sogenannte östliche Auffassung weniger ursprünglich sei,
und zwar aus zwei Gründen: Einerseits haben A. Henrichs und L. Koenen
wiederholt darauf hingewiesen, daß das Fehlen eines Theologumenon im
Kölner Mani-Kodex nicht ohne weiteres als Beleg dafür angeführt werden
könne, daß dieses Theologumenon als eine sekundäre Entwicklung anzusehen sei; denn die Darstellung manichäischer Theologie und Dogmatik sei
nicht das Hauptinteresse dieser Schrift, sondern es handele sich um ein
Werk erbaulichen Charakters[54]. Andrerseits läßt sich die östliche Variante
an mindestens zwei Stellen in den koptischen Manichaica sicher belegen,
also in den Quellen, die nicht wesentlich jünger sind, als der Kölner Mani-
Kodex[55]. Vor diesem Hintergrund ist es nicht zulässig, die östliche Form

---

49   Allberry 1938a: 7,5-9.
50   Vgl. Polotsky/Böhlig 1940: 55,27ff.
51   Ebd. 34,21ff.
52   Ebd. 34,25-26: ... ΠΕΤϢΟΟΠ ϨΑ ΤΕϨΗ ΝϨШΒ ΝΙΜ ΕΤΑϤϢШΠΕ ΜΝ ΠΕΤΝΑϢШΠΕ.
53   Vgl. o. Anm. 10
54   Vgl. Henrichs 1986: 193-195; L. Koenen 1990: 242ff.
55   Koenen/Römer 1988: XV datieren die Kompilation des CMC in das erste Drittel des
vierten Jahrhunderts; zum Psalmenbuch vgl. Allberry 1938a: XX sowie Nagel 1980, 14ff.; zu
den Kephalaia Nagel 1975: 307.

der „Drei-Zeiten"-Lehre als spätere, missionarisch bedingte Adaption iranischer Theologie aufzufassen.

VERZEICHNIS DER ZITIERTEN LITERATUR

Adam, A., 1969, Texte zum Manichäismus (Kleine Texte für Vorlesungen und Übungen 175), 2. Aufl., Berlin.

Allberry, C.R.C (Hg.), 1938a, A Manichaean Psalmbook. Part II (Manichaean Manuscripts in the Chester Beatty Collection 2), Stuttgart.

— 1938b, Das Manichäische Bema-Fest, in: ZNW 37, 2-10 [= G. Widengren (Hg.), Der Manichäismus (Wege der Forschung 168), Darmstadt 1977, 317-327].

Böhlig, A., 1980, Der Manichäismus (Die Gnosis 3), Zürich – München.

— 1986, Denkformen hellenistischer Philosophie im Manichäismus, in: Perspektiven der Philosophie. Neues Jahrbuch 12, 11-39 [= idem, Gnosis und Synkretismus. Gesammelte Aufsätze zur spätantiken Religionsgeschichte (WUNT 48), Tübingen, 2, 551-585].

— 1988, Zur religionsgeschichtlichen Einordnung des Manichäismus, in: P. Bryder (Hg.), Manichaean Studies. Proceedings of the First International Conference on Manichaeism (August 5-9, 1987, Lund) (Lund Studies in African and Asian Religions 1), Lund, 29-44 [= ebd., 2, 457-481].

— 1989, Neue Initiativen zur Erschließung der koptisch-manichäischen Bibliothek von Medinet Madi, in: ZNW 80, 240-262.

Giversen, S., 1988, The Manichaean Coptic Papyri in the Chester Beatty Library IV. Psalm Book Part II. Facsimile Edition (Cahiers d'Orientalisme 17), Genève.

Haardt, R., 1967, Die Gnosis. Wesen und Zeugnisse, Salzburg.

Henrichs, A., 1986, The Timing of Supranatural Events in the Cologne Mani Codex, in: L. Cirillo, A. Roselli (Hgg.), Codex Manichaicus Coloniensis. Atti del simposio internazionale (Rende – Amantea, 3-7 settembre 1984), Cosenza, 183-204.

— /Koenen, L., 1970, Ein griechischer Mani-Codex, in: ZPE 5, 97-216.

Klimkeit, H.J., 1987, Manichäismus, in: H. Waldenfels (Hg.), Lexikon der Religionen, Freiburg – Basel – Wien, 386-388.

Koenen, L., 1986, Manichaean Apocalypticism at the Crossroads of Iranian, Egyptian, Jewish and Christian Thought, in: L. Cirillo, A. Roselli (Hgg.), Codex Manichaicus Coloniensis. Atti del simposio internazionale (Rende – Amantea, 3-7 settembre 1984), Cosenza, 285-332.

— 1990, Wie dualistisch ist Manis Dualismus?, in: P. Nagel (Hg.), Carl-Schmidt-Kolloquium an der Martin-Luther-Universität 1988 (Martin-Luther-Universität Halle-Wittenberg, Wissenschaftliche Beiträge 1990/23 [K 9]), Halle.

— /Römer, C. (Hgg.), 1988, Der Kölner Mani-Kodex. Über das Werden seines Leibes. Kritische Edition (ARWAW, Sonderreihe Papyrologica Coloniensia 14), Opladen.

Leipoldt, J./Grundmann, W. (Hgg.), 1986, Umwelt des Urchristentums II. Texte zum neutestamentlichen Zeitalter, 7. Aufl., Berlin.

Merkelbach, R., 1986, Mani und sein Religionssystem (RWAW, Vorträge G 281), Opladen.

Nagel, P., 1974, Bemerkungen zum manichäischen Zeit- und Geschichtsverständnis, in: idem (Hg.), Studia Coptica (Berliner Byzantinische Arbeiten 45), Berlin.

— 1975, Der Parakletenspruch des Mani (Keph. 14,7-11) und die altsyrische Evangelienübersetzung, in: Festschrift zum 150-jährigen Bestehen des Berliner Ägyptischen Museums (Mitteilungen aus der Ägyptischen Sammlung 8), Berlin, 303-313.

Nagel, P., 1980, Die Thomaspsalmen des koptisch-manichäischen Psalmenbuches (Quellen. Ausgewählte Texte aus der Geschichte der christlichen Kirche. Neue Folge 1), Berlin.

Polotsky, H.J. (Hg.), 1934, Manichäische Homilien (Manichäische Handschriften der Sammlung A. Chester Beatty 1), Stuttgart.

—   1935, Manichäismus, in: PWRE, Suppl. 6, 240-271 [= G. Widengren (Hg.), Der Manichäismus (Wege der Forschung 168), Darmstadt 1977, 101-144].

—   /Böhlig, A. (Hgg.), 1940, Kephalaia. Erste Hälfte (Manchäische Handschriften der Staatlichen Museen zu Berlin 1), Stuttgart.

Puech, H.Ch., 1949, Le manichéisme. Son fondateur – sa doctrine (Musée Guimet. Bibliothèque de diffusion 56), Paris.

—   1972, Le manichéisme, in: Histoire des religions (Encyclopédie de la Pléiade), Paris, 2, 523-645.

Ries, J., 1976, La fête de Bêma dans l'Eglise de Mani, in: REAug 22, 218-233.

Rudolph, K., 1991, Mani und der Iran, in: A. van Tongerloo, S. Giversen, Manichaica Selecta. Studies Presented to Professor Julien Ries on the Occasion of His Seventieth Birthday (Manichaean Studies 1), Leuven.

Säve-Söderbergh, T., 1949, Studies in the Coptic Manichaean Psalmbook. Prosody and Mandaean Parallels (Arbeten utgivna med Understöd av Vilhelm Ekmans Universitetsfond, Uppsala, 55), Uppsala.

Schmidt-Glintzer, H., 1987, Chinesische Manichaica (Studies in Oriental Religions 14), Wiesbaden.

Widengren, G., 1965, Die Religionen Irans (Die Religionen der Menschheit 14), Stuttgart.

Zycha, J. (Hg.), 1891, S. Aureli Augustini De utilitate credendi, De duabus animabus, Contra Fortunatum, Contra Adimantum, Contra epistulam fundamenti, Contra Faustum (CSEL 25,1), Wien.

—   1892, S. Aureli Augustini Contra Felicem, De natura boni, Epistula Secundini, Contra Secundinum accedunt ... (CSEL 25,2), Wien.

HANDS AND IMPOSITION OF HANDS
IN MANICHAEISM *

J. Kevin Coyle

Little firsthand information is available regarding Manichaean rituals, and still less on the place and meaning Manichaeism ascribed to specific ritual gestures. Studies on the history of one of these gestures, the imposition of hands, pay virtually no attention to its employment by Manichaeans,[1] while the two chief authorities on Manichaean ritual have on the whole focussed elsewhere.[2] This article aims to carry consideration of the gesture in Manichaeism a little further. It is recognized that, as for other religions (including Christianity),[3] any research of ritual practices and gestures in Manichaeism, whose thorough study has yet to be done,[4] is hampered by geographical and chronological variations,[5] and by a dearth of clear data.

---

*   This contribution allows me to acknowledge in a small way my debt to the person whom this volume honours. My interest in Manichaeism led me, during my doctoral work at the University of Fribourg, to study Syriac and Armenian with Professor Dirk Van Damme, who was also a reader of my dissertation. ܐܬܗܪ ܣܘܠܐ ܡܘܣܠܟ ܠܚܕܬܐ ܗܪܕܡ ܡܪܢ ܗܪܨܕܐܚ ܀ ܀ ܕܠܟ ܘܗܚܕܬܚ , ܡܡܗܪܢܡ : ܗܪܕܠܚ , ܡܠܚܐ ܘܢܘܕ ܐܣܚܝܘ.

1   J. Behm, *Die Handauflegung im Urchristentum nach Verwendung, Herkunft und Bedeutung in religionsgeschichtlichem Zusammenhang untersucht*, Leipzig: 1911 (repr. Darmstadt: 1968), pp. 144-5, makes a single mention, but in regard to medieval "Manichaeans".

2   Henri-Charles Puech published a series of reports on courses given between 1952 and 1972, in *Annuaire du Collège de France*, vols. 58 (1958) to 71 (1971), reprinted together as "Liturgie et pratiques rituelles dans le manichéisme" in *Sur le manichéisme et autres essais*, Paris: 1979, pp. 235-394. This contains (pp. 359- 89) the most thorough treatment to date of our subject, but concentrates on a single document (the ninth *Kephalaion*). See also "Le manichéisme" in *idem* (ed.), *Histoire des Religions*, vol. 2 (Encyclopédie de la Pléiade, 34), Paris: 1972, pp. 592-628. The publications of Julien Ries on liturgical themes and practices in Manichaeism include: "La Gnose manichéenne dans les textes liturgiques manichéens coptes" in U. Bianchi (ed.), *Le origini dello gnosticismo. Colloquio di Messina, 13-18 aprile 1966* (Studies in the History of Religion, 12), Leiden: 1967, pp. 614- 24; "La fête de Bêma dans l'Eglise de Mani" in *Revue des Etudes augustiniennes* 22 (1976), pp. 218-33; "La prière de Bêma dans l'Eglise de Mani" in H. Limet et J. Ries (eds.), *L'expérience de la prière dans les grandes religions. Actes du Colloque de Louvain-la-Neuve et Liège (22-23 novembre 1978)* (Homo Religiosus, 5), Louvain-la-Neuve: 1980, pp. 375-90; and "Sacré, sainteté et salut gnostique dans la liturgie manichéenne copte" in J. Ries *et al.*, *L'expression du sacré dans les grandes religions*, t. 3 (Homo Religiosus, 3), Louvain-la-Neuve: 1986, pp. 257-88.

3   See P. and R. Lerou, "Objets de culte et pratiques populaires. Pour une méthode d'enquête" in B. Plongeron (ed.), *La religion populaire dans l'Occident chrétien. Approches historiques* (Bibliothèque Beauchesne, 2), Paris: 1976, pp. 195-237, esp. 219.

4   For connections with Buddhism see H.-J. Klimkeit, "Manichäische und buddhistische Beichtformeln aus Turfan. Beobachtungen zur Beziehung zwischen Gnosis und Mahâyâna" in *Zeitschrift für Religions- und Geistesgeschichte* 29 (1977), pp. 193-228. For some parallels between Manichaean and Christian liturgies, see A. Böhlig, "Christliche Wurzeln im Manichäismus" in *Mysterion und Wahrheit: Gesammelte Beiträge zur spätantiken Religionsgeschichte*, Leiden: 1968 (repr. from *Bulletin de la Société d'Archéologie copte* 15 [1960], pp.

The early Christian view of external rites (including imposition of hands) was, as Tertullian expressed it, that they take place over the body because of its close attachment to the soul.[6] Such a view flies in the face of Manichaeism's profound suspicion of all matter.[7] And, indeed, the North African Manichaean leader Faustus of Milevis intimates that his religion repudiated *all* trappings of external cult.[8] Still, as Puech observed, one should not take this claim at face value.[9] There are, for one thing, the examples from Gnostic circles.[10] The *Acts of Thomas* – undoubtedly adapted to Manichaean use – present the apostle as curing a woman, then laying hands upon her after she requests "the seal of baptism."[11] Clement of Alexandria claims that Valentinian Gnostics linked the laying on of hands

41-61; repr. in G. Widengren [ed.], *Der Manichäismus* [Wege der Forschung, 148], Darmstadt: 1977, pp. 225-46), pp. 217-8.

5   For aspects of this problem see L.H. Grondijs, "Analyse du manichéisme numidien au IVe siècle" in *Augustinus Magister. Congrès international augustinien, Paris, 21-24 septembre 1954*, t. 3, Paris: 1955, 391-410, esp. 391-5; "Numidian Manicheism in Augustinus' Time" in *Nederlands Theologisch Tijdschrift* 9 (1954), pp. 21-42; "La diversità delle sette manichee" in *Silloge Bizantina in onore di Silvio Giuseppe Mercati* (Studi Bizantini e Neoellenici, 9), Rome: 1957, pp. 176-87; D. McBride, "Egyptian Manichaeism" in *Journal of the Society for the Study of Egyptian Antiquities* 18 (1988), pp. 80-98; and R. Lim, "Unity and Diversity Among Western Manichaeans: A Reconsideration of Mani's *sancta ecclesia*" in *Revue des Études augustiniennes* 35 (1989), pp. 231-50.

6   Tert., *De resurrectione mortuorum* 8:2-3 (CCL 2, p. 931.5-13).

7   Expressed in e.g., Middle Persian Turfan fragments M 9 (W.B. Henning, "Mitteliranische Manichaica aus Chinesisch-Turkestan. Von F.C. Andreas," II, in *Sitzungsberichte der Preussischen Akademie der Wissenschaften*, Jahrgang 1933, Philosophisch-historische Klasse, pp. 297-300, repr. in W.B. Henning: *Selected Papers*, I [Acta Iranica, 14], Leiden-Teheran: 1977, pp. [194-7]); and S 9 (*idem*, "Ein manichäischer kosmogonischer Hymnus" in *Nachrichten von der Gesellschaft der Wissenschaften zu Göttingen*, Jhrg. 1932, Phil.-hist. Kl., pp. 215-6, repr. in *Selected Papers*, pp. [50-1]; ET in J.P. Asmussen, *Manichaean Literature. Representative Texts Chiefly from Middle Persian and Parthian Writings*, Delmar, NY: 1975, pp. 133-4); and *Kephalaia* 83 and 91, published in A. Böhlig, *Kephalaia. 1. Hälfte (Lieferung 1-10)* (Manichäische Handschriften der Staatlichen Museen Berlin, 1), Stuttgart: 1940, pp. 200-4 and 228-34.

8   In Augustine, *Contra Faustum* 20:3-4 (CSEL 25/1, pp. 537-8).

9   Puech, "Le manichéisme," p. 592.

10 According to D. Roché, *Le catharisme*, vol. II, Narbonne: 1976, p. 10, the Gnostic *Pistis Sophia* mentions three uses of laying on of hands; but the single expression "accomplished over the head" is too vague to support the theory: see *Pist. Soph.* 97 (GCS 45, p. 173; GCS 45bis, p. 153.)

11 *Acta Thomae* 49, in R.A. Lipsius and M. Bonnet, *Acta Apostolorum Apocrypha*, II/2, Leipzig: 1903 (repr. Darmstadt: 1959), p. 165.10-17. See also 54 (p. 170.15-18). On the use of these Acts in Manichaeism see G. Bornkamm, *Mythos und Legende in den apokryphen Thomas-Akten: Beiträge zur Geschichte der Gnosis und zur Vorgeschichte des Manichäismus* (Forschungen zur Religion und Literatur des Alten und Neuen Testaments, 49), Göttingen: 1933, passim; E. Hennecke and W. Schneemelcher, *New Testament Apocrypha* (transl. of *Neutestamentliche Apokryphen*, Tübingen: 1959), II, Philadelphia: 1965, pp. 430-42; and P. Nagel, "Die apokryphen Apostelakten des 2. und 3. Jahrhunderts in der manichäischen Literatur. Ein Beitrag zur Frage nach den christlichen Elementen im Manichäismus" in K.W. Tröger (ed.), *Gnosis und Neues Testament*, Berlin: 1973, pp. 171-3.

to the idea of deliverance.[12] And Hippolytus reports that the Marcosians celebrated an initiation rite which included laying on hands.[13]

THE HAND(S) AND "THE RIGHT"

A second reason for qualifying (if not disregarding) Faustus' claim is evidence that Manichaeism, "le plus parfait exemple qui se puisse trouver d'une religion du type gnostique,"[14] incorporated external symbols and rituals, at least in fourth-century Egypt. Among these symbols was that of the hand, important to virtually all ancient cultures.[15] Particularly, the right hand bore positive connotations of power, justice, protection, and so forth, while the left was associated with contemptible qualities and behaviour.[16] These ideas are reflected in Egyptian Manichaeism: "He appointed him [Mani] to three powers, to tribulation, to a right hand (ⲟⲩⲛⲉⲙ), to bliss."[17]

To Manichaeans, though, "hand" and "hands" on their own could also symbolize wrongdoing, i.e., doing violence to the Light trapped in matter. Thus the Primal Human (*primus homo*, πρῶτος ἄνθρωπος), from whose hand none of the Sons of Darkness can escape,[18] is "freed from the hands of enemies."[19] It follows that the *signaculum manuum*, though sometimes referred to in connection with "rest" or "peace," carries the same note of avoiding harm to the imprisoned Light. An Iranian text, for instance, accuses Hearers:

---

12   Clem. Al., *Excerpta ex Theodoto* 22:5 (GCS 3, p. 114.8-9), on which see J.-M. Sevrin, "Les noces spirituelles dans l'Evangile selon Philippe" in *Le Muséon* 87 (1974), p. 151, n. 25.

13   Hippolytus, *Elenchus* VI,41:4 (GCS 26, p. 173.3-5). See H. Söderbergh, *La religion des cathares. Etude sur le gnosticisme de la basse antiquité et du Moyen Age*, Uppsala: 1949, p. 226.

14   Puech, "Le manichéisme," p. 523. See also J. Ries, "La Gnose manichéenne ..."

15   See H. Focillon, "Eloge de la main" in *idem, Vie des Formes, cinquième édition, suivie de l'"Eloge de la main"*, Paris: 1964, pp. 103-28.

16   See the important essay of R. Hertz, "La prééminence de la main droite: étude sur la polarité religieuse," originally published in *Revue philosophique* 68 (1909), pp. 553-80; repr. in *idem, Sociologie religieuse et folklore*, Paris: 1970², pp. 84-109; ET in *idem, Death and The Right Hand* (Aberdeen-Glencoe, IL: 1960), pp. 89-113.

17   Bêma-psalm 228, in C.R.C. Allberry, *A Manichaean Psalm-Book, Part II* (Manichaean Manuscripts in the Chester Beatty Collection, 2), Stuttgart: 1938, p. 23.4-5.

18   Keph. 17 (Böhlig, p. 55.30-1).

19   Keph. 26 (Böhlig, p. 77.10). On the identity of the Primal Human see W.B. Henning, "Geburt und Entsendung des manichäischen Urmenschen" in *Nachrichten* ... (see above, n. 7), Jhrg. 1933, pp. 306-18, repr. in *Selected Papers*, pp. [261-73]; H.H. Schaeder, "Urform und Fortbildungen des manichäischen Systems" in *Vorträge der Bibliothek Warburg*, Vorträge 1924-5, Berlin: 1927, pp. 110-2, repr. in C. Colpe (ed.), *Studien der orientalischen Religionsgeschichte*, Darmstadt: 1968, pp. 60-2; and I. Scheftelowitz, "Der göttliche Urmensch in der manichäischen Religion," in *Archiv für Religionswissenschaft* 28 (1930), pp. 212-40, who remarks (p. 227) that Augustine "kennt nur die manichäische Lehre, daß Christus der Sohn des göttlichen Urmenschen ist."

> Like a highwayman [who] killed [those] sons, so also are all of you,
> who lay hands on the earth with ... and torture (it) in every way. And
> with your whole [body] you move over the earth and wound ... And this
> Living [Self] from whom you were born, you violate and injure. And over
> your hand it always weeps and complains.[20]

Manichaeans also occasionally ascribed a positive symbolism to
"hand(s)." A Chinese document (probably in reference to the Primal Human) speaks of "the compassionate hand which delivers from the pit of
fire."[21] In Turfan fragment M 99 an Eon maintains the bottom-most heaven
"over his head with his hand."[22] In another Turfan document the
Manichaean prays to be held in God's hand.[23] The "Great Holy One," described in a Chinese document as "the great physician-healer for all who
possess a soul,"[24] is called upon in another Chinese source to "extend the
hand of compassion and hold your hand over the radiant head of my
Buddha- nature,"[25] to lay a hand "upon my thrice-pure Law-body, banish
and destroy all fetters of past times," and "swiftly extend your hand of
compassion and light."[26]

The "Great Holy One" is perhaps Mani himself. Often referred to as a
healer, in a Coptic psalm Mani descends upon the ceremonial chair (*bêma*),
there being given "into his hands the medicine of life that he might heal the
wounded."[27] His powers (of healing?) have come "through the hand" of a
heavenly power:

> [From] the waters [the face] of a man appeared to me, showing with his
> hand the Rest ... In this way, from my fourth year until I attained my

---

20   Turfan Parthian fragment M 580, in W. Sundermann, *Mittelpersische und parthische
kosmogonische und Parabeltexte der Manichäer* (Berliner Turfantexte, 4), Berlin: 1973, lines
2024-30; ET in Asmussen, *Manichaean Literature* ..., p. 34. Puech, "Liturgie ...," pp. 309-13,
gives numerous examples. See also pp. 314-9, 340-2, and 349-53, esp. regarding the meaning
of "seal" in Manichaeism.

21   E. Waldschmidt and W. Lentz, "Die Stellung Jesu im Manichäismus," in *Abhandlungen
der Preuss. Akad. der Wissenschaften*, Jhrg. 1926, Phil.-hist. Kl., Abh. 4, p. 125.

22   F.W.K. Müller, "Handschriften-Reste in Estrangelo Schrift aus Turfan, Chinesisch-
Turkestan," II in *Abhandlungen* ... (see preceding note), Jhrg. 1904, Phil.-hist. Kl., Abh. 3,
p. 42.

23   M 67, in W.B. Henning, "Mitteliranische Manichaica aus Chinesisch-Turkestan. Von
F.C. Andreas," III, in *Sitzungsberichte* ... (see above, n. 7), Jhrg. 1934, p. 888; repr. in *Selected
Papers*, p. [315].

24   H. Schmidt-Glintzer, *Chinesische Manichaica* (Studies in Oriental Religions, 14), Wiesbaden: 1987, p. 101; also E. Chavannes and P. Pelliot, "Un traité manichéen retrouvé en
Chine" in *Journal Asiatique*, Xe série, t. XVIII (1911), p. 586.

25   Schmidt-Glintzer, *op. cit.*, p. 14; Waldschmidt and Lentz, "Die Stellung ...," p. 104.

26   Schmidt-Glintzer, *op. cit.*, p. 17; Waldschmidt and Lentz, *op. cit.*, pp. 107-8.

27   Bêma-psalm 228 (Allberry, pp. 22.28 - 23.7). I hope to deal with the theme of healing in
Manichaeism in a subsequent article.

bodily maturity, by the hands of the most pure angels and the powers of holiness I was protected.[28]

Whenever the *right* hand is specified, the tone is positive, as in a Coptic homily: "Salvation to the Elect and the Catechumens, that they have joined to the right (ογΝ6Μ) and ... to the good."[29] Jesus is occasionally referred to as "hand"[30] or "right hand."[31] In Bêma-psalm 219 the Living Spirit is "our first Right Hand" (τΝ϶ϣαρπ̄ ̄πογΝ6Μ).[32] And the *Acts of Archelaus* depicts a "right hand of light" (δεξιὰ τοῦ φωτός - *dextera lucis*) as a luminous power sustaining all souls which in matter struggle against evil.[33] The same "light-hand" idea appears in a Chinese Manichaean hymn of praise to Jesus.[34] Though all these references appear to be purely figurative, other sources indicate that *physical* hands are excluded neither symbolically nor ritually.

The clasp of right hands may have been a conventional salutation in contemporary cultures and religions;[35] but to Manichaeans it was undoubtedly more. Besides the associations already noted, there is a rich liturgical significance, an act recognizing those filled (hence, saved) by the Living Spirit (the "first right hand"). The ninth chapter of the Coptic *Kephalaia* stipulates that "when he (the candidate) receives the right hand, the Light-*Nous* draws him to itself and places him in the Church. Through the right hand he receives the Kiss [of Love] and becomes a Son of the [Church]."[36] We will return to this idea shortly.

---

28   Cologne Mani-Codex 12.1-15, in L. Koenen and C. Römer (eds.), *Der Kölner Mani-Kodex. Über das Werden seines Leibes. Kritische Edition* (Abhandlungen der Rheinisch-Westfälischen Akademie der Wissenschaften, Sonderreihe Papyrologica Coloniensia, 14), Opladen: 1988, p. 8. In this respect, it is significant that "by the hands" of angels are also purified the faithful Elect: Keph. 90 (Böhlig, p. 225.29).

29   In H.J. Polotsky, *Manichäische Homilien* (Manichäische Handschriften der Sammlung A. Chester Beatty, 1),   Stuttgart: 1934, p. 13.8-9.

30   Waldschmidt and Lentz, "Die Stellung ...," pp. 39-40.

31   Turfan fragment M 36 (Henning, "Mitteliranische ..." II, p. 326 [223]): "the right hand of health." See also the link of the "right hand" to healing in an address to Jesus in the Coptic Ψαλμοὶ Σαρακωτῶν (Allberry, p. 153.2-4).

32   Allberry, p. 2.5.

33   *Acta Archel.* 5 (GCS 16, p. 5.27). See also Augustine, *Cont. epist. quam uocant fundamenti* 11 (CSEL 25/1, p. 207.18); *Contra Felicem* I,16 (CSEL 25/2, p. 819.12).

34   Waldschmidt and Lentz, "Die Stellung ...," p. 108.

35   H. Jonas, *The Gnostic Religion. The Message of the Alien God and the Beginnings of Christianity*, Boston: 1972², p. 223, n. 25, remarks that "clasping hands had been in use in antiquity as a symbolic act on certain *legal* occasions (conclusion of contracts), but not as a salutation" (author's emphasis). Thus in Galatians 2:9 an agreement between apostles is sealed by giving "the right hand of fellowship". On the joining of right hands in Mithraism and Mandaeism see C. Giuffrè Scibona, "Gnosi e salvezza manichee nella polemica di Agostino. Contributo alla definizione della specificità dei concetti di gnosi e salvezza e del loro funzionamento nel sistema manicheo" in J. Ries (ed.), *Gnosticisme et monde hellénistique. Actes du Colloque de Louvain-la-Neuve (11-14 mars 1980)* (Publications de l'Institut Orientaliste de Louvain, 27), Louvain-la-Neuve: 1982, p. 187.

36   Keph. 9 (Böhlig, p. 40.31-34).

IMPOSITION OF THE HAND

In Turfan Parthian fragment M 47, Mani heals the brother of King Shapur by laying his hand on the unconscious man's head. Recovered, the man grips the healer's right hand – presumably the one whereby he was cured.[37] Certainly Mani's hands held special meaning for his followers: according to a Turfan Parthian fragment, after Mani's death his hands were kept as relics, along with his Gospel, his picture-book (*Ardhang*), and his robe.[38]

Perhaps it is to his power to heal that Mani alludes in the Cologne Mani-Codex: "The truth and the secrets which I speak about – and the χειροθεσία which is in my possession – not from men nor carnal creatures nor book-learning have I received it."[39] Specific allusions like this to imposing hands, already implied in a Chinese text quoted earlier,[40] are frequent enough to be more than merely figurative, or, for that matter, more than a peculiarity of Manichaeans of Central Asia. Augustine of Hippo, the former Manichaean, informs us that "ipsi auditores ante electos genua figunt, ut eis manus supplicibus inponatur non a solis presbyteris uel episcopis aut diaconis eorum sed a quibuslibet electis."[41] It is hard to know the precise context to which Augustine alludes, or to draw from it any details; but it seems clear that a single hand is imposed (*inponatur*) and, from foregoing passages and what follows, it may be inferred that it is always the *right* hand which is imposed.

Augustine also informs us that Manichaeism's central feast, the *Bêma*, "pro pascha frequentabatur,"[42] and Ries has demonstrated parallels between the *Bêma*-feast and the Christian Easter celebration.[43] A major feature of the latter, of course, was the baptism/confirmation of converts, to the accompaniment of avowals of sin and gestures of forgiveness. Ries suggests that "le sacré du Bêma est un sacré fonctionnel du fait de sa mission, d'une part dans le pardon des péchés, d'autre part dans l'initiation gnostique."[44] Pardon of sins is much in evidence in Manichaeism and, if we

---

37   Müller, "Handschriften-Reste ...," II, p. 84; M. Boyce, *A Reader in Manichaean Middle Persian and Parthian* (Acta Iranica, 9), Leiden: 1975, p. 37-8; Asmussen, *Manichaean Literature* ..., p. 20; and W. Sundermann, *Mitteliranische manichäische Texte Kirchengeschichtlichen Inhalts* (Berliner Turfantexte, 11), Berlin: 1981, p. 103.

38   M 5569 (= T II D 79), in Henning, "Mitteliranische ...," III, p. 862 [289]; Boyce, *A Reader* ..., p. 48; and Asmussen, *Manichaean Literature* ..., p. 56.

39   Cologne Mani-Codex 64.8-15 (Koenen and Römer, *Der Kölner* ..., p. 44). See also pp. 20.3-6 and 70.3 (ibid., pp. 12 and 48).

40   See above, nn. 25-26.

41   Aug., *Epist.* 236 2 (CSEL 57, p. 524.14-17).

42   Aug., *Contra epistulam quam uocant Fundamenti* 8 (CSEL 25/1, p. 203.2).

43   Ries, "La fête ...," pp. 218, 220-1, and 227. On the *Bêma*-feast see also *idem*, "Sacré ...," pp. 282-5; "La prière ..."; Puech, "Liturgie ...," pp. 389-94 (essentially repeated in "Le manichéisme," pp. 625-8); and C.R.C. Allberry, "Das manichäische Bema-Fest" in *Zeitschrift für die neutestamentliche Wissenschaft* 37 (1938), pp. 2-10.

44   Ries, "Sacré ...," p. 284.

can believe the Coptic sources, goes back to Mani himself.[45] It may also have figured largely in the celebration of the *Bêma*,[46] though it cannot be said with any certainty that it involved the imposition of a hand.

A clearer use and context emerge from the ninth Coptic *Kephalaion* ("la pièce essentielle du dossier"),[47] which lists five "mysteries" or "signs," among them "the right" (ογνεμ) and the "laying on of hand(s)" (χειρο-τονιa).[48] These five "signs" appear to form a single series of acts in the ceremony of initiation. In the first step, the candidate is greeted with a sign of peace, then clasps with his/her right hand that of each Elect present. Of these the presider is greeted last, and this individual then leads the candidate to the centre of the ceremonial space, called the *ekklêsia* and representing the universal Manichaean Church. The candidate there exchanges with the attending Elect a "kiss of love" and a gesture of veneration. Finally comes "le rite essentiel de l'initiation,"[49] the χειροτονιa, whereby a grace or power is transmitted from "ordainer" to "ordained," and the latter is confirmed in his/her status as an Elect.[50]

This rite is essentially the same for promoting Manichaean Elect to hierarchical rank. Augustine says that Manichaean *episcopi* are 'ordained' (*ordinantur*) by *magistri*, and the *presbyteri* are 'ordained' *ab episcopis*.[51] In the tradition inherited by the bishop of Hippo, *ordinare* would imply laying on hands,[52] and so the attribution of this term to a Manichaean ritual appears deliberate. In fact, it is Manichaean terminology. The ninth chapter of the *Kephalaia* also informs that "the great χειροτονιa" is *the* rite for admitting Elect to the rank of "master," "deacon/bishop," or "presbyter."[53]

---

45   See Ries, "La fête ...," pp. 229-30. J.P. Asmussen, *Xᵘâstvânîft. Studies in Manichaeism* (Acta Theologica Danica, 7), Copenhagen: 1965, p. 124, affirms that "the Manichaean [confessional] texts must be considered and studied as an exclusively Central Asian phenomenon, created in Central Asia and enforced by religio-historical conditions there." This does not, of course, exclude confession elsewhere, even if no precise formulae were prescribed.

46   Ries, "La fête ...," pp. 222-6 and 229; and "La prière ...," pp. 381-5. See Puech, "Liturgie ...," pp. 301-3.

47   Puech, "Liturgie ...," p. 359.

48   Keph. 9 (Böhlig, pp. 37.29-30 and 38.1).

49   Söderbergh, *La religion ...*, p. 226.

50   Puech ("Liturgie ...," p. 387) disagrees with D. Roché (*Etudes manichéennes et cathares*, Paris-Toulouse: 1952, p. 166) that the imposition of hand(s) was also employed to admit neophytes to the rank of hearers/catechumens.

51   Aug., *De haeresibus* 46:16 (CCL 46, p. 318.172-174).

52   See P. van Beneden, *Aux origines d'une terminologie sacramentelle: Ordo, Ordinare, Ordinatio dans la littérature chrétienne avant 313* (Spicilegium Sacrum Lovaniense, 38), Leuven: 1974.

53   Böhlig, p. 42.2-6. On these hierarchical terms see my *Augustine's "De moribus ecclesiae catholicae." A Study of the Work, Its Composition, and Its Sources* (Paradosis, 25), Fribourg (Switz.): 1978, pp. 350-1; and Puech, "Liturgie ...," pp. 383-5.

The ninth *Kephalaion* itself explains that the choice of the term χειροτονία is deliberate. It draws a parallel between the five "signs" of this rite
and the five steps whereby the Primal Human is rescued from the prison of
Darkness by the Living Spirit and received into the Kingdom of Light. Thus
"the first 'right hand' is that which the Mother of Life gave to the Primal
Human when he was about to go forth into battle,"[54] and "the second 'right
hand' is that which the Living Spirit gave to the Primal Human when he led
him up out of the battle. In the image of the mystery of that right hand
originated the right hand that is in use among men in giving it to one another."[55]

Puech opines that the ninth *Kephalaion* could have better chosen χειροθεσία, since the purpose of the gesture expressed by the term χειροτονία is
to "confirm" the candidate in his/her dignity as an Elect or someone in the
higher ranks of the hierarchy.[56] This is to overlook that χειροθεσία was
probably unknown to Coptic-speaking Manichaeans, since it appears
nowhere in Coptic literature. Still, both terms have the sense of "election",
and we have seen that χειροθεσία does appear in Greek Manichaean usage:
in the Cologne Mani-Codex it indicates the act whereby Mani receives from
God the revelation of his calling and is set aside for his mission.[57]

Like the clasp of right hands, the imposition of hands arises from the
Manichaean cosmogonical myth. "The first ⲭⲉⲓⲡⲟⲧⲟⲛⲓⲁ is that which the
Mother (of Life) laid upon the head of the Primal Human. She armed him,
made him strong, laid her hand(s) (ⲭⲉⲓⲡⲟⲧⲟⲛⲓ) on him and sent him into
battle."[58] From his imprisonment in Darkness the Living Spirit leads the
Primal Human (by the right hand) to Light: and "the second ⲭⲉⲓⲡⲟⲧⲟⲛⲓⲁ
is that whereby, once the Living Spirit had led the Primal Human on high
from the war and had saved him from every wave, he had him come to
rest among the great Light-Eons which belong to the house of his own (i.e.,
his family), and placed him before the Father, Lord of All."[59] Then the
Primal Human receives the ⲭⲉⲓⲡⲟⲧⲟⲛⲓⲁ which becomes the model for its
use among Manichaeans:

---

54   Keph. 9 (Böhlig, p.38.20-21).
55   Keph. 9 (Böhlig, p. 39.20-23). Essentially the same idea is found in *Acta Archelai* (7:4-5,
GCS 16, pp. 10.24-11.15): "Tunc ibi uehementer adflictus est deorsum pater et misisset al-
teram uirtutem, quae processerat ex se, quae dicitur spiritus uiuens, et descendens porrexis-
set ei dexteram et eduxisset eum de tenebris, olim primus homo periclitaretur. Ex eo ergo
deorsum animam reliquit, et propterea Manichaei cum sibi inuicem occurrunt, dant sibi dex-
teras huius signi gratia, tamquam ex tenebris liberati." Greek in Epiphanius, *Panarion* 66:25
(GCS 37, pp. 55.5 - 56.7).
56   Puech, "Liturgie ...," pp. 382-3.
57   Above, n. 39.
58   Keph. 9 (Böhlig, p. 39.3-5).
59   Keph. 9 (Böhlig, p. 40.5-10).

He received the great ΧΕΪΡΟΤΟΝΙΔ, thereby becoming the chief of his brothers in the New Eon. Appropriately this ΧΕΪΡΟΤΟΝΙΔ is [re]produced [in] the ΧΕΪΡΟΤΟΝΙΔ which endures among men, that they may lay their hand (ΧΕΪΡΟΤΟΝΙ) upon one another, and the greater thereby give power to the lesser.[60]

The primary context for the imposition of the hand, as the essential act whereby Hearers become Elect, or Elect advance in the hierarchy, is therefore eschatological: the gesture is a pledge that the Primal Human's destiny awaits the faithful Elect. Hence the self-appelation, "Sons of the Right,"[61] which has a dual significance: Elect are carriers of "the Right" of which the Church is the earthly embodiment; and they look forward to the Last Judgement when they will be welcomed by the right-hand clasp (as was the Primal Human) and will join all the righteous "at Christ's right hand."[62] Hence, with the imposition of the hand the candidate becomes, as the Spirit's dwelling-place, "part of a great mystery," deserving of "honour" and "veneration."[63] Those who refuse to recognize the sign of the laying on of hands (by refusing to recognize its effects in those who have received it) sin against God and Mani.[64]

CONCLUSION

When Augustine speaks of the laying on of hands, he is obviously referring to the gesture first and foremost as he knows it in the Catholic tradition he represents; but it is more than plausible that he never loses sight of its use in his former religion, which thus becomes the foil (even if an invisible one) for all he wishes to say on the subject to readers and listeners considered more orthodox.

Among Coptic Manichaeans, χειροτονία belongs to the liturgical vocabulary, where it expresses the imposition of a single (right) hand. In Greek usage, not χειροτονία, but χειροθεσία is the favoured term, but its use may be non-liturgical. There are at least two contexts wherein the gesture is a *sine qua non* in (Egyptian) Manichaeism: the admission of Hearers to membership in the Elect, and of Elect to the hierarchy. Other liturgical ele-

---

60   Keph. 9 (Böhlig, p. 40.15-19).

61   As in Turfan fragments M 4 (Müller, "Handschriften-Reste ...," II, p. 58); and M 36 (Henning, "Mitteliranische ...," II, p. 326 [223]).

62   See the allusions to the separation of the just on the right and sinners on the left (Matthew 25:31-46) in a Psalm Σαρακωτῶν and a Psalm of Heracleides (Allberry, pp. 154.12 and 202.20); possibly also in the Manichaean homily published by Polotsky, *Manichäische Homilien* p. 38.2-3,12,17,24; and in the ninth chapter of the *Kephalaia* (Böhlig, p. 16.16-17). See also M. Boyce, *The Manichaean Hymn-Cycles in Parthian* (London Oriental Series, 3), London: 1954, pp. 15-22.

63   Keph. 9 (Böhlig, p. 41.5).

64   See Puech, "Liturgie ...," pp. 356-7, 379, and 385-7; also noted by Roché, *Etudes ...,* pp. 166-7 and p. 179, n. 43.

ments, such as anointing, if included,[65] can only have been ancillary to the essential rite of imposing the right hand.

Was an initiation rite celebrated on the great *Bêma*-feast, in the way Christian baptism was ordinarily celebrated at Easter? The rite – or at least the cosmogony behind it – seems hinted at in a psalm sung at the *Bêma*-feast among Coptic Manichaeans:

> From the beginning
> the Primal Human is this way and
> Jesus the Dawn and the Paraclete-Spirit, they have summoned you, o Soul
> that by it you may make your journey on high.
> Receive the Holy Seal (σφραγίς) from the Mind of the Church
> and fulfil the commandments. The judge himself that is in
> the air will give you three gifts – the baptism (βάπτισμα)
> of the Gods will you receive in the Perfect Man; the
> Luminaries will make you perfect and take you to your kingdom.[66]

---

65   See Puech, "Liturgie ...," pp. 238, 325-7, 332-5, 348-9, and 599-600.
66   Psalm 227 (Allberry, p. 22.7-15).

DER ANGRIFF AUF DIE AUGEN PERPETUAS
VERSUCH EINER DEUTUNG VON *PASSIO PERPETUAE* 3,3

Andreas Kessler

Die Augen sind die Eierbecher der Blicke.

Ramon Gomez de la Serna[1]

In Kapitel 3 der *Passio SS. Perpetuae et Felicitatis* erzählt die 22-jährige Mutter Perpetua[2] die erste von vier öffentlichen Auseinandersetzungen mit ihrem Vater[3]:

> Als wir noch, sagt sie, mit den Häschern zusammen waren und mein Vater in seiner Liebe nicht aufhörte, mir zuzureden, um mich zum Abfall zu bringen, da sagte ich: Siehst du beispielsweise dieses hier liegende Gefäss, ein Krüglein oder sonst etwas? Er antwortete: Ich sehe es. Darauf sagte ich: Kann man es wohl anders nennen, als was es ist? Und er sagte: Nein. So kann auch ich mich nicht anders nennen, als was ich bin, eine Christin. Der Vater, durch dieses Wort aufgebracht, stürzte sich auf mich, um mir die Augen auszureissen; aber er quälte mich nur und ging davon, überwunden wie seine Teufelsredekünste.[4]

---

1   In: RAMON GOMEZ DE LA SERNA, *Der Traum ist ein Depot für verlegte Gegenstände. Greguerias.* (dt. von M. MIES), Berlin 1989, p.13.

2   *Pass. Perp.* 2,1-2.

3   *Pass. Perp.* 3,1-3; 5,1-6; 6,1-4; 9,2-3; diese Auseinandersetzungen mit dem Vater sind in der Passio für Perpetua von entscheidender Bedeutung und werden in der Sekundärliteratur entsprechend hervorgehoben: vgl. z.B. D. DEVOTI, *La Passion de Perpétue: un noeud familial*, Studia Patristica 21, Leuven 1989, 66-72, p.71-72: "Mais celui qui mobilise les rêves ainsi que toutes les décisions de Perpétue au niveau de sa vie réelle, qui continuellement l'aiguillonne et indirectement la fait évoluer même dans sa conscience religieuse, est toujours le père."; auch P. HABERMEHL, *Perpetua und der Ägypter oder Bilder des Bösen im frühen afrikanischen Christentum: ein Versuch zur Passio sanctarum Perpetuae et Felicitatis*, Berlin 1992 (=TU 140), 55-64.

4   *Pass. Perp.* 3,1-3: "Cum adhuc" inquit "cum prosecutoribus essemus et me pater verbis evertere cupiret et deicere pro sua affectione perseveraret: 'Pater', inquam, 'vides verbi gratia vas hoc iacens, urceolum sive aliud?' Et dixit: 'Video'. Et ego dixi ei: 'Numquid alio nomine vocari potest quam quod est?' Et ait: 'Non'. 'Sic et ego aliud me dicere non possum nisi quod sum, Christiana.' Tunc pater motus hoc verbo mittit se in me, ut oculos mihi erueret, sed vexavit tantum, et profectus est victus cum argumentis diaboli." Zitiert wird nach der kritischen Edition von C.I.M.I. VAN BEEK, *Passio SS. Perpetuae et Felicitatis*, Nijmegen 1936, pp. 1-53 (gr. u. lat.); dt. von G. RAUSCHEN in BKV 14, p.330. Der gr. Text von 3,3 lautet: "Τότε ὁ πατήρ μου, ταραχθεὶς τῷδε τῷ λόγῳ, ἐπελθὼν ἠθέλησεν τοὺς ὀφθαλμούς μου ἐξορούξαι." Dieselbe Szene findet sich auch in den von VAN BEEK pp. 55-73 gleichzeitig mit der *Passio* edierten *Acta S. Perpetuae* 2,3: "Tunc pater eius, audito hoc verbo, inruit super eam, volens oculos eius eruere; et exclamans, confusus, egressus est foras" (Textus A). "Quae cum pater audisset, inruens oculos eius volebat eruere; sed statim divino terrore conturbatus abscedit" (Textus B).

Die triumphalistische Schilderung dieses provokativen Wortwechsels zwischen der selbstbewussten Katechumenin[5] Perpetua und ihrem unglücklichen heidnischen Vater enthält ein Detail, bei dem man sich bisher[6] kaum aufhielt: Auf die Antwort Perpetuas, dass sie nichts anderes als eine Christin sei, so wie man auch einen Krug nicht anders nennen könne als eben einen Krug, gerät ihr Vater derart in Rage, dass er sie angreifen will, und zwar nicht irgendwo, sondern sein Angriff richtet sich präzise auf die Augen seiner Tochter, die er ihr eigenhändig auskratzen will. Sicherlich handelt es sich bei diesem Angriffsversuch des Vaters um einen "Zornesausbruch"[7], doch warum sind gerade die Augen Ziel seiner Wut, und wie lässt sich diese Art nonverbaler Kommunikation deuten?

Zunächst ist der vesuchte Angriff auf die Augen Perpetuas das Resultat ihrer logischen, platonisierenden, kaltschnäuzigen und die Autorität ihres Vaters untergrabenden Antwort auf dessen hochemotionale Rede.[8] Die Aggression ist ihrerseits Teil wiederholter Versuche des Vaters, der Torheit seiner Tochter beizukommen, wobei sich die Intensität dieser ersten Auseinanderstzung zwischen Vater und Tochter von den weiteren drei Aufeinandertreffen nicht abhebt, und deshalb wohl der allgemein starken Emotionalität des Vaters zugeschrieben werden kann: da es dem Alten schon nicht gelingt, mit Worten seine Tochter vom christlichen Glauben abzubringen (*verbis evertere cupiret et deiicere*), stürzt er sich eben wütend auf ihre Augen (3,1-3), versucht sie weinend mit Gebets- und De-

---

5   Erst nach dieser ersten Auseinandersetzung mit ihrem Vater lässt sich Perpetua taufen, *Pass.Perp.* 3,5: "Tunc paucis diebus quod ceruissem patre, Domino gratias egi et refigeravi absentia illius. In ipso spatio paucorum dierum baptizati sumus."

6   So findet sich z.B. findet sich keine entsprechende Interpretation in den Kommentaren u. kommentierten Ausgaben (= J.R. HARRIS/S.K. GIFFORD, *The Acts of the Martyrdom of Perpetua and Felicitas*, Haverford College Studies 3, London 1890; J.A. ROBINSON, *The Passion of St. Perpetua* (Texts and Studies 1,2), Camebridge 1891; P. FRANCHI DE CAVALIERI, *La Passio SS. Perpetuae et Felicitatis*, (RQA, 5. Suppl.heft), Rom 1896; C.I.M.I VAN BEEK, *Passio Sanctarum Perpetuae et Felicitatis*, (Florilegium Patristicum 43), Bonn 1938; H.J. DAHM, *Lateinische Märtyrerakten und Märtyrerbriefe*, Text und Kommentar (2 Bde.), Münster 1986; A.A.R. BASTIAENSEN, in: DERS., *Atti e passioni dei martiri*, Vicenza 1987, pp. 107-147 u. 412-452). P. HABERMEHL [Anm. 3], pp. 56-57 hat zuletzt die Szene in *Pass. Perp.* 3,1-3 als einen Geschlechtsrollentausch gedeutet und dabei das Augenauskratzen als eine '"weibliche' Geste" bestimmt; dass die Geste des Augenauskratzens jedoch keinem geschlechtspezifischen Handlungsmuster entspricht, wird durch die im vorliegenden Aufsatz zitierten Stellen klar (vgl. z.B. Anm. 9; 32; 36).

7   So wie viele andere (vgl. bereits L. HOLSTENIUS, *Passio SS. martyrum Perpetuae et Felicitatis*, Rom 1663, der *eruere* mit *vexare* ersetzte und kommentierte: "Vexandi verbum hoc loco usurpatur in sensu leniori pro impulsu violento citra laesionem gravem, ...") jüngst A. JENSEN, *Gottes selbstbewusste Töchter*, Freiburg 1992, p.206, (allgemein zu Perpetua pp. 200-232).

8   So P. DRONKE, *Women Writers of the Middle Ages. A Critical Study of Texts from Perpetua († 203) to Marguerite Porete († 1310)*, Cambridge 1984, p. 5: "Is Perpetua's father roused to sudden anger merely 'hoc verbo' - by her word, 'Christian'? Rather, perhaps, by the way she at once puts his own heartfelt arguments on a purely verbal, academic plane - and outwits him on that plane, with a pert, flippant logic that flouts his paternal authority." Ebenso P. HABERMEHL [Anm. 3], pp. 56-57.

mutsgesten wie Handkuss und Kniefall umzustimmen (5,5), will sie vor
dem Prokonsul von ihrem erhöhten Richtplatz hinunterstürzen (6,3), und
zuletzt reisst er sich vor ihr verzweifelt seine grauen Barthaare aus, damit
sie sich seiner erbarme (9,2). Es erstaunt also nicht, dass er auf das provokative Frage- und Antwortspiel seiner Tochter in 3,1-4 zornig und hand-
greiflich reagiert. Indem er seine gestaute Aggression am Sehorgan Perpetuas auslassen will, handelt er ähnlich den erregten Protagonisten
lateinischer Schauspiele, die ihre Wut ebenfalls an den Augen ihrer Feinde
auslassen wollen.[9]
   Hinter dem Zorn des Vibius steckt freilich auch ein apologetisches
Interesse seitens der Erzählerin: liegt der Akzent der Szene in 3,2 auf der
unkontrollierten Emotionalität des Vaters, so hebt sich davon die Ruhe,
Unerschütterlichkeit und Zuversicht Perpetuas, ihrer Mitmärtyrer und
vorallem ihres Gottes merklich ab.[10] Ein apologetisches Interesse liegt auch
allgemein in den schematisch wiederholten und geradezu theatralisch in-
szenierten Versuchen des Vaters, seine Tochter umzustimmen, sie von
ihrem Glauben hinunterzustürzen, *deicere*[11], wobei er regelmässig an der
festen Überzeugung Perpetuas scheitert. Es soll nun aber gezeigt werden,
dass die aggressive Geste des Vaters gegen die Augen seiner Tochter nicht
nur seiner unkontrollierten Emotionalität oder der gezielten Apologetik der
Erzählerin zuzuschreiben ist, sondern dass sie auch Trägerin von vielleicht
auf den ersten Blick nicht offensichtlicher Botschaften ist, wie dies bereits
für andere Verhaltensweisen des Vibius aufgezeigt werden konnte.[12]
   Will man den Code der Handlung des Vaters knacken, muss man
seine, d.h. die antiken Vorstellungen über die Psychologie der Augen[13] her-
anziehen. Was Plinius als Kompilator antiken Wissens in seiner *Naturalis*

---

9   vgl. z.B. PLAUTUS, *Captivi* 464; *Persa* 794; *Trinummus* 463; TERENZ, *Adelphoe* 318. Für
weitere Stellen vgl. C. SITTL, *Die Gebärden der Griechen und Römer*, Leipzig 1890
(=Hildesheim 1970), p.44-46.
10   vgl. z.B. *Pass. Perp.* 4,2.
11   vgl. treffend E. CORSINI, *Per una lettura della "Passio Perpetuae"*, in: *Forma Futuri, Studi
in onore del Cardinale Michele Pellegrino*, Turin 1975, pp. 481-541, bes. 522-529 : "Si pensi
ancora al dinamismo accentuato che domina negli incontri di Perpetua con il padre: un continuo andare e venire, tentativi di aggressione, gesti di disperazione, mentre si intravvede
tutto un agitarsi di personaggi intermedi (parenti, ministri, ecclesiastici, ecc.). Il nucleo
recitativo e fantastico di queste scene di movimento è imperniato sul nesso azionale antite-
tico: "stare in piedi" - "cadere a terra"; "stare in alto" - "precipitare", modulato sull'intera
gamma semantica, dal senso proprio al traslato."(p.528).
12   vgl. z.B. zum Verhalten des Vibius in *Pass. Perp.* 5 als klassisches Bitt-Gebet: J. DEN
BOEFT/J. BREMMER, *Notiunculae Martyrologiae II*, Vigiliae Christianae 36 (1982), 383-402,
p.387-390.
13   Keine Rolle bei der Interpretation unserer Stelle spielen meiner Ansicht nach die im
Altertum kontroversen Sehtheorien, weshalb ich mich auf die psychologischen Implikationen
der Augen in den Vorstellungen der Antike beschränke; vgl. dazu allgemein P. WILPERT, Art.
Auge, RAC (1950), 957-969.

historiae 11, 51-57[14] über die Augen sagt, gehört zum Allgemeingut grie-
chisch-römischer Anschauungen, die beim Vater[15] der Perpetua vorausgesetzt werden dürfen. Für Plinius, wie überhaupt für die Menschen der
Antike, ist der Mensch ein Augenwesen: die Augen sind der kostbarste Teil
des Körpers (*pars corporis pretiosissima*), an ihnen kann der Gemütszustand
(die *indicia animi*) der Menschen abgelesen werden, ja vielmehr, in ihnen
wohnt die Seele bzw. der Geist (*in oculis animus habitat*).[16] Diese Vorrang-
stellung der Augen - einen höheren Wert als die Augen hatte gerade noch
die Geliebte[17] - zeigt sich auch in der damals beliebten Wissenschaft der
Physiognomie; so sind z.B. in der anonymen Schrift *De Physiognomonia* die
Ausführungen über die Augen inhaltlich wie vom Umfang her am bedeutendsten, liegt doch in den Augen die Essenz der Physiognomie.[18] Dabei
werden die *indicia oculorum* akribisch untersucht: zur Bestimmung des
Charakters eines Menschen fällt es ins Gewicht, ob die Augen leuchtend
oder matt sind, nass oder trocken, ob die eine Pupille grösser als die andere ist, ob sich die Augen schnell oder langsam bewegen, ob die Augen
und die Lider sich gleich oder verschieden schnell bewegen etc.[19] Die Augen sind das Thema vieler Sprichwörter[20], und Phänomene rund um die

---

14   11,37 (52), 139: "Subiacent oculi, pars corporis pretiosissima et quae lucis usu vitam
distinguat a morte."; 11, 37 (54),145: "Neque ulla ex parte maiora animi indicia cunctis ani-
malibus, sed homini maxime, id est moderationis, clementiae, misericordiae, odii, amoris, tris-
titiae, laetitiae. Contuitu quoque multiformes, truces, torvi, flagrantes, graves transversi,
limi, summissi, blandi. Profecto in oculis animus habitat." (zit. nach C. PLINIUS SECUNDUS,
Naturalis historiae vol.2, ed. C. MAYHOFF, Stuttgart 1986).

15   Wie in *Pass. Perp.* 2,1 berichtet wird, war Vibia Perpetua "honeste nata, liberaliter in-
stituta, matronaliter nupta"; dieser "edlen Geburt" entspricht bei ihrem Vater sehr
wahrscheinlich eine entsprechende Bildung.

16   Zu den in der Plinius-Stelle dargelegten Anschauungen finden sich eine Menge früherer
und späterer Parallelen: vgl. dazu P. WILPERT [Anm. 13], 957-969 u. L. MALTEN, *Die Sprache
des menschlichen Antlitzes im frühen Christentum*, Berlin 1961.

17   Ein vor allem in den Gedichten des Catull anzutreffender Vergleich: so z.B. in 3,5; 14,1;
104,2 od. 82,1-4:"Quinti, si tibi vis oculos debere Catullum/ aut aliud, si quid carius est
oculis,/ eripere ei noli multo quod carius illi/ est oculis, seu quid carius est oculis." (zit.
nach CATULLUS, *Carmina*, ed. H. BARDON, Stuttgart 1973, p.125). Vgl. auch TERENZ, *Adelphoe*
702; 903: "Tuos hercle vero et animo et natura pater, qui te amat plus quam hosce oculos."
(zit. nach TERENTI AFRI, *Comoediae*, ed R. KAUER/W.S. LINDSAY/O. SKUTSCH, Oxford ⁹1979,
p.318).

18   *De Physiognomonia* 20: "Nunc de oculis disputandum est, ubi summa omnis physio-
gnomoniae constituta est." zit. nach ANONYME LATIN, *Traité de Physiognomonie*, ed. J. ANDRÉ,
Paris 1981, p. 66; zu den Augen Kap. 20-41; die Schrift, eine ins Lateinische übersetzte Kompilation früherer physiognomischer Abhandlungen, datiert ANDRÉ, *op. cit.* p. 31-34 auf das
Ende des 4. Jh. n. Chr.

19   So erstaunt es auch nicht, dass es Spezialisten gab, die ihren Lebensunterhalt damit
verdienten, die Menschen aufgrund der Augen über ihren Charakter aufzuklären: dies geht
aus einem Epigramm des Leonidas von Tarent hervor (*Anthologia Palatina* 7,661), der von
einem in der Prüfung der Augen spezialisierten Physiognomisten namens Eusthenes aus dem
3. Jh. v. Chr. spricht.

20   vgl. A. OTTO, *Die Sprichwörter und sprichwörtlichen Redensarten der Römer*, Leipzig
1890, 249-252.

Sehkraft wurden interessiert vermerkt: so soll der Blick des Kaisers Augustus so klar und hell gewesen sein, als würde man von der Sonne geblendet[21], die übergrossen Augen des Tiberius hatten die wunderbare Fähigkeit, im Dunkeln zu sehen[22], und in der Fechtschule des Kaisers Gaius befanden sich unter 20'000 Gladiatoren nur zwei, die gegen eine Bedrohung nicht blinzelten und daher unbesiegt blieben.[23] Auch der im Altertum allgemein verbreitete Glaube an den bösen Blick[24], gegen den man sich mit Amuletten, Gesten, Sprüchen etc. zur Wehr setzte, zeugt von der Macht und Bedeutung, die der antike Mensch den Augen beimass. Die Augen galten *nolens volens* als Denunzianten der eigenen und fremden Befindlichkeit.[25] Das versuchte Auskratzen der Augen wird auf dem Hintergrund solcher Vorstellungen zu einer unmissverständlichen Geste: es ist ein direkter Angriff auf die an den Augen ablesbare Seele, den Charakter und Gemützustand eines Menschen. Diese Verbindung des Sehorgans mit der Seele liegt indirekt auch der Bitte des Vibius zu Grunde, dass sich Perpetua durch den Blick auf die Familie von ihrer (christlichen) Überzeugung abwende:

> Blicke auf deine Brüder, blicke auf deine Mutter und deine Tante, blicke auf dein Kind, das nach deinem Tode nicht wird fortleben können. Beuge deinen Sinn, richte uns nicht alle zugrunde, denn keiner von uns wird freimütig reden, wenn dir etwas zustösst.[26]

Das bittende *depone animos!* verbindet Vibius mit dem *aspice!*, weil er Perpetuas Blick, der den Geisteszustand des *Christiana sum* verrät, durch den Anblick der Familie und der damit zusammenhängenden familiären und gesellschaftlichen Pflichten wieder in einen Ausdruck des *pagana sum* oder *filia Vibii sum* verwandeln möchte.

Die Wahrscheinlichkeit der Interpreation, dass die versuchte Aggression gegen die Augen Perpetuas ein Angriff auf ihre Seele ist, legt indirekt der in der Antike gängige Augenkuss nahe. So berichtet z.B. der Autor der

---

21   SUETON, *De vita Caesarum (Augustus)* 79,2. Die Augen werden genau beobachtet, denn Sueton vermerkt auch, dass die Sehkraft des kaiserlichen linken Auges mit dem Alter stark abgenommen hatte.

22   SUETON, *De vita Caesarum (Tiberius)* 68.

23   PLINIUS, *Naturalis historiae* 11, 37 (54), 144.

24   vgl. B. KÖTTING, Art. *Böser Blick*, RAC 2 (1954), 473-482.

25   So CICERO in *Orationes de lege agraria* 2,13, der unter anderem an den Augen des P. Rullus dessen Gefährlichkeit erkennt: "Iam designatus (sc. P. Rullus) alio vultu, alio vocis sono, alio incessu esse meditabatur, vestitu obsoletiore, corpore inculto et horrido, capillatior quam ante barbaque maiore, ut oculis et aspectu denuntiare omnibus vim tribuniciam et minitari rei publicae videretur." (zit. nach M. TULLII CICERONIS scripta quae manserunt omnia (fasc. 16), *Orationes de lege agraria pro C. Abirio*, ed V. MAREK, Leipzig 1983, p.14).

26   *Pass. Perp.* 5, 3-4: "Aspice fratres tuos, aspice matrem tuam et materteram, aspice filium tuum, qui post te vivere non poterit. Depone animos; ne universos nos exterminet: nemo enim nostrum libere loquetur, si tu aliquid fueris passa."

Vita Melaniae, wie Serena voller Freude Melania empfängt, sie vor ihren Dienern für ihre asketische Lebensweise lobt, dabei Melania umarmt und auf die Augen küsst.[27] Die Geste des Augenkusses ist die Bekundung tiefer Freundschaft und Liebe, denn beim Kuss auf die Augen scheint man die geliebte Seele des anderen selbst zu berühren, wie Plinius weiss:

> Wahrlich, in den Augen wohnt die Seele. Sie glühen, starren, werden feucht, blinzeln. Aus ihnen fliesst jene Träne des Mitleids; küssen wir sie innig scheinen wir die Seele selbst zu berühren; von hier geht das Weinen aus, und Tränenbäche benetzen das Gesicht.[28]

So erstaunt es nicht, dass in der Liebessprache die Augen als Synonym für den oder die Geliebte gelten: *oculissimus* ist gleich *carissimus*[29], der Vokativ *ocelle*[30] ein Kosewort, und Catull[31] wird nicht müde, hunderttausende von Küssen auf die Augen seiner Geliebten zu drücken. Konträr zum zärtlichen Kuss auf die Augen als quasi Berührung der geliebten Seele, erscheint das Auskratzen der Augen somit als gezielte Aggression gegen die Seele, welche die ihr entgegengebrachte Liebe nicht erwidert.

Dabei handelt Vibius wie andere in ihrer Liebe Gekränkte vor ihm, die ebenfalls mit dem Ausreissen der Augen drohten: so z.B. in einem Epigramm Martials, wo der Mann, dessen Frau ihn um die Erlaubnis eines Liebhabers bittet, diesem eher beide Augen ausreisst, als ihrer Bitte zu entsprechen.[32] Hinter diesem Wunsch des Mannes, dem Liebhaber die Augen auszureissen, steckt einerseits die eifersüchtige Absicht, weitere begehrliche Seitenblicke a priori zu verunmöglichen, da der nebenbuhlerische Blick die eheliche Liebe beeinträchtigt, andererseits zielt er seine Wut direkt auf die Augen des Liebhabers, weil er in ihnen eine Leidenschaft und

27   *Vita Melaniae* 12: "Ἡ δὲ περιπτυσσομένη καὶ καταφιλοῦσα τοὺς ὀφταλμοὺς αὐτῆς." (zit. nach V*ie de Sainte Mélanie*, ed. D.GORCE (SC 90), Paris 1962, p.150).
28   PLINIUS, *Naturalis historiae* 11,37 (54), 145-146: "Profecto in oculis animus habitat. Ardent, intenduntur, umectant, conivent. Hinc illa misericordiae lacrima, hos cum exosculamur, animum ipsum videmur attingere, hinc fletus et rigantes ora rivi." (ed. MAYHOFF [Anm.14],p.329-330; dt. von R. KÖNIG, C. Plinius Secundus d. Ae., *Naturkunde Buch XI*, München 1990, p.99-101); zum in der Antike gängigen Kuss auf die Augen vgl. weitere Stellen bei W. KROLL, Art. *Kuss*, PW Supplementband 5, München 1931, 511-520, col. 515; C. SITTL [Anm.9], p.40.
29   PLAUTUS, *Curculio* 121: "Salve, oculissimus homo." (zit. nach T. MACCI PLAUTI , *Comoediae* vol. 1, ed. W.M. LINDSAY, Oxford [11]1965).
30   CATULL, *Carmina* 50,19: "Nunc audax cave sis, precesque nostras,/ oramus, cave despuas, ocelle,/ ne poenas Nemesis reposcat a te." (ed. BARDON [Anm.17], p.49); PLAUTUS, *Trinummus* 245: "'Da mihi hoc, mel meum, si me amas, si audes'. Ibi ille cuculus: 'Ocelle mi, fiat; et istuc et si amplius vis dari, dabitur.'"(zit. nach T. MACCI PLAUTI , *Comoediae* vol 2, ed. W.M. LINDSAY, Oxford [6]1950).
31   CATULL, *Carmina* 48: "Mellitos oculos tuos, Juventi,/ siquis me sinat usque basiare,/ usque ad milia basiem trecenta,/ nec mi umquam videar satur futurus,/ non si densior Africis aristis/ sit nostrae seges osculationes." (ed. BARDON [Anm.17], p. 47).
32   MARTIAL, *Epigrammata* 3,92: " Ut patiar moechum rogat uxor, Galle, sed unum. Huic ego non oculos eruo, Galle, duos." (in: M. VALERII MARTIALIS, *Epigrammata*, ed. D.R. SHACKELTON BAILEY, Stuttgart 1990, p.111).

somit eine Seele sieht, die sein Verhältnis zu seiner Frau in beunruhigender Weise in Frage stellt. Ähnlich reagiert auch Thaïs im *Eunuchus* des Terenz: wer ihre Geliebte auch nur mit dem Finger zu berühren wagt, dem reisst sie die Augen aus.[33]

Wie Thaïs handelt auch Vibius, doch richtet sich sein Angriff auf die Augen seiner geliebten Tochter, da Christus, ihr Liebhaber, quasi nur indirekt angegriffen werden kann. Konsequenterweise versucht Vibius seiner Tochter in dem Moment in die Augen zu greifen, als sie vor ihrem Vater das *Christiana sum* proklamiert, d.h. als aus ihren Augen die siegessichere Freude des nebenbuhlerischen Christus strahlt, denn Vibius weiss, dass die Augen die Boten der Liebe sind[34] und was in der lateinischen Sprache 'jemanden in den Augen tragen' (*in oculis ferre*[35]) bedeutet. Die Liebe Perpetuas zum Christentum, diejenige der Ehefrau zu ihrem Nebenbuhler und die des Liebhabers zur Geliebten der Thaïs provozieren beim Vater, beim Ehemann und bei Thaïs dieselbe aggressive Reaktion gegen die Augen: das Ausreissen der Augen gehört zum Inventar leidenschaftlicher Auseinandersetzungen unter Liebenden.[36]

Der Vater Perpetuas muss, erst recht nach seinem missglückten Angriff auf die Augen seiner Tochter, mitansehen, wie die liebenden Blicke und Küsse Perpetuas nicht mehr ihm gelten: Seine Tochter ist eine *delicata dei*[37], eines Gottes freilich, den er nicht akzeptieren kann. Der Liebe des Vaters stehen die exklusiven und missverständlichen Zusammenkünfte und Liebesbekundungen[38] der Christen gegenüber; so z.B. der christliche (Friedens-) Kuss[39], der in der *Pass. Perp.* eine wichtige Stellung einnimmt. In einer dieser Kussszenen beschreibt Saturus in seiner Himmelsvision, wie

---

33 TERENZ, *Eunuchus*, 740: "Credo equidem illum iam adfuturum esse ut illam [a me] eripiat: sine veniat! Atqui si illam digito attigerit uno, oculi ilico ecfodientur." (ed. KAUER et al. [Anm.17], p. 149).

34 vgl. z.B. PROPERZ, *Elegiae* 2,15,12: "Si nescis, oculi sunt in amore duces." (in: SEXTII PROPERTII , *Elegiarum Libri IV*, ed. P. FEDELI, Stuttgart 1984, p.81).

35 als Zeichen der Freundschaft vgl. z.B. CICERO, *Ad familiares* 16,27,2: "Te, ut dixi, fero in oculis" (zit. nach M. TULLII CICERONIS, *Epistulae ad familiares libri 1-16*, ed. D.R. SHACKELTON BAILEY, Stuttgart 1988, p. 607).

36 vgl. auch: (Pseudo?-) QUINTILLIAN, *Declamationes* 297. (in: M. FABII QUINTILLIANI, *Declamationes quae supersunt CXLV*, ed. C. RITTER, Leipzig 1884, p. 172-175); aus der *declamatio* geht jedoch nicht hervor, warum die Augen ausgerissen wurden.

37 *Pass. Perp.* 18,2.

38 exklusiv: vgl. z.B. TERTULLIAN, der den christlichen Bruderkuss als exklusives Zeichen der Zugehörigkeit zur christlichen Gemeinde betrachtet und deshalb gegen jene Häretiker polemisiert, die den Friedenkuss bedenkenlos mit anderen teilen: *De praescriptione haereticorum* 41,3; missverständlich: vgl. z.B. TERTULLIAN, der in *Apologeticum* 7-9 das Zusammenkommen zum Herrenmahl gegen die Vorwürfe verteidigt, es handle sich dabei um thyesteische Mahlzeiten und Blutschande.

39 *Pass. Perp.* 10,13;12,5-6;21,7; Interessant ist auch, dass der Handkuss des Vaters in 5,5 mit dem Verb *basiare* wiedergegeben wird, während *osculare* für den christlichen Kuss reserviert bleibt: nur ein Zufall? vgl. allgemein K. THRAEDE, Art. *Friedenskuss*, RAC 8 (1972), 505-519.

die Märtyrer den alten Mann mit den weissen langen Haaren küssten und wie er auf diesen Kuss reagierte: *et de manu sua traiecit nobis in faciem*. Hier fehlt das Akkusativobjekt, doch der Kontext lässt vermuten, dass es ein Kuss war, der von Gott *in faciem* zurückgegeben wurde. *Facies* ist das Gesicht, Antlitz; da sich, wie gezeigt wurde, das Gesicht in der Antike primär über die Augen definiert, ist es nicht abwegig, die Augen als die Adressaten des göttlichen Kusses anzunehmen. Zum versuchten Ausreissen der Augen in *Pass. Perp.* 3,3 als Angriff auf die Seele würde konträr der Augenkuss des Vater-Gottes stehen, als Lohn und Liebeszeichen für das standhaft ertragene Martyrium.

Zunächst wächst also der Zorn des Vaters aus der masslosen Enttäuschung über eine Tochter, die er so sehr liebte, dass er sie selbst seinen Söhnen vorgezogen hatte[40], die ihm gerade erst ein Enkelkind und somit Zukunft geschenkt hatte[41], und die seine Liebe nun nicht mehr erwidert. P. Dronke kommentiert wohl richtig: "So her (sc. Perpetuas) conflict with him goes beyond ideology: he is claiming her with possessive love, a love that turns to sudden fury as it is rejected."[42] Das provozierende *Christiana sum* ist eine klare Absage an diesen väterlichen Liebesanspruch und somit auch an seine Autorität, Stolz und Eitelkeit: mit ihrem Bekenntnis als Christin wirft Perpetua die gängigen gesellschaftlichen Einteilungen nach Herkunft und Geschlecht über Bord[43]; in ihr wird fortan nicht mehr der Dünkel des Vaters weiterleben[44], sondern die *potestas*[45] des christlichen Gottes. Perpe-

---

40   *Pass. Perp.* 5,2: "Miserere, filia, canis meis; miserere patri, si dignus sum a te pater vocari; si his te manibus ad hunc florem aetatis provexi, si te praeposui omnibus fratribus tuis." Hinter dieser engen Vater-Tochter Beziehung vermutet M. LEFKOWITZ, *The Motivation for St. Perpetua's Martyrdom*, Journal of the American Academy of Religion, 44/3 (1976), 417-421, p. 420 unbewussten oder auch bewussten Inzest und auch D. DEVOTI [Anm.3], p. 70: "'Elle a été préférée' par lui, ce qui pourrait nous dire beaucoup de choses sur cette relation si ambivalente" weist vage in dieselbe Richtung.

41   *Pass. Perp.* 2,2.

42   P. DRONKE [Anm.8], p.5.

43   *Pass. Perp.* 5,2-4; vgl. P. BROWN, *Die letzten Heiden*, Berlin 1986, p.89: "Die Gottesfreundschaft hob die Christen über die Identität hinaus, die sie mit ihren Mitmenschen gemein hatten. Das *nomen Christianum*, das sie stolz zur Schau trugen, war ein 'Nicht-Name'. Es schloss die geläufigen Benennungen nach dem Geschlecht oder der Stadt aus und verwies bewusst auf ein immer grösser werdendes Loch in jenem Netz von sozialen Beziehungen, das anderen Bewohnern der römischen Städte zur Bestimmung ihrer Identität noch genügte."

44   vgl. die auch für die *Pass. Perp.* zutreffenden Beobachtungen über die römische Mutter bei P. VEYNE, *Das römische Reich, Geschichte des privaten Lebens Bd. I, Vom Römischen Imperium zum Byzantinischen Reich*, Frankfurt 1989, p.81: "Mutter einer Familie zu sein, bedeutet ehrenvolle Gefangenschaft, ringsum eingehegte Würde, woran ein stolzes Mädchen aus vornehmer Familie die Selbstaufopferung lernt. Denn in einem vornehmen Mädchen wirkt der Dünkel ihres Vaters fort, der sie dem Gatten gleichsam bloss ausgeliehen hat (in Rom verliess eine unzufriedene Frau ihren Gatten nicht, um 'wieder zur Mutter' zu gehen, sondern um zum Vater zu gehen)."

45   vgl. *Pass.Perp.* 5,6, wo Perpetua ihrem Vater sagt: "Hoc fiet in illa catasta quod Deus voluerit; scito enim nos non in nostra esse potestate constitutos, sed in Dei."

tua weiss sehr wohl um die starke Liebe des Vaters zu ihr, eine Liebe, die sie dermassen bedrängt, dass sie erleichtert die temporäre Absenz des Vibius notiert.[46] Das Mitleid, das sie für ihn durchaus verspürt[47], vermag ihre feste Entschlossenheit aber keineswegs zu beeinträchtigen.

Perpetua, wie sie sich selbst darstellt und vom Autor von *Pass. Perp.* 14-21 gezeichnet wird, ist, wie so manche Christin jener Zeit, eine äusserst selbstbewusste Frau[48]: Als Mitglied einer Gruppe, die mit an Arroganz grenzender Selbstverständlichkeit die johanneische Verheissung *petite et accipietis*[49] für sich beansprucht, weiss Perpetua als quasi Expertin um ihre Fähigkeit, Visionen zu verlangen[50], sie plaudert ungezwungen mit Gott (*fabulari cum domino*)[51], setzt sich erfolgreich für eine ordentliche Ernährung im Gefängnis ein (16,2-4), empört sich über die spöttische Kleidung, die sie und Felicitas in der Arena tragen sollen (18,3-6), und selbst das Todesschwert setzt sie sich selber an den Hals (21,9). Dieser Anspruch Perpetuas auf (die christlich gewonnene) Freiheit[52], ihre Entschlossenheit und Bestimmheit manifestieren sich am deutlichsten in der gleichenteils fatalen wie triumphalistischen Aussage des *Christiana sum!*[53], woraufhin ja die Aggression ihres Vaters erfolgt. Dass dieser Akt des öffentlichen Bekenntnisses wohl mit einem für den anwesenden Vater beunruhigenden Leuchten der Augen verbunden war, legt eine Stelle in der *Passio* nahe, die in wenigen, prägnanten Worten die Stimmung Perpetuas und ihrer Mitchristen wiedergibt:

---

46 *Pass. Perp.* 3,4. Sie nutzt diese Zeit, um sich taufen zu lassen (3,5).

47 *Pass. Perp.* 5,6; 6,5; 9,3.

48 vgl. allgemein P. BROWN [Anm.43], p.89: "Der Heroismus der Märtyrer war lediglich die äusserste Spitze jenes Überlegenheitsgefühls, das den Christen insgesamt eignete, und er war weit mehr als der Triumph eines rein menschlichen Mutes." So auch bzgl. der frühchristlichen Frauen jetzt A. JENSEN, *Gottes selbstbewusste Töchter* [Anm.7].

49 *Joh.* 16,24 in *Pass. Perp.* 19,1: "Sed qui dixerat: 'Petite et accipietis', petentibus dederat eum exitum quem quis desideraverat."

50 Selbsicher verspricht Perpetua in 4,1-2 auf Bitten ihres Bruders, der um die Visionsfähigkeit seiner Schwester weiss, eine Vision, denn sie weiss, dass sie bei Gott gut ankommt: "Et ego quae me sciebam fabulari cum Domino, cuius beneficia tanta experta eram ..."; Genauso selbstverständlich ihre anschliessende Aussage: "Et postulavi et ostensum est mihi" (4,2).

51 *Pass. Perp.* 4,2: "Et ego quae me sciebam fabulari cum Domino,..." Mit dem 'vulgärsprachlichen' *fabulari* wird die Leichtigkeit und Selbsteverständlichkeit des Zugangs zu Gott als Privileg Perpetuas ausgedrückt, ohne dass dabei *fabulari* in irgend einer Weise sakralisiert wird; gegen W. BERSCHIN, *Biographie und Epochenstil im lateinischen Mittelalter*, Stuttgart 1986, p. 50: "*Fabulari* stammt vom unteren Rand der Ausdrucksmöglichkeiten für 'reden' (eher 'schwätzen'). Perpetua verwendet dieses Wort für die höchste Form des Redens, Reden mit Gott. Es liegt also dieselbe Sakralisierung eines unliterarischen Wortes vor wie bei *manducare*."

52 *Pass. Perp.* 18,5-6; vgl dazu C. MAZZUCCO, *Il significato cristiano della "libertas" proclamata dai martiri della "Passio Perpetuae"*, in: *Forma Futuri, Studi in onore del Cardinale Michele Pellegrino*, Turin 1975, 542-565.

53 *Pass. Perp.* 3,2; 6,4.

Nun brach der Tag ihres Sieges an, und sie traten hervor aus dem Kerker in das Amphitheater, als ob sie in den Himmel gingen, heitern und schönen Antlitzes, und wenn sie zitterten, so war es vor Freude, nicht aus Furcht. Perpetua kam langsamen Schrittes, wie eine Braut Christi, wie eine Dienerin Gottes; durch den hellen Blick ihrer Augen schlug sie die Blicke aller nieder.[54]

Am *dies victoriae*[55] strahlt aus dem leuchtenden Gesicht[56] Perpetuas eine so starke Macht der Augen (*vigor oculorum*), dass davon die sensationslüsternen Blicke der Zuschauer niedergeschlagen werden; dieser machtvolle Blick Perpetuas erwähnt der Autor vor allem zum Aufweis der wahrlich überwältigenden Macht des Christentums[57], doch deuten die bezwingenden Augen gleichzeitig auch auf die offensichtliche Faszination, die von den Augen dieser jungen christlichen Visionärin ausging, die das lebendige Beispiel von Mt. 6,22-23 ist:

Das Auge gibt dem Körper Licht. Wenn dein Auge gesund ist, dann wird dein ganzer Körper hell sein. Wenn aber dein Auge krank ist, dann wird dein ganzer Körper finster sein. Wenn nun das Licht in dir Finsternis ist, wie gross muss dann die Finsternis sein.[58]

Für einen damaligen christlichen Beobachter ist Perpetuas mächtiger Blick aber nichts besonderes, er ist vielmehr Teil des christlichen Selbstbewusstseins, denn auch Perpetuas Zeitgenosse Tertullian attestiert den Christen dieselbe niederschlagende Macht des Blicks, die selbst der Teufel flieht:

Er möge vor Euerem Anblicke in seine tiefsten Schlupflöcher fliehen, zusammengerollt und regungslos wie eine behexte oder durch Rauch vertriebene Schlange.[59]

---

54   *Pass. Perp.* 18,1-2: "Illuxit dies victoriae illorum, et processerunt de carcere in amphitheatrum, quasi in caelum, hilares, vultu decori, si forte gaudio paventes non timore. Sequebatur Perpetua lucido vultu et placido incessu, ut matrona Christi, ut Dei delicata, vigore oculorum deiciens omnium conspectum."

55   Es ist interessant zu sehen, dass die Augen der Perpetua bei entscheidenden Momenten ihres Lebens in den Blick des Lesers gerückt werden: beim folgenreichen öffentlichen Bekenntnis als Christin und beim Eintritt in die Arena als Krönung dieses Bekenntnisses.

56   Das schöne, leuchtende Gesicht (*vultus decoris, lucidus*) der Märtyrer in *Pass. Perp.* angesichts des Todes wird bald zum hagiographischen Topos: *Vita Cypriani* 15,2; *Passio Montani* 13,2 u.a.; vgl. dazu J. ARONEN, *Indebtedness to Passio Perpetuae in Pontius' Vita Cypriani*, Vigiliae Christianae 38 (1984), 67-76, p.72.

57   Dafür spricht vor allem das hier gebrauchte *deicere*, das in der *Passio* der Niederschlagung und Besiegung einer feindlichen (religiösen) Gesinnung entspricht: vgl. 3,1; 5,1; 6,5; bei diesen 3 Stellen ist es stets der heidnische Vater, der mit Worten oder Taten seine Tochter in ihrer Überzeugung besiegen will.

58   dt. Einheitsübersetzung, vgl. den griechischen Text bei NESTLE-ALAND; vgl. dazu MAZZUCCO [Anm.52], p.548-549.

59   TERTULLIAN, *Ad Martyras* 1,5: "Fugiat (sc. diabolus) conspectum vestrum, et in ima sua delitescat contractus et torpens, tamquam coluber excantatus aut effumigatus." (ed. E. DEKKERS, *Tertulliani opera 1/2* = CCL 1, Turnhout 1954, p.3).

Es scheint wahrscheinlich, dass es u.a. dieses kraftvolle Leuchten in den Augen der selbstbewussten Enthusiastin Perpetua war, worüber der Vater so aggressiv und wütend wurde, zumal er einsehen musste, dass er dieser Begeisterung nichts entgegenzusetzen hat. Doch nicht nur den heidnischen Vater beunruhigt der Blick seiner begeisterten Tochter, denn selbst Tertullian muss seine Mitchristen davon warnen, beim Gebet Hände und Augen allzu kühn zum Himmel zu richten.[60]

Fassen wir zusammen: 1. Das versuchte Ausreissen der Augen Perpetuas durch ihren Vater entspricht einer gängigen Reaktion des Liebenden gegenüber dem Nebenbuhler, in dem Moment, wo der Liebende einen Liebesentzug feststellen oder zumindest befürchten muss. Dieser Liebesentzug manifestiert sich für den Vater Perpetuas konkret im *Christiana sum!* Perpetuas. 2. Auf die Augen richtet sich dieser Angriff, weil die Augen als verlässlichste Denunzianten der Seele diesen Liebesentzug und die damit verbundene Gesinnung organisch versinnbildlichen und so ein klares Aggressionsziel bilden. Der Angriff des Vaters richtet sich letztlich gegen die liebesverräterische Seele seiner Tochter und damit gegen den von Perpetua in Augen und Seele getragenen Liebhaber Christus. 3. Vibius sieht in ihren Augen den kranken und kränkenden Blick einer begeisterten jungen Frau, deren Mitgliedschaft zur verfolgten Religionsgemeinschaft der Christen sie in den Tod treibt, und dabei die Vorstellungen und Hoffnungen, die Vibius als Vater und römischer Bürger mit ihr verband, radikal durchkreuzt. 4. Die Heftigkeit und Unbeherrschtheit des väterlichen Angriffs ist die Antwort auf das (auch christlich motivierte) provokative, in den Augen des Vaters störrische Selbstbewusstsein und Überlegenheitsgefühl Perpetuas, das ihre leuchtenden und kraftvollen Augen stellvertretend für ihre ganze Persönlichkeit ausstrahlen.

---

60 TERTULLIAN, *De oratione* 17,1: "Atqui cum modestia et humilitate adorantes magis commendabimus deo preces nostras, ne ipsis quidem manibus sublimius elatis, sed temperate ac probe elatis, ne vultu quidem in audacio erecto." (ed. DEKKERS [Anm.59], p. 266); vgl. den Kommentar von P.A. GRAMAGLIA, *Tertulliano. La preghiera*, Rom 1984, p. 226-227.

CYPRIAN ON CONTINENCE
AND CHASTITY

Richard Seagraves

The issue of continence and chastity first arose at the time of creation, was still present and debated in the earliest days of the Christian Church, and has had during the subsequent two millenia a varied and sometimes tempestuous history. The focus of the present investigation, however, is upon the question of continence and chastity as these ideals and practices were understood in the mind of Cyprian, the Bishop of Carthage in the middle of the third century. Other related terms, such as virginity and celibacy, will also be considered in the course of this essay.

As the zealous and concerned pastor of the members in his diocese that he was, Cyprian was keenly determined that all the persons under his authority at Carthage should acquire and advance in the various habits of Christian virtue. In particular, he was the advocate of continence and chastity among them all: clerics, consecrated virgins, widows, and the laity, but especially the clerics. This is not surprising, since Cyprian considered these virtues to be the foundation of all the other virtues.

In his own personal life, Cyprian had the reputation for the highest degree of chastity and abhorrence of sexual abuses and excesses. It is debatable how much serious credence one ought to place in the story related by Gregory of Nazianzen about the youthful Cyprian before his conversion to Christianity. Cyprian, according to this account in Gregory's Sermon 24, experienced an erotic and passionate attraction for a young virgin, who, when she realized this, fled from the amorous youth. Yet the basic flaw in this supposed glimpse into the earlier life of the Bishop of Carthage is that Gregory has in fact confused and conflated two separate and different Cyprians. Even the historian Tillemont and Dom Prudentius Maran had pointed out this confusion of identification, as Migne's edition of Gregory (PG 35 [Paris: 1857], col. 1167-1170) attests. L. Hödl in 1961 appears to treat this story as found in Gregory's sermons as an authentic one.[1]

Concerning the clerics, Roger Gryson provides examples of married presbyters and bishops during the third century, but at the same time there were certain members of the clergy who observed the practice of

---

1   L. Hödl, Die *lex continentiae*. Eine problemgeschichtliche Studie über den Zölibat, Zeitschrift für katholische Theologie 83 (1961), 325-344, at 331-332.

continence.[2] Cyprian praises Cornelius, the Bishop of Rome, as one among this group. In his discussion of the passage "pudor virginalis continentiae" in ep. 55.8.3, Gryson doubts that *continentia* here can have a sexual connotation, but as G.W. Clarke points out, the epithet *virginalis* clearly defeats Gryson's contention.[3] While there were individual cases of clerics who observed continence and remained unmarried, one must consider marriage as the normal situation among the clergy during the first three centuries in the Church, when the married clergy considerably outnumbered the unmarried or celibate clerics.[4]

We learn at the time of Cyprian's episcopacy for the first time of the existence of spiritual marriages in which clerics lived together with consecrated virgins while abstaining from sexual intercourse.[5] A somewhat analogous practice prevailed in this century in China during early Communist rule, when certain Christian monks were coerced by government regulations to participate in *pro forma* civil marriages with Christian religious women, but without actual cohabitation. This arrangement of spiritual marriages can lead to certain abuses and scandal in the community. It was precisely these dangers which had become reality that prompted Cyprian to write to his episcopal colleague Pomponius about the situation existing in the latter's territory. Cyprian thus had occasion to formulate and declare his views on the propriety of the cohabitation of clerics with females, particularly with those who were consecrated virgins.

It is not surprising, therefore, that the third- or fourth-century treatise *de singularitate clericorum*, which has on occasion been ascribed to Cyprian, Origen, Augustine and others, has survived in numerous manuscripts. The anonymous author of this tract, a bishop, alerts the clerics whom he addresses about the dangers and temptations of living together with females; he urges the clerics to practice continence and chastity instead.[6]

From a statistical point of view, Cyprian does not employ the terms *continentia* and *castitas* very often in his collection of letters. In fact,

---

2   R. Gryson, Les origines du célibat ecclésiastique du premier au septième siècle (Gembloux: 1970), 32-36.

3   G.W. Clarke, The Letters of St. Cyprian of Carthage, 4 vols., in the series Ancient Christian Writers, Nos. 43, 44, 46, 47 (New York and Ramsey, NJ: 1984-1989); on this passage in ep. 55, see Clarke's volume 3 (1986), 175.

4   See Gryson (1970), 42; also now in W. Frend, The Origins of Christianity (Philadelphia: 1989).

5   Earlier traces of this phenomenon are discussed by H. Achelis, *Virgines subintroductae. Ein Beitrag zum vii. Kapitel des I. Korintherbriefs* (Leipzig: 1902), 7-59, and by P. Labriolle, Le mariage spirituel dans l'Antiquité chrétienne, Revue historique 137 (1921), 204-225, especially 216-222. See the discussion in Gryson, op.cit. 36-38.

6   See the discussion of the treatise *de singularitate clericorum* in Handbuch der lateinischen Literatur der Antike, hrsg. v. R. Herzog, 5.Bd. (Munich: 1989), 501-505.

continentia appears in only five passages (epp. 4.3.5, 55.8.3, 55.20.2 [twice], and 62.2.3), and *castitas* but once at ep. 55.20.2. In his treatises, however, these two terms appear slightly more often. Cyprian uses the term *continentia* in these works some sixteen times; the majority of these are found in the treatise *de habitu virginum* (nine uses) and twice the term is contained in a scriptural quotation. He uses the term *castitas* in seven passages of the treatises, but again four of these are citations from sacred scripture. The related adjective *castus* appears twice in the letters (epp. 4.2.3 and 73.11.2) and on six occasions in the treatises (*de hab. virg.* 9, 12, 22; *de unit.* 6; and twice as scriptural citations: *de oper.* 3 and *ad Quir.* 3.20). We will consider both *continentia* and *castitas* in the passages from the letters and from the treatises, excluding the biblical quotations.

CONTINENTIA

Cyprian's use of *continentia* is remarkably varied.[7] In one instance he employs this technical term simply in a title to group together several passages from the Old and New Testaments which pertain to the general theme of the value of virginity and continence. This appears at the beginning of *ad Quir.* 3.32: "de bono virginitatis et continentiae." Included among the scriptural texts which Cyprian cites are the familiar passages from Matthew about the eunuchs who have had themselves castrated for the kingdom of heaven (Mt 19:12); that in Luke's gospel wherein he compares those who do not marry with the angels of God (Lk 20:34-38); and the two frequently cited passages in the first epistle to the Corinthians: (1) that concerning Satan's providing temptation against continence and each person's capacity to receive a specific charisma from God (1 Cor 7:1-7); and (2) how the celibate think about the things of God and how a wife pleases her husband (1 Cor 7:32-34). It is of interest to note that this series of biblical quotations contains the first and the last books in the bible. Perhaps this indicates the sweeping and total comprehensiveness of this theme in the mind of Cyprian.

Also noteworthy is his treatment of the concept of perfect continence and celibacy on the part of unmarried virginal females in 1 Cor 7:32-34, contrasted directly with the totally continent male virgins in Apocalypse 14:4.[8] A similar contrast occurs in Cyprian's treatise *de mortalitate*; at section 15, the author refers to adolescent lads thus: "pueri periculum lubricae aetatis evadunt, ad continentiae adque innocentiae praemium felicites veniunt." Yet at the passage in *de mort.* 26, the emphasis is

---

7   See *Thesaurus Linguae Latinae*, 4 (Leipzig: 1906-1909), col. 699-700.

8   J. Peters in *Der heilige Cyprian von Karthago, Bishof, Kirchenvater und Blutzeuge Christi*, in seinem Leben und Wirken (Regensburg: 1877), 5, pointed out that in Cyprian's works continence is a grace given to both men and women.

unmistakably on certain females who are virgins: "triumphantes virgines quae concupiscentiam carnis et corporis continentiae robore subegerunt." Cyprian uses the same verb found in this last cited passage as he does in his axiomatic statement in *de zelo et livore* 16: "libidinem subegisse continentiae palma est."[9]

As indicated above, the greatest concentration of Cyprian's use of the term *continentia* is found in his treatise *de habitu virginum*. Once again, he stresses the fact that continence is a gift of God which both men and women can receive (*de hab. virg.* 4.13). Cyprian wishes to clarify explicitly and exactly what it is in which continence, with all its implications, consists: "But continence and chastity consist not only in the purity of the body, but also in dignity as well as in modesty of dress and adornment." (*de hab. virg.* 5.6-8).

In this passage we can detect Cyprian's view of continence and chastity as a psychosomatic one. The bishop realizes that the overall chaste demeanour involves certain interior elements in an individual person as well as the external ones. At *de hab. virg.* 4.10, Cyprian directly refers to the message in Apoc. 14:4, and at *de hab. virg.* 5.1, he alludes to this same passage, when he states that continence follows Christ; in the Apocalypse it is the male virgins who follow the Lamb.

In this treatise, Cyprian urges his readers to avoid anything and everything which would endanger the value and blessings which can be derived from the practice of continence (*de hab. virg.* 18. 1). The loss of continence can be a perilous experience (*de hab. virg.* 20.3), and this can expose one to many evils (*de hab. virg.* 22.4). Cyprian points out to his readers that while the command in Genesis 3:16 to increase and multiply is prior in time and primary in importance, the advice urging continence in Luke 20:34-35 is clearly subordinate to the first divine command (*de hab. virg.* 23.2). The Bishop of Carthage is unequivocal when he indicates that the person who understands continence properly knows that this is the meaning of living like eunuchs for the kingdom of God, but Cyprian never indicates nor implies that one should take the idea of self-castration literally.

In the collection of letters, Cyprian refers to *continentia* in four passages, which provide further evidence for his use of this term for both males and females. The fourth letter in the collection, addressed to Bishop Pomponius, concerns in general the official position of the Church with regards to the appropriate procedure to be followed in the case of sexual misdeeds by consecrated virgins in the Christian community. The misconduct involved has not taken place in Carthage, but rather in the territorial jurisdiction of Pomponius, who had asked the guidance of

---

9   Note that the similar idea of reward appears in *de mort.* 15.

Cyprian in this affair. While the major emphasis is on the situation of the errant virgins and their eventual status within the Church, Cyprian also raises the issue of the so-called spiritual marriages between the virgins and certain men with whom they were living. As indicated above, he is firmly against these arrangements (ep. 4.2). Immediately after calling attention to the necessity of all Christians to observe the discipline of the Church, particularly in the matter of good morals and flawless moral behaviour, Cyprian indicates the higher degree of this observance on the part of the clerics in the Church ("praepositi et diaconi"). The clerics, he states, should provide an example for the others, including consecrated virgins, widows and the laity in general. The clerics, says Cyprian, ought to be the foremost in their observance of continence and in their chastity (ep. 4.3).

In one particular letter in the Cyprianic collection, which is important for the description of the election of Cornelius as bishop in Rome, the Bishop of Carthage praises Cornelius, among other reasons, because he has ascended the clerical ladder of promotion at every level prior to his election as bishop. With regard to the personal life of Cornelius, Cyprian stresses the modesty and virginal continence of the Roman cleric.[10] This leads one to believe that Cornelius had never been married. If the adjective *virginalis* which describes *continentia* had been omitted, one might equally have argued that Cornelius could have been married but practiced continence. The presence of *virginalis* attests to the fact that Cornelius remained celibate and that he was probably never married. Cornelius certainly never refers in his extant letters to a wife of his own, nor does Cyprian. There is no evidence to establish that either Cyprian or Cornelius had ever been married. On the other hand, this possibility cannot be completely excluded.

In a later passage in this same letter (ep. 55.20.2), Cyprian contrasts the two moral extremes of adultery and virginity, and in so doing he indicates that virginity and continence were commonly, that is to say frequently, practiced in the Church at that time: "non tamen idcirco virginitas in ecclesia deficit aut continentiae propositum gloriosum per aliena peccata languescit." Indeed, continues Cyprian, the observance of chastity and modesty was remarkably outstanding: "floret ecclesia tot virginibus coronata et castitas ac pudicitia tenorem gloriae servat." But then he adds the statement that just because the rigorous rules in cases of adultery had been relaxed, this does not mean that the strength of continence had been shattered ("nec quia adultero paenitentia et venia

---

10   ep. 55.8; see P. Brown, The Body and Society: Men, Women and Sexual Renunciation in Early Christianity (London & Boston: 1989), 192. See the discussion of Cornelius' virginal continence at notes 2 and 3 above.

laxatur, continentiae vigor frangitur.") In this particular instance, Cyprian might very well have used *continentia* as applied to married couples.

In his letter to Januarius and other bishops (ep. 62), Cyprian expresses his sincere anguish for the Christian captives in Numidia, and in particular he grieves at the plight and dangers facing the consecrated virgins among them (ep. 62.2.3). He is concerned that these virgins, whom he calls "membra Christo dicata et ad aeternum continentiae honorem pudica virtute devota," should become infected by the contagion of lust. The phrase "ad aeternum continentiae honorem" might well contain for the rhetorical Cyprian the notion of the honor of perpetual continence instead of the literal "eternal honor of continence." Perpetual continence, on the other hand, is the definition of virginity.[11] Hence, Cyprian in this passage of ep. 62 refers to continence as applied to females. He demonstrates in the above four passages from three of his letters that his use of *continentia* can extend to virgin females, virgin males as well as to married couples. Cyprian in his use of this term does not restrict it to any one particular class or group of persons. Just as in the case of his use of this term in his treatises, continence in his letters has a wide variety of meanings and applications. We will now turn our attention to Cyprian's concept and use of the term closely related to *continentia*, namely chastity or *castitas*.

CASTITAS

The earliest use of the substantive *castitas* is found in Cicero, *de legibus* 2.29; it replaced the earlier old-Latin noun form *castus*, which denoted primarily a cultic purity.[12] At the same time as this transition to its new form, *castitas* extended its denotation to include the general moral sphere of the adjective *castus* and the noun *virginitas*.[13]

Among Christian usage in the fourth century, Ambrose taught that there are three kinds of chastity: that of married women, of widows, and of virgins.[14] Yet, as R. Sauer indicates, even Ambrose discusses the *castitas* of men in *de officiis*.[15] Earlier and other Church Fathers, including Cyprian, used *castitas* for a broad array of meanings and applications to various

---

11   See article, "Virginity" by H.J.W. Drijvers in The Encyclopedia of Religion, ed. Mircea Eliade, vol. 15 (New York & London: 1987), 279-281.

12   E. Mikkola, Die Abstraktion in Lateinischen, 2 (Helsinki: 1964), 83 [= Annales Academiae Scientiarum Fennicae, Bd. 137]. On the use of this term for earlier cultic purity see H. Wagenvoort, Caerimonia, Glotta 26 (1938), 115-131; also found in Studies in Roman Literature, Culture and Religion (Leiden: 1956), 116-117.

13   G. Giacomelli, Un problema die etimologia latina, Studi Ital. 36 (1964), 215-232, esp. 221 and 222 (notes 2 and 3).

14   M.M. Mueller, The Vocabulary of Pope St. Leo the Great. Diss. Cath. Univ. (Washington, D.C.: 1943), 64, 211.

15   R. Sauer, Studien zur Pflichtenlehre des Ambrosius von Mailand. Diss. (Würzburg: 1981), 137-139.

groups of Christians. In fact, Cyprian was one of the foremost proponents of *disciplina* as the regulating factor in the lives of all Christians. *Disciplina* was one of the major guiding beacons and principles in his life and in his thought.[16] It is therefore reasonable to suggest that he would have agreed with the much later etymological description of Thomas Aquinas that *castitas* derives from the proposition that "per rationem concupiscentia castigatur."[17]

Peter Brown stresses the fact that *castitas* for Tertullian was not identical to virginity.[18] Rather, the term *castitas* meant "sexual activity whittled away to a minimum in marriage and abandoned totally after marriage.[19] This concept of chastity would appear to mean self-control rather than total abstinence from sexual relations. But fifty years later, during the reign of Cyprian as bishop in Carthage, the Christian view of chastity and continence had shifted considerably. Now,"for the first time in its history, Christianity had become a religion for the young."[20] This meant that more and more younger persons, both males and females, became committed to the virginal state as a manner of life. No longer were their parents the strict enforcers of a code of total abstinence, at least between the age of puberty and marriage.

Cyprian's position on this issue is consonant with the doctrine of Justin and Athenagoras who taught during the previous century. Justin asserts that many Christian men and women remained chaste and pure to a very old age (1 *Apol.* 15.6); in addition, Athenagoras refers to the number of single men and women who remained so in the hope of obtaining a greater and closer proximity to God: as male and female virgins (*Leg.* 33). The testimony of the medical author Galenus (*de sententiis politicae Platonicae*, 63) endorses the accuracy of these descriptions of the actual conditions then prevalent.[21] Jean Gribomont states that Tertullian demonstrates his peculiar tendency to the radicalism of the Montanists by his own stern and legalistic polemic. Gribomont then claims that traces of this radical position can be found in the *de habitu virginum* of Cyprian, as well as in his epistle four. Is this in fact the case? Certainly, the sternness of Tertullian is reflected in Cyprian's continual insistence upon the

---

16 This is one of the major issues contained in my study, *Pascentes cum Disciplina*: A Lexical Study of the Clergy in the Cyprianic Correspondence (Fribourg: 1993).

17 S.Th. IIa-IIae, q. 151, art. 1; Thomas Aquinas treats the doctrine of chastity systematically in q. 151 and q. 152; he also discusses the evangelical counsels and vows in q. 186.

18 P. Brown, The Body and Society (1989), 149.

19 Ibid.

20 P. Brown (1989), 191.

21 Also see J. Gribomont, art. "Askese," Theologische Realenzyklopädie 4 (1070), 209.

presence and encouragement of *disciplina* among the Christians whom he directed at Carthage.

Peter Brown is incisively accurate when he asserts that "Cyprian's religious sensibility ... was dominated by the presence of the *saeculum*."[22] The body as, according to Cyprian, one of the weapons in his Christian arsenal. The confessors and martyrs had placed their bodies on the line in the combat against the pagans in order to defend Christianity by their personal valour. All of this points to the fundamental notion of *disciplina* which was ever present in the mind of Cyprian, as he directed the lives and morals of the Christians under his control.

In the first use of *castitas* in his writings, Cyprian informs Donatus that, if he has in fact set forth upon the path of innocence and justice as a Christian, then God will provide the neces-sary support and grace to attain success in this endeavour toward perfection.[23] Faith is the prerequisite, to which grace will be provided in addition. And as soon as this is granted, *castitas sobria, mens integra* and *vox pura* are at hand. But, "because we have not yet changed the body or its members," writes Cyprian, "the carnal aspect is still obscured by the cloud of the world."[24] Thus, *disciplina* remains a very important and essential aspect, which together with divine grace, enables the continuing observance of chastity, continence and virginity among the Christians at Carthage.

One other means to achieve these qualities is the acquisition and practice of the virtue of patience. This was a very essential and basic virtue in the eyes of Cyprian, and it is in his view very closely aligned with *disciplina* ("patientia disciplinam regit."). Just as *continentia* and *castitas* form a foundation to all other Christian virtues, so also is *patientia* the basis of a chaste way of life. Toward the end of his treatise on the value of patience, Cyprian waxes eloquently in his description of this virtue. In many respects, Cyprian's definition and description of patience is reminiscent of the opening of his treatise *de habitu virginum*, where he praises in similar fashion the attributes of *disciplina*. In his tract *de bono patientiae*, he remarks that patience can be observed in the "happy integrity of virgins, the vigorous chastity of widows, and the indivisible charity of married couples."[25] Moreover, it is patience that defeats temptation to

---

22   P. Brown, The Body and Society (1989), 193.

23   *ad Donat.*, 5.

24   *ad Donat.*, 5: "quod necdum corpus ac membra mutavimus, adhuc carnalis aspectus saeculi nube caecatur."

25   *de bon. pat.*, 20: "Patientia est quae nos Deo commendat et servat: ipsa est quae iram temperat, quae linguam frenat, quae mentem gubernat, pacem custodit, disciplinam regit, libidinis impetum frangit, tumoris violentiam comprimit, incendium simultatis extinguit, coercet potentiam divitum, inopiam pauperum refovet, tuetur in virginibus beatam integritatem, in viduis laboriosam castitatem, in coniunctis et maritatis individuam caritatem."

one's virtue ("temptationes expugnat"), crushes the thrust of erotic lust ("libidinis impetum frangit").[26] But most important of all, it is patience, according to Cyprian, that directs *disciplina* ("patientia ... disciplinam regit.")[27] It is obvious from Cyprian's treatment, as he concludes here in his second use of *castitas*, that the frequent practice of patience can only enhance chastity and continence in each and every Christian.

The third and final use of *castitas* in Cyprian's works appears toward the end of his tract *de habitu virginum*. His language resembles the high-pitched peroration found in an orator's declamation, especially at chapter 22, when he urges the consecrated virgins to persevere in their dedication, commitment and protection of their chaste and esteemed status. He asserts that these women already have their recompense: a grand prize of virtue, a most excellent reward of their chastity.[28] And further along in the same section, Cyprian tells them that when they persevere as chaste virgins, they are the equals to the angels of God![29]

VIRGINITAS

Virginity is a biological state or a human condition which subsists in both male and female persons "who have not had sexual intercourse and have preserved their sexual innocence."[30] In her excellent study, *Porneia*, Aline Rousselle devotes one chapter to "Virginité feminine et continence masculine"; this very title would seem to indicate a decisive dichotomy between virginity among females and continence among men.[31] Nothing could be further from the truth, for, as John Bugge makes very clear, such a dichotomy would be inaccurate:[32]

> It would be misleading, however, to allow the implication to stand that even at the turn of the twelfth century virginity was only a feminine attribute. Although the concept of spiritual nuptials inclines us to think of it as proper to females, the historical fact is that for centuries virginity was predicable of both sexes. It essence, of course, is complete sexual abstinence, which can also apply to celibacy on the part of the male.

---

26   *De bono patientiae*, 20: *Corpus Christianorum, series Latina*, IIIA, 130.

27   Ibid.

28   *de hab. virg.* 22: "magna vos merces habet, praemium grande virtutis, munus maximum castitatis."

29   ibid.: "cum castae perseveratis et virgines, angelis Dei estis aequales."

30 . H.J.W. Drijvers, art. "Virginity," The Encyclopedia of Religion, Mircea Eliade, ed., Vol. 15 (London & New York: 1987), 279.

31   A. Rousselle, *Porneia*. De la maîtrise du corps a la privation sensorielle: iie - ive siècle de l'ère chrétienne. (Paris: 1983).

32   J.M. Bugge, *Virginitas*: An Essay in the History of a Medieval Ideal (The Hague: 1975), 4.

It is true, as Rousselle indicates, that much of the first Christian literature on virginity was addressed to females,[33] and this literature included Tertullian's treatise *de virginibus velandis*[34] and Cyprian's *de habitu virginum*. Nevertheless, a careful reading of the latter treatise reveals that Cyprian also has a message for males and married couples, as well as for the female virgins. These early tracts do not provide us with expositions on the nature of virginity itself; the first such study was written by Methodius, the bishop of Olympus who died A.D. 311.[35]

Cyprian actually employs the term *virginitas* seldom in his correspondence (only thrice), but somewhat more often in his treatises: it is no surprise, then, that of the fourteen uses of *virginitas* in these works, all but two are found in the *de habitu virginum*.

While it is also true that Cyprian equated the possession of virginity to a certain equality with the angels of God (*de hab. virg.* 22.2), John Bugge erroneously identifies Cyprian as the author of the proposition that "virginity makes itself the equal of the angels, in fact . . . it even excels them, for it gains the victory against nature in the besieged flesh, which angels do not possess." This statement is found in the tract *de disciplina et bono pudicitiae*, 7, and the current opinion is that Novatian, rather than Cyprian, is the author.[36]

CONCLUSION

From this brief review of the way Cyprian used the terms *continentia*, *castitas* and *virginitas* in his writings, we can see plainly that he applied them all both to males and females of all ages. Furthermore, as technical terms, each of these three words and the concepts which they represent, as Cyprian used them, are applicable to various conditions of life in which human beings find themselves. According to the Bishop of Carthage, the virtues of *continentia*, *castitas* and *virginitas* can exist in single males, single females, virgins of both sexes, widows, widowers, and even in married couples. While these conditions of continence, chastity and virginity were desired in all Christians, Cyprian particularly yearned for them in the clerics at Carthage.

The key to success in the pursuit of a chaste, continent, and well-regulated life seems to be, in the mind of Cyprian, the virtue of patience.

---

33   Rousselle (1983), 170.
34   Tertullian: text in *Corpus Christianorum, series Latina*, vol. II, ed. E. Dekkers (Turnholt: 1954), 1209-1226).
35   idem., 171.
36   PL 4, col. 855: more recently found in *Corpus Christianorum, series Latina*, IV, ed. G.F. Diercks (Turnholt: 1972), 103-127, at 118-119.

And it is patience which is at the very basis of the Christian faith and directs our actions as Christians in life.[37]

---

37   *de bon. pat.* 20: "ipsa [= patientia] est quae fidei nostrae fundamenta firmiter munit, ipsa est quae incrementa spei sublimiter provehit. ipsa actum dirigit, ut tenere possimus viam Christi, dum per eius tolerantiam gradimur, ipsa efficit ut perseveremus filii Dei, dum patientiam patris imitamur."

IMAGINIBUS VERO QUASI LITTERIS RERUM RECORDATIO CONTINETUR

VERSUCH EINER SITUIERUNG DER *CENA CYPRIANI*

Thomas Ricklin

Die *Cena Cypriani* ist ein seltsames Stück spätantiker Literatur.[1] Selbst das seriöse *Lexikon des Mittelalters* qualifiziert die *Cena*, ähnlich wie der eher zu Scherzen aufgelegte Russe M. Bachtin[2] als "burlesk-parodist. und rätselvolles Prosastück".[3] Auf denselben Punkt gebracht hat es bereits Johannes Diaconus gegen Ende des 9. Jahrhunderts, in seiner dem Papst Johannes VIII. gewidmeten Bearbeitung des Stückes: "Wer hier das Lachen unterdrücken kann, muss wahrlich aus Marmor sein."[4]

Im folgenden möchte ich ein wenig zum Verständnis dieses Paradebeispiels christlicher Lachkultur beitragen. Im Anschluss an eine knappe Analyse des Textes werde ich mich auf das Wagnis einlassen, das intellektuelle Rüstzeug aufzuspüren, das meines Erachtens sowohl die Produktion als auch die Rezeption der *Cena Cypriani* reguliert. Danach möchte ich mich in der Aufdeckung des sozialen Ortes der *Cena* versuchen. Meine Ausführungen werden entschieden trockener sein als der Text, dessen Erhellung sie dienen sollten. Dafür gibt es keine Entschuldigung und wer sich diese Trockenübung nicht zumuten will, möge direkt zum Text der *Cena Cypriani* greifen.

---

1 Es liegen zwei kritische Ausgaben des Textes vor. K. Strecker hat seiner Edition der *Iohannis Diaconi versiculi de Cena Cypriani*, in: Monumenta Germaniae historica, Poetae latini aevi Carolini, IV 2, Berlin 1896, 854-900 auch eine Edition des ursprünglichen Textes der *Cena Cypriani* beigegeben. Diesen hat Ch. Modesto jetzt zusammen mit den Bearbeitungen von Hrabanus Maurus, Johannes Diaconus, Azelinus von Reims und dem anonymen Text des Codex Atrabatensis 557 in ihrer Arbeit *Studien zur Cena Cypriani und zu deren Rezeption*, Tübingen 1992 neu ediert und übersetzt. Aus dieser Edition wird im folgenden zitiert. Die Zahlen in eckigen Klammern verweisen auf Seiten- und Versnummerierung. Was die deutsche Übersetzung der *Cena Cypriani* betrifft, sei darauf hingewiesen, dass Dirk Van Damme eine solche bereits in *Adversus Tempus, Melanges offerts a Willy Rordorf pour son 50° anniversaire*, Neuchâtel, le 7. juillet 1983, Centre Universitaire des Polycopies, 1-12 einer bescheidenen, aber um so interessierteren Öffentlichkeit vorgelegt hat.

2 *Rabelais und seine Welt*, Frankfurt a.M. 1987, 329: "Der Autor des Abendmahls präsentiert eine umfangreiche Sammlung nicht nur der Festmahlmotive, sondern überhaupt aller Festmotive aus der ganzen Bibel. Er vereinigt sie zu einem bewegten und lebendigen Festmahlpanorama von extrem karnevalesker oder, besser gesagt, saturnischer Freiheit."

3 E. Rauner, s.v. *Ps.Cypriani Cena*, in: Lexikon des Mittelalters III, 1986, 402.

4 "Qui risum poterit stringere, marmor erit." [200,10]

AUFBAU UND GLIEDERUNG DER *CENA CYPRIANI*

Die *Cena Cypriani* gliedert sich in der von Ch. Modesto besorgten Ausgabe in 289 Zeilen. In den meisten dieser Zeilen stehen je die Namen zweier biblischer Gestalten. Den einzelnen Personennamen ist jeweils ein für die entsprechende Gestalt "typisches" Attribut zugeordnet, oder aber eine, von der fraglichen Figur laut dem christlichen Schrifttum ausgeführte Handlung, wird kurz in Erinnerung gerufen. Für diese aus einem Personennamen plus der spezifischen Erweiterung bestehenden Sinneinheiten hat sich im Anschluss an A. Harnack die Bezeichnung "Devise" eingebürgert.[5] Gut 450 solcher Devisen sind in der *Cena Cypriani* wie die Perlen einer Kette aneinandergereiht, Perlen, die durch die Handlungsanweisungen eines Königs namens Johel zusammengehalten und gruppiert werden.

Neunmal greift König Johel im Verlauf der *Cena* in das Geschehen ein. Er ist es, der zur Hochzeit einlädt, während der es zu jenem Gastmahl kommt, dem die *Cena Cypriani* die literarische Gattungsbezeichnung in ihrer Überschrift verdankt. Im weiteren Verlauf der Handlung sorgt König Johel immer wieder für Impulse. So bittet er seine Gäste, zwecks Verkleidung, in seine Kleiderkammer. Danach ordnet er an, wie die Geladenen zum Gelingen des *convivium* beizutragen haben. Nach längerer Zurückhaltung gibt er das Startzeichen für einen Festzug und als Gastgeber nimmt er die Geschenke der Anwesenden entgegen. Für neue Dramatik sorgt er mit seinem Befehl, die Eingeladenen nach einem entwendeten Gegenstand zu durchsuchen, was nicht ohne von ihm angeordnete Foltern zu bewerkstelligen ist, die in der Verhängung der Todesstrafe durch den König kulminieren, worauf er schliesslich auch noch die Bestattung des Opfers gebietet.

Im ausdrücklich convivialen Teil des Handlungsverlaufes kommt, neben den königlichen Handlungsanweisungen, vor allem der Speisenfolge die Funktion zu, das mitunter chaotische Geschehen zu gliedern. So wird, nachdem die ganze Gesellschaft sitzt, zuerst ein Vorgericht gereicht, worauf sich alle zur Zubereitung eines Kalbes zusammenfinden, nur um kurz darauf Wildbret zu schmausen. Als nächster Gang der Speisenfolge kommt das Fischgericht, dem sich, bevor die Szene sich langsam auflöst, ein überaus individuell gestaltetes Weingelage anschliesst.

So weit bietet die *Cena Cypriani* keine Schwierigkeiten. Seinem Aufbau entsprechend lässt sich der Text unschwer der literarischen Gattung der Symposion-, bzw. Deipnonliteratur zuordnen.[6]

---

[5]   Vgl. *Drei wenig beachtete cyprianische Schriften und die "Acta Pauli"*, in: Texte und Untersuchungen zur Geschichte der altchristlichen Literatur, N.F. 3 (1899) 3-34, 15.

[6]   Vgl. J. Martin, *Symposion, Die Geschichte einer literarischen Form*, Paderborn 1931, besonders 191-196; ders. s.v. *Deipnonliteratur*, in: Reallexikon für Antike und Christentum III, 1957, 658-666; sowie W. Pabst, *Zur Satire vom lächerlichen Mahl*, in: Antike und Abendland 32 (1986) 136-158, 140-142.

EINE EXEMPLARISCHE SZENE: DIE DARBRINGUNG DER GESCHENKE

So plausibel diese gattungsgeschichtliche Einordnung für die *Cena* als ganzes ist, so unbefriedigend ist sie angesichts der einzelnen Szenen des Textes. Exemplarisch sei hier die Szene der Darbringung der Geschenke an den Gastgeber angeführt, in der als erster Abraham einen Widder bringt, darauf Thekla einen Stier, Noach ein Schäfchen, Rebekka ein Kamel, Simson einen Löwen, Esau einen Hirsch, Jesus ein Kalb, Jakob ein Zugtier, Elia einen Wagen, Judit ein Kleid, Batseba Haare, Achan einen Löffel, Josef Getreide, Ruben Harz, Abimelech Geld, Levi Zirbelnüsse, Moses ein Kästchen, Petrus eine Honigwabe und Abigajil schliesslich Lebensmittel.[7]

Wie überhaupt in der *Cena* handelt es sich auch beim gesamten Personal dieser Szene um Figuren aus dem jüdisch-christlichen Schrifttum, doch darüber hinaus stehen weder die Personen noch die Gaben in einer vorgegebenen Beziehung zueinander. Erst auf der Ebene der einzelnen Devise ergibt sich so etwas wie eine "sinnvolle" Aussage. Ohne besondere Bibelkenntnisse ist z.B. ersichtlich, weshalb Abraham einen Widder darbringt (vgl. Gen. 22). Ebenso plausibel dürfte die Zusammenstellung von Josef und Getreide sein (vgl. Gen. 41). In Anbetracht des von Gott an Moses ergangenen Auftrags zur Herstellung der Bundeslade (*arca*, Ex. 25, 10-22), bzw. des Umstands, dass Moses als Knäblein in einem Kästchen (*fiscella*) ausgesetzt worden ist (Ex. 2, 3-6), bedarf auch diese Devise keiner besonderen Erklärung. Ebenfalls keine Probleme bietet Rebekkas Kamel. Sie tränkt in Gen. 24 ebendieses Tier des auf Brautschau für Isaak ausgeschickten Knechts des Abraham. In Ri. 14 zerreisst Simson einen jungen Löwen und Elia wird in 2. Kön. 2, 11 im Feuerwagen entrückt. Judit macht sich, ehe sie aufbricht um Holofernes zu töten, schön und bei dieser Gelegenheit "inducit se vestimentis iucunditatis suae" (Jdt. 10, 3). Unmittelbar ersichtlich ist auch, weswegen Achan einen Löffel schenkt (vgl. Jos. 7, 21[8]), Abimelech dem König Geld übergibt (vgl. 20.16), während das Geschenk des Petrus eine Honigwabe ist (vgl. Luk. 24, 42[9]) und dasjenige des Abigajl ganz allgemein aus Lebensmitteln besteht (vgl. 1. Sam. 25, 18). Selbst die Geschenke von Jesus und Rubens können noch ausschliesslich aufgrund biblischer Textpassagen erhellt werden[10]. Dass Thekla einen Stier über-

---

[7]   "Quo facto iussit eos rex ad se venire. Qui venerunt altera die et munera ei obtulerunt. Primus itaque omnium obtulit arietem Abraham, taurum Tecla, oviculam Noe, camelum Rebecca, leonem Samson, cervum Esau, vitulum Iesus, iumentum Iacob, currum Helias, vestem Iudith, crines Bersebee, ligulam Achan, frumentum Ioseph, resinam Ruben, pecuniam Abimelech, strobilos Levi, capsam Moyses, favum Petrus, copias Abigea." [30,5-15]

[8]   Vgl. K. Stecker, *Die Cena Cypriani und ihr Bibeltext*, in: Zeitschrift für wissenschaftliche Theologie 54 (1912) 61-78, 67.

[9]   Vulgata: "at illi obtulerunt ei partem piscis assi et favum mellis"

[10]   Vgl. das gemästete Kalb im Gleichnis vom verlorenen Sohn Luk. 15, 11-32 und das Harz, das die Karawane an die Josef verkauft wird, mit nach Ägypten führt in Gen. 37, 25.

reicht, erhellt sich aus dem Umstand, dass diesem Tier bei den Spielen, zu denen Thekla verurteilt ist, eine besondere Rolle zukommt (vgl. Acta Pauli et Theclae, c. 35).

Allerdings fehlen auch auf der Ebene der einzelnen Devise die Schwierigkeiten nicht. Bei Noachs Schäfchen etwa, sind die Deuter der *Cena* mit dem Verweis auf Gen. 8. 20 schnell zur Hand, wo Noah nach dem Verebben der Sintflut einen Altar baut "et tellens de cunctis pecoribus et volucribus mundis obtulit holocausta super altare". Die Stelle spricht nur ganz allgemein von Vieh und Vögeln. Vom Kollektiv *pecus, -coris* (n) ist aber via *pecus, -udis* (f), was soviel wie "einzelnes Stück Vieh, Stück Kleinvieh, Schaf" heissen kann, allerdings kein allzu weiter Weg zu *ovicula*, dem Diminutiv von *ovis*[11]. Ähnlich liegen die Dinge bei Jakob. Das *iumentum*, das er dem König darbringt, verweist wohl ganz allgemein auf eines jener vielen Tiere, die der listenreiche Jakob dem Laban abgenommen hat (vgl. Gen. 30, 37-40)[12].

Ebenfalls nicht besonders hilfreich ist der Hinweis, dass Esaus Hirsch (*cervus*) auf den Vers Gen. 25, 27 zurückgehe. Dort heisst es nur, dass der erwachsene Esau ein "vir gnarus venandi", ein erfahrener Jäger geworden ist. Über eine besondere Affinität des jagenden Esaus zu Hirschen weiss die Bibel nichts zu berichten. Zentral ist die Beziehung zwischen Jäger und Hirsch hingegen im griechischen Mythenkreis. Besonders eindrücklich ist das Schicklsal Aktäons. Während der Jagd trifft er auf die badende Göttin Diana und wird von dieser zur Strafe dafür, dass er sie nackt gesehen hat, in einen Hirschen verwandelt, so dass er schliesslich wie Esau[13] in geflecktes Fell gehüllt ist[14].

Batsebas Haargeschenk wird üblicherweise mit einem Verweis auf 2. Sam. 11 gedeutet, wo berichtet wird, dass David "viditque mulierem se lavantem ex adverso super solarium suum, erat autem mulier pulchra valde". Im Anschluss an diese Szene schwängert der König die schöne Batseba und lässt danach ihren Ehemann hinterhältig umbringen. Auf die einleitende Badeszene spielt die Doppeldevise an "Tunc solem petebat Auses (Jos. 10, 12),[15] ut siccaretur Bersebee" [30,3]. Die Haare spielen im Text der Episode keine Rolle. Erst die Berücksigung der vielfachen symbolischen Bedeutungen des Haupthaares erlaubt es, Batsebas Geschenk zu entzif-

---

[11]   Vgl. aber auch Ex. 20, 24.
[12]   Mit dieser Bedeutung ist *iumentum* z.B. in Gen. 8, 1 belegt: "recordatus autem Deus Noe cunctarumque animantium et omnium iumentorum quae erant cum eo in arca adduxit spiritum super terram et inminutae sunt aquae."
[13]   Gen. 25, 25: "qui primus egressus est rufus erat et totus in morem pellis hispidus vocatumque est nomen Esau."
[14]   Ovid, *Metamorphosen*, III, 193-197: "(...) nec plura minata/dat sparso capiti vivacis cornua cervi, dat spatium collo summasque cacuminat aures, cum pedibusque manus, cum longis bracchia mutat/cruribus et velat maculoso vellere corpus."
[15]   Siehe dazu K. Strecker, op. cit., 71.

fern. Von der erotischen Konnotation der Haare ausgehend, erinnert die Darbringung der *crinis* an den Beischlaf zwischen dem König und der Offiziersgattin[16] sowie daran, dass Batseba nach der Trauerzeit zu Davids Gemahlin wird. Andererseits gelten die unterschiedlichsten Manipulationen der Haare als Trauergesten[17], so dass das Haargeschenk auch den Umstand in Erinnerung rufen kann, dass Batseba ihren toten Gatten beweint (vgl. 2. Sam. 11, 26).

Dass man sich zur Erhellung des Gehalts einzelner Devisen mitunter vom biblischen Text entfernen muss, wird beim letzten noch zu diskutierenden Geschenk am deutlichsten. Die *strobili*, die "Zirbelnüsse", die Levi dem Gastgeber schenkt, verschliessen sich von der Bibel her jeder Deutung. Hilfreich ist hingegen die Tatsache, dass die Juden in mischnischer Zeit das Lehnwort στροβίλιον für die Bezeichnung von Pinienkernen verwendeten, und dass es untersagt war, Pinienkerne an Nichtjuden zu verkaufen, weil sie im heidnischen Kult als Opfergaben verwendet wurden[18]. Damit ist, wenn auch unter umgekehrten Vorzeichen, eine eindeutige Beziehung zwischen den *strobiloi* und Levi als dem Vertreter der jüdischen Priesterschaft etabliert.

DIE LITERARISCHEN TECHNIKEN DER *CENA CYPRIANI*

Was in der *Cena Cypriani* geschieht, ist, um die Worte des Ausonius bezüglich seiner *Cento nuptialis* zu benützen, "ein Zusammenlesen von Verstreutem und ein Aneinanderfügen von Bruchstücken"[19] um ein "Werk zu schaffen, das auf der Kontinuität von Unverbundenem, auf der Einheit von Verschiedenem, auf dem Spielerischen des Ernsten und auf der Aneignung von Fremdem"[20] beruht. Wie eine Cento verfügt auch die *Cena* über eine "Struktur, die aus verschiedenen Quellen und unterschiedlichen Aussagen zusammengefügt ist".[21]

---

[16] Vgl. 2. Sam. 11, 4: "David ... dormivit cum ea"

[17] Vgl. dazu B. Kötting, s.v. *Haar*, in: Reallexikon für Antike und Christentum XIII, 1986, 177-203.

[18] Siehe I. Löw, *Die Flora der Juden*, Hildesheim 1967, Nachdruck der Ausgabe Wien-Leipzig 1924, III, 44.

[19] "Sparsa colligere et integrare lacerata", *Cento nuptialis*, ed. H. G. Evelyne Wayte, London 1968, 370.

[20] "Opusculum de inconexis continuum, de diversis unum, de seriis ludicrum, de alieno nostrum", ed. cit., 372.

[21] "Variis de locis sensibusque diversis quaedam carminis structura solidatur", op. cit., loc. cit. Zu den Regeln, die Ausonius für die Verfassung von Centonen aufgestellt hat, siehe R. Herzog, *Die Bibelepik der lateinischen Spätantike, Formgeschichte einer erbaulichen Gattung*, I, München 1975, 4-13. Nach Ch. Modesto, op. cit., 82f., lässt sich die *Cena Cypriani* nur mit Vorbehalten der literarischen Gattung der Cento zuordnen, denn gemäss der Definition des Ausonius werden nur *Versdichtungen* als Centonen bezeichnet, so dass die in Prosa abgefasste *Cena* den Kriterien der Gattung nicht vollumfänglich zu genügen scheint.

Bereits H. Brewer hat darauf hingewiesen, dass nicht nur im strengen Sinne Centonen zu nennende Werke als Parallelen zur *Cena Cypriani* beizuziehen sind. Auch aus dem theologischen Schrifttum der Spätantike lassen sich Textpassagen beibringen, die eine gewisse Nähe zur *Cena* erkennen lassen.[22] Brewer hat vor allem auf die *Constitutiones Apostolorum* aufmerksam gemacht, in denen sich im Buch VII, 37 eine lange Liste verschiedener Gott wohlgefälliger Opfer findet.[23] Zeitlich bis zu 200 Jahre früher als die *Constitutiones* sind z. B. zwei Passagen aus der *Passahomilie* des Melito von Sardes und aus der pseudocyprianischen Predigt *Adversos Iudaeos*.

In beiden Texten antworten die Verfasser auf ein präzises theologisches Problem unter Verwendung einer Reihe biblischer Testimonien. So deutet Melito in seiner *Passahomilie* das Leiden Christi unter Anführung des gleichfalls getöteten Abels (Gen. 4, 8), des ebenfalls gefesselten Isaaks (Gen. 22, 9), des ebenso verkauften Josefs (Gen. 37, 28), des gleichermassen ausgesetzten Moses (Ex. 2,5), des auch verfolgten Davids (1. Sam. 18, 6-11) und der nicht minder leidenden Propheten.[24] Im Katalog der anonymen Predigt *Adversus Iudaeos* geht es hingegen darum, das Verhalten der Juden gegenüber Männern, die Christus angesagt oder abgelehnt haben, darzustellen:

"Moses verfluchten sie, weil er Christus kündete; Dathan liebten sie, weil er Christus nicht kündete, Aaron lehnten sie ab, weil er ein Vor-

---

[22] Vgl. H. Brewer, *Über den Heptateuchdichter Cyprian und die Caena Cypriani*, in: Zeitschrift für katholische Theologie 28 (1904) 92-115, 103.

[23] Ἄβελ ἐν πρώτοις τὴν θυσίαν ἐπεῖδες καὶ προσεδέξω, Νῶε ἐξελθόντος τῆς κιβωτοῦ, Ἀβραὰμ μετὰ τὸ ἐξελθεῖν αὐτὸν ἐκ τῆς γῆς Χαλδαίων, Ἰσαὰκ ἐν τῷ φρέατι τοῦ ὅρκου, Ἰακὼβ ἐν Βηθλεέμ, Μωυσέως ἐν τῇ ἐρήμῳ, Ἀαρὼν ἀνὰ μέσον τῶν ζώντων καὶ τῶν τεθνεώντων, Ἰησοῦ τοῦ Ναυῆ ἐν Γαλγάλοις, Γεδεὼν ἐπὶ τῆς πέτρας καὶ τῶν πόκων πρὸ τῆς ἁμαρτίας, Μανωὲ καὶ τῆς αὐτοῦ γυναικὸς ἐν τῷ πεδίῳ, Σαμψὼν ἐν τῷ δίψει πρὸ τῆς πλημμελείας, Ἰεφθάε ἐν τῷ πολέμῳ πρὸ τῆς ἀκρίτου ἐπαγγελίας, Βαρὰκ καὶ Δεββώρας ἐπὶ τοῦ Σισάρα, Σαμουὴλ ἐν Μασσηφᾶ· Δαυὶδ ἐν ἅλῳ Ὀρνᾶ τοῦ Ἰεβουσαίου, Σολομῶνος ἐν Γαβαὼν καὶ ἐν Ἰερουσαλήμ, Ἠλία ἐν τῷ ὄρει τῷ Καρμηλίῳ, Ἐλισσαίου ἐπὶ τῆς ἀτεκνούσης πηγῆς, Ἰωσαφὰτ ἐν τῷ πολέμῳ, Ἐζεκία ἐν ἀρρωστίᾳ καὶ ἐπὶ τοῦ Σενναχηρείμ, Μανασσῆ ἐν γῇ Χαλδαίων μετὰ τὴν πλημμέλειαν, Ἰωσία ἐν τῷ Φασσᾶ, Ἔσδρα ἐν τῇ ἐπανόδῳ· Δανιὴλ ἐν τῷ λάκκῳ τῶν λεόντων, Ἰωνᾶ ἐν τῇ κοιλίᾳ τοῦ κήτους, τῶν τριῶν παίδων ἐν καμίνῳ πυρός, Ἄννας ἐν τῇ σκηνῇ ἐνώπιον τῆς κιβωτοῦ, Νεεμία ἐπὶ τῇ ἀνεγέρσει τῶν τειχῶν καὶ Ζωροβάβελ, Ματταθία καὶ τῶν υἱῶν αὐτοῦ ἐν τῷ ζήλῳ σου, Ἰαὴλ ἐν εὐλογίαις. Ed. M. Metzger (Sources chrétiennes 336) Paris 1987, 87. Nach Brewer op. cit., loc. cit., besteht die Übereinstimmung darin, dass "die Ähnlichkeitsmomente biblischer Erzählungen in der Form kurzer Devisen" hervorgehoben und "perlenartig gereiht in buntschillernder Folge dem Leser" vorgeführt werden. Ch. Modesto, op. cit., 107, weist auf den asyndetischen und elliptischen Charakter der Devisen der *Constitutiones* hin.

[24] Τοιγαροῦν εἰ βούλει τὸ τοῦ κυρίου μυστήριον ἰδέσθαι, ἀπόβλεψον δὴ
εἰς τὸν Ἄβελ τὸν ὁμοίως φονευόμενον,
εἰς τὸν Ἰσὰκ τὸν ὁμοίως συμποδιζόμενον,
εἰς τὸν Ἰωσὴφ τὸν ὁμοίως πιπρασκόμενον,
εἰς τὸν Μωυσέα τὸν ὁμοίως ἐκτιθέμενον,
εἰς τὸν Δαυὶδ τὸν ὁμοίως διωκόμενον,
εἰς τοὺς προφήτας τοὺς ὁμοίως διὰ τὸν Χριστὸν πάσχοντας.
Ed. O.Perler (Sources Chrétiennes 123) Paris 1966, 92.

bild Christi darstellte; Abiron setzten sie ein, weil er Christus widersprach. David hassten sie, weil er Christus besang; Saul hoben sie empor, weil er Christus verfolgte. Helias trieben sie in die Flucht, weil er von Christus sprach: Achab retteten sie, er sagt ja nichts über Christus. Jeremias, der Christus vorhersagte, steinigten sie; Ananias, der Christus verachtete, liebten sie; Isaias, der Christus verkündigte, zersägten sie; Manasses, der Christus verfolgte, lobten sie über die Massen; Johannes, der auf Christus hinwies, brachten sie um; .... Zacharias, der Christus liebte, ermordeten sie."[25]

Wenn wir bei Cyprian in der Vorrede zu seiner Testimoniensammlung *Ad Quirinum* lesen, dass er, soweit sein schwaches Gedächtnis es ihm erlaubt, alle zur Behandlung einzelner theologischer Themen notwendigen biblischen Belegstellen auszugsweise in zusammenhängenden Abschnitten zusammengestellt hat,[26] so ist das ein erster Hinweis auf einen wichtigen Aspekt dieser Testimonienreihen. Denn was in derart bündiger Form gelesen wird, wird dauernder im Gedächtnis behalten.[27]

Die angeführten Textpassagen belegen zum einen, dass es sich bei den asyndetisch-elliptischen Testimonienreihen, bzw. Devisenkatalogen nicht um eine Textgattung handelt, die erst in der 2. Hälfte des 4. Jahrhunderts zu belegen ist.[28] Zum anderen legen Cyprians Worte nahe, die Textgattung der *testimonia* nicht allein aufgrund inhaltlicher, d.h. theologischer Kriterien zu bestimmen, sondern auch die formalen Aspekte der Gattung, die darauf zielen die Memorisierung des fraglichen Stoffes zu erleichtern, in Rechnung zu stellen.[29]

Doch findet sich bei kirchlichen Autoren nicht nur Erhellendes zum formalen Aspekt der *testimonia*. Auch die literarische Gattung der Cento wird bereits im 2. Jahrhundert zum Thema. So erklärt Irenaeus bezüglich

---

[25]   "Moysem maledicebant quoniam Christum praedicabat: Dathan amabant quoniam Christum non praedicabat. Aaron repudiabant [in sacerdotio] quoniam Christi similitudinem praeferebat: Abiron constituebant quoniam Christo contradicebat. David oderant quoniam Christum canebat: Saul extollebant [quoniam Christum persequebatur]. [Heliam fugabant] quoniam Christum loquebatur]. Achab servabant: nihil enim de Christo loquebatur. Hieremiam lapidabant Christum vaticinantem: Ananiam diligebant Christum adversantem. Esaiam secabant Christum vociferantem: Manassen magnificabant Christum persequentem. Ioannem interimebant Christum demonstrantem: [***] Zachariam trucidabant Christum diligentem: Iudam diligebant Christum tradentem." Ed. und trad. D. Van Damme, *Pseudo-Cyprian, Adversus Iudaeos, Gegen die Judenchristen, Die älteste lateinische Predigt*, Freiburg 1969, 114f.

[26]   "Et quidem sicut petisti, ita a nobis sermo conpositus et libellus conpendio breviante digestus est, ut quae scriberentur non copia latiore diffunderem, sed quantum mediocris memoria suggerebat, excerptis capitulis et adnexis necessaria quaeque colligerem, quibus non tam tractasse quam tractandi materiam praebuisse videamur." Ed. R. Weber (Corpus christianorum series latina 3), Turnholti 1972, 3.

[27]   Op. cit., loc. cit.: "Sed et legentibus brevitas eiusmodi plurimum prodest, dum non intellectum legentis et sensum liber longior spargit, sed subtiliore conpendio id quod legitur tenax memoria custodit."

[28]   Dieser Ansicht scheint Ch. Modesto, op. cit., 73 zu sein.

[29]   Vgl. dazu auch A. Quacquarelli, *Note retoriche sui Testimonia di Cipriano*, in: Studi classici in onore di Quintino Cataudella, Catania 1972, III, 545-579.

der Exegesemethode seiner Gegner, dass sie "zerstreut gebrauchte Rede-
wendungen und Namen zusammenlesen" und so dem natürlichen Sinn
Gewalt antun.[30] Der Häresiologe aus Lyon geht sogar soweit, die Art der
Schriftauslegung seiner Gegner mit der Technik jener zu vergleichen, "die
sich ein ganz beliebiges Thema stellen und dasselbe in Homerischen Versen
bearbeiten, so dass die Unkundigen glauben können, Homer habe das aus
dem Stegreif gestellte Thema besungen", worauf Irenaeus als Illustration
zehn Verse aus einer Homer-Centone anführt.[31] Zum selben Thema äussert
sich auch Tertullian in *De praescriptione haereticorum*, wo er ebenfalls zur
Art, wie gewisse heterodoxe Gruppen den heiligen Texten benützen erklärt,
dass die Häretiker eine Technik anwenden, die aus dem profanen Umgang
mit Literatur bestens bekannt ist.

> "Noch heutzutage kann man erleben, wie aus dem Vergil ein ganz an-
> deres Gedicht zusammengesetzt wird, wobei sich der Stoff den Versen
> und die Verse dem Stoff anbequemen müssen. So hat sich z.B. Hosodius
> Geta sein Trauerspiel 'Medea' vollständig aus dem Vergil heraus-
> geklaubt. [...] Homercentonen pflegt man die Leute zu nennen, welche
> eigene Werke mit Hilfe der Gedichte des Homer aus vielen Bruch-
> stücken, die sie wie Flickschneider hierhin und dorthin verteilen,
> zusammenstoppeln."[32]

Tertullians Beschreibung dieser Methode gipfelt in der Feststellung: "Et
utique fecundior divina litteratura ad facultatem cuiusque materie",[33] und
fürwahr, die heilige Literatur ist ein noch ergiebigerer Boden zur Lieferung
jeglichen Stoffes.

---

[30]   *Adversus haereses*, I, 9, 4: "Post deinde dictiones et nomina dispersim posita colligentes,
transferunt, sicut praediximus, ex eo quod est secundum naturam in id quod est contra naturam, similia facientes his qui controversias sibimetipsis quaslibet proponunt, post deinde
conantur ex homericis versibus meditari eas, ita ut idiotae putent ex illa temporali declamata
contoversia Homerum versus fecisse et multi abducantur per compositam consequentiam ver-
suum, ne forte haec sic Homerus fecerit." Ed. A. Rousseau et L. Doutreleau (Sources Chrétiennes 264), Paris 1979, 146

[31]   Siehe dazu R. L. Wilken, *The Homeric Cento in Irenaeus, "Adversus Haereses"*, in: Vigi-
lia Christiana 21 (1967) 25-33.

[32]   *De praescriptione haereticorum*, 39: "Vides hodie ex Virgilio fabulam in totum aliam
componi, materia secundum versus versibus secundum materiam concinnatis. Denique Hosi-
dius Geta Mediae tragoediam ex Virgilio plenissime exsuxit. [...] Homerocentones etiam vocari solent qui de carminibus Homeri propria opera more centonario ex multis hinc inde
compositis in unum sarciunt corpus." Ed. A. Kroymann (Corpus scriptorum ecclesiasticorum
latinorum 70) Vindobonae/Lipsiae 1942, 50; Übersetzung H. Keller, Bibliothek der
Kirchenväter, Kempten/München 1915, 349.

[33]   Op. cit., loc. cit. Diese Stelle legt es nahe der von Ch. Modesto angeführten gattungstheo-
retischen Beschränkung der Centonenliteratur auf Versdichtung (siehe oben Anm. 21) nicht
allzuviel Gewicht beizumessen. In den heiligen Büchern, die nach Tertullian ebenfalls als
Steinbruch für Centonen dienen können, finden sich bekanntlich nur wenige in Versen abgefasste Texte.

CENTONEN, RHETORIK UND MNEMOTECHNIK

In der heidnischen Gesellschaft scheint vor allem das Gastmahl der Ort gewesen zu sein, an dem solche Centonen zum Besten gegeben worden sind. So lassen sich z.b. die zum *Symposion* des Lukian Geladenen nicht nur von darauf spezialisierten Sklaven unterhalten. Die schmausenden Herren tragen auch selbst etwas zur Geselligkeit bei, indem etwa der Grammatiker Histiaios Zeilen aus Pindar und Hesiod zusammenstückelt und rezitiert und Anakreontos auf dieselbe Weise ebenfalls ein eigenes, besonders lustiges Poem zum Besten gibt.[34]

In einem ähnlich unterhaltsamen Rahmen hat vielleicht auch Augustinus die wundersame Fähigkeit seines Freundes Simplicius entdeckt, der den gesamten Vergil rückwärts aufsagen konnte.[35] Derselbe Augustinus empfiehlt im vierten, der Rhetorik gewidmeten Buch der *Doctrina Christiana* jenen, die öffentlich über die heilige Schrift zu sprechen haben, desto besser in den Schriftworten bewandert zu sein, je ärmer sie an eigenen Worten sind.[36] Der Bischof von Hippo behandelt in diesem Werk die mnemotechnischen Methoden, die es ermöglichen sollen die besagten Schriftworte im Gedächtnis zu behalten, nicht eigens. Diesbezügliche Anleitungen finden sich jedoch in jenen Lehrbüchern der Rhetorik, auf die Augustinus seine Leser mindestens indirekt hinweist.[37] Viele der an der Tempelweihe unter Konstantin anwesenden Kirchenmänner, die das "Fest durch Gebete und Reden verherrlichten", dürften sich bei der Ausarbeitung ihrer "Preisreden" und ihren "Erklärungen der heiligen Schriften"[38] auf diese Technik verlassen

---

34   *Symposion:* (...) ὁ δὲ Ἱστιαῖος ὁ γραμματικὸς ἐρραψῴδει ὕστερος κατακείμενος καὶ συνέφερεν ἐς τὸ αὐτὸ τὰ Πινδάρου καὶ Ἡσιόδου καὶ Ἀνακρέοντος, ὡς ἐξ ἁπάντων μίαν ᾠδὴν παγγέλοιον ἀποτελεῖσθαι (...), ed. A. M. Harmon, London 1979, 430. Zur mitunter auch problematischen Nähe zwischen sog. seriösen Männern des Wortes und professionellen Unterhaltern siehe J.-C. Schmitt, *La raison des gestes dans l'Occident médiéval*, Paris 1990, 43f.

35   *De natura et origine animae* IV, vii, 9: "Amicus quidam meus iam inde ab adulescentia, Simplicius nomine, homo excellentis mirabilisque memoriae, cum interrogatus esset a nobis, quos versus Vergilius in omnibus libris supra ultimos dixerit, continuo celeriter memoriterque respondit. Quaesivimus etiam superiores ut diceret: dixit. Et credidimus eum posse retrorsus recitare Vergilium; de quocumque loco voluimus, petivimus ut faceret: fecit. Prosa etiam de quacumque oratione Ciceronis, quam memoriae commendaverat, id eum facere voluimus: quantum voluimus sursum versus secutus est." Ed. C. Urba et I. Zycha (Corpus scriptorum ecclesiasticorum latinorum 60) Vindobonae/Lipsiae 1913, 389.

36   *De doctrina Christiana* IV, 21: "Huic ergo qui sapienter debet dicere etiam quod non potest eloquenter, verba scripturarum tenere maxime necessarium est." Ed. G. Green (Corpus scriptorum ecclesiasticorum latinorum 80) Vindobonae 1963, 122.

37   Vgl. op. cit., IV, 3; 118: "Primo itaque expectationem legentium, qui forte me putant rhetorica daturum esse praecepta quae in scolis saecularibus et didici et docui, ista praelocutione cohibeo atque ut a me non expectentur admoneo; non quod nihil habeant utilitatis, sed quod, si quid habent, seorsum discendum est (...)."

38   Eusebius, *De vita Constantini*, IV, 45: (...) οἱ δὲ τοῦ θεοῦ λειτουργοὶ εὐχαῖς ἅμα καὶ διαλέξεσι τὴν ἑορτὴν κατεκόσμουν· οἱ μὲν τοῦ θεοφιλοῦς βασιλέως τὴν εἰς τὸν τῶν ὅλων σωτῆρα καθοσίωσιν ἀνυμνοῦντες, τάς τε περὶ τὸ μαρτύριον μεγαλουργίας διεξιόντες τῷ λογῷ, οἱ δὲ ταῖς ἀπὸ τῶν θείων δογμάτων πανηγυρικαῖς θεολογίαις πανδαισίαν λογικῶν τροφῶν ταῖς

haben, "denn die Beredsamkeit ist" wie Johannes Chrysostomos sagt, "keine Sache der Naturanlage, sondern Sache fleissigen Erlernens".[39] Trainiert wird diese Kompetenz in den Rhetorikschulen. Die "bene dicendi scientia"[40], die Wissenschaft des guten Ausdrucks, setzt die Beherrschung der fünf Techniken *inventio, dispositio, elocutio, memoratio* und *pronuntiatio* voraus.[41] Was Martianus Capella zu Beginn des fünften Jahrhunderts zu diesen Stichworten anführt, beruht auf von römischen Rhetoren erarbeiteten Konzepten.[42] Kernstück der Mnemotechnik ist in diesen Lehren der Beredsamkeit die Erkenntnis, dass "imaginibus vero quasi litteris rerum recordatio continetur",[43] dass Bilder beinahe wie Buchstaben die Erinnerung der Dinge enthalten.

Am ausführlichsten wird die Technik des Erinnerns im anonymen Werk *Rhetorica ad Herennium* beschrieben.[44] Für den Autor dieses Handbuchs der Rhetorik ist die Erinnerung der *custos rhetoricae* und deshalb, kommt auf diesem Gebiet der Kunstfertigkeit besondere Bedeutung zu.[45] Das Training der Rhetoren bezieht sich allerdings nur auf die *memoria artificiosa*. Die *memoria naturalis*, "quae nostris animis insita est et simul cum cogitatione nata",[46] ist von den folgenden Ausführungen nur am Rand betroffen. Die künstliche Erinnerung basiert auf *loci* (Orte) und *imagines* (Bilder). Ort wird dabei ein künstliches oder natürliches Gebilde genannt,

---

πάντων παραδιδόντες ἀκοαῖς· ἄλλοι δ' ἑρμηνείας τῶν θείων ἀναγνωσμάτων ἐποιοῦντο, τὰς ἀπορρήτους ἀποκαλύπτοντες θεωρίας (...), Ed.F. Winkelmann, Berlin 1991, 139.

[39]   *De sacerdotio*, V, 5: Ἐπειδὴ γὰρ οὐ φύσεως, ἀλλὰ μαθήσεως τὸ λέγειν, κἂν εἰς ἄκρον αὐτοῦ τις ἀφίκηται, τότε αὐτὸν ἀφίησιν ἔρημον, ἂν μὴ συνεχεῖ σπουδῇ καὶ γυμνασίᾳ ταύτην θεραπεύῃ τὴν δύναμιν. PG 48, 674f.

[40]   Martianus Capella, *De nuptiis Philologiae et Mercurii*, IV, 414; ed. A. Dick, Stuttgart 1978, 203.

[41]   Vgl. op. cit., V, 442; 217f.: "Inventio est quaestionum arguemtorumque sagax investigatrixque comprehensio. Dispositio est, quae ordinem rebus attribuit. Elocutio, quae arripit verba vel propria vel translata, quaeque nova facit vetaraque componit. Memoria firma rerum verborumque custodia est. Pronuntiatio vocis, motus gestusque pro rerum verborumque dignitate moderatio."

[42]   Siehe dazu H. Hajdu, *Das mnemotechnische Schrifttum des Mittelalters*, Amsterdam 1967, 28-33.

[43]   Martianus Capella, *De nuptiis Philologiae et Mercurii*, V, 338; 269. Die Wegweisende Studie zu diesem Aspekt hat F. Yates, *Gedächtnis und Erinnern, Mnemonik von Aristoteles bis Shakespeare*, Weinheim 1990 (zuerst *The Art of Memory*, London 1966) vorgelegt. Siehe jetzt auch M. Carruthers, *The Book of Memory*, Cambridge 1990. Zu den bildlichen Aspekten von Aristoteles' *De memoria et reminiscentia* siehe speziell R. Sorabji, *Aristotle on Memory*, Rhode Island 1972, 22-34.

[44]   Bei Cicero finden sich die entsprechenden Anweisungen in *De oratore*, II, lxxxvi, 351-lxxxviii, 361, Quintilian trägt sie in *Institutio oratoria*, XI, ii vor; vgl. dazu F. Yates, op. cit., 11-33 und H. Blum, *Die antike Mnemotechnik*, New York 1969.

[45]   Vgl. *Rhetorica ad Herennium*, III, xvi, 28; ed. G. Calboli, Bologna 1969, 149.

[46]   Op. cit., loc. cit. Eine wunderbare Beschreibung einer pathologischen "Verwechslung" des künstlichen und des natürlichen Gedächtnisses findet sich in *Der Mann, dessen Welt in Scherben ging*, Reinbek 1991, 147-249 des russischen Neurologen A. R. Lurija aus dem Jahr 1971.

das leicht in das natürliche Gedächtnis aufgenommen werden kann, wie etwa ein Zimmer, eine Säulenhalle oder andere architektonische Gegebenheiten.[47] Bilder hingegen sind die Formen, Zeichen oder Ähnlichkeiten jener Dinge, die im Gedächtnis behalten werden sollen, und die an bestimmten Orten angebracht werden.[48] Der ganze Vorgang des künstlichen Erinnerns verläuft analog zum Prozess der Verschriftlichung von Gehörtem und der späteren Lektüre der Aufzeichnung. Die Orte sind das Wachs, in das geschrieben wird, die Bilder sind die Schriftzeichen. Die Anordnung der Bilder nimmt den Platz des Schreibens ein und das Vortragen der im Gang durch die Orte wieder zusammengetragenen Bilder entspricht dem Lesen des Textes.[49] Und wie die Schriftzeichen nach Gebrauch ausgewischt werden, werden auch die Bilder je nach Bedarf gelöscht, während die Orte gleich dem Schreibwachs erhalten bleiben müssen.[50]

DIE GROTESKEN BILDER DER MNEMOTECHNIK

Die Bilder, die in diesem Kunstgedächtnis Verwendung finden, müssen den Dingen, für die sie in der Erinnerung stehen sollen, ähnlich sein, wobei sich diese Ähnlichkeit entweder auf die Dinge selbst oder aber auf die diese Dinge bezeichnenden Worte beziehen kann.[51] An dieser Stelle ist dem Verfasser der *Rhetorica ad Herennium* vielleicht bewusst geworden, dass seine Ausführungen allzu abstrakt zu werden drohten, jedenfalls wählt er ein Beispiel um zu illustrieren, was er unter der *similitudo rerum* versteht. Das *exemplum* ist bezeichnenderweise der Rechtspraxis entnommen. Es geht darum im Gedächtnis festzuhalten, dass der Ankläger vorgetragen hat, der Angeklagte habe einen Mann vergiftet um so in den Besitz dessen Vermögens zu gelangen, wofür es viele Zeugen gebe.

"Wir werden uns krank im Bett liegend eben denselben vorstellen, um den es geht, wenn wir sein Aussehen im Kopf haben; wenn nicht werden

---

[47]   *Rhetorica ad Herennium*, III, xvi, 29; 150: "Constat igitur artificiosa memoria ex locis et imaginibus. Locos appellamus eos, qui breviter, perfecte, insignite aut natura aut manu sunt absoluti, ut eos facile naturali memoria conprehendere et amplecti queamus: ut aedes, intercolumnium, angulum, fornicem, et alia, quae his similia sunt."

[48]   Op. cit., loc. cit.: "Imagines sunt formae quaedam et notae et simulacra eius rei, quam meminisse volumus: quod genus, equi, leonis, aquilae memoriam si volemus habere, imagines eorum locis certis conlocare oportebit."

[49]   Op. cit., xvii, 30; 150: "Quemadmodum igitur qui litteras sciunt, possunt id, quod dictatur, eis scribere et recitare quod scripserunt, item qui mnemonica didicerunt, possunt, quod audierunt, in locis conlocare et ex his memoriter pronuntiare. Nam loci cerae aut cartae simillimi sunt, imagines litteris, dispositio et conlocatio imaginum scripturae, pronuntiatio lectioni."

[50]   Op. cit., xviii, 31; 151: "Imagines, sicuti litterae, delentur, ubi nihil utimur; loci, tamquam cera, remanere debent."

[51]   Op. cit., xx, 33; 152: "Quoniam ergo rerum similes imagines esse oportet, ex omnibus rebus nosmet nobis similitudines eligere debemus. Dupliciter igitur similitudines esse debent, unae rerum, alterae verborum."

wir auf jeden Fall irgendeinen bestimmten Kranken nehmen, nicht aus
einer der untersten sozialen Stellungen, damit er uns schnell in den Sinn
kommen kann. Den Angeklagten werden wir dicht neben sein Bett
stellen, mit der Rechten einen [Gift-]Becher, mit der Linken die
[Testaments-]Tafel, mit dem Ringfinger [der linken Hand] einen Geldbeutel (testiculos arietinos[52]) haltend: auf diese Weise werden wir
Erinnerung an die Zeugen (testium memoriae), an die Erbschaft und an
den Vergifteten haben können. Ebenso werden wir danach die übrigen
Anklagepunkte der Reihe nach placieren."[53]

Mit dieser kleinen Skizze eines mnemotechnischen Bildes ist der dem
Gedächtnis gewidmete Lehrgang der Rhetorica ad Herennium aber noch
nicht abgeschlossen. Wie der anonyme Lehrer weiter erklärt, gibt es Bilder,
die geeigneter sind als andere, um etwas zu behalten. Der Erfolg der Methode basiert zu einem guten Teil auf der Beständigkeit der visuellen Ein-
drücke.[54]

"Wir müssen also Bilder von der Art kreieren, dass sie möglichst lange
im Gedächtnis haften. Dies ist der Fall, wenn wir möglichst bemer-
kenswerte Ähnlichkeiten schaffen; wenn wir nicht viele und ver-
schwommene, sondern bewegende Bilder einsetzen; wenn wir sie mit
ausserordentlicher Schönheit oder einmaliger Hässlichkeit ausstat-
ten; wenn wir sie irgendwie ausschmücken, etwa mit Kronen oder Pur-
purmänteln, wodurch die Ähnlichkeit auffälliger wird; oder wenn wir
sie mit Blut oder Kot beschmieren oder sie mit roter Farbe anstreichen,
wodurch ihre Form erkennbarer wird, oder indem wir dem Bild irgend
etwas Lächerliches beifügen, denn auch dies führt dazu, dass wir uns
leichter erinnern werden."[55]

Mnemotechnisch leistungsfähige Bilder sind also Bilder, in denen das,
was im Gedächtnis behalten werden soll, im wahrsten Sinne des Wortes
unübersehbar mit grotesken Zügen ausgestattet wird. Ganz und gar grotesk

---

[52]   Die Geldbeutel wurden nicht nur aus den Hodensäcken von Widdern hergestellt, sondern die testiculos arietinos sind vom Klangbild her auch nahe bei den testes, den Zeugen der
Untat, vgl. H. Blum, op. cit., 18.
[53]   Rhetorica ad Herennium, III, xx, 33; 152. Ich zitiere die Übersetzung nach H. Blum, op.
cit., 17f.
[54]   Rhetorica ad Herennium, III, xxii, 35; 153: "Docet igitur nos ipsa natura, quid oporteat
fieri. Nam si quid res in vita videmus parvas, usitatas, cottidianas, meminisse non solemus
propterea quod nulla nova nec admirabili re commovetur animus: at si quid videmus aut au-
dimus egregie turpe aut honestum, inusitatum, magnum, incredibile, ridiculum, id diu meminisse consuevimus. [...] Imitetur ars igitur naturam et, quod ea desiderat, id inveniat, quod
ostendit, sequatur."
[55]   Ebenda, xxii, 37; 154: "Imagines igitur nos in eo genere constituere oportebit, quod
genus in memoria diutissime potest haerere. Id accidit, si quam maxime notatas similitudines
constituemus; si non multas nec vagas, sed aliquid agentes imagines ponemus; si egregiam pul-
chritudinem aut unicam turpitudinem eis adtribuemus; si aliquas exornabimus, ut si coronis
aut veste purpurea, quo nobis notatior sit similitudo; aut si re deformabimus, ut si cruentam
aut caeno oblitam aut rubrica delibutam inducamus, quo magis insignita sit forma, aut ridicu-
las res aliquas imaginibus adtribuamus: nam ea res quoque faciet, ut facilius meminisse
valeamus."

ist nun aber auch die *Cena Cypriani*. Für sich allein genommen wäre dieser Umstand gewiss noch kein hinreichender Grund um die *Cena Cypriani* mit den mnemotechnischen Regeln der *Rhetorica ad Herennium* in Beziehung zu setzen.

Bereits etwas fassbarer wird die Beziehung zwischen der *Cena* und der antiken Mnemotechnik hingegen, wenn in Rechnung gestellt wird, was bei der Lektüre dieses Textes eigentlich passiert. Wie die Szene von der Darbringung der Geschenke gezeigt hat, ist eine nicht von Erinnerung und Assoziation geleitete Rezeption des Textes zwar möglich, doch kann eine solche Lektüre weder durch einen erhabenen Stil, noch durch eine besonders raffinierte dramaturgische Struktur oder eine interessante psychologische Entwicklung der einzelnen Figuren ergötzen.

Erst wenn die in den einzelnen Devisen enthaltenen Bezüge zum biblischen Text und anderen Referenzgrössen aufgedeckt werden, beginnt der Text der *Cena Cypriani* seine Wirkung zu entfalten. Die Rezeption der *Cena* ist also nachhaltig auf jenen Schatz angewiesen, der, wie Hieronymus in seinem berühmten Brief an Laeta erklärt, im Lauf einer gewissenhaften christlichen Erziehung in der *memoria* angelegt werden soll.[56]

DIE *IMAGINES AGENTES* DER *CENA CYPRIANI*

Die *Cena Cypriani* ist auf den *thesaurus memoriae* angewiesen, wie die Saiten des Musikinstruments auf den Resonanzkörper. Dies ist selbstverständlich ein der Centonenliteratur im allgemeinen eigener Zug. Bei der Rezeption der fraglichen Texte wird sich die erlösende Katharsis erst dann in ihrer ganzen Tragweite einstellen, wenn das gelehrte Publikum den ursprünglichen Ort, der vom Autor der Cento zitierten Verse, aufgefunden hat.[57] Im Fall der *Cena* scheint das Spiel mit den Reminiszenzen hingegen noch weiter zu gehen, bzw. komplexer zu sein. Nicht einzelne biblische Verse werden in einen neuen Zusammenhang gebracht, sondern es werden Bilder zusammengestellt, die auf biblische Szenen verweisen. Damit die Rezeption der *Cena* gelingen kann, müssen die verwendeten *imagines agentes* entschlüsselt werden. Erst in und nach dieser Entschlüsselung ergibt sich ein Bezug zum Referenztext und eine Aussage, die allenfalls auch unter theologischen Gesichtspunkten sinnvoll ist.

---

56   Vgl. *Epistula* CVII, ed. I. Hilberg (Corpus scriptorum ecclesisticorum latinorum 55) Vindobonae/Libsiae 1912, 290-305, in der Hieronymus nicht nur erklärt, dass das Alphabet mit Hilfe biblischer Namen erlernt werden soll, "ut, dum aliud agit, futurae memoriae praeparetur" (294), sondern auch genau angibt in welcher Reihenfolge und mit welchem Lernziel die einzelnen biblischen Bücher zu lesen sind (vgl. 302f.).
57   Vgl. Ausonius, *Cento nuptialis*, ed. cit., 370: "*Solae memoriae negotium* sparsa colligere et integrare lacerata, quod ridere magis quam laudare possis." Siehe dazu auch R. Herzog, op. cit., 5.

So ist z.B. Maria mit einer *stola* [18,15], dem typischen Kleid der verheirateten Frau[58] bekleidet und sie empfängt von der Speiseplatte die Weichteile (*ilia* [22,19]). Diese beiden Bilder erinnern an Maria, die Frau Josefs,[59] der vom Engel angekündigt wird, dass sie einen Sohn gebären wird.[60] Die Bemerkung über die verblüffte Maria (*stupebat* [34,27]) spielt darauf an, dass dies bei der jungen Frau eine gewisse Verwunderung ausgelöst hat.[61] Im Fisch-, bzw. Weinkatalog wird ihr die Sardelle (*mena* [24,10]) aufgetischt und Wein aus Segni (*signinum* [24,24]) kredenzt. In beiden Fällen handelt es sich also um solche Vertreter der Spezies, denen laut Plinius eigen ist, eine heilsame Wirkung zu haben.[62] Womit diese beiden Attribute ganz allgemein als *similitudines* für Maria, Mutter des Σωτήρ stehen dürften. Beim Wein aus Segni gilt es zudem zu bedenken, dass in *signinum* auch *signum* anklingt. Wird der Weinname derart als ein auf Wortassoziation basierendes mnemotechnisches Bild verstanden,[63] so ruft der Wein aus Segni die erste biblische Zeichenhandlung Jesu, die bekanntlich anlässlich der Hochzeit in Kana von Maria veranlasst worden ist,[64] in Erinnerung. Ebenso auf das Weinwunder von Kana bezieht sich schliesslich das Bild von der nach Wein verlangenden Maria (*vinum petebat* [26,10]). Unschwer aufzulösen ist auch der Auftritt Marias als Herrin (*in domina* [28,23]) anlässlich des Umzugs, den der Gastgeber veranlasst. Hieronymus weist im *Liber interpretationis hebraicorum nominum* eigens darauf hin, dass Maria auf syrisch Herrin (domina) genannt wird.[65]

Was auf den ersten Blick als zufällig entstandenes Bild einer biblischen Figur erscheint, erweist sich bei näherem Hinsehen als ein der Darstellungsweise nach zwar groteskes Portrait Marias, doch dessen verfremdete Züge stehen nun für präzise theologische Sachverhalte. Daran ändert auch der Umstand nichts, dass sich in der *Cena* Devisen finden, die aus Maria eine "multiple" Persönlichkeit machen. Nicht direkt auf die Gottesmutter zu

---

[58]   Vgl. Ch. Modesto, op. cit., 41f.

[59]   Matth. 1, 20: "Ecce angelus Domini in somnis apparuit ei dicens: Ioseph fili David noli timere *accipere Mariam coniugem tuam.*"

[60]   Luk. 1, 31: "Ecce *concipies in utero* et paries filium."

[61]   Luk. 1, 28f.: "Et ingressus angelus ad eam dixit: have gratia plena Dominus tecum benedicta tu in mulieribus. Quae cum vidisset *turbata est* in sermone eius."

[62]   Plinus, *Naturalis historiae*, XIV, 65: "Nam quod Signiae nascitur, austeritate nimia continendae utile alvo, inter medicamina numeratur." Op. cit., XXXII, 88: "Oris ulcera menarum muria et capitum cinis cum melle sanat" und 130: "Percarum vel menarum capitis cinis sale admixto et cunila oleoque volvae medetur, suffitione quoque secundas detrahit." Ed. C. Mayhoff, Stuttgart 1909ff.

[63]   Vgl. dazu *Rhetorica ad Herennium*, III, xxi, 34. Vgl. dazu auch H. Blum, op. cit., 21.

[64]   Vgl. Joh. 2, besonders 2, 11: "Hoc fecit *initium signorum* Jesus in Cana Galilaeae et menifestavit gloriam suam."

[65]   "Sciendumque quod Maria sermone syro domina nuncupatur." Ed. P. de Lagarde (Corpus christianorum series latina 72) Turnholti 1959, 137. Vgl. dazu auch Ch. Modesto, op. cit., 42.

beziehen ist das Tamburin (*tympanum* [26,22]), das Maria in die Hände gegeben wird. Hinter diesem Instrument steht das Wunder der gelungenen Flucht vor den Truppen des Pharao. Nach dem Durchzug durchs Meer "sumpsit ergo Maria prophetis soror Aaron tympanum in manu egressae-que sunt omnes mulieres post eam cum tympanis et choris" (Ex. 15,20). Auf zentrale, von Frauen dominierte Momente der Heilsgeschichte verweisen auch die restlichen drei Maria betreffenden Aussagen der *Cena*. Die Bilder der Maria, die getötet wird (*occiditur* [32,10]) und jenes der Maria, die den gelynchten Dieb zum Schluss mit aromatischen Stoffen salbt (*aromata imposuit* [34,24]), verweisen auf Maria Magdalena, die gemeinsam mit Maria Jacobi und Salome den Leichnam des Gekreuzigten salbt[66]. Von derselben Frau weiss Photios aus einer älteren Quelle zu berichten, dass sie sich nach dem Tod der Gottesmutter in Ephesos dorthin begeben habe, um mit dem Lieblingsjünger zu leben. Daselbst habe sie schliesslich das Martyrium erlitten,[67] womit auch das *occiditur* geklärt wäre. Enthält bereits der Bericht des Photios einige Aspekte, die einer Identifizierung der Gottesmutter und der Maria Magdalena Vorschub leisten, so ist bei der letzten der hier zu besprechenden Devisen der *Cena* nicht auszumachen, welche der Marien gemeint ist. Laut Mc. 15,47 beobachten (*observabat* [34,5]) nämliche sowohl Maria Magdalena als auch Maria Joseph, wo die Leiche des Gekreuzigten niedergelegt wird,[68] was den Frauen in der Folge erlaubt die Auferstehung des Jesus von Nazaret zu entdecken.

DER *LOCUS* DER *CENA CYPRIANI*

In der *Cena Cypriani* sind die, eine einzelne Gestalt betreffenden, *imagines agentes* nicht anhand der fraglichen Person organisiert, sondern sie sind auf die verschiedenen Episoden des Gastmahls verteilt. Wie zentral die *cena* als Abendmahl in der christlichen Religion ist, muss hier nicht eigens hervorgehoben werden. Ebenso unmittelbar ersichtlich ist der Bezug vieler, die *Cena Cypriani* strukturierende Elemente zur christlichen Symbolwelt, wie z.B. das zweimal benutzte Motiv des Wechselns der Kleider, das auf das Anziehen Christi in der Taufe verweist,[69] oder die aus Fischen, bzw. Weinen bestehenden Speisenfolgen. So gesehen, bedarf auch der Umstand

---

[66]   Mk. 16, 1: "Et cum transisset sabbatum Maria Magdalene et Maria Iacobi et et Salome emerunt aromata ut venientes unguerent eum."

[67]   Photios, ΒΙΒΛΙΟΘΗΚΗ, cod. 275: "Ὅτι φησίν, αἱ ἱστορίαι τὴν Μαγδαληνὴν ταύτην διὰ βίου παρθένον διδάσκουσι. Καὶ μαρτύριον δὲ αὐτῆς φέρεται, ἐν ᾧ λέγεται διὰ τὴν ἄκραν αὐτῆς παρθενίαν καὶ καθαρότητα ὡς ὕαλον αὐτὴν καθαρὸν τοῖς βασανισταῖς φαίνεσθαι. Ὅτι φησί, μετὰ τὴν κοίμησιν τῆς Δεσποίνης ἡμῶν Θεοτόκου πορευθεῖσα εἰς Ἔφεσον πρὸς τὸν ἠγαπημένον μαθητήν, ἐκεῖσε τὸν δρόμον τὸν ἀποστολικὸν διὰ τοῦ μαρτυρίου ἡ μυροφόρος Μαρία ἐτελείωσε, μὴ θελήσασα μέχρι τῆς τελευτῆς χωρισθῆναι τοῦ παρθένου καὶ εὐαγγελιστοῦ Ἰωάννου. Ed. R. Henry, Paris 1977, 118.

[68]   "Maria autem Magdalene et Maria Ioseph aspiciebant ubi poneretur."

[69]   Vgl. Gal. 3, 27: "Quicumque enim in Christo baptizati estis, Christum induistis."

keiner weiteren Erklärung, dass ein "rex nomine Iohel" [14,1] eine *cena*, bzw. *nuptiae* veranstaltet. Denn dieser Johel ist nach Hieronymus nicht nur jener, der den Anfang macht, sondern sogar Gott selbst.[70]

Vor dem Hintergrund der antiken Mnemotechnik drängt sich indes noch eine weitere Möglichkeit des Spiels der Referenzen auf. Die *cena* und das *convivium* figurieren in der *Rhetorica ad Herennium* zwar nicht unter den Beispielen von *loci*, die es erlauben, die *imagines* räumlich zu verteilen, dafür kommt dem Gastmahl im 'Stiftungsmythos' der Mnemotechnik eine um so bedeutendere Rolle zu. Eine Kurzversion dieses Mythos findet sich z.B. bei Martianus Capella, der paraphrasierend berichtet, wie der Grieche Simonides die Zweckmässigkeit der räumlichen Organisation des Gedächtnisses entdeckt habe.

"Als nämlich plötzlich der Raum eines Gastmahls zusammenstürzte und die Verwandten anschliessend die zermalmten Gastmahlsteilnehmer nicht identifizieren konnten, lieferte Simonides, [der sich zum Zeitpunkt des Einsturzes nicht im Raum befunden hatte,] die Anordnung der bei Tische Liegenden und erinnerte sich hierbei auch ihrer Namen. Durch dieses Erlebnis aufmerksam gemacht, entdeckte er, dass es die Ordnung ist, die der Erinnerung Unterstützung gibt."[71]

Die Struktur der *Cena Cypriani* scheint somit nicht nur auf mannigfaltigen biblischen und religiösen Bezügen zu beruhen, sondern sie erweist sich, sobald die mnemotechnischen Züge des Textes einmal ins Spiel gebracht sind, auch als vom Archetypus des mnemotechnischen *locus* geprägt. Ein Wissen um diese mnemotechnischen Aspekte der *Cena* muss bei Hrabanus Maurus wohl noch vorausgesetzt werden, wenn dieser im Prolog zu seiner um 855 entstandenen Bearbeitung des Textes[72] erklärt, dass in der *Cena Cypriani* "multorum memoria continetur" [132,7] und dass sie nicht nur unterhaltsam sei, sondern "et utilia propter multarum memoriam rerum" [132,18f.].

ZENO VON VERONA UND DIE *CENA CYPRIANI*

So frappant die Übereinstimmungen zwischen der *Cena Cypriani* und den antiken mnemotechnischen Praktiken einerseits und den Vorgehensweisen der Verfasser von Centonen andererseits sind, so wenig sagen diese Gemeinsamkeiten über den historischen Ort des Textes aus. Somit scheinen

---

[70]   *Liber interpretationis hebraicorum nominum*, ed. cit., 124: "Iohel incipiens vel est deus vel dei."

[71]   *De nuptiis Philologiae et Mercurii*, ed. cit., 268f.: "Simonides huius rei praecepta invenisse perhibetur poeta idemque philosophus; cum enim convivii locus subito corruisset, nec possent propinqui obtritos internoscere, discumbentium ordinem nominaque memoria recordante suggessit. Quo admonitus intellexit ordinem esse, qui memoriae praecepta conferret." Vgl. dazu auch F. Yates, op. cit., 34-37.

[72]   Vgl. Ch. Modesto, op. cit., 163.

nach wie vor die von H. Brewer vorgetragenen[73] und von Ch. Modesto wieder aufgenommenen Argumente[74] für die Datierung der *Cena* ins letzte Viertel des 4. Jahrhunderts für die zeitliche Situierung ausschlaggebend zu sein. Für ihre Datierung des Textes geht Ch. Modesto davon aus, dass erst in der 2. Hälfte des 4. Jahrhunderts der *Cena Cypriani* vergleichbare christliche Texte, bzw. Textpassagen auftauchen. Wie zuvor bereits Brewer führt sie neben den *Constitutiones Apostolorum* VII, 37 vor allem den *Tractatus* I 24 des Zeno von Verona an, wo der Bischof den Neugetauften erklärt:

"Der Vater des Hauses spendet euch [zu eurem Mahl] aus seinen Vorräten, von seinem eigenen Tisch kostbares Brot und kostbaren Wein. Als erste tragen die drei Jünglinge einmütig das Gemüse auf, und sie bestreuen es, damit der Geschmack ein feiner sei, mit dem Salze der Weisheit. Christus giesst Öl dazu. Moses sorgt mit der gebotenen Eile für ein einjähriges Erstlingslamm, Abraham in seinem Glauben für ein festes und gut zubereitetes Kalb. Isaak trägt unschuldig den Topf und die Hölzer. Jakob gibt geduldig das verschiedene Kleinvieh her. Joseph, zum Messen (des Getreides) bestimmt, verteilt an alle das Korn. Und wenn jemand etwas vermisst, so wird Noe, der Archenbewohner, der alles geborgen hat, es ihm nicht verweigern. Petrus, der Fischer, setzt zur Genüge frische Meerfische vor, mit wunderbarer Sulze. Tobias, der Wanderer, beschafft und brät mit Sorgfalt die Eingeweide des Fisches vom Fluss, Johannes, der demütige Vorläufer des Herrn im Gewand aus Kamelhaaren, bringt vom Walde Honig und Heuschrekken. Paulus übermittelt die Ladung und mahnt, dass keiner den anderen beim Essen rügt. David, der königliche Hirt, reicht allen silberfarbene Milch und Käse. Zachäus verteilt ohne Zögern die Gastgeschenke in vierfachem Mass."[75]

Tatsächlich sind die Übereinstimmungen zwischen dieser Textpassage und der *Cena Cypriani* auffallend und es liegt nahe eine gegenseitige Abhängigkeit der beiden Texte zu postulieren.[76] Doch liegen zwischen diesem Postulat und der Feststellung, dass der Text Zenos "als Vorbild und

---

[73]   Vgl. op. cit., 103-112.

[74]   Vgl. op. cit., 72-77.

[75]   *Tractatus* I 24: "Pater familias panem vinumque pretiosum vobis ex usibus suis sua de mensa largitur. Tres pueri unanimes legumina inferunt primi, quibus, ut scitus sit sapor, salem sapientiae aspergunt. Oleum Christus infundit. Moyses primitivam festinus maturamque procuravit agninam, Abraham pinguem conditamque fideliter vitulinam. Isaac innocenter ollam portat et ligna. Iacob patienter varia exhibet pecora. Ioseph promotus ad mensuram praerogat cunctis annonam. Sane si quis aliquid desideraverit, qui recondidit Noe omnia illi arcarius non negabit. Petrus piscator recentes marinos affatim pisces apponit cum sarda mirabili. Tobias peregrinus fluvialis piscis interanea diligenter accurat et assat. Iohannes camelarius devote praecurrens de silva mel attulit et locustas. Ne alter alterum manducantem denotet, invitator ammonet Paulus. David regius pastor omnibus momentis lac argenteum subministrat et caseum. Zachaeus sine mora quadriplicata expungit apophoreta." Ed. B. Löfstedt (Corpus christianorum series latina 22) Turnholti 1971, 71f; Übersetzung A. Bigelmair, Bibliothek der Kirchenväter, Kempten/München 1934, 293f.

[76]   Davon scheinen bereits die Brüder Ballerini in ihrer Ausgabe der Werke des Zeno von Verona aus dem Jahre 1739 ausgegangen zu sein. Vgl. dazu K. Strecker, ed. cit., 861f.

Modell der *Cena* anzusehen ist",[77] wenn nicht Welten, so doch Gewisshei-
ten, die sich aus dem Textmaterial meines Erachtens nicht begründen
lassen.

Bei der Passage Zenos handelt es sich um einen Ausschnitt aus einem
nur gerade 36 Zeilen umfassenden Text, in dem sich der Bischof an die
Neugetauften seiner Gemeinde wendet. Wie der Herausgeber erklärt, haben
wir es im besten Fall mit einer "kurzen Ansprache" zu tun.[78] Zeno geht
davon aus, dass das Fest der Geburt durch die Taufe nach einem
Gastmahl (convivium) verlangt. Dies veranlasst ihn, seine Neophyten zu
ermahnen, ihr Festessen nicht in ein der Leiblichkeit frönendes Gelage
ausarten zu lassen. Als Alternative zu einem solchen heidnischen
Gastmahl stellt er ihnen die oben angeführte, so sehr an die *Cena Cypriani*
gemahnende Beschreibung eines "himmlischen, ehrbaren, reinen, heilsamen
und nie endenden Mahles (prandium)"[79] vor.

Dieselbe Sorge scheint auch Gaudentius von Brescia, einen Zeitgenos-
sen Zenos, umzutreiben, wenn er, in einer an die Lesung der Episode von
der Hochzeit in Kana anschliessenden Predigt, an die "neophytis nostris"
gewandt, erklärt: "Hütet euch vor den ruchlosen Gastmählern, wo schimpf-
liche Frauen sich schlängeln und unstatthafte Verlangen wecken (...).
Unglücklich sind die Häuser, die sich nicht von Theatern unterscheiden."[80]
Die anschliessende Bitte, solche Zustände mögen aus den Häusern der
Christen entfernt werden,[81] muss wohl dahingehend verstanden werden,
dass die von Gaudentius gewünschten Sitten noch nicht überall herrschen.
In der Folge präsentiert auch Gaudentius kurz seine Vorstellung von der
Kultur, die in einem christlichen Haushalt gepflegt werden sollte:

> "Das Haus des getauften Christen möge frei sein von den Chören des
> Teufels, es sei ausschliesslich menschlich und gastfreundlich, es werde
> durch dauernde Gebete geheiligt, es werde von zahlreichen Psalmen,
> Hymnen und geistlichen Liedern besucht; das Wort Gottes und das Zei-
> chen Christi sei im Herzen, im Mund, auf der Stirn, zwischen den
> Speisen, zwischen den Trinkgefässen, zwischen den Gesprächen, in den

---

[77]   Ch. Modesto, op. cit., 110.

[78]   B. Löfstedt, ed. cit., 9*.

[79]   Ed. cit., loc. cit.: "Hortor vos nativitatis tantae festa laeto celebrare convivio, sed non
illo, in quo diversis epulis intrimentorum lenocinio saporis de summa certantibus obrutum
pectus saepe crudis atque acidis vomitibus inurguetur, in quo musti vestri dulcedo saecularis
vini pridiani exhalante foetore corrumpitur, sed caelesti prandio, honesto, puro, salubri
atque perpetuo, quod, ut saturi semper ac felices esse possitis, esurienter accipite."

[80]   *Tractatus*, VIII, 17: "Hoc autem custodire ita demum poteris, si ebrietatem devitetis et
convivia inhonesta, ubi turpium feminarum colubrini gestus concupiscentiam movent illici-
tam, ubi lyra sonat et tibia, ubi omnia postremo genera musicorum inter cymbala saltantium
concrepant. Infelices illae domus sunt, quae nihil discrepant a theatris." Ed. A. Glueck
(Corpus scriptorum ecclesiasticorum latinorum 68), Vindobonae/Lipsiae 1936, 64

[81]   Ed. cit., loc. cit.: "Auferantur, quaeso, universa ista de medio."

Baderäumen, in den Schlafzimmern, bei Eintreten und Herausgehen, in der Trauer."[82]

Ein Vergleich der Ausführungen Zenos und des Gaudentius über denselben Gegenstand lässt nicht nur eine gemeinsame Sorge um die Kultur in den christlichen Häusern erkennen. Angesichts der ausgearbeiteten Predigt des Gaudentius drängt sich auch nochmals die Frage auf, mit was für einem Text wir es bei Zenos *Tractatus* I 24 zu tun haben. Die Kürze des Textes lässt es fraglich erscheinen, ob hier der authentische Wortlaut einer Ansprache, bzw. Predigt vorliegt und nicht eher eine schriftlich festgehaltene "Predigt"-Skizze.[83] Eine andere Ansprache Zenos an die Neophyten von knapp 54 Zeilen scheint diese Vermutung zu bestätigen.[84] In diesem Text erklärt der Bischof mit wenigen Worten die "genesis" der Neugetauften, indem er die Stadien, die sie durchlaufen, anhand der zwölf Tierkreiszeichen, die mit Motiven aus der christlichen Symbolwelt in Beziehung gesetzt werden, kurz erläutert. Von den zwölf Tierkreiszeichen ist bei Quintilian überliefert, dass sie das Grundgerüst eines mnemotechnischen Systems abgeben können.[85] Diesen beiden Texten Zenos ist also gemeinsam, dass sie der Form nach der spätantiken Predigt höchstens mit starken Einschränkungen entsprechen und dass sie beide zugleich über eine Struktur verfügen, deren Nähe zu antiken mnemotechnischen Systemen es mindestens zu bedenken gilt.

Selbstverständlich haben die hier vorgetragenen Argumente nicht Beweischarakter, doch haben sie ihr Ziel bereits erreicht, wenn sie uns zu etwas mehr Zurückhaltung bei der Bestimmung der Abhängigkeiten zwischen dem *Tractatus* des Zeno und der *Cena Cypriani* veranlassen. In dieser Haltung dürfte uns die Erkenntnis bestärken, dass die literarischen Techniken, die in die *Cena* eingeflossen sind, schon lange vor der 2. Hälfte des 4. Jahrhunderts auch in kirchlichen Kreisen bekannt gewesen sind.[86] Solange

---

[82]   Ed. cit., loc. cit.: "Sit domus Christiani ac baptizati hominis immunis a choro diaboli, sit plane humana, sit hospitalis, orationibus sanctificetur adsiduis, psalmis, hymnis canticisque spiritualibus frequentetur; sit sermo dei et signum Christi in corde, in ore, in fronte, inter cibos, inter pocula, inter colloquia, in lavacris, in cubilibus, in ingressu, in egressu, in maerore."

[83]   Vgl. dazu auch B. Löfstedt, ed. cit., 9*f. Die sicher als ausgearbeitete Predigten geltenden Texte Zenos haben mindestens den doppelten Wortbestand, erreichen aber oft sogar den zehnfachen.

[84]   Vgl. *Tractatus* I 38, ed. cit., 105f.

[85]   Vgl. *Institutio oratoria* XI, ii, 22: "Quo magis miror quo modo Metrodorus in XII signis per quae sol meat trecenos [sic] et sexagenos invenerit locos." Ed. J. Cousin, Paris 1979, 213. Vgl. dazu auch F. Yates, op. cit., 45-47.

[86]   Es sei darauf hingewiesen, dass Ch. Modesto selbst, op. cit., 72, mit überaus stichhaltigen Belegen die von A. Harnak, op. cit., 21 vorgelegten Argumente für einen terminus a quo der *Cena* um 380 widerlegt hat. Inhaltlich setzt die *Cena Cypriani* die Existenz der *Acta Pauli* und des *Protoevangelium Jacobi* voraus. Somit können wir auch unter diesem Gesichtspunkt mit der Entstehungszeit der *Cena* ohne Bedenken ins 3. Jahrhundert zurückgehen, um so mehr,

wir uns in der Frage der Abhängigkeit zwischen der *Cena Cypriani* und dem
Tractatus des Zeno nicht festlegen, d. h. solange nicht mit Gewissheit fest-
steht, welches der gebende und welches der nehmende Text ist, kann nur
die Tatsache, dass der Verfasser der *Cena* die ungeteilten *Acta Pauli*
gekannt hat, ein Argument für einen terminus ante quem liefern. Damit ist
aber höchstens eine grobe obere Grenze gesetzt oder wie es A. Harnack
ausgedrückt hat: "Bei der Zeit des Philastrius [von Brescia, vor 400] und
etwa noch der nächsten Generation möchte man am liebsten verharren;
aber die Möglichkeit muss man offen lassen, dass die 'Caena' in der Mitte
oder auch am Ende des 5. Jahrhunderts geschrieben ist (...)"[87].

DER SOZIALE ORT DER *CENA CYPRIANI*

So unsicher sich die zeitlichen Koordinaten der Entstehung der *Cena Cypriani* nunmehr präsentieren, so deutlich zeichnet sich mittlerweile das sozio-
logische Umfeld ab, dem die *Cena* ihre Entstehung verdankt. Die *Cena
Cypriani* basiert auf mündlichen und schriftlichen Techniken, die sich seit
dem zweiten Jahrhundert in den Texten kirchlicher Autoren niedergeschlagen haben. Testimonienreihen, Devisenkataloge und Centonen gehören zum
intellektuellen Rüstzeug dieser Schriftsteller. Diese Männer haben nicht nur
ihre höhere Ausbildung oft in Rhetorikschulen absolviert, woraus sich das
Wissen um die technischen Aspekte der *memoria*, das sich in ihren Texten
niederschlägt, bereits zu einem guten Teil erklärt.[88] Zugleich gehören sie
einer Gemeinschaft an, die ihr Leben weitgehend in Bezug auf eine Sammlung von Texten gestaltet.[89] Ein wesentlicher Aspekt ihrer gemeindeleiten-
den Funktion besteht gerade darin, die Beziehung zwischen Leben und
Text immer wieder neu zu organisieren.

Bereits Harnack hat darauf aufmerksam gemacht, dass der Zweck der
Cena Cypriani darin bestehe, "einen Theil des ungeheuren biblischen Stoffes
dem Gedächtnis einzuprägen".[90] Die vorangehend herausgearbeitete
Affinität der *Cena* zur Technik der *imagines* und der *loci* der *memoria artificiosa* hat diese von Harnack etwas ungeschützt aufgestellte These nur
bestätigen können. Das enorme Training, das die Benützung solcher
mnemotechnischer Systeme voraussetzt, lässt es indes als einigermassen

---

wenn vorausgesetzt wird, dass der Verfasser der *Cena* "gute Griechisch-Kenntnisse hatte",
vgl. Ch. Modesto, op. cit., 78.

[87]   Op. cit., 22.

[88]   Siehe dazu z.B. den Brief des Hieronymus an Laeta, ed. cit., wo deutlich wird wieviel
auch ein christliches Erziehungs- und Bildungsprogramm der *Institutio oratoria* von Quintilian verdankt.

[89]   Vgl. dazu die kenntnisreiche Darstellung von I. Illich, *Im Weinberg des Textes, Als das
Schriftbild der Moderne entstand*, Frankfurt a.M. 1991.

[90]   Op. cit., 15.

unwahrscheinlich erscheinen, dass die *Cena* als mnemotechnisches Hilfsmittel für Neophyten gedacht war.[91]

Wenn die *Cena Cypriani* je ausschliesslich mnemotechnischen Zwecken
gedient hat, denn eher für Mitgliedern jener Elite, die mit solchen Hilfsmit-
teln umzugehen gelernt hat. Also genau bei jenen Männern, die aufgrund
ihrer im paganen Bildungsbetrieb erworbenen intellektuellen Kompetenzen
im Umgang mit Wort und Schrift dazu "ausersehen" waren, in der Institution Kirche Karriere zu machen. Zeno von Verona gehört, mindestens was
seinen literarischen Nachlass betrifft, nicht zu den herausragenden
Vertretern dieser Gruppe. Immerhin hat er es aller Wahrscheinlichkeit nach
auf die *cathedra* von Verona gebracht.[92] Vielleicht sind die Übereinstimmungen zwischen seinem *Tractatus* und der *Cena Cypriani* einfach auf den
Umstand zurückzuführen, dass der Bischof die *Cena* oder ein mnemotechnisches Hilfsmittel von ähnlicher Gestalt beim Abfassen seiner Ansprache
verwendet hat.

Über den mnemotechnisch-rhetorischen Gesichtspunkten sollte aber
ein anderer Zug der *Cena* nicht übersehen werden. Anlässlich der ersten
mittelalterlichen Erwähnung führt Hrabanus Maurus nicht nur den Aspekt
der *memoria* an, sondern er besteht zugleich darauf, dass die *Cena* der *io-
cunditas*, der Unterhaltung diene.[93] Dominant ist dieser Charakterzug des
Textes auch wenige Jahre später bei Johannes Diaconus, der die *Cena* geradezu als *satira* ankündigt.[94] Wir haben bereits gesehen, dass in der paganen
Kultur der Spätantike die literarische Gattung der Cento gerne anlässlich
von Gastmählern Verwendung fand. Ebenso ist bereits festgestellt worden,
dass die Ausgestaltung der die religiösen Zeremonien begleitenden profanen Feste Anlass zur Sorge gab.

Gaudentius und Zeno sind bei weitem nicht die einzigen, die sich um
das Verhalten der Getauften bei *cenae, convivia* und *nuptiae* sorgen. Der
wohl bekannteste Text zu diesem Thema stammt aus der Feder des
ehrwürdigen Clemens von Alexandria. Er schreibt seinen *Paidagôgos* um
darzulegen "wie sich jeder einzelne von uns zu seinem eigenen Körper ver-

---

[91]   Bezeichnenderweise wurden ausserordentliche mnemotechnische Leistungen verschie-
dentlich auch in die Nähe der Zauberei gebracht. Vgl z.B. Ammianus Mercellinus, *Historiae*,
XVI, v, 8: "Si itaque verum est quod scriptores varii memorant, Cyrum regem et Simonidem
lyricum et Hippian Eleum sophistarum acerrimum ideo valuisse memoria quod epotis quibus-
dam remediis id impetrarunt (...)" Ed. E. Gallatier, Paris 1968, 154. Siehe dazu auch H. Hajdu, op. cit., 32f.

[92]   Vgl. B. Löfstedt, ed. cit., 8*.

[93]   "Hec vero vestre serenitati relegenda sive audienda et grata fore credo ad iocunditatem
et utilia propter multarum memoriam rerum" [132,17-19].

[94]   "Nunc cantantem auditote, iocantem attendite: Satiram ludam percurrens divino sub
plasmate" [178,1].

halten oder vielmehr wie er ihn in die richtige Bahn lenken muss."[95] In diesem Rahmen kommt auch das für getaufte Frauen und Männer sich ziemende Verhalten bei Gastmählern zur Sprache. Ein eigenes Kapitel des zweiten Buches ist der Frage gewidmet, wie man sich bei Gastmählern unterhalten soll, ebenso wird auch dem Lachen und dem unanständigen Reden je ein eigenes Kapitel eingeräumt.

Clemens eröffnet seine Ausführungen über das Gastmahl mit der programmatischen Feststellung: "Fern bleibe uns von dem vernünftigen Gastmahl der ausgelassene Umzug, aber ebenso auch die leichtfertigen Nachtfeiern, die sich mit ihrer liederlichen Aufführung brüsten."[96] Doch solche Unterhaltung wird von Clemens nicht um ihrer selbst willen abgelehnt, sondern weil sie, wie der übermässige Weinkonsum, die Lüste und das Verlangen der Liebe entfachen und damit das nur schwer zu erlangende Gleichgewicht der *apatheia* beeinträchtigen könnte. Entsprechend hat Clemens nichts dagegen, dass die Christen an ihren Gastmählern "etwas zur Zither oder Leier singen und spielen"[97] und damit den König der Hebräer nachahmen, heisst es doch in Ps. 33, 1-3: "Freut euch des Herrn, ihr Gerechten; die Frommen sollt ihr recht preisen. Dankt dem Herrn mit Harfen; lobsinget ihm zum Psalter von zehn Saiten! Sing ihm ein neues Lied; spielt schön auf den Saiten mit fröhlichem Schall."

Wie einfühlsam Clemens bei seiner Bestimmung des richtigen Masses ist, wird in seinen Ausführungen zum Lachen besonders deutlich. Aristoteles hatte gesagt, dass das Lachen zum Wesen des Menschen gehöre.[98] Der Alexandriner nimmt diese Definition auf und erläutert sie dahingehend, dass "wir als vernünftige Wesen selbst das richtige Mass für uns finden müssen, indem wir das Herbe und Übertriebene unseres Ernstes in massvoller Weise mildern."[99]

Auch das lateinische Gegenstück zum *Paidagôgos*, die *Formula vitae honestae* des Martinus von Bracara aus dem 6. Jahrhundert[100] geht vom

---

95   *Paedagogus*, II,1,2: στοχαζομένοις τοίνυν τῆς συμμετρίας τοῦ συντάγματος, ὁποῖόν τινα τῷ ἑαυτοῦ σώματι ἕκαστον ἡμῶν προσφέρεσθαι, μᾶλλον δὲ ὅπως αὐτὸ κατευθύνειν χρή, λεκτέον. Ed. O. Stählin/U.Treu, Berlin 1972, 153f. Übers. O. Stählin, Bibliothek der Kirchenväter, Kempten/München 1934. Siehe dazu auch P. Brown, *Die Keuschheit der Engel*, München/Wien 1991, 137-154.

96   Op. cit., II, 40, 1; 181: Ἀπέστω δὲ ἡμῖν τῆς λογικῆς εὐωχίας ὁ κῶμος, ἀλλὰ καὶ αἱ παννυχίδες αἱ μάταιοι ἐπὶ παροινίᾳ κομῶσαι.

97   Op. cit., II, 43, 3; 183: οὗτος ἡμῶν ὁ κῶμος ὁ εὐχάριστος, κἂν πρὸς κιθάραν ἐθελήσῃς ἢ λύραν ᾄδειν τε καὶ ψάλλειν, μῶμος οὐκ ἔστιν, Ἑβραῖον μιμήσῃ δίκαιον βασιλέα εὐχάριστον τῷ θεῷ. "ἀγαλλιᾶσθε, δίκαιοι, ἐν τῷ κυρίῳ, τοῖς εὐθέσι πρέπει αἴνεσις", φησὶν ἡ προφητεία, "ἐξομολογεῖσθε τῷ κυρίῳ ἐν κιθάρᾳ, ἐν ψαλτηρίῳ δεκαχόρδῳ ψάλατε αὐτῷ, ᾄσατε αὐτῷ ᾆσμα καινόν".

98   Vgl. *De partibus animalium*, III, x.

99   *Paedagogus*, II, 46, 2; 185: ὡς δὲ ζῷα λογικὰ σφᾶς αὐτοὺς ἁρμοστέον εὐκράτως, τὸ αὐστηρὸν τῆς σπουδῆς ἡμῶν καὶ τὸ ὑπερτόνον χαλῶντασ ἐμμελῶς, οὐκ ἐκλύοντας ἐκμελῶς.

100   Siehe dazu auch J.-C. Schmitt, op. cit., 71.

Grundsatz aus, dass die Natur in ihr Recht gesetzt werden kann, ohne dass zugleich der Begierde Tür und Tor geöffnet werden.[101] So kann auch Martinus spassige Unterhaltung zulassen. Er empfiehlt König Miro von Galicien sogar, zwischendurch die Ernsthaftigkeit durch Spielereien aufzulockern, wobei es allerdings zu beachten gelte, dass diese Spielereien ausgewogen seien und frei von Nachteilen für Würde und Haltung.[102]

Die Ablehnung der Sitten und Gebräuche der heidnischen Privatfeste[103] geht bei den christlichen Autoren also einher mit dem Bemühen, einen Kodex der sich ziemenden Unterhaltung für die Mitglieder ihrer Gemeinschaft zu entwerfen. Bei der Ausarbeitung dieses Kodexes wird dem Spielerischen und Spassigen durchaus ein Existenzrecht eingeräumt. Die einzige Bedingung besteht darin, dass sich diese Unterhaltung in einem wohltemperierten Rahmen abzuspielen hat. Angesichts der prekären Quellenlage ist es heute kaum noch möglich, das Klima anlässlich der christlichen Privatfeste zu rekonstruieren. Sicher ist allerdings, dass die *Cena Cypriani* im Jahre 877 in Anwesenheit von Papst Johannes VIII. szenisch aufgeführt worden ist.[104] Dass sie auch schon früher der Unterhaltung gedient hat, legt ihre letzte Szene nahe. Nachdem der gelynchte Dieb endlich beerdigt ist, schreit Zacharias vor Freude, ist Elisabet verwirrt, Maria verblüfft und lacht Sara.[105]

Man kann diese Szene unschwer als Beschreibung der Publikumsreaktion lesen, die sich der Autor für seinen Text wünscht. Die vom Verfasser der *Cena* vorgestellten Verhaltensweisen seinem Text gegenüber reichen von Verwirrung bis zu offener Freude und Lachen. Angesichts der gut bezeugten handschriftlichen Verbreitung des Textes[106] und dem Umstand, dass die *Cena* bereits im 6./7. Jahrhundert in Rom in das Corpus der Werke Cyprians von Karthago aufgenommen worden ist,[107] dürfen wir wohl davon ausgehen, dass die *Cena* auch anlässlich ihrer ersten öffentli-

---

101 Vgl. *Formula vitae honestae*, 4: "Considera tecum quantum natura poscat, non quantum cupiditas expetat." In: *Martini Episcopi Bracarensis Opera Omnia*, ed. C. W. Barlow, New Haven 1950, 242.

102 Vgl. op. cit., 243: "Miscebis interdum seriis iocos sed temperatos et sine detrimento dignationis ac verecundiae. (...) Si ergo tempus iocos exigit, in his quoque cum dignitate sapientiae gere, ut te nec gravet quisquam tamquam asperum nec contemnat tamquam vilem."

103 Vgl. dazu auch H. Jürgens, *Pompa Diaboli*, Stuttgart/Berlin 1972, 215.

104 Vgl. Ch. Modesto, op. cit., 209-211, 214f.

105 "Quo facto gaudens clamabat Zacharias, confundebatur Helisabeth, stupebat Maria, ridebat de facto Sara. Tunc explicitis omnibus domos suas repetierunt" [34,26-29]

106 K. Strecker, ed. cit., 863-867, führt 54 Handschriften an, was zusammen mit der einen von Ch. Modesto. op. cit., 4, als neu entdeckt angezeigten, 55 Handschriften ergibt. Zum Vergleich: vom *Testamentum Porcelli*, einem nicht minder unterhaltsamen Text, gibt es gerade 8 Handschriften, vgl. N. Bott, *Testamentum Porcelli, Text, Übersetzung und Kommentar*, Diss. Zürich 1972, 3-5.

107 Vgl. H. von Soden, *Die Cyprianische Briefsammlung. Geschichte ihrer Entstehung und Überlieferung*, in: Texte und Untersuchungen, N.F. 10 (1904) Heft 3, 222 und 230f.

chen Rezitation mehrheitlich auf Zustimmung gestossen ist. Wer die *Cena* verfasst hat und wo, wissen wir nicht. Aber es scheint mir nicht allzu gewagt anzunehmen, dass irgendwann zwischen dem Anfang des 3. und dem Ende des 5. Jahrhunderts ein in klassischer Manier ausgebildeter Kirchenmann den Versuch gewagt hat, mit der *Cena* eine christliche Festgesellschaft zu unterhalten.

ZACHARIE 9,16-17 DANS LA VETUS LATINA

Jean-Louis Feiertag

Cette contribution se propose d'exposer quelques problèmes textuels et herméneutiques relatifs à deux versets qui ne sont pas des plus fréquents dans les citations patristiques de la *Vieille Latine*. En effet, après avoir éliminé les cas de traduction latine d'originaux grecs, ainsi que les occurrences médiévales où le texte revient dans la forme de la traduction de Jérôme sur les prophètes, réalisée vers 390-393, nous avons certes pu trouver, pour *Zach.* 9,16, en tout cas 24 occurrences, mais 17 d'entre elles se trouvaient dans l'oeuvre du seul Jérôme. Pour *Zach.* 9,17, on ne peut signaler que 8 apparitions[1]. Outre cette relative rareté des deux versets, on peut constater qu'ils servirent de point d'appui à différentes doctrines patristiques, après que la LXX, base des anciennes versions latines, a divergé fortement du texte hébreu. Il n'est donc pas sans intérêt d'explorer les avatars des traductions, déterminées à la fois par les connaissances linguistiques et les convictions théologiques de leurs auteurs.

La teneur des versets 9,16-17 dans la LXX est la suivante dans les éditions de A. Rahlfs et J. Ziegler: 16. καὶ σώσει αὐτοὺς κύριος ἐν τῇ ἡμέρᾳ ἐκείνῃ, ὡς πρόβατα λαὸν αὐτοῦ, διότι λίθοι ἅγιοι κυλίονται ἐπὶ τῆς γῆς αὐτοῦ. 17. ὅτι εἴ τι ἀγαθὸν αὐτοῦ καὶ εἴ τι καλὸν (Rahlfs ajoute ici παρ') αὐτοῦ, σῖτος νεανίσκοις καὶ οἶνος εὐωδιάζων εἰς παρθένους. Ce que nous traduisons: 16. Et le Seigneur les sauvera en ce jour-là, comme les brebis qui sont son peuple, car de saintes pierres sont roulées sur sa terre. 17. Car s'il y a quelque chose de bon qui lui appartient et quelque chose de beau qui lui appartient, (ou qui vient de lui: παρ' αὐτοῦ), c'est le froment pour les jeunes gens et le vin à douce odeur destiné aux vierges.

Les autres variantes de la LXX présentées par les apparats des éditions indiquées ci-dessus ne semblent pas avoir d'influence sur la *Vetus Latina*.

Nos deux versets sont extraits du Deutéro-Zacharie (chap. 9-14). La structure, le problème de l'unité ou de la pluralité d'auteurs, ainsi que la datation de ces chapitres ont donné lieu à des analyses multiples et divergentes[2]. Le texte hébreu présente de considérables difficultés[3]. Il s'agit en

---

1   Ces chiffres dépendent évidemment des éditions utilisées, des critères adoptés pour distinguer une occurrence d'une autre, une allusion d'une citation, ou encore reconnaître l'authenticité jéronimienne de telle oeuvre. D'autres critères pourraient donc donner des chiffres légèrement différents.

2   Voir P. LAMARCHE, *Zacharie IX-XIV. Structure littéraire et messianisme*, Paris 1961; TH. CHARY, *Aggée-Zacharie-Malachie*, Paris 1969, p. 127-221; W. RUDOLPH, *Haggai - Sacharja 1-8 - Sacharja 9-14 - Maleachi* (*Kommentar zum Alten Testament XIII /4*), Gütersloh 1976, p. 159-243;

tout cas d'un message messianique, qu'il ait ou non vu le jour à l'époque de la campagne d'Alexandre le Grand[4]. Ce messianisme est eschatologique: son but est l'unification du peuple d'Israël sous une même autorité du Nord au Sud (9,1), l'inclusion des peuples voisins (9,7), et finalement le passage de toutes les nations au culte de Yahvé (14,16-19). Les versets 9,1-17 constituent un hymne au Dieu guerrier. On y trouve des menaces adressées aux nations qui entourent le peuple (9,4-6), puis la promesse d'une intervention directe de Dieu visant leur intégration à ce peuple (9,7), et le triomphe du Seigneur dans sa Maison (9,8). A ce dernier est immédiatement associé un Messie, roi victorieux, mais humble et pacifique, monté sur un ânon (9-10). Le récit des actes guerriers du Seigneur reprend alors (9,11-17) pour se conclure par les deux versets (9,16-17) qui évoquent la conséquence de son triomphe final: la prospérité du peuple sur sa terre après la victoire. Le texte hébreu de ces deux derniers, qui n'est lui-même pas clair sur tous les points en raison des difficultés d'interprétation et de la rareté de certaines racines hébraïques[5], peut être globalement traduit de la manière suivante: *Yahvé leur Dieu les sauvera en ce jour-là, eux les brebis de son peuple, car ils sont des pierres de diadème scintillant dans son champ. Comme il est bon! Comme il est beau! Le froment épanouira les jeunes gens et le vin nouveau les jeunes vierges[6].*

On ne sera donc pas surpris que les divergences soient considérables entre l'hébreu et la LXX. On peut noter celles qui sont les trois principales:

1) Au v. 9,16b, la LXX traduit une forme verbale de sens difficile à déterminer: מִתְנוֹסְסוֹת . Elle rend cette forme par κυλίονται: sont roulées, en parlant des saintes pierres, vraisemblablement par dérivation à partir de נוּס (fuir), les pierres qui fuient devenant des pierres qui roulent. Cette solution paraît abandonnée par l'exégèse moderne, qui opte pour le verbe נָסַס. Ce dernier n'apparaît que 3 fois (*Is.* 10,18; *Ps.* 60,6, et *Zach.* 9,16) et pourrait à son tour être dénommé à partir de נֵס (étendard, bannière, signe de ralliement), et signifier: s'élever comme un étendard, ou se rassembler sous un étendard. Cela pouvait être la position de Symmaque, qui traduisait par ἐπαίρονται. Il est vraisemblablement suivi par Jérôme, dont la traduction donne *eleuabuntur*. Mais ce verbe peut également être rapproché de la racine נ צ ץ, signifiant: étinceler. Cette interprétation a la préférence des au-

---

A. LACOCQUE, "Zacharie 9-14", dans: S. AMSLER, *Aggée. Zacharie 1-8,* A. LACOCQUE, *Zacharie 9-14,* R. VUILLEUMIER, *Malachie (Commentaire de l'Ancien Testament XI c),* Neuchâtel 1981.

3   Cf. TH. CHARY, *op. cit.,* p. 141.

4   Comme le voudrait M. DELCOR, "Les allusions à Alexandre le Grand dans Zacharie 9,1-8", *VT,* 1 (1951), p. 110-124.

5   Voir T. JANSMA, *Inquiry into the Hebrew Text and the Ancient Versions of Zechariah IX-XIV (Oudtestamentische Studiën* VII), Leiden 1950, p. 78-79; A. LACOCQUE, *op. cit.,* p. 160; W. RUDOLPH, *op. cit.,* p. 183-189.

6   Traduction de LACOCQUE, *op. cit.,* p. 157.

teurs modernes les plus nombreux[7]. Le contexte parlant, dans l'hébreu, de pierres de diadème (אַבְנֵי־נֵזֶר) suggère aussi cette signification.

2) Au v. 9,17a, la LXX transforme l'exclamation contenue dans l'hébreu: Comme il est bon! Comme il est beau! en une proposition conditionnelle: S'il y a quelque chose de bon qui lui appartient.

3) En 9,17b, la forme verbale יְנוֹבֵב, venant de נוב (croître, épanouir), est rendue, pour des raisons inconnues, par le participe εὐωδιάζων, de bonne odeur, qualifiant seulement le vin, alors que dans l'hébreu, le verbe avait comme objets directs à la fois les jeunes gens et les vierges. Il en résulte une modification de la syntaxe: la LXX introduit un datif, νεανίσκοις, et la préposition εἰς, qui, étant suivie de παρθένους, a un sens de destination, parallèle au datif: comme le froment est destiné aux jeunes gens, le vin l'est aussi aux vierges.

Après avoir signalé ces problèmes textuels, il est temps de présenter les commentaires latins[8]. Un ordre aussi chronologique que possible permettra, dans la mesure où l'on peut connaître à peu près la date des pièces d'où ils sont extraits, de mieux suivre l'évolution des traditions exégétiques là où l'on peut constater leur dépendance les unes par rapport aux autres. Si un même auteur présente le verset dans plusieurs oeuvres, c'est l'oeuvre la plus ancienne où se trouve notre verset qui servira à le classer chronologiquement lui-même par rapport aux autres auteurs.

A. ZACHARIE 9,16

1. Tertullien, Adv. Marc. IV,39, 3 - 6[9]

Dans sa polémique contre Marcion, Tertullien veut montrer l'unité du Créateur et du Père de Jésus. A cet effet, il s'agit pour lui de trouver dans les Evangiles des passages qui concordent sur un thème donné avec d'autres passages extraits des livres de l'A.T. rejetés par son adversaire. Dans cette optique, il compare le discours eschatologique de *Lc* 21,9-12 annonçant des guerres, des tremblements de terre et des signes célestes avec *Zach* 9,16. Plus précisément, il y a association de *Lc* 21,12, verset annonçant que des persécutions précéderont ces guerres, avec *Zach* 9,16. Tout d'abord, puisque, selon Marcion, il est très bon, le Dieu annoncé par le

---

7   Voir W. GESENIUS, *Hebräisches und Chaldäisches Handwörterbuch über das alte Testament*, 9. Aufl., Leipzig 1883, p. 542 et L. KÖHLER / W. BAUMGARTNER, *Hebräisches und aramäisches Lexikon zum Alten Testament*, 3. Aufl., Leiden 1983, p. 664 et 677. Cf. RUDOLPH , *op. cit.*, p. 185; CHARY, *op.cit.*, p. 174-176; LACOCQUE, *op. cit.*, p. 160 ainsi que la TOB, la BP et la BJ qui adoptent cette traduction.

8   Nous voulons exprimer notre reconnaissance au Dr. H. Eyman de l'Institut pour la *Vetus Latina* à Beuron, qui nous a fourni l'ensemble du matériel sur lequel porte cette analyse. Nous tenons également à remercier le Père G. Schelbert.

9   *CCSL* 1, p. 651-52.

Christ et parlant par la bouche de ce dernier n'aurait pas dû tolérer de tels cataclysmes, qu'on pourrait attribuer plutôt au Dieu sévère. Ensuite, l'annonce évangélique de la persécution qui les précédera et s'abattra sur les disciples de Jésus en vue de leur martyre et de leur Salut est confirmée par *Zacharie*, qui est un livre de l'A.T. rejeté par Marcion. Et voici l'interprétation de *Zach* 9,16:

> Considère ce qui a été prédit dans Zacharie: *Le Seigneur Tout-Puissant, est-il dit, les protégera, et ils les détruiront et les lapideront avec des pierres de fronde, et ils boiront leur sang comme du vin, et ils rempliront leurs coupes comme celles de l'autel, et le Seigneur les sauvera en ce jour-là comme les brebis que sont son peuple, car les saintes pierres roulent* [10]. Pour que tu ne penses pas que cette prédiction a pour objet les tribulations qui les attendaient (c'est-à-dire les apôtres) de la part des étrangers, au nom de ces guerres si nombreuses, considère de quelle espèce de réalité il s'agit. Personne, quand il s'agit d'annoncer des guerres faites avec des armes légitimes, ne mentionne la lapidation, qui est plus familière aux assemblées populaires et à une émeute non armée. Personne, dans une guerre, ne mesure les si grands fleuves de sang qu'elle occasionne selon la contenance de coupes, ou ne les assimile au sang répandu sur un seul autel. Personne n'appelle brebis ceux qui, étant armés pour la guerre, tombent en combattant eux-mêmes avec une égale férocité, mais on appelle brebis plutôt ceux qui, se vouant à leur conviction et à leur patience, se tuent plutôt eux-mêmes qu'ils ne se défendent. Finalement, il est écrit que *les pierres saintes roulent*, et non pas que les soldats combattent. En effet, ces pierres sont aussi les fondements sur lesquels nous sommes édifiés, nous qui avons été construits, d'après Paul, (cf. *Eph. 2,20)* sur le fondement des apôtres, pierres saintes qui roulaient, exposées aux attaques de tous.

Tertullien identifie donc les pierres de *Zach* 9,16 aux apôtres, fondement de l'Eglise selon *Eph.* 2,20, dont la persécution est annoncée en *Lc* 21,12. C'est la première occurrence de notre verset dans la *Vetus Latina*. Aucune apparition dans la littérature grecque ne semble l'avoir précédée, et cette exégèse pourrait bien dépendre du seul Tertullien.

2. Jérôme

Ses commentaires de nos versets sont non seulement les plus nombreux, mais ce sont aussi eux qui ont le plus largement déterminé les interprétations postérieures.

Sa célèbre lettre 22, programme de vie ascétique destiné à la jeune Iulia "Eustochium", fille de Paula, et à laquelle Jérôme a dédié plusieurs

---

[10]   La teneur du verset est la suivante: *Dominus, inquit, omnipotens proteget eos et consument illos, et lapidabunt lapidibus fundae et bibent sanguinem illorum uelut uinum et replebunt pateras quasi altaris, et saluos eos faciet dominus illo die uelut oues, populum suum, quia lapides sancti uolutant* (CCSL 1, p. 651,11-16). C'est la seule occurrence présentant le verbe *uolutant* au lieu de *uoluuntur* dans les autres. L'interprétation de TERTULLIEN fait des persécuteurs des apôtres le véritable sujet de *consument, bibent* et *replebunt*.

oeuvres est encore écrite à Rome en 384. La thèse générale de la supériorité de la virginité sur le mariage y est défendue à l'aide de différents versets. Au paragraphe 19 se trouve une allusion à *Zach*. 9,16, en combinaison avec *Eccl*. 3,5:

> Il y a un temps pour embrasser et un temps pour que les mains s'abstiennent d'embrasser, un temps pour lancer des pierres, un temps pour les ramasser (*Eccl.* 3,5). Après que, tirés de la dureté des gentils, ont été engendrés des fils d'Abraham, on a commencé à voir *rouler des pierres saintes sur cette terre* (cf. *Zach*. 9.16); en effet, ils traversent les tourbillons de ce monde et roulent dans le char de Dieu de toute la vitesse de ses roues[11].

Le contexte semble indiquer que Jérôme interprète les pierres de *Zach*. 9,16 non comme de simples membres de l'Eglise, mais comme désignant tous ceux qui, même avant le temps de cette dernière, se sont livrés à l'abstinence sexuelle.

Son commentaire sur l'Ep. aux Ephésiens I,2,19, de 386[12], à la demande de Paula et sa fille, après que Jérôme a dû quitter Rome pour s'établir à Bethléem par suite de ses ennuis avec le pape Sirice, lui est une nouvelle occasion d'aborder notre verset:

> Car s'ils (c'est-à-dire les Ephésiens) ne sont en aucun cas des hôtes et des étrangers, mais les concitoyens des saints et les serviteurs de Dieu (cf. *Eph*. 2,19), ils ont été édifiés sur le fondement des apôtres et des prophètes, qui a comme principale pierre d'angle le Christ Jésus lui-même. C'est sur ce fondement que tout l'édifice, une fois construit, s'élève comme un temple saint pour le Seigneur. C'est sur lui que les Ephésiens sont bâtis pour être une demeure de Dieu dans l'Esprit. Il y a un seul Dieu qui est celui de cet édifice et de ce temple unique, construit sur le fondement des apôtres et des prophètes. Or, si tout l'édifice construit s'élève comme un temple pour le Seigneur, il faut nous appliquer à faire tous nos efforts pour devenir ces pierres, dont il est écrit: *De saintes pierres sont roulées sur la terre* (*Zach.* 9,16). Et lorsque nous serons devenus ces pierres vivantes, taillées par tous les côtés, lisses, bien polies et sans tache, élevons-nous comme un temple pour devenir la demeure de Dieu[13].

Dans le commentaire sur l'Ecclésiaste en 388[14], Jérôme associe *Eccl*. 10,9 à *Zach*. 9,16:

> Celui qui dérobe des pierres souffrira par elles, et celui qui fend du bois sera mis en danger par ce dernier (*Eccl.* 10,9). Dans Zacharie aussi, *de saintes pierres sont roulées sur la terre* (*Zach.* 9,16). En effet, elles ne se tiennent pas

---

11 . Trad. J. LABOURT, *Saint Jérôme. Lettres*, t. I (*CUF*), Paris 1949, p. 128-129.

12   Cf. P. NAUTIN, "La date des commentaires de Jérôme sur les épîtres pauliniennes", *RHE*, 74 (1979), p. 8

13   Texte latin dans *PL* 26,475D-476A.

14   Sur cette date, voir P. NAUTIN, "L'activité littéraire de Jérôme de 387 à 392", *RThPh*, 115 (1983), p. 252.

fermes dans un état d'immobilité, mais elles passent et, en s'efforçant d'aller toujours vers ce qui est plus élevé, elles se hâtent de partir de ce monde. C'est à partir de ces pierres vivantes qu'est édifiée, dans l'Apocalypse, la Ville du Sauveur (cf. *Apoc.* 21,18-27), et c'est aussi à partir d'elles que, selon l'Apôtre, l'Eglise est construite. Si donc quelqu'un, après avoir été corrompu par l'art des hérétiques, enlève ces pierres de l'édifice de l'Eglise – et c'est la raison pour laquelle Aquila et Symmaque ont traduit, au lieu de dire, comme nous disons[15]: *Celui qui dérobe des pierres souffrira par elles*, par: *Celui qui déplace des pierres sera déchiré par elles* –, il endurera plus tard des tourments. Car l'Ecriture dit d'une manière absolue: *Celui qui dérobe des pierres*, ou *celui qui déplace des pierres*, sans préciser qu'elles sont bonnes ou mauvaises. C'est pourquoi il faut également comprendre qu'en sens inverse, l'homme d'Eglise, c'est-à-dire l'évêque et le prêtre, s'il enlève, pour la réduire en poussière et en cendres, conformément au commandement du Lévitique (cf. *Lév.* 14,45), une pierre d'une maison pleine de lèpre, il souffrira par le fait même d'être obligé d'enlever une pierre de l'Eglise du Christ, en disant conformément à ces paroles de l'Apôtre: *Pleurer avec ceux qui pleurent, se lamenter avec ceux qui se lamentent* (cf. *Rom.* 12,15) et: *Qui est faible sans que je ne sois désolé (II Cor. 11,29)*[16]?

L'interprétation de Jérôme fait donc ici des pierres dont il est question dans *Eccl.* 10,9 et *Zach.* 9,16 des chrétiens orthodoxes par opposition aux hérétiques. Mais les pierres dont parle Zacharie sont en plus moralement saintes, et incluses dans la catégorie générale des pierres, sans autre précision, dont parle l'Ecclésiaste. Ce sont donc les hérétiques qui sont visés par le verset de l'Ecclésiaste, même si les pierres qu'ils enlèvent à l'Eglise pour les faire tomber dans l'erreur sont moralement de mauvais chrétiens. Le thème de l'hérésie en lien avec *Eccl.* 10,9 renvoie aux célèbres *Testimonia ad Quirinum* (III,86), transmis sous le nom de Cyprien, où il est question du danger du schisme, en relation avec *Eccl.* 10,9 (*scindens ligna*). L'explication complémentaire, qui fait référence à *Lev.* 14,45, précise que seuls les évêques et les prêtres peuvent exclure les pécheurs pour éviter que l'Eglise ne devienne une maison lépreuse, mais que cela leur est toujours douloureux.

Dans le commentaire sur Aggée, en 393[17], on trouve l'interprétation suivante à propos de la reconstruction de Jérusalem:

Les pierres à partir desquelles le Seigneur promet qu'il va édifier Jérusalem sont les suivantes: *Voici que je te préparerai de l'escarboucle en guise de pierre, du saphir pour tes fondements, et je te ferai des remparts de jaspe, et tes portes en pierre de cristal et ton mur en pierres choisies (Is.* 54,11-

---

15   C'est-à-dire comme le dit la version *Vetus Latina* encore utilisée par JÉRÔME en 388.

16   Texte latin dans *CCSL* 72, p. 337, 130-149. Nous modifions de la manière suivante la ponctuation du texte aux l. 145-146: … .*si iuxta mandatum Levitici, de leprosa domo lapidem abstulerit in puluerem et cinerem conterendum, dolebit* …

17   Cf. P. NAUTIN, "Etudes de chronologie hiéronymienne" *REAug*, 20 (1974), p. 252.

12 dans la LXX). Il ne faut pas penser, comme le font les juifs, dans leurs fables et leurs sottes inventions, que le Seigneur va bâtir Jérusalem en or et gemme, et non pas à partir des *pierres vivantes, qui, maintenant sont roulées sur la terre* (cf. *Zach.* 9,16) et qui, selon la nature des pierres, sont soit brûlantes de foi comme l'escarboucle, soit toutes célestes et rassemblées auprès du trône de Dieu comme le saphir, soit étincelantes, comme le cristal, par l'innocence et la simplicité de leurs bonnes oeuvres [18].

L'explication allégorique d'*Is.* 54,11-12 par *Zach.* 9,16 interprète à nouveau ici les pierres comme les membres saints de l'Eglise, comme c'était déjà le cas dans les commentaires sur l'Ecclésiaste et sur l'Ep. aux Ephésiens.

Vers 400 [19], dans la lettre 78,39,1 à Fabiola, qui est un commentaire des étapes du peuple d'Israël dans le désert, selon le chap. 33 des *Nombres*, Jérôme revient sur notre verset. Il l'associe à *Nombres* 33,44 dans l'interprétation suivante:

> *Partis d'Oboth, ils allèrent camper à Yeabarim, sur les confins de Moab (Nombres 33,44).*
> Trente-huitième station; signification: "tas de pierres qui passent". Il est des pierres saintes qui roulent sur le sol (cf. *Zach.* 9,16), lisses, polies, et qui, parfaitement rondes, courent comme des roues. Il en est d'autres qui doivent être enlevées du chemin, selon l'ordre du prophète (cf. *Jér.* 50,26), pour que les pieds des voyageurs n'y viennent pas heurter. Qui sont ces voyageurs? Sûrement des pèlerins, des passants qui, au travers du monde présent, se hâtent vers d'autres stations [20].

Ce passage offre un problème textuel: celui de l'étymologie proposée par Jérôme pour עִיֵּי הָעֲבָרִים, nom de l'étape en question, et qui est une expression composée de deux mots. La traduction du premier d'entre eux, עִיֵּי, substantif à l'état construit, par *aceruos lapidum* ne peut pas être remise en question, car ce terme a bien cette signification [21]. Dans sa lettre 106,51, à Sunnia et Fretela, il explique qu'il choisit, pour traduire ce mot, le sens proposé par Aquila, qui serait λιθάοριον [22], tout en rejetant ici la traduction des LXX. Pour le deuxième terme, הָעֲבָרִים, il est plus difficile de déterminer exactement ce qui a pu pousser Jérôme à le rendre par le participe présent *transeuntium*, alors qu'il s'agit d'un substantif à l'état absolu. Ce nom de lieu ne revient qu'en *Nombr.* 21,11 et 33,44. Il provient toutefois de la racine

---

18   Texte dans *CCSL* 76A, p. 740, 530-540.

19   Voir F. C AVALLERA, *Saint Jérôme*, t. II, p. 46.

20   Trad. de J. LABOURT, *Saint Jérôme. Lettres*, t. IV, (*CUF*), Paris 1954, p. 8. Texte de *Nombres* 33,44: *Et profecti de Oboth, castra metati sunt in Hieabarim, in finibus Moab.*

21 ˙   Voir KÖHLER/B AUMGARTNER, *op. cit.* au n. 7, p. 771. Ce substantif revient en *Jér.* 26,18; *Ps.* 79,1; *Mich.* 1,6 et 3,12. Chaque fois, les traductions de JÉRÔME le rendent par *aceruos lapidum*.

22   Voir *CSEL* 55, p. 274, où l'apparat critique donne aussi la variante λιθόριον. Les *Hexaples*, éd. FIELD, indiquent toutefois λιθολογία comme version d'AQUILA, tout en signalant les autres variantes.

עבר, dont dérivent de nombreuses formes à sens multiples. L'une d'entre elles est bien un verbe ayant le sens de "passer"[23], mais il existe également le substantif עֵבֶר: ce qui est situé au-delà, ou le passant[24]. Le contexte géographique indique plutôt le sens de "région située au-delà"[25]. Et c'est ainsi que la LXX l'avait traduit: ἐν τῷ πέραν. Jérôme ne suit certainement pas cette dernière. S'il n'a pas tenté lui-même une traduction, par exemple à partir de formes verbales parallèles trouvées dans les *Hexaples*, il se pourrait qu'il dépende d'une source inconnue.

Il combine donc *Zach.* 9,16, parlant de pierres qui roulent, avec *Nombr.* 33,44, dont la traduction n'est pas encore, dans ce passage, identique à celle qu'il donne de ce verset des *Nombres* dans sa version de l'Octateuque, achevée après 400[26]. En outre, il oppose ces pierres saintes, c'est-à-dire ces voyageurs qui aspirent aux biens futurs et ne s'arrêtent pas à ceux d'ici-bas, aux pierres de *Jér.* 50,26, c'est-à-dire à celles qu'il faut ôter de leur chemin. Mais pour ce dernier verset, il utilise sa propre version des prophètes, entreprise dans les années 390-393 et différente de la LXX, pour laquelle la mention de ces pierres à enlever est absente[27].

Dans certaines des exégèses de *Zach.* 9,16 présentées jusqu'ici par Jérôme, on a pu constater le retour d'un thème caractéristique: c'est la comparaison des pierres qui roulent avec des roues. Cette interprétation se retrouve dans les *Tractatus in psalmos*[28] circulant sous son nom. Que ce dernier se soit seulement inspiré d'homélies d'Origène pour réaliser cette oeuvre, ou qu'il ait réellement traduit l'Alexandrin, comme le voudrait V. Peri[29], reste une question ouverte. Toutefois, l'époque à laquelle ce travail a vu le jour est sans doute antérieure à 413, puisque la lettre 148,13 d'Augustin, qui en cite des extraits, est de cette année-là, mais il est difficile de proposer une date précise. Jérôme semble, en tout cas, en avoir accepté la paternité, puisque c'est lui qu'Augustin cite, alors qu'il n'est pas encore mort, comme étant l'auteur des *Tractatus* en question. Ces derniers pouvaient être préparés dès avant le début de la controverse origéniste contre Rufin et Jean de Jérusalem[30]. Examinons d'abord un extrait du commentaire sur le *Ps.* 76:

---

23 Cf. KÖHLER /BAUMGARTNER, *op. cit.*, p. 736 n.4: *vorübergehen*.

24 *Ibid*, p. 737-738.

25 E.D. GROHMANN, art. "Iye-abarim" dans: *The Interpreter's Dictionary of the Bible*, New York 1962, p. 775, propose: *Heaps of the regions beyond, or perhaps heaps of the passes*.

26 Cette version est la suivante: *Et de Oboth uenerunt in Ieabarim quae est in finibus Moabitarum*.

27 Voir *Jér.* 27,26 dans la LXX.

28 Voir l'édition de G. MORIN dans le *CCSL* 78, p. 3.

29 *Omelie origeniane sui salmi*, Vatican 1980. Etat de la question sur cette thèse par P. JAY, "Les *Tractatus in Psalmos*", dans: *Jérôme entre l'Orient et l'Occident. Actes du Colloque de Chantilly*, éd. par Y.M. DUVAL, Paris 1988, p. 367-380.

30 Le cadre chronologique établi par PERI, *op. cit.*, p. 40, va de 389 à 413.

La voix de ton tonnerre est dans la roue (Ps. 76,19).
La voix de ton enseignement est dans la roue. Cette voix est dite puissante, parce que son enseignement est puissant. *La voix de ton tonnerre est dans la roue*: car elle parcourt toute la terre en un circuit. On ne l'entend pas seulement en Judée: au contraire, tu parles, et elle se fait entendre dans le monde entier.
Nous avons dit cela en donnant au passage un sens général. Mais parlons, dans un sens particulier, de l'homme intérieur. La roue se tient sur la terre en y laissant une légère trace, et elle ne fait pas que s'y tenir, mais elle court pour ainsi dire sans s'arrêter. Elle ne se tient pas fixe, mais touche la terre et passe. Et finalement, tout en roulant, elle monte vers ce qui est toujours plus élevé. Il en va ainsi de l'homme saint: puisqu'il existe dans ce corps, il lui est nécessaire d'avoir quelques pensées pour les choses terrestres, et quand il en vient à la nourriture, au vêtement et à d'autres choses semblables, en ne faisant que toucher la terre, il se contente de cela et se hâte vers ce qui est plus élevé. Et en cet homme qui court et se hâte vers ce qui est plus élevé se trouve ta parole. Nous lisons aussi dans le prophète: *De saintes pierres sont roulées sur la terre* (*Zach.* 9,16). Voyez ce qu'il dit: *De saintes pierres sont roulées sur la terre*. Puisqu'elles sont des roues, elles roulent sur la terre et se hâtent vers ce qui est plus élevé.
Veux-tu connaître plusieurs roues? Nous lisons: *Une roue dans une roue* (cf. *Ez.* 1,16). Nous lisons dans Ezéchiel: *Et ces roues sont attachées l'une à l'autre* (cf. *Ez.* 1,16). Ces deux roues sont le Nouveau et l'Ancien Testament. Une roue est attachée à l'autre et vice-versa. Voyez pourtant ce qui est dit en Ezéchiel: *Et partout où les conduisait l'Esprit, les roues suivaient* (cf. *Ez.* 1,20)[31].

Le passage superpose trois sens de l'Ecriture: le sens littéral d'abord où la voix de Dieu, mentionnée par le verset du psaume, est simplement comparée à un tonnerre du fait de la puissance de son enseignement, et à une roue du fait qu'elle parcourt tout l'*orbis terrarum*. Le sens moral ensuite (*de interiore homine*), pourtant déjà marqué par l'allégorie, où il s'agit du comportement du *uir sanctus* qui ne s'arrête pas aux choses de ce monde, mais passe vers ce qui est plus élevé. C'est dans cette explication-là que le verset du psaume est associé aux pierres qui roulent de *Zach.* 9,16. Enfin, un sens purement allégorique, où, par combinaison avec *Ez.* 1,16-20, les roues, au nombre de deux, représentent les deux Testaments indissociablement unis, car dépendant du même Esprit.
Une explication très semblable est redonnée à propos du Ps. 97:

Tous les confins de la terre ont vu le Salut de notre Dieu (Ps. 97,3). Ce n'est pas seulement Israël et Juda qui l'ont vu, mais les confins de la terre, et aussi les confins de la terre entendus dans un sens spirituel. Tant que nous sommes au sein de cette terre, nous ne pouvons pas voir Dieu. Quand donc nous paraissons quitter la terre et quand nous nous tenons sur les sommets, c'est à ce moment-là que nous méritons de voir Dieu.

---

31   Texte latin dans *CCSL* 78, p. 61,181-201.

Voulez-vous savoir comment les confins de la terre voient Dieu? Nous lisons dans Ezéchiel: *Et aux roues qui tournent, on disait: Gelgel*, (cf. *Ez.* 10,13), ce qui veut dire: révélation, révélation. Donc, ces roues entendent: "Révélation, révélation", puisque la roue ne touche la terre que comme pendant un petit moment et se hâte tout entière vers le ciel. C'est pourquoi il est dit en un autre endroit: *De saintes pierres sont roulées sur la terre* (*Zach.* 9,16). Et qu'est-il dit en Ezéchiel: *Partout où allait l'Esprit, les roues suivaient* (cf. *Ez.* 1,20). Suivons donc nous-mêmes l'Esprit-Saint, afin d'être appelés des roues[32].

Dans l'*ep.* 108,16,3, en 404, à l'occasion de la mort de Paula, Jérôme utilise notre verset pour soigner l'éloge funèbre de cette dernière en ces termes, qui louent sa générosité à l'égard des pauvres:

Elle ne voulait pas répandre son argent dans ces pierres, qui passeront en même temps que la terre et le monde, mais dans ces pierres vivantes qui roulent sur la terre (cf. *Zach.* 9,16), avec lesquelles, suivant l'Apocalypse de Jean (cf. *Apoc.* 21,18-21), la Cité du grand roi se bâtit, et dont l'Ecriture assure qu'elles doivent se changer en saphir, émeraude, jaspe et autres gemmes (cf. *Is.* 54,11-12 dans la LXX).

A l'automne 406[33], Jérôme rédige son commentaire sur Zacharie. Fidèle à une méthode utilisée dans ses commentaires sur les petits prophètes, il propose un double lemme: ce qu'il présente comme la version à partir de l'hébreu, et une version latine, faite sur la LXX, qui n'est pas simplement la reprise d'un texte de type *Vetus Latina* déjà existant, mais vraisemblablement une traduction qu'il réalise lui-même au fur et à mesure[34]. Son commentaire donne d'abord le sens littéral, puis le sens spirituel pour l'une et l'autre version. Pour le premier sens, sa compréhension de *Zach.* 9,15-16 est déterminée par *Zach.* 9,13, plus précisément par l'allusion, dans l'hébreu, à la guerre contre les fils de *Javan*, τὰ τέκνα τῶν Ἑλλήνων dans la LXX, *filios tuos Graecia* dans la version de Jérôme. Ce dernier renvoie ici à l'opinion des juifs, qui interprètent ce passage comme se rapportant aux guerres des Macchabées contre Antiochus Epiphane[35], et c'est dans cet épisode historique qu'il voit le sens littéral du passage. De fait, la tradition juive d'interprétation à laquelle il renvoie se trouve attestée dans certains écrits de Qumran[36]. Par ailleurs, l'interprétation spirituelle selon laquelle les pierres qui roulent figurent les membres de l'Eglise qui se

---

32   Texte latin dans CCSL 78, p. 163,56-164,70.

33   Sur cette date, voir P. JAY, "Le vocabulaire exégétique de Saint Jérôme dans le commentaire de Zacharie", *REAug*, 14 (1968), p. 4.

34   Voir le commentaire d'Y.M. DUVAL, à propos de l'*In Ionam* dans SC 323, p. 44.

35   CCSL 76A, p. 833,335.

36   Indiqués par TH. CHARY, *op. cit.* au n. 2, p. 174. Cette tradition d'interprétation est un élément qui a contribué à renforcer l'opinion d'une datation du Deutéro-Zacharie à l'époque macchabéenne, et certains exégètes retiennent l'hypothèse que la mention de *Javan* dans l'hébreu de *Zach.* 9,13 est une glose d'époque macchabéenne dans un texte plus ancien, cf. A. LACOCQUE, *op. cit.*, p. 158.

hâtent vers les biens futurs, y est également maintenue. Voici donc le commentaire des versets 9,15-16:

> 9,15-16. *Et ils dévoreront et soumettront par des pierres de leurs frondes, et en buvant, ils s'enivreront comme de vin, et seront remplis comme des coupes de sacrifice et comme les cornes de l'autel. Et le Seigneur leur Dieu les sauvera en ce jour-là, comme étant le troupeau de son peuple, car de saintes pierres seront élevées sur sa terre.* Les Septante: *Et ils les détruiront, et les accableront par les pierres de leurs frondes, et ils boiront leur sang comme du vin, et en rempliront l'autel comme des coupes de sacrifice. Et le Seigneur les sauvera en ce jour-là comme les brebis que sont son peuple, car de saintes pierres seront roulées sur sa terre.* A la place de notre expression: *seront élevées,* qui correspond à l'hébreu *methnosasoth,* on peut traduire par errants ou fugitifs[37]. Une fois protégés les fils de Sion, le Seigneur chantant et marchant dans un tourbillon contre leurs adversaires, la défaite des Grecs sera si grande qu'ils seront écrasés non, dirai-je, par les glaives, mais par le jet de pierres et le tournoiement des frondes, si bien qu'ils deviendront une proie et une pâture pour leurs ennemis.
>
> Alors, *en buvant, ils s'enivreront comme de vin.* Ce ne sont pas ceux qui auront été taillés en pièces qui seront ivres de leur propre sang, mais ce sont ceux qui auront vaincu qui combattront avec l'énergie du désespoir, en étant comme ivres, et qui plairont au Seigneur comme les cornes de l'autel et les libations qu'on y fait. C'est ce que l'on comprend à travers l'expression: "coupes du sacrifice", par lesquelles on répand les libations sur l'autel. Le Seigneur les sauvera aussi comme des brebis et le troupeau de son peuple. En effet, ce dernier ne combattra pas contre les Macédoniens comme une armée équipée et entraînée à l'art de la guerre, mais il viendra comme un troupeau prêt à mourir, et, avec l'aide du Seigneur, il remportera la victoire. Et les saintes pierres, qui auront été écrasées, – il les appelle pierres à cause de la dureté de leurs tribulations et du courage de leur âme – seront élevées et glorieuses sur sa terre après avoir été abaissées. Ou encore, en comprenant cela d'une autre manière: ses pierres saintes, de la race sacerdotale, fuyant de différents côtés, obtiendront la victoire qu'il leur aura décernée.
>
> Parlons aussi en utilisant l'anagogue[38], et expliquons cette prophétie enveloppée de nombreuses obscurités. Les fils de Sion protégés par leur Seigneur dévoreront leurs adversaires, dans lesquels nous voyons les fils de la Grèce, et ils les soumettront par les pierres de leurs frondes, c'est-à-dire en faisant de leurs adversaires des hommes humbles et soumis au moyen des menaces contenues dans les Ecritures. En effet, rien ne frappe autant qu'un exemple pris dans les Ecritures et qu'un témoignage émis par le tournoiement de la bouche. Quant au passage des Septante où il

---

37 JÉRÔME admet cette possibilité de traduction à cause de la LXX qui, pour *Ps.* 60,6 et *Is.* 10,18 traduit chaque fois le verbe hébreu נסס, dont une forme se retrouve en *Zach.* 9,16, (c'est *methnosasoth*) par φυγεῖν.

38 JÉRÔME transcrit le terme grec ἀναγογή, utilisé d'une manière plus différenciée chez ses sources: ORIGÈNE et DIDYME. Mais, chez lui, le terme est un simple synonyme d'*allegoria*, en tant que sens spirituel de l'Ecriture par opposition au sens historique, comme le montrent des passages parallèles où revient *anagoge* dans son oeuvre: *ep.* 73,9; 120,8 et *Is.* I,1,3.

est dit: *Et ils boiront leur sang comme du vin* (*Zach.* 9,15), ce n'est pas en ces termes que nous le lisons dans l'hébreu, mais de la manière suivante: *En buvant, ils s'enivreront comme de vin*, afin qu'ils entendent cette parole du Cantique des Cantiques: *Buvez, mes amis, et enivrez-vous* (*Cant.* 5,1). C'est ainsi que leur ivresse sera agréable comme un sacrifice offert sur l'autel, et comme les cornes ou les angles de l'autel. *Le Seigneur les sauvera aussi, comme le troupeau de son peuple, car de saintes pierres seront roulées sur sa terre* (*Zach.* 9,16), pierres qui seront si légères et s'élanceront tellement vers ce qui est le plus élevé qu'elles n'attendront pas les mains des bâtisseurs, mais se hâteront d'elles-mêmes de se placer sur le fondement qu'est le Christ et d'être touchées par la pierre d'angle. C'est d'elles que l'apôtre Pierre dit: *Comme des pierres vivantes, vous êtes construits en demeure spirituelle et en sacerdoce saint, offrant des victimes spirituelles agréables à Dieu* (*I Pierre* 2,5). Telles sont les pierres qui crieront, si le peuple des juifs se tait (cf. *Lc* 19,40), et seront roulées tant qu'elles seront sur terre dans leur corps, car cette habitation terrestre alourdit leur esprit sollicité par beaucoup de choses (cf. *Sg.* 9,15). Un saint homme, alors qu'il se trouvait soumis au pouvoir de la chair, dit: *Qui me donnera des ailes, comme une colombe* (*Ps.* 54,7)? Autant qu'il est en son pouvoir, il s'efforce, se roule, et s'élève vers les sommets, mais est retenu par la faiblesse de sa chair. Quant à la terre sur laquelle les pierres sont roulées, c'est celle dont nous lisons: *Chantez au Seigneur, toute la terre* (*Ps.* 95,1), et: *Que toute la terre t'adore et psalmodie pour toi* (*Ps.* 65,4)[39].

Les dernières lignes de ce passage où reviennent les citations de *I Pierre* 2,5, *Lc* 19,40, *Ps.* 95,1 et 65,4 s'inspirent du commentaire de Didyme sur Zacharie[40].

Vers 408-409, dans son commentaire sur Isaïe, Jérôme se montre fidèle à cette exégèse ecclésiologique de notre verset en l'associant à une série d'autres dont le point de départ est *Is.* 54,11-12 déjà cité, selon la version de la LXX, en compagnie de *Zach.* 9,16 dans le commentaire sur Aggée mentionné ci-dessus. Derrière les versets d'*Is.* parlant de rebâtir Jérusalem en pierres précieuses, l'exégète voit l'édification de l'Eglise par les vertus, construite qu'elle est sur la pierre d'angle qu'est le Christ (*Is.* 28,16), fondement en dehors duquel personne ne peut rien édifier (I *Cor.* 3,10-11). Et il poursuit en ces termes:

Si, sur ce fondement, on construit en or, en argent, en pierres précieuses, en bois, en foin, en paille, l'oeuvre de chacun sera manifestée. C'est au sujet de ce fondement que l'Apôtre dit, dans une autre de ses épîtres: *Vous avez été construits sur le fondement des apôtres et des prophètes, Jésus-Christ étant lui-même la pierre d'angle* (*Eph.* 2,20). Et encore: *Dans lesquels vous êtes tous construits comme des pierres vivantes pour un sacerdoce saint, afin d'offrir des victimes spirituelles* (*I Pierre* 2,5). C'est de ces pierres qu'il est dit dans un sens spirituel: *De saintes pierres sont roulées sur la terre* (*Zach.* 9,16). C'est par elles que le Christ construit son Eglise sur le roc,

---

39   Texte latin dans *CCSL* 76A, p. 835,411-836,469.

40   Voir *SC* 84, p. 728-729.

comme il le dit dans l'Evangile: *Sur ce roc, je construirai mon Eglise* (*Matth.* 16,18)[41].

Jérôme rapproche ici le roc (*petra*) qu'est le Christ (cf. *In Matth.* 16,18; SC 259, p. 17) des pierres (*lapides*) construites sur lui. Une exégèse semblable à celle-ci se retrouve dans le commentaire sur *Isaïe* (XVIII,66,10-11[42]), qui combine trois courtes allusions à une Jérusalem faites de pierres vivantes (cf. *I Pierre* 2,5), qui sont roulées sur la terre (cf. *Zach.* 9,16), et qui suivent l'Esprit comme les roues du char du Seigneur (cf. *Ez.* 1,20)[43].

On ne s'étonnera pas de voir revenir une variante de cette exégèse dans le commentaire sur Ezéchiel, composé entre 410 et 414. Tout d'abord au livre I, 1,15-18 dans le commentaire d'*Ez.* 1,15-18, passage concernant les roues du char du Seigneur et les quatre animaux qui les accompagnent:

> Mais si quelqu'un prend en considération la roue et le mouvement des Evangiles, c'est-à-dire des quatre animaux qui respirent, vivent, comprennent, il verra ici le monde rempli en peu de temps[44] par la parole apostolique. La roue dans la roue, c'est soit l'union des deux Testaments, ce que montre l'échelle de Jacob et la pince d'Isaïe, ainsi que le glaive à deux tranchants, soit les Evangiles en accord les uns avec les autres, dont le mouvement et la hauteur tendent vers le ciel et touchent pendant un petit moment ce qui est sur terre, afin de se hâter, toujours pressés, d'aller vers ce qui est plus élevé. C'est d'eux qu'il est dit en un autre endroit: *De saintes pierres sont roulées sur terre* (*Zach.* 9,16), à partir desquelles est bâtie la Jérusalem céleste. Et je pense que cela a la même signification que ce passage du psaume qui chante: *La voix de ton tonnerre est dans la roue* (*Ps.* 76,19)[45].

Les Testaments ou les Evangiles en accord les uns avec les autres, et à partir desquels est construite l'Eglise, sont ici comparés aux pierres de Zacharie.

Dans le commentaire sur Ezéchiel toujours, Jérôme revient deux autres fois sur ce thème. Au livre IV,16,12, partant d'*Ez.* 16,12 selon la version des LXX, verset qui parle de petites roues suspendues aux oreilles de Jérusalem, la fiancée du Seigneur au temps de sa fidélité, il associe ce dernier verset à *Ps.* 76,19. Il peut en conclure que la voix des dogmes divins retentit dans ceux qui, passant outre aux choses terrestres, se contentent de laisser sur la terre de petites traces de leur passage, et y sont

41 *Is.* XV,54,11-14. Texte latin dans *CCSL* 73A, p. 610,92-102.

42 *CCSL* 73A, p. 778,13-15.

43 Une autre allusion, qu'on trouve en *Is.* VIII,26,1, (*CCSL* 73, p. 329,25-27), combine seulement *I Pierre* 2,5 avec *Zach.* 9.16. Ni dans ce cas, ni dans celui qui est signalé au n. 42, les allusions scripturaires à *Zach.* 9,16 ne sont notées dans l'éd. du *CCSL*.

44 La conviction que l'annonce de l'Evangile a atteint toute la terre se rencontre chez plusieurs auteurs à partir des dernières décennies du 4e s., voir B. KÖTTING, "Endzeitprognosen zwischen Lactancius und Augustinus", *Historisches Jahrbuch*, 77 (1958), p. 125-139.

45 Texte latin dans *CCSL* 75, p. 20,484-494.

roulés comme les pierres de *Zach.* 9,16[46]. Au livre IX,28,11-19, dans un long développement à partir d'*Ez* 28,13 (les pierres précieuses du roi de Tyr), il passe aux pierres vivantes dont est composée l'Eglise, fondée sur la pierre d'angle, en combinant *I Pierre* 2,3-6, *Eph.* 2,20-21, et *Is.* 54,11-14 avec notre verset, comme dans l'*In Isaiam*. A l'instar des roues, elles ne touchent le sol que pendant un bref instant et se hâtent vers ce qui est céleste[47].

Une dernière allusion à *Zach.* 9,16 chez Jérôme se trouve dans le *Dialogue contre les Pélagiens* (II,24), en 415. Dans sa réplique, Atticus prête à son adversaire pélagien[48], visé sous la figure fictive de Critobule, "héritier de Jovinien", des propos orgueilleux. Plein de confiance envers les capacités de sa propre nature, ce dernier se compare aux pierres saintes qui sont roulées sur la terre et ne pense pas que les trophées de son libre arbitre sont dus à la puissance du Christ[49].

3. *Consultationes Zacchaei et Apollonii (CZA)*

Comme nos travaux l'ont montré[50], ce dialogue anonyme, dont la datation la plus probable se situe aux environs du *triennium* 408-410, émane d'un auteur latin converti à la vie ascétique, attendant comme imminents, dans un monde marqué par l'effondrement du pouvoir romain, les derniers événements et la venue de l'Antichrist. Cet anonyme, que nous avons pu situer, si ce n'est dans l'entourage géographique de Sulpice Sévère, du moins dans son environnement spirituel, connaît certaines oeuvres de Jérôme. Au livre III,5,9, il cite *Zach.* 9,16-17 dans une argumentation au service de l'idéal de la virginité, sur laquelle nous reviendrons plus bas en présentant les commentaires de *Zach.* 9,17. En raison de plusieurs parallèles constatés entre le *Contre Jovinien* et CZA III,5, ainsi qu'à cause de la prise de position de l'anonyme, par la bouche du chrétien Zachée, en faveur du mariage, qu'il ne faut pas accuser d'être un mal, les CZA témoignent d'une connaissance du traité de Jérôme (spécialement de ses chap. I,12 et I,30[51]).

---

[46]   *CCSL 75*, p. 175,1260-176,1274.
[47]   *CCSL 75*, p. 393,280-282.
[48]   Sur les débuts de l'hostilité entre JÉRÔME et PÉLAGE, voir Y.M. DUVAL, "Pélage est-il le censeur inconnu de l'*Adversus Iouinianum* à Rome ?, *RHE*, 75 (1980), p. 540sv.
[49]   *CCSL 80*, p. 88,25-27.
[50]   J.L. FEIERTAG, *Les Consultationes Zacchaei et Apollonii. Etude d'histoire et de sotériologie* (*Paradosis* 30), Fribourg 1990, p. 38-145.
[51]   *PL* 23,254A.

4. *Le De Vocatione omnium Gentium*

Cette oeuvre, rédigée vers le milieu du 5e s., est généralement attribuée, depuis les travaux de M. Cappuyns[52], à Prospère d'Aquitaine. L'auteur discute le problème de l'universalité du don de la grâce, tout en en soulignant la nécessité pour le Salut.

> Mais que Dieu est l'auteur de tout bien, étant l'origine de dons qui ne sont ni douteux ni changeants, mais viennent de sa volonté éternelle, cela, l'apôtre Jacques le dit en ces termes: *Ne vous trompez pas, mes frères bien-aimés. Tout don excellent et toute donation parfaite viennent d'en haut, descendant du Père des lumières, auprès duquel n'existe ni changement ni ombre d'une variation. C'est en effet volontairement qu'il nous a enfantés par sa parole de vérité afin que nous soyons une sorte de commencement de sa création* (Jacques 1,16-17). C'est à lui que le prophète Zacharie chante ces paroles: *En ce jour-là, le Seigneur a sauvé son peuple comme des brebis, puisque de saintes pierres roulent sur sa terre. Car s'il existe quelque chose de bon, cela lui appartient, et s'il existe quelque chose d'excellent, cela vient de lui* (Zach. 9,16-17a)[53].

Cette exégèse coupe le verset 17a de 17b et rajoute le verbe être, que la LXX ne comporte pas, pour qu'il puisse être compréhensible. On peut comparer cette formulation particulière avec la traduction littérale et exacte que Jérôme donne de la LXX pour 17a et b dans son commentaire sur Zacharie: *Quia si quid optimum illius, et si quid bonum ab eo,* (17a) *frumentum iuuenibus et uinum boni odoris ad uirgines* (17b)[54]: si quelque chose d'excellent lui appartient, et si quelque chose de bon vient de lui, c'est le froment ... Ce procédé se retrouve dans l'exégèse latine, chez Paulin de Nole et Cassien, comme on le verra plus bas à propos de *Zach.* 9,17. Il s'accompagne chaque fois d'une affirmation générale, qui n'est le plus souvent pas explicitée, selon laquelle tout bien vient de Dieu.

5. *Le Commentaire sur les Psaumes d'Arnobe le Jeune*

Datable dans le deuxième quart du 5e s.[55], ce commentaire avoue sa prédilection pour l'*explanatio mystica* du psautier[56]. C'est donc dans une paraphrase allégorique du *Ps.* 101,14-15 que nous allons retrouver une allusion à *Zach.* 9,16:

---

52   "L'auteur du *De Vocatione omnium gentium*", *Rev. Ben.*, 39 (1927), p. 198-226. Attribution contestée toutefois par G. DE PLINVAL, "Prospère d'Aquitaine interprète de saint Augustin", *Rech. Aug.*, 1 (1958), p. 451, et qui n'est pas non plus défendue par C. BARTNIK, dans *RHE*, 68 (1973), p. 731-758.

53   Texte latin dans *PL* 51,682BC. Voici la formulation de *Zach.* 9,17a: *Quia si quid bonum, ipsius est, et si quid optimum, ab ipso est.* La compréhension de ce demi-verset est justement mise en évidence par la ponctuation.

54   *CCSL* 76A, p. 836,471-473.

55   Voir l'Introduction à son édition dans le *CCSL* 25, p. XI.

56   Cf. *CCSL* 25, p. XV.

Nul, en effet, ne sera sauvé, si toi, Seigneur, tu ne te lèves pas, pris de pitié pour Sion. Il arrive, le temps de ta venue, où tu prendras Sion en pitié (cf. *Ps.* 101,14). Car tes serviteurs ont aimé les pierres de cette dernière (cf. *Ps.* 101,15), c'est-à-dire ces pierres dont il est écrit: *Des pierres justes sont roulées sur elle* (cf. *Zach.* 9,16). En effet, tous les livres de l'Ancien Testament, qui ont en eux-mêmes une seule pierre d'angle, plaisent à ceux qui sont serviteurs de Dieu. Et tes serviteurs n'ont pas seulement aimé ses pierres, mais ils prendront aussi sa terre en pitié (cf. *Ps.* 101,15). La terre est ce qui appartient aux pierres, les corps ce qui appartient aux âmes. Non seulement, les âmes saintes nous plaisent, si nous sommes serviteurs de Dieu, mais nous vénérons aussi, tout en les prenant en pitié, leurs corps, dans lesquels ces hommes ont été frappés, torturés, brûlés et tourmentés par divers supplices. Comment les prenons-nous en pitié ? Nous éprouvons de la douleur à cause du tourment et du supplice qu'ils ont endurés, et de la joie à cause de la persévérance par laquelle ils sont sortis vainqueurs. Quand donc, Seigneur, tu seras venu, et quand tes saints auront souffert pour le témoignage de ton Nom, alors les nations et tous les rois de la terre craindront ta gloire (cf *Ps.* 101,16)[57].

On reconnaîtra ici une certaine influence de l'exégèse de Jérôme, elle-même en dépendance d'Origène, dans les *Tractatus in Psalmos*: d'une part, les pierres dont est construite la Jérusalem céleste figurent les livres de l'A.T. en accord les uns avec les autres, car centrés sur le Christ qui est leur commune pierre d'angle. D'autre part, ces mêmes pierres figurent les membres saints de l'Eglise qui endurent la persécution.

Pour conclure sur *Zach.* 9,16, signalons encore deux textes tardifs, de moindre intérêt, car il s'agit de compilations de textes jéronimiens déjà mentionnés plus haut.

6. *Pseudo-Jérôme, Breviarium in psalmos (CPL 629)*

La *Sigelliste* de Frede (*Ps Hier. bre*) propose une origine irlandaise, au 7e-8e s. L'auteur anonyme cite presque textuellement le commentaire d'Origène vraisemblablement traduit par Jérôme sur les psaumes 76 et 97. Pour le texte, on se reportera à *PL* 26,1042D-1043A, ainsi que 1119D-1120A.

7. *L'Homilia ad monachos (CPL 639)*

Compilation d'extraits de lettres de Jérôme, cette homélie anonyme (*PL* 30,414D-415A) s'inspire du passage de l'*ep.* 78,39,1 à Fabiola dont nous avons parlé plus haut.

---

[57]   Texte latin dans *CCSL* 25, p. 148,41-149,56. L'éditeur n'a pas identifié l'allusion à *Zach.* 9,16.

B. ZACHARIE 9,17

1. Jérôme

Le *Contre Jovinien* de 393 ne devrait pas normalement être cité ici, puisqu'il ne présente plus le texte de la Vieille Latine pour *Zach.* 9,17, mais déjà la version résultant de la traduction dite sur l'hébreu: *Quid enim bonum eius est, et quid pulchrum eius, nisi frumentum electorum et uinum germinans uirgines.* Toutefois, l'importance de la tradition d'interprétation née à partir de ce traité le justifie. L'exégète centre ici sa réflexion sur le thème de la virginité. En combinaison avec *Cant.* 5,1, parlant du vin dont s'enivre le fiancé, qui est aussi celui dont les apôtres étaient pleins (cf. *Actes* 2,13), et qui les faisait marcher non dans la vieillesse de la lettre, mais dans la nouveauté de l'Esprit, Jérôme ajoute:

> Tel est le vin qui, lorsqu'il a enivré les jeunes gens et les jeunes filles, les fait tout de suite avoir soif de virginité et être repus dans l'ivresse de la chasteté. Et l'oracle suivant de Zacharie, compris selon la vérité hébraïque, et qui est une prophétie au sujet des vierges de l'Eglise, s'accomplit: *Ses places seront remplies de jeunes enfants et de jeunes filles qui joueront (Zach. 8,5). En effet, qu'y a-t-il de bon en elle et qu'y a-t-il de beau en elle, si ce n'est le froment des élus et le vin qui fait croître les vierges (Zach. 9,17)*[58]?

Le passage ne dit pas explicitement, mais suggère que le vin dont s'enivrent les vierges est l'Esprit-Saint plutôt que le Christ, à cause de l'allusion à *Actes* 2,13. Les deux derniers versets parlant dans l'hébreu de Jérusalem (*Zach.* 8,5) et du pays du Seigneur ou du Seigneur lui-même (*Zach.* 9,17) se rapportent, dans l'interprétation donnée ici, à l'Eglise. En choisissant le participe *germinans* pour traduire יְנוֹבֵב , la version de Jérôme, que ce dernier en soit ou non conscient, ne paraît pas s'écarter du sens de l'original (fera croître, ou fera s'épanouir). Mais on ne saurait en dire autant de son interprétation dans le *Contre Jovinien*. En effet, tout en conservant certaines ambiguïtés[59], l'hébreu n'exclut pas l'idée de prospérité acquise par l'enfantement.

Toutefois, dans son commentaire suivi sur le livre de Zacharie, il donne aussi, avant de passer au sens spirituel, un sens littéral au passage: les vierges sont les juifs croyants appelés à retourner au Dieu unique après s'être souillés avec les idoles. Voici l'extrait correspondant à *Zach.* 9,17:

> *Car qu'est-ce que le Seigneur a de bon, et qu'est-ce qu'il a de beau, sinon le froment des élus et le vin qui engendre des vierges?* Les Septante: *Car s'il y a quelque chose de bon qui lui appartient, et si quelque chose de bon vient de lui,*

---

58 *C. Iov.* I,30 (*PL* 23,253D-254A).
59 Voir W. RUDOLPH, *op. cit.* au n. 2, p. 185.

c'est le froment pour les jeunes gens et le vin de bonne odeur destiné aux vierges. C'est pourquoi, disent-ils [60], les Macchabées, fuyant de-ci de-là, vaincront avec le secours du Seigneur, afin que, lorsque les Macédoniens auront été chassés de la terre d'Israël, le Temple soit purifié, les préceptes de la Loi observés et que l'étude des Ecritures engendre à nouveau des vierges, c'est-à-dire le peuple des croyants en un seul Dieu, lesquels avaient auparavant forniqué dans le culte de l'idolâtrie. Par froment des élus, c'est-à-dire *Baurim*, ils veulent qu'on comprenne non pas les jeunes gens, comme l'ont traduit les Septante, mais les élus et les hommes instruits qui méritent de se nourrir du froment, c'est-à-dire de la Loi de Dieu. A la place du vin, qui se dit en hébreu *Thiros*, Aquila a traduit οἰνίαν, terme qui peut se rapporter à la fécondité de la vendange. Voilà ce que pensent les juifs.

Nous, du reste, nous comprenons sous les mots: *froment des élus*, ou *des jeunes gens*, de *vin engendrant des vierges* ou *de vin de bonne odeur destiné aux vierges* le Seigneur, notre Sauveur, qui dit dans l'Evangile: *Si le grain de froment tombant en terre ne meurt pas, il demeure seul. Mais s'il meurt, il porte de plus grands fruits* (*Jn* 12,24-25). C'est de ce froment qu'est fait le pain qui est descendu du ciel, et qui fortifie le coeur de l'homme. C'est ce pain que mangent ceux qui sont forts dans le Christ, et à qui l'Evangéliste Jean dit: *Je vous écris, jeunes gens, parce que la parole de Dieu demeure en vous et que vous êtes forts, et que vous avez vaincu le Malin* (*I Jn* 2,14). Celui qui est le froment des élus ou des jeunes gens est lui-même aussi le vin qui réjouit le coeur de l'homme et qui est bu par les vierges qui sont saintes de corps et d'esprit, afin qu'enivrées et joyeuses, elles suivent l'Eglise et qu'on dise d'elles: *Des vierges seront amenées au roi après elle, celles qui sont ses plus proches te seront amenées. Elles seront amenées dans la joie et l'allégresse* (*Ps*. 44,15-16). Comment, en effet, ne connaîtraient-elles pas la joie, celles qui, après s'être enivrées de la coupe du Sauveur, sont engendrées dans la virginité, et qui osent dire: *Faites-moi entrer dans le cellier qui contient le vin, fortifiez-moi par des parfums* (cf. *Cant*. 2,4)? Ce vin a une bonne odeur, c'est pourquoi, il est dit dans le même chant: *Tu m'abreuveras d'un vin mêlé de parfum et des sucs de tes fruits de grenade* (cf. *Cant*. 8,2). C'est de ce vin que sont enivrés ceux qui suivent l'Agneau partout où il va, vêtus qu'ils sont de vêtements blancs, parce qu'ils ne se sont pas souillés avec les femmes. Ils sont demeurés vierges (cf. *Apoc*. 14,4) [61].

L'exégèse ascétique de *Zach*. 9,17 s'inscrit dans le prolongement de celle déjà développée dans le *Contre Jovinien*, mais le froment et le vin sont ici directement identifiés au Christ, ce qui n'est pas le cas dans le traité polémique, où le contexte indique qu'ils semblent signifier l'Esprit.

---

60   C'est une opinion des juifs, voir plus haut n. 35-36.
61   Texte latin dans *CCSL* 76A, p. 836,469-837,506.

2. *Paulin de Nole, ep. 40,10*

Cette lettre à *Sanctus* et son ami *Amandus*[62] est consacrée à illustrer sa propre conversion à la vie ascétique[63]. Le premier de ces deux personnages était une ancienne connaissance de Paulin, que ce dernier avait rencontrée avant sa retraite monastique. Le début de la lettre (*ep.* 40,3) nous apprend que Paulin lui avait écrit et n'en avait reçu qu'une brève et courtoise réponse, après laquelle plus rien n'avait été échangé. Or une lettre de *Sanctus*, mentionnée dans l'*ep.* 40,1, lui est récemment parvenue, où ce dernier lui fait savoir que lui aussi a été touché par la grâce de Dieu. Dans cette épître, à laquelle Paulin répond présentement, *Sanctus*, après avoir fait l'éloge de ce dernier, l'avait comparé à l'un des trois oiseaux nommés dans le *Ps.* 101,7-8: le pélican au désert, le *nycticorax* dans son nid, et le passereau solitaire sur le toit (*ep.* 40,7). Paulin fait correspondre le premier à l'âme pénitente qui se retire dans la solitude, le second, "corbeau de nuit", figure celui qui voit clair à travers les ténèbres de ce monde (*ep.* 40,8), et dans le troisième, il faut voir le Christ lui-même. C'est lui qu'il faut suivre pour triompher. Et il poursuit en ces termes:

> Aucun autre nom (que celui du Christ) sous le ciel n'a été donné aux hommes par lequel nous devons être sauvés. Triomphants par ce nom, *confessons au Seigneur ses miséricordes et glorifions-nous dans sa propre louange* (cf. *Ps.* 105,47), et non dans la nôtre. Car, comme le dit le prophète, *si quelque chose de bon nous appartient, cela vient de lui, et s'il y a quelque chose d'excellent, cela est à lui* (Zach. 9,17a). *C'est lui-même qui nous a faits* (*Ps.* 99,3). C'est pourquoi Paul dit: *Qu'as-tu, ô homme, que tu n'aies pas reçu? Et si tu as reçu, pourquoi te glorifies-tu comme si tu n'avais pas reçu* (*I Cor.* 4,7). Il exhorte donc ici *quiconque se glorifie à se glorifier dans le Seigneur* (cf. *I Cor.* 1,31). C'est pourquoi nous sommes pris d'une légère angoisse, lorsqu'il nous semble qu'on nous loue. En effet, nous sommes conscients de ne rien posséder comme notre bien propre, et c'est comme si celui qui fait notre éloge mettait à rude épreuve la retenue de ceux qui reconnaissent cela, car nous savons que ce n'est pas de nous-mêmes qu'il faut faire l'éloge, mais des dons et des oeuvres de la divine bonté. S'il semble ou si l'on croit que quelque chose de bon se trouve en nous, cela appartient à *celui qui seul est bon* (*Matth.* 19,17) et de la plénitude duquel *tous nous recevons* (*Jn* 1,16), et sommes inondés selon la capacité de notre mérite ou de notre foi[64].

---

62   Datée entre 400 et 408 par P. FABRE, *Essai sur la chronologie de l'oeuvre de Saint Paulin de Nole*, Strasbourg 1948, p. 83-86; cf. J.T. LIENHARD, *Paulinus of Nola and Early Western Monasticism* (*Theophaneia* 28), Köln 1977, p. 190.

63   Sur l'idéal ascétique dans le milieu de PAULIN, voir J. FONTAINE,"Valeurs antiques et valeurs chétiennes dans la spiritualité des grands propriétaires terriens à la fin du 4e s.", dans: *Epektasis. Mélanges ... J. Daniélou*, Paris 1972, p. 571-595.

64   Texte latin dans *CSEL* 29/1, p. 352,26-353,14.

Paulin pourrait bien ne pas être le premier auteur latin à mettre notre verset au service d'une réflexion sur les dons de la grâce. Le commentaire sur Zacharie de Théodore de Mopsueste[65], écrit probablement avant la lettre de Paulin[66], fait de même pour illustrer le principe selon lequel tout bien vient de Dieu. Ceci paraît indiquer l'existence d'une tradition d'interprétation plus ancienne de ce verset, d'abord grecque puis latine, qui le met en relation avec le problème de la grâce. En outre, au plan de la doctrine, Paulin fut en relation aussi bien avec Augustin qu'avec Pélage, ce dernier ayant même été son ami personnel. Le cercle de ses amitiés, où figuraient aussi des partisans d'Origène, ennemis de Jérôme (Rufin d'Aquilée, Mélanie l'Ancienne) peut paraître plutôt susceptible de sympathie vis-à-vis du parti des Pélagiens. Son milieu monastique également le rapprochait davantage des convictions de ces derniers. Mais on ne sait jusqu'où a pu aller le soutien qu'il leur accorda, et ses écrits sont trop peu systématiques — malgré sa confiance avouée dans l'effort ascétique[67] et malgré la lettre 186 qu'Augustin lui adresse, qui le soupçonne de sympathie pélagienne — pour qu'on puisse en faire un des protagonistes directs de la controverse. Pourtant, le passage ci-dessus, en associant *Zach.* 9,17 au *Ps.* 99,3, qui parle de la création de l'homme, indique une interprétation davantage pélagienne: ce procédé suggère que le bien qui est en nous, selon Zacharie, vient de notre création par Dieu, affirmée par le psalmiste. On se gardera toutefois de conclure que ce demi-verset était utilisé dans un milieu "pélagien" au sens strict, car si effectivement Augustin ne l'utilise jamais, nous n'avons pas pu le trouver non plus chez Pélage ou un auteur relevant de son cercle d'influence. En soi, coupé de son contexte, il est ambigu, puisqu'il parle d'une manière générale de l'origine du bien qui est en nous. Il pouvait donc être mis au service des deux argumentations opposées, ce qui ne convenait pas à des polémistes avertis.

3. *Consultationes Zacchaei et Apollonii*

Au chap. 5,9 du livre III, Apollonius, dans l'étape finale du dialogue, après s'être déjà converti, s'enquiert du mode de vie qui est le plus élevé pour les chrétiens. Il s'agit de la vie monastique, détestée pourtant non seulement par les païens, mais aussi par certains chrétiens. Le chap. 5 est consacré à justifier par l'Ecriture l'abstinence sexuelle des moines. La discussion est,

---

[65]   Ed. H.N. SPRENGER, Göttingen 1977, p. 373 (=*PG* 66,563A) où l'on retrouve la coupure entre 9,17a et 9,17b. Toutefois, il n'y a pas ici, comme chez Paulin, la mention que ce bien est en nous. La citation de l'évêque de Nole rajoute *nobis*: *Si quid bonum nobis, ab ipso est, et si quid optimum, ipsius est* (*CSEL* 29/1, p. 353,2-3).

[66]   J.M. VOSTÉ, "La chronologie de l'activité littéraire de Théodore de Mopsueste", *Rev. Biblique*, 34 (1925), p. 72 place entre 370 et 383 le Commentaire sur les Prophètes Mineurs.

[67]   Cf. J.T. LIENHARD, art. "Paulin de Nole", *DSp*, XII/1 (1984), col. 600.

comme on l'a remarqué, imprégnée des problématiques et des versets scripturaires du *Contre Jovinien* de Jérôme.

> Salomon, prévoyant cela (c'est-à-dire le temps de la virginité) dans l'Es-prit-Saint, dit: *Il y a un temps pour l'étreinte et un temps pour s'éloigner de l'étreinte* (*Eccl.* 3,5), car le commandement ancien veut que la terre se remplisse par la procréation, mais le commandement nouveau que la continence et la virginité remplissent le ciel. C'est pourquoi le Seigneur dit par la bouche de Zacharie: *De saintes pierres sont roulées sur la terre: pour les jeunes hommes du froment, du vin à douce odeur pour les vierges*[68].

On notera la version de *Zach.* 9,17 ici présentée: *Sancti lapides uoluuntur super terram: in iuuenibus triticum, uinum suaue olens in uirginibus.* Le sens exact du double *in* serait difficile à déterminer d'après le seul recours au latin. Le froment et le vin sont-ils dans les jeunes gens et les vierges, ou destinés à eux ? La LXX présente d'abord un simple datif: νεανίσκοις, puis εἰς παρθένους, où εἰς a un sens de destination: pour les vierges. Le *de repa-ratione* de Bachiarius, dont nous allons parler immédiatement, présente la forme suivante: *Triticum iuuenibus et uinum suaue olens uirginibus*[69]. D'après le texte de Migne, il n'y a chez lui que des datifs et le *in* est éliminé, mais il est vrai qu'une édition critique de ce traité fait toujours défaut. Enfin, le TLL[70] donne plusieurs exemples de cet *in* à valeur de datif, extraits de la *Vetus Latina*. Ce sera donc aussi la solution que nous retenons pour les *Consultationes*.

4. Bachiarius

L'ascète espagnol, accusé de priscillianisme, nous a laissé son *Epistola ad Januarium de reparatione lapsi*[71], lettre adressée à un diacre du nom de *Janua-rius*, chef d'une communauté ascétique. Un autre diacre, membre de cette même communauté, avait péché avec une vierge consacrée, et se voyait repoussé par ses compagnons. La lettre a pour but à la fois de recomman-der aux moines de faire preuve de miséricorde à son égard, et d'imposer une importante pénitence au coupable. Dans ce contexte, Bachiarius adresse à ce dernier l'exhortation suivante:

> Finalement, n'imite pas l'oeuvre du roi de Babylone (cf. *Dan.* 5,1-2), au point de croire que tu dois boire un vin de perdition dans les coupes qui appartiennent au Temple du Seigneur, et ce en présence de tes dieux,

68   Ed. G. MORIN dans *Florilegium Patristicum* 39, Bonn 1935, p. 106,5-10. La nouvelle édition de ce texte, que je viens d'achever, est actuellement sous presse.
69   *PL* 20,1057 C.
70   T. VII,1 , col. 791, 29-50.
71   Placée entre 410 et 420; voir A. LAMBERT, art. "Bachiarius", *DHGE*, 6 (1932), col. 62; A. MUNDO, "Estudios sobre el de fide de Baquiario", *Studia Monastica*, 7 (1965), p. 249; F.X. MURPHY, "Bachiarius", dans *Leaders of Iberean Christianity*, éd. par J.M.F. MARIQUE, Boston 1962, p. 121-126.

Vénus, Mars et Mercure, c'est-à-dire la fornication, l'avarice, la fureur. Car il est écrit: *La fureur de l'homme ne se retient pas* (cf. *Job* 31,11 dans la LXX) et ailleurs: *L'avarice, qui est de l'idolâtrie* (cf. *Eph.* 5,5). Vous ne pouvez pas, en effet, placer l'avarice seulement dans l'argent, car on sent que l'avarice est surtout dans le désir auquel on n'assigne jamais de limite. Et le prophète nous enseigne que les vierges sont appelées des coupes dans le Temple du Seigneur, en disant: *Du froment pour les jeunes gens, et du vin à douce odeur pour les vierges* (*Zach.* 9,17); et si l'on répand du vin en quelque chose, qu'est-ce que cela est, si ce n'est pas ce que l'on appelle une coupe[72]?

5. Cassien

Ce dernier cite notre verset au cours d'une discussion sur la valeur du libre arbitre dans la troisième de ses *Conférences* III,16. Pour illustrer la thèse selon laquelle tout bien ne s'achève (*consummari*) en nous que par le secours du Seigneur[73], Cassien introduit *Zach.* 9,17a, coupé de 9,17b, comme chez Paulin et dans le *De Vocatione omnium Gentium*:

> Quand le Seigneur proteste ainsi (c'est-à-dire en *Jn* 15,4-5, passage qui vient d'être cité) que personne, s'il ne l'inspire et coopère avec lui, ne porte de fruits pour le Salut, n'est-ce point une marque évidente qu'il y aurait sottise à la fois et sacrilège à se faire honneur de quoi que ce soit dans ses bonnes oeuvres, au lieu de l'attribuer à la grâce? *Tout don excellent, toute grâce parfaite est d'en haut et descend du Père des lumières* (*Jacques* 1,17). Zacharie dit de même: *S'il est quelque bien, ce bien est de lui; et s'il y a quelque chose d'excellent, c'est encore de lui* (*Zach.* 9,17a). Et le bienheureux Apôtre de tenir ce raisonnement concluant: *Qu'avez-vous que vous n'ayez reçu? Et si vous l'avez reçu, pourquoi vous en glorifier, comme si vous ne l'aviez pas reçu* (*I Cor.* 4,7)[74]?

6. Pseudo Bachiarius (?), Epistula nisi tantis minis (CPL 570)

C.P. Caspari avait édité ce texte en 1890[75]. Dom Morin l'a réédité dans la *Revue Bénédictine*, 40 (1928), p. 293-296 en l'accompagnant d'arguments visant à l'attribuer à l'espagnol Bachiarius. Dans le manuscrit de Saint-Gall 190, cette lettre ou fragment de lettre était suivie d'une autre (dont l'*incipit* est *quamlibet sciam*). Morin présuppose l'unité de leur auteur. Son principal argument, tiré de la deuxième lettre[76], tend à montrer que cette dernière reflète une pratique liturgique d'ascètes espagnols condamnés par le synode anti-priscillianiste de Saragosse en 380. Il y ajoute ensuite des parallèles

---

72   Texte latin dans *PL* 20,1057 C.

73   *SC* 42, p. 160.

74   Texte et traduction dans *SC* 42, p. 160-161.

75   *Briefe, Abhandlungen und Predigten*, Christiania 1890, p. 178-182.

76   On le trouvera dans G. MORIN,"Pages inédites de deux Pseudo-Jérôme des environs de l'an 400", *Rev. Ben.*, 40 (1928), p. 303-304, réédité dans *PLS* I, col. 1035-1049.

textuels entre l'oeuvre de Bachiarius et les deux lettres du manuscrit de Saint-Gall. Quoi qu'il en soit de la problématique espagnole trouvée dans la deuxième lettre, — il n'y a pas lieu de s'attarder ici sur cet aspect — les rapprochements textuels invoqués ne suffisent pas à prouver l'identité d'auteur.

D'après le texte même de la lettre, son auteur est une femme, ascète ou moniale écrivant à une consoeur, appelée *uenerabilis soror*. Cette dernière lui a écrit une lettre, non conservée, traitant sans doute de la virginité, et était habituée à lui rendre visite. Le message écrit en réponse est essentiellement une louange, empreinte de citations scripturaires, de la science de cette moniale inconnue, et se laisse résumer par la petite formule suivante utilisée par son auteur: *Virginitas sine scientia in tenebris ambulat*[77]. On y trouve cette allusion à notre verset:

> Je te l'avoue, soeur vénérable, je n'aurais pas compris le sens de la parole prophétique qui dit: *Du froment pour les jeunes gens, et du vin à douce odeur pour les vierges* (*Zach.* 9,17), si je ne l'avais pas appris grâce à la puissance de tes explications. C'est toi en effet qui possèdes ce vin à douce odeur, c'est-à-dire le vin qui vient des fruits du Christ qui est la vraie vigne, remplie de la joie d'une science spirituelle, toi qui as vivifié l'intérieur de tes entrailles des sucs de sa douceur et de sa puissance[78].

L'allusion au Christ qui est le vin possédé par les vierges pourrait dépendre de Jérôme, chez qui on a trouvé une semblable exégèse. De fait, la datation de l'écrit se préciserait, au moins dans le sens du *terminus post quem*, si on confrontait ses interprétations scripturaires avec celles que Jérôme destine à ses correspondantes. Et, en matière de chronologie, il n'est pas sans intérêt de rappeler que le commentaire de Caspari[79] fournit une indication générale: l'intérêt des moniales pour l'étude est souligné chez Avitus de Vienne, Venance Fortunat et dans la règle de Césaire. Ces éléments nous incitent à dater l'écrit après le cinquième siècle, bien que son texte scripturaire reste influencé par la *Vetus Latina*.

7. *Pseudo-Ephrem, Liber de paenitentia (CPL 1143a)*

Cet écrit, qui réutilise systématiquement le *de reparatione* de Bachiarius, cite l'extrait de ce dernier auteur[80] que nous avons présenté plus haut au n. 5 pour *Zach*. 9,17.

---

77 Ed. MORIN, *Rev. Ben.*, 40, p. 294,12-13.
78 Ed. MORIN, *Rev. Ben.*, 40, p. 295,9-15.
79 *Op. cit.* au n. 75 p. 401-402.
80 Voir *PLS* IV, col. 636.

URSINO E DAMASO – UNA NOTA

Giuseppe De Spirito

Premessa

Questa breve nota[1], il cui unico merito è di rappresentare un omaggio a D. van Damme, è parte di uno studio più ampio dal titolo *Dei luoghi di elezione di Ursino e Damaso* che sarà pubblicato altrove. In esso si riprenderanno e svilupperanno le tesi qui esposte e si avanzeranno delle ipotesi concernenti i siti veri e propri in cui Ursino e Damaso furono eletti ed ordinati ed il complesso delle problematiche pertinenti a questi centri di culto.

1. CRITICHE RIVOLTE ALLE EPISTOLE I E II DELLA *COLLECTIO AVELLANA*

Gran parte delle scarne notizie concernenti lo scontro che oppose Damaso (366 - 384) ad Ursino per la cattedra di Roma[2] si rinviene nell'epistola *Quae gesta sunt inter Liberium et Felicem episcopos* (forse 368; PL 13, 81 ss.; CSEL 35 (1895), 1 - 4).

La lettera, anche se tra qualche dubbio[3], è generalmente riconosciuta frutto dello stesso ambiente ursiniano - luciferiano che diede vita al *Libellus Precum* (384; PL 13, 83 - 107; CSEL 35 (1895), 5 - 44), redatto dai due presbiteri Faustino e Marcellino[4]. L'epistola, che nella *Collectio Avellana* precede il libello, sembra possa essere considerata come la premessa storico-giuridica di quest'ultimo.

Nel giudizio della critica, le due lettere, quali prodotti della fazione che uscì sconfitta dalla crisi del 366, presenterebbero una visione distorta degli avvenimenti che condussero all'elezione di Damaso. Si ritiene così

---

1   Il mio personale ringraziamento va a P. Liverani (Musei Vaticani - Reparto di Antichità Classiche), a Fl. G. Nuvolone (Università di Fribourg, Svizzera - Seminario di Patristica) ed a E. M. Steinby (Direttore dell'Istituto Finlandese di Roma), nonché a S. Marchitelli ed a M. Somazzi (Università di Fribourg, Svizzera - Seminario di Antichità Classiche), per il fondamentale apporto in consigli ed in osservazioni critiche a questa ricerca. Si avverte inoltre che si è adottato nell'occasione il sistema abbreviativo del *Thesaurus Linguae Latinae*.

2   Su tale evento si confrontino tra gli altri A. Chastagnol, *La préfecture urbaine à Rome sous le Bas - Empire* (Université de Paris Faculté des Lettres et Sciences Humaines), Paris 1960, 152s.; G. N. Verrando, 'Liberio - Felice Osservazioni e rettifiche di carattere storico - agiografico*', *Rivista di Storia della Chiesa in Italia* 35 (1981), 91-125; B. Studer, 'Liberio papa (352-366)', in *Dizionario Patristico* II, 1948 s.; A. Di Berardino, 'Ursino antipappa', ibid., 3533s.; e J. N. D. Kelly, *The Oxford Dictionary of Popes*, Oxford - New York 1986, 32-35.

3   A. Lippold, 'Ursinus und Damasus', *Historia* 14, 1 (1965), 105-128, 106 s., in specie.

4   M. R. Green, 'The Supporters of the Antipope Ursinus', *Journal of Theological Studies* 22 (1971), 531-538.

che l'intento principale di queste epistole sia di screditare la figura di quest'ultimo, glorificando Ursino[5].

Questa tesi sembra tuttavia sottovalutare il fatto che gli autori dei *gesta inter Liberium et Felicem* e, soprattutto, del *Libellus Precum*, che si indirizza a Valentiniano II, Teodosio ed Arcadio per spiegare lo stato precario in cui versano numerose sedi vescovili tra le quali Roma[6], riuscirono nell'intento che si erano prefissati: ricevere ascolto ed ottenere la concessione della pace religiosa per la propria fazione (*PL* 13, 107 s.; *CSEL* 35 (1895), 45 s.).

Di conseguenza, se le due lettere furono accolte, non potevano avere presentato alle massime autorità una situazione totalmente mistificata dei fatti che in esse si esponevano.

La Cancelleria imperiale doveva essere ben informata al riguardo, cosicché è logico pensare che la narrazione dell'avvento all'episcopato di Damaso contenuta nei *gesta inter Liberium et Felicem* doveva in qualche modo coincidere con quanto essa conservava memoria.

Si tratta dunque di una sostanziale e non formale recezione dei due documenti da parte della corte e degli stessi imperatori, che pare chiarire il motivo per il quale i *gesta inter Liberium et Felicem* ed il *Libellus Precum* siano pervenuti ai nostri giorni e non siano stati posti all'indice come spesso è capitato invece ad altre opere di scismatici od eresiarchi.

Alla luce di queste considerazioni si può concludere che entrambi i testi paiono essere *fide digni* e che rappresentano uno di quei rari casi in cui si può ascoltare la voce di quanti uscirono perdenti da una lotta sviluppatasi in seno alla Chiesa.

2. I CENTRI DI ELEZIONE DI URSINO E DAMASO

Sui luoghi che videro l'elezione rispettivamente di Ursino e di Damaso la prima epistola della *Collectio Avellana* narra in particolare (*PL* 13, 81 s.; *CSEL* 35 (1895), 2 s.) che

> *presbyteri et diacones Ursinus Amantius et Lupus cum plebe sancta, quae Liberio fidem servaverat in exilio constituto, coeperunt in basilica Iuli* [varianti *Iuli, Uili, Iulii*] *procedere et sibi Ursinum diaconum pontificem in loco Liberii ordinari deposcunt; periuri vero in Lucinis Damasum sibi episcopum in loco Felicis expostulant. Ursinum Paulus Tiburtinus episcopus benedicit. quod ubi Damasus, qui semper episcopatum ambierat, comperit, omnes quadrigarios et imperitam multitudinem pretio concitat et armatus fustibus ad basilicam Iuli perrumpit et magna fidelium caede per triduum debacchatus est. post dies septem cum omnibus periuris et arenariis, quos ingenti corrupit pretio, Lateranensem basilicam tenuit et ibi ordinatus episcopus et redimens iudicem urbis*

---

5   Per tutti valgano Ch. Pietri, 'Damaso I (366-384)', in *Dizionario Patristico* I, 883 ss.; e Pietri 1986, 33 s.

6   M. Simonetti, 'Lucifero (Luciferiani)', in *Dizionario Patristico* II, 2047 ss.

Viventium et praefectum annonae Iulianum id egit, ut Ursinus vir venerabilis, qui prius fuerat pontifex ordinatus, cum Amantio et Lupo diaconibus in exilium mitteretur. quod ubi factum est, coepit Damasus Romanam plebem, quae sibi nolebat procedere, fustibus et caede varia perurguere.

Sulla base di un precedente passo contenuto nella medesima fonte, ove si afferma che

Felix notatus a senatu uel populo de urbe propellitur. et post parum temporis impulsu clericorum, qui peiuraverant, inrumpit in urbem et stationem in <basilica> Iuli trans Tiberim[7] dare praesumpsit. quem omnis multitudo fidelium et proceres de urbe iterum cum magno dedecore proiecerunt,

si è giunti alle seguenti conclusioni:

– *statio in <basilica> Iuli trans Tiberim* e *basilica Iulii* si riferirebbero ad un' unica postazione[8], cioè alla odierna S. Maria in Trastevere[9];

– riguardo all'espressione *in Lucinis*, la formula, a fronte della lettura di A. Ferrua[10] secondo la quale essa corrisponderebbe ad un genitivo alla greca, sarebbe da considerare un ablativo plurale, da non riferire necessariamente ad un centro di culto[11].

Per quanto concerne il primo punto, questa ricostruzione sembra trascurare sia che la lezione *basilica* in rapporto a *Iulii trans Tiberim* si rinviene solo nel *ms. Ottobon.* 1105 del sec. XVI e non nei documenti più antichi che conservano la *Collectio Avellana*, sia che O. Guenther, responsabile dell'edizione cui ancora oggi si fa riferimento per la lettura della suddetta raccolta, l'ha accettata e l'ha accolta nel testo, seppure con la cautela dell'in-

---

7   *PL* 13, 81, riporta invece *et stationem in Iuli basilica trans Tiberim*.

8   Secondo il Catalogo Liberiano (*Liber Pontificalis* I, 8 s.), Giulio I (337-352) edificò *basilicam Iuliam, quae est regione VII iuxta forum divi Traiani*; mentre, per la seconda redazione del *Liber Pontificalis* (I, 205) questi *fecit basilicas II: una in urbe Roma iuxta forum et altera trans Tiberim*.

9   L. Duchesne, *Liber Pontificalis* I, 206 n. 5, 264 n. 10; A. Ferrua, 'S. Maria Maggiore e la "basilica Sicinini"', *La Civiltà Cattolica* 89, 3 Quad. 2113 (2 Luglio 1938), 58; *Epigrammata Damasiana* Recensuit et Adnotavit A. Ferrua (Sussidi allo Studio delle Antichità Cristiane, II), Città del Vaticano 1942, 65 ss., N. 13; R. Vielliard, *Recherches sur les origines de la Rome chrétienne. Les églises romaines et leur rôle dans l'histoire et la topographie de la ville depuis la fin du monde antique jusqu'à la formation de l'état pontifical. Essai d'urbanisme chrétien. Preface* par É. Mâle, Rome 1959, 68 s.; R. Krautheimer, *CBCR* III (1967), 65 s.; Pietri 1976, I, 409, 412; Pietri 1986, 34. C. Maes, *Basilica PP. Iulii I iuxta Forum (S. Maria Antiqua - S. Maria de Inferno - S. Maria Liberatrice) con una occhiata in dietro a S. Maria trans Tyberim*, Roma 12 gennaio 1901, 7 s., ha anche pensato alla *basilica Iulia* pagana al foro, ma è ipotesi ormai abbandonata: D. Kinney, *S. Maria in Trastevere from its Foundings to 1215* (New York 1975), Ann Arbor 1977, 37.

10   A. Ferrua, 'Nomi di catacombe nelle iscrizioni: in Lucinis', *RendPontAc* 27, 1-2 (1951-52) (1953), 252 ss.; Id., 'L'espressione in Lucinis', *RACr* 30, 3-4 (1954), 235.

11   J. P. Kirsch, *Die römischen Titelkirchen im Altertum* (Studien zur Geschichte und Kultur des Altertums IX, 1/2), Paderborn 1918, 81 ss., sottintende *aedibus*; L. Mohlberg, 'Un'antica designazione romana di stazione: "ad sanctum Laurentium ad Titan"', *RendPontAc* 4 (1925-26) (1926), 267, pensa al ricordo di un previo culto in onore di Giunone Lucina. Si veda poi la discussione in proposito di vari studiosi riportata in Guidobaldi 1990, 197-200.

serimento tra parentesi uncinate, solo perché nel seguito della lettera viene menzionata una *basilica Iulii*[12].

Da queste osservazioni, sembra si possa evincere che sia corretto leggere di seguito prima *stationem in Iuli trans Tiberim* e poi *basilica Iulii*.

Ne consegue che i *gesta inter Liberium et Felicem* trattano di due centri differenti, dei quali il primo pare corrispondere al *titulus Iulii* al Traste-vere[13] ed il secondo alla *basilica Iulii* edificata dallo stesso pontefice *iuxta fo-rum Traiani*[14]. È così verosimile pensare che in quest'ultimo luogo di culto e non nel primo Ursino ricevette l'investitura vescovile.

Quanto al secondo punto, pare evidente che l'espressione *in Lucinis* rispecchia esattamente la formula *in Iuli trans Tiberim*. Dato che quest'ultima era una chiesa, anche la formula *in Lucinis* deve riferirsi necessaria-mente ad un centro sacro. Dunque Damaso non può non essere stato eletto nel *titulus Lucinae*.

Da quanto evidenziatosi, si può concludere che Ursino venne ordinato nella *basilica Iulii iuxta forum Traiani*, la quale è da considerare una chiesa con privilegi episcopali e non un titulo come invece fu l'altro centro al Trastevere edificato dallo stesso pontefice.

Damaso, al contrario, venne prima candidato nel *titulus Lucinae* e poi consacrato nella basilica costantiniana del Laterano.

3. SUI TEMPI ED I MODI DELL'ELEZIONE DI URSINO E DAMASO

I *gesta inter Liberium et Felicem* intendono illustrare sia in qual modo Damaso sia giunto all'episcopato sia la forma ai limiti della regolarità in cui è avvenuta la sua elezione[15]. Rispetto a Ursino che è stato eletto e ordi-

---

12   O. Guenther in *CSEL* 35 (1895), 2, apparato critico: per la riga 11. basilica, *quod ante* Iuli *inserui* [qui l'editore rimanda al cap. 5 dove compare espressamente *basilica Iulii*], *ante* trans *inseruit* o (= *ms. Ottobon.* 1105).

13   F. Guidobaldi, 'L'inserimento delle chiese titolari di Roma nel tessuto urbano preesistente: osservazioni ed implicazioni', in *Quaeritur Inventus Colitur. Miscellanea in onore di padre U. Fasola* I (Studi di Antichità Cristiana XL), Città del Vaticano 1989, 389 N. 14, sottolinea che il *titulus Iulii* è l'odierna S. Maria in Trastevere.

14   Questo riconoscimento è anche sostenuto da C. Cecchelli, 'Nota sulla topografia dell' antico Laterano. La "ecclesia Theodorae" e la "basilica domus Theodori papae" e la "basilica Iulia"', in *Studi e Documenti sulla Roma sacra*. Volume II (Miscellanea della Società Romana di Storia Patria, 18), Roma 1951, 146, 149; P. Künzle, 'Zur *basilica Liberiana: basilica Sicinini = basilica Liberii', Römische Quartalschrift für christliche Altertumskunde und Kirchengeschichte* 56 (1961), 36-56; e G. N. Verrando, 'L'attività edilizia di Giulio I e la basilica al III miglio della via Aurelia ad Callistum', *Mélanges de l'École Française de Rome Antiquité* 97, 2 (1985), 1025 ss.

15   Sull'elezione dei pontefici tra tarda antichità e Medioevo si vedano M. Andrieu, 'La carrière ecclésiastique des papes et les documents liturgiques du moyen âge', *Revue des Sciences Religieuses* 21, 3-4 (Mai - Octobre 1947), 90-120; A. Raes, 'Ordine e Ordinazione', in *Enciclopedia Cattolica* IX (1952), 219-237; H.-J. Schulz, 'Die Grundstruktur des kirchlichen Amtes im Spiegel der Eucharistiefeier und der Ordinationsliturgie des römischen und des byzantinischen Ritus*', *Catholica* 4 (1975), 325-340; Santantoni 1976a, 21-24 (= Santantoni 1976b, 19-22), 196-209, 295 ss.; Santantoni 1976b, 50-63; Kl. Richter, *Die Ordination des*

nato[16] allo stesso tempo nella *basilica Iulii iuxta forum Traiani*, Damaso ha ricevuto unicamente l'investitura *in Lucinis* ed ha dovuto attendere poi del tempo prima di potersi recare al Laterano per ricevere la consacrazione.

Nell'epistola, il termine *basilica* sembra essere impiegato con valore liturgico ed essere applicato solo a quelle fondazioni che detengono prerogative speciali: oltre il centro giuliano in questione, il Laterano e la chiesa fondata da Liberio[17].

In altre parole, i *gesta inter Liberium et Felicem* sembrano voler affermare che Ursino diacono[18] è stato eletto, confermato e consacrato in un sito idoneo, cioè in una basilica con funzioni cattedrali[19], mentre Damaso ha accolto la sua candidatura *in Lucinis*, cioè in un centro di culto inabile a queste cerimonie[20].

La procedura seguita per Damaso sembra scorretta, poiché, piuttosto che rispettare la tradizione liturgica antica per cui il vescovo, una volta eletto, aspetta il giorno del Signore, cioè la domenica, per l'ordinazione[21],

---

Bischofs von Rom, Eine Untersuchung zur Weiheliturgie (Liturgiewissenschaftliche Quellen und Forschungen. 60), Münster 1976, 1-40; J. Gaudement, *Les elections dans l'église latine des origines au XVIe siècle* (Institutions - Société - Histoire dirigée par R. Szramkiewicz 2), Paris 1979, 13-48, per l'epoca tardoantica; B. Kleinheyer, 'Studien zur nichtrömisch-westlichen Ordinationsliturgie Folge 3: Handauflegung zur Ordination im Frühmittelalter', *ALw* 32, 2 (1990), 145-160; A. Rossi, *Il Collegio Cardinalizio*, Città del Vaticano 1990, 17, 55-60, 66-71, 117 s., 126 s., 165, 203.

16   Sui concetti di ordinazione e consacrazione si veda Santantoni 1976a, 51 s., n. 3.

17   Difficilmente si può pensare che la *basilica Iulii iuxta forum Traiani* e la *basilica Liberii* equivalessero in origine a dei tituli, come ipotizza Ch. Pietri, 'Régions ecclésiastiques et paroisses romaines', in *Actes du XIe Congrès International d'Archéologie Chrétienne. Lyon, Vienne, Grenoble, Genève et Aoste (21-28 Septembre 1986)* II (Studi di Antichità Cristiana, XLI - Collection de l'École Française de Rome, 123), Città del Vaticano 1989, 1040 s., N. B. e n. 10.

18   Sul diaconato romano e sulla consuetudine di eleggere i pontefici nell'ambito di quest'ordine si vedano B. Domagalski, 'Römische Diakone im 4. Jahrhundert. Zum Verhältnis von Bischof, Diakon und Presbyter', in *Der Diakon, Wiederentdeckung und Erneuerung seines Dienstes*, Herausgegeben von J. G. Plöger und H. Joh. Weber, Freiburg - Basel - Wien 1980, 44-56; J. M. Barnett, *The Diaconate. A Full and Equal Order. A Comprehensive and Critical Study of the Origin, Development, and Decline of the Diaconate in the Context of the Church's Total Ministry and A Proposal for Renewal*, New York 1981, 43 ss., 51-67, 101 s., 107; R. M. Huebner, 'Die Anfänge von Diakonat, Presbyterat und Episkopat in der frühen Kirche', in *Das Priestertum in der einen Kirche. Diakonat, Presbyterat und Episkopat. Regensburger Ökumenisches Symposion 1985 15. 7. bis 21. 7. 1985* (Koinonia 4), Aschaffenburg 1987, 45-89; e M. S. Gros, 'Les plus anciennes formules romaines de bénédiction des diacres', *Ecclesia Orans* 5, 1 (1988), 45-52.

19   Come ha già ipotizzato H. Geertman, 'Forze centrifughe e centripete nella Roma cristiana: il Laterano, la basilica Iulia e la basilica Liberiana', *RendPontAc* 59 (1986-87) (1988), 65, 69 ss., partendo da altri presupposti.

20   Parimenti si deve considerare il centro di culto giuliano al Trastevere. Su questo titolo si veda l'importante intervento di K. Bull-Simonsen Einaudi, '«Fons Olei» e Anastasio Bibliotecario', *Rivista dell'Istituto Nazionale d'Archeologia e Storia dell'Arte* Serie III, 13 (1990), 179- 222.

21   Santantoni 1976a, 29; Hippolytus romano (?), *Trad. Ap.* (?) 2. 1 s.:

egli ha dovuto attendere sette giorni prima di aprirsi la strada del Laterano e di ricevere la consacrazione. All'opposto, il rito di consacrazione di Ursino pare adeguato sia perché svoltosi nei tempi dovuti[22], in un luogo conveniente ed alla presenza di vescovi, ed in linea con la prassi prescritta per l'occasione[23] dal canone 4 del Concilio di Nicea (325)[24]; sia in quanto

L (= versione latina) 1. *Episcopus ordinetur electus ab omni populo;* 2. *quique cum nominatus fuerit et placuerit omnibus conueniet populum una cum praesbyterio et his qui praesentes fuerint episcopi, die dominica.*

A (= *Costituzioni Apostoliche*) 8. 4. 2. cfr. Ep. (Epitome di questa versione) B'. 3. 3. Ἐπίσκοπον χειροτονεῖσθαι διατάσσομαι ... ἐν πᾶσιν ἄμεμπτον ... ὑπὸ παντὸς τοῦ λαοῦ ἐκλελεγμένον· οὗ ὀνομασθέντος καὶ ἀρέσαντος (ἀρεσθέντος Ep.), συνελθὼν ὁ λαὸς ἅμα τῷ πρεσβυτερίῳ καὶ τοῖς παροῦσιν ἐπισκόποις ... ἐν ἡμέρᾳ κυριακῇ (+ συνευδοκείτω Ep.).

La versione copta della *Trad. Ap.* (?) prescrive che essa si svolga nel corso della settimana della sua ordinazione, mentre la versione etiopica nel giorno del Sabbath: Dix 1992, 3 n. 2. Si noti, in particolare, come rispetto all'epoca del trattato, la procedura invalsa dopo la pace costantiniana prescriva non l'unanimità, ma la maggioranza relativa della comunità. Sulla questione dell'autore dell'opera che si usa chiamare *Traditio Apostolica* si veda lo *status quaestionis* in P. Nautin, 'Tradizione Apostolica', in *Dizionario Patristico* II, 3501 s.; ed in M. Metzger, 'Nouvelles perspectives pour la pretendue Tradition Apostolique', *Ecclesia Orans* 5, 3 (1988), 241-259; ed in Id., 'A propos des règlements ecclésiastiques et de la prétendue *Tradition Apostolique*', *Revue des Sciences Religieuses* 66, 3-4 (Juillet - Octobre 1992), 249-261; il quale è contrario all'attribuzione ad Ippolito romano, in quanto il trattato non presenterebbe alcuna caratteristica romana per quanto concerne l'organizzazione ecclesiastica. Per quanto riguarda però l'ordinazione dei vescovi il testo sembra presentare una situazione generalizzata e per questo motivo lo si è utilizzato in questa sede. Su questo tema specifico si consultino K. Richter, 'Zum Ritus der Bischofsordination in der "Apostolischen Überlieferung" Hippolyts von Rom und davon abhängigen Schriften', *ALw* 17-18 (1975-76) (1976), 7-51; K. Küppers, 'Die literarisch-theologische Einheit von Eucharistiegebet und Bischofsweihegebet bei Hippolyt', *ibid.* 29, 1 (1987), 19-30.

[22] Proprio il fatto che passi una settimana tra l'elezione di Damaso e la sua consacrazione, fa sospettare che Ursino sia stato unto di domenica.

[23] Esse sembrano ancora nella sostanza quelle di Hippolytus romano (?), *Trad. Ap.* (?) 2. 3 ss. (Santantoni 1976a/b, 27-49):

L. (= versione latina). 3. *Consentientibus omnibus imponant super eum manus et praesbyterium adstet quiescens.* 4. *Omnes autem silentium habeant orantes in corde propter discensionem s̄p̄s̄;* 5. *ex quibus unus de praesentibus episcopis ab omnibus rogatus imponens manum ei qui ordinatur episcopus ...*

A (= *Costituzioni Apostoliche*) 8. 4. 6. καὶ σιωπῆς γενομένης εἷς τῶν πρώτων ἐπισκόπων ἅμα καὶ δυσὶν ἑτέροις πλησίον τοῦ θυσιαστηρίου ἑστώς, τῶν λοιπῶν ἐπισκόπων καὶ πρεσβυτέρων σιωπῇ προσευχομένων, τῶν δὲ διακόνων τὰ θεῖα εὐαγγέλια ἐπὶ τῆς τοῦ χειροτονουμένου κεφαλῆς ἀνεπτυγμένα κατεχόντων λεγέτω ...

Questo passo (Santantoni 1976a, 229) a confronto con il testo dei due presbiteri assicura la presenza di altri vescovi alla cerimonia (*unus ex episcopis* è scelto per consacrare il prescelto). Si noti come al momento delle imposizioni delle mani *Testamentum Domini* associ una preghiera sconosciuta alle altre versioni e che qui di seguito si riporta nella traduzione inglese di Dix 1992, 3 n. 4, in quanto non è stato possibile controllare direttamente l'originale: "let the bishops lay hands on him saying: 'We lay hands on the servant of God, who has been chosen in the Spirit by the true and pious appointment (κατάστασις translit.) of the Church, which alone has the principality and is not dissolved, of the invisible living God, and for the delivering of true judgement and divine and holy revelations, and of divine gifts and faithful doctrines of the Trinity, by the Cross, by the Resurrection, by the incorruptibily in the holy Church of God.' After this one bishop, commanded by the other bishops, shall lay hands on him saying his calling of appointment thus". La preghiera appare

chi gli ha imposto le mani è il responsabile della cattedra di Tivoli: Paulus *Tiburtinus episcopus*[25].

Inoltre, nella narrazione dei fatti contenuta nell'epistola si tace il nome del responsabile dell'unzione di Damaso, il che fa supporre che si può o parlare in questo caso di faziosità da parte dello scritto od affermare che l'atto non fu effettuato da alcuna delle personalità citate.

Pare comunque evidente che Damaso ha prevalso su Ursino solo riuscendo ad accaparrarsi il favore della maggioranza della comunità cristiana con la forza, e non al momento della sua elezione e della sua confirmazione, ma solo successivamente.

L'epistola sembra mirare così ad esplicare alla Cancelleria imperiale che, fino a quando Ursino è stato ordinato, la maggior parte della cattolica dell'Urbe era con lui[26], e che Damaso era sostenuto solo da una fazione minoritaria.

Storicamente, però, questo gruppo era formato dal circolo romano dell'aristocrazia e del senato[27], al quale Ursino sembra risultasse estraneo sia per nascita, sia, soprattutto, per posizioni ideologiche.

---

estranea al testo originale e va forse considerata probabilmente quale frutto di un ambito liturgico diverso e comunque seriore, ma sviluppa il concetto che chi ordina il nuovo vescovo non è solo uno tra quelli presenti, bensì uno prescelto dagli altri. Si noti infine come per Roma e - certo con l'evoluzione liturgica - la generica ordinazione da parte di uno dei vescovi presenti divenga prerogativa dei tre pastori suburbicari di Ostia, di Porto e di Velletri: Santantoni 1976a, 193 s. Non si può escludere che, a somiglianza della prassi di *Testamentum Domini*, uno dei tre venisse scelto di volta in volta dagli altri due per consacrare il nuovo primate.

24 *Conciliorum Oecumenicorum Decreta* Edidit Centro di Documentazione. Istituto per le Scienze Religiose - Bologna Curantibus J. Alberigo - P.-P. Joannou - C. Leonardi - P. Prodi Consultante H. Jedin, Basiliae Barcinone Friburgi Romae Vindobonae 1962, 6 s. Esso prescrive la presenza di tutti i vescovi della regione o, onde non sia possibile, quella di almeno tre di questi. Quanto agli assenti, essi devono confermare per iscritto la scelta del pastore; Santantoni 1976a, 47 ss.

25 Si è detto che oltre Ostia e Velletri il terzo a poter consacrare il vescovo di Roma era il responsabile della cattedra di Porto e non di Tivoli. I *gesta inter Liberium et Felicem* dimostrerebbero così come ancora a quel tempo in Roma vigesse il principio della presenza dei tre vescovi. Altresì, è possibile supporre che solo successivamente il pastore di Porto sia stato preferito a quello di Tivoli nel rituale. Si noti, infine, che le testimonianze di Hieronymus *Chron. ad a.* 366 (*PL* 27, 694); e, sopratutto, di Rufinus *hist.* 2. 10 (*PL* 21, 521); e di Socrates *hist. eccl.* 4. 29 (*PG* 67, 541), tendono a screditare l'operato di Paulus *Tiberinus episcopus* perché di parte damasiana.

26 Dalle successive vicende personali di Ursino (ritorno seppure momentaneo nel 367, prima della sua definitiva espulsione; rinnovo degli attacchi da parte di Ursino, lontano da Roma, nel 378) e dal discorso dei due presbiteri sembra evincersi che tale appoggio gli restò fino in fondo, e che, per aver partita vinta, Damaso dovette ricorrere ad atti radicali e ripetuti, quali la distruzione delle basiliche *Iulii* e *Liberii* con relativa strage degli occupanti ivi asseragliati (*CSEL* 35 (1895), 2 s.). Si avverte che in questa sede non si affrontano le problematiche relative alla basilica Liberii.

27 Nonostante la sua modesta agiatezza, Damaso riuscì a coagulare attorno a sé i favori e le aspettative delle classi dominanti della città. Si noti che proprio questa sua non floridezza rende poco probabile che egli sia riuscito da solo a pagare tutto quell'eterogeneo gruppo di *assaltatori* che gli garantirono la vittoria del 366.

Se l'elezione di Ursino si presenta come un atto legittimo e sostenuto dall'appoggio della *comunità di base*, quella di Damaso appare, al contrario, come la risposta del gruppo dirigente romano che intende giungere a porre sotto il suo diretto controllo anche la massima carica cristiana cittadina.

In particolare, sembra tenere per Damaso tutta intera la classe senatoriale, senza alcuna distinzione tra pagani e cristiani.

Ottenere il favore del *iudex Vrbis* Viventius (*PLRE* I Viventius), che sceglie di attendere fuori la città che gli *sgradevoli* eventi luttuosi abbiano corso[28], e quello del prefetto dell'Annona, Iulianus (*PLRE* I Iulianus 16), assicurarsi l'intervento di gladiatori, di fossori, di altri manipoli quali autori materiali dei crimini[29] e che non potevano se non essere al servizio di esponenti di questa classe, e la complicità delle stesse forze politico - militari che dovevano salvaguardare l'ordine pubblico[30] sono tutte concessioni che senatori cristiani, seppure influenti, da soli non sarebbero riusciti mai a sollecitare.

La ragione di questo asse cristiano - pagano è che il senato e l'aristocrazia vedevano un pericolo nell'elezione di Ursino, il quale era legato a Liberio, i cui ultimi atti pastorali erano stati di rassicurare la Cattolica della sua fede nicena (epistole del 362 ai vescovi italiani e del 366 a quelli orientali), e che era dunque considerato un integrista in questioni teologiche, nonché un oltranzista nella opposizione all'arianesimo ed al paganesimo[31].

---

28   L'informazione è offerta da Ammianus Marcellinus 27. 3. 12. Si tratta di assalti a chiese, cioè a luoghi pubblici, che durano come nel caso della *basilica Iulii* (*iuxta forum Traiani*) ben tre giorni. Impossibile pensare che nel corso di tali violenze latitasse l'ordine pubblico. Viventius e Iulianus non possono che aver agito in evidente sintonia con la forza dirigente dell'Urbe, il senato.

29   Si noti infatti che i prezzolati da Damaso sono *quadrigarii*, gente di ogni risma e della più bassa specie, e gladiatori tra i più infimi, i quali, con espressione colorita moderna, si potrebbero definire squadristi.

30   In pratica tre giorni di latitanza completa dell'ordine costituito in città. Si noti la coincidenza sostanziale tra il resoconto degli eventi presentato dai *gesta inter Liberium et Felicem* e quello esposto da Ammianus Marcellinus. Ciò rende ancor più difficile difendere la tesi dell'inattendibilità della prima epistola della *Collectio Avellana*.

31   Si ricordi che Lucifero di Cagliari fu prescelto da Liberio quale suo rappresentante al concilio di Milano del 355 che, dopo quello di Arles del 353, indetto a seguito del fallimento della sinodo romana che doveva pronunciarsi sulla questione, doveva giungere alla condanna di Atanasio. È per il rifiuto di accettare il *dictat* imperiale che il vescovo romano e lo stesso Lucifero sono costretti all'esilio. Si osservi infine come perseveri anche in recenti pubblicazioni il tentativo di demonizzare Ursino: J. Pustka, *Santa Maria Maggiore* (Guide d'oro Arte e Spiritualità), Roma 1992, 18, per il quale Ursino era ariano. Tale giudizio sembra rifarsi ad Ambrogio, *epistola extra collectionem* 5. 3 (*Sancti Ambrosii Opera* 21 (1988), 196 s.), che testimonierebbe come a Milano Ursino si fosse unito agli ariani guidati dal vescovo Giuliano Valente. La lettera, però, riporta: *Qui* [Ursino] *... cum Arrianis copulatus atque coniunctus erat eo tempore, quo turbare Mediolanensem ecclesiam coetu detestabili moliebatur cum Valente, nunc ante synagogae fores, nunc in Arrianorum domibus miscens occulta consilia et suos iungens, et, quoniam ipse aperte in eorum congregationes prodire non poterat, instruens et informans quemadmodum pax ecclesiae turbaretur; quorum furore respirabat quod eorum posset fautores et socios emereri*; cioè, Ursino ed i suoi sostenitori, pur di *destabilizzare* la chiesa milanese, paiono

Damaso assicurava invece una stabilità ed una linea pastorale più rispettosa dei diritti e delle tradizioni della *Religio Vetus*, ed il controllo di tutte le leve del potere economico e sociale all'ordine senatoriale[32].

Gli ingenti introiti e le vaste proprietà della Chiesa romana potevano così essere padroneggiati alfine da questo gruppo dirigente[33] che si esprimeva secondo una condotta univoca, secondo un linguaggio comune e secondo una cultura propria, e che aveva visto in Ursino una voce contraria e poco malleabile al compromesso ed alla cooperazione.

La classe senatoriale decise così di forzare i tempi e di guadagnare alla causa di Damaso la maggioranza della Chiesa a tutti i costi e con tutti i mezzi. Per questo la sua elezione non si svolge secondo le regole prescritte, ma poco importa.

Il *Liber Pontificalis* preferisce tacere su come Damaso sia stato ordinato, limitandosi a giustificare la sua scelta con il fatto che essa è avvenuta con il consenso della maggioranza. Non si poteva inficiare la correttezza dell' elezione di Ursino, non si poteva non riconoscere che essa si era svolta secondo i carismi della Chiesa, e dunque si doveva accreditare l'idea che essa era stata pensata ed ideata da una minoranza.

All'opposto, nei *gesta inter Liberium et Felicem* e nel *Libellus Precum* si cerca di contrastare questo teorema, non per mutare una situazione ormai consolidata, ma solo per ricevere garanzie di sopravvivenza al movimento.

Da questo confronto tra il *Liber Pontificalis* ed i *gesta inter Liberium et Felicem* sembra così emergere un contrasto di fondo tra Damaso e la *plebs sancta*, cioè con gli strati medio e basso dei cristiani romani.

Per quanto concerne quest'espressione, si pensa che sia sorta in ambito ursiniano (*gesta inter Liberium et Felicem* 2, 5 ss., 9, 11) come formula per distinguersi dal resto della cattolica, ma sembra piuttosto che con essa si voglia indicare il popolo credente ortodosso. Si deve invece a Damaso la reinterpretazione - che fu poi abbondantemente ripresa dai suoi successori

manovrare nell'ombra per guadagnare appoggi e sostegni alla loro causa e in campo ariano e in campo giudaico, ovvero in due fronti del tutto agli antipodi. Ursino cerca in sostanza di creare un polo a lui favorevole che, partendo dall'estrema destra e scavalcando il centro ortodosso, giunge a coinvolgere l'estrema sinistra, ma non per questo egli sembra allinearsi alle tesi ariane.

32   Non è un caso che poco dopo di lui i primati romani siano esclusivamente esponenti di questa classe.

33   Si ricordino la legge del 30 luglio 370 che giunge ad interdire ai chierici romani di accettare eredità : *Cod. Theod.* 16. 2. 20 del 30 luglio 370, indirizzata a Damaso (*Codex* I, 2, 841): A. E. Hickey, *Women of the Roman Aristocracy as Christian Monastics* (Studies in Religion, No. 1 M. R. Miles, Series Editor), Ann Arbor 1987, 40; ed il sarcasmo del pagano Vettius Agorius Praetextatus (*PLRE* I Praetextatus 1) nei confronti dello stesso Damaso: *misembilis Praetextatus, qui designatus consul est mortuus. Homo sacrilegus, et idolorum cultor, solebat ludens beato papae Damaso dicere: Facite me Romanae urbis episcopum et ero protinus christianus* (Hieronymus, c. *Ioh.* 8; *PL* 23, 361); Croke - Harries, 104-111. Sulle ricchezze a disposizione del vescovo romano insiste anche Ammianus Marcellinus 27. 3. 14-15.

- di *plebs sancta* per designare l'intera comunità dei fedeli senza distinzione di ceto e di classe[34].

L'impegno pastorale damasiano, le sue posizioni dottrinarie e la sua stessa politica ecclesiale restano sostanzialmente estranee alla base della cattolica dell'Urbe e nonostante i tentativi di guadagnarsene il favore - sviluppo del culto dei martiri, attivismo nel fare di Roma la sede prima della cristianità e nel dotarla di postazioni cultuali degne del suo ruolo - il suo episcopato non giunge a risolvere i problemi che allora viveva la chiesa cittadina.

Con lo scorrere e degli eventi e degli anni del suo vescovato, Damaso non riesce a salvaguardare gli interessi del fronte tradizionalista - monar-chiano[35], che lo aveva sostenuto fortemente al momento della sua elezione, né a trovare un accordo con le posizioni nicene più rigide che avevano trovato a suo tempo ascolto da parte di Liberio, prima, e di Ursino e dei suoi sostenitori, poi.

4. PERCHÉ LA *BASILICA IULII* ED IL *TITULUS LUCINAE*

In seno all'opposizione nell'Urbe tra comunità cristiana di base e circolo aristocratico - senatoriale e nell'ambito del contrasto sviluppatosi all'inter-no della cattolica romana tra tradizionalisti ed oltranzisti nella lotta all' arianesimo, sembrano recuperarsi i motivi della scelta dei rispettivi luoghi di elezione da parte dei due pretendenti all'episcopato.

Ursino opta per la *episcopale* basilica fondata *in urbe iuxta forum Traiani* da Giulio I, cioè dal pontefice che aveva profuso gran parte della sua mis-sione nell'opposizione intransigente ad ogni forma di compromesso con l'eresia ariana.

Così facendo, egli voleva indicare le linee della sua futura condotta pastorale. Al contempo, Ursino proclamava che con lui si veniva a per-petuare la carismatica discendenza vescovile che da Giulio I gli perveniva tramite Liberio, suo mentore, togliendo la possibilità a Damaso, di estra-zione feliciana[36], di appropriarsi di una tale ascendenza.

Viceversa, Damaso viene eletto dai suoi fautori in un centro *non* con caratteristiche di chiesa cattedrale, che prendeva il nome da un'esponente

---

34   Sul concetto damasiano di *plebs sancta* si consultino Pietri 1976, I, 413; e Pietri 1986, 36, 55 ss. In questi due interventi si possono recuperare altri dati in merito a tale questione.

35   Sull'orientamento genericamente monarchiano della cattolica romana è sufficiente rinviare in questa sede a M. Simonetti, 'Monarchiani', in *Dizionario Patristico* II, 2284 s.

36   Pietri 1986, 35-40, sostiene che questa filiazione feliciana sia solo frutto di un'accusa poco attendibile, ma sembra obliare che le prime due epistole della *Collectio Avellana* sotto-lineano questo aspetto non per tacciare Damaso di essere esponente di una fazione uscita sconfitta dal confronto con Liberio, ma per dimostrare all'autorità imperiale come questo uomo, pur di farsi largo, abbia abbandonato la parte feliciana per tornare a Liberio.

(Lucina) dell'ordine senatorio e che non poteva non essere sotto il loro diretto controllo. Da qui, per riuscire a rendere canonica la sua scelta, occorreva procedere all'investitura nella chiesa madre del Laterano.

L'ordinazione di Damaso nella *basilica constantiniana* è stata considerata da alcuni studiosi come argomento per dimostrare che egli godeva del favore dei più, ma è chiaro piuttosto il contrario; che, cioè, il Laterano non era una sua postazione e che vi si attestò solo per concessione e con il favore delle autorità civili e militari dell'Urbe. Solo in quei sette giorni che dividono l'elezione di Damaso dalla sua consacrazione, il gruppo che gli era favorevole riuscì a coagulare attorno a lui l'appoggio di tutta la classe dirigente romana, senza distinzione tra pagani e cristiani, ed ottenere il nulla osta per utilizzare l'*ecclesia mater*.

Resta da chiedersi perché la fazione di Damaso abbia optato per il *titulus Lucinae* e non per il *titulus Iulii* sito nel Trastevere - che di Felice era stata la residenza una volta tornato Liberio in Roma - quale sede della sua designazione a successore di Pietro, ma sembra chiaro che un atto del genere avrebbe reso subito inviso il personaggio a tutta la cristianità romana ed allo stesso senato, come ricordano i *gesta inter Liberium et Felicem*.

Al contempo un atto del genere avrebbe significato che Damaso accettava di porsi quale successore di Felice, scelto dall'imperatore filoariano Flavius Iulius Costantius (*PLRE* I Constantius 8) [37].

LEGENDA BIBLIOGRAFICA

ALw = *Archiv für Liturgiewissenschaft*
CBCR = R. Krautheimer - S. Corbett - W. Frankl, *Corpus Basilicarum Christianarum Romae. Le basiliche paleocristiane di Roma* (sec. IV - IX) (Monumenti di Antichità Cristiana, II Serie, II), Città del Vaticano (edizione italiana) III (1971)
Codex I, 2 = *Theodosiani Libri XVI Cum Constitutionibus Sirmondianis* Edidit Adsumpto Apparatu P. Kruegeri Th. Mommsen Voluminis I Pars Posterior Textus Cum Apparatu Editio Secunda Lucis Ope Expressa, Berolini 1954
Croke - Harries = B. Croke - J. Harries, *Religious Conflict in Fourth - Century Rome A Documentary Study* (Sources in Ancien History *General Editor*: E. A. Judge 4), Sydney - Parramatta 1982
CSEL 35 = *Epistulae Imperatorum Pontificum Aliorum Inde Ab A. CCCLXVII Vsque A. DLIII Datae Avellana Quae Dicitur Collectio* Recensuit Commentario Critico Instruxit Indices

---

37   Anche se egli ricevette il battesimo solo in punto di morte (Socrates *hist. eccl.* 2. 47, PG 67, 363-366; Croke - Harries, 28), si ricordi che all'epoca questo rito segnava non solo la conversione, ma soprattutto il passo definitivo di una vita condotta secondo i principi cristiani. Sull'atteggiamento dell'imperatore nei confronti delle questioni religiose e sul suo filoarianesimo si consultino M. Simonetti, *La crisi ariana nel IV secolo* (Studia Ephemeridis «Augustinianum» 11), Roma, 1975, 136-149, 347 ss., in specie; R. Klein, *Constantius II. und die christliche Kirche* (Impulse der Forschung Band 26), Darmstadt 1977, 68 - 105, 121 - 125, 137 - 144; e M. Forlin Patrucco, 'Costanzo II', in *Dizionario Patristico* I, 824.

Adiecit O. Guenther Pars I *Prolegomena. Epistulae I - CIV* (Corpus Scriptorum Eccle-siasticorum XXXV), Pragae - Vindobonae - Lipsiae 1895

Dix 1992 = ΑΠΟΣΤΟΛΙΚΗ ΠΑΡΑΔΟΣΙΣ. *The Treatise on the Apostolic Tradition of St. Hippolytus of Rome Bishop and Martyr*. Edited by G. Dix. Reissued with corrections preface and bibliography by H. Chadwick, London - Ridgefield (Connecticut) 1992 (1a ed. 1937; 2a ed. 1968)

Dizionario Patristico I = *Dizionario Patristico e di Antichità Cristiane* diretto da A. Di Berardino. Volume I (Institutum Patristicum Augustinianum), Casale Monferrato 1983

Dizionario Patristico II = *Dizionario Patristico e di Antichità Cristiane* diretto da A. Di Berardi-no. Volume II (Institutum Patristicum Augustinianum), Casale Monferrato 1984

Guidobaldi 1990 = M. C. Conforto - F. Guidobaldi - E. Tortorici, 'S. Lorenzo in Lucina: an-tiche problematiche e nuovi scavi', in *Seminari di Archeologia Cristiana* (*Archeologia e Cultura della Tarda Antichità e dell'Alto Medioevo*) *Resoconto delle Sedute dell'A. A. 1988 - 1989* (a cura di Ph. Pergola) *Seduta del 10 Novembre 1988*, RACr 65, 1 - 2 (1989), 193 - 200

Liber Pontificalis = *Le Liber Pontificalis* Introduction et Commentaire par L. Duchesne I - II, Paris 1955 (2a ed.); III Additions et Corrections de L. Duchesne publiées par C. Vogel avec l'histoire du Liber Pontificalis depuis l'édition de L. Duchesne, une Bibliographie et des Tables générales (Bibliothèque de l'École Française d'Athènes et de Rome), Paris 1957

Pietri 1976 = Ch. Pietri, *Roma christiana. Recherches sur l'Église de Rome, son organisation, sa politique, son idéologie, de Miltiade à Sixte III (311 - 440)* I - II (Bibliothèque des Écoles Françaises d'Athènes et de Rome, 224), Rome 1976

Pietri 1986 = Ch. Pietri, 'Damase évêque de Rome', in *Saecularia Damasiana Atti del Convegno Internazionale per il XVI Centenario della morte di papa Damaso I (11 - 12 - 384 - 10/12 - 12 - 1984)* promosso dal Pontificio Istituto di Archeologia Cristiana (Studi di Antichità Cristiana, XXXIX), Città del Vaticano 1986, 29 - 58

PG = Patrologia Graeca

PL = Patrologia Latina

PLRE I = A. H. Jones - J. R. Martindale - J. Morris, *The Prosopography of the Later Roman Em-pire Volume I A. D. 260 - 395*, Cambridge 1971

RACr = Rivista di Archeologia Cristiana

RendPontAc = Atti della Pontificia Accademia Romana di Archeologia Rendiconti

Sancti Ambrosii Opera 21 = *Sancti Ambrosii Episcopi Mediolanensis Opera* 21 *Epistulae (LXX - LXXVII)* recensuit M. Zelzer. *Sant'Ambrogio, Discorsi e Lettere II/III Lettere (70 - 77)* in-troduzione, traduzione, note e indici di G. Banterle, Mediolani/Milano - Ro-mae/Roma MCMLXXXVIII/1988

Santantoni 1976a = A. Santantoni, *L'Ordinazione Episcopale Storia e Teologia dei Riti dell'Ordi-nazione nelle antiche liturgie dell'Occidente* (Studia Anselmiana Edita A Professoribus Athenaei Pontificii S. Anselmi De Urbe 69 Analecta Liturgica 2), Roma 1976

Santantoni 1976b = A. Santantoni, *L'Ordinazione Episcopale Storia e Teologia dei Riti dell'Ordi-nazione nelle antiche liturgie dell'Occidente. Estratto dalla Dissertazione di Laurea nella Fa-coltà di Teologia presso il Pontificio Ateneo di S. Anselmo* (Pontificium Atheneum Anselmianum), Roma 1976

IN QUAL MODO FISSARE IL DECESSO DI COLOMBANO AI 16 D'OTTOBRE E ALL'ETÀ DI CINQUANT'ANNI: OVVERO I TESTI D'UN'AGIOGRAFIA SPICCIOLA

Flavio G. Nuvolone

Al complice di viaggi molteplici
per saltus nemoraque Columbani
abbatis Gerberti comitatu

L'esimio Bollandista Henryk Fros, che ha fornito agli studiosi di cose agiografiche due repertorî di tutto rispetto[1], richiestone, me ne aveva già parzialmente anticipato alcuni dati nel Marzo e nel Novembre 1980[2]: ha così avuto il merito d'attirare la mia attenzione su taluni testi manoscritti, alcuni dei quali già conoscevo, di altri invece ignoravo fin'anche l'esistenza.

Proprio uno dei primi, che avevo già iniziato a studiare su di un malconcio manoscritto neocastellano, collazionandolo poi con un secondo teste bisuntino, mi fu più tardi inviato, a mia grande sorpresa, dal P. Bernard De Vrégille, dell'Istituto delle *Sources Chrétiennes* di Lione, che ne aveva curato l'edizione critica nel suo *Hugues de Salins*[3]. Quello che era stato di fatto uno scambio di studî colombaniani, portò ad un duplice frutto: la pubblicazione dell'edizione critica di tre testi su *Archivum Bobiense*[4] e quei contatti che mi permisero d'indicare alle *Editions Monastiques* dell'Abbaye di Bellefontaine (Bégrolles-en-Mauge, F) l'esistenza d'una traduzione francese dattiloscritta di Giona e delle opere di Colombano di mano dell'Abbé Pierre Sangiani di Luxeuil. Colui che nel passato aveva reiniziato per ben tre volte le versioni colombaniane, accettò di sottoporne i risultati, così che ultimamente ne sono scaturiti due utilissimi volumi[5].

---

1   Cf. *Inédits non recensés dans la BHL,* in *Analecta Bollandiana* 102 (1984) 163-196.355-380; *Bibliotheca Hagiographica Latina antiquae et mediae aetatis. Novum Supplementum* [= *Subsidia Hagiographica* 70], Bruxelles 1986, XXI-961 p.

2   Cf. lettere dei 6.III.'80 e 12.XI.'80. Colgo qui l'occasione per ringraziarlo della sua squisita disponibilità che mi è valsa l'onore di poterlo proporre, unitamente ad una quindicina d'altri studiosi, per il successivo *Gerberti Symposium*. In quell'occasione s'incaricò d'una disanima di talune attribuzioni agiografiche silvestrine, cf. *Les Vies de St-Adalbert - Vojtech attribuées à Sylvestre II,* in *Gerberto, scienza, storia e mito. Atti del Gerberti Symposium (Bobbio 25-27 luglio 1983)*, Bobbio 1985, pp. 567-576.

3   Cf. lettera dei 29.VI.'81 e *Hugues de Salins Archevêque de Besançon 1031-1066, thèse présentée devant l'Université de Besançon le 1 juin 1976*, Lille (s.d.), t. III, pp. 205*-209*, cf. pure p. 194* e t. I, p. 533.

4   Cf. B. DE VRÉGILLE, *La Vita Columbani et la vita Donati Bisontines du XIe siècle,* in *ArBob* 4 (1982) 73-90.

5   Cf. lettera dei 6.XI.'84 in risposta ad una mia dei 29.X.'84, *Aux sources du monachisme colombanien I. Jonas de Bobbio, Vie de saint Colomban et de ses disciples; introduction, traduction et notes par A. De Vogüé en collab. avec P. Sangiani* [= *Vie monastique* 19], Bégrolles-en-

Quanto alle composizioni che m'erano sconosciute, come comunicavo successivamente al P. Fros[6], l'analisi dei testi s'era rivelata alquanto deludente; non solo, ma in un caso – e ne informavo pure il Dr. Gerhardt Powitz, Leiter der Handschriftenabteilung della Stadt- u. Universitäts-bibliothek di Francoforte s.M.[7] e il Prof. Dr. Johannes Duft, Stiftsbibliothekar di San Gallo[8] – ero stato confrontato ad un'operazione agiografica di dubbio gusto. E' questa il soggetto della presente comunicazione, dopo che ho a lungo esitato se stampare o meno un condensato biografico colombaniano del genere, limitandomi a trasmettere sul momento una sinossi dei testi ai miei diretti interlocutori. Ed è vero: il testo si offre breve e di ristrettissima originalità. Tuttavia non è frutto d'una bevuta scribale e neppure un seguito di semplici escerti: la sostituzione biografica è intenzionale. Ed allora esaminarne il procedere e fruirne del tenore, in limiti talmente ridotti, non mi pare disinteressante.

1. MANOSCRITTO E TESTI

Il *Legendarium Ecclesiae S. Bartholomaei Francfordensis* – oppure, secondo lo stesso MS, nella prefazione all'ultimo Tomo, i *Libri Gestorum Sanctorum Registri moguntini Ecclesie sancti Bartholomei opidi Frankofurdiensis* – risulta composto di ben quattro volumi MSS pergamenacei (Frankfurt a.M., *Universitätsbibliothek, Barth.* 2-5) che coprono l'assieme dell'anno liturgico, seguendo il calendario della Diocesi di Magonza, ma con innesti caratteristici del proprio di Francoforte. La sua redazione fu compiuta nel 1356 per la fondazione reale indicata ed ebbe in Wigandus il proprio illuminatore; appare menzionato già in un catalogo del 1360. Quanto al MS *Barth.* 4 corrisponde al *Tertium uolumen. Legende sanctorum In mensibus Augusto Septembre Octobre contentorum* (titolo del XV° s. sul piatto anteriore). Precede una *Tabula legendarum Sanctorum Registri Moguntini, in hoc tertio volumine et in mensibus Augusto, Septembre, Octobre contentorum* che va da S. Pietro in Vincoli fino a S. Emerano, novantaquattresima unità; l'assieme del MS è di ff. 363 + I, scritti a due colonne, con 36 ll. ciascuna[9]. La lettura

---

Mauge 1988, 324 p., ed il più recente *Aux sources du monachisme colombanien II. Saint Colomban, Règles et pénitentiels monastiques; introduction, traduction et notes par A. De Vogüé en collab. avec P. Sangiani et Soeur J.-B. Juglar* [= *Vie monastique* 20], Bégrolles-en-Mauge 1989, 188 p. Ne siano ringraziati l'Abbé SANGIANI, il P. DE VOGÜÉ, le *Editions Monastiques* e tutti coloro che in un modo o nell'altro vi hanno contribuito.

6   Cf. lettera dei 27.X.'80.

7   Cf. lettera pure dei 27.X.'80. Mi è grato ringraziare il Predetto per avermi permesso l'ottenimento di diversi microfilms ed aver risposto ai miei quesiti.

8   Cf. lettera dei 16.X.'80 e risposta dei 17.X.'80: a Mons. DUFT il mio grazie.

9   Cf. per dati più completi il prezioso catalogo *Die Handschriften des Bartholomaeusstifts und des Karmelitenklosters in Frankfurt am Main beschrieben von* G. POWITZ *und* H. BUCK, Frankfurt a.M. 1974, pp. 4-18. Le tavole del leggendario sono riprodotte da [Peter] BRUDER,

su S. Colombano è la n. LXXXII: fa seguito a pezzi su S. Severo vesc. di
Ravenna (LXXX), S. Severino di Colonia (LXXXI) ed è seguita da quelli su
S. Crispino e Crispiniano (LXXXIII), S. Amando (LXXXIIII), SS. Simeone e
Giuda (LXXXV). Sul fatto che i mesi siano distribuiti anomalamente nei
quattro tomi (4, 3, 3, 2) e che i pezzi agiografici appaiano talvolta dislo-
cati, si terrà conto di quanto detto nella suddetta prefazione[10]:

> *"Non fit particio mensium paritate.*
> *Ut sit proporcio uoluminum quantitate.*
> *Nec legende quedam apto loco date.*
> *Quia tarde hoc pro capto sunt allate."*

La presente edizione si offre sotto forma d'una sinossi: nella colonna
di sinistra il testo n. 82 del MS Barth. 4, f. 336$^{ra\text{-}rb}$, in quella di destra la
sua fonte prossima, la Vita Galli di Walafrido Strabone, una biografia di
larga diffusione[11]. Quest'ultimo testo è ripreso fedelmente dall'edizione
critica, con l'aggiunta delle sole indicazioni di pagina e linea, ed omettendo
quelle porzioni che sono prive di parallelo: i puntini tra tonde segnalano
tali preterizioni. Quanto al tenore finora 'inedito' del rifacimento, oltre alle
analoghe demarcazioni (colonna + linea), comporta le abituali caratteristiche dell'edizione d'un unicum, quindi diplomatica: le abbreviazioni, tutte
correnti, sono svolte tra parentesi tonde, le eventuali integrazioni tra <>, la
punteggiatura e le maiuscole omogeneizzate mentre le rare annotazioni
dell'apparato restano esclusivamente testuali o morfologiche. L'edizione
palesa evidenti caratteri conservatori come sembrano dimostrare e talune
lezioni, in apparenza aberranti, e l'ortografia tipicamente tardomedievale.
Quanto alle prime, le successive annotazioni dovrebbero fornirne le ragioni
e quindi avallarne il procedere, avendo per giunta sott'occhio quanto la già
citata prefazione recita successivamente, non senza ironia:

> *"Verba quam plura litteraliter incorrecta.*
> *Exemplaria figuraliter obinfecta.*
> *Sunt enim hec gesta*
> *diffusis finibus,*
> *inpensis, et laboribus.*
> *Horum precipue Sanctorum*
> *sepulture congregata.*
> *Rectificent igitur sapientes.*

Gesta Sanctorum Registri Moguntini. Eine grosse Mainzer Heiligenlegende aus dem 14. Jahrhundert, in *Der Katholik* 80 (1900) 2, 1-11.

10   In P. Bruder, *a.c.*, p. 10.

11   Se ne veda l'edizione critica curata da Bruno Krusch nelle sue *Passiones Vitaeque Sanctorum aevi merovingici* [= *Monumenta Germaniae Historica...*, *Scriptorum rerum merovingicarum Tomus IV*], Hannoverae et Lipsiae 1902, pp. 280-337 e la relativa introdu-zione alle pp. 242-251.

Ordinent scientes.
Corrigant intelligentes.
Hec denuo transumentes.
Memorentur legentes
uoluminum horum
fidelium conditorum."

MS Frankfurt am Main,
Universitätsbibliothek, Barth. 4,
f. 336^{ra-rb} [= n. LXXXII]

MGH.SRM IV, pp. 285-286.307

[p. 285,8] IN NOMINE DOMINI
NOSTRI IESU CHRISTI
INCIPIT VITA
[f. 336ra,7]
BEATI [9]

Colu(m)bani (con)fes- GALLI CONFESSORIS. [10]
s(oris).

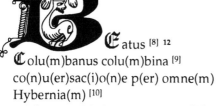

𝕭eatus [8] 12
Colu(m)banus colu(m)bina [9]
co(n)u(er)sac(i)o(n)e p(er) omne(m)
Hybernia(m) [10]
celebris est 13 habitus, quia uelu[11]ti
splendidu(m) ignei solis iu[12]bar
sing(u)lari decore o(mn)i(u)m in se
[13] p(ro)uocauit amore(m), sicuti de
[14] eo prius q(ua)m nasc(er)etur
p(ro)ui[15]sum est.
Q(uo)d liber gestor(um) ple[16]niter

Cum praeclara sanctissimi viri
Columbani, qui et Columba,
conversatio [11] per omnem
Hiberniam
celebris haberetur, et veluti
splendidum ignei solis iubar [12]
singulari decore omnium in se
provocaret amorem, sicuti de
eo, priusquam nasce[13]retur,
provisum esse
liber gestorum ipsius pleniter

---

12   Di fatto *Beatus* precede sulla stessa linea la rubrica *Columbani confessoris*; la B iniziale
è colorata e decorata, ed abbraccia 2 righi, mentre le fioriture e gli arricci si estendono nel
margine sinistro su un'ampiezza d'una decina di linee. Un'ornamentazione abituale nel nostro leggendario.
13   *est* adj. supral. e.m.

indicat.

indicat, inter ceteros, quos [14]
fama virtutum eius attraxerat,
parentes beati Galli,
secundum Deum religiosi, [15]
secundum saeculum nobiles,
filium suum primo aetatis flore
nitentem cum obla[16]tione Domino
offerentes,

C **H**ic b(ea)tis[17]simus Colu(m)-
banus magist(er) [18]
b(ea)ti Galli
fuit fidelissimus. [19]

illius
magisterio commendaverunt (...).

[p. 286,1] Dum haec agerentur,
cottidie
beatus Columbanus,

B(ea)tus igitur Colu(m)banus
e[20]wangelica(m) cupiens assequi [21]
p(er)secucione(m), ut uidelicet
om(n)i[22]b(us) que habebat relictis
cruce(m) [23] sua(m) tolleret, ut
nudus D(omi)n(u)m sequ(er)etur,
co(n)silio suo egit cu(m) [25]
fratrib(us) quor(um) animos ide(m)
[26] feruor accendebat, ut spre[27]ta 14
p(ro)pinquor(um) ut p(re)dior(um)
dul[28]cedine me(n)tis ardore(m)
op(er)e co(m)p(ro)[29]bare(n)t.

euangelicam cupiens [2] assequi
perfectionem, ut videlicet,
omnibus quae habebat relictis,
crucem suam [3] tolleret et
nudus Dominum sequeretur,
consilio suo egit cum
fratribus, quorum [4] animos idem
fervor accenderat, ut spreta
propinquorum et praediorum
dulcedine, [5] mentis ardorem
opere comprobarent.

C **A**ccede(n)tes igit(ur) na[30]uim
ueneru(n)t Britania(m), (et) i(n)de [31]
ad Gallias t(ra)nsfretar(un)t.
Cu(m)q(ue) [32] uir Dei
ad Sigebertu(m) rege(m) cu(m) [33]
suis p(er)ueniss(et), rogauit eum [34]
rex ut infra Gallias resid(er)et, [35]
nec eis relictis ad ge(n)tes suas [36]
co(m)migraret. Se u(er)o
spospo(n)dit [f. 336rb,1] om(n)ia que
s(an)c(t)us pat(er) peteret [2]
p(re)bituru(m).

Ascendentes igitur navem,
venerunt [6] Brittanniam et inde
ad Gallias transfretarunt.
Cumque vir Dei
ad Sigiber[7]tum regem cum
suis pervenisset, rogavit eum
rex ut infra Gallias resideret, [8]
nec eis relictis, ad gentes alias
commigraret; se vero
spopondit omnia, quae [9]
sanctus pater peteret,
praebiturum.

---

14   *supreta* a.c. MS, *u* eras. p.c.

¶ Ad hec uir Dei [3] respo(n)dit:
"Qui n(ost)ra reliquim(us) [4]
ut secundu(m) ang(e)lica(m)
iussio[5]nem [16]
D(omi)n(u)m sequerem(ur),
no(n) ali[6]enas debem(us)
amplecti diuici[7]as ne
forte p(re)uaricatores si[8]mus
diuini mandati".

Ad haec vir Dei respondit:
'Qui [10] nostra reliquimus,
ut secundum euangelicam [15]
iussionem
Dominum sequeremur, [11]
non debemus alienas
amplecti divitias, ne
forte praevaricatores simus [12]
divini mandati'.
Cuius obiectioni rex (...)

¶ I[9]gitur
cu(m)
b(ea)tus Colu(m)banus [10]
aliq(ua)m diu
dulcedi(n)e p(re)dica[11]c(i)onis sue
multor(um) corda
in [12] uerbi Dei audicione
reddidis[13]set auida,
bonor(um) o(mn)i(u)m auctor [14]
et p(ro)pagator athleta(m) suu(m)
de [15] mundi agone sublatu(m),
pre[16]mior(um) torco(n)is [17] aureis
uellet [17] p(er)he(n)nib(us) adornare,

[p. 307, 3] Nec multo post,
cum iam

bonorum omnium auctor
et propagator [4] athletam suum
de mundi agone sublatum
praemiorum laureis
vellet perennibus [5] adornare
Willimarus presbyter veniens ad
cellam viri sancti, rogavit (...)
[15] Vocata autem multitudine,
in die sollemni [16]
vir sanctus
praedicationis dulcedine
avidorum corda refecit et
tanta [17] quae dixerat sapientiae
luce vestivit, ut summa omnium
gratulatione auditus [18] et plena
cunctorum veneratione sit
honoratus. Biduo itaque ibidem
ducto, [19] tertia die

febre cor[18]reptus, tantu(m) in breui

febre correptus, tantum in brevi

---

15   sic ed.

16   *uissionem* MS, ma il punto/accento è sulla lettera iniziale.

17   sic a.c., la *c* pare cancellata p.c. per dare forse *coronis*, ma senza ritoccare in *c* la *t* iniziale.

eius [19] uiolencia depressus est, ut [20]
nec ad cella(m) redire nec cibi
s(us)[21]tentatulu(m) potuiss(et)
p(er)cip(er)e. [22]

eius violentia depressus est, [20] ut
nec ad cellam redire nec cibi
sustentaculum potuisset
percipere. [21]

℟ ℭu(m)q(ue) hac infirmitate p(er)
[23] dies quatuordeci(m) laborass(et),
[24] die sexto decimo me(n)sis
octo[25]bris id est .xvij. k(a)l(endas)
noue(m)b(r)is [26] expletis
q(ui)nquaginta a(n)nis [27]
etatis sue, in senectute bo[28]na
hui(us) uite liberatus ergas[29]tulo,
a(n)i(m)am meritis plena(m) [30]
felicib(us) reddidit bonis
i(n) he[31]suram p(er)hennib(us).

Cumque hac infirmitate per
dies quattuordecim laborasset
die sexto decimo [22] mensis
Octobris, id est XVII. Kl.
Novembres, expletis
nonaginta quinque annis [23]
suae aetatis in senectute bona,
huius vitae liberatus ergastulo,
animam me[24]ritis plenam
felicibus reddidit bonis
inhaesuram perennibus.

2. OSSERVAZIONI

Queste analisi restano sommarie e seguono il tenore stesso della narrazione.

[f. 336ra,7] *Columbani confessoris.* | *Beatus*

Pur nell'ovvietà degli appellativi il 'redattore' ha utilizzato l'assieme di quanto gli forniva il parallelo, trasferendo al maestro i titoli del discepolo; d'altra parte il titolo di 'confessore', pur nella plausibile osmosi nell'ufficio tra abati e confessori, e benché attestato per Colombano[18], risulta in quest'epoca inappropriato, tanto da essere estromesso nel cosiddetto epitomé del codice che ho esaminato. Il MS Frankfurt am Main, *Universitätsbibliothek, Praed.* 43, f. 177vb, del 1450, ci dice infatti:

[15] Colu(m)bani abb(at)**is**
ix ka[16]lend(as) Noue(m)br(**is**) [17]

S(an)c(tu)m Colu(m)ban**u(m)**
magno g(e)n(er)e [18] ortu(**m**),

18   Cf. *"Christi confessoris Columbani"* (5.VIII.747 = *CDSCB* I, p. 126,2), e *"sacerdos et confessor"*, ripetutamente nella liturgia del comune dei Confessori Pontefici in vigore a Bobbio a partire dal IX s. (si veda M. Tosi, *La Liturgia di San Colombano a Bobbio*, in *Columba* 5 [1964] 79-86, 7 [1965] 25-32), pure in quella praticata a San Gallo (cf. J. Duft, *St Colomban dans les manuscrits liturgiques de la Bibliothèque abbatiale de Saint-Gall*, in *Mélanges Colombaniens*, Paris 1951, pp. 317-326), etc.

Scocia i(d est) Hibernia tellus [19] edidit.
Hic m(a)g(iste)r s(an)c(t)i Galli fuit [20]
(et) magnis uirtutib(us) polle(n)s [21] eu(m)
ad regni celesti sedem [22] p(re)cessit.
Tu aut(em) D(omi)ne.[19]

Sia pure detto, a scanso di equivoci, che il satiro annidato all'interno
dell'iniziale, e qui riprodotto in modo solo approssimativo, a parte il fatto
che riecheggi ornamentazioni romaniche che rifiniranno non solo nei manoscritti ma pure negli stampati, non indica contenutisticamente nulla di
specifico rispetto al testo stesso: vuole solo conferire un particolare
riguardo alla piccola unità che inaugura[20].

[8-9] *Columbanus columbina* [9] *conuersacione*

Non è certamente un fraintendimento del "*Columbani, qui et Columba,
conversacio*" che Walafrido aveva già attinto dal "*Columbanus etenim qui et
Columba*" di Giona (cap. 2)[21], ad essere all'origine dell'espressione, bensì lo
'slittamento' che si osserva nella tradizione manoscritta più tardiva dove si
legge: "*... Columbani qui et columbina conversatione per omnem hyberniam celebris haberetur*", aiutato in ciò da una diffusa e già precoce immagine; si veda
infatti nell'inno sangallese *A solis occasu*: "*Hic Columbanus nomine columbinae
vitae fuit*"[22], senza dimenticare l'inizio della *Vita beati Galli* nel nostro stesso
MS al f. 299va "*... abbas nomine Columbanus qui... vere columbine vite opera
tenebat*".

[10] *celebris est habitus, quia*

Alla fraseologia subordinata "*Cum... haberetur, et... provocaret, ... provisum esse...*", il Nostro preferisce la coordinazione o sminuzza il periodo in
proposizioni successive, anche se è vero che introduce un'esplicativa /
consecutiva là dove lega la celebrità di Colombano al suo irraggiare attrat-
tivo. La dimenticanza di "*est*", aggiunto successivamente sopralinearmente
potrebbe far pensare ad una trascrizione assai vicina alla cosiddetta
'redazione'.

---

19   Sul MS cf. *Die Handschriften des Dominikanerklosters und des Leonhardstifts in Frankfurt am Main beschrieben von* G. POWITZ, Frankfurt a.M. 1968, pp. 97-104.
20   Sull'ornamentazione della nostra serie di codici si veda R. SCHILLING, *Die Illuminierten
Handschriften und Einzelminiaturen des Mittelalters und der Renaissance in Frankfurter Besitz*, Frankfurt a.M. 1929, pp. 81-84.
21   *Ionae vitae sanctorum Columbani, Vedastis, Iohannis*, recognovit B. KRUSCH [=
MGH.SRG], Hannoverae et Lipsiae 1905, p. 152,17.
22   G.M. DREVES, *Analecta Hymnica Medii Aevi*, Leipzig 1907, t. 50, p. 274 (n. 206); cf. pure
R.-J. HESBERT, *Les compositions rythmiques en l'honneur de St. Colomban*, dans *Mélanges
Colombaniens*, o.c., pp. 327-358, part. 335s.357s, et l'a.c. di J. DUFT, pp. 322-325.

[16-18] *Hic beatis*[17]*simus Columbanus magister* [18] *beati Galli fuit fidelissimus.*

Abbiamo qui la 'reliquia' dell'orientamento originale del racconto? Vi si parlava di Colombano per narrare di Gallo, e non è escluso che in una fase redazionale intermedia, stante il testo di Walafrido, si sia pensato di sintetizzare: "*Huius beatissimi Columbani magisterio beatus Gallus fuit fidelissimus*", in quanto sorprende non poco che sia il *magister* ad essere *fidelissimus*. Fatto sta che, volendosi trattare del personaggio Colombano, tutto è ricondotto alla sua persona, e si riassume così il progredire della formazione descritto dallo Strabone; di Gallo tutto è a prima vista obliterato, vuoi la famiglia, vuoi il genere degli studî, vuoi ancora la promozione agli ordini. Tuttavia, un capovolgimento del genere non è casuale e dietro l'apparente frettolosità del procedere sussiste probabilmente un'intenzionalità da non sottovalutare. Per accertarla poniamo in parallelo le affermazioni del nostro MS e del sopraccitato *MS Praed 43*:

	Sanctum Columbanum …
Hic *beatissimus* Columbanus	Hic
magister *beati* Galli	magister sancti Galli
fuit *fidelissimus*	fuit

Considerata in sinossi con la più concisa notiziola del *Praed.* 43, la frase del primo si caratterizza pur sempre per una schematicità fondamentale che esprime centralmente l'idea della discepolanza di Gallo, ma con l'aggiunta di alcuni ritocchi. La titolatura è variata, in sintonia con la preferenza per "*beatus*" nel nostro MS; una differenziazione è introdotta con l'utilizzo del superlativo ed infine questo rima a chiasma col nuovo superlativo finale, reale innovazione che già ci aveva colpiti. La consonanza e l'aggiunta, nel ritmo di quelli che si possono considerare tre versi di valore quantitativo sillabico degradante (10 + 8 + 7), paiono sfociare su di una punta semantica. Questa non va interpretata primariamente come qualifica d'un "*maestro fedelissimo*" nel senso di *molto credente, cristianissimo* ma piuttosto come quella d'un *maestro fedelissimo alla propria funzione o alle proprie promesse*, analogamente all'uso biblico di *fidelis* a proposito di Dio. Si deve infatti qui rifuggire dal ridurre il qualificativo al suo uso reverenziale, quale si riscontra nelle allocuzioni e nelle iscrizioni: non per nulla questo vi può ricorrere isolato da una precisa funzione. Nel nostro passo invece "*fidelis*" è circoscritto a "*magister*", come nella lingua latina può caratterizzare ad es. *tabellarius, consiliarius, architectus, cultor, advocatus...* e nella *Lettera agli Ebrei* 2,17 il "*pontifex*" Gesù dichiarato fedele nella propria funzione salvifica[23].

---

23   Su *fidelis* cf. la voce nel *Thesaurus Linguae Latinae*, T. VI,1, F, Lipsiae 1912-1926, cc. 655-659;

Il secondo termine, "*magister*" riassume la funzione svolta da Colombano nei confronti di Gallo. Normalmente si dovrebbe trattare di quanto segnalato all'inizio della biografia dello Strabone: Gallo era stato infatti affidato dai genitori al "*magisterium*" di Colombano, "*ut in regularis vitae proficeret disciplina...*"[24]. Di fatto, oltre alle perfezioni morali ed ascetiche il "*magister*" – come tale indicato dalla fonte utilizzata dallo Strabone, Wettino, che lo alterna a "*pater*"[25] – lo introduce pure allo studio delle Scritture, della grammatica e della poesia. Tuttavia è molto probabile che "*magister*" sintetizzi qui non solo la formazione monastica, nel suo duplice aspetto disciplinare e culturale, ma tutt'intere le relazioni tra i due. Ed effettivamente il termine comporta un'accezione ben più ampia, di padrone, capo, conduttore, prima che di insegnante[26]. Colombano è infatti colui che assume la responsabilità non solo della formazione monastica di Gallo, ma pure della sua promozione ai diversi gradi dell'ordine e persino al sacerdozio, che gli sono conferiti "*iussione Columbani abbatis*" e contro la volontà dell'interessato, "*invitus*"[27]; è lui che determina la peregrinazione di Gallo e compagni sul continente, gli spostamenti successivi fin sul lago di Zurigo e su quello di Costanza; è infine il "*sanctus pater*"[28] che decide la partenza per il regno di Agilulfo e che, di fronte all'improvvisa febbre di Gallo e alla sua dichiarazione di non poter affrontare il trasferimento oltr'Alpe, interpretate come attaccamento al luogo, pur concedendogli licenza di condur vita separatamente, lo sospende fino alla propria morte dalla celebrazione della Messa[29]. Il discepolo si sottopone al volere del "*signore e padre suo Colombano*", dal quale come "*abate*" dipende pure ogni eventuale deroga[30] (si noti come questi tre termini sostituiscono nella ri-redazione di Walafrido il duplice ricorrere di "*praeceptor*" in Wettino[31]): così ignoriamo se di fronte all'offerta della sede episcopale di Costanza, Gallo abbia veramente pensato di scrivere al suo "*conduttore*" per ottenere d'essere sollevato dal divieto, ed ancora se l'abbia fatto. Resta il fatto che i biografi superstiti tacciono, forse pudibondamente, dell'esplicita realizzazione d'un passo per il quale quello richiedeva l'aiuto delle autorità, e che il discepolo fu assolto solo al momento del trapasso del maestro. Così, fin che Colombano vive tutt'intera la sua esistenza è imbricata in quella di Colombano, che presiede, istruisce, dirige, conduce, corregge, permette, determina

---

24   O.c. alla nota 11, p. 285, 16-17.

25   Cf. ibid., p. 257, 29.32

26   Su *magister* cf. la voce nel *Thesaurus Linguae Latinae*, T. VIII, M, Lipsiae 1936-1966, cc. 76-87;

27   O.c. alla nota 11, p. 285, 25-26.

28   Ibid., p. 290, 40.

29   Cf. ibid., p. 298, 27.

30   Cf. ibid., p. 298, 28-32

31   Cf. ibid., p. 266, 35-36.

obiettivi, tempi e modi. La sua autorità prende fine con la morte: significativo che la ritrovata autonomia sacerdotale di Gallo sia simbolizzata dal dono-passaggio della "*cambota*", il bastone che riceve dall'Abate. Quest'aspetto della storia di Gallo era ben conosciuto: appare inoltre due volte nel nostro MS. al f. 291vb viene descritta la visione che Gallo ha dell'ascesa della "*sancta magistri anima*", richiamato dal diacono il divieto di celebrare dato dal "*magistro Columbano*". e Gallo parla del "*dominum et patrem meum Columbanum*"; al f. 302rb, dove si ritrova praticamente il testo del cap. 26 dello Strabone, scivola analogamente all'interno la nota esplicativa: "*sciebat autem (diaconus) praeceptum esset ei a magistro suo missas ne celebraret donec ipse viveret*". E' il caso di dire che "*magister*" significa assieme *abate, padre, signore* e *maestro* e che ad un lettore medievale dell' episodio doveva riecheggiare il passo del diffusissimo *Liber Scintillarum*, sezione LXXVII *De Discipulis*, tratto dall'*Ep.* 68 di Gerolamo: "*Non erudit pater filium, nisi quem amat; non corregit magister discipulum, nisi eum quem ardentiorem cernit ingenii*"[32]. Colombano è stato quindi nei confronti di Gallo un conduttore fedele alla propria funzione, verace, sul quale il discepolo può fare inequivocabilmente affidamento, proprio perché non è "*bilinguis*"[33] e perché il suo insegnamento corrisponde alla sua stessa vita[34] In definitiva, nella prospettiva di procedere all'impressionante taglio redazionale che conduce il nostro ad omettere assieme ai testi propri al solo Gallo, pure quelli narranti della comune attività dei due Santi e delle rispettive relazioni, ne offre una sintesi ideale nei due termini scelti.

[19-21] e[20]wangelicam cupiens assequi [21] persecucionem

E' possibile uno sbaglio di trascrizione, stante l'errore alla linea 27, dove "*spreta*" è trasformato in "*supreta*": ma la rilettura od un successivo lettore aveva corretto tale lapsus, ciò che non ha fatto qui. Credo che la variante possa derivare dall'idea della vita monastica quale martirio bianco, situata nell'esperienza gallica di Colombano e riletta alla luce di testi evangelici del tipo di *Matteo* 5, 10-12 e *Giovanni* 15, 20. Il contesto successivo può ben spiegarsi pure a partire da questa lectio difficilior. Il passo inaugura la parte centrale del piccolo quadro biografico, dopo che il nostro modestissimo agiografo ha semplificato l'inizio del cap. 2 di Walafrido, ritenendo probabilmente incongrui sia il "*dum haec agerentur*" che il "*cottidie*", e ha così riportato in testa il suo protagonista; l'avverbio "*igitur*" interviene in questo collegamento redazionale come più oltre in

---

32   *Liber Scintillarum* LXX,12.

33   Cf. *Liber Scintillarum* XL,33: "*Monachus bilinguis conturbat fratres; fidelis autem requiem adducit*"

34   Cf. *Ibid.*, XXXII, *passim*, soprattutto ai nn. 37, 40; si ritroveranno esempi molteplici nell'antologia d'estratti *Flores...*, pp. 278e,279q, 280ab.ad-af, 282an-ao, 284bi.bn(!).bp.

336rb,8. Apparentemente curiose le sostituzioni di due "*et*" tramite "*ut*" che si affianca così a due altre occorrenze: ma se si ricapitola l'operazione si percepisce l'immagine di un'intenzionale tensione ascetica. Sul tema che il redattore ha voluto far scivolare all'interno della narrativa, vale la pena di sottolineare come, contrariamente a Giona – che parla di "*insidias molire*" (188,12), di "*martyrii coronam inferre*" (191,3), "*sustinere iniurias*" (196,8), "*iniuriis fatigare*" (207,2-3) e che riserva "*persequor*" all'azione di Teoderico contro Teodeberto (219,6) – e di Walafrido, che varia il primo passo in "*iniurias machinari*" (287,5), la già citata *Vita beati Galli* del nostro stesso MS (f. 291rb,11-12) ci dica proprio d'un Colombano che, dopo aver costruito Luxeuil e Fontaines, "*persecutionem Brunihildis ibidem passus et Theodoriti regis inde pulsus abijt*".

[29] *Accedentes igitur na[30]uim*

Modifiche minime et attendibili, derivabili dalle tradizione manoscritta della fonte: "*nauim*" è ben attestato nell'apparato di Walafrido; quando al verbo si veda Giona stesso: "*ad litus maris accedent*"[35].

[35-36] *eis relictis ad gentes suas [36] commigraret.*

Senza scartare la possibilità d'un travisamento da "*alias*" in "*suas*", mi pare ammissibile che il Nostro abbia effettivamente pensato non ad un ritorno di Colombano presso la sua gente, e quindi in Irlanda, ma più probabilmente ad un suo migrare all'esterno dei regni d'Austrasia e di Burgundia, presso quegli irlandesi che già operavano sul continente. Ciò che non esige necessariamente delle precise conoscenze di geografia politica e storica in epoca medievale avanzata, quando le 'Gallie' sono facilmente identificate con la Francia contemporanea ed uscirne significa già sconfinare sul territorio del Sacro Romano Impero, fattivamente inglobante proprio porzioni dei predetti regni Significativo il fatto che se la frettolosità redazionale ha perfino fatto omettere le fondazioni dei Vosgi, queste si trovavano allora nel regno merovingico di Burgundia mentre dal 1033 erano passate col regno di Borgogna all'Impero Germanico. E neppure si suppone la sensibilità critica che ha successivamente sfoltito lo stuolo degli evangelizzatori irlandesi, rettificandone l'identità etnica, il campo d'azione e l'epoca[36]. Al redattore bastavano quelle informazioni di agiografia

---

35   O.c. alla nota 20, p. 160,7-8.
36   Cf. L. GOUGAUD, *Les surnuméraires de l'émigration scottique (VIe-VIIIe siècles)*, in *Revue Bénédictine* 43 (1931) 296-302; J. DUFT, *Iromanie-Irophobie. Fragen um die frühmittelalterliche Irenmission exemplifiziert an St. Gallen und Alemannien*, in *Zeitschrift für Schweizerische Kirchengeschichte* 50 (1956) 241-262; M. WERNER, *Iren und Angelsachsen in Mitteldeutschland. Zur vorbonifatianischen Mission in Hessen und Thüringen*, in *Die Iren und Europa im früheren Mittelalter*, hrsg. v. H. LÖWE, Stuttgart 1982, pp. 239-318; A. WENDEHORST, *Die Iren und die Christianisierung Mainfrankens*, ibid., pp. 319-329; W.

monastica che facevano ad esempio di Fridolino fondatore ed abate di Säckingen (Seconium), non un continentale della prima metà del VII° s. attivo a partire dal monastero di Luxeuil, ma, già nel X° s., un irlandese itinerante, contemporaneo del re Clovis († 511), operante a Poitiers, Eller sulla Mosella, nei Vosgi, a Strasburgo, a Säckingen e a Coira. Venerato nel Baden-Württemberg, in Alsazia ed in Svizzera, invocato nelle litanie del IX° s. di Colonia e di Magonza, era conosciuto grazie ad una biografia del X° s. dovuta al monaco Balther, mentre un estratto biografico era entrato nella versione 'alsaziana' della Legenda Aurea, sia in latino che in volgare. D'altra parte Säckingen, all'origine doppia abbazia, comporta i caratteri d'una fondazione iroscottica, i cui primi patroni furono, come nei primordi del monastero bobbiese, proprio S. Pietro e la Vergine. Conoscendo vagamente l'itinerario colombaniano risalente per l'appunto quel Reno dove era situato l'isolotto dell'abbazia 'irlandese', e considerandone la fondazione e l'irradiamento missionario già della seconda metà del VI° s., nulla d'anormale che si ritenesse il viaggio come un ricongiungimento con i propri compatrioti e con la rotta di pellegrinaggio evangelizzatore seguita da altri, tesi a trascendere, attraverso la Rezia, le Alpi alla volta di Roma e dei *limina Apostolorum*. Senza neppure escludere infine che si sia pensato ad altri viaggi possibili, verso 'conterranei' quali il gallese Macuto, discepolo e compagno di navigazione del celeberrimo S. Brendano, poi fondatore di un monastero e vescovo ad Aleth, in Bretagna, successivamente stabilitosi a Saintes in Aquitania, e al quale si attribuisce proprio una visita a S. Colombano a Luxeuil. Ed è semplice onestà riconoscerlo, l'Armorica con la sua schiera di veri o presunti santi d'oltre Manica – si pensi a Efflam, Maudeto, Ronan, Sané, Vougay... – che testimonianze diseguali collocano nel VI° s., avrebbe potuto ispirare il nostro frettoloso agiografo.[37]

MÜLLER, *Der Anteil der Iren an der Christianisierung der Alemannen*, ibid., pp. 330-374; H. KOLLER, *Die Iren und die Christianisierung der Baiern*, ibid., pp. 342-374; J. HENNIG, *Irlandkunde in der festländischen Tradition irischer Heiliger*, ibid., pp. 686-696.

37   Cf. L. GOUGAUD, *Les Saints irlandais hors d'Irlande, étudiés dans le culte et dans la dévotion traditionnelle* [= *Bibliothèque de la Revue d'histoire ecclésiastique* 16], Louvain - Oxford 1936, pp. 81-82.104-107.135-139.159-164.167-169.173-174; J. EVENOU, *Efflam, Garan, Caré, Tuder, Nerin, Chémo e Chirio, venerati in Bretagna, santi*, in *Bibliotheca Sanctorum* T. IV, Roma 1964, cc. 937-939; L. CHIEROTTI - I BELLI BARSALI, *Frediano (Frigdiano, Frigiano, Frigidiano), vescovo di Lucca*, ibid., cc. 1263-1269; R. VAN DOREN - M.C. CELLETTI, *Fridolino, abate di Säckingen, santo*, ibid., cc. 1274-1278; E.I. WATKIN - B. CIGNITTI, *Macuto (Maclovio, fr. Malo, ingl. Machlow), vescovo di Aleth, santo*, ibid. VIII, 1966, cc. 461-464; J. EVENOU, *Maudeto (lat. Maudetus, fr. Maudez), abate in Bretagna, santo*, ibid. IX, 1967, cc. 164-165; F. GRANNELL, *Rónán (Renan, Ronan, lat. Ronanus) di Quimper*, ibid. XI, 1968, cc. 390-393; ID., *Senán (fr. Sané), vescovo, fondatore di Inis Cathaig, santo*, ibid. cc. 835-838; J. FLEURY, *Vougay (Vouga, Vio), santo*, ibid. XII, 1969, cc. 1357-1358; G. ZACCAGNINI, *Vita Sancti Fridiani: contributi di storia e di agiografia lucchese medioevale. Edizione critica ed elaborazione elettroniche*, Lucca 1989, XV-408 p.

[336rb,4] *ut secundum angelicam iussio*[5]*nem*

Si è passati dal comandamento evangelico a quello d'un angelo: il fatto che immediatamente lo scriba pare aver compreso "*uissionem*", per poi rettificare tramite il segno diacritico, potrebbe a prima vista rinviare mentalmente proprio al sogno-visione che inaugura la biografia colombaniana nella sua fase uterina e che, raccontato da Giona, è pure menzionato da Walafrido[38]; credo tuttavia che in definitiva il Nostro abbia voluto richiamarsi alla vita monastica e ai suoi imperativi come a un tipo di vita angelica. Tale concetto, frequente nelle correnti ascetiche e monastiche, è offerto da Giona stesso proprio nella porzione precedente a quella qui utilizzata e che descrive a tinte idealizzate la vita ed i modi del gruppo missionario formato da Colombano e dai suoi 12 compagni. Riassumendo tutte le virtù della piccola comunità, perfettamente aderente ai precetti evangelici, ci dice che era "*ita ut in humana conversatione angelicam agi vitam cerneres*"[39].

[8-13] *J*[9]*gitur cum beatus Columbanus* [10] *aliquam diu dulcedine predica*[11]*cionis sue multorum corda in* [12] *uerbi Dei audicione reddidis*[13]*set auida,*

Il biografo ha qui operato un taglio amplissimo nella sua fonte, obbligandoci a passare dall'inizio del capitolo 2 al 29: da un lato il testo da offrire al Leggendario non poteva essere troppo ampio, dall'altro – era ovvio – la biografia di Gallo non era quella di Colombano e se nei primi capitoli sussistevano elementi biografici sfruttabili, almeno fino alla separazione tra i due, più oltre, a parte il ben noto cap. 26 sul decesso del Fondatore di Bobbio, nulla era pertinente, a meno che... si scegliesse di trasformare l'un santo nell'altro. Il passo allegato è la transizione redazionale, assai brusca in quanto si passa dalla proclamazione delle esigenze della sequela al decesso. Tutta l'attività di Colombano si riassume nella predicazione della Parola di Dio "*aliquamdiu*", per alquanto o parecchio tempo e all'indirizzo di una pluralità di persone o genti non meglio identificate. La transizione è inaugurata dallo stesso "*igitur*" introdotto più sopra e utilizza un passo che ricorre a ca. due terzi del cap. 29, con la differenza che là si trattava della predicazione tenuta da Gallo alla folla nella solennità precedente di tre giorni il suo decesso.

---

38   *O.c.* alla nota 10, p. 285,12-13.

39   *O.c.* alla nota 20, p. 162,9-10. Sul tema. U. RANKE-HEINEMANN, *Zum Ideal der vita angelica in frühen Mönchtum*, in *Geist und Leben* 29 (1956) 347-357, E. VON SEVERUS, *BIOΣ ΆΓΓΕΛΙΚΟΣ. Zum Verständnis des Mönchslebens als "Engelleben" in der christlichen Überlieferung*, in *Die Engel in der Welt von Heute. Gesammelte Aufsätze hrsg. von* T. BOGLER [= *Liturgie und Mönchtum* 21], Maria Laach 1957, pp. 56-70 e particolarmente S. FRANK, *ΑΓΓΕΛΙΚΟΣ ΒΙΟΣ. Begriffsanalytische und begriffsgeschichtliche Untersuchung zum "Engelgleichen Leben" im frühen Mönchtum* [= *Beiträge zur Geschichte des alten Mönchtums und des Benediktiner Ordens* 26], Münster Westf. 1964, XV-207 p.

[15-17] pre[16]miorum torconis aureis uellet [17]perhennibus adornare,

Il termine introdotto, *torconis*, fa difficoltà ed un correttore, probabilmente non di prima mano, ha eraso parzialmente la *c*, ma senza rettificare completamente la parola. Logicamente, stante il parallelo, che è ripreso stavolta dall'inizio del cap. 29, si potrebbe ipotizzare un'evoluzione "*laureis*" > "*coronis aureis*"; ciò si fonderebbe sul senso di *laureus* come corona d'alloro, oltre che metonimicamente come trionfo, che il riattatore avrebbe preferito variare in un'immagine più 'preziosa', quella di corone auree. Ma tale è al massimo la prospettiva di chi ha rettificato un termine ritenuto incomprensibile o scorretto tramite un concetto abituale. La stessa operazione avrebbe potuto essere effettuata, se il plurale fosse stato accettabile, nel senso di "*thronis aureis*". Mi pare che invece il Nostro abbia introdotto una parola del latino medievale: sotto il lemma "*torcho*" (*-onis*) il Du Cange spiega "*taeda minor, candela cerea*"[40]; vi si aggiunga F. Godefroy[41] che interpreta "*tourçon, torçon, torchon, tourchon*" tra l'altro come "*torche, flambeau*", et W. von Wartburg[42] che attribuisce al mediofrancese "*torchon*" pure il senso di "*flambeau*" indicandolo anche sotto le forme "*torchoo*" e "*torchó (cierge)*". Una certa difficoltà morfologico-grammaticale risiede nella declinazione del termine latino: se nel nostro caso abbiamo "*torconis* "= abl., l'esempio del Du Cange offre "*torchonum*" = gen. plur.; pur nella riconosciuta fluttuazione tra terza e seconda decl. ed in particolare dagli abl./dat. in *-ibus* a quelli in *-is*[43], vale la pena di citare la forma "*torchonnus*", dal quale il mediofrancese diminutivo "*torquelon*", appartenente allo stesso gruppo lemmatico, anche se nelle attestazioni citate ha un senso diverso[44]. Se tale è probabilmente il termine originale, quale senso conferirgli nel contesto immediato? Un'immagine classica è quella dello splendore che i giusti otterranno nel regno dei cieli (cf. *Matteo* 13,43), simili quindi agli astri del firmamento, partecipi della stessa luce di Dio, anche se la loro luminosità sarà diversificata (cf. 1 *Corinti* 15,41). Che l'atleta di Cristo, Colombano, "*sole scintillante e risplendente di straordinario fulgore*" ed apportatore "*al*

---

40   *Glossarium mediae et infimae latinitatis...*, Niort 1887, t. VIII, p. 126.

41   *Dictionnaire de l'ancienne langue française et de tous ses dialectes du IXe au XVe siècle...*, Paris 1892, t. VII, p. 774.

42   *Französisches Etymologisches Wörterbuch, eine Darstellung des galloromanischen Sprachschatzes...*, Basel 1967, t. XIII, 2, p. 106.

43   Cf. A. BLAISE, *Manuel du latin chrétien*, Strasbourg 1955, pp. 68-69; M. BONNET, *Le latin de Grégoire de Tours*, Hildesheim 1968 [= Paris 1890], pp. 367-373; D. NORBERG, *Manuel pratique de latin médiéval*, Paris 1968, pp. 40.54.146; A. ÖNNERFORS (ed.), *Mittellateinische Philologie, Beiträge zur Erforschung der mittelalterlichen Latinität* [= *Wege der Forschung* 292], Darmstadt 1975, pp. 20s, etc.

44   *O.c.*, pp. 126.132.

mondo d'una gran luce"[45], oppure definito in un contesto simbolico analogo "*novum solem... qui lustret orbem radiis*"[46], venga onorato con un assieme di "*ceri aurei*", non fa che proseguire lo stesso filone simbolico della luce. Due elementi, tuttavia, restano pregnanti. Il fatto che vengano scelti prodotti della cera – con un risultato liturgico-scenico assai statico, è vero – obbliga a riconoscervi un'intenzione precisa: a Colombano, vergine trovato fedele e inserito nella liturgia luminosa della Gerusalemme celeste, s'addice un simbolo corrispondente[47], Secondariamente dei ceri aurei collocati presso una persona richiamano la celeberrima scena di *Apocalisse* 1, 12ss dove Giovanni dichiara: "*vidi septem candelabra aurea et in medio septem candelabrorum similem Filio hominis... et facies eius sicut sol lucet in virtute sua*". Si noti come paradossalmente nel primo si parli di ceri in oro, una sineddoche che sottintende probabilmente dei candelabri in oro sormontati dai ceri corrispondenti, nel secondo di candelabri aurei implicando sempre tacitamente che questi sorreggano delle lampade. Il Santo, glorificato, partecipa della stessa gloria luminosa di Colui che ha seguito fedelmente sulla terra e al quale è già accomunato dalla simbolica solare. In definitva l'introduzione del termine, invece d'essere una pura trasposizione d'un'immagine cultuale concreta, ed evitando di accomunare Colombano a quelle scene iconografiche dove teorie di santi recano il proprio cero, pare proseguire anche qui un'idealizzazione della sua figura.

[25-26] *xvij. kalendas nouembris* [26] *expletis quinquaginta annis* [27] *etatis sue*

La conclusione ci offre la morte di S. Colombano lo stesso giorno di quella di S. Gallo e all'età di cinquant'anni. Tutto parrebbe spiegarsi col semplice prestito letterario e con una grossolana approssimazione che voleva distinguere i due: che di più facile che ispirarsi al "*quinque*" per farne un "*quinquaginta*"? A parte la pura fantasia, il Nostro disponeva della menzione del re 'gallico' Sigeberto (di fatto sovrano d'Austrasia), † nel 575 e avrebbe potuto sapere da Giona che Colombano lo incontrava poco dopo i vent'anni; quest'ultima notizia è ripercossa da Vincenzo di Beauvais che offre l'annotazione marginale: "*Sumpsit autem Iustinus imperium anno domini 566.... Huius anno primo, sanctus Columbanus presbyter veniens de Scotia, clarus habetur in Britannia*", mentre successivamente alla morte di

---

45   GIONA nella trad. di E. CREMONA e M. PARAMIDANI, in *Jonas, Vita Columbani et discipulorum eius, Testo a cura di* M. TOSI..., Piacenza 1965, p. 13,1-3; si noti come proprio nell'illustrazione di questo passaggio venga citato il testo di *Mt.* 13,43.

46   Testo dell'inno sopracitato alla n. 17; le metafore analoghe sono presenti praticamente in ogni testo agiografico colombaniano: il precedente ha il vantaggio d'offrire la migliore parentela per f. 336ra,9.

47   Cf. W. BRÜCKNER, *Cera – Cera Virgo – Cera Virginea. Ein Beitrag zu "Wörter und Sachen" und zur Theorie der "Stoffheiligkeit"*, in *Zeitschrift für Volkskunde* 59 (1963) 233-253.

Colombano indica l'anno 590[48], ma sarebbe alquanto azzardato fargli attribuire tale riferimento al decesso del Santo, mentre vale solo per l'episodio che gli è connesso. D'altra parte la *Chronographia* di Sigeberto di Gembloux, che è spesso fonte del precedente, ed è molto più interessante di quanto comunemente riferito[49], sotto l'anno 614 riporta: "*Sanctus Columbanus à Theoderico rege instinctu Brunichildis aviae expellitur Francia. Qui post, relicto Gallo discipulo suo in Alemannia, coenobium Bobium construxit in Italia*"[50]; ora la data vale per la finale della notizia, la fondazione bobbiese, e risulta accettabile ancor oggi. Se il Nostro aveva sott'occhio questi riferimenti, mi parrebbe strano che abbia arrotondato talmente al ribasso. Personalmente penso che non abbia voluto offrire un calcolo cronologico, ma piuttosto rifarsi ad un numero tradizionalmente simbolico[51]: il 50 è infatti il numero dell'anno giubilare, anno di grazia e di riposo per eccellenza, visto che succede a sette anni sabbatici, (7x7+1) e prefiguratore della pace, della gioia caratteristiche della vita eterna; è la ricompensa definitiva, il denaro del Signore, premio d'una vita ben spesa dall'uomo su questa terra (40+10). Valgano ad illustrare queste affermazioni due passi, l'uno di Agostino e l'altro di Gregorio Magno: "*Quinquagenarium uero etiam in quadraginta et decem Dominus dispertitus est. Die quippe quadragesimo post resurrectionem suam adscendit in caelum, ac deinde completis diebus decem misit Spiritum sanctum: quadragenario scilicet numero temporalem in hoc mundo cohabitationem commendans. Quoniam quaternarius in quadraginta numerus praeualet; quattuor autem partes habet mundus et annus; denario uero addito, uelut mercede pro impleta lege bonis operibus reddita, ipsa aeternitas figuratur*"[52]. "*Per quinquageniarium* [sic] *quippe numerum requies aeterna signatur. Habet enim septenarius numerus perfectionem suam, quia eo die dierum numerus est completus. Et per legem Sabbatum in requiem datum est. Ipse autem septenarius per semetipsum multiplicatus ad quadraginta et nouem ducitur, cui si monas additur, ad quinquagenarium numerum peruenitur, quia omnis nostra perfectio in illius unius contemplatione erit, in cuius nobis uisione iam minus aliquid salutis et gaudii non erit. Hinc etiam iubilaeus, id est annus quinquage-*

---

48   *Bibliotheca Mundi seu Speculi Maioris Vincentii Burgundi praesulis Bellovacensis... tomus quartus qui Speculum Historiale inscribitur...*, Duaci 1624 [= Graz 1965], pp. 850.863.

49   Cf. M. TOSI, *Problemi di cronologia colombaniana: La morte e il viaggio a Roma*, in *Columba* (1964) 3, 27-36, dichiarare (p. 28): "Sigeberto di Gembloux (1030-1112), accanto al ricordo di s. Colombano poneva la data 'Anno Do. 590'".

50   *Sigeberti Gemblacensis Chronographia*. Ed. L.C. BETHMANN [= *MGH.SS* 6], Hannoverae 1844, p. 322.

51 · Cf. F.G. NUVOLONE, *Gregorio Novarese biografo 'volgare' di San Colombano e dei suoi immediati successori*, in *ArBob* 2 (1980) 87, nota 215, ma soprattutto H. MEYER - R. SUNTRUP, *Lexikon der mittelalterlichen Zahlenbedeutungen* [= *Münsterische Mittelalter-Schriften* 56], München 1987, pp. 734-747.

52   *Sancti Aurelii Augustini Enarrationes in Psalmos CI-CL* [= *CChr.SL* 40], Turnholti 1956, pp. 2191s, ll. 47-56.

simus, in requiem datum est, quia quisquis ad omnipotentis Dei gaudia aeterna peruenerit, laborem et gemitum ulterius non habebit"[53]. Due Opere diffuse, conosciute, utilizzate a iosa nel medioevo.

A questi due esempi 'esegetici' si aggiunga un caso biografico-agiografico interessante. A proposito di S. Udalrico vescovo di Augsburg, a conclusione della sua vita si legge: "*Anno autem incarnationis domini nostri Jesu Christi nongentesimo septuagesimo tertio, aetatis suae octogesimo tertio, ordinationis vero quinquagesimo velut in jubilaeo, hoc est plenae remissionis anno, verus Hebraeus transiit de hujus mundi Aegypto liber in aeternum victurus cum domino suo.*" Si noti come il pezzo preceda negli editi della *Legenda Aurea* quello di San Gallo: si tratta tuttavia di unità supplementari[54].

Che l'atleta di Cristo Colombano termini la propria corsa e raccolga il premio eterno proprio a cinquant'anni non fa che rafforzare l'immagine fortemente atemporalizzata ed ideale del Santo.

Per quanto invece riguarda la data della morte, con ogni probabilità il prestito da San Gallo spiega tutto, senza doversi rifare né alle discussioni scientifiche né tanto meno alla data dell'arrivo del Santo a Bobbio[55]. Si noti che tale data non significa che questi fosse festeggiato a Magonza-Francoforte ai 16 d'ottobre: ciò mi è stato esplicitamente escluso da una verifica dei breviarî magontini del XIV• - XVI• s.[56]. Ma la stessa collocazione manoscritta del testo nella serie degli altri santi evidenzia come la data ritenuta fosse quella che appare esplicitamente nel testo sopraccitato del MS Praed. 43, e cioè il 24 Ottobre: S. Severo ai 22.X, S. Severino ai 23.X, S. Colombano ai [24.X], S. Crispino e Crispiniano ai 25.X, S. Amando ai 26.X, SS. Simeone e Giuda ai 28.X; una data che parrebbe generata da un passaggio dalle IX Kal. Decembris (= 23.XI) alle omonime di Novembre (= 24.X) e che non è isolata[57].

---

53   *Sancti Gregorii Magni Homiliae in Hiezechihelem Prophetam cura et studio* M. ADRIAEN [= CChr.SL 142], Turnolti 1971, p. 288, ll. 428-438.

54   *Jacobi a Voragine Legenda Aurea vulgo historia lombardica dicta. Ad optimorum librorum fidem recensuit* TH. GRAESSE, Dresdae & Lipsiae 1846, p. 879.

55   Cf. M. TOSI, *a.c.* alla nota 37, G.F. ROSSI, *San Colombano morì il 21 e fu sepolto il 23 novembre ma non nell'anno 615*, in *Atti dei Convegni di Cesena e Ravenna 1966-1967*, Cesena 1969, pp. 633-663 e U. MEINHOLD, *Columban von Luxeuil im Frankenreich, Inaugural-Dissertation zur Erlangung der Doktorwürde der Philosophischen Fakultät der Philipps-Universität Marburg/Lahn*, Füssen/Allgäu 1981, pp. 13-14.84.199; per la seconda cf. F.G. NUVOLONE, *Il viaggio di s. Colombano a Roma: testi e genesi della leggenda*, in *ArBob* 6-7 (1984-1985), pp. 13.24 e nota 470.

56   Cf. lettera dei 27.X.1980 del Dr. G. POWITZ, al quale riesprimo la mia riconoscenza.

57   Si veda ad esempio in San Tommaso di Strasburgo nel XV° s. e nella cattedrale di Münster/Westf. nel XIV° s. (cf. *Mélanges colombaniens, o.c.*, pp. 264, n. 3 e 266, n. 15), a Vannes nel XVII° e XVIII° s. (cf. L. GOUGAUD, o.c. alla nota , p. 59, ma l'assieme delle pp. 56-61 per la data della commemorazione e le sue traversie).

3. UN 'RAFFRONTO'

Alfine di confermare od infirmare i dati che sono emersi da quest'analisi vale la pena di accennare a quanto il Lettore del nostro MS può scoprire sfogliando, sempre nello stesso mese liturgico d'ottobre, i testi sotto il nome di S. Gallo. Vi può ritrovare:

f. 290vb: *Gesta b(ea)ti Galli. abbatis. Dis* | *tinct(i)ones eoru(m)de(m).*
   De vita | *b(ea)ti Galli .j.*
   De Spoliac(i)one | *celle eiusde(m) .ij.*
   De Regula | *ri instituc(i)o(n)e .iij.*
   De Miracu | *lis b(ea)ti Galli .iiij.*
   De Co(n)clu | *sione legende .v.*

f. 290vb-291ra: *P(ro)log(us)*
   DEScripturi hec que | *priscor(um) sollercia de vita fi* | *ne. de populla-c(i)o(n)e celle beati* | *galli... et adunacio racionu(m).* [corrisp. a II,9 ma ritrattato e con inversioni di materiali]

f. 291ra-292rb: *De* | *vita b(ea)ti Galli .* ₡ *J.* |
   BEatus | *igitur iste Gallus cui(us)* | *hodie fr(atr)es k(arissi)mi natalicia ce* | *lebramus scottor(um) nac(i)one* | | *ex nobilib(us) et religiosis p(ar)en* | *tib(us) oriundus sub regulari disciplina b(ea)ti colu(m)bani abba* | *tis a puero enutritus e(st)... Jllic cu(m) o(mn)i* | *corpus b(ea)ti galli sepultu(m) est* | *gl(ori)a: eunde(m)q(ue) locu(m) celestiu(m) be* | *neficior(um) exornabit in sec(u)la.* [corrisp. nell'ordine, ma con ritrattamento estremamente sintetico e libero, a I,1-3. 5. 6. 8. 9. 4. 6. 11. 26. 29. 32. 30].

f. 292rb: *De Spolac(i)o(n)e celle b(ea)ti galli.* | ₡ *ij.*
   P(ro)logus. |
   Meritis b(ea)tissi | *mi galli co(n)fessoris... multa* | *mirac(u)la eueneru(n)t.* [corrisp. a II,1]

f. 292rb-293rb: *Legenda.* |
   Cum igit(ur) iam post tra(n) | *situm eius... et unde alere(n)tur dispone(n)s* | *ad ep(iscop)atum remeauit.* [corrisp. a II,1(seguito)-2]

f. 293rb: *De Re* | *gulari i(n)stituc(i)o(n)e .iij.*
   P(ro)log(us). |
   Facta sup(er)iorib(us) senten | *cijs relac(i)one qua nos satis* | *uere... p(er) merita eiusd(em) s(an)c(t)i patris sit* | *fama et possessionib(us) dila* | *tatus.* |
   [corrisp. a II,10]

f. 293rb-294rb: *Lege(n)da.*
   Post ue | *nera(n)di p(at)ris b(ea)ti uideli* | *cet galli (con)fessoris (christ)i gl(ori)o* | *sam deposicione(m) cottidianas* | | *excubias... et p(ro)fectus hodie-q(ue)* | *laudabilit(er) delatari no(n) desi* | *nit.* [corrisp. a II,10 (seguiro)]

f. 294rb-va: *De Mirac(u)lis b(ea)ti galli.* | ₵ *iiij.*
  P(ro)log(us). |
  PRemissa | *narrac(i)o(n)e qua conpre* | *hensu(m) satis credim(us)... stilu(m)*
  co(n)u(er)ti | *mus.* [corrisp. a II,11]
  Tanta est eni(m) mira | *c(u)lor(um) copia... sencie(n)s dona diui* | *ne*
  largitatis. [corrisp. a II,5,2]

  f. 294va-vb: *Tab(u)la cap(itu)lor(um).* |

DE Satellitib(us) cruciatis.	₵	*j.* |
DE Palla incensa.	₵	*ij.* |
DE Aue aduolante.	₵	*iij.* |
DE Cera no(n) co(n)sumpta.	₵	*iiij.* |
DE Equo calcitrante.	₵	*v.* |
DE Cera indurata.	₵	*vj.* |
DE Comite corruente.	₵	*vij.* |
DE Sanato. ceco. surdo. claudo.	₵	*viij.* |
DE Raptis igne ustis.	₵	*ix.* |
DE Ep(iscop)o plagato.	₵	*x.* |
DE Via demo(n)strata.	₵	*xi.* |
DE Egro liberato.	₵	*xij.* |

f. 294vb-295ra: *De Satellitib(us) crucia* | *tis.* .₵ *j.* |
  POst multu(m) uero | *temp(or)is misit pippinus... infe* | *liciter duce(n)tes*
  flebilit(er) fini | *erunt.* [corrisp. a II,3]

f. 295ra-va: *DE Palla incensa .ij.* |
  Alio temp(or)e dyacon(us) qui | *dam... declarare digna* | *tus est.* [corrisp.
  a II,4]

f. 295va: *De Aue aduola(n)te.* | *iij.* |
  JDem stephanus du(m)... delectamentu(m) habe | *ret.* [corrisp. a II,5]

f. 295va-vb: *De Cera no(n) (con)su(m)pta .iiij.* |
  Op(er)ib(us) karloma(n)ni maior(um) | *domus... usq(ue) ad temp(or)a*
  ot | *mari abb(at)is.* [corrisp. a II,6]

f. 295vb-296rb: *De Eq(u)o calcitra(n)te .v.* | |
  NEq(ue) illud silenciu(m) pre | *mittendu(m) est... ad correctione(m)*
  p(er)ue(n)it. | [corrisp. a II,7]

f. 296rb-va : *De Cera i(n)durata .vi.* |
  JDem q(u)oq(ue) | *miraculu(m)... ce* | *leritate innotuit cu(n)ctis.* [corrisp.
  a II,8]

f. 296va-297ra: *De* | *Comite corrue(n)te.* | ₵ *vij.* |
  Uictor | *curiens(is) rhecie co* | *mes. cuius... effici potuisse credebat.* |
  [corrisp. a II,11-12]

f. 297ra-va: *De Sanato. ceco. surdo. clau* | *do .viij.* |
  Quia igitur d(omi)no | *custodie(n)te pij pastoris cor* | *pus... ad suos*
  san(us) | *abscessit.* [corrisp. a II,13]

f. 297va-298rb: *De Raptis igne* | *uscis .ix.* |
JGitur othmar(us) ab | *bas... frauderet(ur) p(er) sup(er)nam* |
iusticia(m). [corrisp. a II,14]

f. 298rb-298va: *De Ep(iscop)o plagato .x.* |
Temp(or)e quoq(ue) alio ide(m)... de cloatha corp(or)is sp(iritu)m
exala | *uit.* [corrisp. a II,17]

f. 298va-299ra: *De via p(re)mo(n)strata.* | ₵ *xi.* |
Quoda(m) temp(or)e du(m) ste | *rilitas terre... mirab(i)li ordine* | *ad*
p(ro)pria remeauit. [corrisp. a II,18,2]

f. 299ra-rb: *De Egro* | *liberato .xij.* |
Quida(m) adue | *nie(n)tes de nac(i)one sco* | *tor(um)... de* | *seruie(n)s*
hactenus (con)u(er)satur. | [corrisp. a II,46,1]

f. 299^{rb-va}: *De Co(n)clusio(n)e lege(n)de .V.* |
Hoc de copiosissima sege | *te...nausea(n)tis mente(m)* | *offenda(n)t.*
[corrisp. a II,46,2]

ff. 299va-303vb: *De Vita b(ea)ti galli.* |
Fuit in hibernie partib(us) | *quida(m) uenerabilis ab* | *bas no(m)i(n)e*
colu(m)banus: q(u)i o(mn)ib(us) | *bonis op(er)ib(us) ornatus*[58] *at* | *q(ue)*
studijs sacris dedit<us>[59] *uere* | *columbine uite op(er)a tenebat. Cu(m)q(ue)*
eius tam p(re)clara co(n)u(er)sacio celebris hab(er)et(ur) pare(n)tes | *b(ea)ti*
galli filiu(m) natu(m) ab ipso | *infancie temp(or)e cu(m) oblac(i)o(n)e* |
d(omi)no offere(n)tes illius magis | *terio co(m)mendau(er)unt: ut uide* | *licet*
luce qua splendebat ip | *sum quoq(ue) illustraret. Q(uo)d* | *et p(er)fecit. ...in*
locis q(ua)tuor | *p(ro)fundius cathena sulcata(m).* | [corrisp. nell'ordine,
ma con tenore ritrattato a I,1. 2. 3. 6. 7. 8. 9. 10. 11,2. 12. 14. 15. 16.
17. 18. 19. 20. 19. 26. 27. 29. 30. 33. 31. 32]
Hec aut(em) p(ar)ua de b(ea)tissimo | *patre n(ost)ro dixisse sufficia(n)t.* |
Nu(n)c ergo s(an)c(tu)m patre(m) b(ea)t(u)m | *gallu(m) ad deu(m)*
semp(er) p(ro) nob(is) | *patronu(m) mittamus: ut il* | *le nos suis p(re)cib(us)*
d(omi)no lar | *gie(n)te illuc p(er)ducat ubi ip(s)e* | *intrauit ianua(m)*
p(ar)adysi. Q(uod) | *nobis om(n)ib(us) possidere p(re)ci* | *b(us) s(an)c(t)i*
co(n)cedat galli (christus) d(omi)n(u)s. | *Qui uiuit et regnat in se* | *cula*
sec(u)lor(um). Amen.

Dai testi menzionati derivano alcune conclusioni interessanti. Si tratta
infatti d'un assieme agiografico consistente ruotante attorno alla figura di
San Gallo come ne esistono altri analoghi nel nostro MS, si pensi ad es. a
San Severo. Il dossier non solo presenta un'opera articolata in cinque
racconti, dove ogni *legenda* è preceduta da un prologo, ma pure una
seconda vita, come probabile lettura alternativa per la stessa festa del
Santo. Se mettiamo poi in parallelo quelle che sono propriamente le due

---

58   P.c., *ordinatus* a.c.
59   correxi, *dedit* MS.

vite di Gallo, cioè *Gesta I* e l'ultimo pezzo dell'assieme, con la nostra piccola *Vita di Colombano* ne scaturisce un analogo procedere redazionale.

CONCLUSIONE

Al termine di questo rapido sorvolo penso di poter affermare che il *Legendarium Ecclesiae S. Bartholomaei Francfordensis* presenta un leggero rifacimento della vita che di san Gallo scrisse Walafrido Strabone. La peculiarità di questa breve biografia sta nel fatto che cambia di titolare, Colombano è sostituito a Gallo, fin nei dettagli della malattia e nella datazione del decesso. A parte i tagli di rilievo, gli altri ritocchi sono raramente di rilievo, ma sfociano in un'immagine colombaniana assai trasfigurata.

ARISTOTELES IN DER HÖLLE
EINE ANONYME *QUESTIO* „UTRUM ARISTOTILES SIT SALVATUS" IM COD. VAT. LAT. 1012 (127ra-127va) ZUM JENSEITSSCHICKSAL DES STAGIRITEN

Ruedi Imbach

> Mundum intravi anxius vel anxiatus, vixi turbatus, exeo hinc inscius et ignarus.
>
> (Nach mittelalterlicher Legende die letzten Worte des Aristoteles, die Etienne de Bourbon OP von Humbert de Romans OP gehört hat.)

A. EINLEITUNG ZUR EDITION

1. Die Beschäftigung mit den Texten und Autoren der Vergangenheit behindert das selbständige Denken; sie schürt zudem die Furcht vor neuen Ideen und Argumenten. Diese These vertritt Malebranche in seinem philosophischen Hauptwerk, *La recherche de la verité* (1765), an der Stelle, wo er von den Hindernissen handelt, die die Einbildungskraft der Suche nach Wahrheit in den Weg stellt. Den Gelehrten fällt das Selberdenken besonders schwer, wiewohl das Faktum erstaunlich ist:

> Il est assez difficile de comprendre, comment il se peut faire que des gens qui ont de l'esprit, aiment mieux se servir de l'esprit des autres dans la recherche de la vérité, que de celui que Dieu leur a donné.[1]

Malebranche zählt nicht weniger als elf Gründe auf, die die natürliche Faulheit jener erklären können, die es vorziehen, einer *autorité* zu folgen, statt eigenständig nachzuforschen.[2] Der sechste und der siebente Grund sind besonders aufschlussreich:

> En sixième lieu, parce qu'on s'imagine sans raison, que les Anciens ont été plus éclairés que nous ne pouvons l'être, et qu'il n'a rien à faire où ils n'ont pas réussi.
>
> En septième lieu, parce qu'un respect mêlé d'une sotte curiosité fait qu'on admire davantage les choses les plus éloignées de nous, les choses les plus vieilles, celles qui viennent de plus loin, ou de pays plus inconnus, et même les livres les plus obscurs.[3]

---

1 *De la recherche*, Livre II, IIXe partie, ch. III, in: Oeuvres I, Edition établie par Geneviève Rodis-Lewis avec la collaboration de Germain Malbreil, Paris 1979, 211.

2 Op. cit., 212-214.

3 Op. cit., 212.

Die Bewunderung der Vergangenheit schliesst gleichzeitig eine Über-
schätzung alter Autoren ein:

> On ne considère pas qu'Aristote, Platon, Epicure étaient des hommes
> comme nous, et de même espèce que nous.[4]

Ein besonders eindrückliches Beispiel der Idolatrie vergangener Geister
liefert die Hochschätzung des Aristoteles. Da gibt es doch Leute, die interessieren sich mehr dafür, was Aristoteles über die Unsterblichkeit der Seele
gedacht hat, als für die Lösung der Frage selbst. Aus philosophischer Sicht
ist dies nicht akzeptabel:

> Il est ce me semble assez inutile à ceux qui vivent présentement de
> savoir, s'il y a jamais eu un homme qui s'appelât Aristote; si cet homme
> a écrit les livres qui portent son nom; s'il entend une telle chose ou une
> autre dans un tel endroit de ses ouvrages: cela ne peut faire un homme ni
> plus sage ni plus heureux; mais il est très important de savoir, si ce qu'il
> dit est vrai ou faux en soi.[5]

Im Gegensatz zur Theologie ist das Autoritätsargument in der Ver-
nunftforschung gar nichts wert:

> Cependant je ne sais par quel renversement d'esprit, certaines gens s'ef-
> farouchent, si l'on parle en philosophie autrement qu'Aristote.[6]

Es ist nicht verwunderlich, dass Malebranche in diesem Zusammenhang zu einer Invektive gegen die Kommentatoren ansetzt. Als besonders
abschreckendes Beispiel der falschen Haltung der Kommentatoren erwähnt
er Averroes, dessen Aussagen über den Stagiriten im lateinischen Wortlaut
zitiert werden. Wenn Averroes sagt, die Lehre des Aristoteles sei die
höchste Wahrheit, dann führt diese Behauptung Malebranche zu folgender
rhetorischen Frage:

> En vérité, ne faut-il pas être fou pour parler ainsi; et ne faut-il pas que
> l'entêtement de cet auteur soit dégénéré en extravagance et en folie?[7]

2. Die Haltung Malebranches ist in mehrfacher Hinsicht für seine Zeit typisch; in ihr kommt u.a. auch eine frühneuzeitliche Einschätzung der
Scholastik zum Ausdruck. Nach dieser Auffassung, die über die Aufklä-
rung bis in die Gegenwart weiterwirkt, war die Philosophie im Mittelalter
mit dem Aristotelismus identisch und trieb mit dem Philosophenfürsten
solche Abgötterei, dass ein selbständiges Denken im Keime erstickt wurde.
Vieles am Denken des Mittelalters scheint dieses Vorurteil zu rechtfer-
tigen. Es kann hier beispielhalber auf Dantes Verehrung für den, der im

---

4   Op. cit., 213.
5   Livre II, IIe partie, ch. V, ed. cit., 218.
6   Op. cit., 221.
7   Ch. VI, ed. cit., 225.

Mittelalter als *der* Philosoph schlechthin bezeichnet wurde, hingewiesen werden. Im *Convivio* nennt er Aristoteles den Meister der menschlichen Vernunft (*lo maestro de l'umana ragione;* IV, ii, 16); er ist der Meister und Führer der menschlichen Vernunft (*maestro e duca de la ragione umana;* IV, vi, 8); er verdient in höchstem Masse Anerkennung und Gehorsam (*dignissimo di fede e d'obedienza;* IV, vi, 6).

Auf ein weiteres, besonders sprechendes Beispiel der Verehrung des Philosophen aus Stageira hat seinerzeit Martin Grabmann aufmerksam gemacht, als er eine Stelle aus den *Quodlibeta* (I, q. 5) des Jean de Pouilli publiziert hat.[8] Dieses bedeutsame Zeugnis aus dem Jahre 1307 beginnt mit folgender These:

> Existimo, quod in pure speculativis quod dico propter credibilia longe securius est sequi Aristotelem quam illos propter rationes quas tunc assignabo.[9]

Der Abschnitt gipfelt in der Aussage:

> Et propter hoc multi philosophorum reputabant eum de numero prophetarum.[10]

Zu jenen Autoren, die Aristoteles gleichsam als Propheten der Wahrheit verstanden haben, gehört Averroes, der sich in folgender Weise ausdrückt:

> Credo enim quod iste homo fuit regula in Natura, et exemplar quod Natura invenit ad demonstrandum ultimam perfectionem humanam in materiis.[11]

Zwei Werke, deren Verbreitung nicht unterschätzt werden darf, haben auf ihre Weise zur Verherrlichung des Aristoteles einiges beigetragen. Es handelt sich zum einen um die pseudo-aristotelische Schrift *Secretum secretorum*, die in über 600 Hss. in lateinischer Fassung erhalten ist und während des Mittelalters in alle bedeutenden Volksprachen übertragen worden ist.[12] Zu dieser aus dem Arabischen übersetzten Schrift existieren

---

8 *Aristoteles im Werturteil des Mittelalters*, in: ders., *Mittelalterliches Geistesleben*, II, München 1936, 62-101, Edition des Textes 101-102. Zu Johannes vgl. Rainer Zeyen, *Die theologische Disputation des Johannes de Polliaco zur kirchlichen Verfassung*, Bern-Frankfurt 1976, 19-34.

9 Grabmann, Art. cit., 101.

10 Grabmann, Art. cit., 101.

11 *Commentarium magnum in Aristotelis De anima libros*, III, comm. 14; ed. F. Stuart Crawford, Cambridge Mass. 1953, 433,, 142-145. Vgl. ebenfalls den Prolog zum Physikkommentar: Complevit, quia nullus eorum, qui secuti sunt eum usque ad hoc tempus, quod est mille et quingentorum annorum, nihil addidit, nec invenit in eius verbis errorem alicuius quantitatis. Et talem virtutem esse in individuo uno miraculosum et extraneum existit. Et hec dispositio, cum in uno homine reperitur, dignus est esse divinus magis quam humanus (*Opera omnia*, vol. IV, Venetiis 1562, 5AB).

12 Vgl. dazu: *Pseudo-Aristotle, The Secret of Secrets, Sources and Influences*, ed. by W.F. Ryan and Ch. Schmitt, London 1982; zu den Hss. vgl. Ch. B. Schmitt and D. Knox, *Pseudo-*

mehrere Prologe, in denen u.a. die Entstehung der vermeintlich Alexander
dem Grossen gewidmeten Abhandlung beschrieben wird. Im Proöm zum
Lob des Meisters ist u.a. zu lesen:

> Invenitur etiam in antiquis codicibus Grecorum, quod deus excelsus des-
> tinavit ad eum angelum dicens: Potius nominabo te angelum quam
> hominem. Sane multa habuit prodigia magna miracula et extranea
> opera, que nimis longum esset cuncta per ordinem enarrare. Unde de
> morte sua diverse sunt oppiniones: quedam enim est secta, que dicitur
> Peripatetica, que ipsum asserit ascendisse ad empirium celum in
> columpna ignis.[13]

Mit dem Tode des Stagiriten beschäftigt sich die andere in diesem
Kontext zu erwähnende Schrift, der sog. *Liber de pomo*, wo der sterbende
Aristoteles, mit dem Apfel als Bild des Lebens in der Hand, die Philosophie lobt und den anwesenden Schülern nahelegt, den Tod nicht zu
fürchten.[14]

3. Es wäre indessen naiv zu glauben, es hätte während des Mittelalters
nicht auch gegenläufige Tendenzen gegeben. Dass der Legende vom blinden
Gehorsam gegenüber dem Wort des Stagiriten kein Glaube zu schenken ist,
mag hier ein Hinweis auf Siger von Brabant dokumentieren, dem von der
Philosophiegeschichtsschreibung immer wieder ein dogmatischer Aristotelismus vorgeworfen wurde. Von Aristoteles sprechend, sagt er:

> Qualitercumque autem senserit, homo fuit et errare potuit.[15]

Auf die Autoritätsargumente insgesamt bezogen lautet daher der
Grundsatz:

> Sed auctoritas sola non est via sufficiens ad inquisitionem veritatis
> huius. Ipsi (scil. philosophi) hoc dicentes aliqua ratione moti fuerunt.
> Sumus autem nos homines sicut et illi. Quare igitur non debemus niti ad
> huius inquisitionem per rationem sicut et illi?[16]

Aristoteles latinus. A Guide to Latin Works Falsely Attributed to Aristotle before 1500, London 1985, 54-75; Ruedi Imbach, *Laien in der Philosophie des Mittelalters*, Amsterdam 1989,
46.

13 Hilgart von Hünrheim, mittelhochdeutsche Prosaübersetzung des *"Secretum secretorum"*, hrsg. von R. Möller, Berlin 1963, 14 (Diese Ausgabe enthält den lateinischen Text
nach dem Berliner Cod. 70).

14 Als Edition des lateinischen Textes zu empfehlen ist: *Aristotelis qui ferebatur Liber de
pomo, Versio latina Manfredi*, rec. et ill. M. Plezia, Warschau 1960. Für die Bedeutung des
Buches vgl. immer noch die grundlegende Abhandlung von Wilhelm Hertz, *Gesammelte Abhandlungen*, Stuttgart und Berlin 1905, 371-397.

15 Antonio Marlasca, *Les Quaestiones super librum de Causis de Siger de Brabant*, Edition
critique, Louvain-Paris 1972, 115, lin. 250-251. Ähnliche Formulierung im Metaphysikkom-
mentar: Sed cum philosophus quantumcumque magnus in multis possit errare (Armand Maurer, Siger de Brabant, *Quaestiones in Metaphysicam*, Louvain 1983, 412, lin. 43-44).

16 Maurer, Op. cit., 83-84, lin. 37-42. Vgl. dazu Luca Bianchi, *"Velare philosophiam non
est bonum". A proposito della nuova edizione delle Quaestiones in Metaphysicam di Sigieri di
Brabante*, in: Rivista di storia della filosofia, 1985, 255-270.

Selbstverständlich gibt es im Mittelalter auch eine philosophisch bedingte Kritik an Aristoteles. Besonders eindrücklich hat Nicolaus von Autrecourt einen Aspekt dieser Kritik zusammengefasst. In einer der beiden Verurteilungslisten wird folgende These als anmassend bezeichnet:

> Item quod cum notitia, que potest haberi de rebus secundum apparentia naturalia, possit haberi in modico tempore, multum admiratur, quod aliqui student in Aristoteli et Commentatore usque ad etatem decrepitam, et propter eorum sermones logicos deserant res morales et curam boni communis.[17]

Ein anderer Modus der Distanz zum Philosophenfürsten ist in der Predigt und der Literatur anzutreffen. Es darf hier an das *exemplum* des gerittenen Aristoteles erinnert werden, das sich sowohl in der Predigtliteratur wie auch in den verschiedenen Volkssprachen sehr grosser Beliebtheit erfreute. Nach heutiger Kenntnis ist Jacques de Vitry der erste, der es in einer Predigt verwendet. Der Prediger bringt die Erzählung im Zusammenhang mit der Auslegung von I Cor. 19,3: "Modicum fermentum totam massam corrumpit":[18]

> Quod certo experimento, ut dicitur probavit Aristotiles. Qui instruens Alexandrum adhuc adolescentem inter alia dixit ei, ut non multum frequentaret uxorem suam quam nimis diligebat, eo quod pulcerrima erat. Cumque se a frequentibus eius amplexibus subtraheret, illa valde cepit dolore et studiose inquirere, unde proveniret in viro suo tanta et tam subita mutacio. Cumque pro certo didicisset quod magister eius Aristotiles istud procurasset, post multas cogitaciones et cordis anxietates viam et modum repperit, quibus se de Aristotile vindicaret. Et cepit ipsum frequenter intueri deambulans in orto; et respiciens per fenestram camere in qua studebat homo ille, et oculis ridentibus et verbis lascive elevans atque tibias denudans coram ipso ambulabat. Et ita amorem et concupiscenciam suam mentem eius enervatam adeo induxit quod rogare cepit reginam, ut eius consentiret voluntati. Cui illa respondit: 'Credo quod temptare me vis et decipere. Nullo enim modo credere possem quod homo tanta sapientia preditus talia vellet attemptare.'[19]

Im recht berühmten *Lai d'Aristote* (um 1230) von Henri d'Andeli wird erzählt, dass die Geliebte - nicht die Gemahlin - Alexanders sich in folgender Weise gerächt habe: Als Bedingung für den Liebeserweis zwingt sie den Philosophen, dass er sie auf allen Vieren kriechend auf seinem Rücken reiten lässt.

---

17 Zitiert nach: Nicolaus von Autrecourt, *Briefe*, neu herausgegeben von Ruedi Imbach und Dominik Perler, Hamburg 1988, 84.

18 Nach den Angaben des Herausgebers einer Auswahl aus den *Sermones feriales et communes* sind diese Predigten zwischen 1229 und 1240 entstanden: Die Exempla aus den *Sermones feriales et communes* des Jakob von Vitry, herausgegeben von Joseph Greven, Heidelberg 1914, VII.

19 Greven, Op. cit., 15-16.

"Maistres, ainçois qu'a vos foli,
Fait la dame, vos convient faire
Por moi un molt divers afaire
Se tant estes d'amors sorpris;
Quar molt tres grant talent m'est pris
De vos un petit chevauchier
Desor cele herbe, en cel vergier."[20]

Die moralische Bedeutung der Begebenheit wurde verschieden interpretiert. Während Henri d'Andeli darin die Allmacht der Liebe manifestiert sieht, deutet der Prediger Jacques de Vitry die Geschichte als Warnung vor der Unzucht.[21]

Der gerittene Aristoteles, aus: *Le livre contre le mariage*, Paris 1492.

---

20   *Le Lai d'Aristote de Henri d'Andeli*, publié d'après tous les manuscrits par Maurice
Delbouille, Paris 1951, 82-83, v.427-433.

21   Vgl. dazu Cornelia Herrmann, *Der "Gerittene Aristoteles". Das Bildmotiv des "Gerittenen Aristoteles" und seine Bedeutung für die Aufrechterhaltung der gesellschaftlichen
Ordnung vom Beginn des 13. Jhs. bis um 1500*, Pfaffenweiler 1991. Diese in mancher Hinsicht
unzulängliche Studie enthält weitere Literaturhinweise zum Motiv, das auch für die Kunstgeschichte von grosser Bedeutung ist. Vgl. Wolfgang Stammler, *Aristoteles und Phyllis*, in:
Reallexikon zur Deutschen Kunstgeschichte, I, 1937, 1028-1040.

4. Wenn wir der Bedeutung des Aristoteles für das intellektuelle Leben des Mittelalters Rechnung tragen und gleichzeitig die religiösen Voraussetzungen dieses Zeitalters berücksichtigen, dann kann es nicht überraschen, dass sich im Kontext der mittelalterlichen Theologie die Frage nach dem Jenseitsschicksal des Aristoteles stellte. Freilich steht, wie wir sehen werden, in dieser Fragestellung weit mehr auf dem Spiele als die jenseitige Bestimmung eines Individuums der Antike.

In der *Commedia* hat Dante den Weisen des Altertums, Frauen und Männern, in der Vorhölle, dem sog. Limbus - quaedam pars superior inferni, wie die theologische Tradition sagt - einen Platz zugewiesen. *Inf.* IV berichtet ausführlich darüber, zumal Dantes Führer im Jenseits selbst unter ihnen weilt. Es ist der Ort des Verbleibs jener, die die Taufe nicht gekannt und deshalb Gott nicht in angemessener Weise verehrt haben (*non adorar debitamente Dio*; v. 39). Vergil schildert ihr Schicksal (v. 40-42), das auch Aristoteles, der Meister derer, die wissen (*il maestro di color che sanno*, v. 131), teilt:

> Per tai difetti, non per altro rio,
> semo perduti, e sol di tanto offesi
> che sanza speme vivemo in disio.

> Durch solche Mängel, nicht durch andre Sünde
> Sind wir verloren, und nichts andres drückt uns,
> Als dass wir hoffnungslos in Sehnsucht leben.[22]

Ein bislang noch nie genauer untersuchtes Dokument des beginnenden XIV. Jahrhunderts vermittelt Einblick in die Art und Weise, wie das Problem des Jenseitsschicksals mit theologisch-philosophischer Methode behandelt wurde. In seinem bereits zitierten Aufsatz zur Wertschätzung des Aristoteles im Mittelalter hat Martin Grabmann zwar auf diesen Text hingewiesen, aber ihn weder ediert noch genauer analysiert.[23] Beim fraglichen Dokument handelt es sich um eine *Questio*, die im Rahmen eines *Quodlibet* aufgeworfen wird, das im Cod. Vat. lat. 1012 enthalten ist. Das *Quodlibet*, in dem die Frage "Utrum Aristotiles sit salvatus" auftaucht, ist anonym und bildet den vierten inhaltlichen Teil des von August Pelzer genau beschriebenen Codex der Vaticana.[24] Die Handschrift enthält in ihrem ersten Teil (fol. 1r-45v) Werke des Franziskaners Wilhelm von Alnwick (*Quodlibeta, Questiones de esse intelligibili, Questiones*)[25]. Der zweite

---

22 Deutsche Übersetzung von Ernst Gmelin, Stuttgart 1968; italienischer Text nach der Edition von Giorgio Petrucci (Testo della Società Dantesca Italiana).

23 Art. cit., 92-93.

24 *Codices Vaticani latini*, tomus II, pars prior, Codices 679-1134, recensuit Augustus Pelzer, Vatikan 1931, 493-499.

25 Vgl. dazu: Fr. Guillelmi Alnwick O.F.M. *Quaestiones disputatae de esse intelligibili et de Quodlibet*, ad fidem codicum mss. editae cura P. Athanasii Ledoux O.F.M., Ad Claras Aquas, Florentiae, 1937. Der Herausgeber informiert ausführlich über Leben und Werk des

Teil wird mit Fragen aus dem *Quodlibet* und den *Questiones disputate* des Jacobus de Asculo[26] eröffnet (fol. 46r-66v). Darauf folgt ein Ensemble von 57 Fragen, die am Rande ebenfalls als *Quodlibet* bezeichnet werden (68v-110r).[27] Den vierten Hauptteil bildet ein weiteres Bündel von 27 quodlibetalen Fragen philosophischen und theologischen Inhalts (fol. 110ra-128vb) ohne Nennung des Verfassers (*secundo incipit tertium quodlibet*, 110ra). Die hier interessierende Frage tritt an 25. Stelle auf.[28]

B. EDITION DER *QUESTIO*

(Vat. lat. 1012, fol. 127ra-127va).

(1) Queritur ulterius (minus *cod.*), utrum Aristotiles sit salvatus.

(2) Et videtur, quod sic: Predicator veritatis digne est salvatus. Aristotiles fuit predicator veritatis, sicut patet in libello *De pomo*. Ergo etc.

(3) In contrarium est illud Apostoli[29], quoniam "sine fide inpossibile est deo placere".

(4) Hic sic procedam: Primo inquiram, an salus et beatitudo, quam speramus in futuro, possit sciri ab homine naturaliter et nobis est possibilis. Secundo quid de hac salute et beatitudine Aristotiles sensit. Tertio ex hoc, utrum ipse salvatus sit, quod etiam questio querit.

(I,1) Quantum ad primum dicunt quidam, quod hoc est possibile sciri ex naturalibus et naturaliter.

(2) Quod arguunt primo sic: Ex effectu possumus demonstrare de deo, quod est efficiens, quod non est nisi propter ordinem naturalem ad efficiens. Sed ita necessaria est dependentia rerum ad causam finalem sicut ad efficientem. Ergo sicut possumus cognoscere efficiens, sic et causam finalem. Et per consequens possumus scire naturaliter, quod talis fruitio sive beatitudo est nobis possibilis.

(3) Preterea notum est naturaliter intellectui, quod potest in obiectum perfectissimum sub primo obiecto. Sed notum est naturaliter, quod deus est aliquod obiectum sub primo, scilicet sub ente. Ergo notum est, quod possumus in illud obiectum in se sive ut beatificans.

Franziskaners; vgl. XIX-XXII, wo die im Vatikanischen Kodex erhaltenen Fragen Alnwicks aufgelistet werden, die nicht zu den beiden publizierten Werken gehören. Zum Denken des Franziskaners vgl. Joachim d'Souza SDB, *William of Alnwick and the Problem of Faith and Reason*, Rom 1973.

26   Vgl. Ludwig Hödl, *Die Seinsdifferenz des Möglichen im Quodlibet des Jakob von Ascoli OM* (Quaestio 5 - Einführung und Edition), in: Olaf Pluta (Hg.), *Die Philosophie im 14. und 15. Jahrhundert*, Amsterdam 1988, 465-493.

27   Vgl. die Liste der Fragen bei Pelzer, Op. cit., 496-497.

28   Vollständige Liste bei Pelzer, Op. cit., 498-499.

29   Hbr. 11,6.

(4) Preterea cognoscens naturam suam cognoscit ordinem ad causam suam. Sed homo cognoscit naturam suam. Igitur cognoscit eius ordinem ad causam suam et per consequens ordinem ad fruitionem.

(5) Preterea naturaliter est notum nobis, quod appetitus non est ad inpossibile. Sed naturaliter est notum nobis hominem deum appetere. Igitur notum est nobis naturaliter, quod ipso frui finaliter non est inpossibile.
Sed dicitur, quod solum est nobis notum in universali hominem deum appetere.
Contra: Cognoscens aliquid inperfecte, scilicet in universali, appetit illud cognoscere in particulari. Si igitur notum est, quod appetit in universali, igitur probari potest, quod appetet etiam in particulari, et quod talis appetitus non est ad inpossibile.

(6) Preterea notum est naturaliter, quod in nullo quietamur nisi in perfectissimo obiecto et in illo, quod continet virtualiter omnia. Et notum est, quod deus est huiusmodi obiectum. Ergo scire possumus naturaliter, quod fruitio talis est nobis possibilis.

(7) Preterea omne agens propter finem cognoscit finem. Homo est huiusmodi agens. Ergo cognoscit finem eius et per consequens scit se habere cognitionem vel dilectionem talem circa talem finem.

(8) Arguo contra istam opinionem:

(9) Illud non potest sciri naturaliter vel demonstrari, quod tantum libere causatur a deo et contingenter et quod fit non in influentia generali, sed speciali. Unde et philosophi simpliciter negaverunt deum sic posse aliquid agere. Sed fruitio est huiusmodi, quia a deo causatur contingenter et libere. Ergo etc.

(10) Preterea omnis cognitio nobis possibilis est accepta a sensibus. Sed omnis talis cognitio est solum in universali et abstractiva. Ergo non possumus habere cognitionem ex naturalibus de beatitudine in particulari et quod ipsa sit respectu dei in se.

(11) Item Avicenna vult, quod visio dei non est finis potentie (*om. cod.*) intellective, sed intelligentia inferior quietatur in superiore.

(12) Tunc ad rationes in contrarium.

(13) Ad primum, cum dicitur de cognitione cause efficientis, dicendum, quod non est ad propositum. Et cum dicitur, quod tanta est dependentia effectus ad finem sicut ad efficiens, dicendum, quod finis potest accipi tripliciter. Uno modo pro causa finali; alio modo pro operatione; tertio modo pro isto, quod sequitur operationem. Si accipiatur finis primo modo, sic verum est, quod dicitur, quia omnia tendunt ad finem secundum Aristotilem (?). Si autem accipiatur finis secundo modo vel tertio, tunc non

oportet, quod ex effectu cognito cognoscatur finis, qui est operatio. Operatio non potest cognosci, nisi dupliciter, sicut in aliis videmus, uno modo ex cognitione rei, alio modo ex hoc, quod cognosco vel percipio rem talem habere talem operationem. Exemplum de primo: Sicut aliquis cognoscens naturam (127rb) gravis cognoscit, quod quiescit inferius in isto mundo (modo *cod.*), finis, qui est operatio, non potest cognosci in particulari et distincte. Si autem loquamur de secundo modo cognoscendi finem (*om. sed. add. in marg.*) qui est operatio, scilicet non ex natura rei sed ex hoc, quod percipitur talem rem habere talem operationem, ut cognoscens grave semper descendere cognoscit, quod iste est finis suus. Et sic iterum non possumus cognoscere beatificam operationem tanquam finem, quia sic de nulla re possumus percipere nos habere cognitionem intuitivam seu visionem. Non sequitur ergo, quod possumus naturaliter habere talem visionem. Dico igitur, quod nullam operationem possumus cognoscere in intellectu distincte in particulari, immo nec ipsam potentiam.

(14) Ad secundum, quod dicitur de obiecto primo, posset dici uno modo, quod non est notum naturaliter, quod ens sit primum obiectum. Et si diceres secundum Avicennam, quod "ens prima impressione inprimitur in intellectu"[30], diceretur, quod non est sibi assentiendum, quia Avicenna commiscuit quedam ex lege et quedam ex dictis (sectis *cod.*) aliorum. Unde de secta Machometi plura commiscuit dictis suis.

(15) Sed contra istam solutionem probo, quod notum sit naturaliter ens esse primum obiectum, quia nulla potentia habet obiectum communius suo primo obiecto. Si ergo ponatur aliquod aliud ab ente obiectum primum potentie intellective, nullum posset esse communius illo. Sed hoc est falsum, quia ens est communissimum. Igitur ipsum tanquam ex naturalibus conclusum debet poni obiectum primum intellectus nostri. Dicendum est, quod primum obiectum potest accipi dupliciter. Uno modo quod est sic primum communitate, quod est commune ad omnia per se obiecta, vel <alio modo, quod est> commune et primum ad aliqua, quorum quodlibet sub eo est per se obiectum. Modo dico, quod illud, quod est obiectum primum primo modo, illo non est dare aliquod communius. Et sic ens est primum obiectum, quod est commune omnibus sub eo, et tamen non omne sub eo est per se obiectum, verbi gratia: Si esset oculus aliquis debilis, qui non posset videre albedinem vel colorem aliquem specialem, sicut oculus vespertilionis se habet respectu lucis, talis oculus haberet pro obiecto primo colorem, ita quod nihil inferius sub colore est sic primum, quod sit commune ad omnia per se obiecta illius potentie, et tamen visus non potest per se in omnia obiecta. Sic de intellectu est dicendum.

---

30   Philos. prima, I, c. 5; ed. S. Van Riet, 31, 3-4.

Si autem accipiatur obiectum secundo modo, scilicet quod est commune pluribus, quorum quodlibet est per se obiectum, tali obiecto primo est dare aliquod communius. Non igitur sequitur: Si ens est primum obiectum, ergo hoc est nobis notum naturaliter. Per consequens non est notum naturaliter nobis habere cognitionem de quolibet contento sub eo.

(16) Aliter potest solvi argumentum principale, quod, licet deus sit perfectissimum sub ente, hoc tamen non possumus scire naturaliter nisi abstractive tantum. Et hoc non sufficit, quod sciamus nos non posse frui, sed ut obicitur hic, quia, quod est perfectionis in potentia inferori, debet attribui superiori. Sed planum est, quod visus potest habere actum intuitivum, et iste videnti est notus intuitive. Ergo hoc debet attribui potentie superiori, scilicet intellectui. Et est dicendum, quod istud non valet. Planum est enim, quod potentia visiva inferior est quam ymaginativa, et tamen rem intuitive et presentem <percipit>. Sed ymaginativa non est nisi rei absentis, tamen ponatur, quod sit <superior>. Tunc dicendum est, quod cognitio abstractiva intellectus est multo perfectior quam intuitiva sensus, licet abstractiva sit inperfectior intuitiva in eadem potentia, scilicet in intellectu.

(17) Ad tertium dicendum quod minor est falsa. Non enim homo cognoscit naturam suam distincte et in particulari, quia multis est dubium, utrum intellectus sit substantia vel accidens.

(18) Ad aliud, cum dicitur de satiatione appetitus, dicendum, quod non est notum naturaliter esse aliquid tale satians. Hoc patet de appetitu bruti, qui nunquam satiatur et tamen non habet aliquid, in quo finaliter satietur. Unde licet semper appetamus, non tamen est notum naturaliter nobis, quod talis appetitus sit naturalis, sicut patet, quod homo appetit semper nutrire, quod tamen est inpossibile.

(19) Ad aliud, cum dicitur, quod agens propter finem cognoscit finem, dicendum, quod est quoddam agens naturale, quoddam liberum agens. Naturale agit propter finem, tamen non cognoscit finem, nisi inquantum dirigitur ab aliquo superiori agente. Agens autem liberum cognoscit finem, sed ista cognitio finis est solum abstractiva. Et ex hoc sequitur, quod sit fruitio distincta.

(II,1) Quantum ad secundum est videndum, quid Aristotiles de hac beatitudine senserit.

(2) Et est dicendum, quod Aristotiles primo *Ethicorum* determinat de beatitudine in generali et in X *Ethicorum* in speciali, quomodo sit possibilis et in quo consistat. Sed hec non est talis beatitudo, de qua nunc loquimur, scilicet que est per claram visionem et dilectionem correspondentem. Et hoc, quia secundum Aristotilem de prima substantia non potest haberi aliqua cognitio nisi ex sensibus. Hoc patet per eundem primo *Priorum* et

primo *Metaphisice* et in multis locis *Phisice*. Talis autem cognitio non potest esse illius essentie in se. Ergo etc.

(3) Preterea secundum Philosophum in conceptu tali a sensibili abstracto non possumus habere nisi cognitionem abstractivam obscuram. Et per consequens secundum ipsum omnis cognitio nostra, que est de prima substantia, est tantummodo universaliter obscura. Et sic ista beatitudine, quam ipse posuit, solum essemus beati in universali et obscure.

(4) Preterea felicitas, de qua loquitur X *Ethicorum*, potest haberi in hac vita. Unde dicit ibidem[31], "quare erit utique felicitas speculatio quedam", "opus autem erit et exteriori prosperitate et oportet corpus sanum esse et cibum et reliquum famulatum existere". Certum est autem, hec non haberi nisi in vita ista.

(5) Preterea non est certum ex intentione Philosophi, quod posuit aliam vitam quam istam. Ideo in diversis locis, scilicet in II *De anima* et in XII *Metaphisice* videtur loqui dubitative. Sed certum est secundum ipsum felicitatem, que consistit in speculatione prime cause, esse finem hominis, et per consequens possibile attingi. Hoc ergo debet poni in aliquo statu, quem certum est ipsum certitudinaliter posuisse, qui non est alius (*om. cod.*) quam status presens. Patet igitur, quod de hac felicitate, quam speramus, Aristotiles nunquam loquebatur. Et hoc patet, quia habuit pro principio demonstrandi (determinandi? *cod.*) nichil aliud, nisi quantum ex sensibus et motu conicere potuit. Et quia ex sensibus sive ex motu non potuit ei apparere, quod substantie separate habeant aliquem visum in mundo, nisi moverent corpora, quia nullum visum earum percipere potuit, nisi ex motu procedentis ab ipsis corporibus sensibilibus, ideo in XII ex motu quamdam probabilem rationem assumpsit, qua conclusit, quod, si essent substantie separate sine propriis corporibus, quod essent otiose. Numquam ergo posuisset animam semper manere post corpus, quin etiam posuisset eam fuisse semper ante corpus.

(III,1) Quantum ad tertium est videndum, an Aristotilis sit salvatus, quod est principale quesitum.
Et est dicendum, quod non.

(2) Et hoc patet ex iam dictis. Nam ex primo articulo habetur, quod ex puris naturalibus inpossibile est sciri hanc beatitudinem, quam speramus, et quod impossibile est nobis eam naturaliter scire. Nunc autem Aristotiles fuit constitutus in puris naturalibus. Ideo talis beatitudo fuit sibi simpliciter incognita. (127va) Sed inpossibile est hanc felicitatem seu beatitudinem attingere, quam non contingit nec scire nec appetere. Ergo etc.

---

31   Eth.Nic., X, 8; 1178b32; X, 9; 1178b33-35.

Si dicatur, quod in *Secretis secretorum* scribitur, quod secta perypathetica "asserit ipsum sursum ad celum ascendisse empyreum in columpna ignis"[32]; item quod ibi dicitur, quod "invenitur in antiquis codicibus grecorum, quod deus excelsus suum angelum destinavit ad eum (ad eum *in marg.*) dicens: Potius nominabo te angelum quam hominem"[33]. Ergo videtur statum futurorum seu beatitudinum per revelationem recepisse.

Sed istud nichil est, quia eadem facilitate contempnitur, qua probatur. Si enim hoc esset verum, magis argueret eius dampnationem, quia libellus iste sicut et alius, qui dicitur *De pomo* Aristotelis non sunt autentici. Unde dictis illorum nulla fides est adhibenda.

(3) Preterea ad principale hic patet magis ex secundo articulo, quod, si esset possibile scire ex naturalibus hanc beatitudinem nobis possibilem, tamen, ut dictum fuit in secundo articulo, ipse Aristotiles hanc non posuit, quod etiam patet aliter, quia de incorruptibilitate anime ipse semper dubius fuit. Nam si posuisset animam incorrubtibilem, tunc necessario habuit ponere secundum sua fundamenta, quod singulorum non sunt singule anime, sed unica omnium, nam secundum ipsum in incorruptibilibus sub eadem specie non plurificantur individua. Unde etiam de hoc, quod sit una anima omnium numero, semper dubius fuit. Et hoc patet, quia ex una parte posuit mundum non incepisse, ex alia parte non posse infinitum in actu esse. Et ideo vel oportuit ad salvandum ista duo ipsum ponere animam corruptibilem cum corpore, <vel> si incorruptibilem una numero omnium esse. Talem autem hominem, qui talia sensit, inpossibile est salvatum esse, nisi aliud habuerit revelatione divina. Sed hoc non est probabile, quia tunc utique tales manifestos errores retractasset vel saltem illud ad nos per dictum aliquod autenticum pervenisset. Sed hoc est falsum, immo magis oppositum.

Unde beatus Augustinus exponens illud Psalmi "Absorti sunt iuncti petre iudices eorum" videtur expresse dicere[34], quod ipse est dampnatus in inferno, ubi comparatur Petro, id est Christus contremiscit. Et si dicas, durum est tam preclarum virum et donis naturalibus excellentem et multis virtutibus pollentem dampnare, de quo Commentator III *De anima* dicit[35] "Credo quod iste homo fuit regula in natura et exemplar, quod natura invenit ad demonstrandum ultimam perfectionem humanam in natura", dicendum, quod istud non obstat, quia angeli in celo fuerunt multo clariores in naturalibus, quos tamen eorum superbia deiecit. Unde quantumcumque claruerit gratijs gratis datis sive donis naturalibus, hoc non iuvat, quia in

---

32   Cap. 1 (De prohemio cuiusdam doctoris in commendationem Aristotelis); ed. R. Möller, 14.

33   Cap. 1; ed. R. Möller, 14.

34   Ennarr. in Ps. CXL, 19; CC XL, 2040.

35   In Phys., Prol.; Opera omnia, V, Venetiis 1562, 5A.

hiis, quorum veritas non potest sciri nisi ex revelatione, nimis adhesit superbe apparentie sue rationis. Unde in talibus, quorum fides dicit oppositum, cogitare debuit, quod nichil prohibet, et maxime in talibus, que remote sunt a sensibus, falsa esse probabiliora veris et talia excedere mentem hominis. Et per consequens de talibus nihil proterve nec superbe debuit asserere. Unde talia dona naturalia in abutentibus magis ipsos deiciunt, quam salvent, sicut factum fuit de Lucifero et aliis angelis cadentibus. Tales enim gratie gratis date plerumque date sunt infidelibus in usum fidelium. Nec est mirandum illud in Aristotile, cum etiam Salomon non solum illustrum scientia humana, sed etiam divina divinitus infusa dampnatum videatur consonum Scripture, nam ipse ydolatra fuit, quod est peccatum maximum, ut dicitur in Glossa[36] super illud *Psalmi* "Emundabor a delicto maximo". Et scriptura de eius penitentia nihil loquitur, sed statim post ista peccata[37] determinat mortem suam III Regum 12[38]. Et non videtur verisimile, quod tacuisset eius penitentiam, si penituisset, quia de penitentia dicendi aliorum expresse loquitur, etiam si penituisset, fecisset destrui templa, cum esset rex potens, cui nullus potuisset restituisse, quod non fecit, quia steterunt usque tempus Iosye, qui ea destruxit, ut dicitur IIII Regum 23 capitulo[39]. Et iste fuit post ipsum per magnum tempus, aliqua tamen dicta scripture sonant in contrarium, de quo alias. Non igitur hoc mirum de Aristotile, qui etiam videtur in eodem vitio exstitisse, cessisse. Unde beatus Augustinus *De civitate dei*, libro VIII[40]: Plato et Aristotiles et alii philosophi "diis plurimis sacrificandum putaverunt". Et Augustinus *De vera religione* capitulo I dicit[41]: "Philosophi scolas habebant dissentientes et templa communia."

Quod autem dicitur a Commentatore, quod natura in eo demonstravit ultimam perfectionem humanam in natura, istud non multum est probans, quia Commentator volens specialiter habere intellectum Aristotelis simpliciter et expresse unicam animam numero omnium posuit. Unde totus hereticus fuit.

(4) Tunc ad rationem principalem de illo, quod dicitur in libello *De pomo* parum valet, quia hiis, que ibi dicuntur, non est fides adhibenda.

---

36   Glossa ordinaria, Ps. 18,14; PL 133, 872A.
37   III Rg 11,33.
38   III Rg 11,43.
39   IV Rg 23,4-20.
40   *De civitate dei* VIII, 12.
41   *De vera religione* I,1,1.

C. KURZER KOMMENTAR

1. Wenn wir die Entstehungszeit der Hss. sowie die mitüberlieferten Texte berücksichtigen, dann lässt sich die Vermutung aussprechen, dass es sich bei der vorgelegten *questio* um einen Text des beginnenden XIV. Jahrhunderts handelt.[42] Soweit wir die Lage beim heutigen Stand der Forschung beurteilen können, stammt der Text, wie auch die identifizierbaren Stücke des Kodex, aus franziskanischem Milieu. Diese Vermutung wird vor allem durch den noch zu besprechenden starken Einfluss von Johannes Duns Scotus bestätigt.

2. Was den Aufbau sowie die Hauptthesen der Frage anbelangt, sind vor allem zwei Beobachtungen zu vermerken: (a) Der Autor erachtet für die Beantwortung der Frage nach dem Jenseitsschicksal des Stagiriten die Abklärung zweier Probleme als unumgänglich. Es ist dies einerseits die Frage, ob der Mensch auf natürliche Weise, d.h. mit der blossen Vernunft und also auf philosophischem Wege, die jenseitige Glückseligkeit erkennen könne (Teil I). Andererseits geht es um die Frage, ob Aristoteles ein Leben nach dem Tode angenommen habe und wie er die menschliche, d.h. die dem Menschen mögliche Glückseligkeit gedeutet hat (Teil II). (b) Der Autor widmet der Untersuchung des ersten Problemkreises weitaus am meisten Aufmerksamkeit. Die kurze negative Antwort auf die Titelfrage (Teil III) ergibt sich als Konsequenz aus den Vorabklärungen: *patet ex iam dictis*. Weil es prinzipiell unmöglich ist, Natur und Existenz der ewigen Glückseligkeit philosophisch zu erkennen, und weil Aristoteles kein Leben nach dem Tode angenommen hat, befindet er sich in der Hölle - ebenso übrigens wie der weise Salomon (vgl. II, 3).

3. Im ersten Teil der Frage werden zuerst fünf[43] Argumente für die Möglichkeit einer philosophischen Erkenntnis der ewigen Glückseligkeit angeführt (I,2-7). Nach drei Argumenten gegen diese These (I,8-11) widerlegt der Autor mit einer bemerkenswerten Ausführlichkeit der Reihe nach die fünf befürwortenden Argumente (I,13-19). Mit der Fragestellung dieses ersten Artikels wird ein Thema aufgegriffen, das zu den wichtigsten Prolegomena der Theologie der zweiten Hälfte des XIII. Jahrhunderts gehörte, da mit der Beantwortung dieser Frage nicht nur das Problem der Notwendigkeit einer Offenbarung, sondern zugleich jene einer theologischen Wissenschaft verknüpft war. Thomas eröffnet die *Summa theologiae* mit

---

42   Das *Quodlibet* des Jakob von Ascoli wird auf 1310 datiert: vgl. L. Hödl, Art. cit., 365; etwas später sind die Werke Wilhelms anzusetzen; vgl. dazu Ledoux, Ed. cit., X-XII. Es braucht hier kaum eigens erwähnt zu werden, dass das ganze *Quodlibet* eine eigene Untersuchung verdiente, die in diesem Zusammenhang indessen nicht unternommen werden kann.

43   Der Autor betrachtet I,6 als eine Ergänzung zum Argument in I,5, wie die Beantwortung der Argumente zeigt.

der Frage: *Utrum sit necessarium, praeter philosophicas disciplinas aliam doctri-nam haberi.* In der Lösung dieses Problems, wo Thomas einerseits die Notwendigkeit der Theologie und andererseits die Unzulänglichkeit der Philosophie bezüglich der letzten Fragen darlegt, bezieht er sich bezeich-nenderweise auf das letzte Ziel des Menschen, d.h. die ewige Glückselig-keit:

> Necessarium fuit ad humanam salutem esse doctrinam quandam secun-
> dum revelationem divinam praeter philosophicas disciplinas, quae ra-
> tione humana investigantur. Primo quidem, quia homo ordinatur ad
> Deum sicut ad quendam finem qui comprehensionem rationis excedit, se-
> cundum illud Isaiae 44,4: "oculus non vidit Deus absque te, quae
> praeparasti diligentibus te." Finem autem oportet esse praecognitum
> hominibus, qui suas intentiones et actiones debent ordinare in finem.
> Unde necessarium fuit homini ad salutem, quod ei nota fierent quaedam
> per revelationem divinam, quae rationem humanam excedunt.[44]

Johannes Duns Scotus beginnt seinen Sentenzenkommentar in beiden Redaktionen ebenfalls mit der Frage: *Utrum homini pro statu isto sit necessa-rium aliquam doctrinam supernaturaliter inspirari.* Diese Frage gibt ihm Gele-genheit zu einer sehr ausführlichen Debatte, da diesbezüglich eine Kontro-verse zwischen Theologen und Philosophen bestehe.[45] Die Falschheit der philosophischen These, der Mensch könne alles, was er wissen müsse, durch die Erkenntnis der natürlichen Ursachen erkennen, wird anhand der dem Menschen aufgrund eigener Kraft nicht möglichen Erkenntnis der ewigen Glückseligkeit vorgeführt. Scotus vertritt in diesem Zusammenhang die Thesen, dass der Mensch sein eigentliches Ziel nicht natürlicherweise erkennen kann[46], sowie, dass er nicht erfassen kann, wie dieses Ziel erreicht wird.[47] Zudem ist die von den Philosophen als vollkommenste Erkenntnis gepriesene Erkenntnis der getrennten Substanzen und Gottes nur auf sehr unvollkommene Weise möglich.[48] Damit ist die Notwendigkeit einer geoffenbarten Lehre und somit der Theologie nachgewiesen, wiewohl Gott *de potentia absoluta* eine Person ohne Glauben erlösen kann:

> Itaque possible est Deo de potentia absoluta quemlibet salvare, et
> etiam facere quod mereatur gloriam sine fide infusa si sine illa det gra-
> tiam qua habens bene utatur quantum ad velle quod potest habere se-

---

44 Vgl. ebenfalls II-II, 2, 3-4 sowie *De veritate*, XIV, 10.

45 *Ordinatio*, Prologus, Pars prima, q. unica, n. 5 (Ed. Vaticana, vol.I, Rom 1950, 4, 14-17):
In ista quaestione videtur controversia inter philosophos et theologos. Et tenent philosophi perfectionem naturae, et negant perfectionem supernaturalem; theologi vero cognoscunt defec-tum naturae et necessitatem gratiae et perfectionem supernaturalem.

46 Ord., Prol., q. unica, n. 13; Ed. cit., 10, 1-2: Sed homo non potest scire ex naturalibus finem suum distincte.

47 Vgl. Ord., Prol., q. unica, nn. 17-18; Ed. cit. 11-13.

48 Vgl. Ord., Prol., q. unica, nn. 40-41; Ed. cit. 22-25.

cundum naturalem rationem et fidem acquisitam, vel sine omni acquisita si doctor desit, licet de potentia ordinata non detur sine fidei habitu praecedente, quia sine illa non ponitur gratia infundi.[49]

Die Frage nach der vernünftigen Erkennbarkeit der ewigen Glückseligkeit, die bereits Albert der Grosse und Thomas ausdrücklich thematisiert haben,[50] wird ebenfalls von anderen Autoren im XIII. und XIV. Jahrhundert aufgeworfen. Der anonyme Ethikkommentar im Cod. Vat. lat. 2172, dessen Abfassung R.-A. Gauthier um 1290 ansetzt,[51] liefert dazu ein interessantes Zeugnis:

> Ista operatio animae post mortem non est nobis scibilis per philosophiam, quia nihil potest sciri a nobis per philosophiam nisi illud quod habet ortum ex sensibilibus. Modo ex sensibilibus non possumus cognoscere istam operationem animae post mortem, quia istam operationem non percipimus nec visu nec auditu; etiam quia nullus post mortem redit ad nos ut narret facta sua post separationem animae a corpore. Ergo talis operatio non est a nobis scibilis per philosophiam. Et si quaeras: quomodo ergo scitur ista operatio? Dico quod per sanctos et homines divinos, quibus revelatur per gratiam. Unde ex inventione humana impossibile est scire istam operationem, et ideo philosophi de ista operatione animae post mortem non determinaverunt.[52]

4. Die Antwort der anonymen *questio* auf diese Frage weist enge Beziehungen zum Prolog von Scotus auf. Sowohl die Einwände wie auch ihre Widerlegungen können zum grossen Teil mit denjenigen des *doctor subtilis* in Verbindung gebracht werden. Als Beispiel sei hier das zweite Argument (I,3) des ersten Teiles und seine Widerlegung (I,14) mit den entsprechenden Passagen bei Scotus verglichen:

---

49   Prol., n. 55; Ed. cit., 34, 5-12.
50   Vgl. dazu R.-A. Gauthier, *Trois commentaires "averroïstes" sur l'Ethique à Nicomaque*, in: Archives d'histoire doctrinale et littéraire du moyen âge, 22-23, 1948, 245-269.
51   Art. cit., 222.
52   Zitiert nach Gauthier, Art. cit., 286, Anm. 1. In seinem Ethikkommentar stellt der Karmeliter Gui Terrena die Frage: *Utrum ex naturalibus possit demonstrari esse felicitatem aliam post hanc vitam*. Vgl. dazu Gauthier, Art. cit., 263. Es ist bemerkenswert, dass auch Wilhelm von Alnwick in seinem *Quodlibet* eine vergleichbare Frage aufwirft und sie mit einer bewundernswerten Sorgfalt behandelt (Quodl. I, q.5): *Utrum homo possit consequi omnem beatitudinem per naturam quam naturaliter appetit* (ed. Ledoux, 337-367). Zu berücksichtigen wären u.a. ebenfalls die von Ledoux, 337, Anm. 1, erwähnten Autoren, nämlich Richard de Mediavilla, Heinrich von Gent, Guillelmus Ware, Odo Rigaldus, Matthaeus ab Aquasparta, Guillelmus de Nottingham, Iohannes de Reading, Richardus de Conington, die alle die hier angedeutete Problemstellung untersucht haben.

Anonymus:

Preterea notum est naturaliter
intellectui, quod potest in obiectum perfectissimum sub primo
obiecto. Sed notum est naturaliter, quod deus est aliquod obiectum sub primo, scilicet sub ente.
Ergo notum est, quod possumus in
illud obiectum in se sive ut beatificans.

Scotus, Ordinatio, Prol., n. 24:

Item, naturaliter est cognoscibile primum obiectum intellectus
esse ens, secundum Avicennam,
et naturaliter cognoscibile est in
Deo perfectissime salvari rationem entis...

Anonymus:

Ad secundum, quod dicitur de
obiecto primo, posset dici uno
modo, quod non est notum naturaliter, quod ens sit primum obiectum. Et si diceres secundum Avicennam, quod ens prima impressione inprimitur in intellectu,
diceretur, quod non est sibi assentiendum, quia Avicenna
commiscuit quaedam ex lege et
quedam ex dictis aliorum. Unde
de secta Machometi plura commiscuit dictis suis.

Scotus, Ordinatio, Prol., n. 33:

Ad aliud negandum est illud
quod assumitur, quod scilicet
naturaliter cognoscitur ens esse
primum obiectum intellectus nostri, et hoc secundum totam indif-
ferentiam entis ad sensibilia et
insensibilia, et quod hoc dicit
Avicenna quod sit naturaliter
notum. Miscuit enim sectam
suam - quae fuit secta Machometi - philosophicis et quaedam
dixit ut philosophica et ratione
probata, alia ut consona sectae
suae.

Die vom *Anonymus* angeführten Argumente (I, 2-7) - d.h. Erkenntnis
der Ursachen durch die Wirkungen, erstes Objekt des Intellekts, Erkenntnis
des Zieles, Verlangen nach Glück und Vorkenntnis des Zieles bei zielgerich-
tetem Handeln - sowie ihre Widerlegung (I,13-19) finden ihre Entsprechung
bei Scotus,[53] auf den zudem die Erwähnung der intuitiven Erkenntnis hinweist (I,16).

5. Das Thema des zweiten Artikels führt ebenfalls in ein heftig diskutiertes
Problemfeld. Die Frage, ob Aristoteles ein Leben nach dem Tode
angenommen habe oder nicht, wurde von den Kommentatoren der aristotelischen Ethik eingehend besprochen, vor allem im Zusammenhang mit
dem 11. Kapitel des ersten Buches der *Nikomachischen Ethik*. Es ist kein
Zufall, dass Etienne Tempier die Leugnung eines ewigen Lebens 1277
verurteilt hat.[54] Albert der Grosse, in Übereinstimmung mit seiner klaren

53   Hier die Entsprechungen: I,2 : Prol., n. 19-20; I,3 : Prol., n. 24-25; I,4 : Prol., n. 22; I,5 :
Prol., n. 23; I,6 : Prol. n. 13. Sowie I, 13 : Prol., n. 41 ; I,14 : Prol., n. 33 ; I,17 : Prol., n. 35; I,19 :
Prol., n. 13-18. Diese Verweise sollen lediglich eine Abhängigkeit bestätigen. Eine genauere
Untersuchung könnte diese detaillierter nachweisen.
54   Der Artikel 176 lautet: Quod felicitas habetur in ista vita et non in alia. Vgl. den Kommentar dazu bei Roland Hissette, *Enquête sur les 219 articles condamnés à Paris le 7 mars
1277*, Louvain-Paris 1977, 266-268.

methodischen Trennung von Philosophie und Theologie,[55] hatte indessen bereits in aller wünschenswerten Klarheit festgehalten, dass es nicht Aufgabe des Philosophen sein kann, über das Leben nach dem Tode zu sprechen:

> Dicendum, quod hoc quod animae defunctorum remaneant post mortem, non potest per philosophiam sufficienter sciri. Et supposito, quod remaneant, de statu earum et qualiter se habeant ad ea quae circa nos fiunt, omnino nihil sciri per philosophiam potest, sed haec cognoscuntur altiori lumine infuso non naturali, quod est habitus fidei.[56]

Das ist ebenfalls die Meinung des Thomas, der in seinem Ethikkommentar präzisiert:

> Loquitur enim in hoc libro Philosophus de felicitate qualis in hac vita potest haberi, nam felicitas alterius vitae omnem investigationem rationis excedit.[57]

Thomas kann nicht übersehen, dass Aristoteles nicht vom ewigen Leben gehandelt hat, aber er verteidigt Aristoteles, indem er darauf hinweist, dass dies auch gar nicht seine Aufgabe war.[58] Die Meinung der radikalen Aristoteliker ist davon nicht grundsätzlich verschieden.[59]

Aus einer ganz anderen Perspektive wurde dieselbe Thematik von den Theologen behandelt. Auch in diesem Punkt ist die Position von Scotus wegweisend:

> Philosophus sequens naturalem rationem aut ponit felicitatem esse perfectam in cognitione acquisita substantiarum separatarum, sicut videtur velle I et X *Ethicorum*, aut si non determinate asserat illam esse supremam perfectionem nobis possibilem, aliam ratione naturali non concludit, ita quod soli naturali rationi innitendo vel errabit circa finem in particulari vel dubius remanebit.[60]

Scotus ist nicht an einer klaren Abgrenzung der Kompetenzen interessiert, wie dies bei Albert, den *artistae* und in einem gewissen Sinne auch bei Thomas der Fall ist, er will vielmehr die Grenzen der Vernunft aufzeigen:

---

55 Vgl. dazu die erhellenden Ausführungen von Alain de Libera, *Albert le Grand et la philosophie*, Paris 1990, 37-78.

56 *Super Ethica*, Liber I, lect. XIII, q. 80, in: Opera omnia, t. XIV, fasc. 1, ed. Wilhelm Kübel, Münster 1968, 71, 73-79; dazu vgl. Gauthier, Art. cit., 258-261. Vgl. ebenfalls q. 82 (Ed. cit., 72, 57-59): Dicendum, sicut dictum est, philosophus nihil habet considerare de statu animae separatae, quia non potest accipi per sua principia.

57 *Sententia libri Ethicorium*, I, lect. 9; Leonina t. XLVII, 32, 162-165.- Vgl. ebenfalls III, lect. 14; Leonina t. XLVII, 161, 128-129: Ea enim quae pertinent ad statum animarum post mortem non sunt visibilia nobis.

58 *Sententia libri Ethicorum*, I, lect. 15; Leonina t. XLVII, 54, 52-56: Et est notandum quod Philosophus non loquitur hic de felicitate futurae vitae, sed de felicitate praesentis vitae.- III, lect. 18; Leonina t. XLVII, 178, 106-108: Neque ad Philosophum pertinebat de his quae ad statum alterius vitae pertinent in praesenti opere loqui.

59 Vgl. Gauthier, Art. cit., 283-288.

60 Ordinatio, Prol., n. 14; ed. cit., 10, 3-9.

der Theologe kennt die Defizienz der Natur, die Notwendigkeit der Gnade und damit der Theologie.[61]

6. Der *Anonymus* beruft sich in den vier Argumenten, die er beibringt, um zu beweisen, dass Aristoteles kein Leben nach dem Tode angenommen hat (II, 2-5), ausschliesslich auf den Philosophen selbst, indem er zum einen auf die *Nikomachische Ethik* verweist (II,1 und 4) und zum anderen auf erkenntnistheoretische Voraussetzungen des Stagiriten (II, 2 und 5), die dasselbe Resultat zur Folge haben, aufmerksam macht. Er ist also gänzlich davon überzeugt, dass Aristoteles kein Leben nach dem Tode angenommen hat. Die ganz und gar philosophischen Voraussetzungen der ersten beiden Teile werden im dritten Abschnitt der *questio* auf die im Titel angesprochene Schwierigkeit angewendet. An dieser primär theologisch gehaltenen Antwort sind zwei Dinge auffallend. Auf der einen Seite beruft sich der Autor hier auf andere Autoritäten als in den beiden vorangehenden Abschnitten: die Bibel, Augustinus und die *Glossa ordinaria*. Auf der anderen Seite ist es bemerkenswert, dass der Autor ausdrücklich die Authentizität der beiden Pseudoepigrapha, *Secretum secretorum* und *De pomo*, in Frage stellt (III,2 und 4). Bei der relativ geringen Rezeption der beiden Schriften in der gelehrten Welt sind diese Bemerkungen nicht zu unterschätzen.[62]

7. Die philosophiehistorische Bedeutung des in dieser Miszelle erstmals ausführlicher vorgestellten Dokumentes ist nach meiner Meinung vielfältig. Offensichtlich wird in dieser *questio* zum ersten Mal im Kontext des gelehrten Schrifttums ein Thema erörtert, dem vor allem im XV. Jahrhundert ein gewisser Erfolg beschieden war, wie namentlich der Traktat *De salute Aristotelis* des Lambertus de Monte belegt.[63] Aus dem Sichtwinkel der Philosophiegeschichte interessiert an dieser *questio* nicht sosehr die Art und Weise, wie zu dem individuellen Seelenschicksal des antiken Denkers Stellung bezogen wird, sondern vielmehr der damit verknüpfte Begründungszusammenhang: *Aristoteles steht für die menschliche Vernunft.* Anhand der Frage, ob er verdammt sei oder nicht, wird deshalb grundsätzlich Stellung bezogen zur Beziehung zwischen Vernunft und christlichem Glauben. Mit Duns Scotus ist der anonyme Verfasser von der Notwendigkeit der Of-

---

61   Ordinatio, Prol., n. 5; ed. cit., 4, 16-17: theologi vero cognoscunt defectum naturae et necessitatem gratiae et perfectionem supernaturalem.

62   Vgl. M. Grinaschi, *La diffusion du "Secretum secretorum" (Sirr al Asrar) dans l'Europe occidentale*, in: Archives d'histoire doctrinale et littéraire du moyen âge, 47, 1980, 7-70.

63   *Questio magistralis a venerando magistro Lamberto de Monte artium et sacre theologie professore eximio vigilantissime congesta ostendens per auctoritates scripture divine, quod iuxta saniorem doctorum sentientiam probablius dici potest de salvatione Arestotelis stragerite nati Nicomaci grecorum omnium sapientissimi.* vgl. dazu Hans Gerhard Senger, *Was geht Lambert von Herrenberg die Seligkeit des Aristoteles an?*, in: *Studien zur mittelalterlichen Geistesgeschichte und ihren Quellen*, hrsg. von Albert Zimmermann, Köln 1982 (Miscellanea mediaevalia 15), 293-311.

fenbarung und der Theologie überzeugt, weil er über präzise Vorstellungen von den Grenzen der menschlichen Vernunft verfügt. Diese theologische Kritik der natürlichen Vernunft, die es unternimmt, mit theologischer Motivation, aber philosophischen Mitteln die Grenzen menschlicher Erkenntnis nachzuweisen, gelangt zwar inhaltlich gesehen zum selben Ergebnis wie die philosophische Selbstbegrenzung, die von den Philosophen der Artistenfakultät im Anschluss an Albert den Grossen vollzogen wurde, aber das Erkenntnisinteresse ist in beiden Fällen ein ganz anderes. Der bereits zitierte Satz des Scotus, wo behauptet wird, dem Theologen gehe es um die Erkenntnis des *defectus naturae*, fasst die Beweggründe der theologischen Erkenntniskritik zusammen. Die *artistae* dagegen sind an einer klaren Kompetenzenabgrenzung interessiert, weil sie die Autonomie einer Philosophie verteidigen, die in ihrem Bereich ohne Einmischung einer fremden, d.h. theologischen Instanz arbeiten will.[64] Boethius von Dacien hat das Prinzip dieser Haltung konzis zusammengefasst:

> Statim enim quando aliquis dimittit rationes, cessat esse philosophus.[65]

8. Der Text belegt abermals, dass das Verhältnis zu Aristoteles und dem Aristotelismus im Mittelalter nuancenreicher war, als es oft dargestellt wird. Mit seiner theologischen Kritik der Philosophie steht der anonyme Autor nicht nur in der Linie des Scotus, sondern setzt ebenfalls das Erbe Olivis fort, der in seiner Schrift *De perlegendis philosophorum libris* programmatisch beschrieben hat, wie ein Christ mit der Philosophie umzugehen hat, nämlich als Richter und nicht als Schüler.[66]

Zum Ausgangspunkt zurückkehrend kann die Behauptung aufgestellt werden, dass die Beschäftigung mit den Texten der Vergangenheit, insonderheit mit denjenigen des Mittelalters, keineswegs das kritische Potential des Denkens erstickt, da sie durchaus lehren kann, das Überkommene

---

64   Vgl. dazu Ruedi Imbach, *Zur Präsenz des mittelalterlichen Philosophieverständnisses,* in: Herbert Schnädelbach/Geert Kiel (Hg.), *Philosophie der Gegenwart - Gegenwart der Philosophie,* Hamburg 1993, 115-123, mit weiteren Hinweisen zur Literatur.

65   Boethii Daci Opera, vol. VI,II, hrsg. von N.G. Green-Pedersen, Hauniae 1976, 364, 807-809.

66   Quoniam igitur haec philosophia est stulta, ideo perlegenda est caute. Quia vero est aliqua scintilla veritatis fulcita, ideo perlegenda est discrete. Quia vero est vana, ideo perlegenda est transitorie seu cursorie utendo ea ut via, non ut fine seu ut termino. Quia autem est modica et quasi puerilis seu paedagogica, ideo legenda est dominative, non serviliter: debemus enim esse eius judices potius quam sequaces (Ferdinandus M. Delorme OFM, *Fr. Petri Johannis Olivi tractatus "De perlegendis Philosophorum libris",* in: Antonianum, 16, 1941, 37-38). Zur Aristoteleskritik der Franziskaner vgl. Edward P. Mahoney, *Aristotle as 'The Worst Natural Philosopher' (pessimus naturalis) and 'The Worst Metaphysician' (pessimus metaphysicus): His Reputation among Some Franciscan Philosophers (Bonaventura, Francis of Meyronnes, Antonius Andreas and Joannes Canonicus) and Later Reactions,* in: Olaf Pluta (Hg.), *Die Philosophie,* 261-273.

kritisch zu betrachten und somit nicht zu einer blinden Verehrung des Vergangenen erzieht, die vom Gegenwärtigen ablenkt. Den Anspruch eines voraussetzungslosen Anfangs des Philosophierens, der bei Malebranche unterstellt wird und der den geschichtslosen Anfang philosophischer Vernunft im Subjekt als möglich erachtet, erweist die Beschäftigung mit den Texten der Vergangenheit allerdings als Illusion.

NOVUM TESTAMENTUM ET ORBIS ANTIQUUS (NTOA)

Bd. 1   MAX KÜCHLER, *Schweigen, Schmuck und Schleier.* Drei neutestamentliche Vorschriften zur Verdrängung der Frauen auf dem Hintergrund einer frauenfeindlichen Exegese des Alten Testaments im antiken Judentum. XXII + 542 Seiten, 1 Abb. 1986. [vergriffen]

Bd. 2   MOSHE WEINFELD, *The Organizational Pattern and the Penal Code of the Qumran Sect.* A Comparison with Guilds and Religious Associations of the Hellenistic-Roman Period. 104 Seiten. 1986.

Bd. 3   ROBERT WENNING, *Die Nabatäer – Denkmäler und Geschichte.* Eine Bestandesaufnahme des archäologischen Befundes. 360 Seiten, 50 Abb., 19 Karten. 1986. [vergriffen]

Bd. 4   RITA EGGER, *Josephus Flavius und die Samaritaner.* Eine terminologische Untersuchung zur Identitätsklärung der Samaritaner. 4 + 416 Seiten. 1986.

Bd. 5   EUGEN RUCKSTUHL, *Die literarische Einheit des Johannesevangeliums.* Der gegenwärtige Stand der einschlägigen Forschungen. Mit einem Vorwort von Martin Hengel. XXX + 334 Seiten. 1987.

Bd. 6   MAX KÜCHLER/CHRISTOPH UEHLINGER (Hrsg.), *Jerusalem. Texte – Bilder – Steine.* Im Namen von Mitgliedern und Freunden des Biblischen Instituts der Universität Freiburg Schweiz herausgegeben ... zum 100. Geburtstag von Hildi + Othmar Keel-Leu. 238 S.; 62 Abb.; 4 Taf.; 2 Farbbilder. 1987.

Bd. 7   DIETER ZELLER (Hrsg.), *Menschwerdung Gottes – Vergöttlichung von Menschen.* 8 + 228 Seiten, 9 Abb., 1988.

Bd. 8   GERD THEISSEN, *Lokalkolorit und Zeitgeschichte in den Evangelien.* Ein Beitrag zur Geschichte der synoptischen Tradition. 10 + 338 Seiten. 1989.

Bd. 9   TAKASHI ONUKI, *Gnosis und Stoa.* Eine Untersuchung zum Apokryphon des Johannes. X + 198 Seiten. 1989.

Bd. 10   DAVID TROBISCH, *Die Entstehung der Paulusbriefsammlung.* Studien zu den Anfängen christlicher Publizistik. 10 + 166 Seiten. 1989.

Bd. 11   HELMUT SCHWIER, *Tempel und Tempelzerstörung.* Untersuchungen zu den theologischen und ideologischen Faktoren im ersten jüdisch-römischen Krieg (66–74 n. Chr.). XII + 432 Seiten. 1989.

Bd. 12   DANIEL KOSCH, *Die eschatologische Tora des Menschensohnes.* Untersuchungen zur Rezeption der Stellung Jesu zur Tora in Q. 514 Seiten. 1989.

Bd. 13   JEROME MURPHY-O'CONNOR, O.P., *The Ecole Biblique and the New Testament: A Century of Scholarship (1890-1990).* With a Contribution by Justin Taylor, S.M. VIII + 210 Seiten. 1990.

Bd. 14   PIETER W. VAN DER HORST, *Essays on the Jewish World of Early Christianity.* 260 Seiten. 1990.

Bd. 15   CATHERINE HEZSER, *Lohnmetaphorik und Arbeitswelt in Mt 20, 1–16*. Das Gleichnis von den Arbeitern im Weinberg im Rahmen rabbinischer Lohngleichnisse. 346 Seiten. 1990.

Bd. 16   IRENE TAATZ, *Frühjüdische Briefe*. Die paulinischen Briefe im Rahmen der offiziellen religiösen Briefe des Frühjudentums. 132 Seiten. 1991.

Bd. 17   EUGEN RUCKSTUHL/PETER DSCHULNIGG, *Stilkritik und Verfasserfrage im Johannesevangelium*. Die johanneischen Sprachmerkmale auf dem Hintergrund des Neuen Testaments und des zeitgenössischen hellenistischen Schrifttums. 284 Seiten. 1991.

Bd. 18   PETRA VON GEMÜNDEN, *Vegetationsmetaphorik im Neuen Testament und seiner Umwelt*. Eine Bildfelduntersuchung. 558 Seiten. 1993.

Bd. 19   MICHAEL LATTKE, *Hymnus*. Materialien zu einer Geschichte der antiken Hymnologie. XIV + 510 Seiten. 1991.

Bd. 20   MAJELLA FRANZMANN, *The Odes of Solomon*. An Analysis of the Poetical Structure and Form. XXVIII + 460 Seiten. 1991.

Bd. 21   LARRY P. HOGAN, *Healing in the Second Temple Period*. 356 Seiten. 1992.

Bd. 22   KUN-CHUN WONG, *Interkulturelle Theologie und multikulturelle Gemeinde im Matthäusevangelium*. Zum Verhältnis von Juden- und Heidenchristen im ersten Evangelium. 236 Seiten. 1992.

Bd. 23   JOHANNES THOMAS, *Der jüdische Phokylides*. Formgeschichtliche Zugänge zu Pseudo-Phokylides und Vergleich mit der neutestamentlichen Paränese. XVIII + 538 Seiten. 1992.

Bd. 24   EBERHARD FAUST, *Pax Christi et Pax Caesaris*. Religionsgeschichtliche, traditionsgeschichtliche und sozialgeschichtliche Studien zum Epheserbrief. 536 Seiten. 1993.

Bd. 25   ANDREAS FELDTKELLER, *Identitätssuche des syrischen Urchristentums*. Mission, Inkulturation und Pluralität im ältesten Heidenchristentum. 284 Seiten. 1993.

Bd. 26   THEA VOGT, *Angst und Identität im Markusevangelium*. Ein textpsychologischer und sozialgeschichtlicher Beitrag. 288 Seiten. 1993.

Bd. 27   ANDREAS KESSLER/THOMAS RICKLIN/GREGOR WURST (Hrsg.), *Peregrina Curiositas*. Eine Reise durch den orbis antiquus. Zu Ehren von Dirk Van Damme. X + 322 Seiten. 1994.

ISBN 3-7278-0928-0 (Universitätsverlag)
ISBN 3-525-53929-0 (Vandenhoeck & Ruprecht)